2027

브랜드 만족 1위

산출근거 후면표기

일반순경/경행특채/해양경찰/경찰간부 시험대비

박문각 경찰

특별판

합격까지 함께

경찰청 출제위원 출신 저자가 직접 쓴 올컬러 요약노트!

경찰학개론 총론·각론 한권으로 총정리

한상기 편저

한쌤 경찰학

★★★★★

도해식 핵심 요약노트

동영상 강의 www.pmg.co.kr

박문각

PREFACE

이 책의 머리말

도해식 핵노트 2027 발간에 즈음하여

2026년 휴머노이드 로봇과 인공지능이 급속도로 결합하여 산업현장에 투입되고, 인공지능이 사무직을 대부분 대체할 것이라는 전망 속에서 모든 분야 모든 직군에서 일대 혁명이 일어나며 인력 채용은 어마어마한 속도로 줄어들게 될 것입니다.

이러한 변화의 시점에 경찰직만은 사람을 체포하고 위험을 방지하며, 사람에게 서비스하는 직이라는 측면에서 역시 많은 로봇이 공급될 것이지만 완전한 대체에는 한계가 있는 것으로 휴머노이드 로봇은 대체인력보다는 보조인력으로 경찰 한 개 팀이나 조에 한 두 대 보급되는 형태로 자리를 잡을 것입니다.

이는 다른 관점에서 보면 경찰인력은 거의 줄일 수 없다는 것으로, 인력 병목현상이 나타나 채용지원자가 경찰직으로 대거 몰릴 가능성을 배제하기 어렵습니다.

또 경찰직이 지나치게 전문성을 요구하고, 위험하다는 측면이 인공지능 로봇의 보조로 인해 상당 부분 해소될 가능성도 배제할 수 없습니다.

이러한 대변혁의 해일 앞에서 현명하고, 실무의 전문성을 인정할 줄 아는 지혜로운 학생의 선택일 수밖에 없는 도해식 핵노트는 빠른 합격을 위해 더 중요한 출제 포인트, 최근 기출 출제 포인트까지 흡수하며 가장 빠른 합격을 가능하게 하는 강력한 지원자가 될 것입니다.

그림과 기본서 내용을 비교해 가며 자신이 취약한 출제 포인트를 추가 기입하는(핵노트도 충분하지만) 등의 방법으로 이용하고, 그림으로 이해되지 않은 부분을 기본서의 서술과 비교하며 이해하는 것이 압도적 효율이 있다는 단기 합격자들의 전언이 있었습니다.

한쌤 경찰학은 실무과목으로서 경찰학의 전문성을 이해 못하고 경찰학을 단순 암기과목으로 생각하는 수험생의 자세를 단호히 거부합니다.

경찰직에 대한 애정과 경찰직의 전문성에 대한 신념으로 좋은 경찰이 되고자 하는 열망에 가득 찬 정예의 수험생만을 대상으로 출제위원 경험을 살려 단기 합격으로 이끌고자, 도해식 핵노트 속에 신뢰성 있는 출제 포인트를 최대한 담고자 노력했습니다.

핵노트를 효과적으로 이용하면 20~30점대 손실을 보면서 불가피하게 장수생으로 전락하는 비극을 피하고, 단기 합격이라는 영광을 누리게 될 것입니다.

2026. 2.

한쌤 경찰학

CONTENTS

이 책의 **차례**

경찰학 총론

경찰학 각론

한쌤 경찰학

☆☆☆☆☆

도해식 핵심 요약노트

경찰학 총론

경찰과 경찰학

제1장 경찰의 개념과 변천

제1절 경찰의 개념

1 형식적 의미의 경찰과 실질적 의미의 경찰

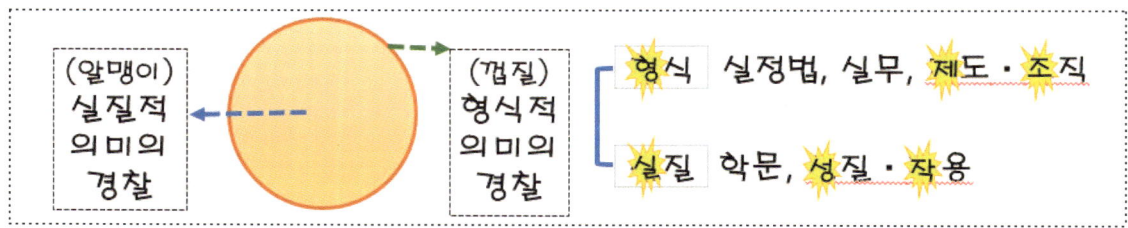

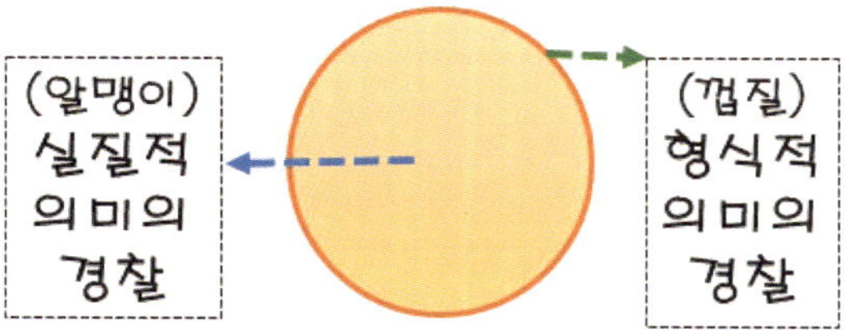

- 형식: 실정법, 실무, 제도 · 조직
- 실질: 학문, 성질 · 작용

1 형식적 의미의 경찰

의의

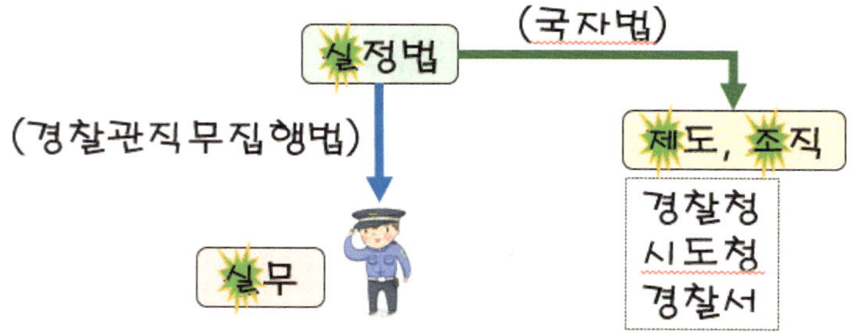

규정
- 국가경찰과 자치경찰의 조직 및 운영에 관한 법률(제3조)
- 경찰관직무집행법(제2조) → 직무범위

범위: 국가목적 + 사회목적

비교: 실정법 국가별로 차이o → 국가별 차이o

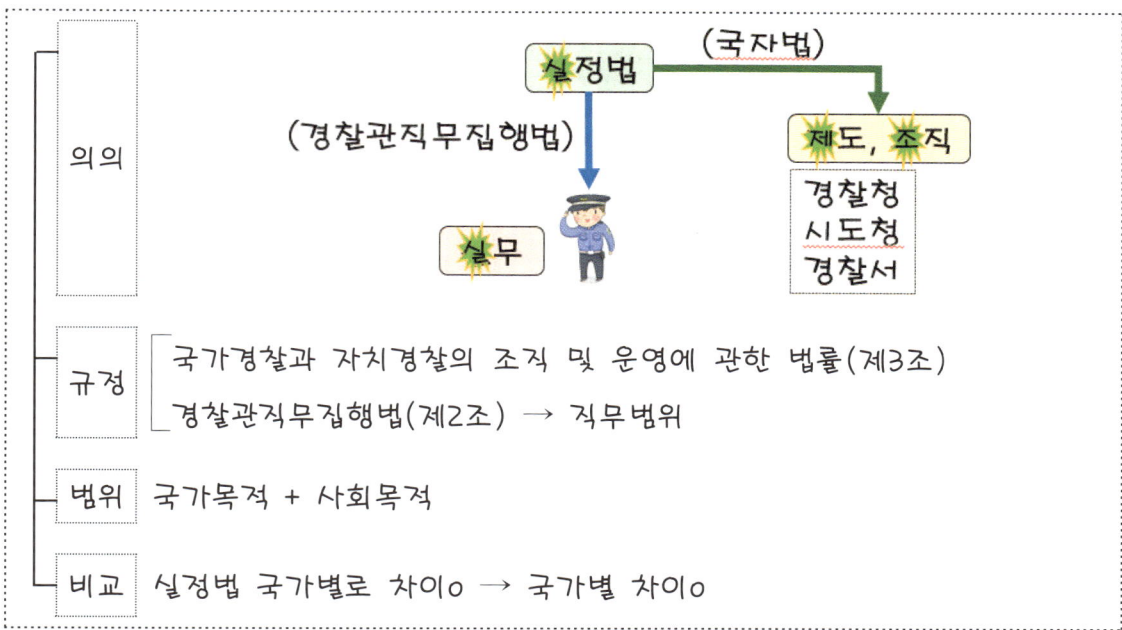

2 실질적 의미의 경찰

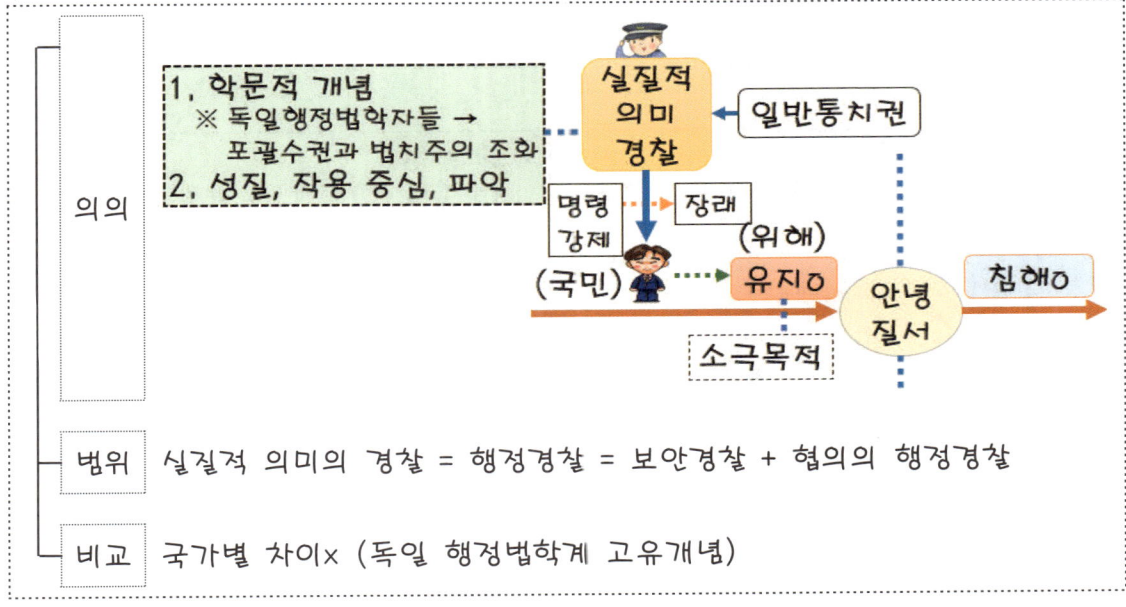

의의

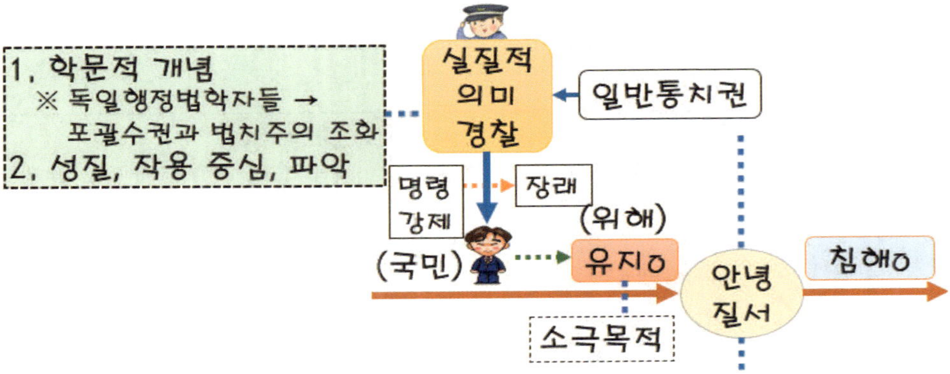

범위 실질적 의미의 경찰 = 행정경찰 = 보안경찰 + 협의의 행정경찰

비교 국가별 차이x (독일 행정법학계 고유개념)

3 양 개념의 관계

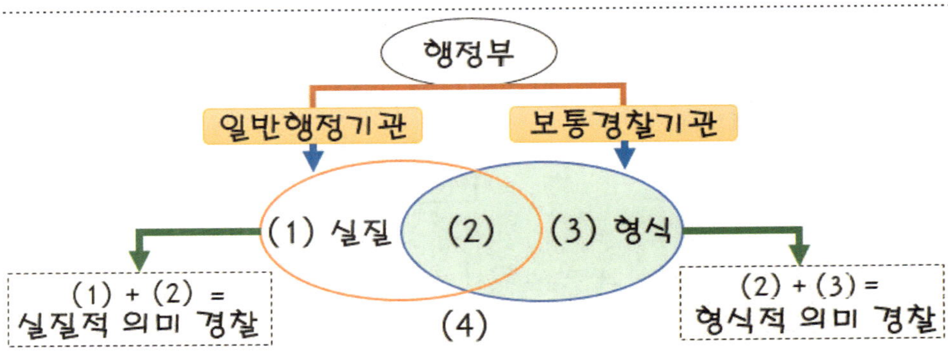

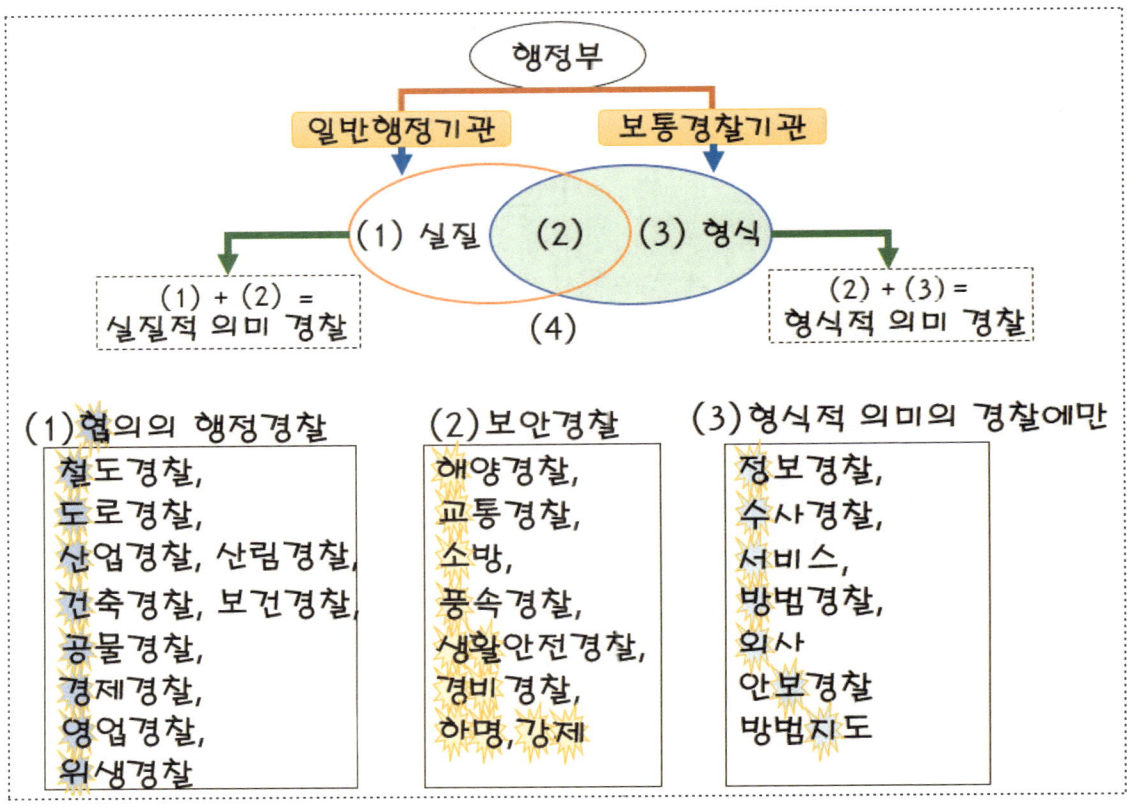

(1) 협의의 행정경찰

- 철도경찰,
- 도로경찰,
- 산업경찰, 산림경찰,
- 건축경찰, 보건경찰,
- 공물경찰,
- 경제경찰,
- 영업경찰,
- 위생경찰

(2) 보안경찰

- 해양경찰,
- 교통경찰,
- 소방,
- 풍속경찰,
- 생활안전경찰,
- 경비 경찰,
- 하명, 강제

(3) 형식적 의미의 경찰에만

- 정보경찰,
- 수사경찰,
- 서비스,
- 방범경찰,
- 외사
- 안보경찰
- 방범지도

2 경찰개념의 분류

국가경찰과 자치경찰 - 권한과 책임소재에 따른 구분

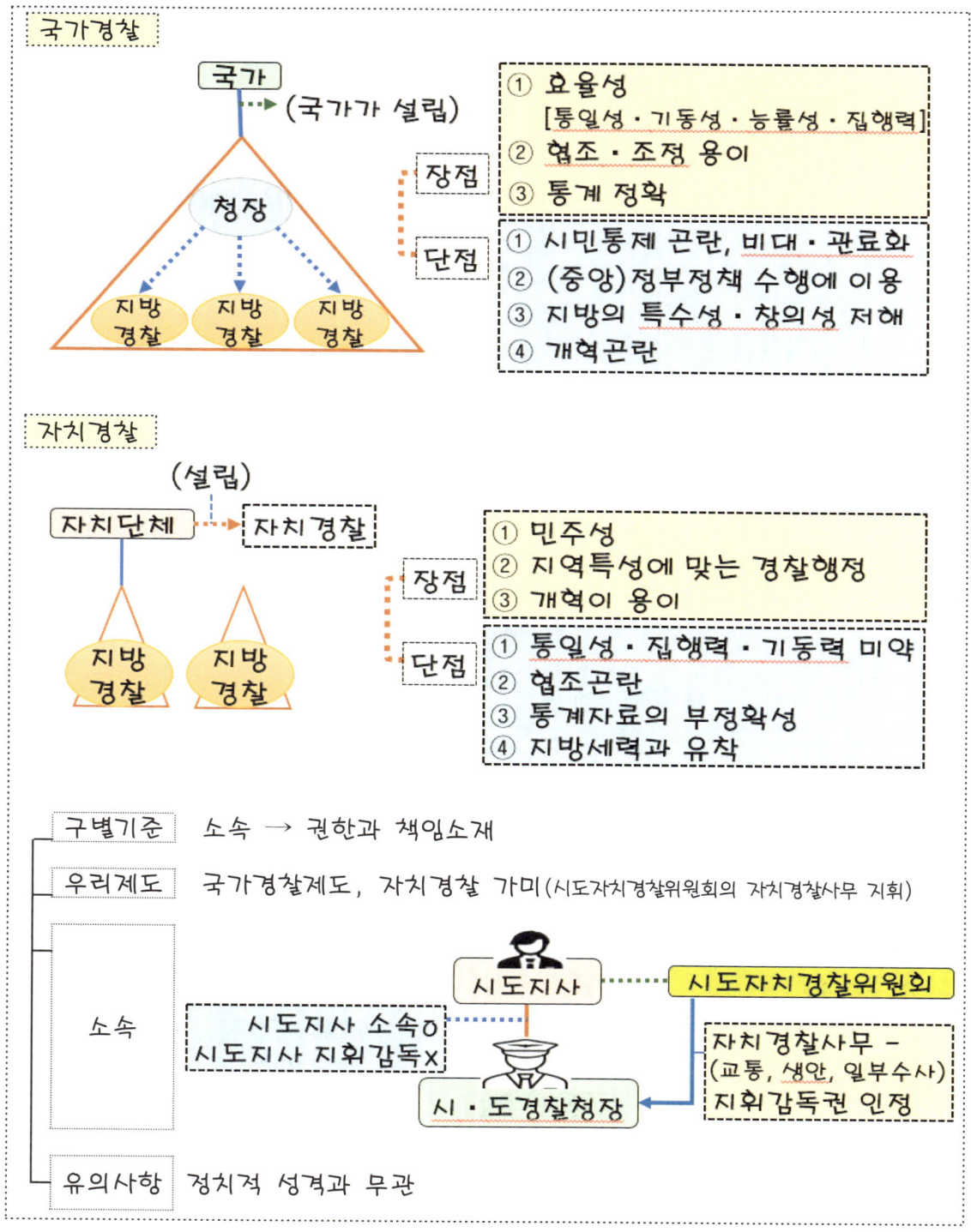

국가경찰

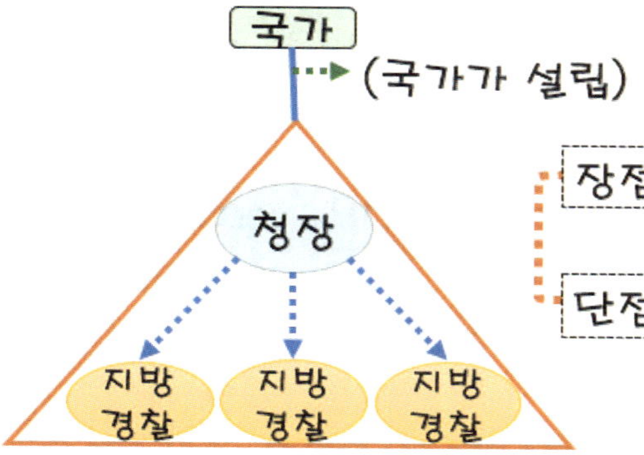

- 장점
  - ① 효율성 [통일성 · 기동성 · 능률성 · 집행력]
  - ② 협조 · 조정 용이
  - ③ 통계 정확
- 단점
  - ① 시민통제 곤란, 비대 · 관료화
  - ② (중앙)정부정책 수행에 이용
  - ③ 지방의 특수성 · 창의성 저해
  - ④ 개혁곤란

자치경찰

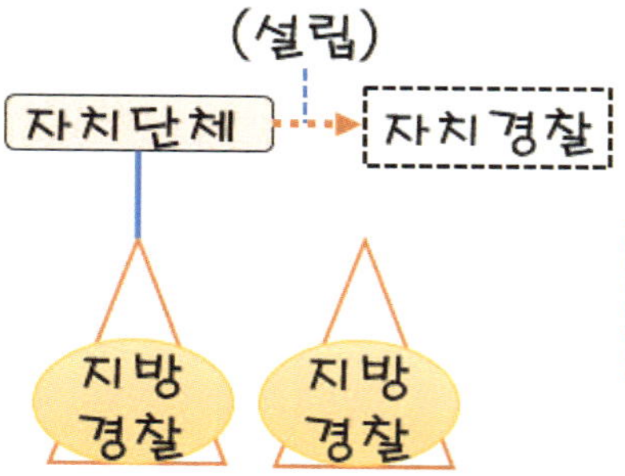

- 장점
  - ① 민주성
  - ② 지역특성에 맞는 경찰행정
  - ③ 개혁이 용이
- 단점
  - ① 통일성 · 집행력 · 기동력 미약
  - ② 협조곤란
  - ③ 통계자료의 부정확성
  - ④ 지방세력과 유착

구별기준	소속 → 권한과 책임소재
우리제도	국가경찰제도, 자치경찰 가미(시도자치경찰위원회의 자치경찰사무 지휘)
소속	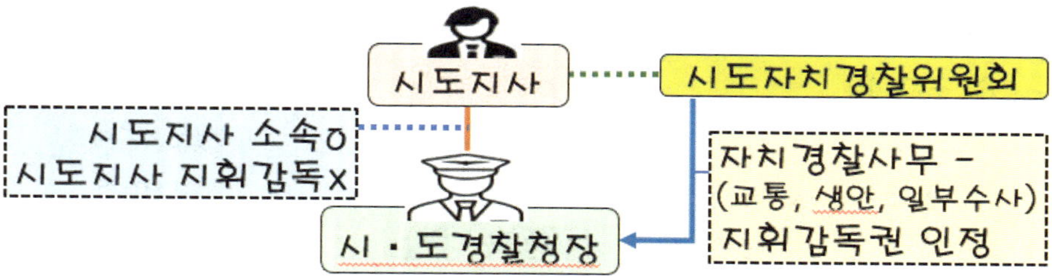
유의사항	정치적 성격과 무관

Part 01

행정경찰, 사법경찰 - 목적, 3권 분립에 따른 구분

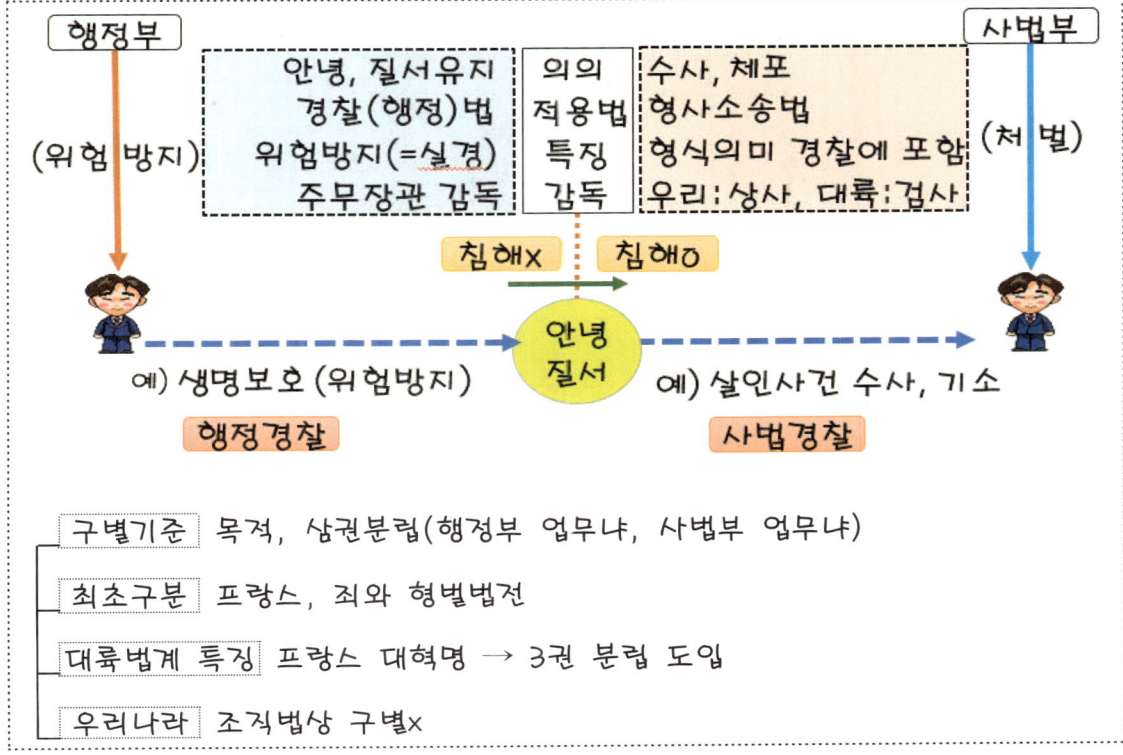

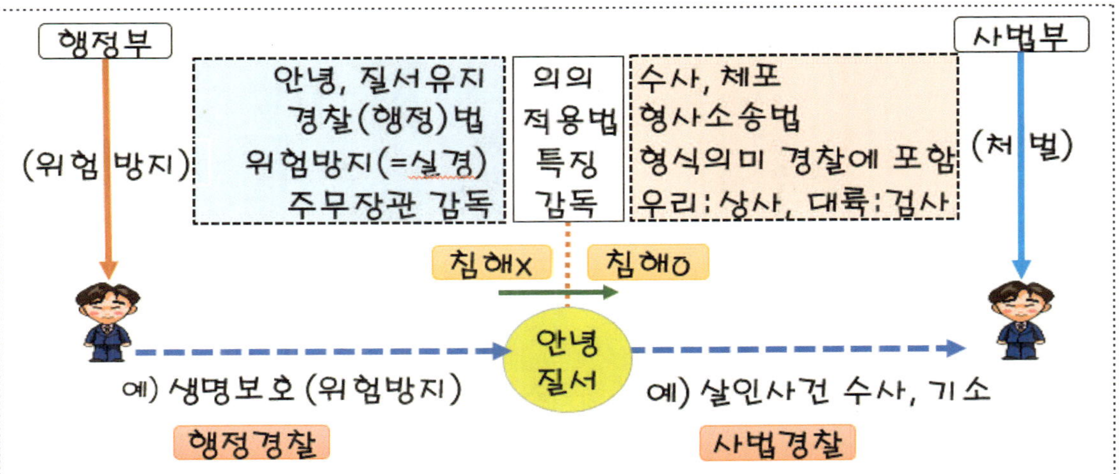

- 구별기준: 목적, 삼권분립(행정부 업무냐, 사법부 업무냐)
- 최초구분: 프랑스, 죄와 형벌법전
- 대륙법계 특징: 프랑스 대혁명 → 3권 분립 도입
- 우리나라: 조직법상 구별x

※ 조직법상 행정경찰, 사법경찰 구별문제

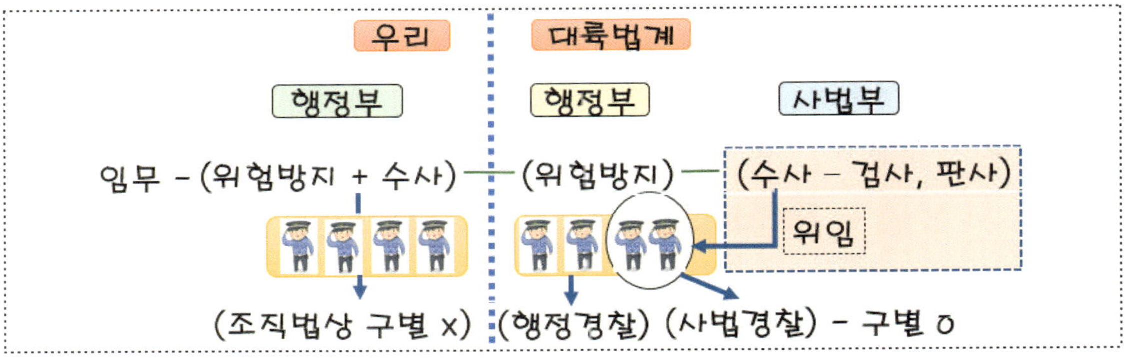

협의의 행정경찰, 보안경찰 - 다른 행정작용과의 관련성(독자성)

행정부

일반 행정기관   보통 경찰기관

부수   독립

협의의 행정경찰 + 보안경찰 = 행정경찰
= 실질적 의미의 경찰

| 구별기준 | 다른 행정작용과의 관련성(독자성) |

개념분류   행정경찰(실질적 의미의 경찰) 재분류

행정부

일반 행정기관   보통 경찰기관

비경찰화

보안경찰
협의의 행정경찰

비경찰화

평시경찰, 비상경찰 - 위해의 정도

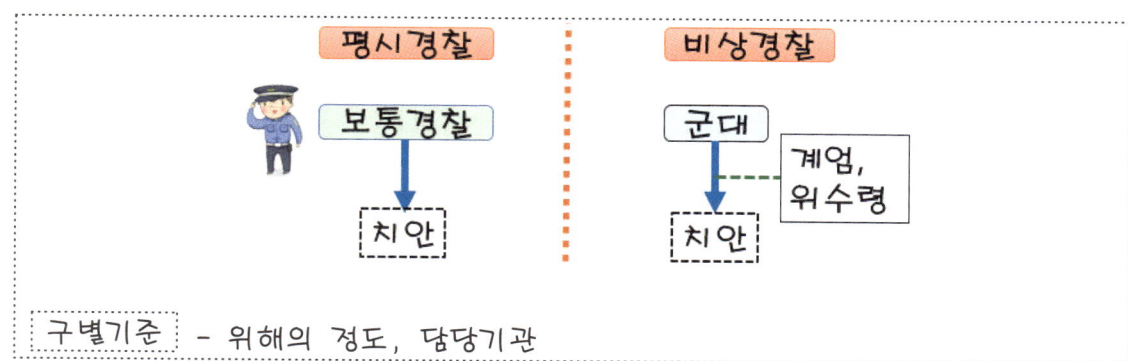

| 평시경찰 | | 비상경찰 |

보통경찰   군대   계엄, 위수령

치안   치안

구별기준 - 위해의 정도, 담당기관

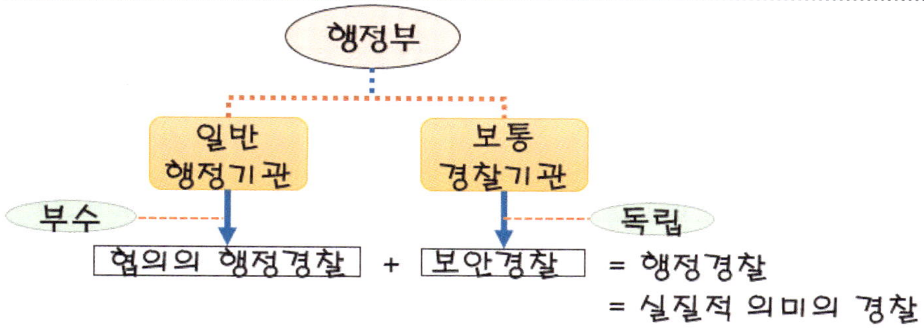

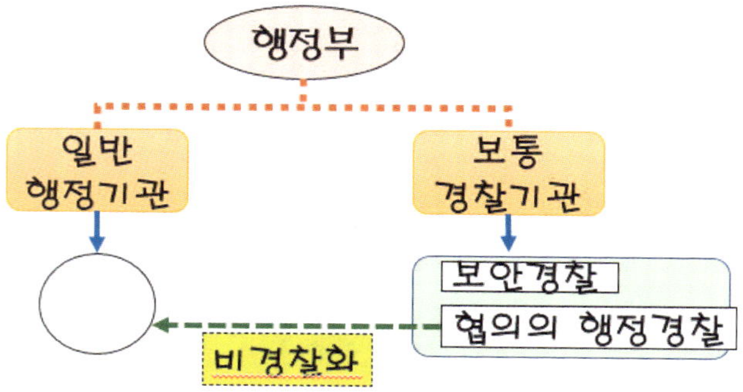

예방경찰, 진압경찰 - 경찰권 발동시점

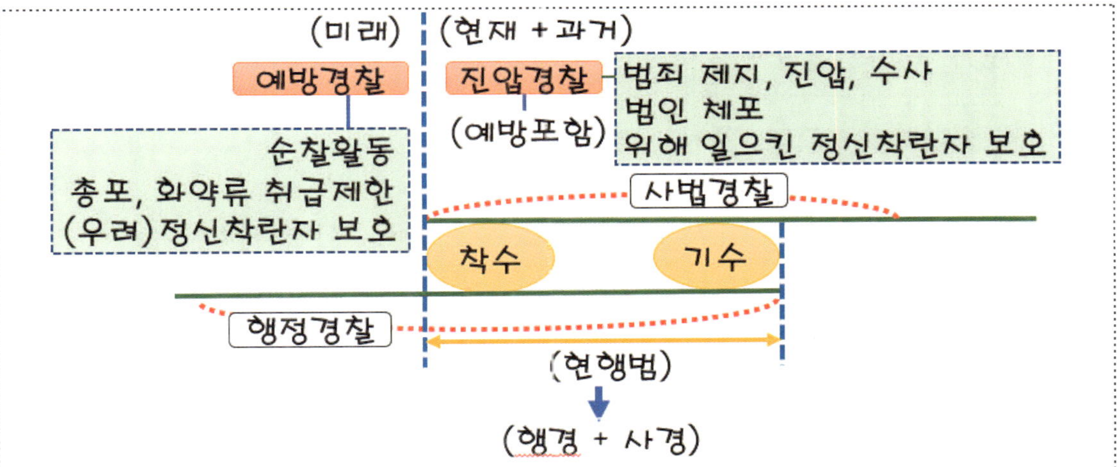

구별기준 - 경찰권의 발동시점

보통경찰, 고등경찰 - 보호법익에 따른 구별

- 보통경찰 민생관련, 안녕과 질서유지, 수사
- 고등경찰 사상범, 정보과, 안보과, 국가정보원등 * 프랑스에서 유래

질서경찰, 봉사경찰 - 질과 내용

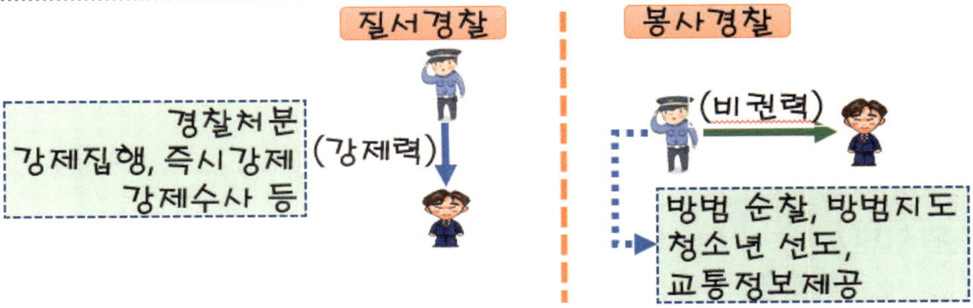

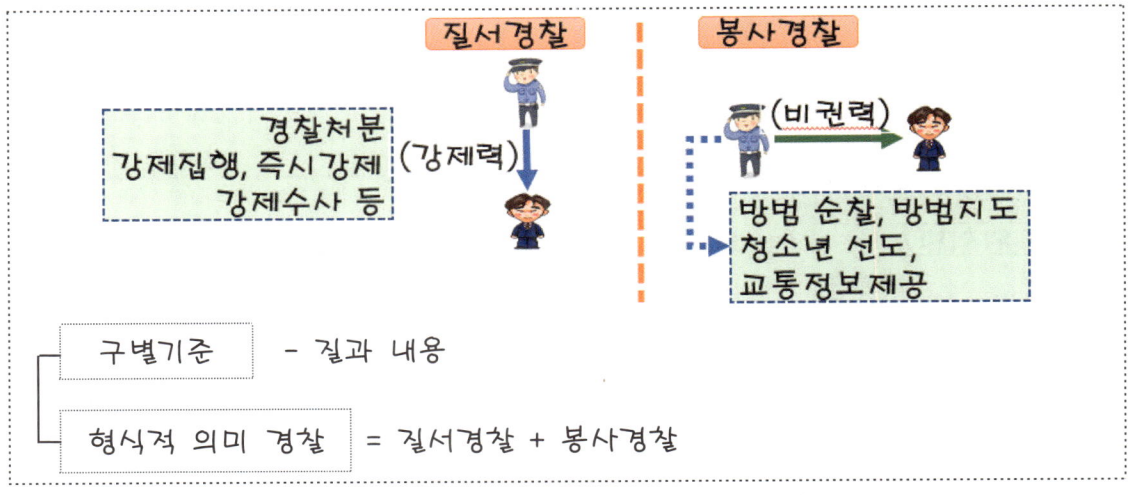

- 구별기준 - 질과 내용
- 형식적 의미 경찰 = 질서경찰 + 봉사경찰

제2절 경찰의 개념의 형성 및 변천

1 대륙법계 국가의 경찰개념 변천

- 국정전반 - 고대, 중세 : 경찰권 미분화
- 내무행정전반 - 경찰국가시대 : 재정, 외교, 군사, 사법 제외
- 위험방지 - 19C 법치국가시대, 소극적 위험방지에 한정
- 보안경찰 - 20C 법치국가시대, 보안경찰임무에 국한

고대 · 중세

국정전반

1. 라틴어 폴리티아에서 유래
2. 일체의 정치, 헌법
3. 14c(프) 국가목적, 국가작용, 국가의 평온한 질서 상태
4. 15c 프랑스 개념 -> 독일 계수
5. 16c(1530) 제국경찰법 - 교회행정 제외

17,18c경찰국가시대

내무행정전반

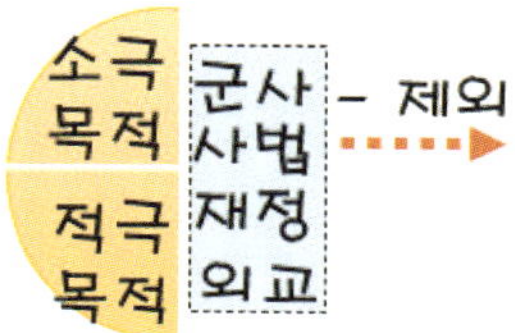

1. 군사, 사법, 재정, 외교 제외
2. 소극목적 + 적극목적 (복리증진 포함)
3. 왕권신수설
4. 절대주의적 국가권력 기초

19c법치국가시대

위험방지

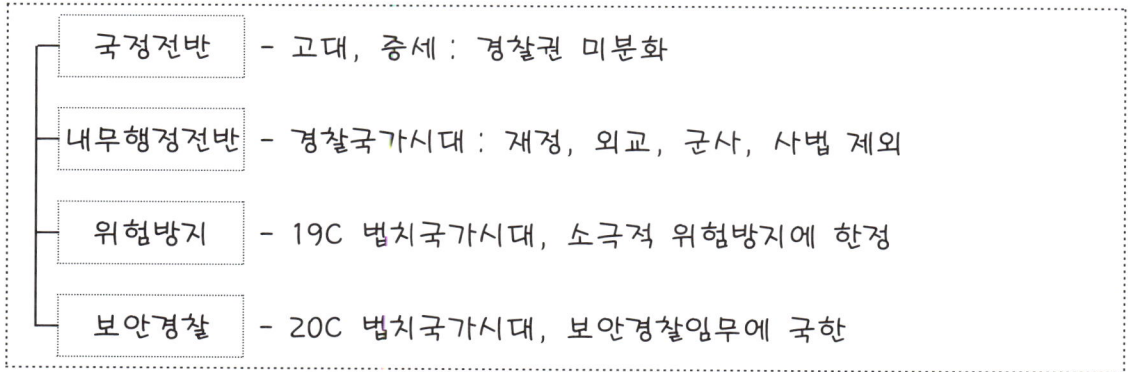

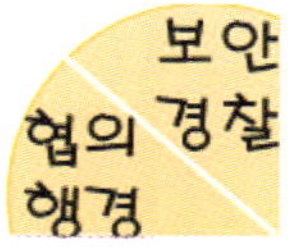

(보안경찰 + 협의의 행정경찰)

1. 계몽주의, 자유주의, 자연법사상 ➡ 권력분립주의, 법치주의 대두
2. 소극적 위험방지에 한정 (1882 Kreuzberg 판례)

1. 프로이센 일반란트법(1794) - 일유조직(방기)
2. 프로이센 경찰행정법(1930) - 정관방위조
3. 죄와형벌법전(1795) - 형자재안기
4. 지방자치법전(1884) - 협의행정경찰 포함, 위험방지 한정

20c법치국가시대

보안경찰

보안 경찰

1. 비경찰화
(협의의 행정경찰사무 -> 이관)
2. 보안경찰에 국한

2 영미법계 국가 경찰개념과 대륙법계 국가 경찰개념 비교

(영미법계)		(대륙법계)
자치권	형성	일반통치권
친화, 비례 수평	관계	대립
법을 집행하고 서비스 하는 조직	개념	안녕질서유지, 일반통치권에 기해, 명령, 강제하는 기능
경찰활동이란 무엇? 역할, 기능	중심	경찰이란 무엇? 범위, 성질
국민의 생명, 신체, 재산보호 (수사 포함 → 사법경찰 개념x)	사명	안녕과 질서유지

3 우리나라의 경찰개념 형성

행정경찰, 보호조치, 범죄의 예방과 제지

공공의 안녕과 질서유지

대륙법계 → 우리경찰

영미법계 → 우리경찰

국민의 생명, 신체, 재산 보호

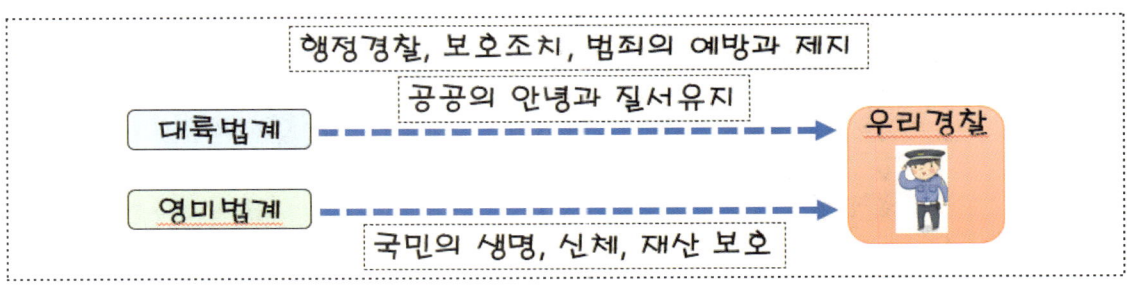

제2장 민주경찰의 윤리적·사상적 토대

제1절 경찰과 윤리

1 경찰윤리의 실천과제

자율, 창의, 책임, 양심 -> 양 창자 책

2 바람직한 경찰의 역할 모델

[1] 경찰 역할모델 의의

전통적 치안개념

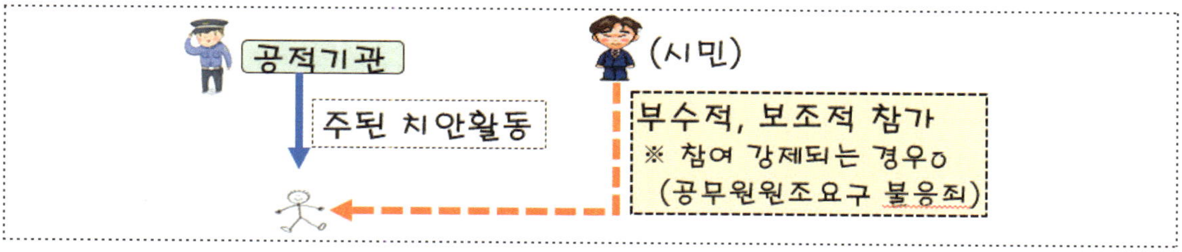

경찰역할 - 보수주의

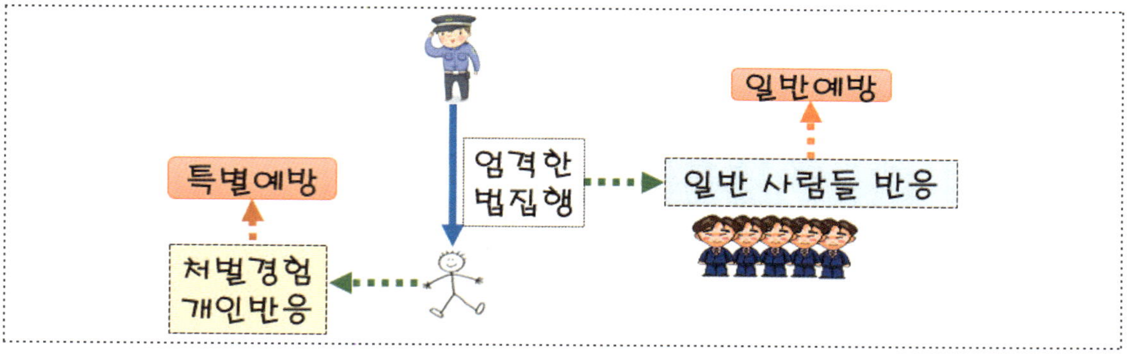

경찰역할 - 진보주의

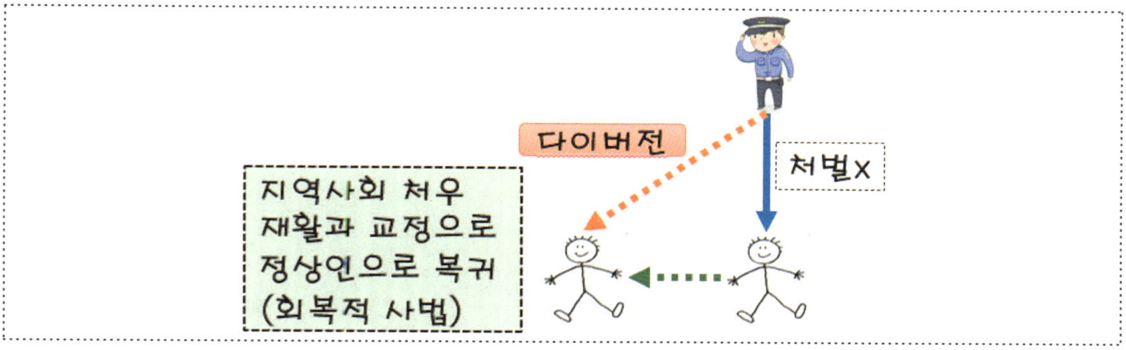

2 경찰의 역할모델 종류

범죄와 싸우는 경찰모델

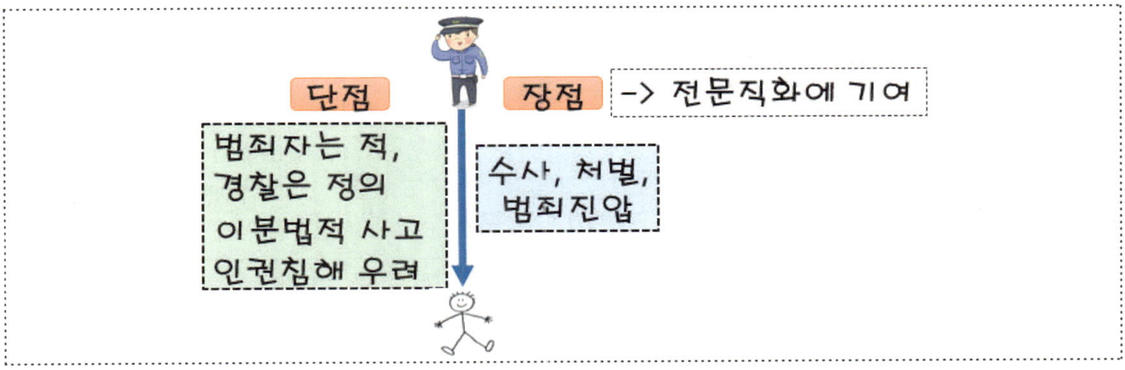
단점
범죄자는 적,
경찰은 정의
이분법적 사고
인권침해 우려
장점
-> 전문직화에 기여
수사, 처벌,
범죄진압

치안서비스 제공자 모델

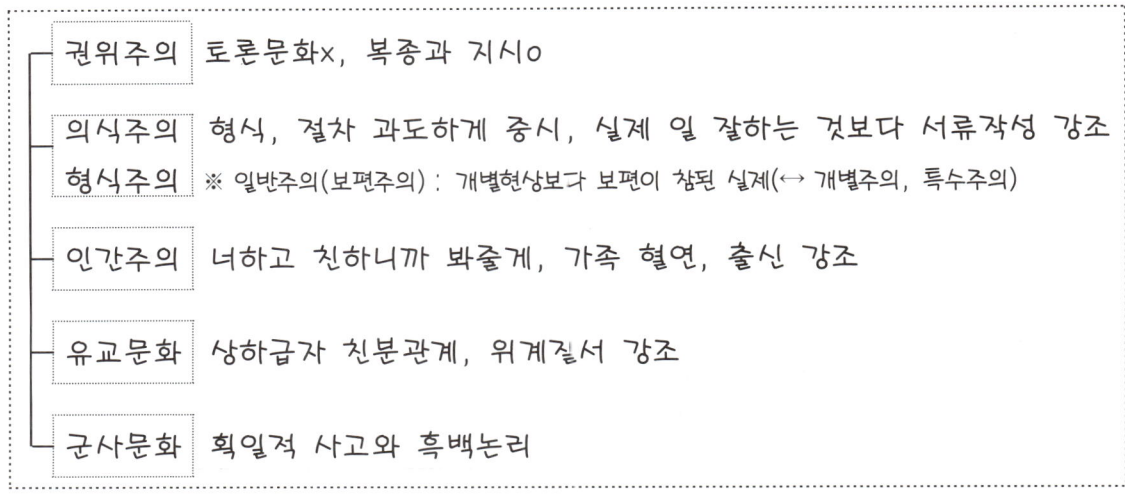

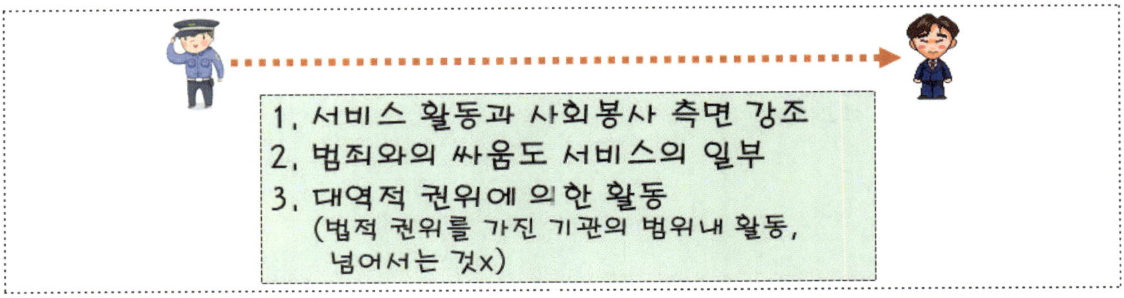
1. 서비스 활동과 사회봉사 측면 강조
2. 범죄와의 싸움도 서비스의 일부
3. 대역적 권위에 의한 활동
(법적 권위를 가진 기관의 범위내 활동,
넘어서는 것x)

3 경찰의 정신문화

한국경찰문화의 일반적 특성

- 권위주의: 토론문화x, 복종과 지시o
- 의식주의 형식주의: 형식, 절차 과도하게 중시, 실제 일 잘하는 것보다 서류작성 강조
  ※ 일반주의(보편주의) : 개별현상보다 보편이 참된 실제(↔ 개별주의, 특수주의)
- 인간주의: 너하고 친하니까 봐줄게, 가족 혈연, 출신 강조
- 유교문화: 상하급자 친분관계, 위계질서 강조
- 군사문화: 획일적 사고와 흑백논리

경찰의 정신문화

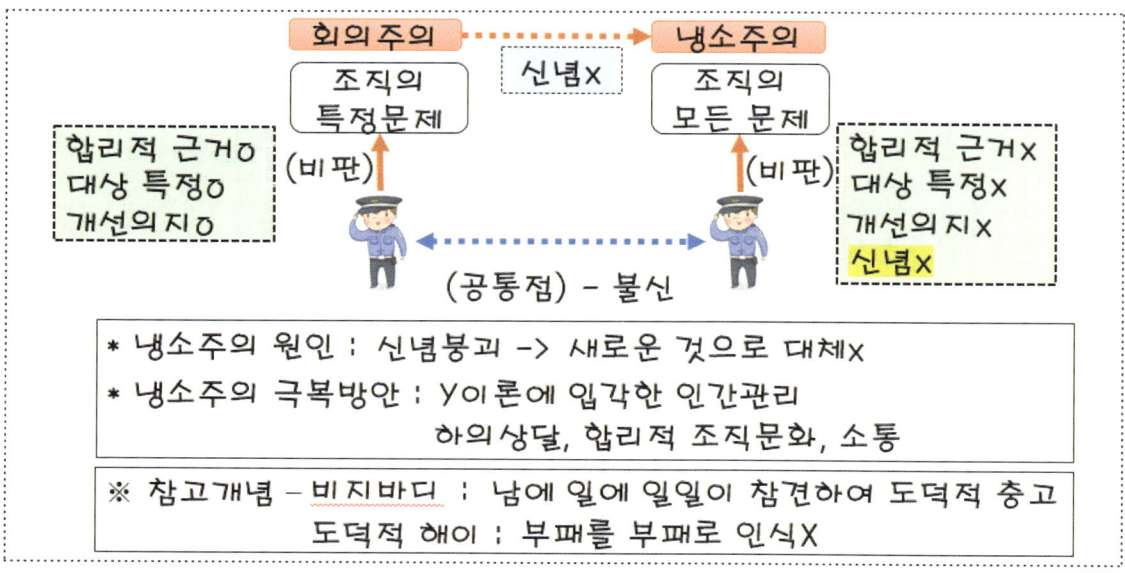

회의주의 ┈┈▶ 냉소주의

신념X

조직의 특정문제 조직의 모든 문제

합리적 근거O
대상 특정O
개선의지O

(비판) (비판)

합리적 근거X
대상 특정X
개선의지X
신념X

(공통점) - 불신

* 냉소주의 원인 : 신념붕괴 -> 새로운 것으로 대체X
* 냉소주의 극복방안 : Y이론에 입각한 인간관리
  하의상달, 합리적 조직문화, 소통

※ 참고개념 - 비지바디 : 남에 일에 일일이 참견하여 도덕적 충고
  도덕적 해이 : 부패를 부패로 인식X

4 경찰의 일탈과 부패원인

부패의 의의

학술상

| 관직중심 정의 | 시장중심 정의 | 공익중심 정의 |

관직중심 정의

권한 -> 남용

사적 이익 고려

시장중심 정의

(선택) (월급) (뇌물)

강제적 가격

자유시장 모델

공익중심 정의

(뇌물) (손해)

공익

용인도

백색부패

예)경기가 좋다는 거짓말

선의의 거짓말

(용인)

회색부패

(일부-처벌X)

후원금 떡값 선물

(일부)

(처벌O)

흑색부패

(모두)

대가성 뇌물

처벌 - 원O

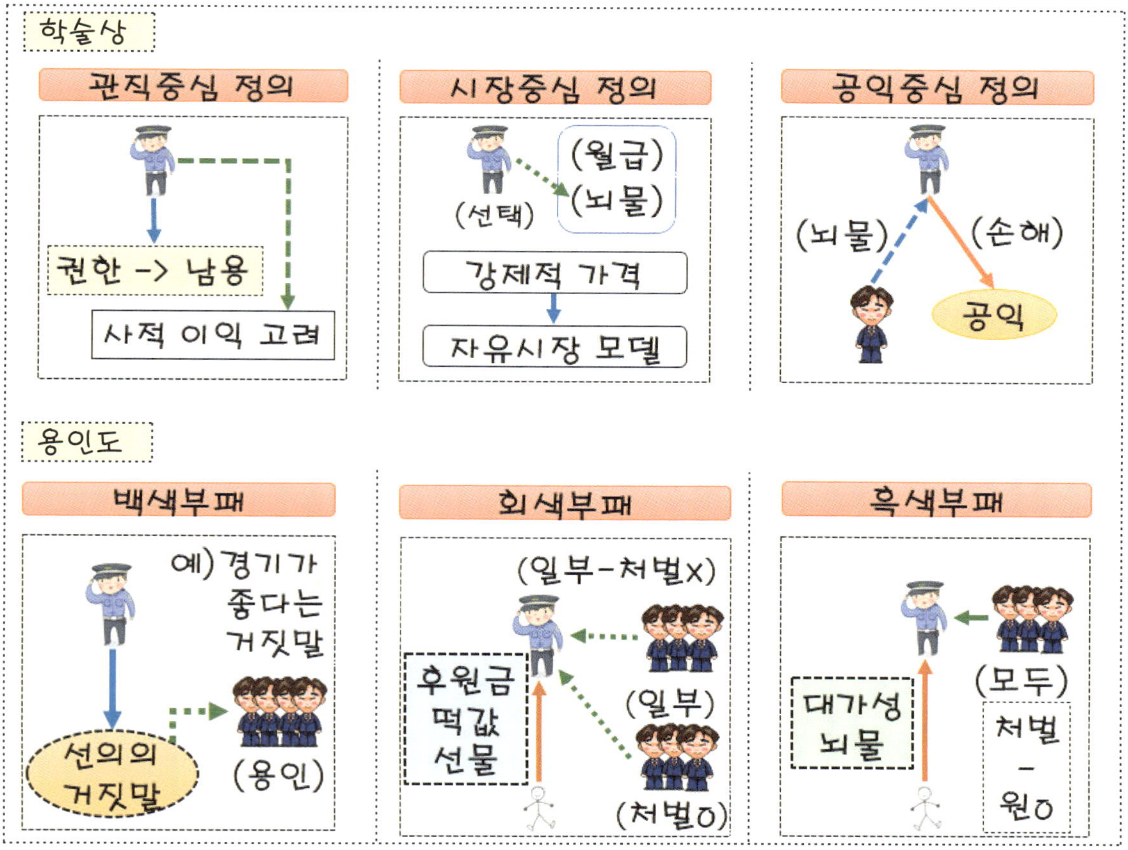

부패 원인가설 - 델라르트

썩은 사과 가설

전체사회 가설

※ 윌슨 : 시카고 시민
→ 시카고 경찰을 부패

※ 미끄러지기 쉬운 경사로이론과 유사

구조원인 가설

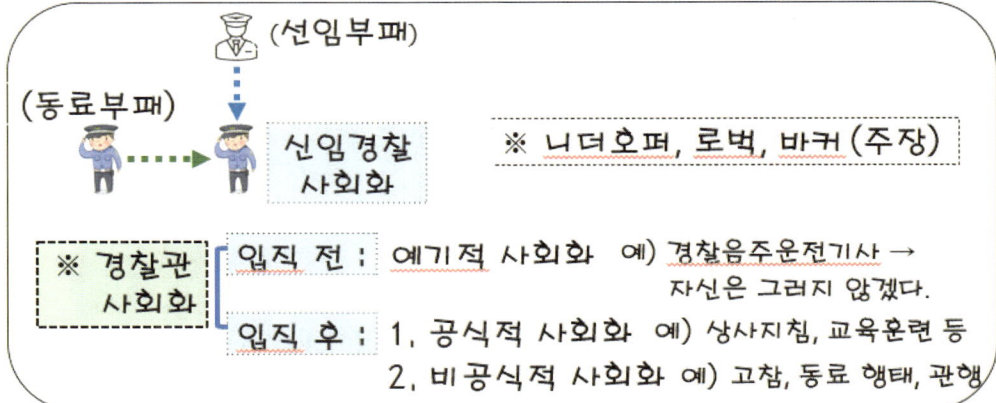

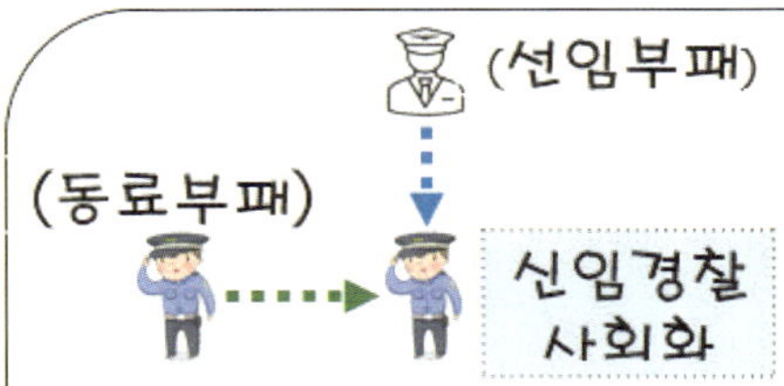

※ 니더호퍼, 로벅, 바커(주장)

※ 경찰관 사회화

- 입직 전 : 예기적 사회화 예) 경찰음주운전기사 → 자신은 그러지 않겠다.
- 입직 후 : 1. 공식적 사회화 예) 상사지침, 교육훈련 등
  2. 비공식적 사회화 예) 고참, 동료 행태, 관행

※ 법규와 현실의 괴리 (원인)

예) 출장비 모순으로 1명 출장에 2명분 허위청구

※ 침묵의 규범 형성

윤리적 냉소주의 가설

(외부통제)

정치권력
대중매체
시민단체

부패

(냉소주의 부채질)
-> 부패전염

※ 작은 호의 →

긍정설 관행, 자발성, 당연성, 형성재(관계O → 제보)

부정설 부작용(작은 호의 → 큰 부패), 구별x, 특권의식
※ 불순한 의도로 접근

- 작은 호의에 대한 부정설 → 작은 호의 가설

작은 호의 가설 = 미끄러지기 쉬운 경사로 이론

작은
호의 → 부패x

논리적 접근 : 비윤리적O
심리적 접근 : 비윤리적x

범죄
부패

※ 펠드버그 : "경찰관 지능에 대한 모독"(비판)

5 경찰관의 일탈·부패에 대한 대책

1. 직업 전문화
2. 교육훈련
3. 내부고발
4. 윤리강령제정

직업 전문화

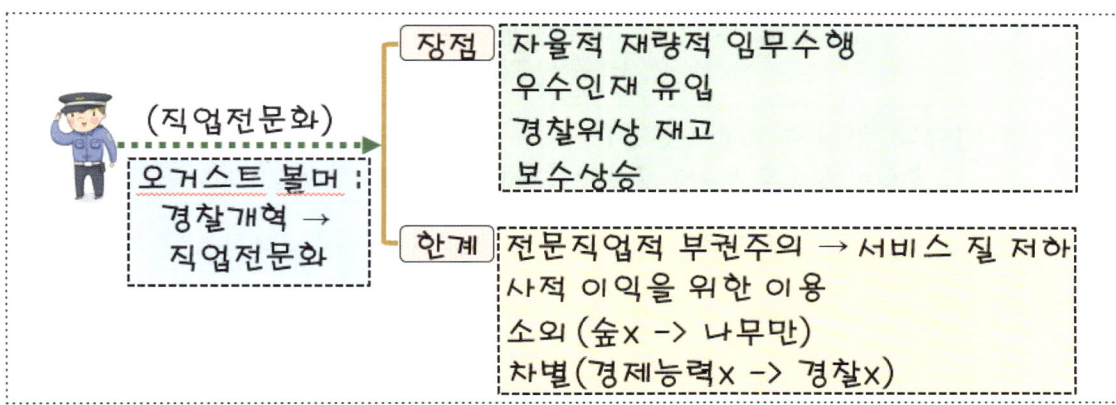

(직업전문화)

오거스트 볼머 :
경찰개혁 →
직업전문화

장점
자율적 재량적 임무수행
우수인재 유입
경찰위상 재고
보수상승

한계
전문직업적 부권주의 → 서비스 질 저하
사적 이익을 위한 이용
소외 (숲x -> 나무만)
차별(경제능력x -> 경찰x)

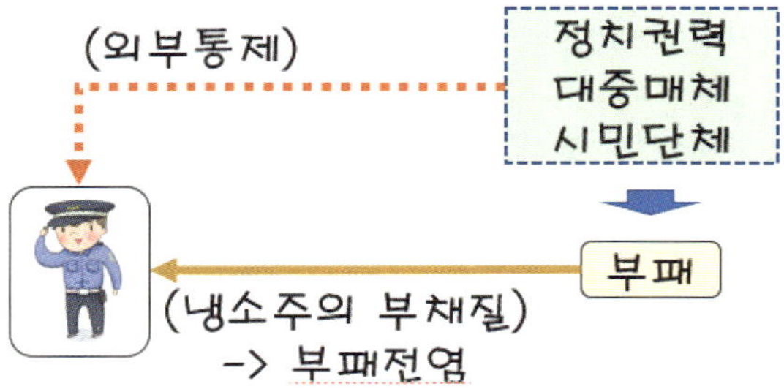

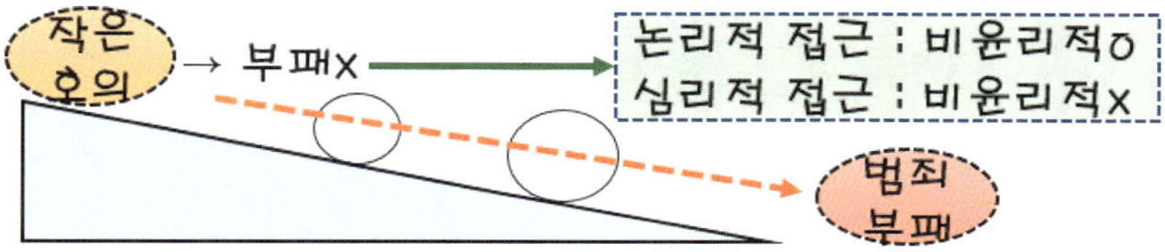

교육훈련

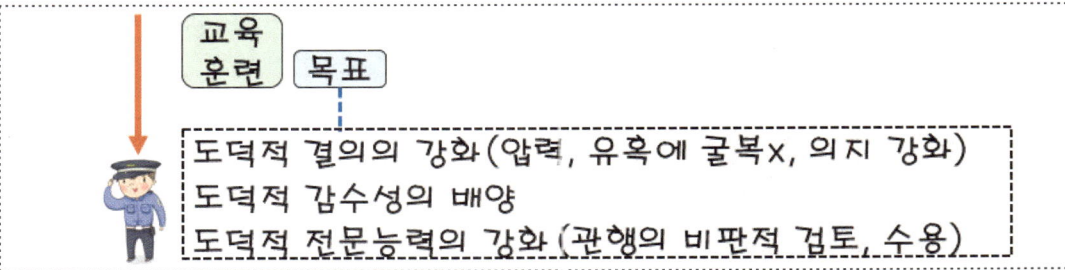

교육
훈련 목표

도덕적 결의의 강화(압력, 유혹에 굴복x, 의지 강화)
도덕적 감수성의 배양
도덕적 전문능력의 강화 (관행의 비판적 검토, 수용)

내부고발

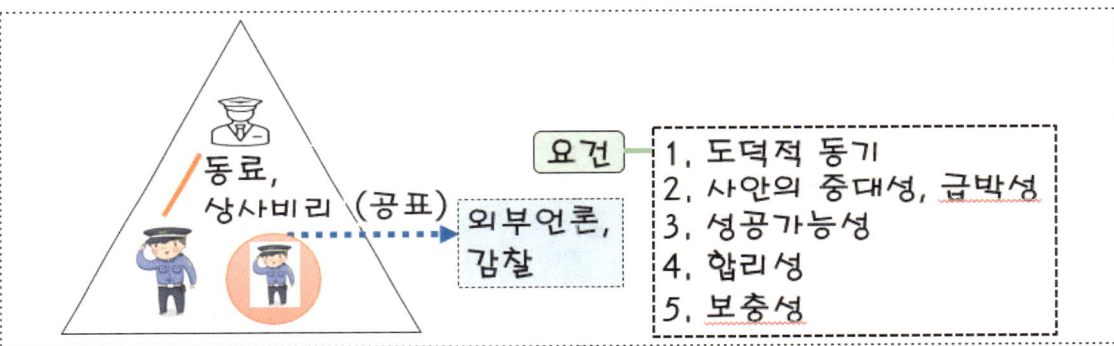

동료,
상사비리 (공표)

외부언론,
감찰

요건
1. 도덕적 동기
2. 사안의 중대성, 급박성
3. 성공가능성
4. 합리성
5. 보충성

윤리강령 제정

일반

연혁

경찰윤리헌장(1966) → 새경찰신조(1980) → 경찰헌장(1991) → 경찰서비스헌장(1998)

기능

(대내)-데이비스
1. 개인행위 기준 설정
2. 조직운영기준 설정
3. 구성원 자질통제기준
4. 소속감, 결속감 고취
5. 구성원 교육자료 제공

(대외)-클라이니히(대외약속측면)
1. 서비스 수준보장, 확신부여
2. 공공관계개선, 국민신뢰 형성
3. 책임제한
4. 경찰의 전문지위 열망

문제점

최소주의 위험	= 행위수준 최저화 경향, 규정된 수준으로만 근무, 행위 울타리, 그 이상×
우선순위 미결정	우선순위×
실행가능성 문제	처벌규정×
냉소주의 문제	상부에서 일방적으로 결정하여 하달, 비웃음
비진정성	타율성, 진정한 봉사×, 냉소주의와 같은 맥락
행위중심주의	동기×, 예 사악한 범죄자에 폭언 = 피해자에 폭언

경찰헌장

1. **봉**사하는 → **친**절한 경찰
2. 진실 추구, **타**협하지 않는 → **의**로운 경찰
3. 신뢰 바탕, **양**심에 따라 → **공**정한 경찰
4. 전문지식 닦아, **성**실하게 → **근**면한 경찰
5. 규율 지키며, **검**소하게 → **깨**끗한 경찰

경찰서비스헌장

1. **안**전과 편의를 → **성**실히
2. 인권을 **존**중하고 → 권한을 **남**용하는 일이 없도록
3. 잘못된 **업**무처리는 → 즉**시**
4. 모든 **민**원은 → 신**속**·공정하게
5. **국**민이 필요로 → **바**로 달려가
6. **철**저히 예방하고 → 단**호**하고 엄정하게

[☺안성 존남 업시, 민속 국밥(먹는) 철호]

경찰공무원 복무규정

1. 경찰**사**명 - 사명으로
2. 경찰**정**신 - 정신을 그 바탕으로
3. **규**율 - 규율
4. **단**결 - 굳게 뭉쳐
5. **책**임 - 책임을
6. **성**실·**청**렴 - 성실하고 청렴한 태도로

공무원 행동강령

1. 부패방지법 -> 공무원 행동기준(대통령령)
2. 공무원 행동강령에 경찰청 특수성 반영 ->
   경찰청 공무원 행동강령(경찰청 훈령) 제정

   * 특혜의 배제, 예산목적 외 사용금지, 인사청탁금지 등 ->
     경찰청 공무원 행동강령과 유사하게 규정

경찰청 공무원 행동강령

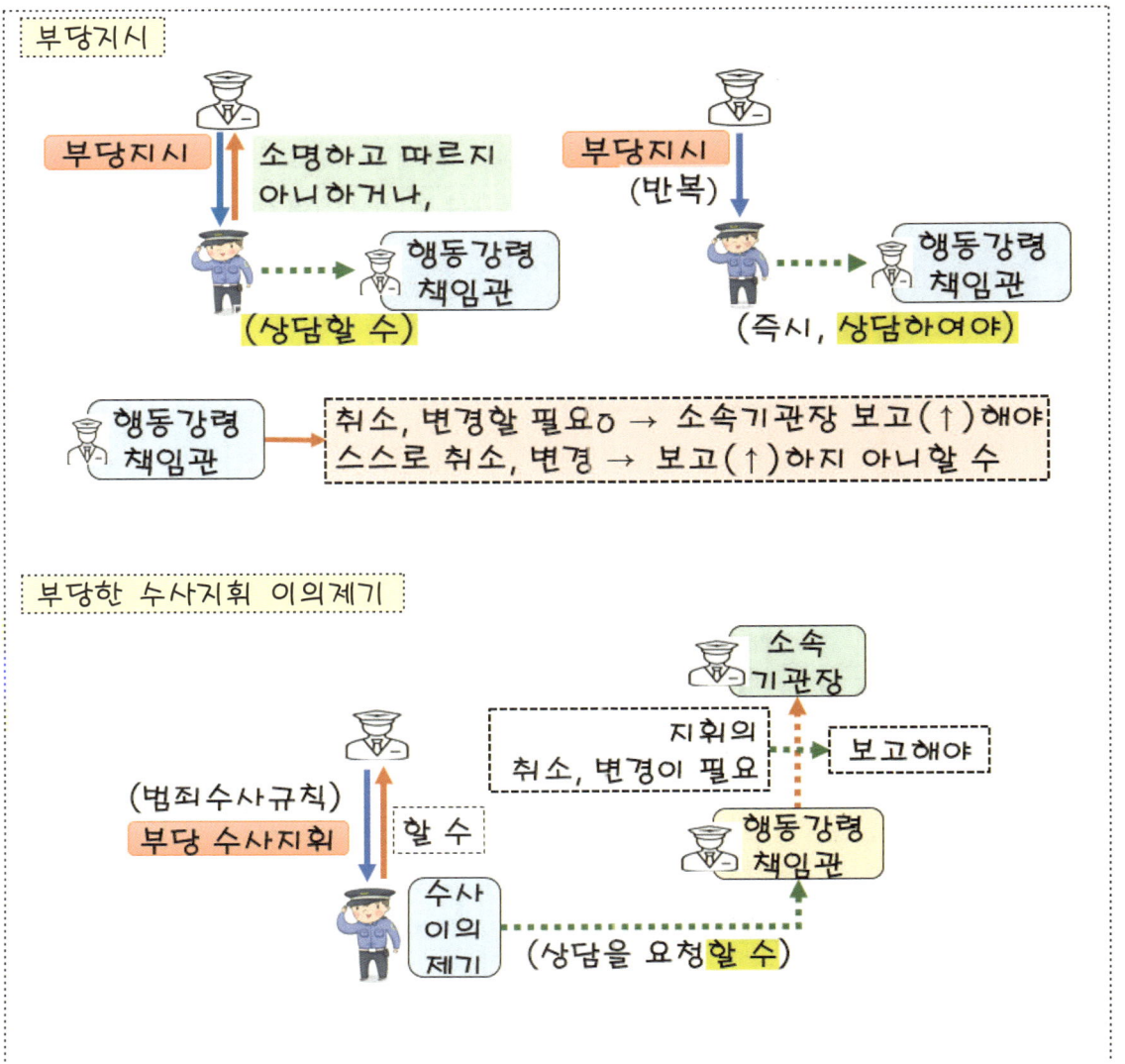

부당지시

부당지시 → 소명하고 따르지 아니하거나,

(상담할 수) 행동강령 책임관

부당지시 (반복) → 행동강령 책임관

(즉시, 상담하여야)

행동강령 책임관 → 취소, 변경할 필요o → 소속기관장 보고(↑)해야
스스로 취소, 변경 → 보고(↑)하지 아니할 수

부당한 수사지휘 이의제기

(범죄수사규칙) 부당 수사지휘 → 할 수

수사 이의 제기 (상담을 요청할 수) → 행동강령 책임관

지휘의 취소, 변경이 필요 → 소속 기관장 → 보고해야

수사단속업무의 공정성 강화 - 공·사적 접촉신고

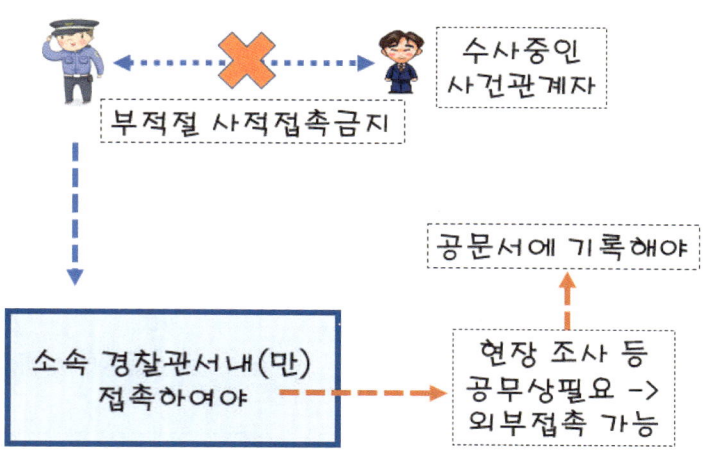

소속
기관장

공·사적 접촉 시
-> 신고해야

경찰청장이 정, 유형
업소 관계자

부적절 사적접촉금지

수사중인
사건관계자

부적절 사적접촉금지

소속 경찰관서내(만)
접촉하여야

현장 조사 등
공무상필요 ->
외부접촉 가능

공문서에 기록해야

특혜 배제

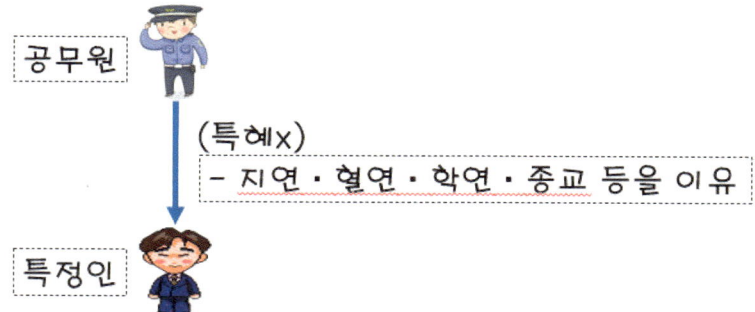

공무원

(특혜x)
- 지연·혈연·학연·종교 등을 이유

특정인

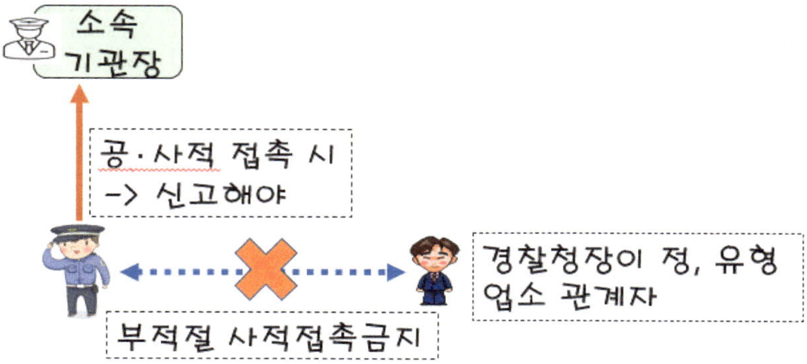

정치인등 부당요구 처리

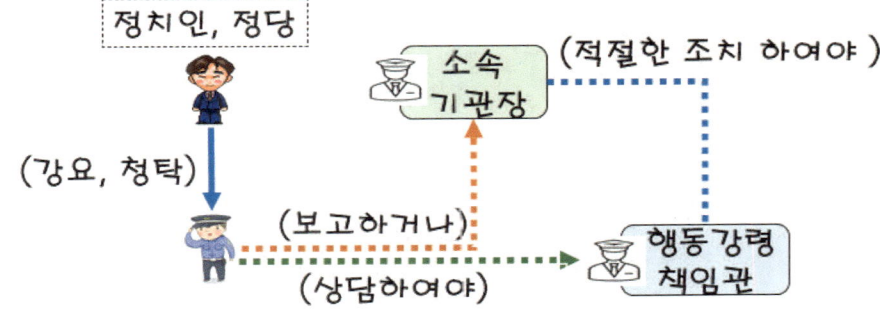

정치인, 정당

(강요, 청탁)

(보고하거나)

(상담하여야)

소속
기관장

(적절한 조치 하여야)

행동강령
책임관

경찰 유관 단체원 부정행위 처리

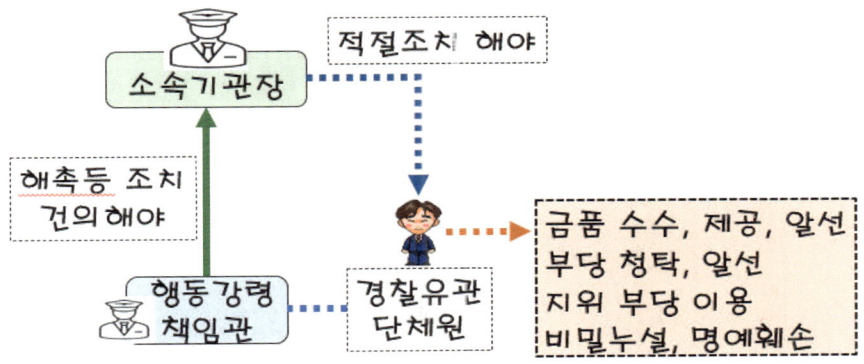

소속기관장

적절조치 해야

해촉등 조치
건의해야

행동강령
책임관

경찰유관
단체원

금품 수수, 제공, 알선
부당 청탁, 알선
지위 부당 이용
비밀누설, 명예훼손

인사청탁 금지

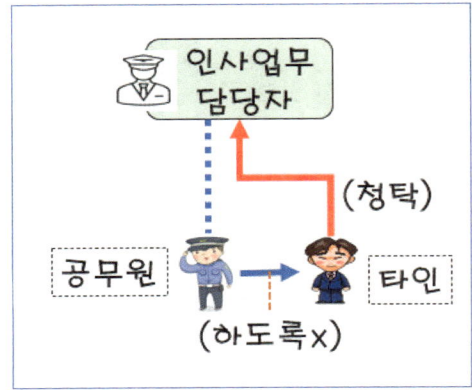

인사업무
담당자

(청탁)

공무원

타인

(하도록x)

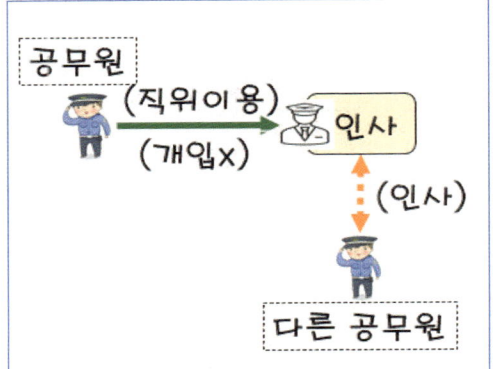

공무원

(직위이용)

(개입x)

인사

(인사)

다른 공무원

직위 사적이용 금지

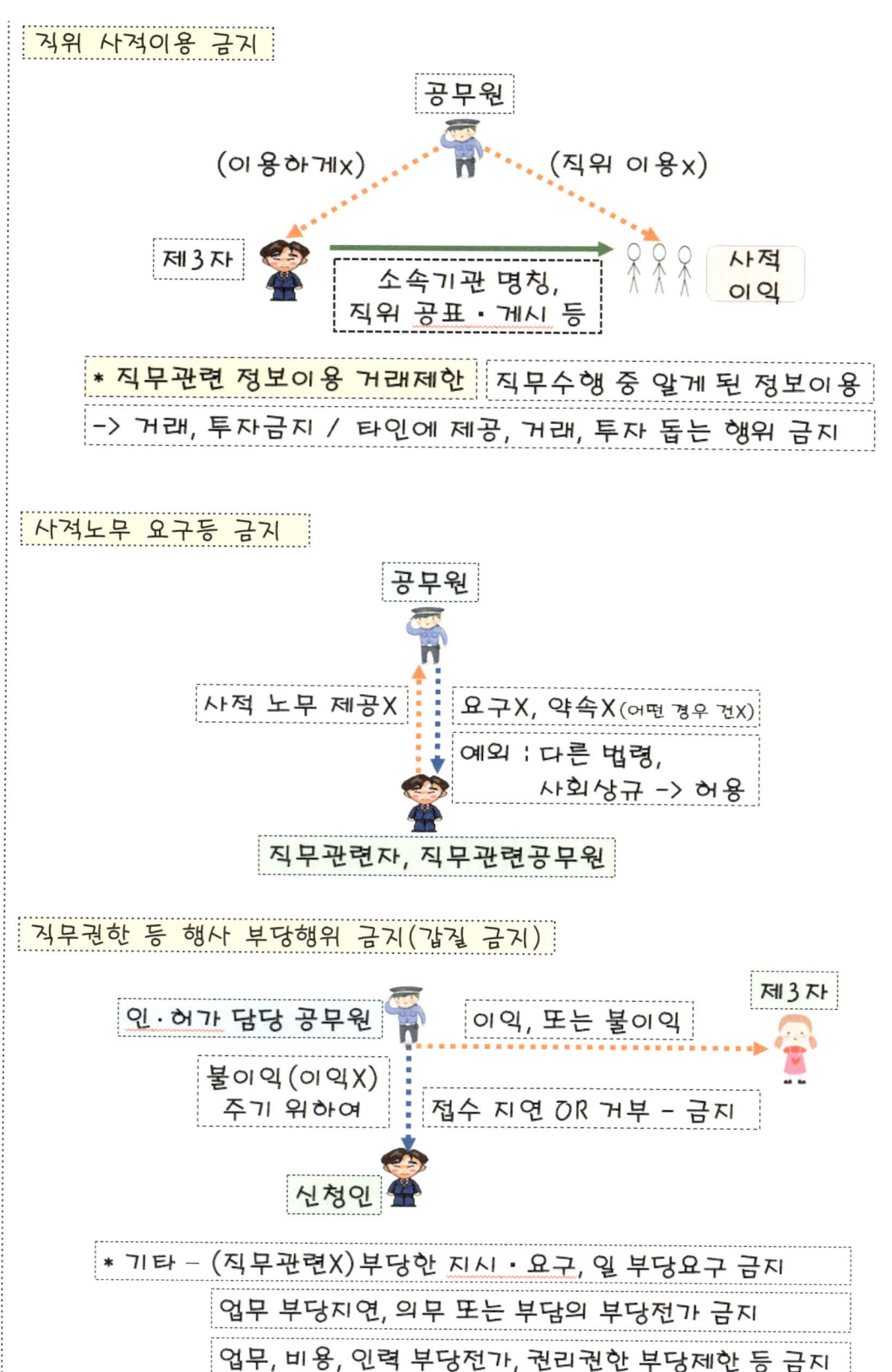

공무원

(이용하게X)   (직위 이용X)

제3자   소속기관 명칭,   사적
               직위 공표·게시 등   이익

* 직무관련 정보이용 거래제한   직무수행 중 알게 된 정보이용

-> 거래, 투자금지 / 타인에 제공, 거래, 투자 돕는 행위 금지

사적노무 요구등 금지

공무원

사적 노무 제공X   요구X, 약속X (어떤 경우 건X)

              예외 : 다른 법령,
                    사회상규 -> 허용

직무관련자, 직무관련공무원

직무권한 등 행사 부당행위 금지(갑질 금지)

                                        제3자

인·허가 담당 공무원   이익, 또는 불이익

불이익(이익X)
주기 위하여   접수 지연 OR 거부 - 금지

      신청인

* 기타 - (직무관련X)부당한 지시·요구, 일 부당요구 금지

업무 부당지연, 의무 또는 부담의 부당전가 금지

업무, 비용, 인력 부당전가, 권리권한 부당제한 등 금지

금품등 수수 제한

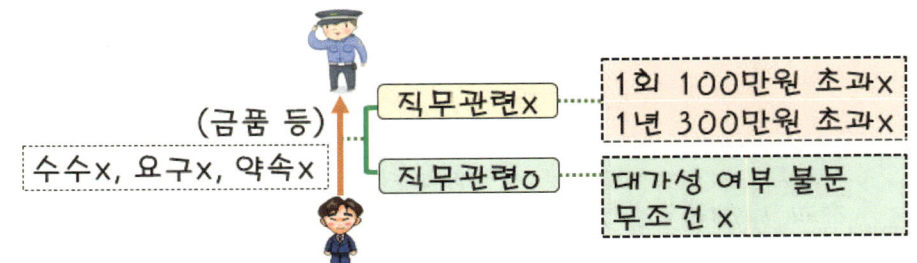

(금품 등) ──→ 직무관련x ┄┄→ 1회 100만원 초과x
                          1년 300만원 초과x

수수x, 요구x, 약속x ──→ 직무관련O ┄┄→ 대가성 여부 불문
                                    무조건 x

* 예외 – 사적거래(증여제외), 친족이 제공, 소속기관장이 위로 등
  – 원활 직무, 사교, 의례 등, 직원상조회 등 지속적 친분관계
  – 공식행사 통상제공, 기념품 등 사회상규 허용

감독기관의 부당요구 금지(갑질금지)

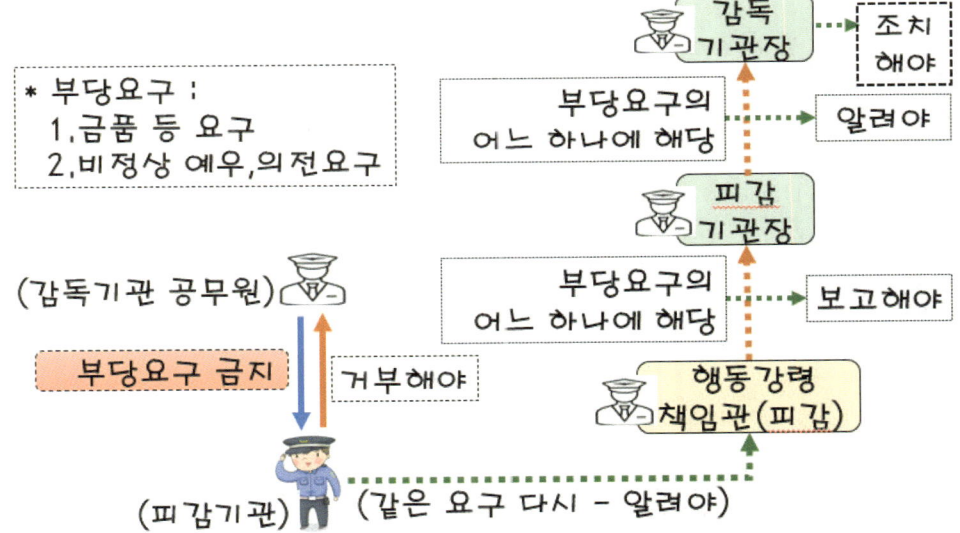

* 부당요구 :
  1. 금품 등 요구
  2. 비정상 예우, 의전요구

(감독기관 공무원)
부당요구 금지 거부해야
(피감기관) (같은 요구 다시 – 알려야)

감독 기관장 ┄┄→ 조치 해야
부당요구의 어느 하나에 해당 ┄┄→ 알려야
피감 기관장
부당요구의 어느 하나에 해당 ┄┄→ 보고해야
행동강령 책임관(피감)

외부강의 신고등

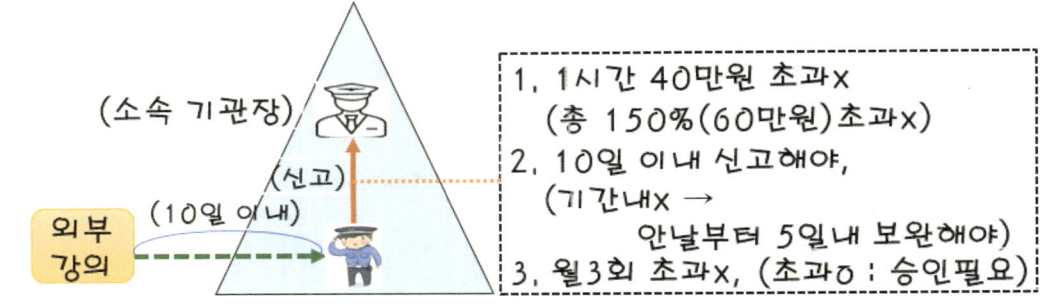

(소속 기관장)
(신고)
(10일 이내)
외부 강의

1. 1시간 40만원 초과x
   (총 150%(60만원)초과x)
2. 10일 이내 신고해야,
   (기간내x →
        안날부터 5일내 보완해야)
3. 월3회 초과x, (초과O : 승인필요)

초과사례금 신고 등

(소속 기관장)

(신고)

7일 이내
반환하여야 할 금액
통지해야

외부
강의

(초과 사례금)

(지체X 반환)

(2일 이내)

협찬요구 제한

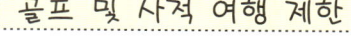

공무원

협찬요구X

직무관련자

골프 및 사적 여행 제한

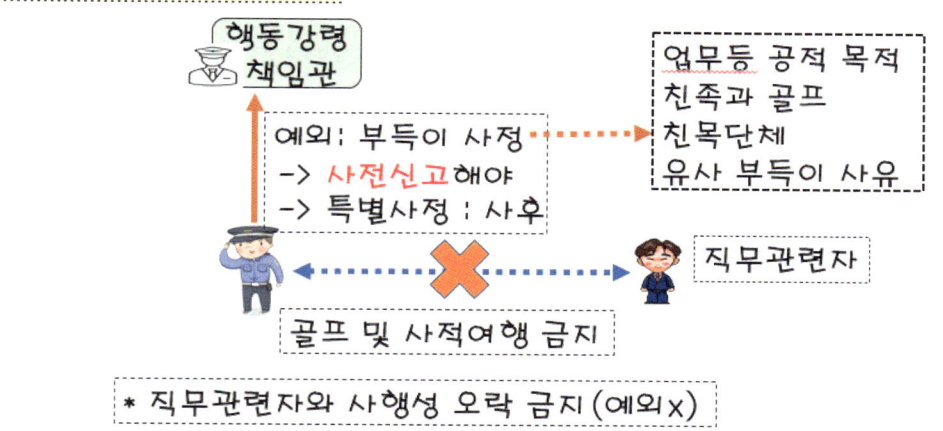

행동강령
책임관

업무등 공적 목적
친족과 골프
친목단체
유사 부득이 사유

예외; 부득이 사정
-> 사전신고해야
-> 특별사정 ; 사후

직무관련자

골프 및 사적여행 금지

* 직무관련자와 사행성 오락 금지 (예외x)

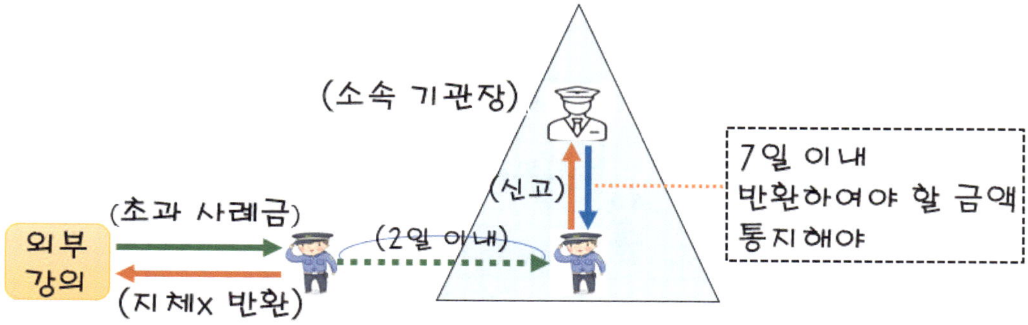

경조사

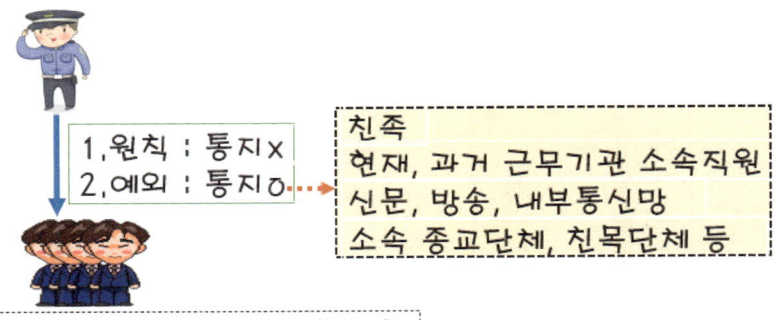

1. 원칙 : 통지 X
2. 예외 : 통지 O ┈┈▶

친족
현재, 과거 근무기관 소속직원
신문, 방송, 내부통신망
소속 종교단체, 친목단체 등

직무관련자, 직무관련 공무원

* 외부접속 가능한 공무원 노조사이트 공지 → **위반**
* 부하(직관 X)가 대신 통지 → **위반**

부정청탁금지법

공공기관

뇌물죄 주체 :
국가기관,
지방자치단체 등
→ (확대) →

선거관리위원회, 국가인권위원회
공직유관단체
공공기관운영에 관한 법률에 따른 기관
초중고, 유아교육법 기타 법령의 각급학교
사립학교법에 따른 법인 등

공직자 등

뇌물죄 주체 :
국가공무원법,
지방공무원법,
기타 공무원 인정
→ (확대) →

공직유관단체 및 기관의 장과 그 임직원
각급 학교장과 교직원 및 학교법인 임직원
언론사의 대표자와 그 임직원

부정청탁 금지

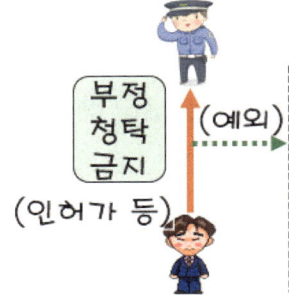

부정
청탁
금지
↑ (예외) ┈┈▶

(인허가 등)

권리침해 해결요구
법령・기준의 제정・개정・폐지를 제안・건의
공개적 특정행위 요구
선출직 공직자, 정당, 시민단체 등, 공익적 민원
전달, 제안, 건의
법정기한 안에 처리하여 줄 것을 신청・요구 등

고지 및 거절

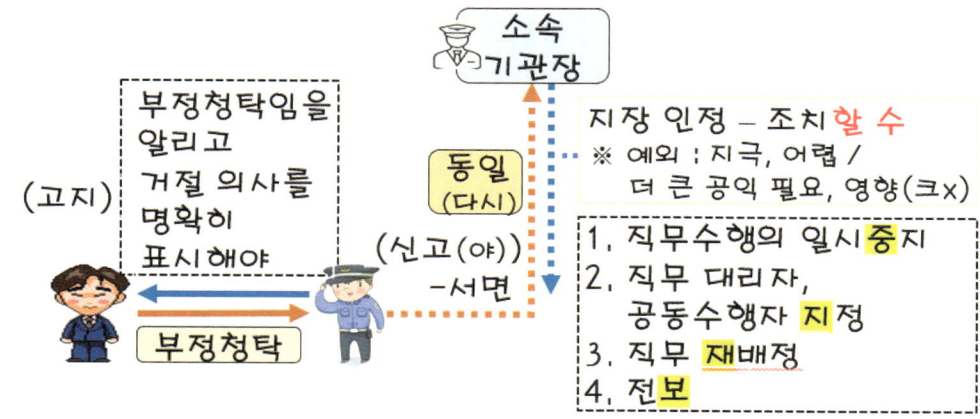

소속 기관장

(고지) 부정청탁임을 알리고 거절 의사를 명확히 표시해야

동일 (다시)

(신고(야)) - 서면

부정청탁

지장 인정 – 조치 **할 수**
※ 예외 : 지극, 어렵 / 더 큰 공익 필요, 영향(크x)

1. 직무수행의 일시 중지
2. 직무 대리자, 공동수행자 지정
3. 직무 재배정
4. 전보

금품 등 수수 금지

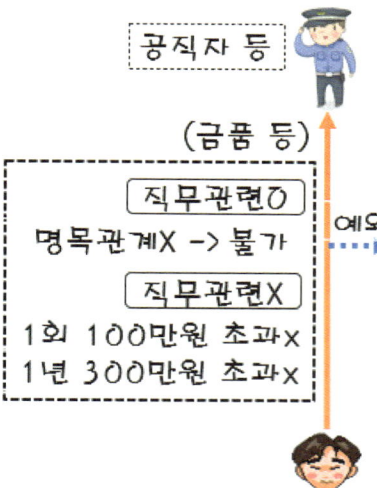

공직자 등

(금품 등)

직무관련O
명목관계X -> 불가

직무관련X
1회 100만원 초과x
1년 300만원 초과x

예외

1. 위로·격려·포상 등의 목적
2. 원활한 직무수행 또는 사교·의례, 부조 목적
 - 대통령령 : 음식물(5만),
   경조사(5만, 화환10만),
   선물5만,
   농수축산(15만, 명절 30만-전24, 후5일)
3. 사적 거래(증여는 제외)
4. 공직자 등의 친족이 제공
5. 직원상조회·동호인회·동창회·향우회·친목회·종교단체·사회단체 등이 제공
6. 공식 행사, 일률 제공, 교통, 숙박, 음식물등
7. 기념품, 홍보용품 등 경연·추첨 보상, 상품
8. 기타 사회상규상 허용

수수금지 금품등 신고 및 처리

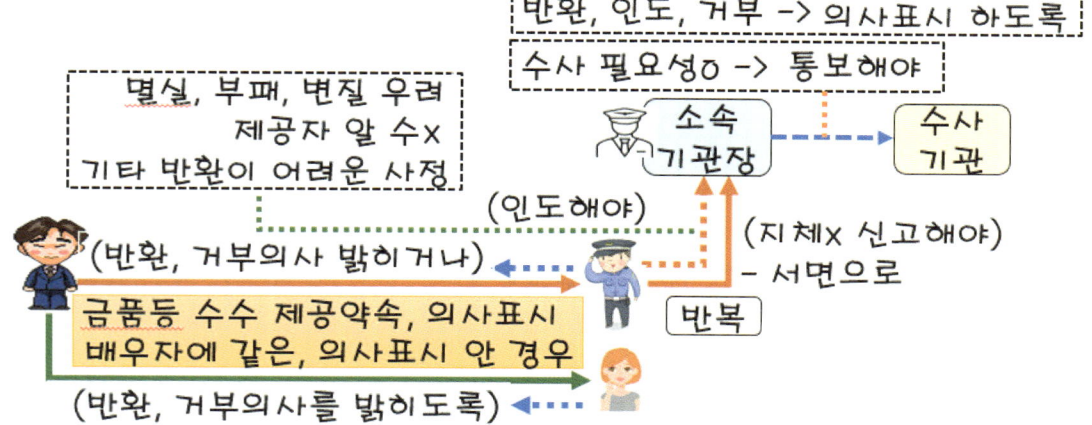

반환, 인도, 거부 -> 의사표시 하도록

수사 필요성O -> 통보해야

멸실, 부패, 변질 우려
제공자 알 수x
기타 반환이 어려운 사정

소속 기관장

수사 기관

(인도해야)

(반환, 거부의사 밝히거나)

(지체x 신고해야) - 서면으로

반복

금품등 수수 제공약속, 의사표시
배우자에 같은, 의사표시 안 경우

(반환, 거부의사를 밝히도록)

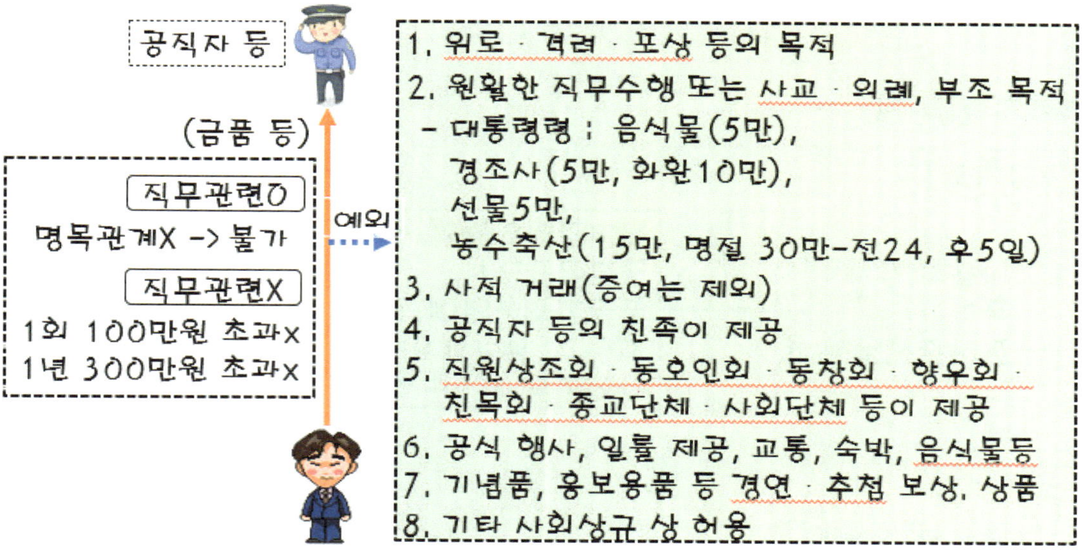

외부강의 신고

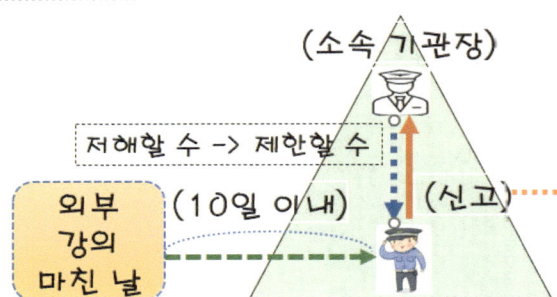

(소속 기관장)

저해할 수 → 제한할 수

외부 강의 마친 날 (10일 이내) → (신고)

1. 10일 이내 신고해야
   - 요청자 국가x, 지자체x
2. 1시간 40만원 초과x
   (총 150%(60만원)초과x)
3. 초과사례금
   - 소속기관장 신고
   - 지체없이 반환

신고 주체

1. 발생 공공기관, 감독기관
2. 감사원 또는 수사기관
3. 국민권익위원회

실명신고원칙 :
자신의 인적사항
신고취지·이유·내용
서명한 문서
신고대상 및 증거 등
→ 제출해야

비실명 대리신고 :
자신의 인적사항x
변호사 선임, 신고대리
변호사 인적사항·서명
으로 갈음
(신고할 수)

이 법 위반사실
알게 된 경우

누구든지

신고 처리 1

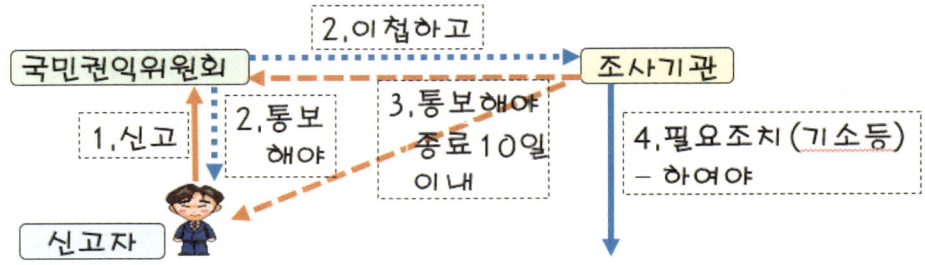

국민권익위원회

2.이첩하고

조사기관

1.신고   2.통보
         해야

3.통보해야
종료10일
이내

4.필요조치(기소등)
 - 하여야

신고자

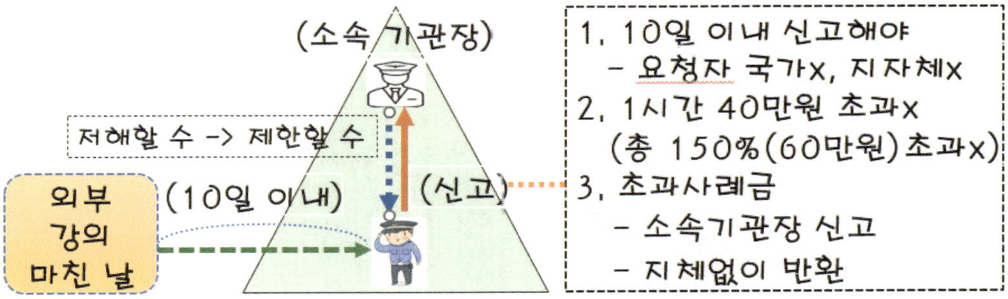

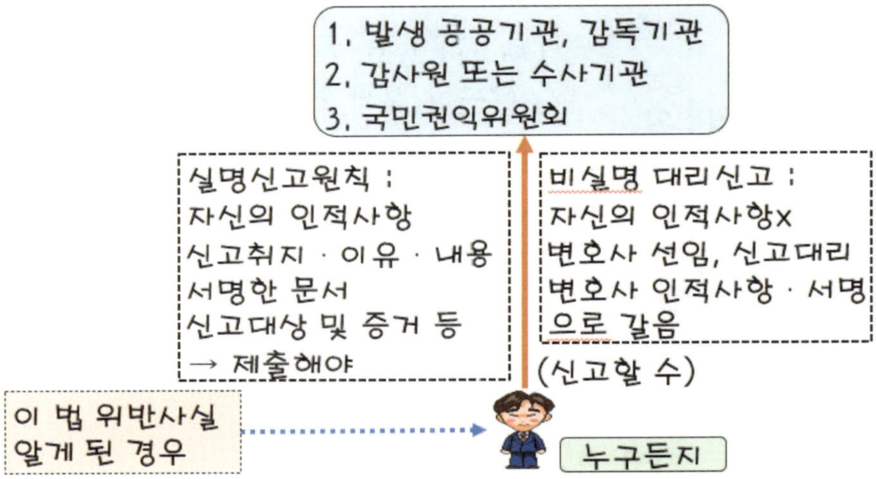

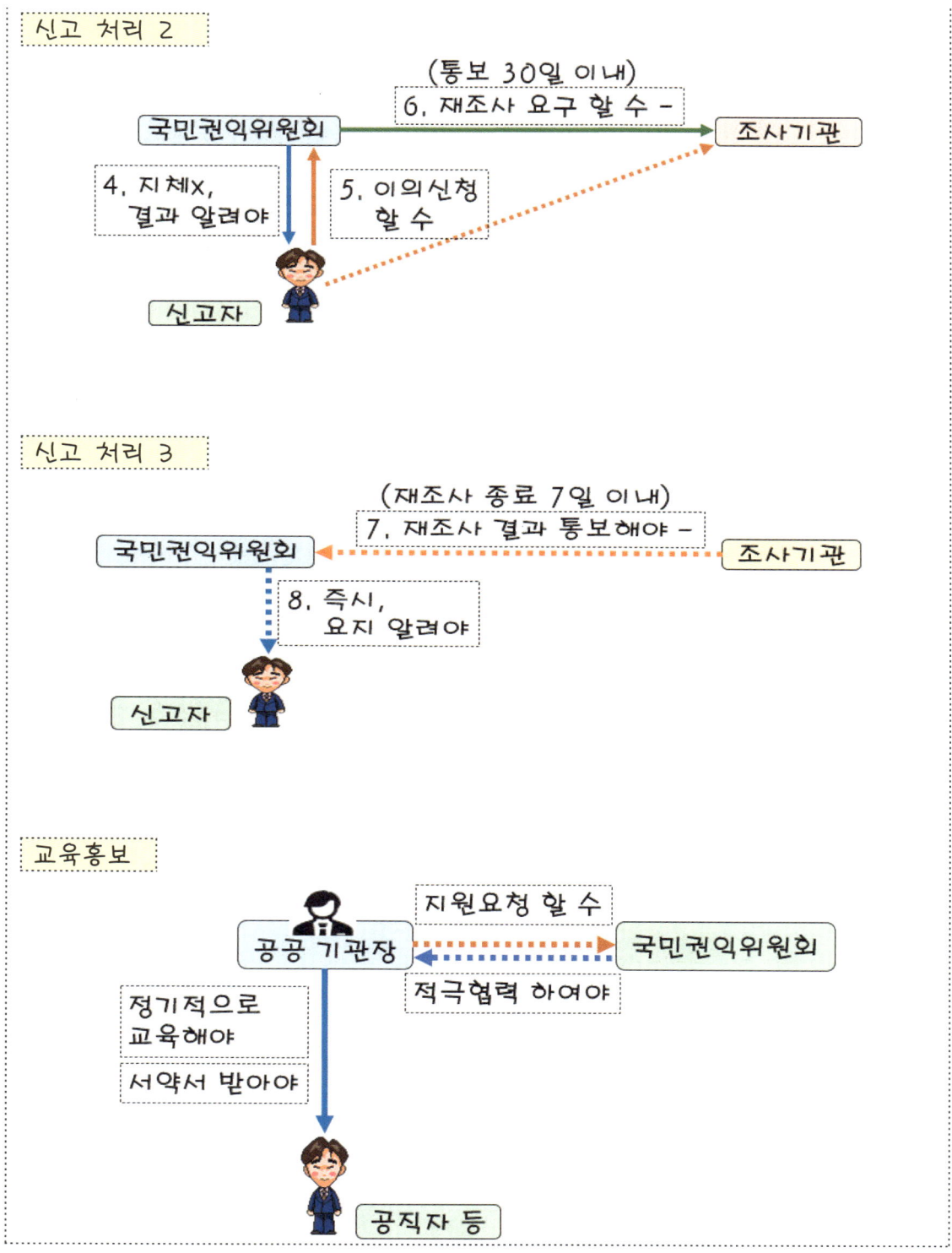

신고 처리 2

(통보 30일 이내)
6. 재조사 요구 할 수 -

국민권익위원회 ──────→ 조사기관

4. 지체X,
   결과 알려야

5. 이의신청
   할 수

신고자

신고 처리 3

(재조사 종료 7일 이내)
7. 재조사 결과 통보해야 -

국민권익위원회 ←······ 조사기관

8. 즉시,
   요지 알려야

신고자

교육홍보

지원요청 할 수

공공 기관장 ⇄ 국민권익위원회

적극협력 하여야

정기적으로
교육해야

서약서 받아야

공직자 등

공직자의 이해충돌방지법

사적이해관계신고, 회피·기피 신청1

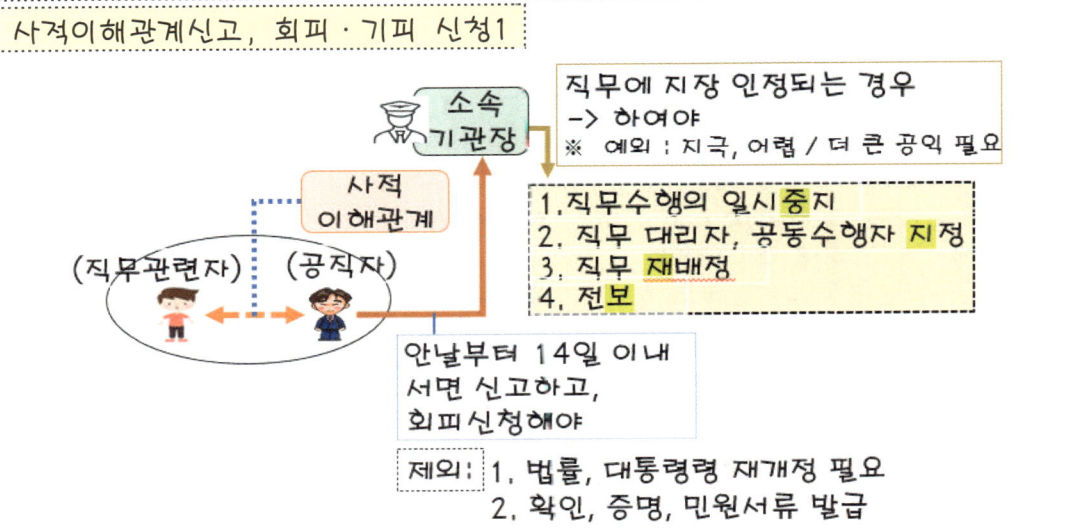

소속 기관장

직무에 지장 인정되는 경우
-> 하여야
※ 예외 : 지극, 어렵 / 더 큰 공익 필요

1. 직무수행의 일시 중지
2. 직무 대리자, 공동수행자 지정
3. 직무 재배정
4. 전보

사적 이해관계

(직무관련자)   (공직자)

안날부터 14일 이내
서면 신고하고,
회피신청해야

제외 : 1. 법률, 대통령령 재개정 필요
　　　 2. 확인, 증명, 민원서류 발급

공직자

가. 「국가공무원법」 또는 「지방공무원법」에 다른 공무원으로 인정된 사람

나. 공직유관단체 또는 공공기관의 장과 그 임직원

다. 각급 국립·공립학교의 장과 교직원,　-> ♣사립학교 교직원(X), 기자나 언론사 대표(X)

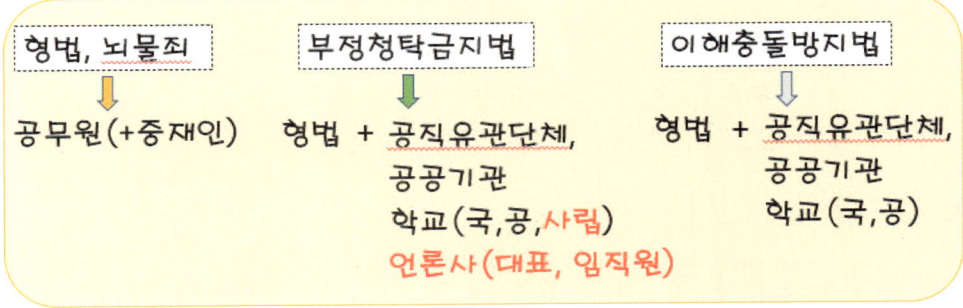

형법, 뇌물죄	부정청탁금지법	이해충돌방지법
공무원(+중재인)	형법 + 공직유관단체, 공공기관 학교(국,공,사립) 언론사(대표, 임직원)	형법 + 공직유관단체, 공공기관 학교(국,공)

직무관련자

직무관련 개인, 법인, 단체 및 공직자(대리인 포함) → ♣대리인 제외(X)

- 조치요구, 이익 또는 불이익, 계약체결 → 개인, 법인, 단체,

- 이익 불이익을 직접적으로 받는 공직자 → ♣간접적 이익·불이익(X)
  (공공기관에 소속 되어 해당업무를 담당하는 공직자)

사적 이해관계인

1. 자신 또는 가족
2. 법인, 단체
   - 2년 이내 재직
   - 자신, 가족 : 임원(대표, 관리), 사외이사
   - 자신, 가족 : 대리, 고문, 자문제공(+개인) + 채용 전 2년 이내
   - 자신, 가족 : 주식(30%), 지분(30%), 자본금(50%)
3. 최근 2년 이내 퇴직
   -> 2년 이내 인허가 등 회피대상 직무수행
   -> 최근 2년 이내 일정부서 함께 근무
4. 그 밖에 대통령령 등으로 정

> 지휘 · 감독하는 상급자
> 최근 2년 1회에 100만원 초과 금전거래
> 최근 2년 매년 300만원 초과 금전거래
> 기타 훈령 등으로 정하는 자

사적이해관계신고, 회피 · 기피 신청2

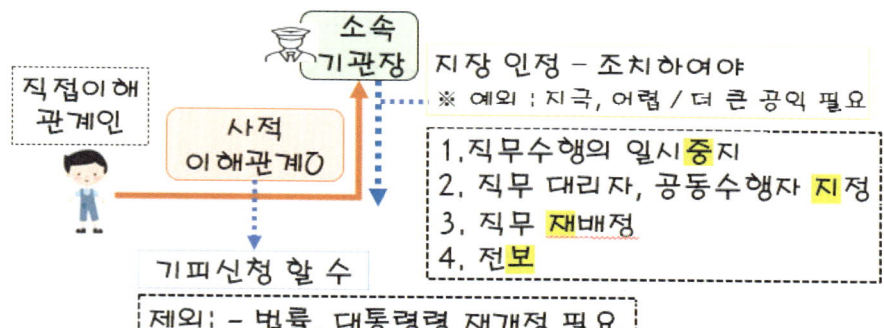

직접이해관계인

사적 이해관계O

소속 기관장

지장 인정 - 조치하여야
※ 예외 : 지극, 어렴 / 더 큰 공익 필요

1. 직무수행의 일시 중지
2. 직무 대리자, 공동수행자 지정
3. 직무 재배정
4. 전보

기피신청 할 수
제외: - 법률, 대통령령 재개정 필요
      - 확인, 증명, 민원서류 발급

직무관련 부동산 보유 · 매수신고

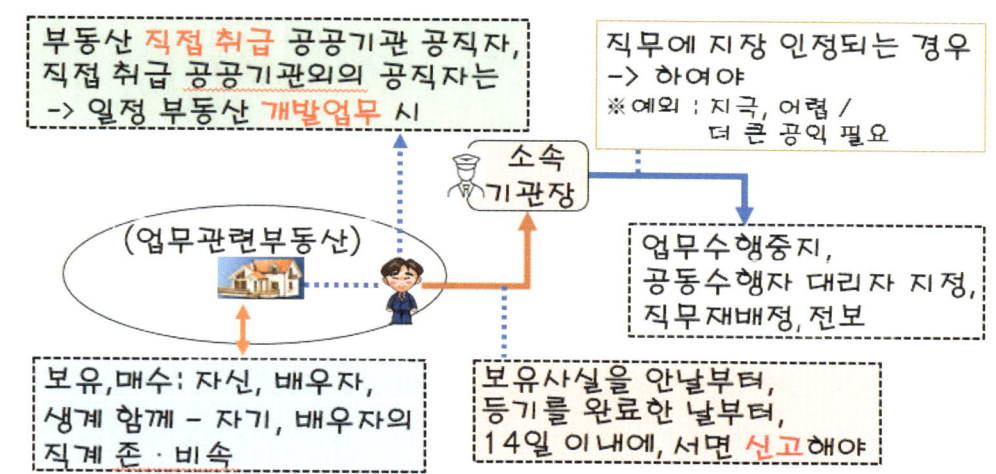

부동산 직접 취급 공공기관 공직자,
직접 취급 공공기관외의 공직자는
-> 일정 부동산 개발업무 시

직무에 지장 인정되는 경우
-> 하여야
※ 예외 : 지극, 어렴 /
        더 큰 공익 필요

(업무관련부동산)

소속 기관장

업무수행중지,
공동수행자 대리자 지정,
직무재배정, 전보

보유,매수: 자신, 배우자,
생계 함께 - 자기, 배우자의
직계 존 · 비속

보유사실을 안날부터,
등기를 완료한 날부터,
14일 이내에, 서면 신고해야

공공기관

- 가. 국회, 법원, 헌법재판소, 선거관리위원회, 감사원, 고위공직자범죄수사처, 국가인권위원회, 중앙행정기관과 그 소속 기관
- 나. 지방자치단체의 집행기관 및 지방의회
- 다. 교육행정기관
- 라. 공직유관단체(공윤법, 재정지원규모 등 고려)
- 마. 공공기관
- 바. 국립·공립 학교, -> 사립학교X, 언론사X

고위공직자 민간업무 활동내역 제출

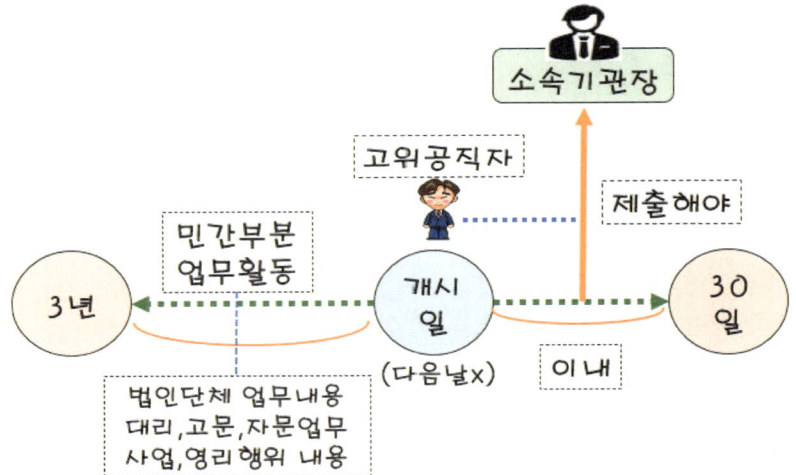

소속기관장

고위공직자

제출해야

민간부분 업무활동

3년 ← 개시일 (다음날X) → 30일 이내

법인단체 업무내용
대리,고문,자문업무
사업,영리행위 내용

직무관련자 거래신고

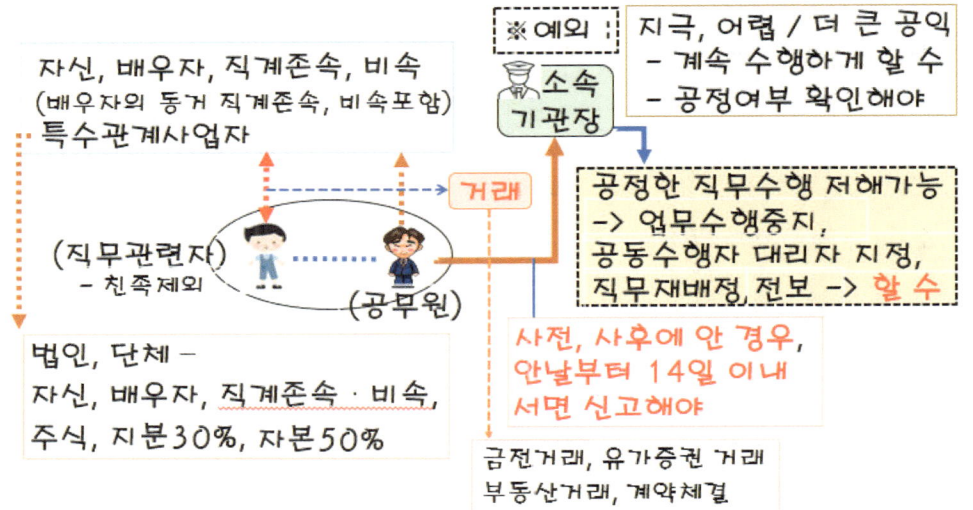

※예외 : 지극, 어렵 / 더 큰 공익
- 계속 수행하게 할 수
- 공정여부 확인해야

소속기관장

자신, 배우자, 직계존속, 비속
(배우자의 동거 직계존속, 비속포함)
특수관계사업자

거래

(직무관련자)
- 친족제외

(공무원)

공정한 직무수행 저해가능
-> 업무수행중지,
공동수행자 대리자 지정,
직무재배정, 전보 -> 할 수

사전, 사후에 안 경우,
안날부터 14일 이내
서면 신고해야

법인, 단체 -
자신, 배우자, 직계존속·비속,
주식, 지분30%, 자본50%

금전거래, 유가증권 거래
부동산거래, 계약체결

퇴직자 사적 접촉 신고

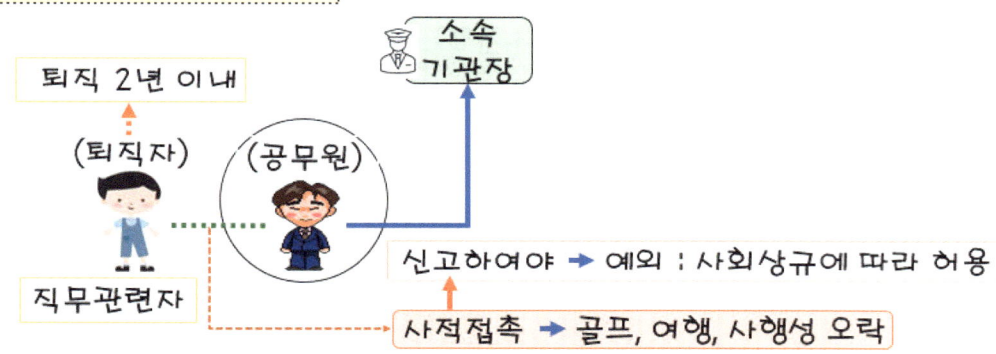

퇴직 2년 이내

(퇴직자)

(공무원)

소속 기관장

직무관련자

신고하여야 ➡ 예외 : 사회상규에 따라 허용

사적접촉 ➡ 골프, 여행, 사행성 오락

직무관련 외부활동 제한

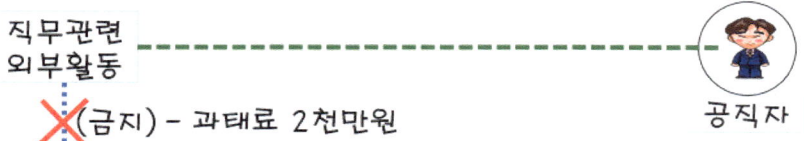

직무관련 외부활동

공직자

❌(금지) - 과태료 2천만원

직무관련자에 사적 노무, 조언 · 자문 등 제공, 대가수수
직무관련 지식, 정보 제공, 대가수수(허용된 외부강의 제외)
직접 이해관계 사안에 업무 상대방을 대리, 조언, 자문, 정보제공
외국 기관 · 법인 · 단체 등 대리(소속기관장 허가 시 제외)
직무관련 다른 직위에 취임.(소속기관장 허가 시 제외)

수의계약 체결 제한

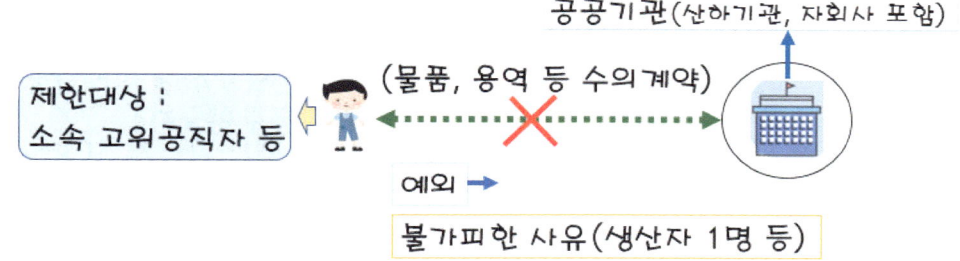

공공기관(산하기관, 자회사 포함)

제한대상 : 소속 고위공직자 등

(물품, 용역 등 수의계약) ❌

예외 ➡

불가피한 사유(생산자 1명 등)

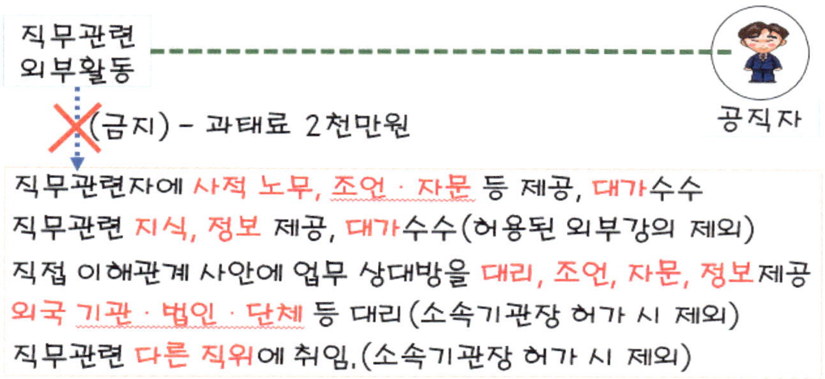

가족채용 제한

제한대상
공직자 가족 ······ - 과태료 3천만 원이하 ······→ 공공기관
채용금지 ┌─ - 예외

1. 공개경쟁채용시험, 경력경쟁채용 시험 등에 합격
2. 타 법령에 근거 다수인 대상x -> 시험으로 채용
   ⓐ 공무원 퇴직자 → 퇴직 시 직급에 재임용시
   ⓑ 임용예정 직급·직위와 같은 직급·직위에서의 근무경력
      → 해당 법령에서 정하는 기간 이상인 사람(임용시)
   ⓒ 지방공무원 → 해당직급 국가공무원 임용시,
      국가공무원 → 해당직급 지방공무원 임용시
   ⓓ 자격요건 충족여부만 요구되거나, 자격요건 해당 대상자 x
      (다수인 대상으로 할 수 없는 경우)
3. 다른 법률에서 허용

제한대상
공직자 가족 ······→
채용금지

┌─────────────────────────┐
│ 제한대상 공직자: │
│ 소속 고위공직자   │
│ 채용담당 공직자   │
│ 감독기관 고위공직자   │
│ 모회사 고위공직자   │
└─────────────────────────┘

직무상 비밀 등 이용금지

공직자
(퇴직 3년 미경과 포함)

비밀, 미공개정보 이용, 재물, 재산상 이익 취득금지,
제3자 재물 또는 재산상 이익취득(하게) 금지
※ 비밀 : 실질설(판례)
비밀, 미공개정보 사적 이익위한, 이용금지,
제3자 이용하게 하는 것 금지

 제3자

비밀, 미공개 정보 알고 제공받거나, 부정취득 ->
이를 이용 재물, 재산상 이익취득금지

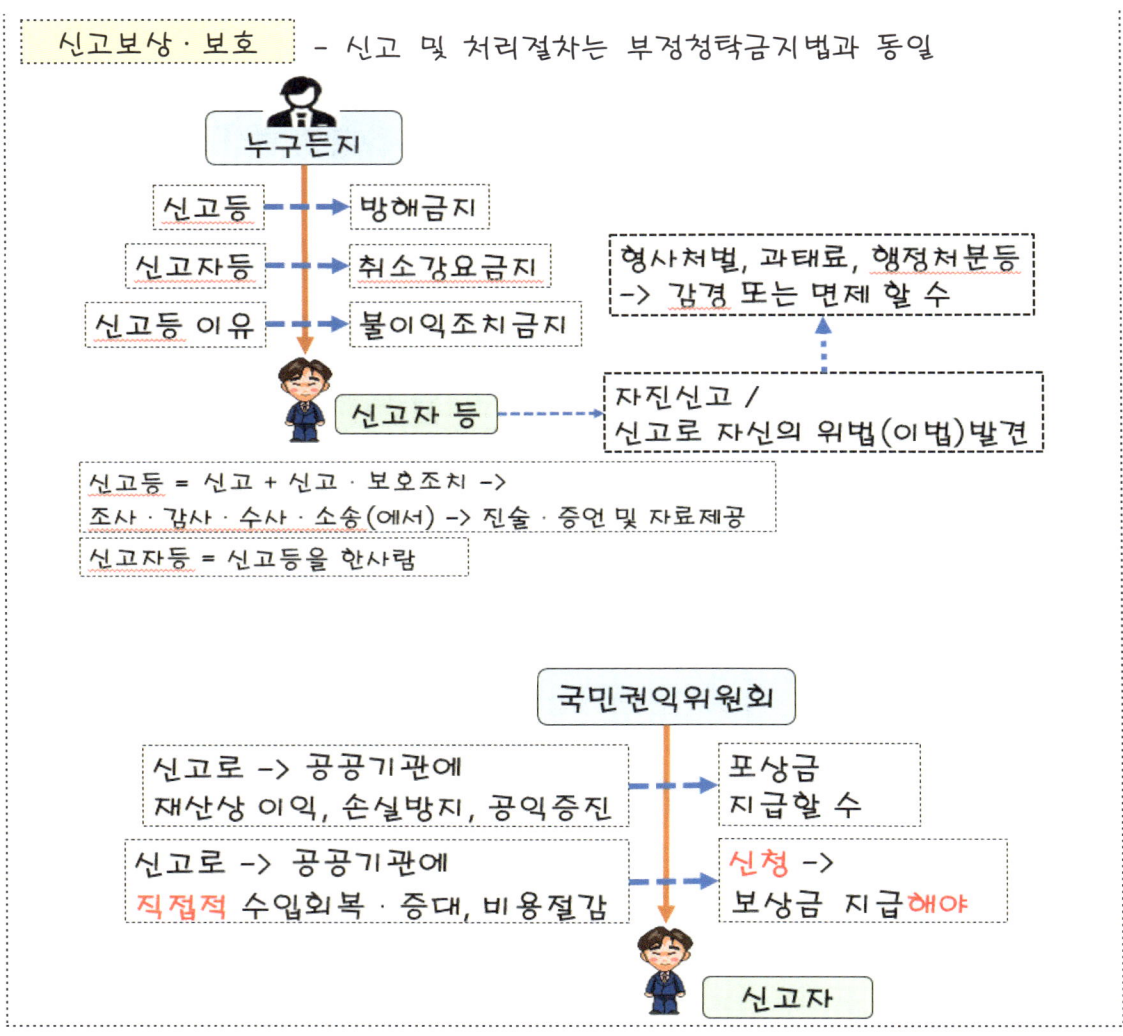

신고보상·보호 - 신고 및 처리절차는 부정청탁금지법과 동일

누구든지

신고등 → 방해금지

신고자등 → 취소강요금지

신고등 이유 → 불이익조치금지

신고자 등

형사처벌, 과태료, 행정처분등
-> 감경 또는 면제 할 수

자진신고 /
신고로 자신의 위법(이법)발견

신고등 = 신고 + 신고·보호조치 ->
조사·감사·수사·소송(에서) -> 진술·증언 및 자료제공
신고자등 = 신고등을 한사람

국민권익위원회

신고로 -> 공공기관에
재산상 이익, 손실방지, 공익증진 → 포상금
지급할 수

신고로 -> 공공기관에
직접적 수입회복·증대, 비용절감 → 신청 ->
보상금 지급해야

신고자

적극행정, 소극행정

적극행정 개념

적극행정 운영규정 :

창의성과 전문성(신속성X) 바탕,

적극적 업무처리 행위

경찰청 적극행정 면책제도 운영규정 :

경찰청 및 그 소속기관 공무원 또는 산하단체 임직원(면책대상)

성실, 능동적 업무처리

면책심사 신청

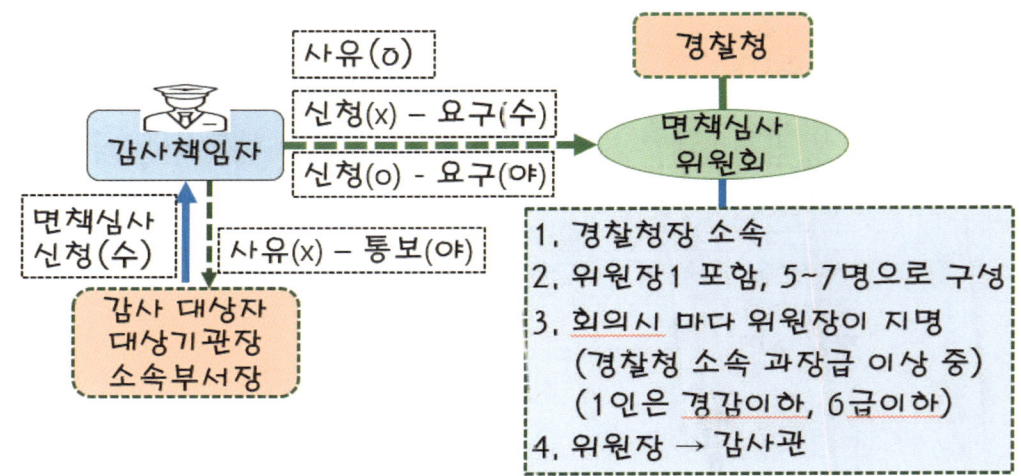

감사책임자 — 사유(O) → 경찰청 / 면책심사 위원회
신청(x) - 요구(수)
신청(O) - 요구(야)

면책심사 신청(수) ← 사유(x) - 통보(야)

감사 대상자 대상기관장 소속부서장

1. 경찰청장 소속
2. 위원장1 포함, 5~7명으로 구성
3. 회의시 마다 위원장이 지명
   (경찰청 소속 과장급 이상 중)
   (1인은 경감이하, 6급이하)
4. 위원장 → 감사관

적극행정 기준

1. 공공이익증진: 국민(공무원X)편익증진, 국민불편해소 등
   사적 이해관계X

2. 창의성과 전문성 바탕:
   창의성 - 새로운 아이디어, 참신한 해결책
   전문성 - 지식, 경험, 역량, 해결-현실적합성

3. 적극적 행위: 기준 - 결과발생시X, 업무추진 당시O

4. 결과X, 행위자체 기준:
   긍정효과 발생해야만 -> 적극행정X

   * 대상 : 모든 행위, 방식O, 특정분야 정책, 특정업무처리 방식 지칭X

적극행정 보호

적극행정 징계면제 요건: ㉠ 공공의 이익을 위한 것
㉡ 적극적 처리결과일 것
㉢ 고의나 중과실 없을 것
* 고의나 중과실 없음 추정 요건
  1. 사적 이해관계X
  2. 중대 절차상 하자X

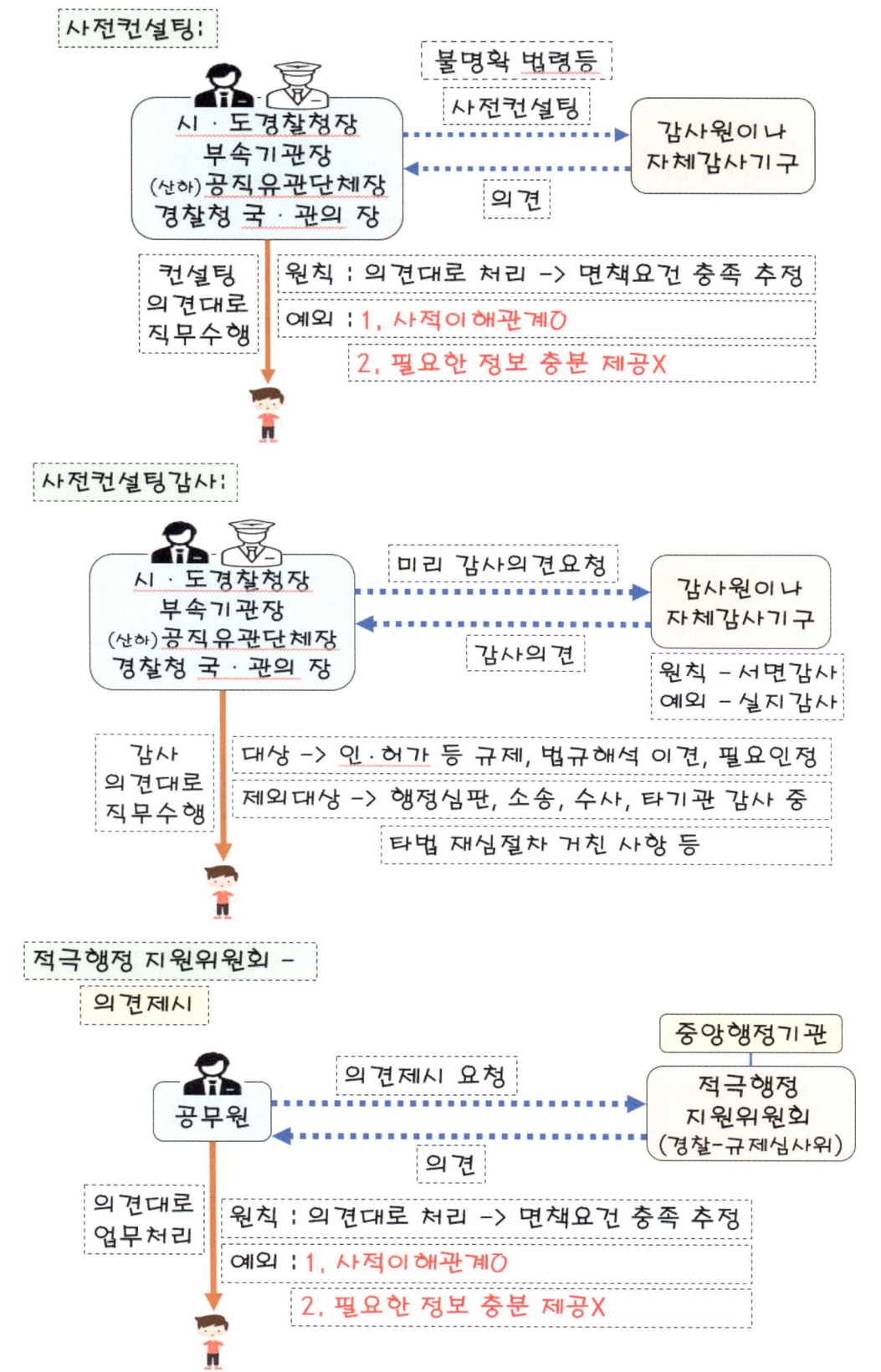

사전컨설팅:

시·도경찰청장
부속기관장
(산하) 공직유관단체장
경찰청 국·관의 장

불명확 법령등
사전컨설팅
의견

감사원이나
자체감사기구

컨설팅
의견대로
직무수행

원칙 : 의견대로 처리 -> 면책요건 충족 추정
예외 : 1. 사적이해관계O
2. 필요한 정보 충분 제공X

사전컨설팅감사:

시·도경찰청장
부속기관장
(산하) 공직유관단체장
경찰청 국·관의 장

미리 감사의견요청
감사의견

감사원이나
자체감사기구

원칙 - 서면감사
예외 - 실지감사

감사
의견대로
직무수행

대상 -> 인·허가 등 규제, 법규해석 이견, 필요인정
제외대상 -> 행정심판, 소송, 수사, 타기관 감사 중
타법 재심절차 거친 사항 등

적극행정 지원위원회 -
의견제시

공무원

의견제시 요청
의견

중앙행정기관
적극행정
지원위원회
(경찰-규제심사위)

의견대로
업무처리

원칙 : 의견대로 처리 -> 면책요건 충족 추정
예외 : 1. 사적이해관계O
2. 필요한 정보 충분 제공X

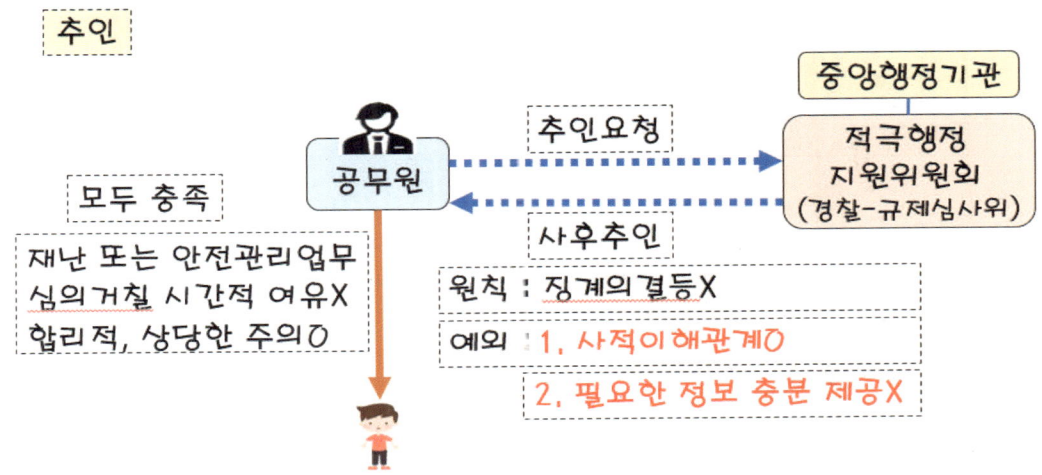

추인

추인요청

중앙행정기관

적극행정
지원위원회
(경찰-규제심사위)

공무원

모두 충족

재난 또는 안전관리업무
심의거칠 시간적 여유X
합리적, 상당한 주의○

사후추인

원칙 : 징계의결등X

예외 : 1. 사적이해관계○

　　　2. 필요한 정보 충분 제공X

고도의 정책사항 실무적 징계면제

고도의 정책사항 → 고의나 중과실이 없는 경우 → 문책제외

면책 제외대상
1. 금품 수수
2. 무사안일, 업무태만, 고의·중과실
3. 법령본질사항위반(자의적 법해석, 집행)
4. 특혜성 업무처리(위법, 부당 민원 수용)
5. 기타 이에 준하는 위법, 부당

소극행정 신고

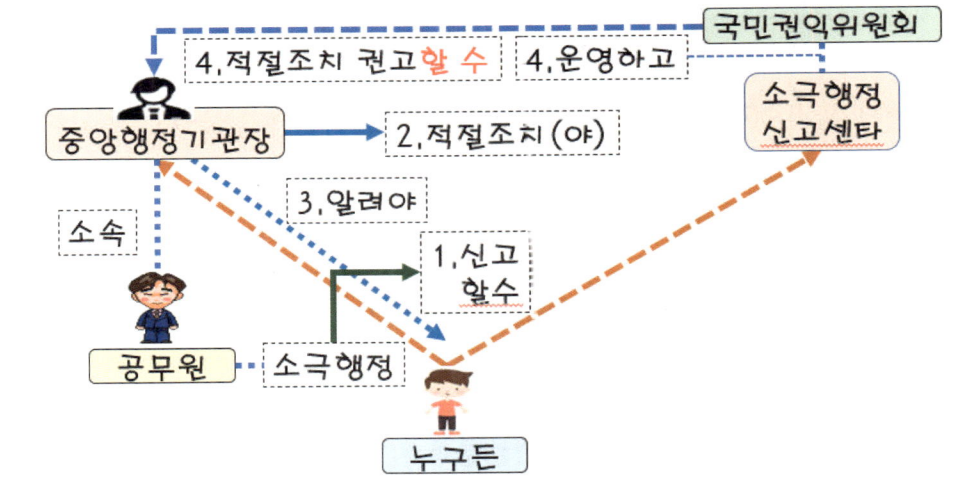

국민권익위원회

4.적절조치 권고할 수　4.운영하고

소극행정
신고센타

중앙행정기관장 → 2.적절조치(야)

소속

3.알려야

1.신고
할수

공무원　소극행정

누구든

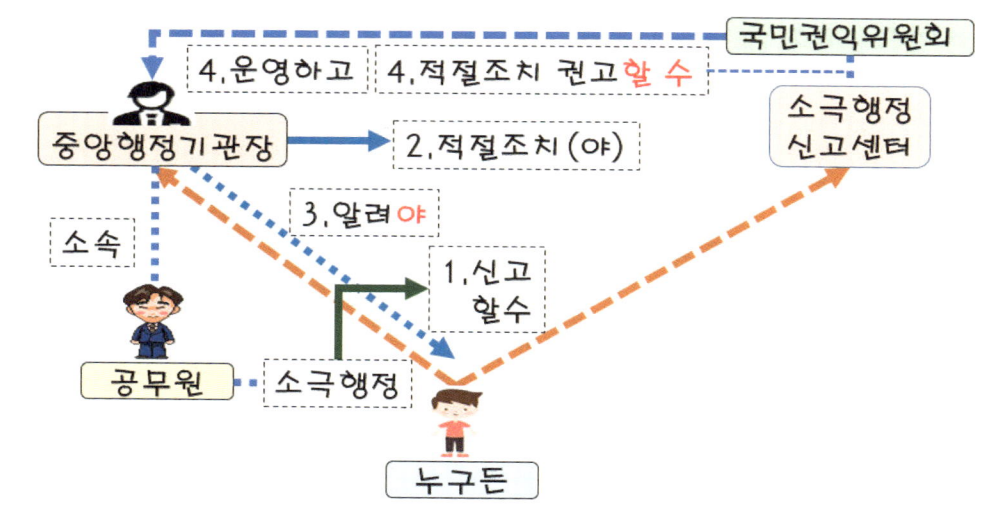

소극행정

소극행정(징계대상):	부작위, 직무태만 -> 손실발생
부작위 :	상당기간 내(짧은 기간X) -> 의무이행X
직무태만 :	통상적 요구(전문가에게X) 주의X -> 부실부당처리

소극행정유형:

적당 편의:	노력x, 적당히 형식만 갖추어 부실처리 행태
업무 해태:	합리적 이유x, 게을리 -> 불이행
탁상 행정:	과거규정, 불합리 업무관행 -> 그대로 답습
기타 관 중심 행정:	직무권한 이용 부당한 업무처리,
	자신과 소속기관 이익 위해 자의적 업무처리

경찰청 적극행정 지원위원회(규제심사위원회와 병행운영):

구성:	총14명(정부위원 5명 + 민간위원 9명)
위원장:	경찰청 차장 + 민간위원장 -> 공동위원장
운영:	재과출과, 2개월 1회 개최, 필요시 수시개최

제2절 | 경찰활동의 기준

1 사회계약과 경찰활동의 기준

① 사회계약설

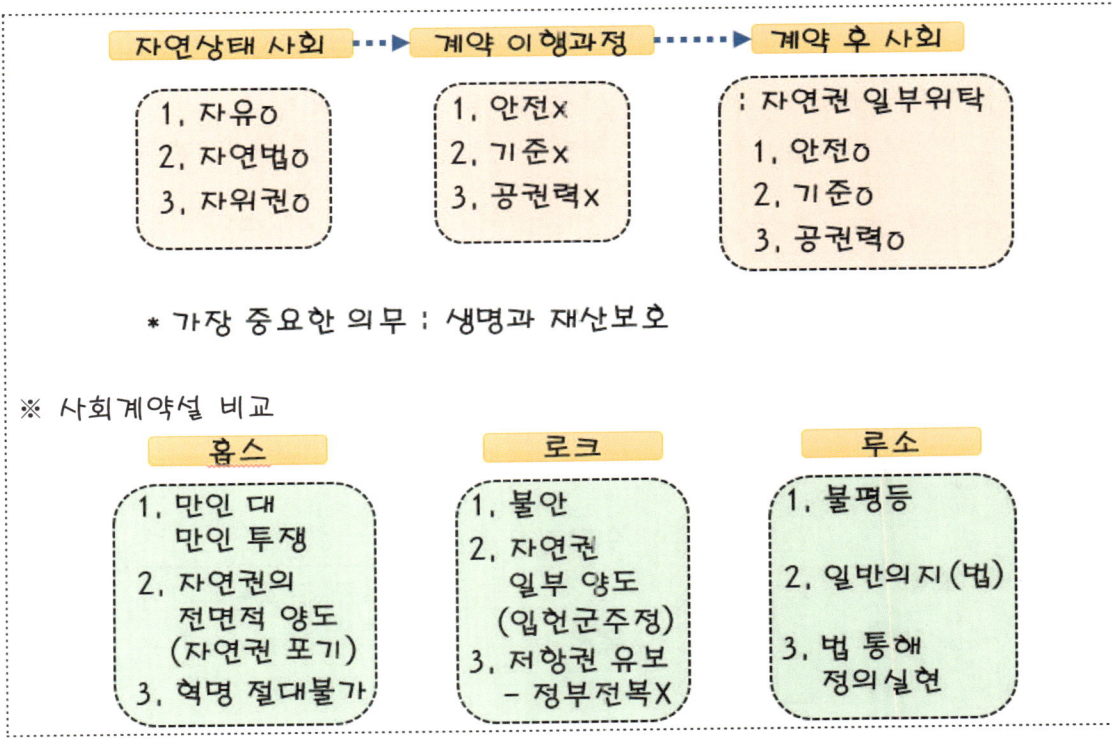

② 사회계약설에서 도출되는 경찰활동의 기준

H. Cohen(코헨)과 M. Feldberg(펠드버그) - 5가지 기준

공정한 접근

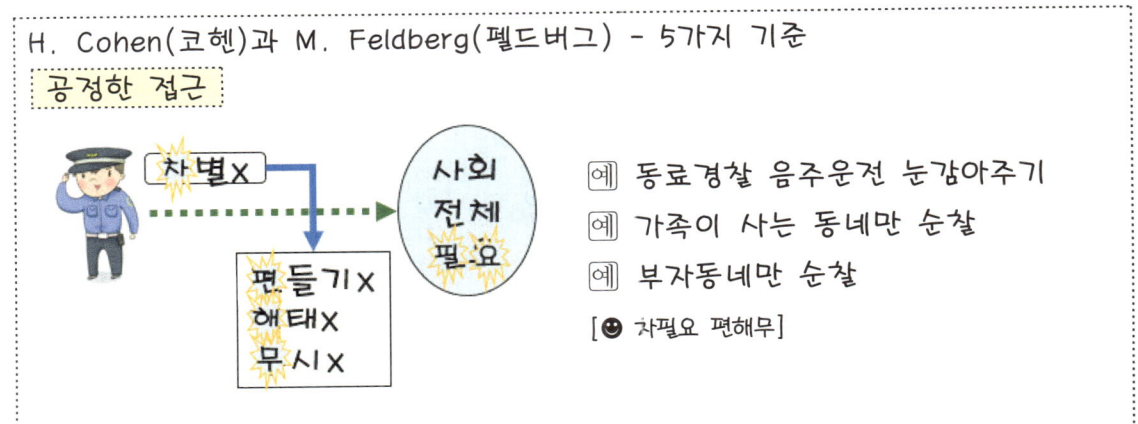

㉠ 동료경찰 음주운전 눈감아주기
㉠ 가족이 사는 동네만 순찰
㉠ 부자동네만 순찰
[☺ 차필요 편해무]

공공의 신뢰

- 시민의 신뢰에 부응하는 방식으로 법집행

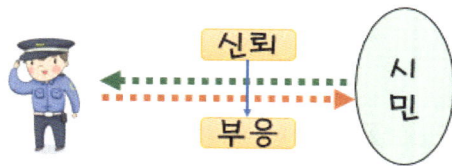

1. 자력구제x -
2. 반드시 집행o -
3. 사익추구x -
4. 적법절차 준수o -

예) 직접체포x → 경찰에 신고
예) 두려워 추격포기→신뢰확보 실패
예) 뇌물수수x, 공짜 접대x
예) 절도범 등뒤에 총쏘아 사망x

생명과 재산보호

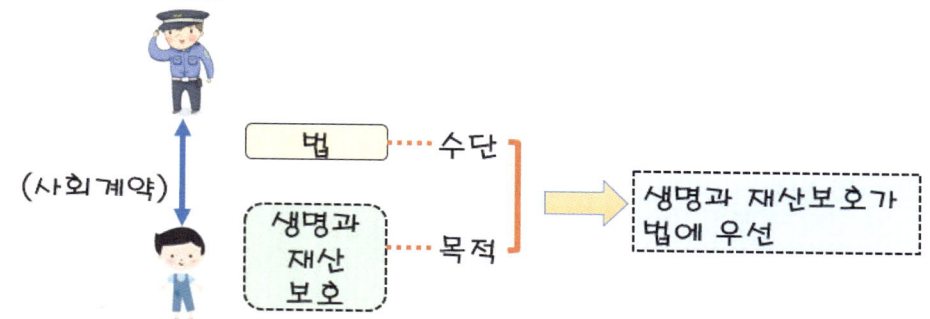

(사회계약)

법 ┄┄ 수단
생명과 재산 보호 ┄┄ 목적

생명과 재산보호가 법에 우선

잠재위험 > 현재위험 예)난폭운전자(사고위험 > 난폭운전)→ 법집행x

잠재위험 < 현재위험 예)인질납치도주(사고위험<인질사건)→ 끝까지 추적

협동

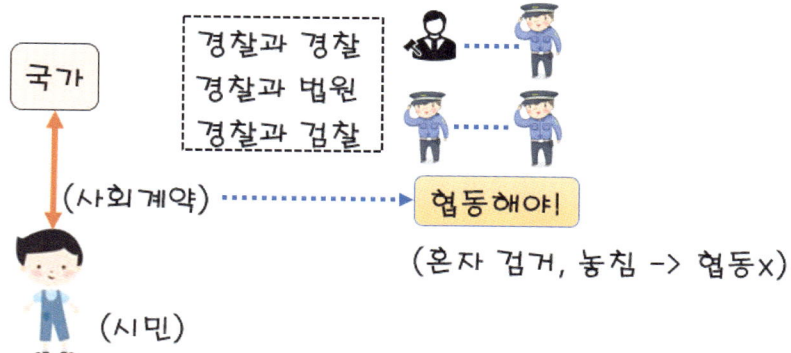

국가

경찰과 경찰
경찰과 법원
경찰과 검찰

(사회계약) ┄┄┄┄ 협동해야!

(혼자 검거, 놓침 -> 협동x)

(시민)

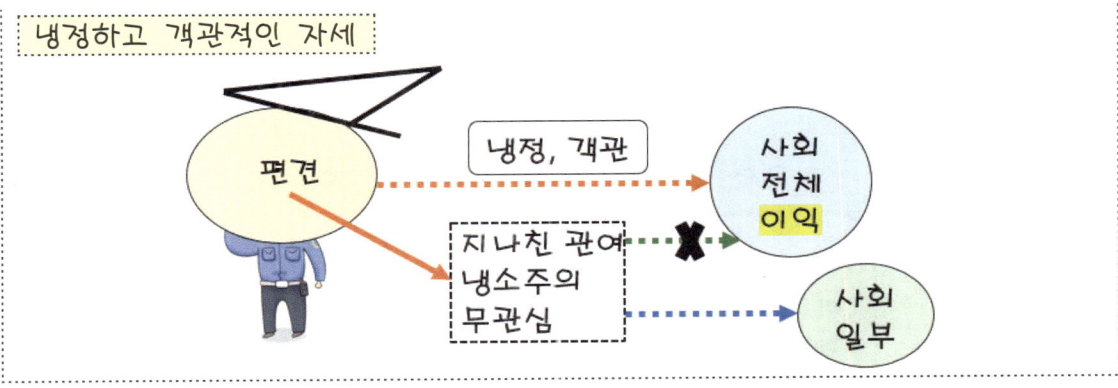

제3장 경찰의 기본이념

1 기본이념 일반

민주성	효율성
① 민주주의 ② 법치주의 ③ 인권존중 ④ 정치중립	⑤ 경영주의

2 민주주의

- 헌법 제1조 유추 : 모든 경찰권은 국민에 있고, 모든 경찰 권력은 국민으로부터 나온다.

경찰 민주화 방안

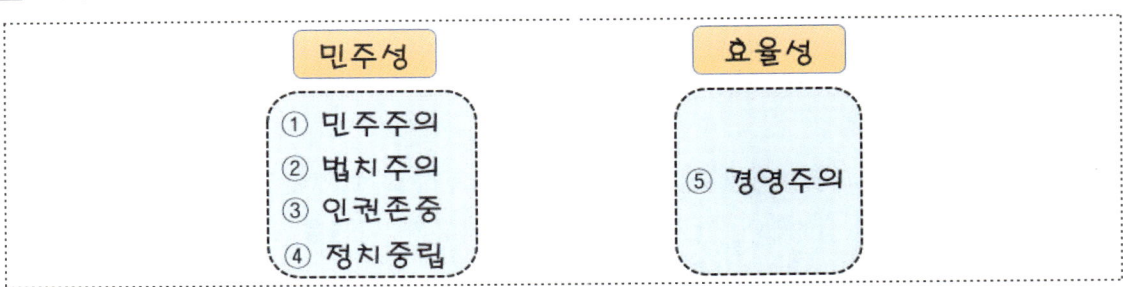

3 법치주의

- 법률에 의한 지배(법치행정의 원리)

침해유형

적극적 침해

재량하자,
비례원칙 문제
행정쟁송,
침해배제청구권,
국가배상청구권

소극적 침해

재량0 수축 문제
의무이행심판,
부작위위법 확인소송,
국가배상청구권

4 인권존중주의

일반

기본권 | 헌법이 보장하는 국민의 기본적 권리
인권 | 인간의 생래적·천부적 권리, 즉 자연권

인권존중주의

1. 헌법 제10조 : "불가침의 기본적 인권을 확인하고 보장할 의무를"
2. 국자법 제5조 : "개인이 가지는 불가침의 기본적 인권을 보호"
3. 경직법 제1조 : "모든 개인이 가지는 불가침의 기본적 인권을 보호하고"

국가인권위원회법

1. 인권규정을 둠(인간으로서의 존엄과 가치 및 자유와 권리)
2. 진정이 없어도 직권조사 가능
3. 방문하여 조사할 수
4. 시정권고 권한(할 수) → 90일 이내 이행계획 통지해야, ※ 이행x → 이유 통지해야

경찰관 인권행동강령

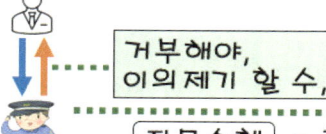

(인권침해)
- 지시, 강요

거부해야,
이의제기 할 수,

불이익 처우x

직무수행 - 차별금지의무,
- 약자인권보호의무

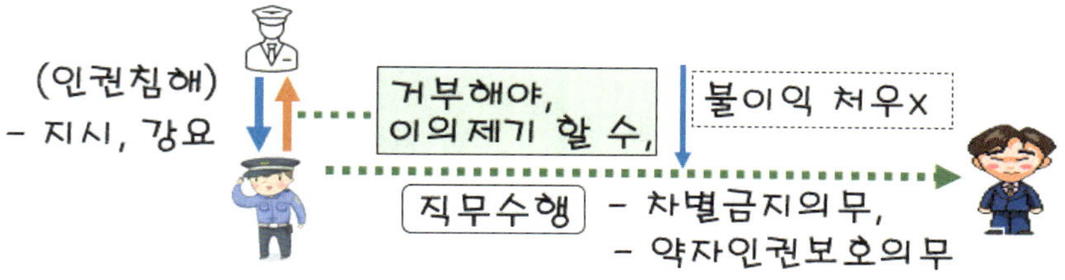

경찰관 인권보호 규칙

인권교육

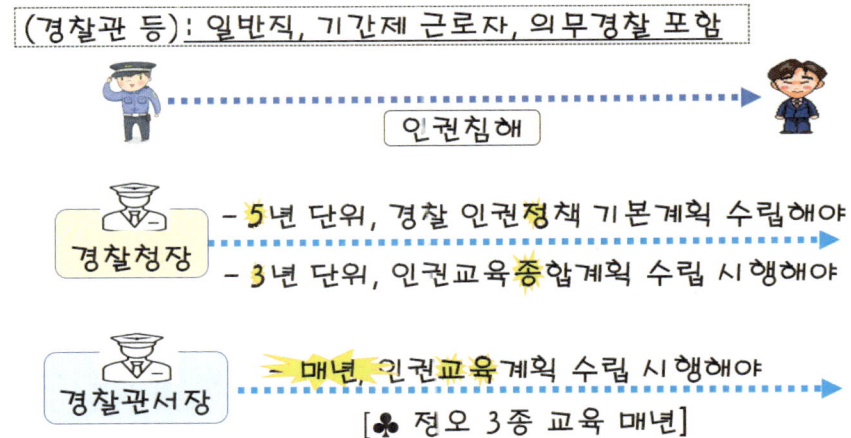

(경찰관 등) : 일반직, 기간제 근로자, 의무경찰 포함

인권침해

경찰청장
- **5**년 단위, 경찰 인권정책 기본계획 수립해야
- **3**년 단위, 인권교육종합계획 수립 시행해야

경찰관서장
- 매년 인권교육계획 수립 시행해야

[♣ 정오 3종 교육 매년]

인권영향평가

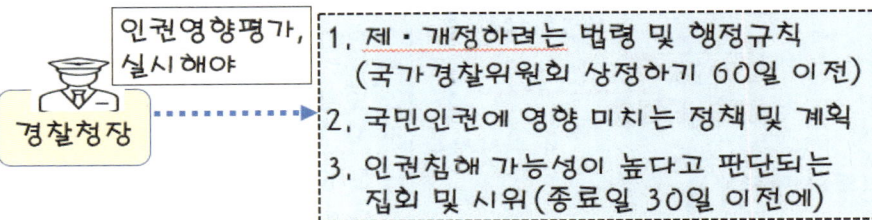

경찰청장

인권영향평가, 실시해야

1. 제·개정하려는 법령 및 행정규칙
   (국가경찰위원회 상정하기 60일 이전)
2. 국민인권에 영향 미치는 정책 및 계획
3. 인권침해 가능성이 높다고 판단되는
   집회 및 시위(종료일 30일 이전에)

인권점검

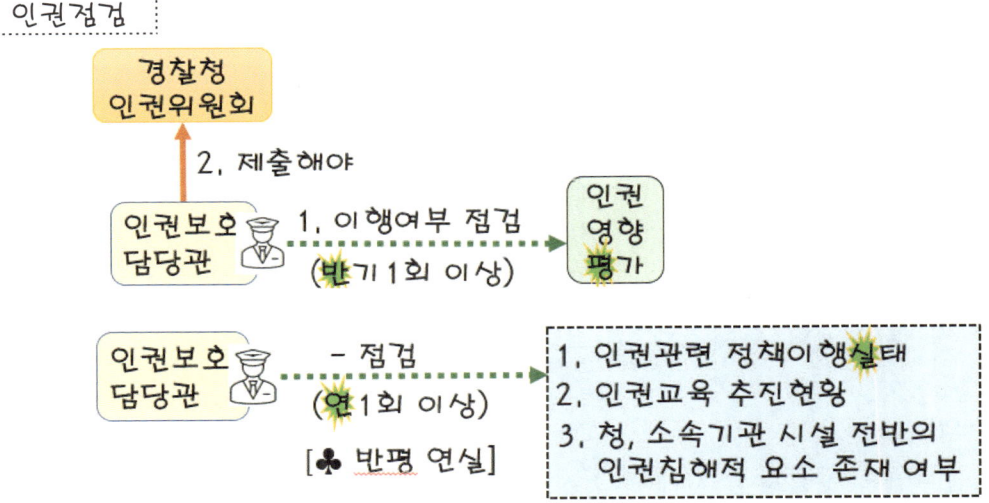

경찰청
인권위원회

2. 제출해야

인권보호
담당관

1. 이행여부 점검
(반기 1회 이상)

인권
영향
평가

인권보호
담당관

- 점검
(연 1회 이상)

[♣ 반평 연실]

1. 인권관련 정책이행실태
2. 인권교육 추진현황
3. 청, 소속기관 시설 전반의
   인권침해적 요소 존재 여부

인권위원회

경찰청

자문
기구

경찰청
인권위원회

1. 장 1명 포함, 7~13명(당연직, 위촉)
   * 당연직 : 경찰청(감사관), 시도청(청문감사인권)
2. 특정 성별 6/10초과x, 청장임명
3. 임기 2년 (새로 위촉-위촉 날부터),
   위원장 연임x, 위원 2차례 연임o
4. 위원장 호선, 재과 출과, 정기회의
   (청 - 월1, 시도청 - 분기 1)
5. 임시회의 (위원장 인정, 청장이나,
   재적위원 1/3이상 요구)

시도
경찰청

자문
기구

시도경찰청
인권위원회

진상조사단

경찰청장

1. 법집행 -
   인권침해 의심 →
2. 구성할 수

3. 중단, 종결,
   이첩할 수

경찰
검찰

진상
조사단

4. 수사시작

1. 임의제출물 - 필요시 보관할 수
2. 반환요구시 - 반환하여야
3. 요구x -> 반환할 수
   진정취소사건 -> 진정인 제출물건
   사건종결 -> 보관필요x
   계속보관 부적절

(조사 담당자)

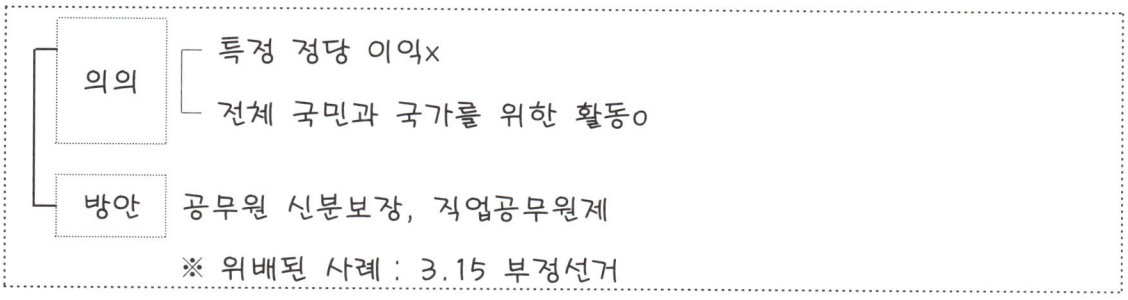

5 정치중립주의

의의 ┬ 특정 정당 이익x
    └ 전체 국민과 국가를 위한 활동o

방안 공무원 신분보장, 직업공무원제

※ 위배된 사례 : 3.15 부정선거

6 경영주의

- 효율성 문제 : 경찰력의 최대 동원이나 충분한 동원은 생산성(효율성)과 배치
- 근거 : 국자법 제1조(민주성, 효율성)
        행정기본법 제1조(민주성, 적법성, 적정성, 효율성)

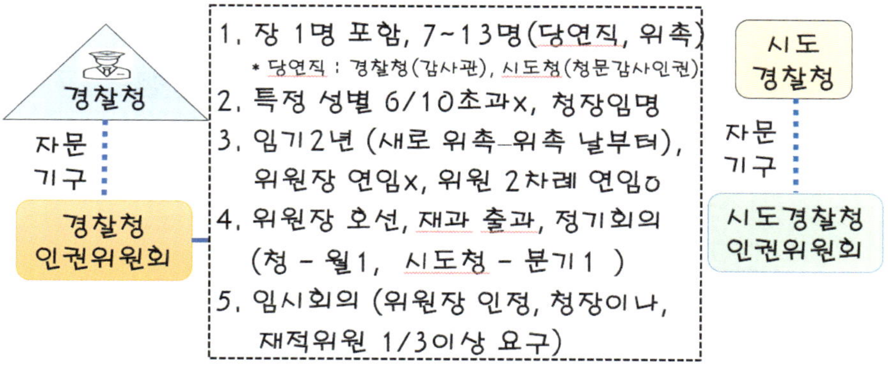

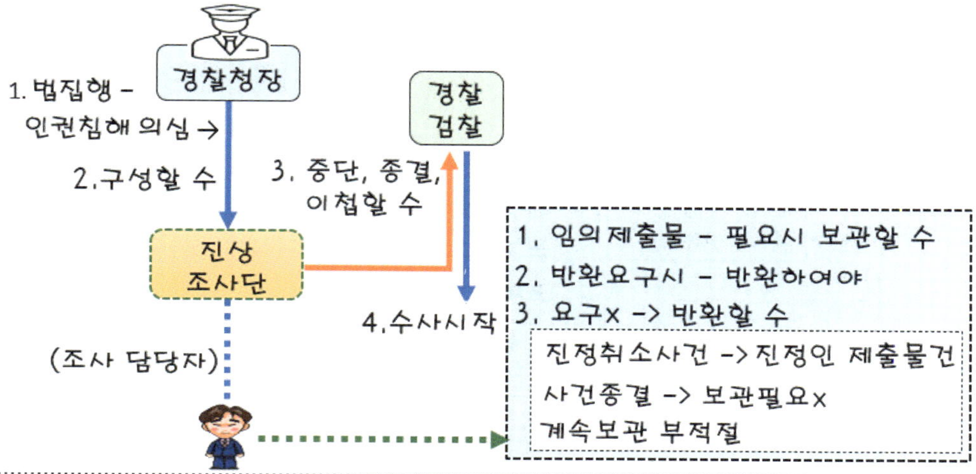

제1장 한국경찰의 역사와 제도

제1절 갑오경장 이전의 경찰제도

포도청

1. 최초의 전문적 독립적 경찰기관
   - 성종 2년에 포도장계에서 유래
   - 중종 치세기(35년), '포도청'이란 명칭을 사용,
   - 갑오경장 때, 폐지
2. 좌포청(조운·세납·방미), 우포청(잠상·인삼매매)
※ 다모 : 양반집 수색, 여자도적 체포
3. 한양과 경기지방 관할, 전국조직x
※ 기타 조선의 제도 - 형사절차 : 규문주의 / 물가조절 : 평시서
   오가작통법 : 상호감시, 범죄예방(국가가 강제조직)

제2절 갑오경장 이후의 경찰

① 최초 근대적 경찰제도
② 경찰개념 분화의 시작(경찰과 행정, 군사작용 분화)
③ 조직법, 작용법적 근거 마련, 경찰이란 용어 최초 사용
④ 광범위한 경찰권(비경찰화x)
⑤ 일본의 제국주의 침략 확보수단

1 갑오경장(1894)

한국경찰 창설과정

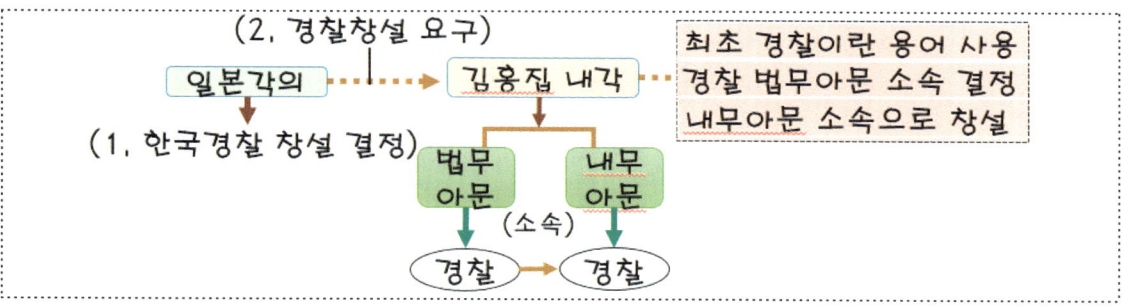

(2, 경찰창설 요구)

일본각의 ┈┈┈> 김홍집 내각

(1, 한국경찰 창설 결정)

법무아문   내무아문
(소속)
경찰 → 경찰

최초 경찰이란 용어 사용
경찰 법무아문 소속 결정
내무아문 소속으로 창설

제도변화

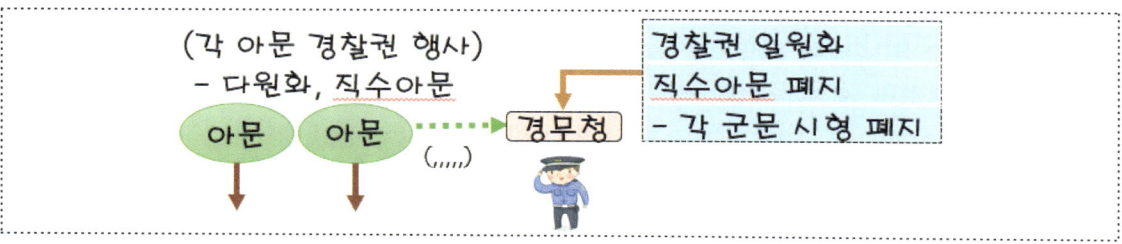

(각 아문 경찰권 행사)
- 다원화, 직수아문

아문   아문 ┈┈┈> 경무청

경찰권 일원화
직수아문 폐지
- 각 군문 시형 폐지

조직변화

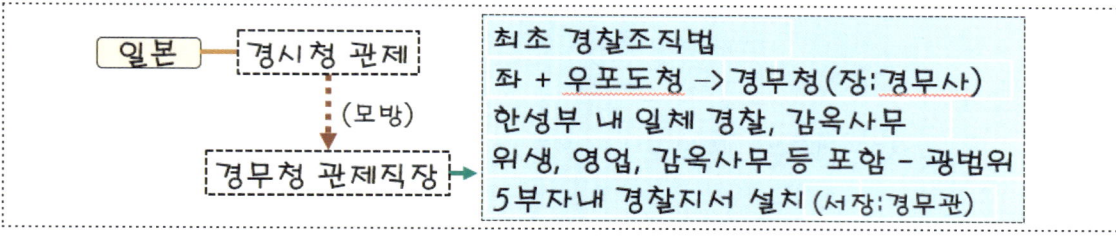

일본 ─ 경시청 관제
         ┊(모방)
      경무청 관제직장

최초 경찰조직법
좌 + 우포도청 →경무청(장:경무사)
한성부 내 일체 경찰, 감옥사무
위생, 영업, 감옥사무 등 포함 - 광범위
5부자내 경찰지서 설치 (서장:경무관)

작용변화

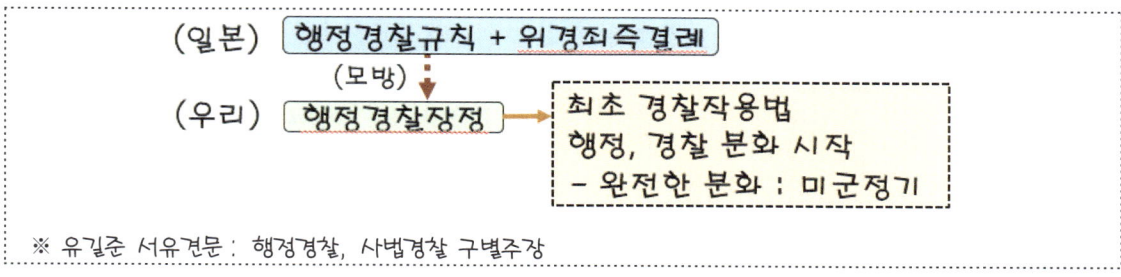

(일본) 행정경찰규칙 + 위경죄즉결례
         ┊(모방)
(우리) 행정경찰장정 → 최초 경찰작용법
행정, 경찰 분화 시작
- 완전한 분화 : 미군정기

※ 유길준 서유견문 : 행정경찰, 사법경찰 구별주장

Part
02

내부관제시대(1895)

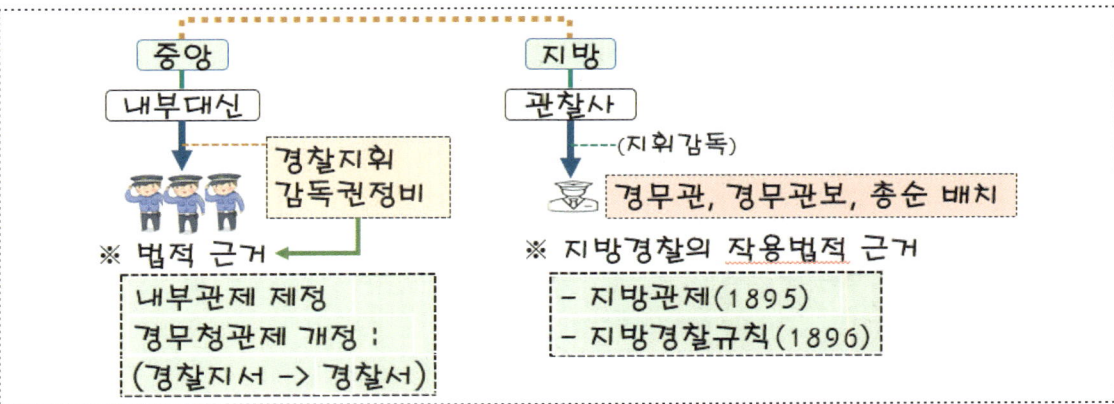

중앙
내부대신
경찰지휘 감독권정비
※ 법적 근거
내부관제 제정
경무청관제 개정 :
(경찰지서 -> 경찰서)

지방
관찰사
-(지휘감독)
경무관, 경무관보, 총순 배치
※ 지방경찰의 작용법적 근거
- 지방관제(1895)
- 지방경찰규칙(1896)

일본 헌병 주둔 - 1896

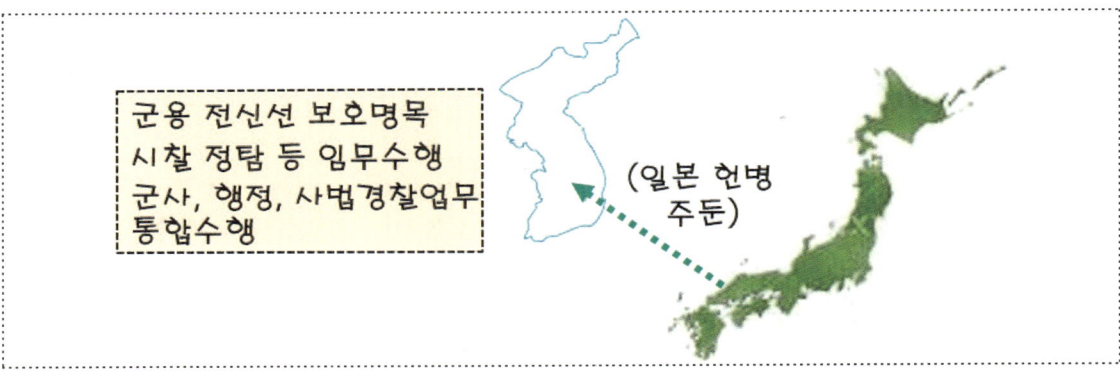

군용 전신선 보호명목
시찰 정탐 등 임무수행
군사, 행정, 사법경찰업무
통합수행

(일본 헌병 주둔)

2 광무개혁(1897)

경부의 신설(1900)

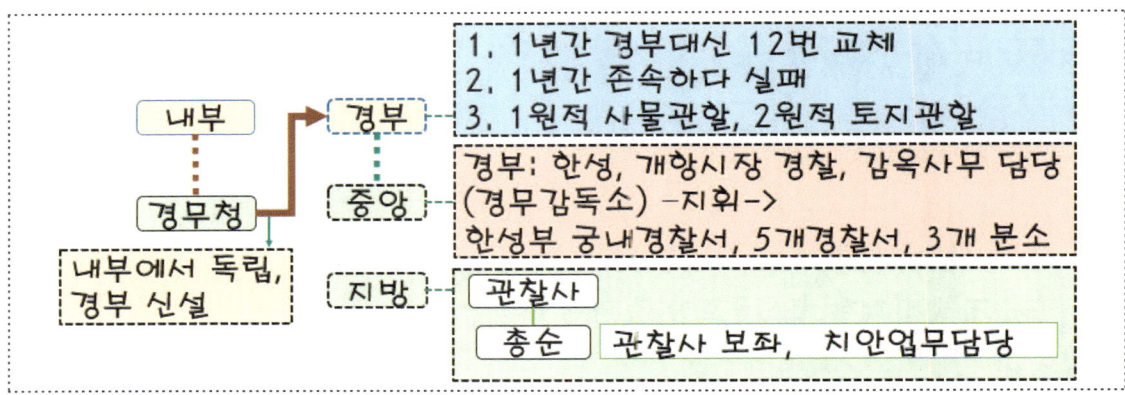

내부
경무청
내부에서 독립, 경부 신설

경부
1. 1년간 경부대신 12번 교체
2. 1년간 존속하다 실패
3. 1원적 사물관할, 2원적 토지관할

중앙
경부: 한성, 개항시장 경찰, 감옥사무 담당
(경무감독소) -지휘->
한성부 궁내경찰서, 5개경찰서, 3개 분소

지방
관찰사
총순 관찰사 보좌, 치안업무담당

신경무청 시대(1902)

국내 일체 경찰, 감옥사무 담당
최초 전국관할

3 한국경찰권 상실과정

고문경찰제도	제1차 한일협약(1904)
통감부 경무부 경찰체제	제2차 한일협약(1905) ※ 경무청 한성부내 경찰로 축소, 별도 경찰조직 설립 직접 지휘
경시청체제	한일신협약(1907), 경찰관리 임용에 관한 건(1907)

1. 경찰사무에 관한 취극서(1908) : 재한 일본인 처리 → 일본 관헌 지휘
2. 재한국 외국인민에 대한 경찰에 관한 '한일협정' (09.03) - 재한 외국인
3. 한국 사법 및 감옥 사무 위탁에 관한 각서(기유각서)(09.07)
4. 한국 경찰사무 위탁에 관한 각서(10.06)

<u>제3절</u> 일제 강점기의 경찰

1. 헌병경찰 : 식민지배의 중추기관
   ※ 총독 : 계령권, / 경무총장, 경무부장 : 명령권
2. 미분화 상태로 회귀 : 광범위한 경찰권
3. 경찰에 대한 불신풍토가 축적된 시기

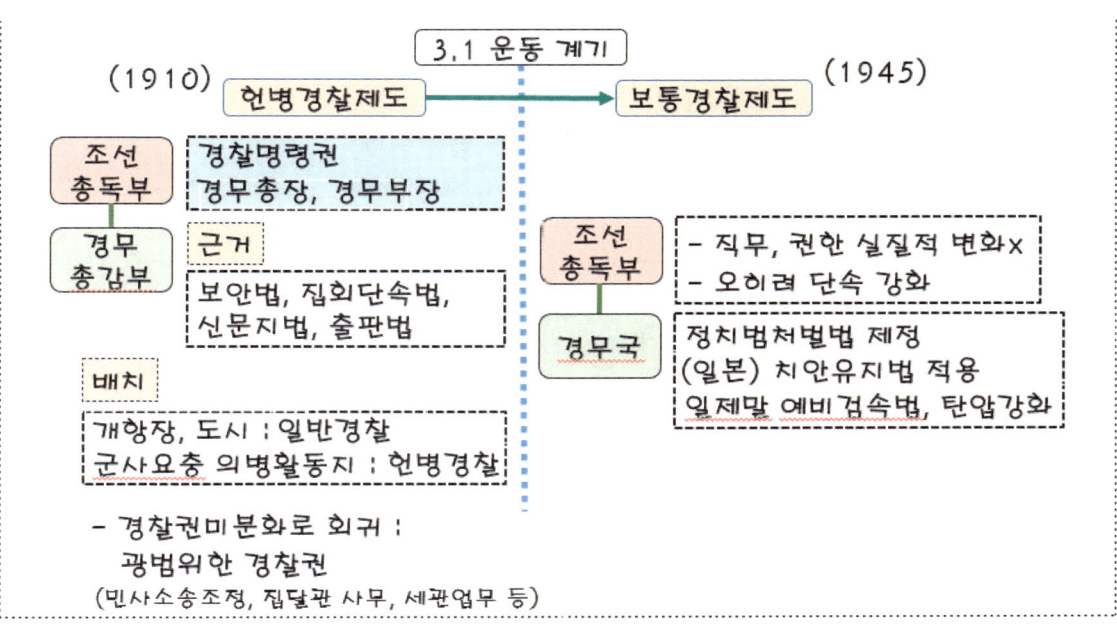

	3.1 운동 계기	
(1910) 헌병경찰제도	→	보통경찰제도 (1945)

조선
총독부

경찰명령권
경무총장, 경무부장

조선
총독부

- 직무, 권한 실질적 변화x
- 오히려 단속 강화

경무
총감부

근거

보안법, 집회단속법,
신문지법, 출판법

경무국

정치범처벌법 제정
(일본) 치안유지법 적용
일제말 예비검속법, 탄압강화

배치

개항장, 도시 : 일반경찰
군사요충 의병활동지 : 헌병경찰

- 경찰권미분화로 회귀 :
  광범위한 경찰권
  (민사소송조정, 집달관 사무, 세관업무 등)

제4절 | 대한민국 임시정부 경찰

1 임시정부 경찰조직

─(상해 시기)1919-1932

1. 대한민국 임시정부장정(1919.4),
   경무국직제와 분장사무 처음규정
   (소관사무; 행정경찰, 고등경찰,
   도서, 저작권, 일체 위생사무)
2. (1919.08.12, 11월 견해X)
   (백범 김구) 초대 경무국장

상해
임시정부

경무국

(연통제)

부국단위(도 산하)
-지방행정기관

(각도)
지방행정기관

독판부 → 부서군청
(산하)

독판부 산하
(지방경찰기관)

경무사

경무과

부서군청 산하
(지방경찰기관)

대한 교민단

의경대

자치경찰조직
김구 선생이 대한교민단 산하에 창설
※ 밀정색출, 친일파 처단, 교민단 산하 안녕질서유지 등

─(이동 시기)   – 윤봉길 의거 후, 일제탄압 극심, 제대로 된 경찰조직x
    1932-1940

─(중경 시기)1940-1945

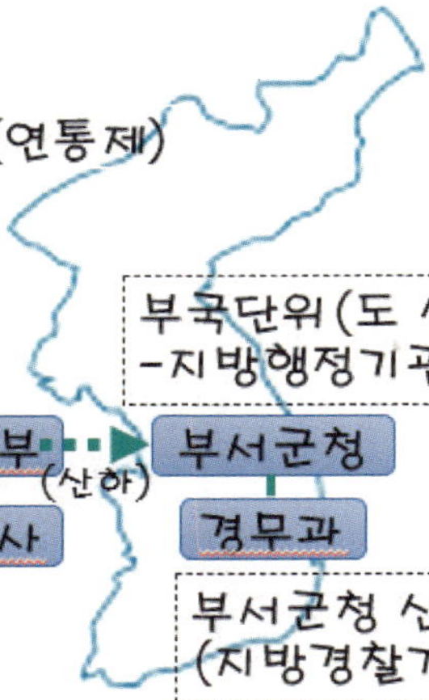

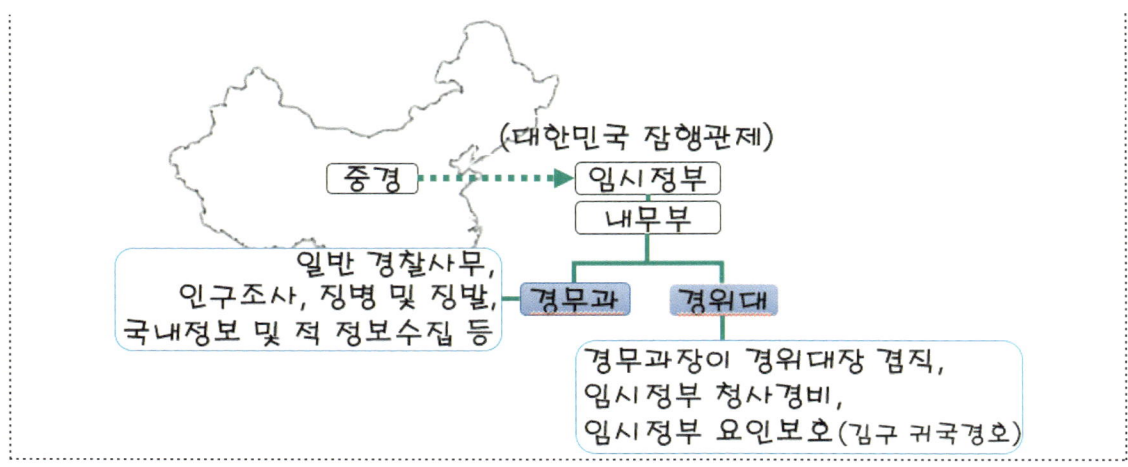

② 임시정부 경찰 주요인물

백범 김구	초대 경무국장, 경위대가 최측근에서 보좌
나석주 의사	경무국 경호원 및 의경대원 활동, 식산은행과 동양척식주식회사에 폭탄 투척
김석 선생	의경대원, 윤봉길 의사 배후지원
김용원 열사	제2대 경무국장, 군자금 모집
김철 선생	의경대 심판 역임, 프랑스 조계 침입

제5절 │ 미군정하의 경찰

(1) 제도, 인력개혁x → 국민의 경찰에 대한 부정적 태도 유지
(2) 조직법, 작용법 정비, 비경찰화로 활동영역 축소
(3) 영미법계 민주적 요소 도입
   - 경찰임무는 '국민의 생명, 신체, 재산보호'라는 자각
   - 6인의 중앙경찰위원회 도입, 민주적 요소 강화
(4) 건국의 기초

Part 02

경찰조직 변화

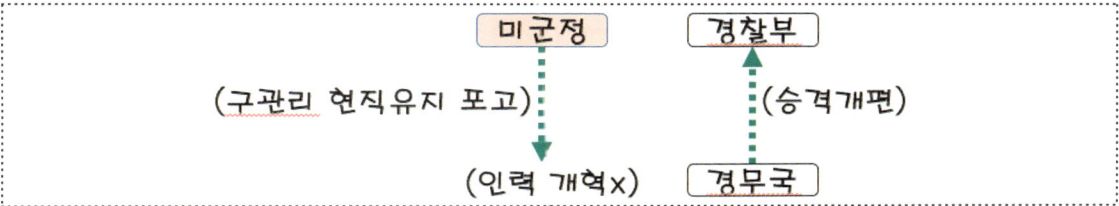

경찰제도 변화

① 비경찰화(위생, 소방, 검열 이관, 경제, 고등경찰 폐지), 경찰직무 축소
② 정보경찰 신설
③ 수사권 독립(기소-검사, 수사-경찰)
④ 식민 악법 철폐(보안법이 맨 마지막에 폐지-1948), 경찰검 → 경찰봉 대체
⑤ 여자경찰제도 신설(46년, 여경 채용, 14세 미만 소년범죄, 풍속 등 담당)
⑥ 간부후보생 제도 신설(1947)
⑦ 6인의 중앙경찰위원회 설치(민주화 추진) → 실패

제6절 | 내무부 경찰체계

(1) 최초 자주적 입장에 경찰운용(식민지배 이용x), 경찰본연의 임무를 수행
(2) 경찰관직무집행법 제정(1953)
    - 국민의 생명, 신체, 재산 보호라는 영미법적 사고가 최초 도입
(3) 경찰의 최대 과제는 정치적 중립, 경찰기구 독립이 하나의 숙원

국체제

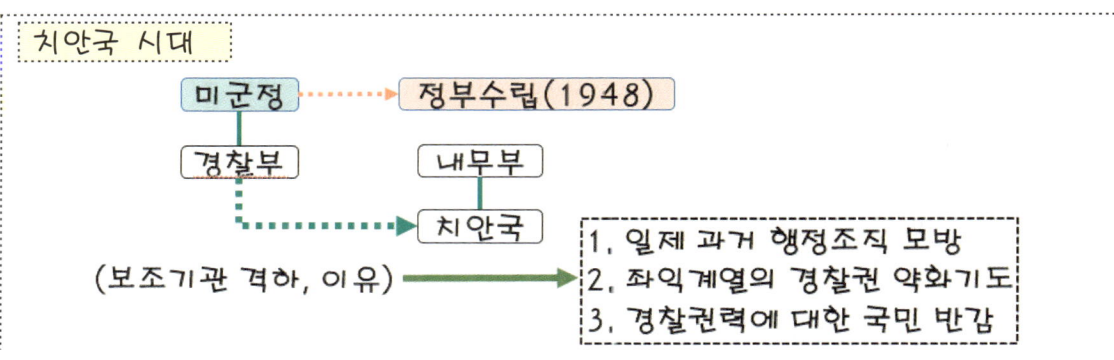

① 경찰서장만 유일한 행정관청

　※ 내무부 직속 철도경찰대(48~53) : 53년 해체 및 경찰서 이관(보안사무 → 교통국)

② 경찰관직무집행법 제정(1953)

　- 국민의 생명, 신체, 재산보호라는 영미법계 사고 도입

③ 3.15 부정선거(1960) → 4.19 혁명 → 61. 5.16 군사쿠데타

④ 경찰공무원법 제정(1969)

　- 경정, 경장 2계급 신설,

　- 2급 지 경찰서장 경감에서 경정으로 격상,

　- 경감 이상 계급정년제 도입

⑤ 기타 연대기 : 경찰병원설치(1949), 해양경찰대(1953), 국립과학수사연구소(1955), 해외주재관제도(1966), 전투경찰대(1968) · 기동타격대 설치(1968), 치안본부로 개편(1974)

치안본부 시대

① 74. 문세광 사건, → 치안본부로 개편

② 경찰대 개교(1981), 의무경찰 제도의 도입(1982)

③ 1987년 '6월 민주항쟁' 이후 경찰 내부 → 경찰 중립화를 요구하는 성명 발표 등 자성의 목소리

제7절 | 경찰청체계

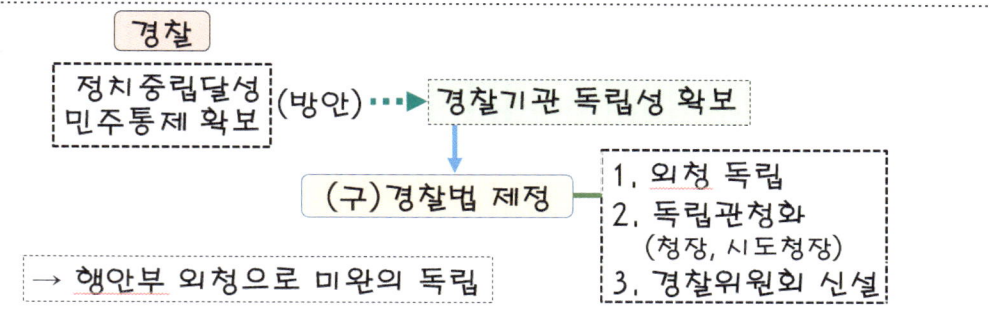

Part
02

① 경찰서에 영장심사관, 수사심사관 제도 도입(2018) 운영중
② 소통중심 집회·시위관리 위해 대화경찰관제도 도입(2018)·시행중
③ 형소법, 검찰청법 개정(2020) → 검찰과 경찰 대등협력 관계 구축
④ 시·도지사 소속 시도자치경찰위원회 신설(2020)
⑤ 국제범죄 대처목적 → 치안한류 사업 추진
⑥ 안보(보안)수사 국정원 → 경찰이관(2020법 제정, 2024년 안보수사국 신설)
   * 안보수사업무 (해방이후 ~ 61년까지, 61년 군사정권이 국정원에 이양)
   * 안보(보안)경찰업무 (해방이후 현재까지 경찰이 수행)

연대기

☺ "사(망에서) 구(해준) 경찰병원"   [49 - 경찰병원설치]
☺ "경찰관직무집행(하려) 오삼"   [경찰관직무집행법 제정 1953년]
☺ "국과수(에서 시체보고) 오！오！"   [55년 - 국립과학수사연구소 설치]
☺ "육(지와) 육(지를 오가는) 해외주재관"   [66년 - 해외주재관 제도 신설]
☺ "(허걱) 경찰공무원(이) 69(자세)！"   [69년 - 경찰공무원법]
☺ "치사(하게 경찰청도 아니고) 치안본부(냐)"   [74년 - 치안본부]
☺ "(경찰대학에) 친구"   [79년 - 경찰대학설치법 제정·공포]
☺ "(경찰을) 구한 경찰청"   [91년 - 경찰청 창설]
☺ "구(려)유 해경은！"   [96년 - 해양수산부로 이관(국토해양부)]
☺ "구구(한 변명 들어주는) 청문감사관"   [99년 - 청문감사관제도 도입]
☺ "000씨 사이비"   [2000년 - 사이버테러대응센터 신설]
☺ "공유(가) 제자(야)！"   [06년 - 제주자치경찰 출범]
☺ "공유(의) 인권！"   [06년 인권보호센터 신설]

제8절 자랑스러운 경찰의 표상

백범 김구

민족의 사표, 임시정부 초대 경무국장(1919), 대한 교민단 의경대장(1932),
임시정부 주석(1940)

안맥결 총경

- 독립운동가 출신 여성경찰관, 도산 안창호 선생의 조카딸
- 미군정하 제1기 여자경찰간부로 임용(1946)
- 서울여자경찰서장을 역임
- 1957년 국립경찰전문학교 교수발령,
- 1961년 5.16군사정변에 사표 제출

문형순 경감

- 민주, 인권경찰의 표상
- 신흥무관학교를 졸업한 독립군 출신
- 제주 4.3사건 당시 좌익 연루 100여명의 주민들 자수유도, 전원 훈방
- 1950년 성산포 경찰서장으로 계엄군의 예비검속자 총살 명령거부, 278명 방면

차일혁 경무관

- 호국경찰, 인권경찰(인본경찰), 문화경찰의 표상
- 빨치산 토벌의 주역(호국경찰)
  - 이현상을 '적장의 예'로서 화장, 생포한 공비들에 대하여 관용과 포용으로 귀순을 유도(인본경찰)
- 사찰들을 불태우라는 상부명령에, 문짝만 태움 → 화엄사(구례)등 사찰과 문화재를 보호(문화경찰)
- 충주서장 재직 시 '충주직업소년학원'을 설립, 불우아동들에게 배움의 기회를 제공(문화경찰의 표상)

최규식 경무관
정종수 경사

- 호국경찰의 표상
- 종로경찰서 자하문검문소에서 경찰관 10인과 함께 무장공비를 막아내고 순국

안병하 치안감

- 민주·인권경찰의 표상
- 1980년 5.18 광주 민주화운동 당시 전남도경 국장,
- 비례의 원칙, 시위대의 인권보호를 강조,
- '분산되는 자는 너무 추격하지 말 것, 부상자 발생치 않도록 할 것, 연행과정에서 학생의 피해가 없도록 유의하라' 그 지시 등 신군부의 무장강경진압 방침을 거부

이준규 총경

- 민주·인권경찰의 표상, 80년 5.18 당시 목포경찰서장으로 재임,
- 안병하국장의 방침에 따라 경찰 총기 대부분 군부대 등으로 사전이동,
- 원천적으로 시민들과의 유혈충돌을 피하도록 조치,
- 신군부에 의해 직무유기 혐의로 구속, 파면, 군법회의에서 징역 1년의 선고유예,
- 2019년에는 형사판결 재심 무죄 선고 및 파면 처분의 직권 취소 등 명예회복

최중락 총경

- 수사경찰의 표상, 63, 68, 60년 치안국 프도왕(검거왕)으로 선정
- mbc 드라마 '수사반장'의 실제모델

박재표 경위

1956년 정읍지방선거(투표함 바꿔치기) 부정선거, 기자회견

김학재 경사

- 부천남부서 형사
- 98년 강도강간 사건에서 흉기피습에도 범인검거 후 순직

제2장 외국경찰 역사와 제도(비교경찰)

제1절 비교경찰 일반론

1 3가지 유형

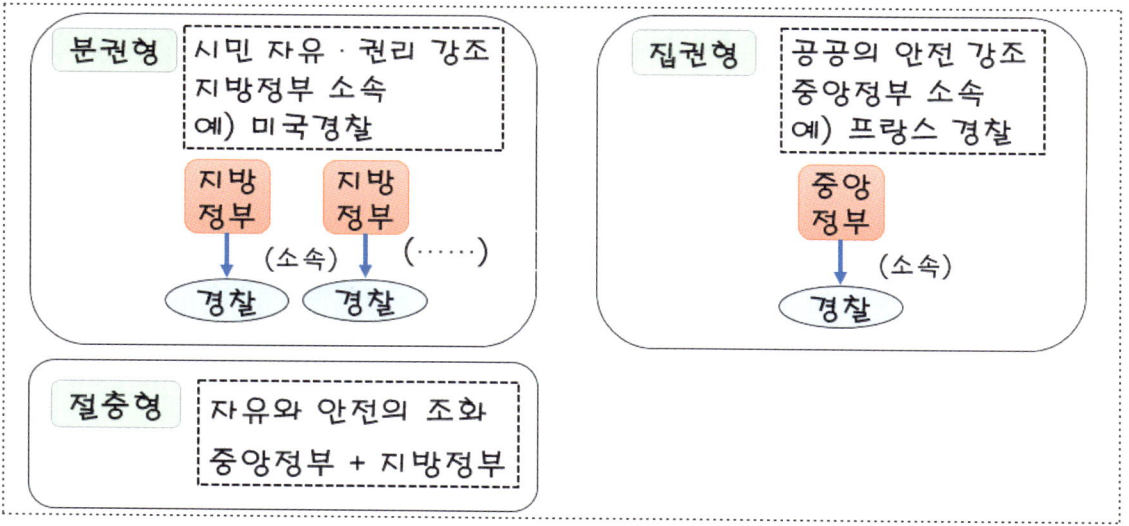

제2절 영국 경찰

1 영국경찰의 역사

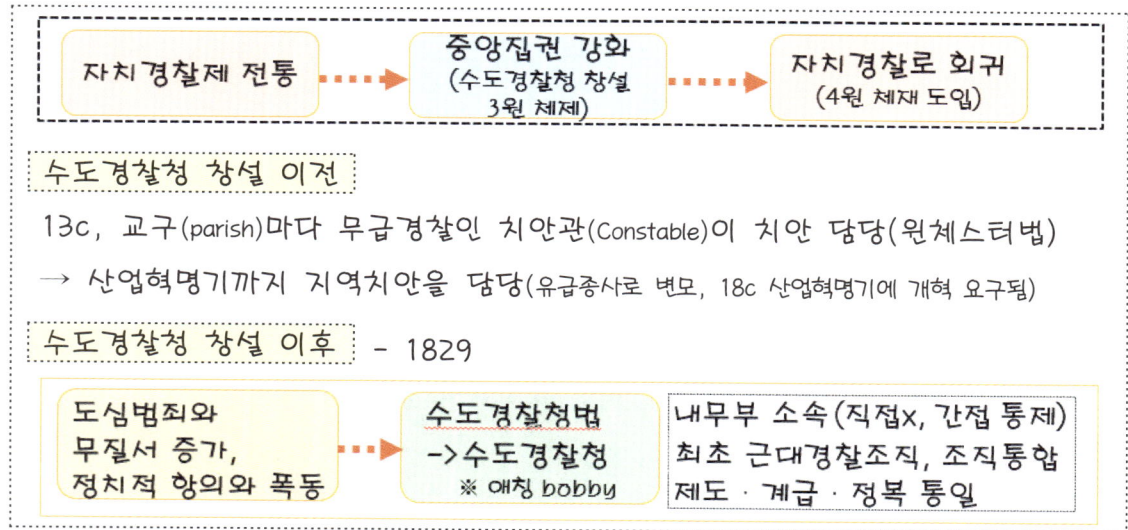

Robert peel경

Robert peel경의 경찰활동의 원칙

① 예방위주, 범죄와 무질서 감소에 의한 평가
② 최소한의 물리력 사용, 최소한의 개입
③ 공정한 법집행(정치적 중립 유지), 긍공성 유지(봉사경찰)
④ 시민의 지지확보, 국민의 준법정신 향상

Robert peel경의 12개 경찰개혁안

② 능률성은 범죄의 부재로 입증
① 군대식으로 조직
⑤ 경찰은 정부의 통제 하에 있어야
⑥ 경찰서는 시내 중심지에 위치하여야(주민접근 용이)
⑦ 시간과 지역에 따른 경찰력의 배치필요
⑨ 범죄발생 사항은 반드시 전파되어야
③ 적절한 훈련이 능률성의 근간
④ 시보기간 거쳐야
⑧ 경찰관에게 식별 번호가 부여되어야
⑩ 항상 기록을 남기기(차후 경찰력 배치를 위한 기준)
⑪ 자기감정 조절
⑫ 단정한 외모

Robert peel경의 지휘지침

① 임무와 권한에 대한 올바른 관념형성을 의한 신임경찰관 보살핌,
② 경찰관의 완벽한 자기 기분 다스리기,
③ 경찰관의 권위를 드러내려는 부주의한 간섭 금지,
④ 경찰의 1차 목적은 범죄의 예방

2 영국경찰의 조직과 제도

(1) 자치경찰제도
　① 52개 지역경찰청 중심 운영의 광역단위 자치경찰제,
　② 내무장관 → 조정·지원업무 등 간접통제(효율성 위해)

(2) 민간참여
　① 치안활동에 민간참여 활성화(특별경찰, 지역사회지원경찰관)
　② 치안을 공통문제로 인식

사원체제

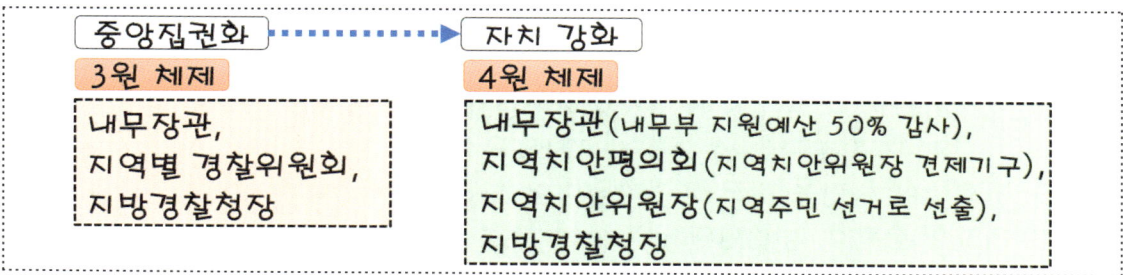

수도경찰청

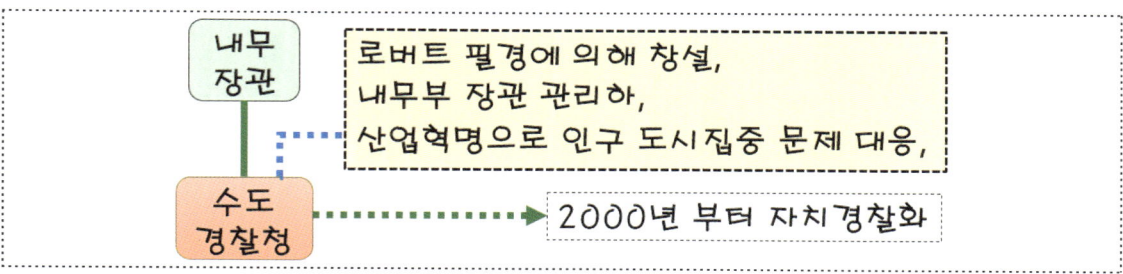

국립범죄청

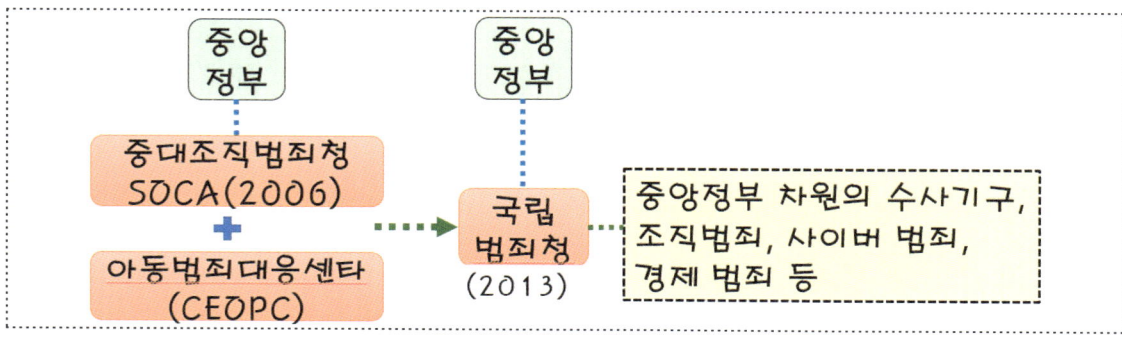

Part
02

3 영국경찰의 권한

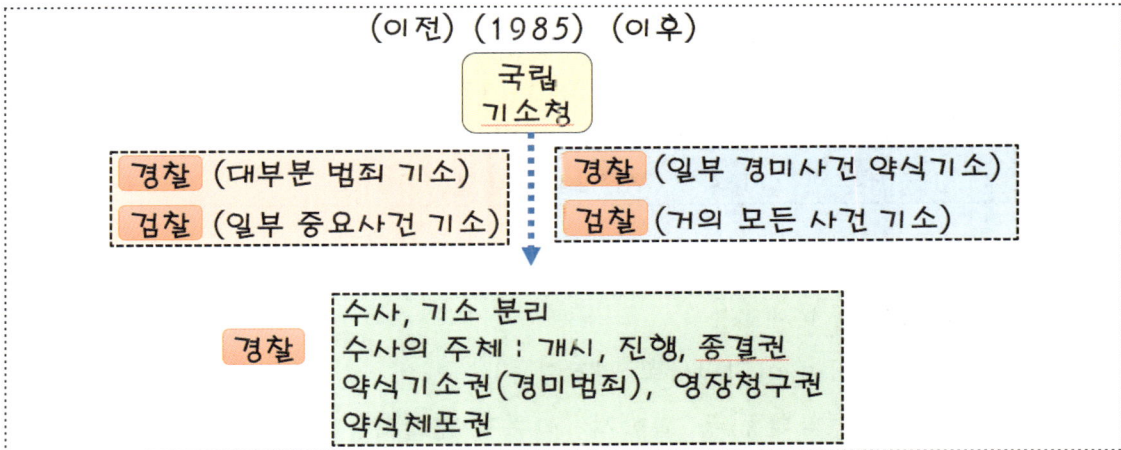

(이전) (1985) (이후)

국립
기소청

경찰 (대부분 범죄 기소)   경찰 (일부 경미사건 약식기소)

검찰 (일부 중요사건 기소)   검찰 (거의 모든 사건 기소)

경찰
수사, 기소 분리
수사의 주체 : 개시, 진행, 종결권
약식기소권(경미범죄), 영장청구권
약식체포권

제3절 | 미국 경찰

1 미국경찰의 역사

성립

① 미국근대 경찰의 시초 : 보스톤 → 뉴욕 → 필라델피아 경찰 순
② 자치경찰, 고도 분권화체계 → 경찰력 중복, 경찰기관 간 협력문제 대두
③ 정치중립 확보 실패
④ 서부 개척시대(1850년)부터 민간경비 발달

20c 미국경찰 개혁

(1) 경찰전문화 운동

① 정치와 경찰분리 목표
② 리차드 실베스터와 오거스트 볼머가 주도 ->
　　　　　　　　　　　　직업경찰제도 확립(1905년 이후)
＊오거스트 볼머 -> 경찰채용에 지능, 정신병, 신경학 검사 도입
③ 워커샴위원회(1930)구성, 개혁추진 ->
워커샴위원회 보고서 : 경찰채용기준 강화, 임금 및 복지개선,
교육훈련 증대 필요성 제기
③ 윌슨 -> 1인 순찰제 효과성 연구

(2) 적법절차원리 강조

① 위법수집증거 배제법칙(Weeks판결(1914)과 Mapp판결(61))
② 자백배제법칙 (Mallory판결(1957)),
③ 변호인 접견교통권 (Escobedo판결(1964))
④ 진술거부권고지원칙 (Miranda판결(1966))

최근(1980~1990년대) 변화

① community policing(지역사회 경찰활동)

② 문제 지향적 경찰활동 등 과학적·실증적 경찰활동에 초점

2 미국경찰의 조직과 제도

특징

① 분권적 자치경찰의 전통유지

② 대등협력관계의 비능률 → 협력·응원관계로 문제해결

③ 조직범죄 대처 → 대표자 연합의 특별단속조직을 만들어 대처

특수한 분권체계

연방 경찰	헌법상 경찰권x, 예외적 과세권·주간통상규제권o 등, 확대강화추세 *루즈벨트 지시(1908) - 법무부에 FBI 창설(최초수사기관)
주 경찰	헌법상 주정부가 경찰권을 보유(광범위 경찰권) 경찰권 직접행사하기도, 대부분 위임하여 행사, 지휘x, 통제권x *최초 : 1905년 펜실베니아 주경찰 → 정치영향, 분권의 비능률 극복 하기 위해 설치
지방 경찰	주정부의 경찰권을 70% 이상 위임 받아 행사 주 경찰과 대등한 관계를 유지 자치체 경찰, 농촌지역 - 주민선출의 군보안관

Part
02

3 미국경찰의 권한

> 수사권 배분
>
> ㉠ 경찰의 독자적 수사 종결권을 인정
> ㉡ 경찰과 검찰의 상호 대등한 협력관계
> ㉢ 수사관으로서의 경찰의 전문성 존중
> ㉣ 인권보호를 위한 절차적 보장 강화

경찰 : 수사 개시, 진행, 종결권 독자적인 영장청구권, 수사주재자

검사 : 보완수사요구, 체포거부, 기소거부

제4절 | 독일 경찰

1 독일 경찰 역사

나찌독일 이전	히틀러 시대	2차대전 이후
1차 세계대전 당시 중앙집권적 경찰창설 연합국 요구로 해체 -> 지방경찰로 재편	경찰권의 중앙집권화, 경찰의 정치화	4D 정책 – 탈나치화, 탈군사화, 탈정치화, 민주화 주 단위 국가경찰제도

2 독일 경찰 조직과 제도

- 보수적 관료 체계 : 위원회조직(X), 시민참여조직(X)

연방 : 헌법이 규정한 범위내 독자적 경찰권
※ 경비, 공안 등
연방경찰(BP) : 연방시설보호, 대테러
연방범죄수사국(BKA) : 광역범죄, 연방요인 신변경호
연방헌법보호청(BFVS)

주 : 헌법상 경찰권, 주정부 보유,
주 단위 국가경찰체제
※ 지방경찰에 위임X, 경찰권 직접행사
연방경찰과 상명하복 관계X

3 독일 경찰의 업무와 권한

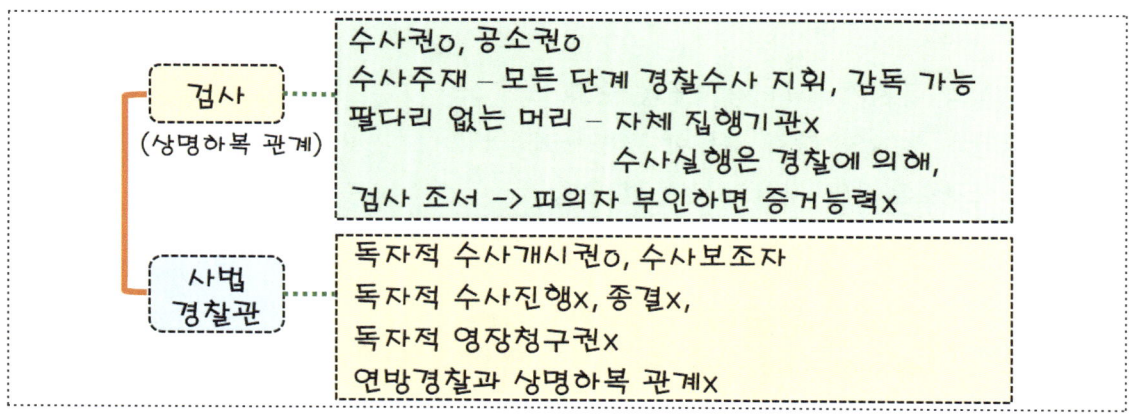

검사
(상명하복 관계)
- 수사권o, 공소권o
- 수사주재 – 모든 단계 경찰수사 지휘, 감독 가능
- 팔다리 없는 머리 – 자체 집행기관x
- 수사실행은 경찰에 의해,
- 검사 조서 -> 피의자 부인하면 증거능력x

사법
경찰관
- 독자적 수사개시권o, 수사보조자
- 독자적 수사진행x, 종결x,
- 독자적 영장청구권x
- 연방경찰과 상명하복 관계x

제5절 | 프랑스 경찰

1 프랑스 경찰 역사

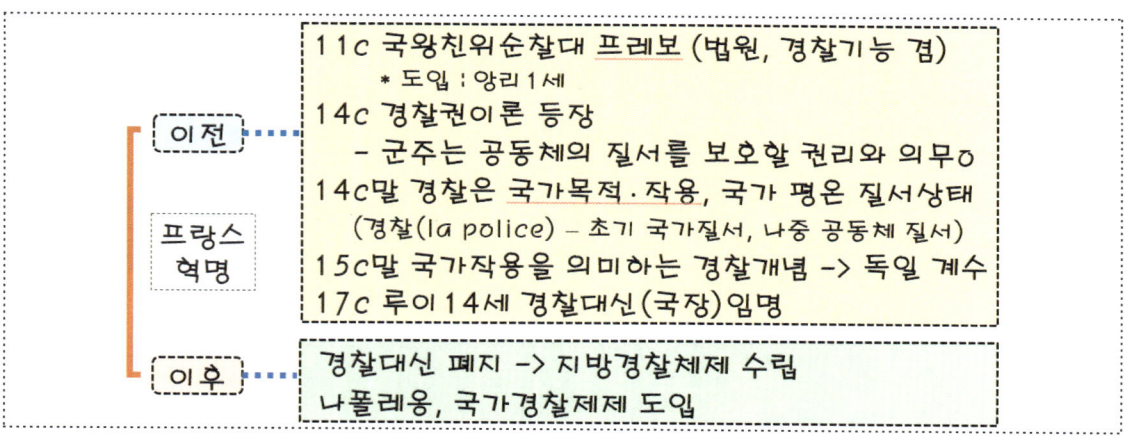

프랑스 혁명

이전
- 11c 국왕친위순찰대 프레보 (법원, 경찰기능 겸)
  * 도입 : 앙리 1세
- 14c 경찰권이론 등장
  - 군주는 공동체의 질서를 보호할 권리와 의무o
- 14c말 경찰은 국가목적·작용, 국가 평온 질서상태
  (경찰(la police) – 초기 국가질서, 나중 공동체 질서)
- 15c말 국가작용을 의미하는 경찰개념 -> 독일 계수
- 17c 루이 14세 경찰대신(국장)임명

이후
- 경찰대신 폐지 -> 지방경찰체제 수립
- 나폴레옹, 국가경찰제제 도입

2 경찰의 조직과 제도

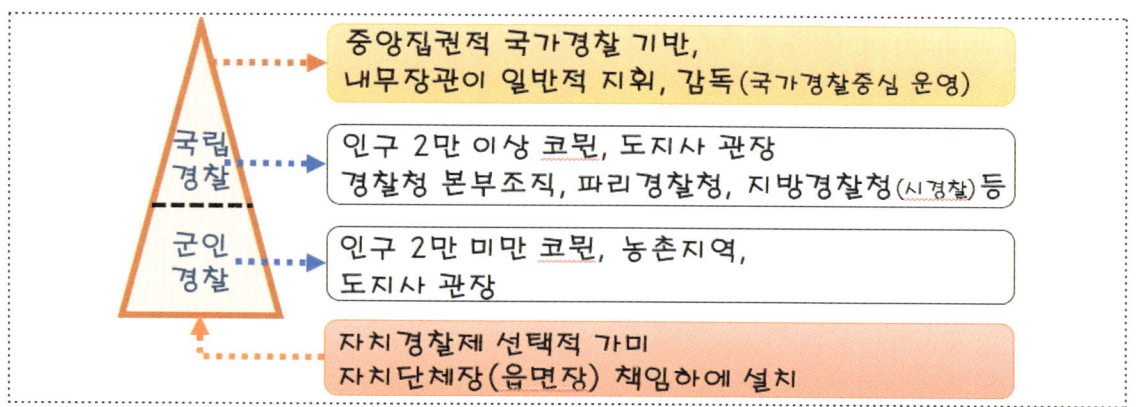

국립경찰
- 중앙집권적 국가경찰 기반,
  내무장관이 일반적 지휘, 감독(국가경찰중심 운영)
- 인구 2만 이상 코뮌, 도지사 관장
  경찰청 본부조직, 파리경찰청, 지방경찰청(시경찰)등

군인경찰
- 인구 2만 미만 코뮌, 농촌지역,
  도지사 관장

- 자치경찰제 선택적 가미
  자치단체장(읍면장) 책임하에 설치

3 업무와 권한

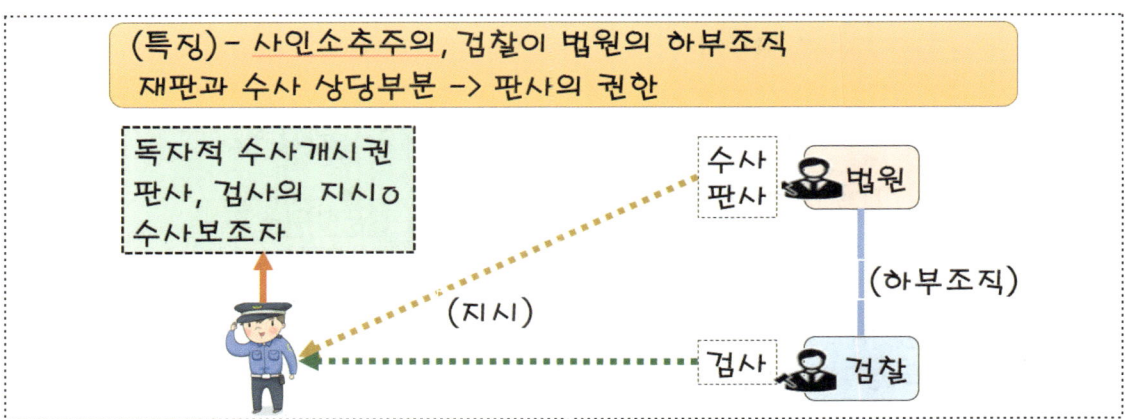

(특징) - 사인소추주의, 검찰이 법원의 하부조직
재판과 수사 상당부분 -> 판사의 권한

독자적 수사개시권
판사, 검사의 지시o
수사보조자

수사
판사 법원

(하부조직)

(지시)

검사 검찰

제6절 | 일본 경찰

1 일본 경찰 역사

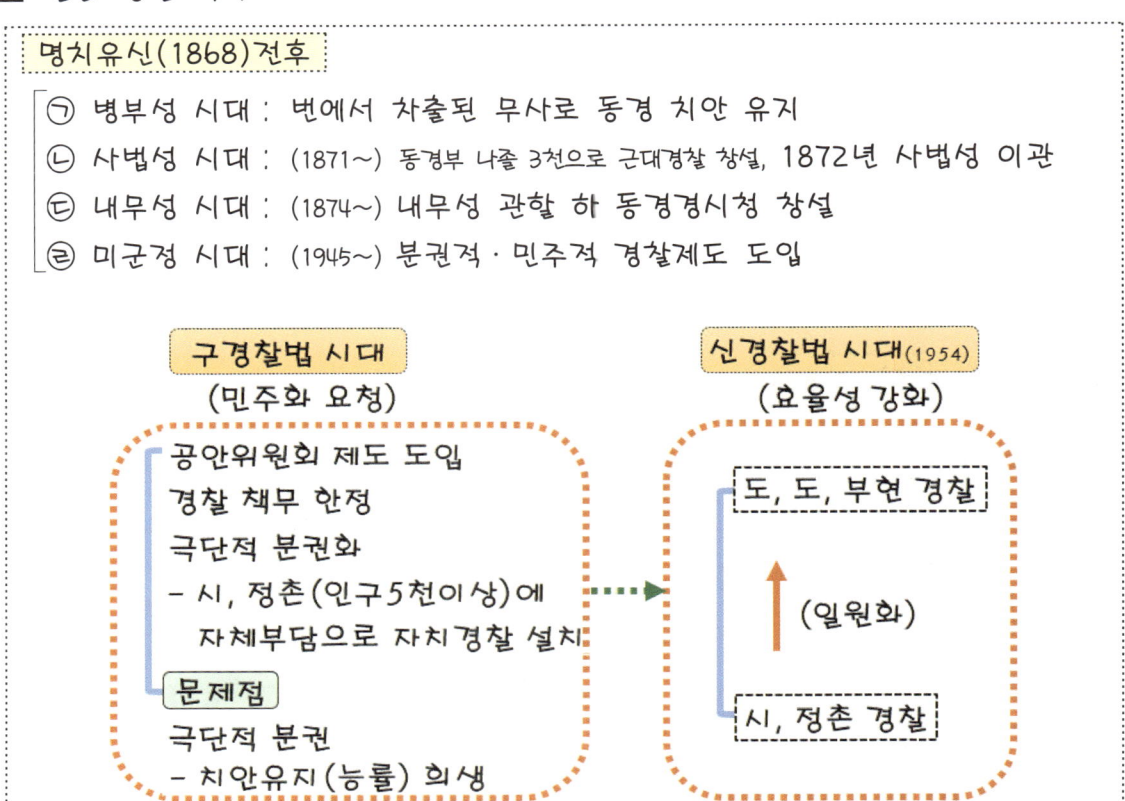

명치유신(1868)전후

⊙ 병부성 시대 : 번에서 차출된 무사로 동경 치안 유지
ⓛ 사법성 시대 : (1871~) 동경부 나졸 3천으로 근대경찰 창설, 1872년 사법성 이관
ⓒ 내무성 시대 : (1874~) 내무성 관할 하 동경경시청 창설
ⓔ 미군정 시대 : (1945~) 분권적 · 민주적 경찰제도 도입

구경찰법 시대
(민주화 요청)

공안위원회 제도 도입
경찰 책무 한정
극단적 분권화
- 시, 정촌(인구5천이상)에
자체부담으로 자치경찰 설치
문제점
극단적 분권
- 치안유지(능률) 희생

신경찰법 시대(1954)
(효율성 강화)

도, 도, 부현 경찰

(일원화)

시, 정촌 경찰

2 경찰의 조직과 제도

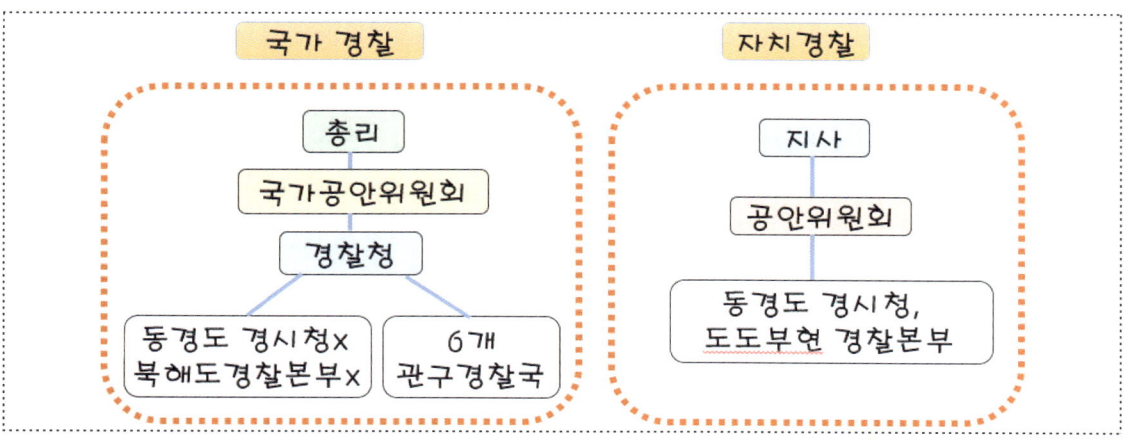

3 업무와 권한

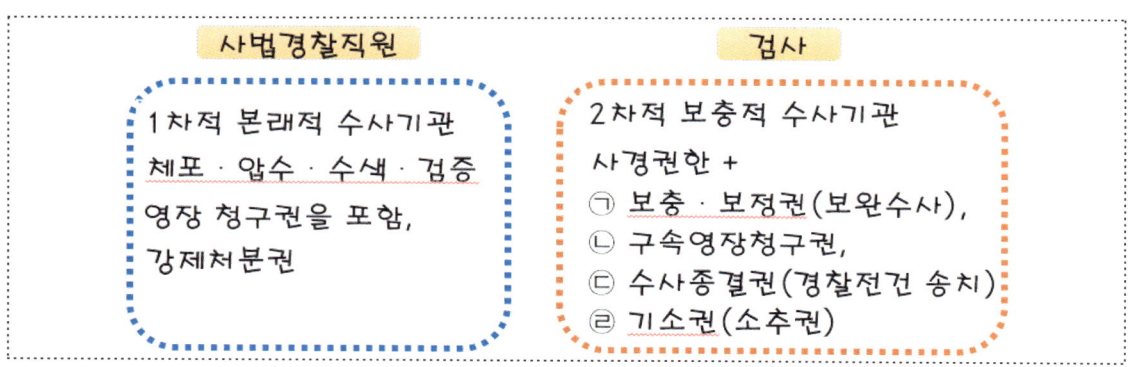

제7절 **중국 경찰**

1 조직과 제도

> ㉠ 중앙집권, 지방분권 결합체계
>   ※ 국가경찰제도, 민간조직 도움받아 치안유지
> ㉡ 호적·소방·교정·철도공안·출입국관리·산림보호 등 직무영역이 광범위

2 업무와 권한

> ㉠ 인민경찰법(우리 국자법 + 경직법)
> ㉡ 사법경찰은 수사의 주재자, 검찰과 상호협력관계

제1장 ─ 법학기초이론 및 조직법

제1절 │ 경찰법의 기초이론

1. 경찰법 일반
2. 경찰과 법치행정
3. 법원

① 경찰법 일반

- 조직법(국자법), 작용법(경직법), 절차법, 구제법 /   - 통일된 단일법전x

② 경찰과 법치행정

의의

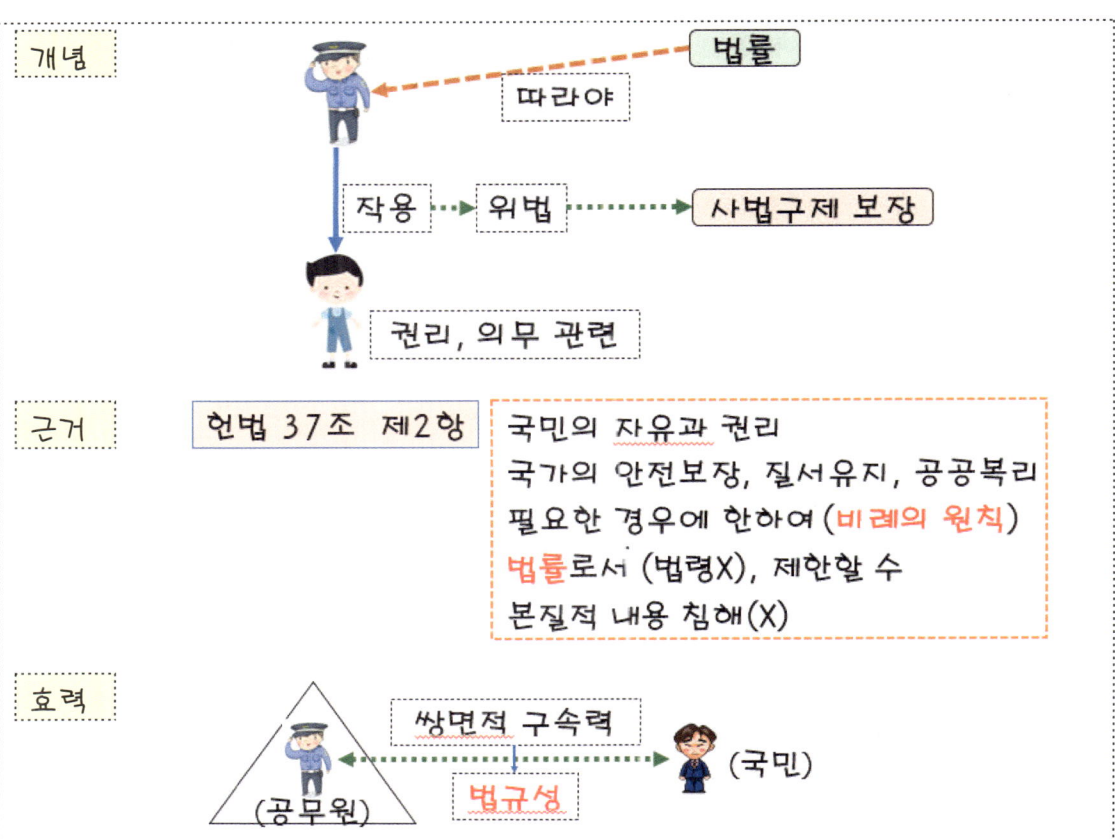

- **개념**
  - 법률
  - 따라야
  - 작용 ┈▶ 위법 ┈▶ 사법구제 보장
  - 권리, 의무 관련

- **근거**
  - 헌법 37조 제2항
  - 국민의 자유와 권리
    국가의 안전보장, 질서유지, 공공복리
    필요한 경우에 한하여 (비례의 원칙)
    법률로서 (법령X), 제한할 수
    본질적 내용 침해(X)

- **효력**
  - 쌍면적 구속력
  - 법규성
  - (공무원) ┈▶ (국민)

유형 – 발달과정 : 형식적 법치주의 → 실질적 법치주의

내용

1. 합헌성

2. O.M 법률의 지배

법률의 법규창조력

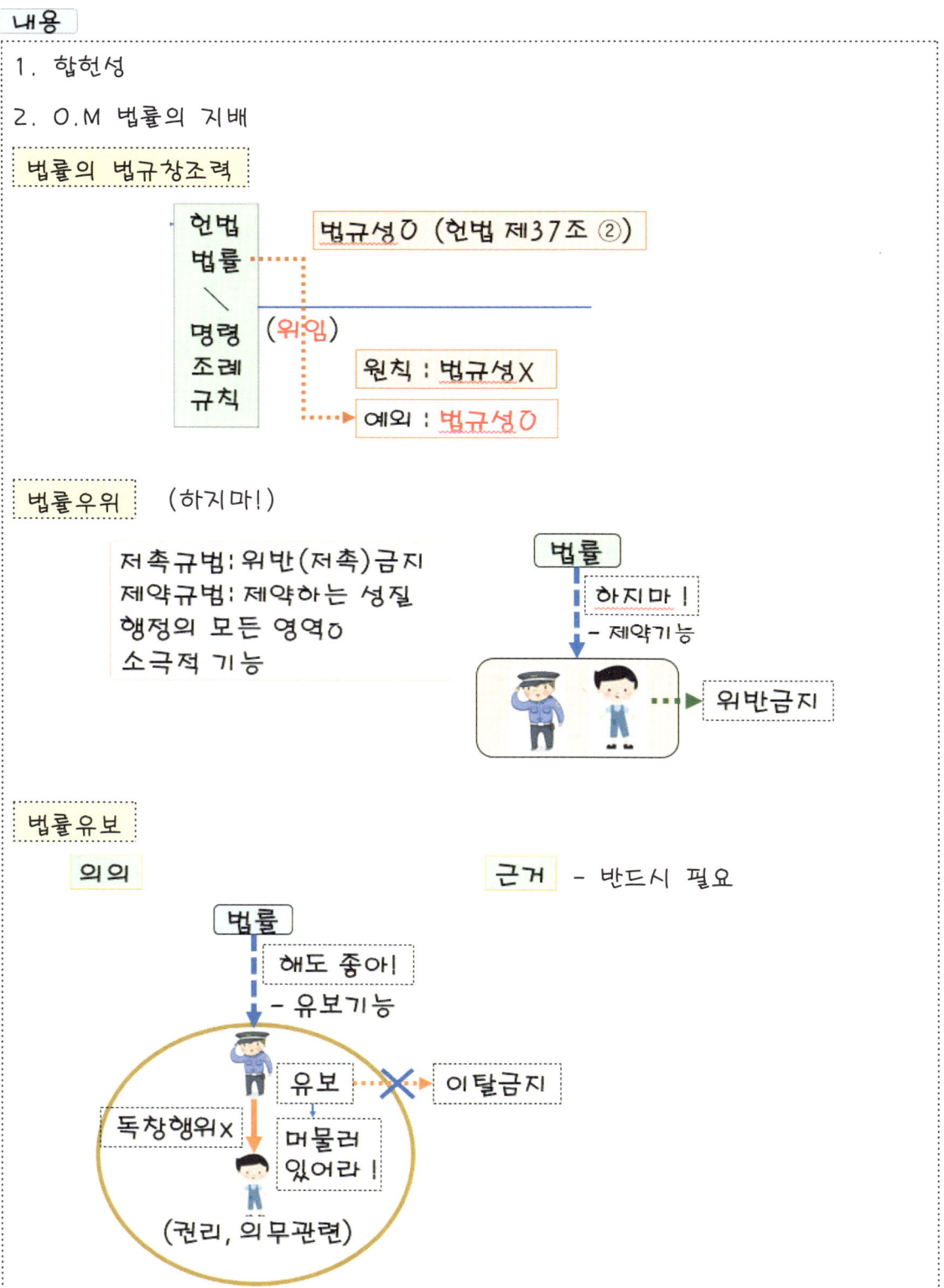

헌법
법률
　＼
명령
조례
규칙

(위임)

법규성O (헌법 제37조 ②)

원칙 : 법규성X

예외 : 법규성O

법률우위 (하지마!)

저촉규범 : 위반(저촉)금지
제약규범 : 제약하는 성질
행정의 모든 영역O
소극적 기능

법률

하지마!

– 제약기능

위반금지

법률유보

의의   근거 – 반드시 필요

법률

해도 좋아!

– 유보기능

유보 ╳→ 이탈금지

독창행위x

머물러
있어라!

(권리, 의무관련)

영역 - 일정 영역에 적용, 법치주의 적극적 기능

> ※ 법의 경찰규율 2가지 측면
> 1. 제약규범 : 법률우위문제
> 2. 근거규범 : 조직법적 근거
>   작용법적 근거
> (유보 = 근거 = 수권 = 작용법 근거)

범위
> 침해유보설,
> 권력유보설,
> 급부유보설,
> 전부유보설,
> 중요사항 유보설(통설·판례)

판례)

판) 자유와 권리의 본질적인 사항 → 국가가 법률로 규정해야

※ 법치주의 한계 : 통치행위, 재량행위, 특별권력관계 내부행위 등

3 경찰법의 법원

1. 법원일반
2. 성문법원
3. 불문법원

1 법원 일반

- 법원개념 - 법의 존재형식 인식근거
  ① 원칙 : 성문법 적용
  ② 예외적, 보충적 : 불문법 적용

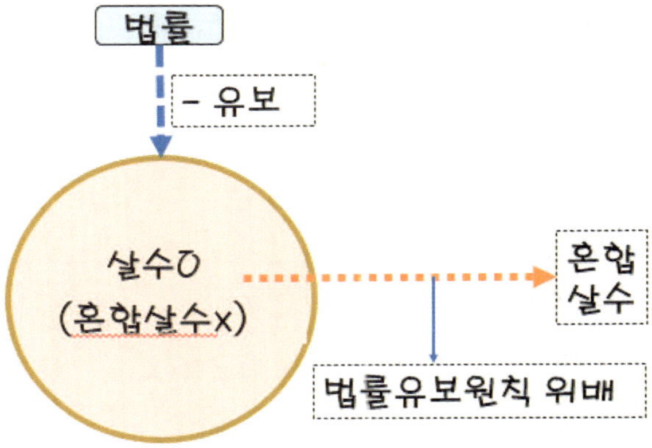

② 성문법원 - 헌법, 법률, 명령, 조례, 규칙

- 예측가능성 보장
- 민주적 정당성 (→ 성문법주의 원칙)

헌법

- 기본적인 통치구조, 국가작용의 기본원칙 규정
- 행정조직, 작용의 기본원칙을 정한 부분 → 경찰법의 법원

법률

: 가장 중심된 법원 (헌법 제37조 제2항 - 자유와 권리 '법률'로써 제한가능)
- 특별법우선주의 : 일반법보다 특별법이 우선 적용
- 법률불소급원칙 : 소급입법 금지 (법제정 이후에만 적용)
- 처분시법주의 : 행정처분 등 ("↓" 처분 시 지위변화)
- 행위시법주의 : 형벌, 경찰질서벌 (위반행위 시 사실상 지위 변화)
※ 효력 : 시행일x → 공포 20일 경과 (헌법o, 법령등 공포에 관한 법률x)
　　　　공포 - 국회의장, 서울 발행 2 이상 일간신문 게재
　　　　공포일(공고일) - 관보, 신문 발행일

판) 위임 없어 무효인 법류명령 → 사후 위임 (O) → 유효 (O)

판) 위임 있어 유효인 법류명령 → 개정으로 위임근거 (X) → 무효

판) 위임 근거법률 위헌무효 → 법규명령도 무효 (O)

조약·국제법규

- 국내법과 동일한 효력 (별도 법제정 절차x)

헌법에 의해 체결·공포 조약	① 국내적 효력 : 대통령 비준, 국회동의 ② 국제적 효력 : 대통령 비준만으로 예 한미행정협정(sofa)
일반적 승인 국제법규	별도절차x 예 외교관계에 관한 비엔나 협약

※ 조약의 종류
　　조약　 - 격식, 정식문서
　　의정서 - 개정, 보충
　　헌장　 - 국제기구 구성
　　협약　 - 입법적(특정·기술적)
　　협정　 - 행정적(전문·기술적)

행정입법(명령)

- 행정권이 제정
  ① 법규명령 : 법규성o
  ② 행정규칙 : 법규성x,

법규명령

의의	① 행정기관이 제정, 성문의 법규
	② 헌법, 법률, 상위명령(법규성o) → (위임, 근거) → 명령

분류
① 형식 : 대통령령(대통령), 총리령(총리), 부령(장관)
② 내용 - 위임명령 : 상위법령 구체적 위임o, 새로운 사항o
     - 집행명령 : 구체적 위임x, 세부적·기술적 사항o,
              새로운 사항x, 권리·의무관련o

요건
효력요건 - 시행일x : 공포 20일 경과(근거: 법령등 공포에 관한 법률, 헌법x)
       ※ 권리·의무 관련 → 30일 경과

한계
위임명령 : ① 전면·포괄위임x
     ② 국회 전속적 사항 위임x   예) 국적취득요건, 국방의무
     ③ 형식적 권한 위임x
     ④ 전면·백지 재위임x
     ⑤ 처벌규정 위임x → 제한적 긍정설

- 보충성의 원칙
- 구성요건 구체적 기준
- 형벌의 종류와 한도 정해서

판) 위임범위 → 포괄적·일반적 위임(X),

판) 규율대상 수시변화 → 위임의 구체성·명확성 완화

효력	법규성o

행정규칙

의의 - 행정조직 내부규율, 법규성x

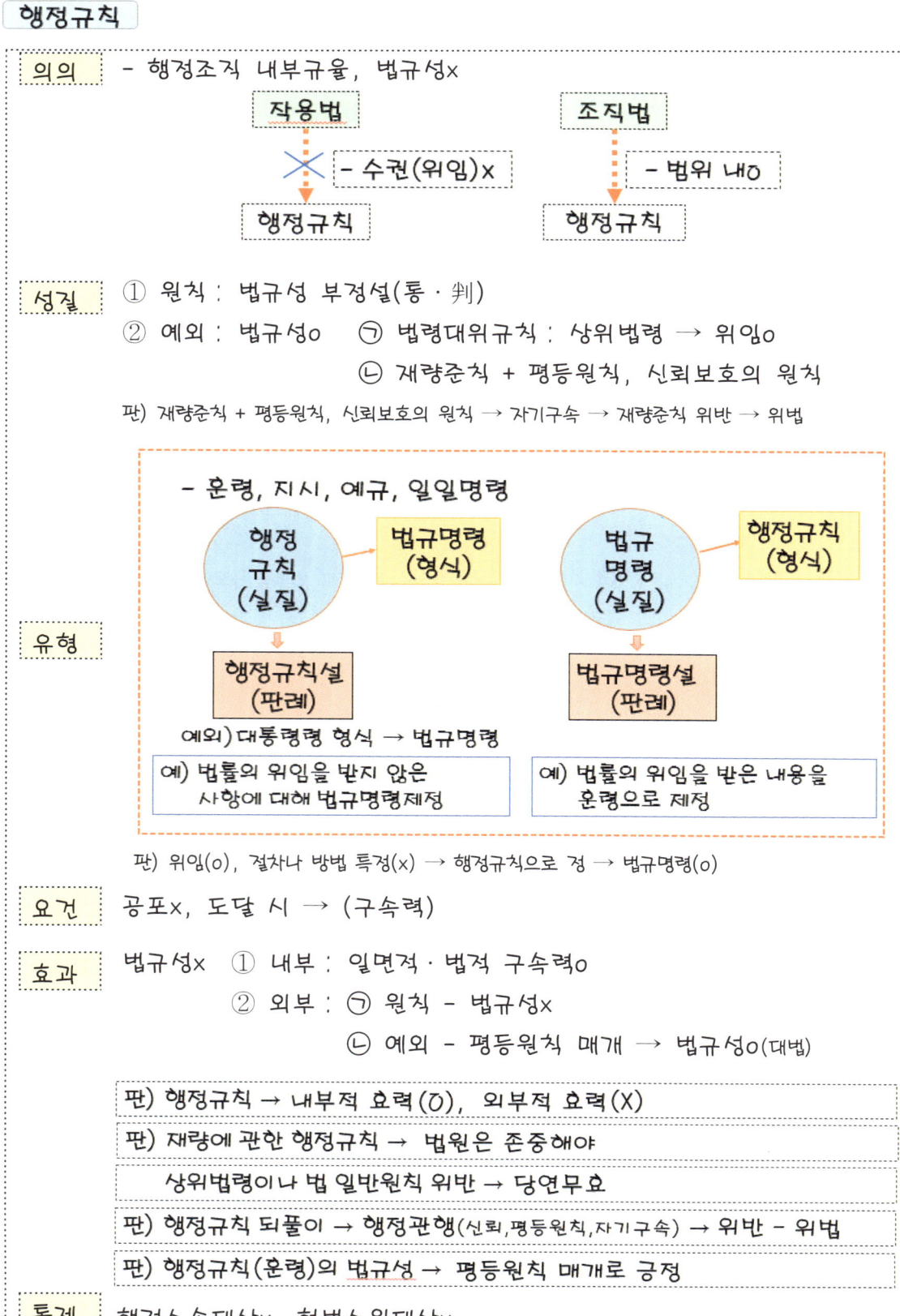

성질

① 원칙 : 법규성 부정설(통·判)

② 예외 : 법규성o ㉠ 법령대위규칙 : 상위법령 → 위임o

  ㉡ 재량준칙 + 평등원칙, 신뢰보호의 원칙

판) 재량준칙 + 평등원칙, 신뢰보호의 원칙 → 자기구속 → 재량준칙 위반 → 위법

유형

- 훈령, 지시, 예규, 일일명령

행정규칙(실질) → 법규명령(형식)

법규명령(실질) → 행정규칙(형식)

행정규칙설(판례)

법규명령설(판례)

예외)대통령령 형식 → 법규명령

예) 법률의 위임을 받지 않은 사항에 대해 법규명령제정

예) 법률의 위임을 받은 내용을 훈령으로 제정

판) 위임(o), 절차나 방법 특정(x) → 행정규칙으로 정 → 법규명령(o)

요건 공포x, 도달 시 → (구속력)

효과 법규성x ① 내부 : 일면적·법적 구속력o

② 외부 : ㉠ 원칙 - 법규성x

  ㉡ 예외 - 평등원칙 매개 → 법규성o(대법)

판) 행정규칙 → 내부적 효력(O), 외부적 효력(X)

판) 재량에 관한 행정규칙 → 법원은 존중해야

상위법령이나 법 일반원칙 위반 → 당연무효

판) 행정규칙 되풀이 → 행정관행(신뢰,평등원칙,자기구속) → 위반 - 위법

판) 행정규칙(훈령)의 법규성 → 평등원칙 매개로 긍정

통계 행정소송대상x, 헌법소원대상x

Part
03

※ 비교

┌ 법규명령 : 법규성o, 쌍면적 구속력

└ 행정규칙 : 법규성x, 일면적 구속력

자치법규

1. 조례 : 지방의회 제정(의장은 의결 5일 이내 → 자치단체장에 이송해야)

       ① 원칙 : 법규성x → 법원x

       ② 예외 : 위임o → 법규성o : 권리제한, 의무부과, 형벌제정가능

          예 지방자치법 : "조례로 1천만원 이하 과태료 부과할 수"

          ※ 조례에 위임한 사항 → 하위법령이 내용과 범위 제한(x), 직접 규정(x)

2. 규칙 : 지방자치 단체장이 제정(법령, 조례의 범위에서)

③ 불문법원

관습법

- 반복된 관행 → 법적 확신

  ① 형사 : 법원x

  ② 행정 : 법원o, (훈령 → 행정선례법) 변경 x

  ③ 민사 : 법원o, 예 입어권, 하천용수 등

판례법

1. 불확정 개념o

2. 확정개념x 예 소송제기 시한

외국	영미법계	불문법 국가 : 법원성 긍정 ☞ 법원이 통제장치
	대륙법계	성문법 국가 : 법원성 부정
우리	대법원 판례	부정설(判) ⇔ 긍정설(多)
나라	헌재 결정례	긍정설(다수설)

조리

- 개요 : ① 사물의 이치, 자연법, 질서

      ② 점차 성문화 추세, 감소추세

      ③ 최후의 보충법원o : 위반 → 위법

- 유형

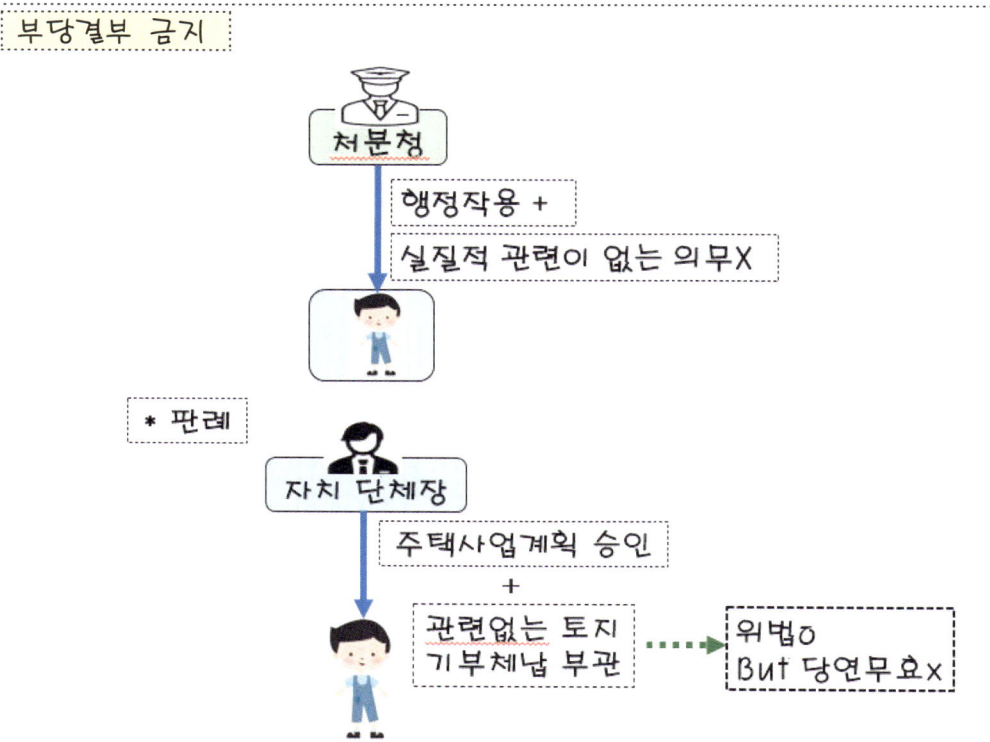

부당결부 금지

처분청

행정작용 +

실질적 관련이 없는 의무X

＊ 판례

자치 단체장

주택사업계획 승인

+

관련없는 토지
기부체납 부관 → 위법ㅇ
But 당연무효x

판) 2종 소형 오토바이 → 음주운전 → 1종 보통·대형면허 취소 (X)

판) 제1종 보통·대형면허 → 대형화물 운전사고 면허정지 →

판) 면허정지기간 제1종 대형차량운전 →

판) 1종보통면허취소 → 원동기장치 자전거 운전금지 포함

판) 원동기장치자전거 음주운전 → 운전가능 모든면허 취소 → 적법

평등의 원칙   → 자기구속의 법리

1. 차별x

2. 재량준칙(적법한 경우만) + 평등원칙 → 자기구속, 법규성ㅇ

   예) 음주측정거부 : A(3회), B(3회), C(3회), D(2회 기회 → 단속)

3. 종래관행(위법) + 평등원칙 → 자기구속x

   판) 같은 정도 비위 → 징계양정 차별 → 평등원칙 위배(x), 적법

   판) 재량준칙 되풀이 시행 → 자기구속(ㅇ) → 반하는 처분, 위법(ㅇ)

   판) 위법한 행정처분 선례 → 이에 따를 의무 (x)

신뢰보호의 원칙

의의 보호가치o 신뢰 → 보호해야

※ 합법성 회생 가능 / 공익 또는 제3자 이익 현저침해 → 적용(x)

※ 적용 - 처분(o), 헌재 위헌결정(x)(통·판)

근거 행정절차법 제4조

연혁 영미법계 금반언의 원칙

요건 선행처분 존재 → 조치신뢰 → 신뢰에 기초한 행위 → 보호가치 있는 신뢰

효과 위반 → 위법(취소사유, 행정소송, 국가배상 가능)

* 판례

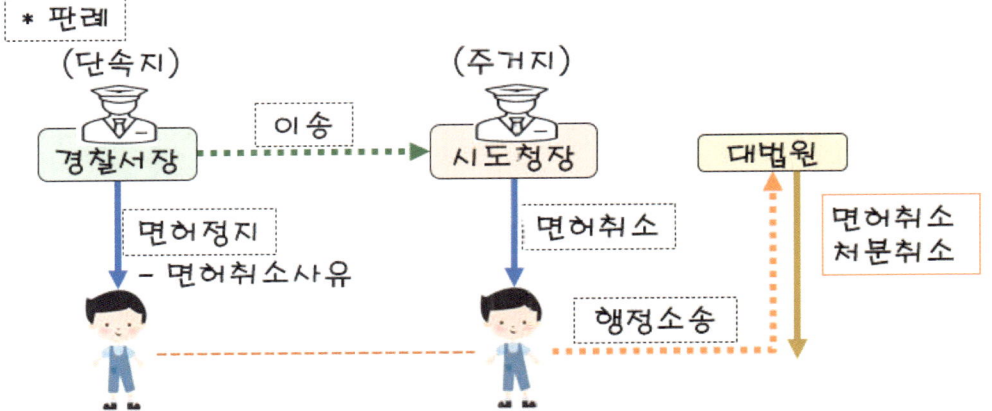

판) 사전 적정통보 → 요건(o), 신청 → 불허가 → 위법(o), 신뢰보호위반

판) 위헌결정 → 장래 향해(o)/ 예외) 형벌 → 소급하여 효력 상실

판) 위헌결정 소급요 → 제한 가능 (신뢰보호의 원칙 적용x)

비례의 원칙

의의

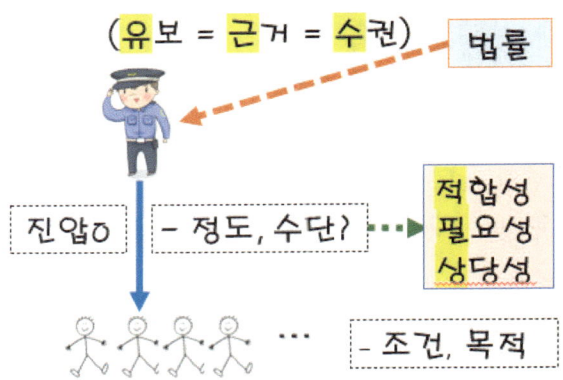

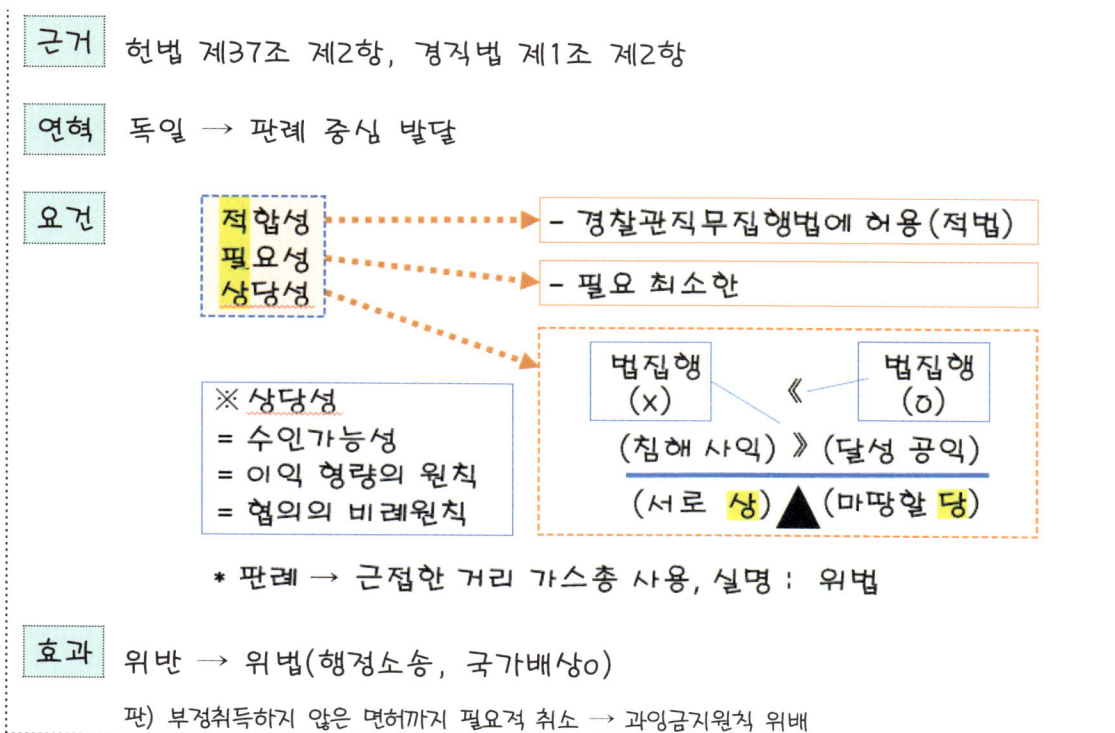

| 근거 | 헌법 제37조 제2항, 경직법 제1조 제2항 |
| 연혁 | 독일 → 판례 중심 발달 |

요건

적합성 ┈┈▶ - 경찰관직무집행법에 허용(적법)
필요성 ┈┈▶ - 필요 최소한
상당성

법집행 (x) ≪ 법집행 (o)
(침해 사익) ≫ (달성 공익)
(서로 상)▲(마땅할 당)

※ 상당성
= 수인가능성
= 이익 형량의 원칙
= 협의의 비례원칙

* 판례 → 근접한 거리 가스총 사용, 실명 : 위법

효과 위반 → 위법(행정소송, 국가배상o)
판) 부정취득하지 않은 면허까지 필요적 취소 → 과잉금지원칙 위배

제2절 경찰조직법

1. 경찰조직의 기초개념
2. 분류
3. 권한
4. 감독관계

1 경찰조직의 기초개념

1 경찰조직법 기본원리

1. 조직법 : 존립, 명칭, 권한, 관계
   ① 정부조직법 : 국가행정조직에 관한 기본법
   ② 국자법 : 경찰조직에 관한 기본법
   ③ 경찰공무원법 : 임면, 신분, 직무   판) 구경찰법 → 기본권 침해(x)
2. 조직법 기본원리 - 국자법 제1조 : 민주성과 효율성 규정

민주성 [민주성 / 중립성]   효율성 [능률성 / 집권성]

② 행정주체

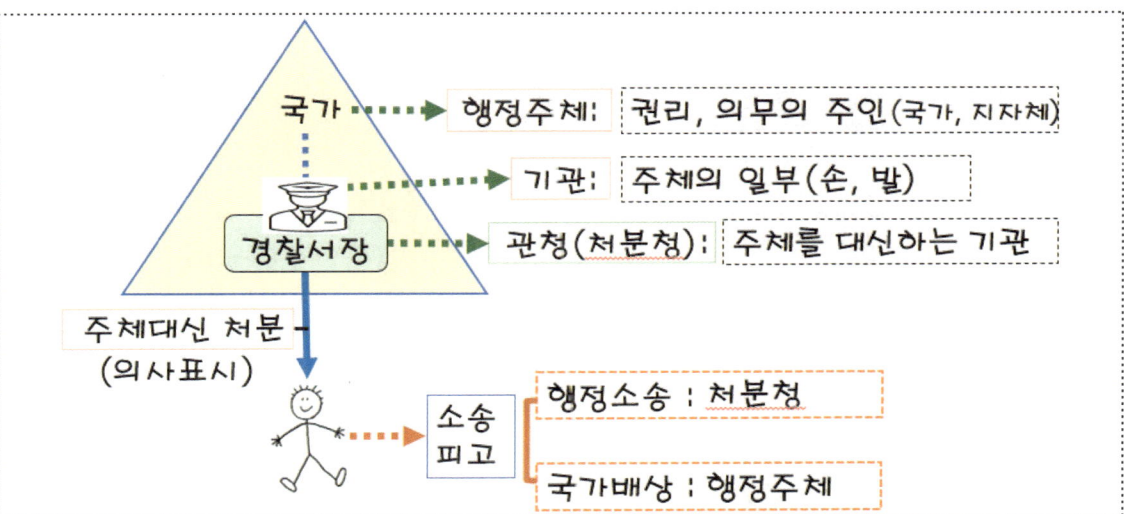

③ 행정기관

관청

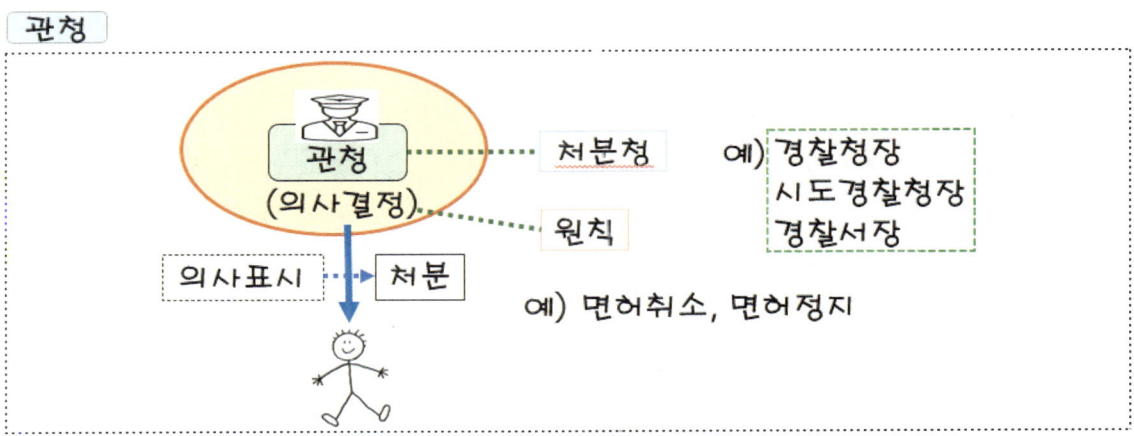

의결기관 [●경위징계의결]

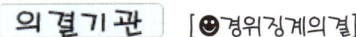
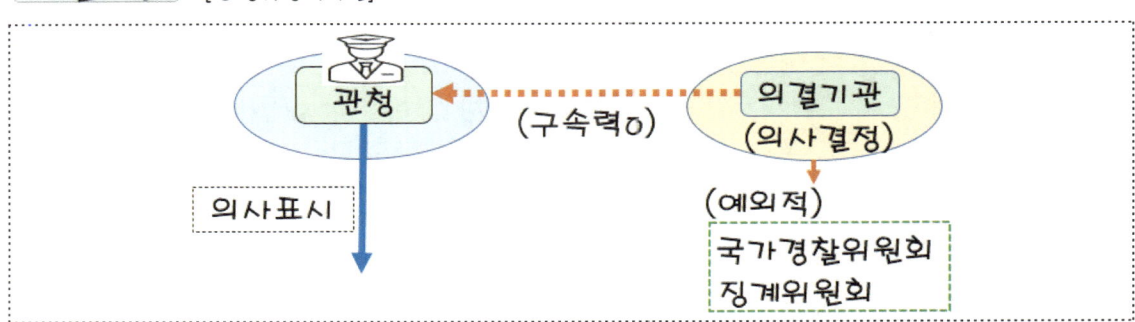

자문기관

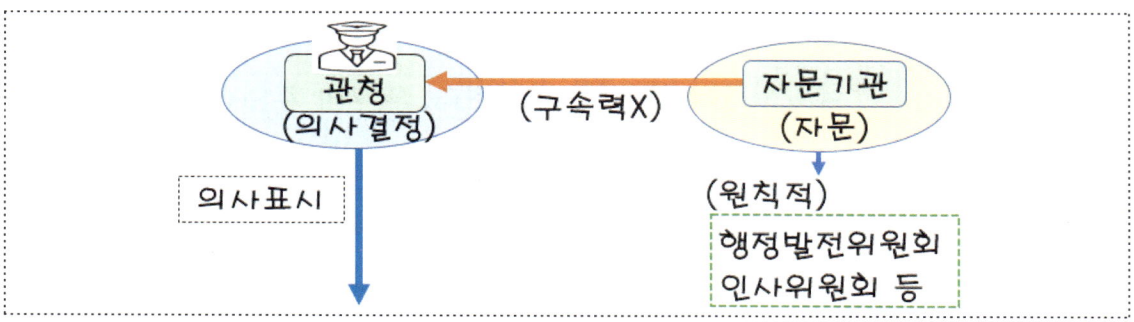

집행기관

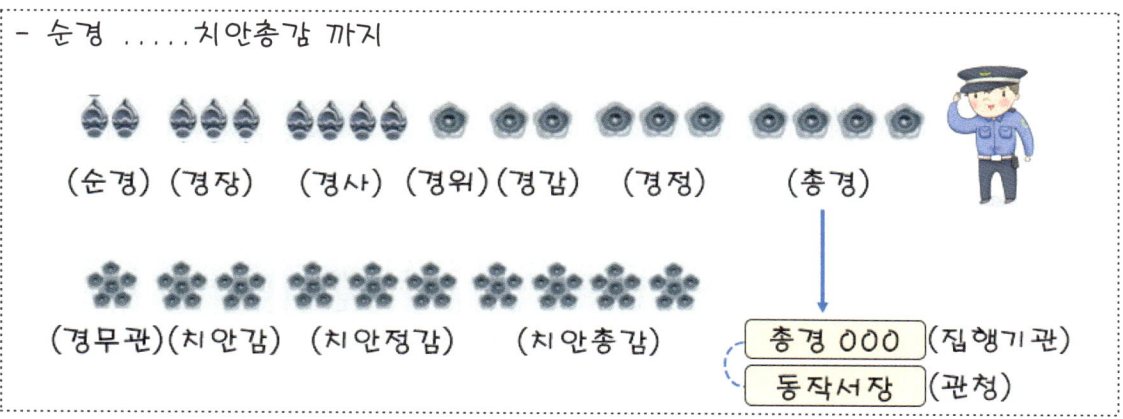

기타기관

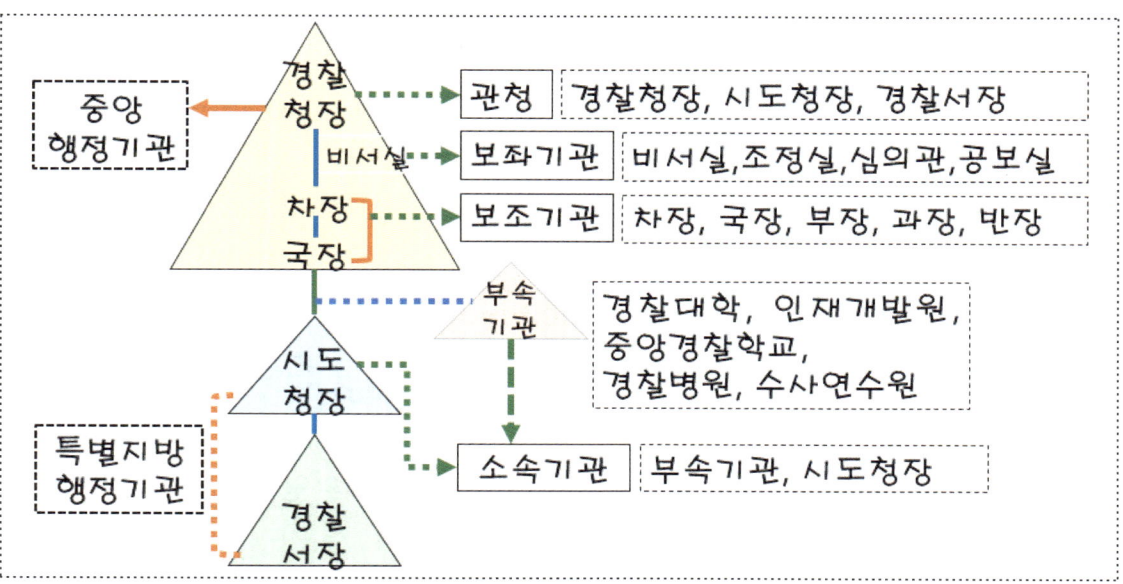

2 경찰기관 분류

> 보통경찰기관 : 형식적 의미의 경찰 → 경찰
>
> 특별경찰기관 : 협의의 행정경찰(실질적 의미), 비상경찰기관 → 경찰 이외 기관

보통경찰기관

Part
03

┌ 국가경찰사무
└ 자치경찰사무 : 생활안전, 교통, 수사(소년범죄, 가정폭력, 아동학대범죄, 교통관련 범죄, 공연음란, 성적목적 다중이용장소 침입, 경범죄·기초질서 관련 범죄, 가출인, 실종아동등 관련 수색 및 범죄)

1 중앙경찰조직

경찰청

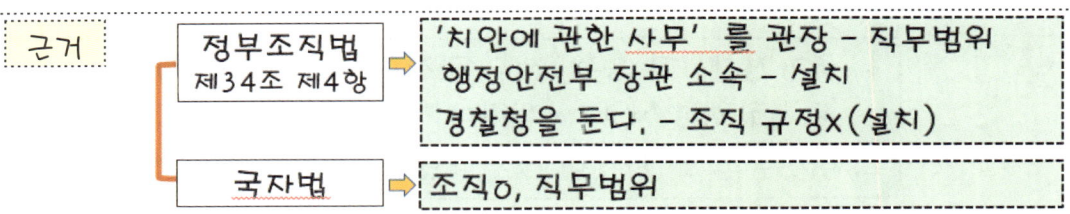

근거	정부조직법 제34조 제4항	⇒ '치안에 관한 사무'를 관장 - 직무범위 / 행정안전부 장관 소속 - 설치 / 경찰청을 둔다. - 조직 규정x(설치)
	국자법	⇒ 조직o, 직무범위

경찰청 차장	치안정감, 청장유고시 → 차장이 대리 / 협의의 법정대리 (위기관리조직, 효율성)

소속 기관	시도경찰청 / 부속기관 : 경찰대학, 경찰인재개발원, 중앙경찰학교, 경찰병원, 경찰수사연구원, (국과수x → 행안부장관 소속)

경찰청장

| 지위 | 치안총감, 임기 2년, 중임x, 국회의 탄핵소추 대상
→ 정치중립목적 신분보장
※ 퇴임 2년 이내 정당발기인·당원x → 위헌판결 → 효력x |

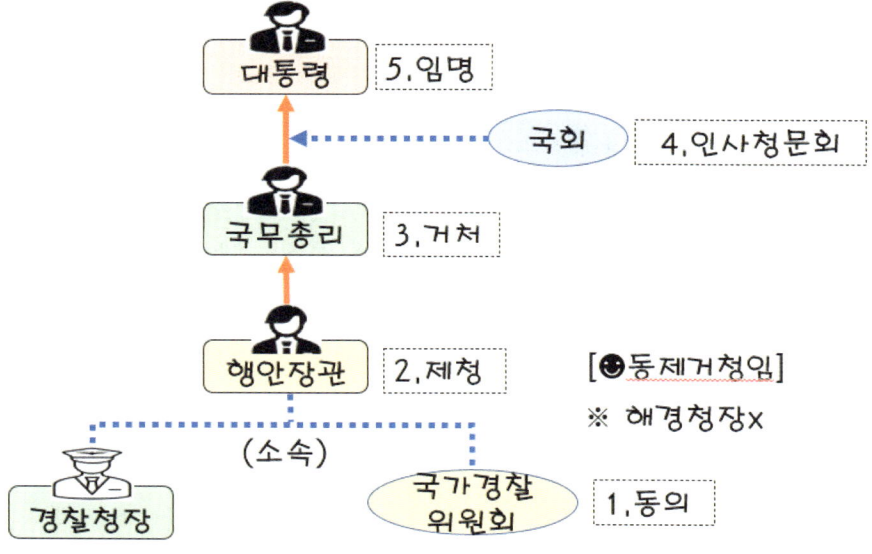

임명 절차

- 대통령 5.임명
- 국회 4.인사청문회
- 국무총리 3.거처
- 행안장관 2.제청 [☺동제거청임] ※ 해경청장x
- (소속)
- 경찰청장
- 국가경찰위원회 1.동의

| 권한 | 1. 국가경찰사무 통활, 청무 관장, 독임제(효율성)
　※ 경찰행정 책임 → 청장에 책임귀속
2. 청장유고 → 차장이 직무대행 |

자치경찰 지휘

원칙 : 지휘·명령x, 예외 : 지휘·명령 할 수
ㄱ. 비상사태 등/ ㄴ. 동일적용 치안정책/ ㄷ. 지원·조정필요
1. 경찰청장 → 사유등 → 시자위에 통보해야
＊시자위 → (지휘받도록)명해야
＊사유x → 의결 → 중단 요청할 수(청장에게)
＊지원·조정 필요사유 → 의결 → 요청할 수(청장에게)
2. 경찰청장 → 국경위에 즉시 보고해야
＊지원·조정 필요사유 → 의결 거쳐야
＊의결 → 중단 통보할 수(청장에게)
3. 경찰청장 → 사유해소 → 즉시 중단해야
4. 경찰청장 → 지휘·명령권 → 제주도경찰청장에 위임할 수

Part
03

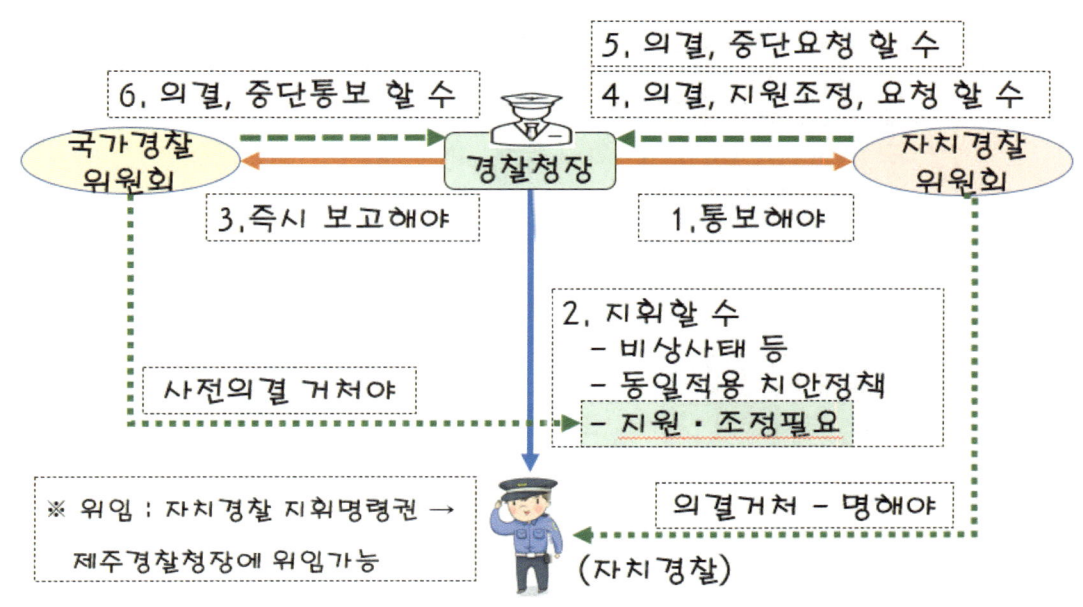

5. 의결, 중단요청 할 수
4. 의결, 지원조정, 요청 할 수
6. 의결, 중단통보 할 수

국가경찰
위원회

경찰청장

자치경찰
위원회

3. 즉시 보고해야   1. 통보해야

2. 지휘할 수
  - 비상사태 등
  - 동일적용 치안정책
  - 지원·조정필요

사전의결 거쳐야

※ 위임 : 자치경찰 지휘명령권 →
   제주경찰청장에 위임가능

의결거처 - 명해야

(자치경찰)

수사지휘

1. 개별사건 수사지휘·감독X,
   예외) 긴급·중요사건 통합대응 필요시 → 국가수사본부장 통해서

2. 개별사건 지휘·감독 개시 → 국경위 보고해야

3. 사유해소 시 → 개별사건 수사지휘 중단해야

4. 국가수사본부장 수사지휘 중단 건의 시(사유해소로) → 승인해야

* 서면지휘원칙 → 불가능, 현저곤란 → 구두, 전화등 가능/사후 지체X 서면송부

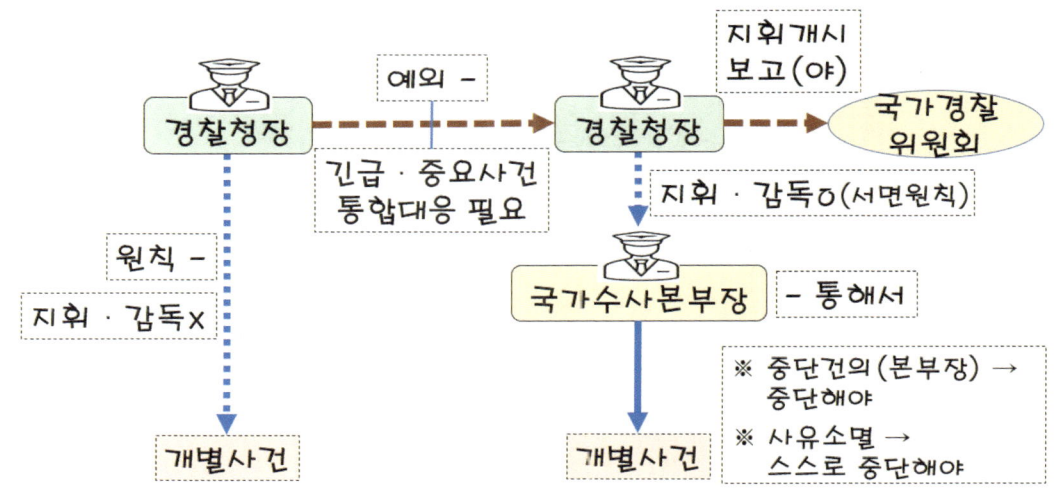

지휘개시
보고(야)

경찰청장

예외 -

경찰청장

국가경찰
위원회

긴급·중요사건
통합대응 필요

지휘·감독0(서면원칙)

원칙 -

지휘·감독X

국가수사본부장 - 통해서

※ 중단건의 (본부장) →
   중단해야
※ 사유소멸 →
   스스로 중단해야

개별사건

개별사건

장관승인사항

1. 법령 제·개정이 필요한 기본계획 수립, 변경 사항
2. 국제협력관련 중요 계획수립, 변경 사항
3. 국제기구 가입, 국제협정 체결 사항

장관사전보고사항

1. 국무회의 상정사항
2. 청장 국제회의 참석, 국외출장 사항

장관보고사항

1. 대통령, 총리, 장관 지시 사항 추진계획과 실적
2. 중요정책 및 계획의 추진실적 등…,

국가수사본부장

지위
치안정감, 임기2년, 중임x, 국회의 탄핵소추 대상
→ 정치중립목적 신분보장

자격
1. 경력 10년
   ① 고위공무원단, 3급 이상, 총경 이상,
   ② 판사, 검사, 변호사, 공공기관 법률사무(변호사)
   ③ 법률학, 경찰학 조교수
2. 경력 합계 → 15년 이상

결격
1. 경찰공무원 결격사유
2. 당적, 선거직 → 퇴임 후 3년 미경과
3. 공무원, 판사, 검사, 변호사(공공기관등 법률사무 10년)
   → 퇴임 후 1년 미경과

권한
수사관련 지휘감독 : 시도경찰청장, 경찰서장, 수사부서 소속 공무원

Part
03

국가경찰위원회

- 합의제 의결기관 ┌ 민주적 운영, 정치중립 목적
              └ 명실상부한 통제장치x

구성·신분

① 위원장 포함 7인, 특정성 6/10 초과x(노력해야), 2명 법관자격
   - 비상임 : 위원 5인, 위원장1(호선, 상임, 연장자 순)
   - 상임 : 1명(정무직 차관급)

② 결격 및 당연퇴직 :
   1. 검찰, 경찰, 국정원, 군인, 당적, 선거직에서 퇴임한 날부터 → 3년 미
      경과,
   2. 국가공무원 결격사유

③ 임명절차

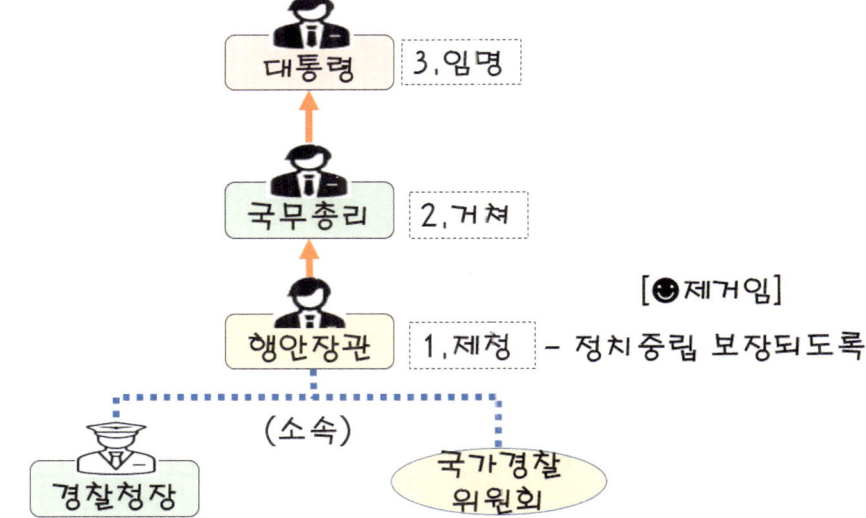

[☺제거임]
정치중립 보장되도록

④ 임기 : 3년, 연임x, 보궐위원 임기(잔여임기)
⑤ 신분보장(정치중립) : (신체 또는 정신상 장애 제외) 의사에 반해 면직x
⑥ 비밀엄수의무o, 정치운동금지 의무o

권한　[☺주발 인부 외 협조 제재 국비부]

- 심의 · 의결 거쳐야
1. 인사, 예산, 장비 등 : **주**요정책, 업무**발**전사항
2. **인**권보호관련
3. **부**패방지, 청렴도 향상
4. 국가경찰 업무 **외** 업무**협조**요청사항
5. **제**주 자치경찰 지원
6. 시자위 위원추천, 자치경찰법령 · 정책, 시자위 의결 **재**의요구
7. **국**민 생신재 보호, 공안질서유지에 필요 시책수립
8. **비**상사태 경찰청장의 전국적 지휘명령 사항
9. 행안장관 경찰청장이 **부**친 사항

※ 기타 1. 청장임명 동의권,
　　　 2. 관계 공무원 전문가 - 출석, 발언, 자료제출 요구할 수 /
　　　 3. 경찰공무원에 보고 요구할 수

운영
① 경찰청에서 사무처리

※ 운영, 심의의결, 재의요구 등 세부사항 대통령령으로 정함

② 회의 ┌ 정기회의 : 월2회
　　　　└ 임시회의 : 위원 3인 이상, 행안부 장관, 경찰청장 요구 시

③ 의결 - 재과출과
④ 재의요구(의결기능계약)

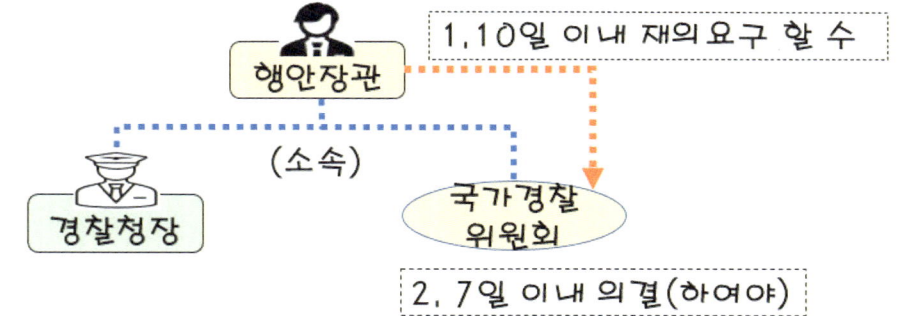

② 지방의 경찰조직

시·도경찰청

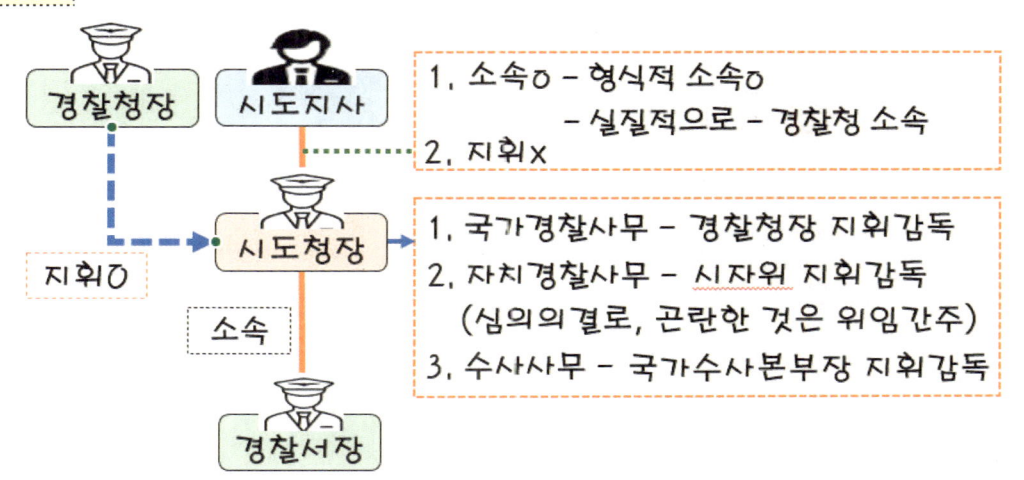

소속

경찰청장   시도지사

1. 소속O - 형식적 소속O
          - 실질적으로 - 경찰청 소속
2. 지휘X

지휘O

시도청장

소속

1. 국가경찰사무 - 경찰청장 지휘감독
2. 자치경찰사무 - 시자위 지휘감독
   (심의의결로, 곤란한 것은 위임간주)
3. 수사사무 - 국가수사본부장 지휘감독

경찰서장

1. 시도경찰청장 : 치안정감(서울, 부산, 인천, 경기남부), 치안감, 경무관
2. 시도경찰청장 임명 : 추천(경찰청장이 시자위와 협의) - 제청(행안부 장관)
   - 거쳐(총리) - 임용(대통령)

시도경찰청 직할대

1. 설치권자 : 시도경찰청장
2. 절차 : 경찰청장 승인 필요, 차장 밑에 설치

시도경찰청 하부조직(대, 팀)

1. 설치요건 : 업무분담수행 필요, 독자성, 계속성, 업무한계
2. 업무량 : 적어도 4인 이상 필요 업무량

경찰서장

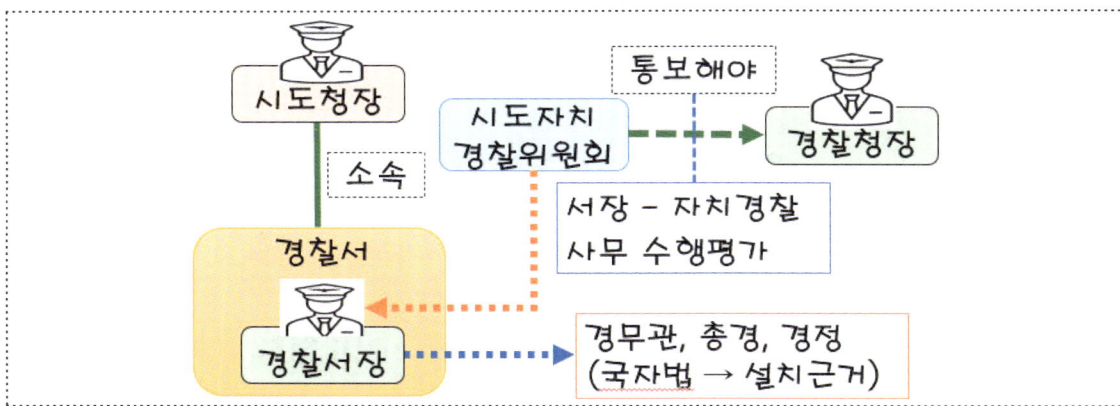

하부기관

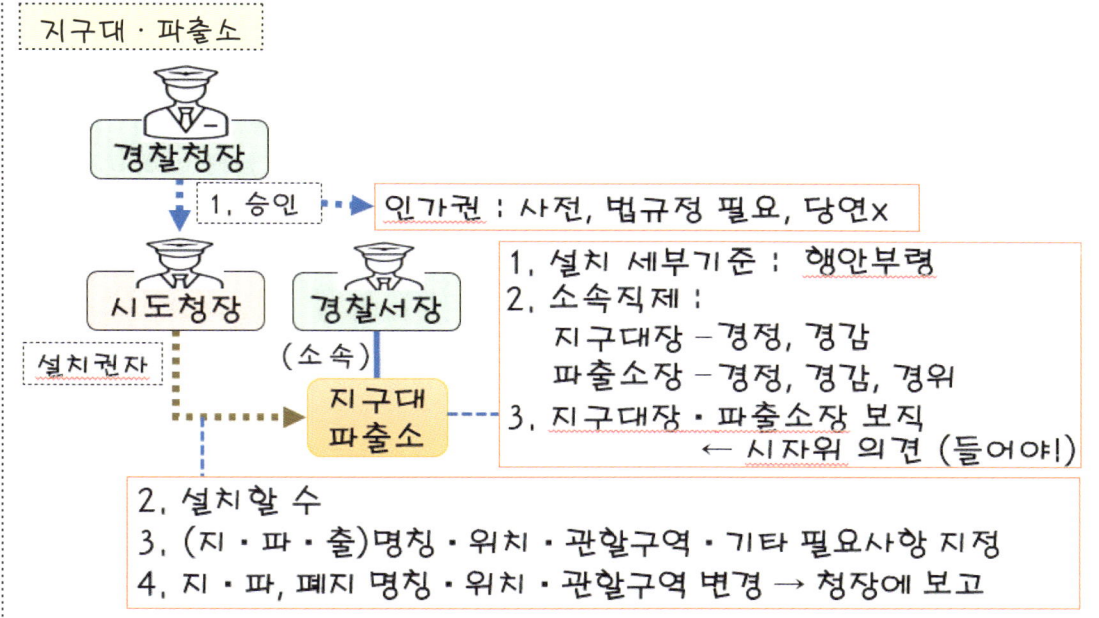

치안센타

1. 시도청장 : 설치권자
2. 경찰서장 : 관할구역 크기 지정

출장소

1. 시도청장 : 설치권자
2. 설치 시 →(보고)→ 경찰청장
3. 출장소장 : 경위, 경사

※ 정리 ┌ 승인(인가권) : 지구대, 파출소 설치
       └ 보고(감독권) : 출장소 설치, 지구대·파출소 폐지, 변경

시·도자치경찰위원회

설치·구성

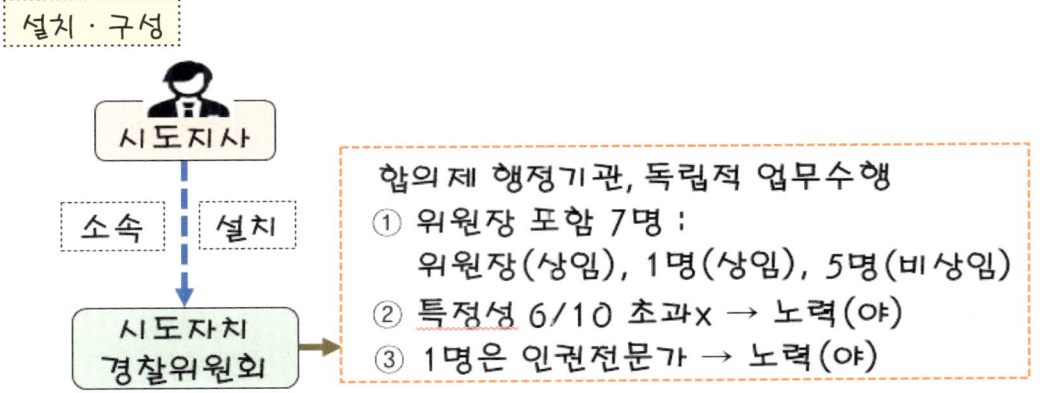

시도지사

소속   설치

시도자치
경찰위원회

합의제 행정기관, 독립적 업무수행
① 위원장 포함 7명 :
    위원장(상임), 1명(상임), 5명(비상임)
② 특정성 6/10 초과x → 노력(야)
③ 1명은 인권전문가 → 노력(야)

임명

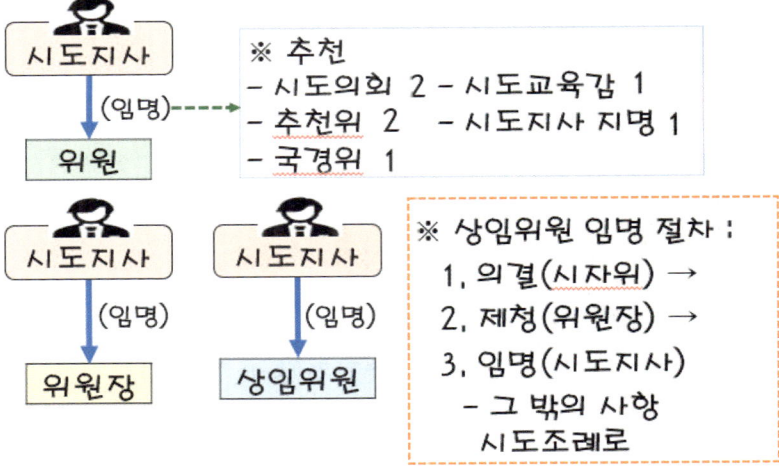

시도지사
(임명)
위원

※ 추천
- 시도의회 2 - 시도교육감 1
- 추천위 2   - 시도지사 지명 1
- 국경위 1

시도지사
(임명)
위원장

시도지사
(임명)
상임위원

※ 상임위원 임명 절차 :
1. 의결(시자위) →
2. 제청(위원장) →
3. 임명(시도지사)
   - 그 밖의 사항
     시도조례로

자격

1. 판·검·변 또는 경찰직 - 5년 이상

2. 변호사 자격, 국가기관등, 법률사무 - 5년 이상

3. 법률학·행정학 또는 경찰학, 조교수 이상 - 5년 이상

4. 그 밖에 경험풍부, 학식 덕망

1. 검찰, 경찰,, 국정원 직원 또는 군인, 당원, 당적, 선거직, 공무원이거나 퇴직(이탈)한 날부터 3년 미경과

2. 지방공무원결격사유

임기

1. 임기 3년, 연임x,

2. 보권위원 → 전임자 잔여임기, 1년 미만이면 한번 더

3. 신분보장 : 신체 정신상 장애 제외 의사에 반해 면직x

4. 의무 : 비밀엄수의무, 정치중립의무(지공법 52조, 57조)

위원장

1. 대표, 회의주제

2. 임명 → 상임위원 → 연장자 순

사무

1. 자치경찰사무, 감사, 감사의뢰, 감찰요구, 징계요구

2. 자치경찰사무 담당공무원 고충심사, 사기진작 등

3. 전국적 치안유지 위한 경찰청장의 지휘·명령사무

4. 국가·자치경찰사무 협력·조정관련 경찰청장과 협의

운영 – 심의·의결, 재과출과

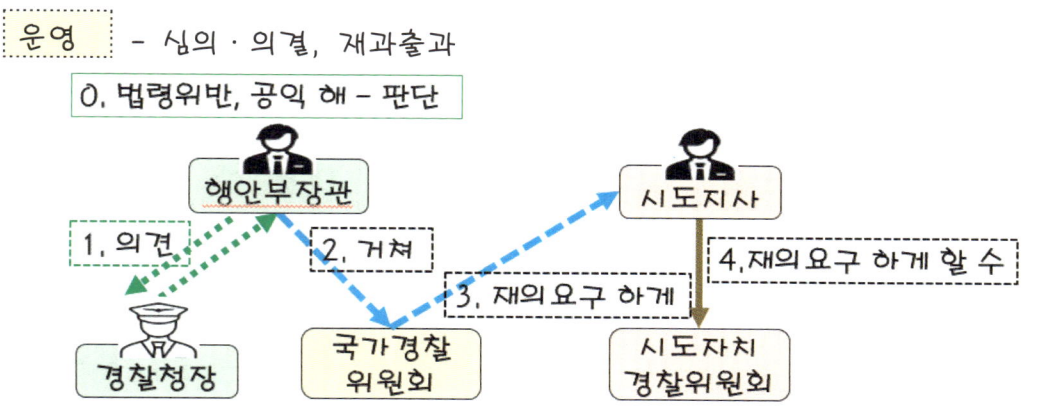

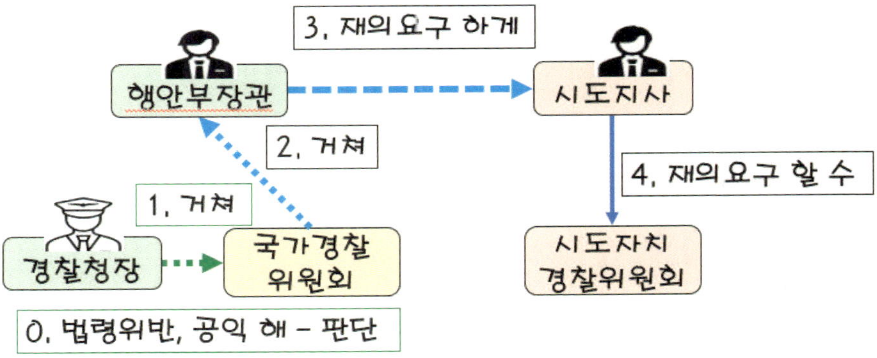

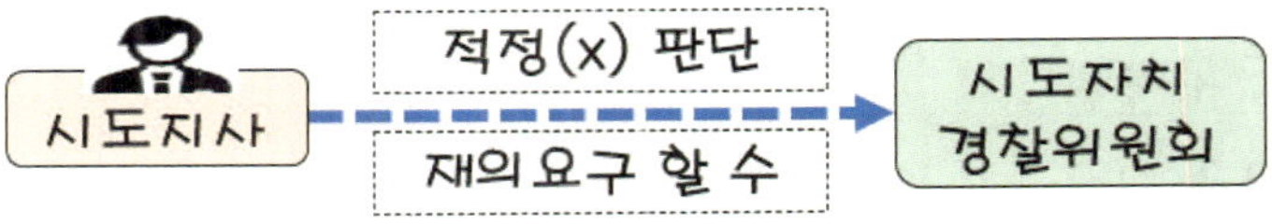

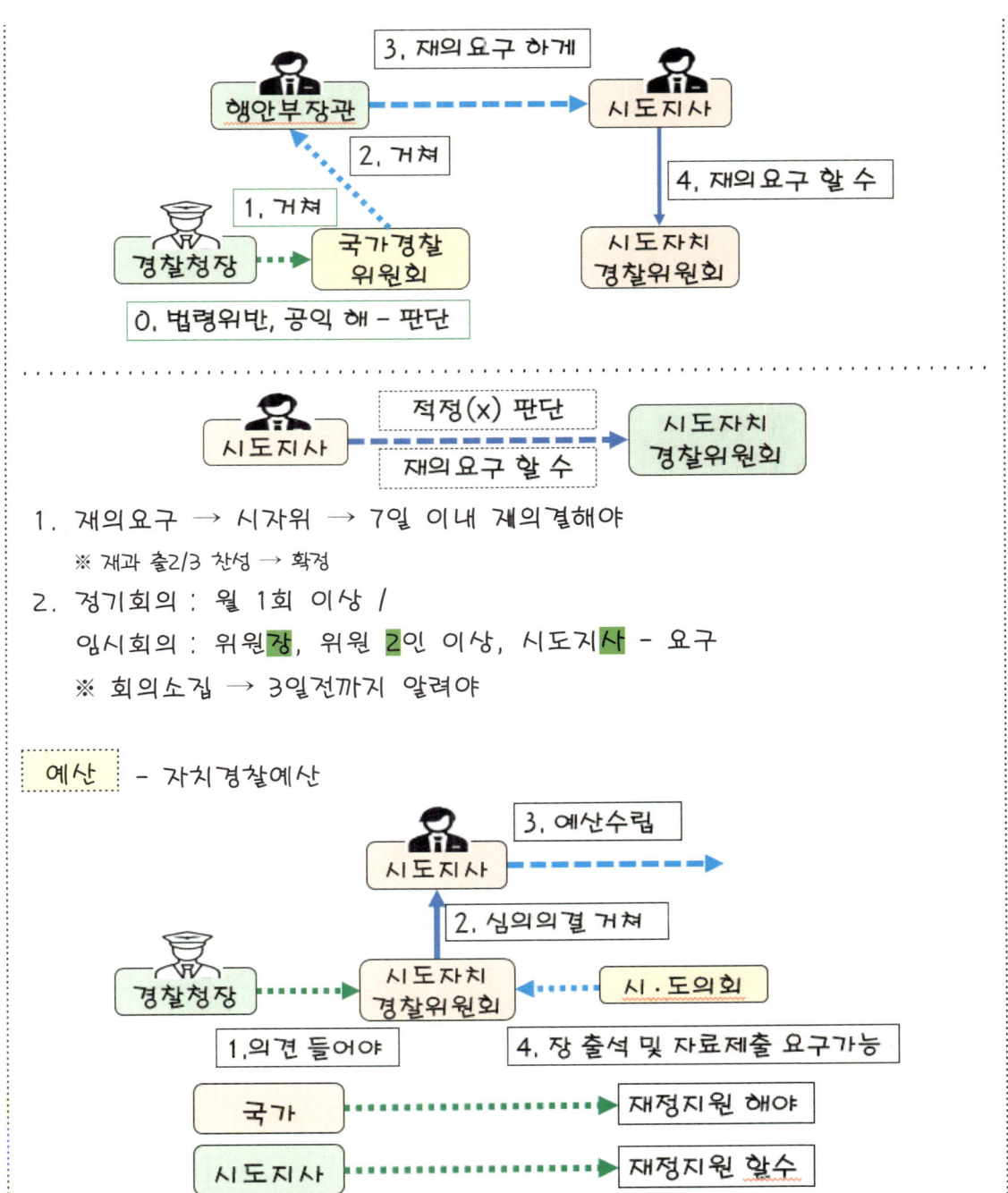

1. 재의요구 → 시자위 → 7일 이내 재의결해야

※ 재과 출2/3 찬성 → 확정

2. 정기회의 : 월 1회 이상 /

임시회의 : 위원장, 위원 2인 이상, 시도지사 - 요구

※ 회의소집 → 3일전까지 알려야

예산 - 자치경찰예산

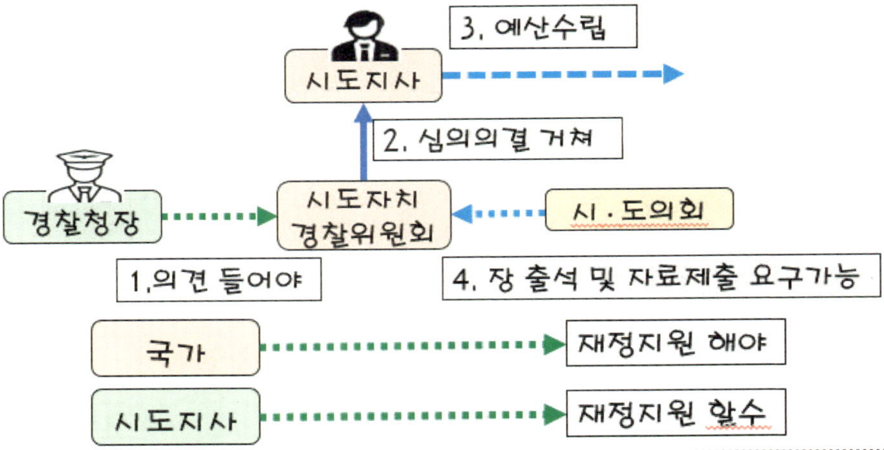

※ 제주자치도와 국가경찰 업무협조 - 치안행정협의회(11명)

3 해양경찰청

- 다른 적용(조직법) : 해양경찰청과 그 소속기관 직제, 국자법x
- 동일 적용(기타) : 경공법, 경직법 등

4 청원경찰

- 경비원과 비교

	청원경찰(청원경찰법)	경비원(경비업법)
관할	'경비국'	'생활안전국'
이념	대적방호개념	생활안전개념(범죄예방)
채용	18세 이상	18세 이상
무장	무기휴대 허용	무기휴대 금지(특수경비원 가능)

법적지위 및 근무한계

1. 벌칙 : 공무원 간주
2. 국가 · 지자체 근무 : 국가배상법 적용
3. 경직법에 따른 직무수행

판) 국가나 지자체 근무 청원경찰 → 사법상 고용관계(x), 징계는 행정소송의 대상(o)

배치절차

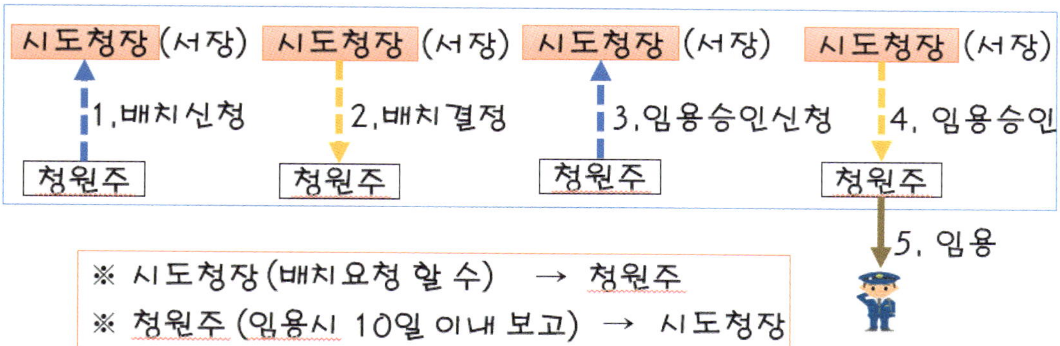

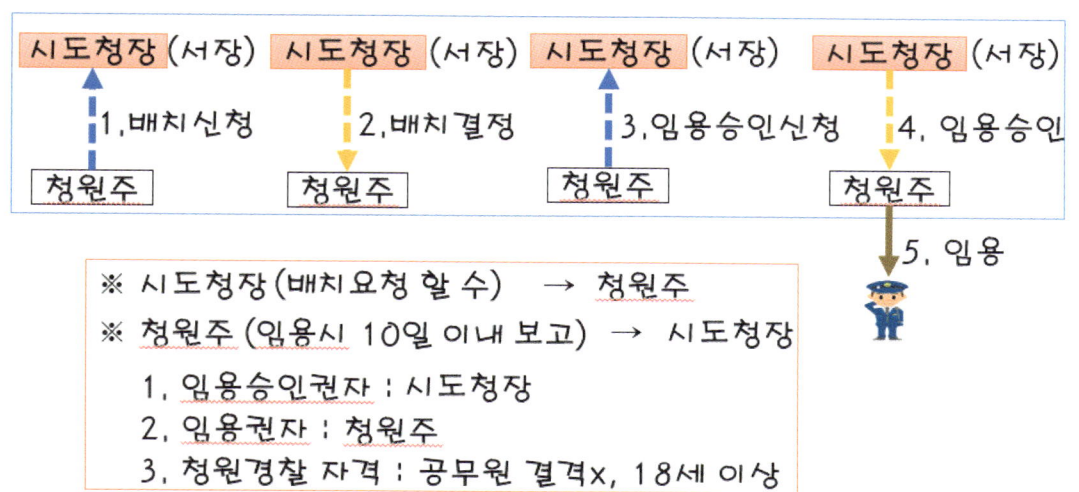

※ 시도청장(배치요청 할 수) → 청원주
※ 청원주(임용시 10일 이내 보고) → 시도청장

1. 임용승인권자 : 시도청장
2. 임용권자 : 청원주
3. 청원경찰 자격 : 공무원 결격x, 18세 이상

Part
03

제복 · 무기

1. 제복 착용하여야
2. 무기

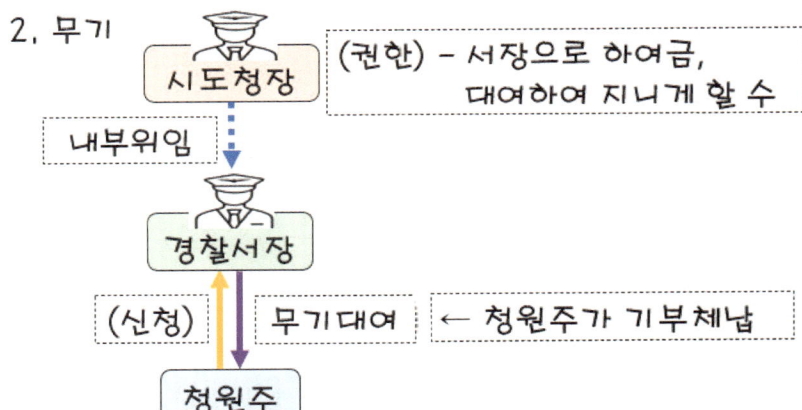

시도청장 — (권한) - 서장으로 하여금, 대여하여 지니게 할 수

내부위임

경찰서장

(신청) / 무기대여 ← 청원주가 기부체납

청원주

감독 · 징계

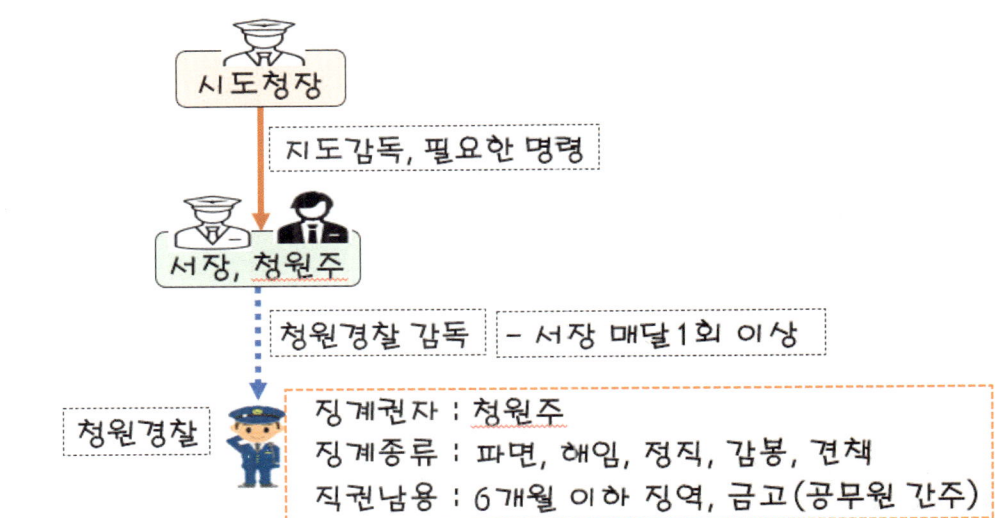

시도청장

지도감독, 필요한 명령

서장, 청원주

청원경찰 감독 — 서장 매달1회 이상

청원경찰

징계권자 : 청원주
징계종류 : 파면, 해임, 정직, 감봉, 견책
직권남용 : 6개월 이하 징역, 금고(공무원 간주)

신분보장 · 배치폐지

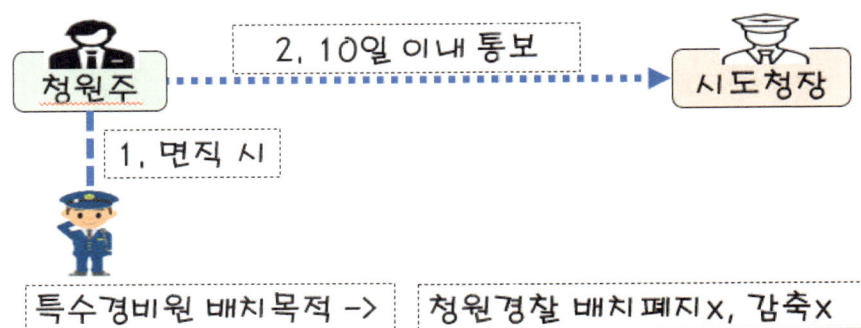

청원주 ······ 2. 10일 이내 통보 ·····▶ 시도청장

1. 면직 시

특수경비원 배치목적 -> 청원경찰 배치폐지X, 감축X

3 경찰관청의 권한

1 경찰관청 상호간 관계(일반)

1. 상하관청 간 관계
   ① 대리, 위임
   ② 감독 : 감시권, 훈령권, 인가권, 주관쟁의 결정권, 취소 · 정지권
2. 대등관청 간 관계 : 존중(권한불가침, 주관쟁의 협의), 협력(협의, 위탁, 응원)

2 대리(임의대리 = 수권대리)

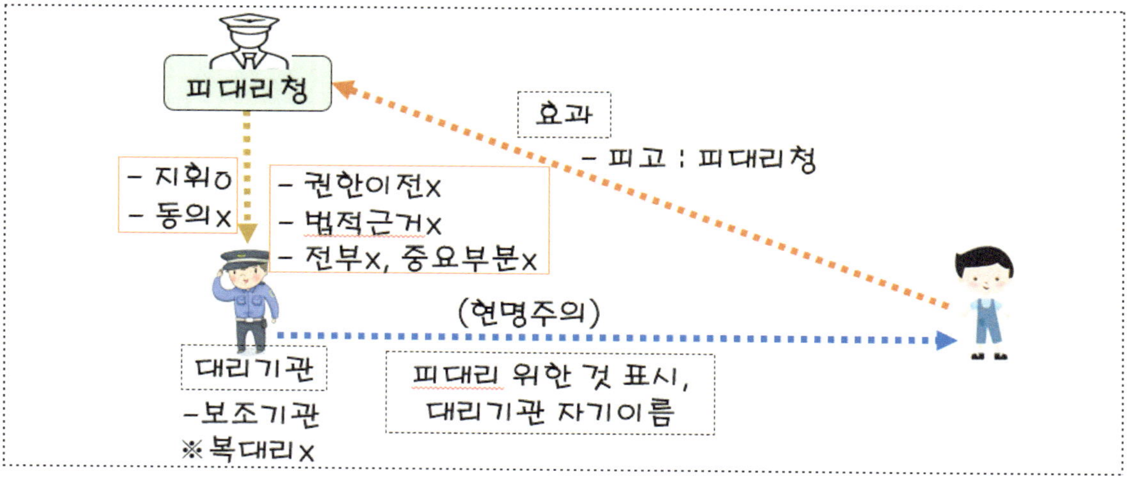

※ 직무대리규정

① 정의
1. "직무대리" : 사고 → 공백x, 직무 대신 수행하는 것
2. "사고" : 전보, 퇴임, 해임, 임기만료 공석 or 휴가, 출장, 보충x 휴직 등 일시
3. "직무대리 지정권자" : 직근 상위 계급자

② 직무대리자 지정 : 사고 or 규정 직무대리 적절x → 직근 하위 계급 중 → 지정한다.

③ 운영 : 한사람이 하나의 직위만,
직무명령서 발급해야
15일 이하 생략 할 수,
본래 직위 수행 + 직무대리 수행 원칙
다시 대리하게 할 수 없다.

④ 대리범위 : 모든 권한o, 상응 책임o

법정대리

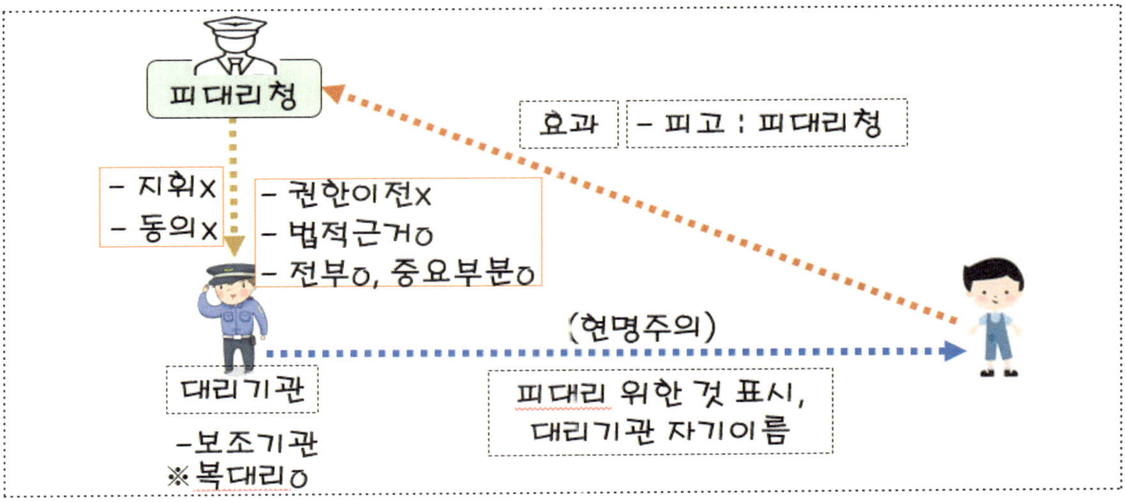

3 위임

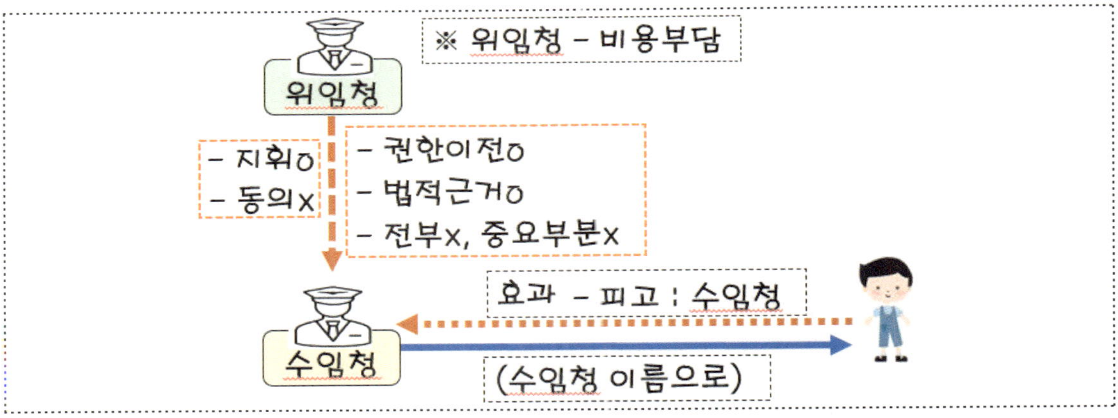

※ 행정권한의 위임 위탁에 관한 규정

① 정의

1. "위임" : 권한 → 보조기관 또는 하급행정기관의 장이나 지방자치단체의 장에게, 맡겨

2. "위탁" : 권한, 다른 행정기관의 장에, 맡겨

② 점검 · 이관 : 위임 및 위탁할 때, 수임기관의 수임능력 여부점검, 필요한 인력 및 예산을 이관하여야

③ 지휘 · 감독 : 위임 및 위탁기관, 지휘 · 감독, 위법하거나 부당하다고 인정될 때, 취소하거나 정지시킬 수(위임 및 위탁기관 수시 감사 가능)

판) 감독권의 취소권(부당) → 광범위 재량 허용(o), but 이해관계3자 등(o) → 엄격통제 필요

④ 사전승인 · 협의요구 : 위임 및 위탁기관, 수임 및 수탁기관에, 사전승인 · 협의요구x

⑤ 사무처리 책임 : 수임 및 수탁기관(감독책임 : 위임 및 위탁기관의 장)

⑥ 권한행사 : 수임 및 수탁기관의 명의로 하여야

4 내부위임, 위임전결, 대결

구분	권한이전	명의	관계	기타
대리	x	현명주의	관청 - 보조기관	
위임	o	수임청	관청 - 관청	
내부위임, 위임전결, 대결	x	현명주의x (원청)	상하 관청 간	
			관청, 보조기관 간	장기간
				단기간, 후열

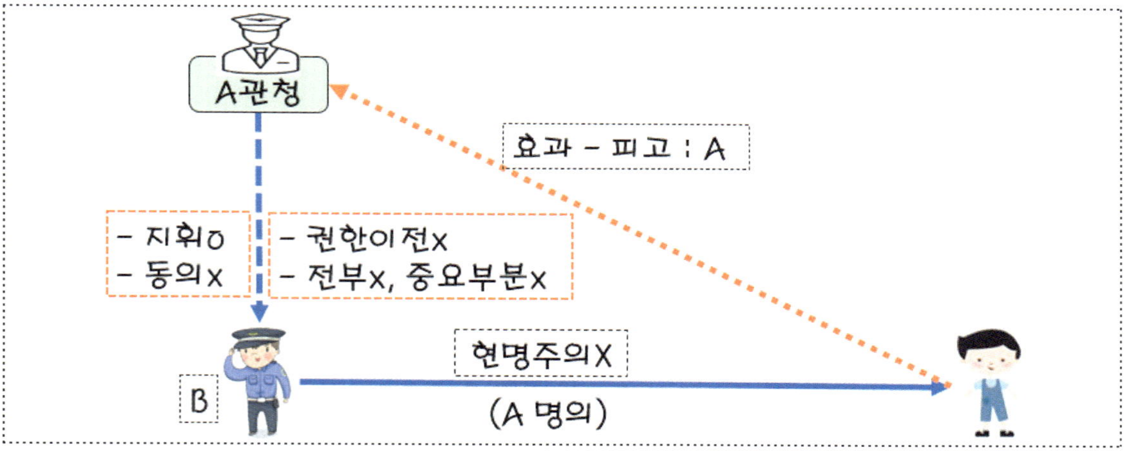

※ 전결규정에 위반하여 보조기관이 처분권자 이름으로 처분 → 무효x

판) 법률이 내부위임허용(x) → 내부위임 가능(o)

판) 내부위임 → 위임관청 이름으로만

판) 전결규정위반 → 보조기관등이 행정처분 → 무효(x)

4 권한감독

① 감독관계 일반

감독권 (감시권)	감시, 보고받는 것, 사후적 통제 ※ 특별한 규정X → 인정
훈령권 직무명령권	대집행권 포함X, 예) 경찰청장이 운전면허 취소X ① 훈령권 : 일반적 지휘·명령 ② 직무명령권 : 개별·구체적 지휘·명령
인가권	미리 승인, 특별한 규정 필요 예) 경사·경위승진, 경위경감 채용, 지구대·파출소 설치, 경찰청장 사전승인
주관쟁의 결정권	대등관청 간 다툼 → 공통상급관청이 결정
취소 정지권	- 원칙 : 처분청 - 예외 : 감독청 3. 취소, 정지 상급관청 ↓ 처분청 1. 처분(위법, 부당) 2. 취소, 정지

② 훈령권

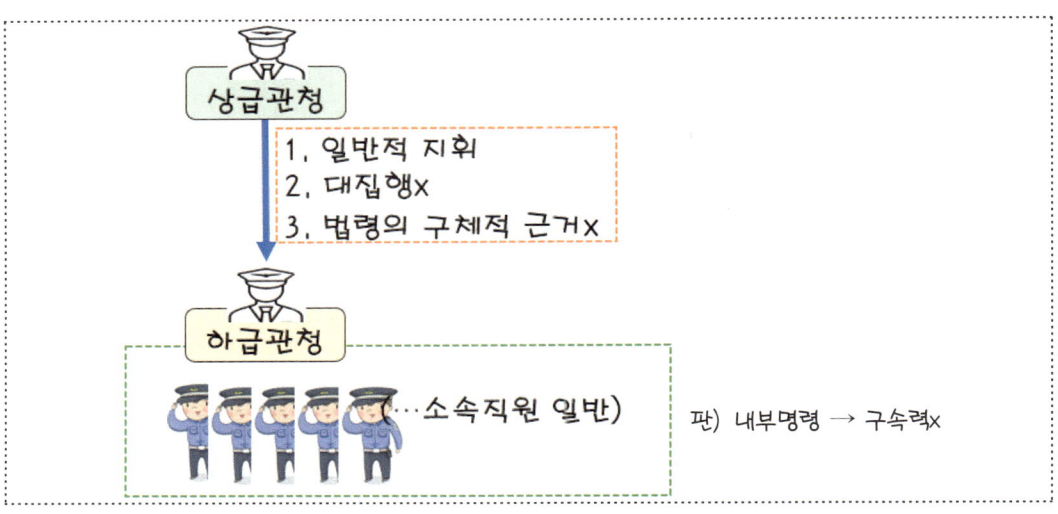

상급관청

1. 일반적 지휘
2. 대집행X
3. 법령의 구체적 근거X

↓

하급관청

(…소속직원 일반)

판) 내부명령 → 구속력X

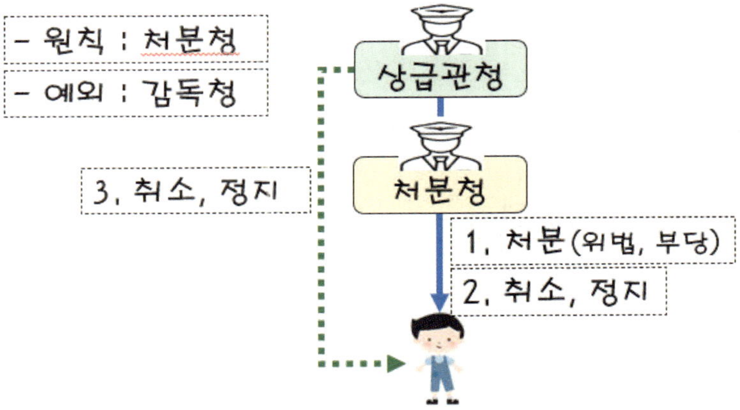

훈령의 종류

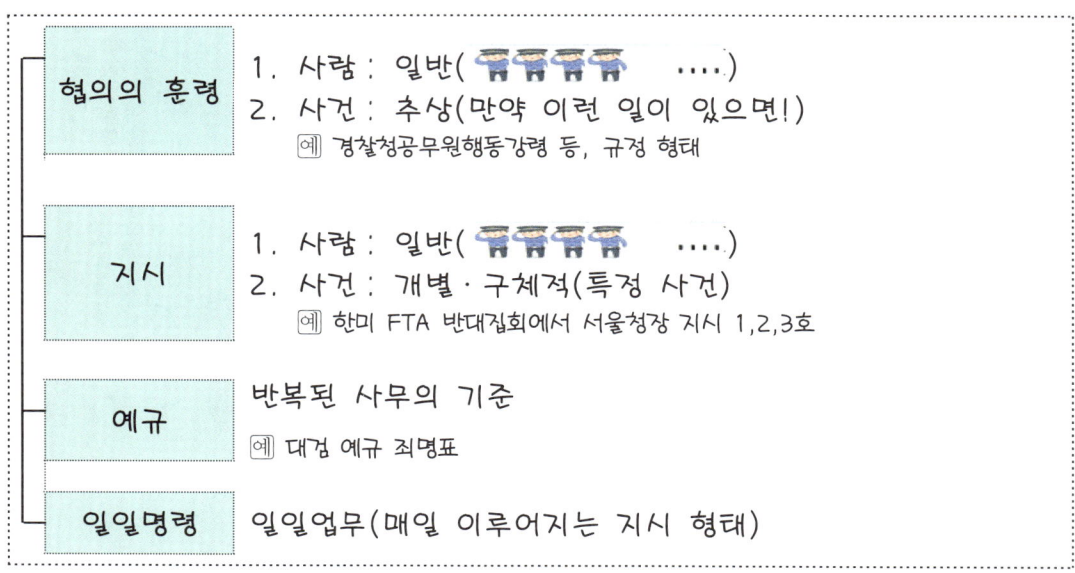

협의의 훈령
1. 사람 : 일반( ....)
2. 사건 : 추상(만약 이런 일이 있으면!)
   예 경찰청공무원행동강령 등, 규정 형태

지시
1. 사람 : 일반( ....)
2. 사건 : 개별 · 구체적(특정 사건)
   예 한미 FTA 반대집회에서 서울청장 지시 1,2,3호

예규
반복된 사무의 기준
예 대검 예규 죄명표

일일명령
일일업무(매일 이루어지는 지시 형태)

훈령의 기능 - 행정의사의 통일적 수행

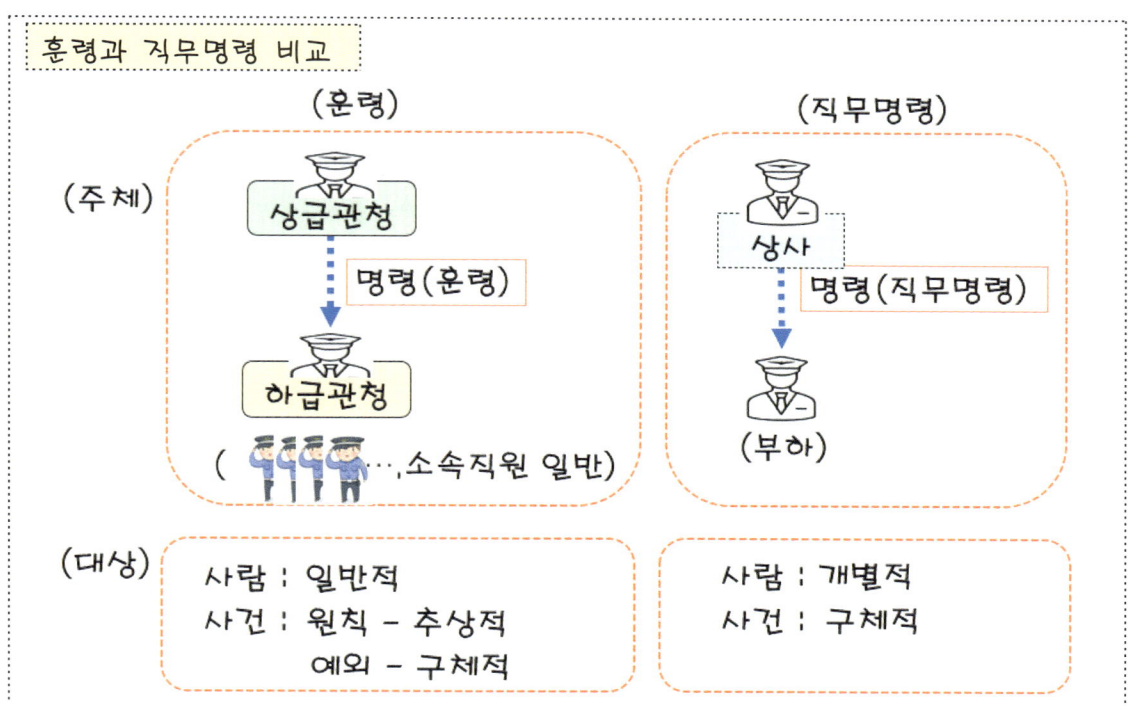

훈령과 직무명령 비교

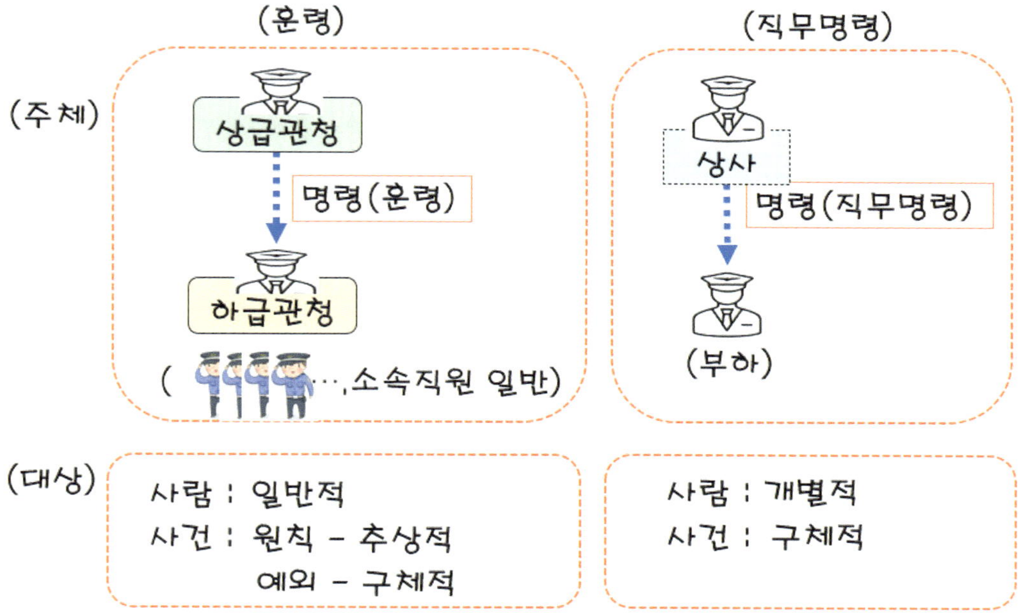

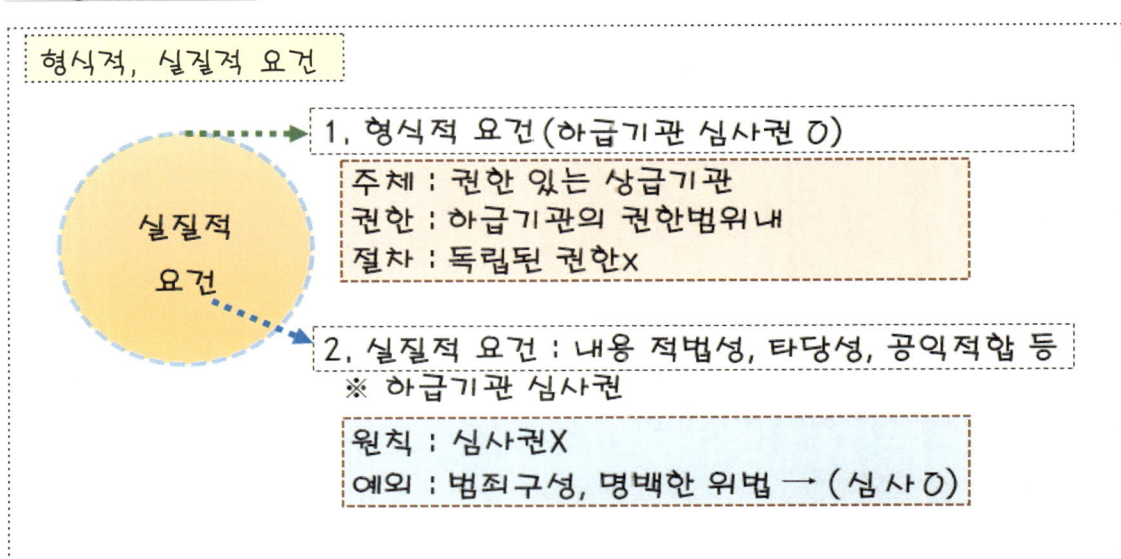

(효력)

상급관청 ⟷ 교체
교체 ┄┄⟶ 훈령 : 유효

(... ,소속직원 일반)

(상사) ⟷ 교체
직무명령 : 무효
교체

(부하)

(범위)
공 O   행정관청 소관사무
사 X

공 O
사 - 원칙 X
　　　예외 : 직무관련 사생활

(관계)
(직무명령) ⟶ 포함 O

(훈령) ⟶ 포함 X

※ 공통점 ┌ - 법적근거 X
　　　　 ├ - 대외적 구속력 X, 대내적 구속력 O
　　　　 ├ - 위반시 → 징계 O, 처벌 X
　　　　 └ - 형식적 요건 : 심사가능 O

훈령 요건심사

형식적, 실질적 요건

실질적 요건

1. 형식적 요건 (하급기관 심사권 O)

> 주체 : 권한 있는 상급기관
> 권한 : 하급기관의 권한범위 내
> 절차 : 독립된 권한 X

2. 실질적 요건 : 내용 적법성, 타당성, 공익적합 등
※ 하급기관 심사권

> 원칙 : 심사권 X
> 예외 : 범죄구성, 명백한 위법 → (심사 O)

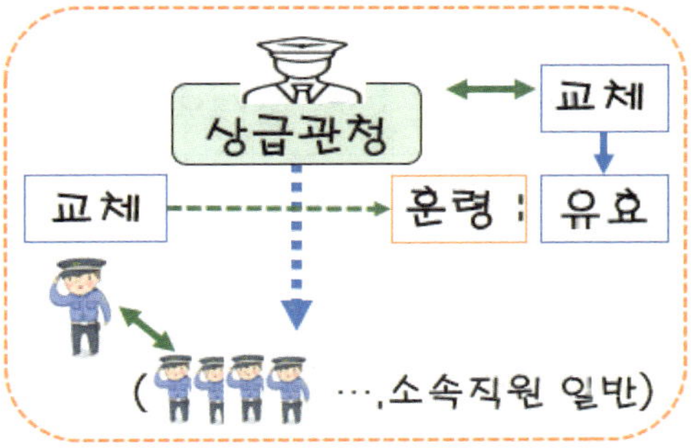

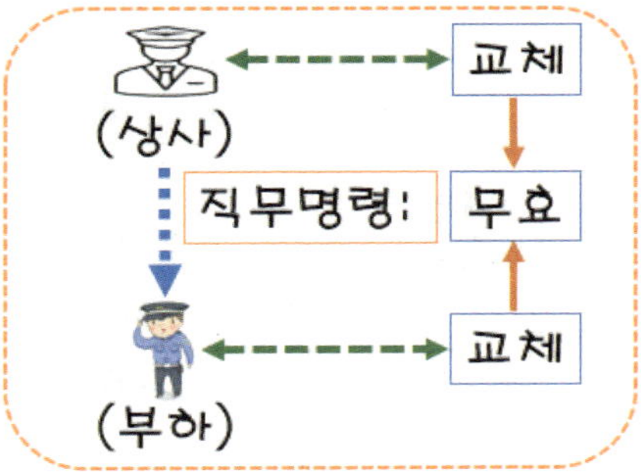

훈령의 경합

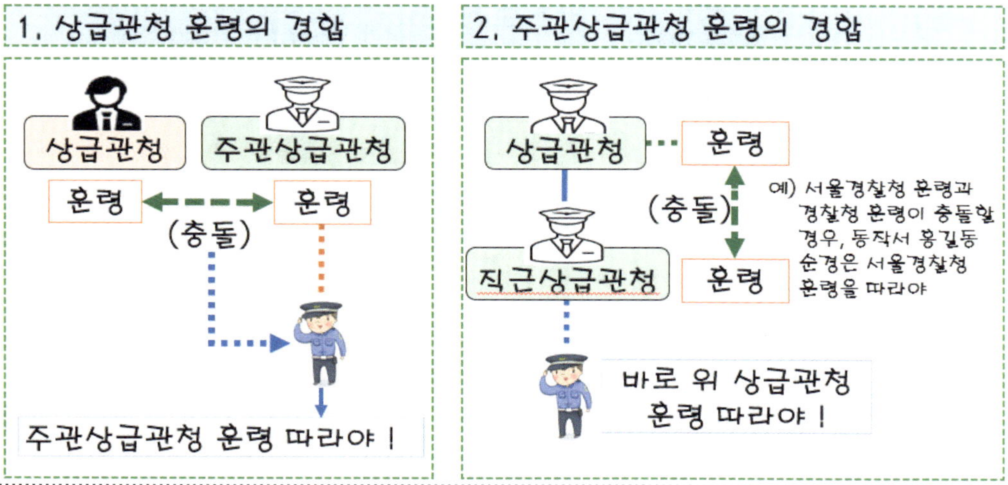

훈령 요력

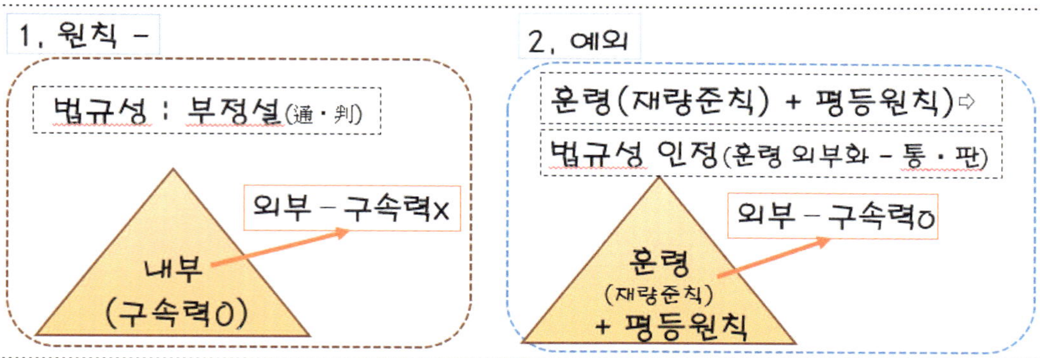

※ 직무명령

의의

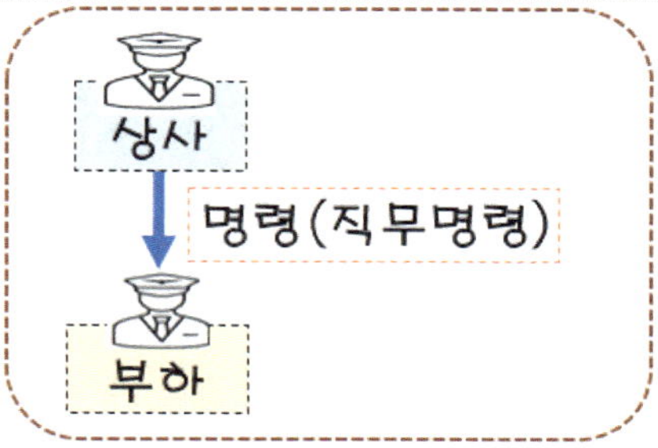

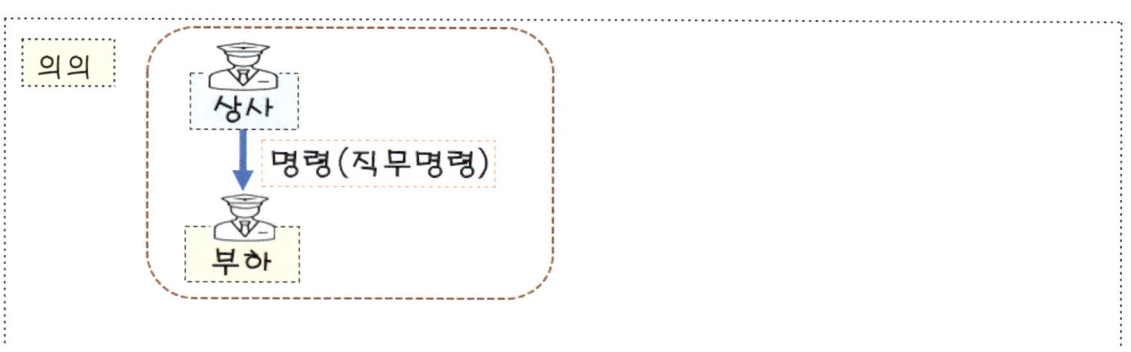

요건

1. 형식적 요건(하급기관 심사권 O)

주체 : 권한 있는 상급기관
권한 : 하급기관의 권한범위내
절차 : 독립된 권한x

2. 실질적 요건

내용의 적법성, 타당성 등
※ 하급기관 심사권

원칙 : 심사권X
예외 : 위법 ⟶ (심사O)

효과

외부적 구속력x(법규성x) → 위반 → 적법 · 유효
내부적 구속력o → 징계사유o

제2장 경찰공무원법 관련

제1절 경찰공무원법제의 기본구조

1. 경찰공무원의 개념과 분류
2. 인사기관과 그 권한

1 경찰공무원의 개념

의의

국공법o
경공법o

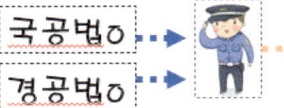

※ 특정직 (신분보장o, 전문성o)

1. 경찰공무원 : 순경 ~ 치안총감

경공법(경공) : 일반직x, 기능직x, 의무경찰x
형법(공무원) : 일반직o, 기능직o, 의무경찰o

법적용

1. 국공법 : 일반법

2. 경공법 : 특별법(특례, 국공법 준용규정)

※ 공직의 분류

경력직(신분보장o)	일반직(전문성x)
	특정직(전문성o)
특수 경력직(신분보장x)	정무직
	별정직

2 경찰공무원의 분류

계급

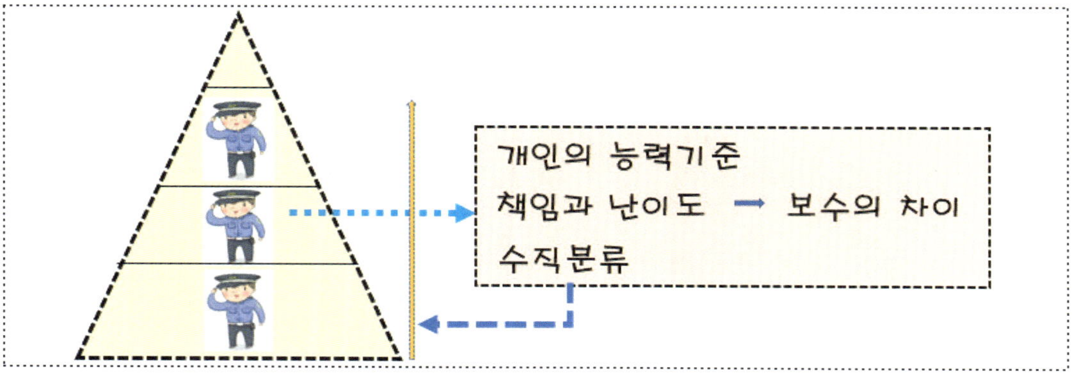

경과

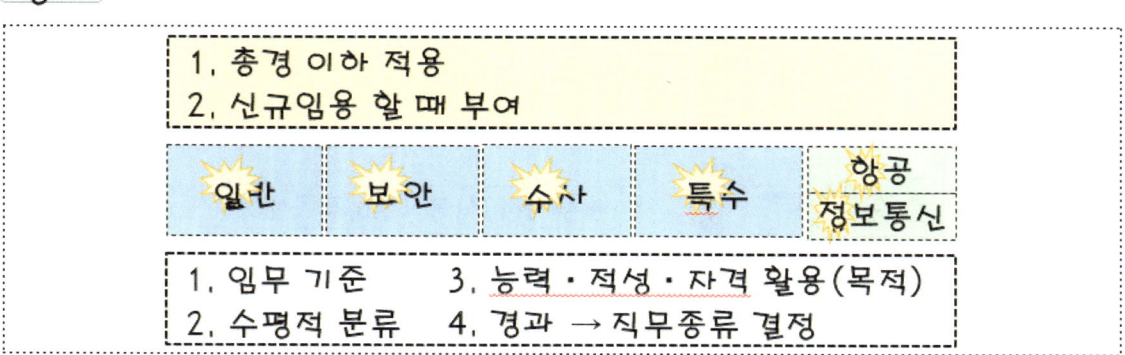

1. 총경 이하 적용
2. 신규임용 할 때 부여

일반	보안	수사	특수	항공 정보통신

1. 임무 기준
2. 수평적 분류
3. 능력·적성·자격 활용(목적)
4. 경과 → 직무종류 결정

정리 수사경과

1. 경정 이하
2. 수사부서 총정원 1.5배 범위 내
3. 유효기간 5년

- 해제하여야
  - ① 청렴의무x, 인권침해, 부정청탁 직무수행 - 징계
  - ② 5년 연속 비수사 부서 근무
  - ③ 갱신x
- 해제할 수
  - ① 청렴, 인권, 부정청탁 직무수행 이외사유 - 징계
  - ② (인권침해 · 편파수사 다수진정) 공정직무수행 기대곤란
  - ③ 능력 · 의욕 현저 부족
  - ④ 해제 희망

전문직위

1. 지정 등(소속장관)
   - 전문직위 지정 관리할 수
   - 인사혁신처장 지정 전문직위 → 선발 · 임용하여야
2. 전보제한 : 3년 범위, 청장이 정하는 기간 지나야

3 인사기관과 그 권한

※ 중징계(파, 해, 강, 정) → 임용권에 포함(경징계 제외)

대통령과 경찰청장

	원칙	예외
대통령	총경 이상 : 경찰청장 추천 → 행정안전부장관 제청 → 국무총리 거쳐 → 대통령 임용	경정 신규채용 · 승진임용 · 면직 : 경찰청장(해경찰청장) 제청 → 총리 거쳐 → 대통령 임용 [☻경정 신승면, 제거임]
경찰청장	① 경정 이하 임용 ② 경정 강등 · 정직	총경: 전보 · 휴직 · 직위해제 · 정직 · 복직 · 강등 [☻전휴직정복강총]

위임한다.

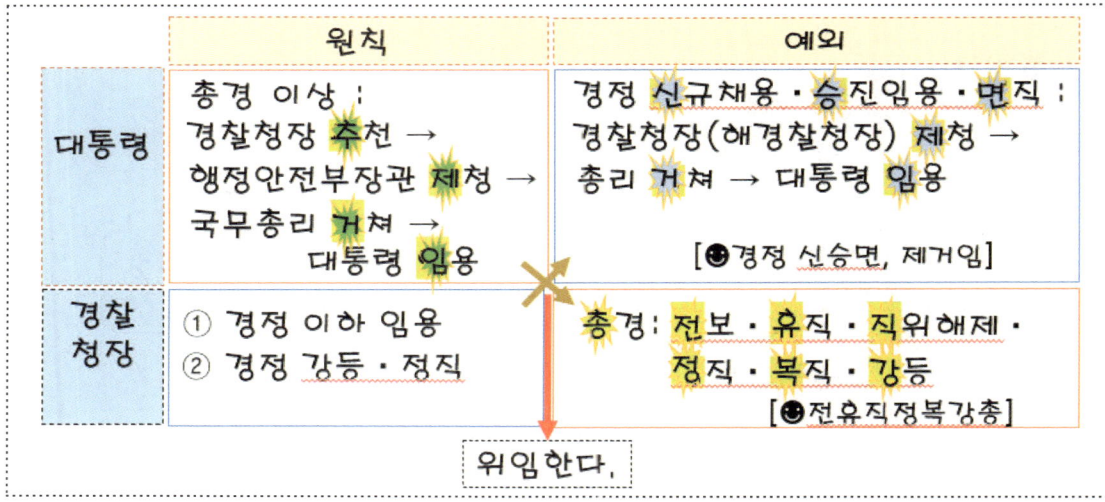

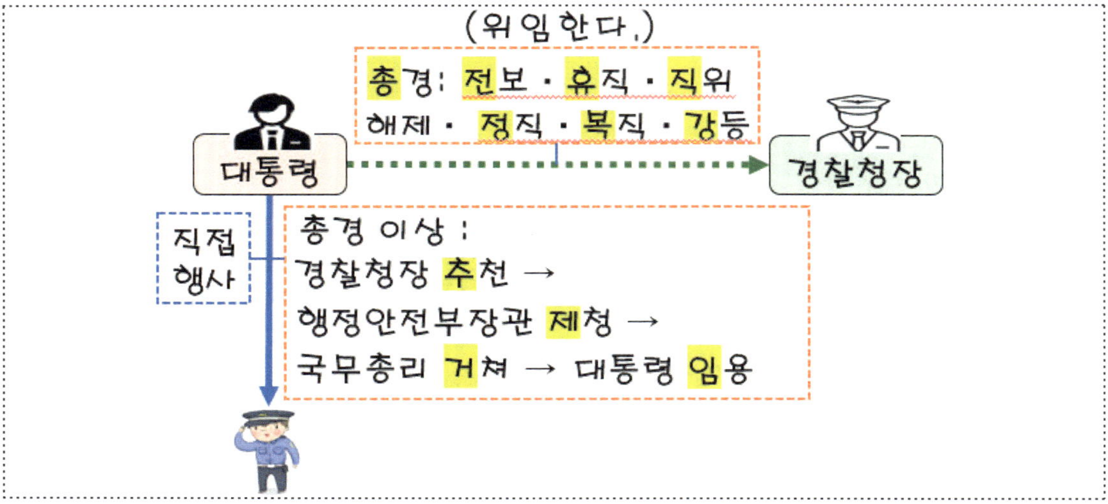
(위임한다.)
총경: 전보 · 휴직 · 직위해제 · 정직 · 복직 · 강등
대통령
경찰청장
직접 행사
총경 이상 :
경찰청장 추천 →
행정안전부장관 제청 →
국무총리 거쳐 → 대통령 임용

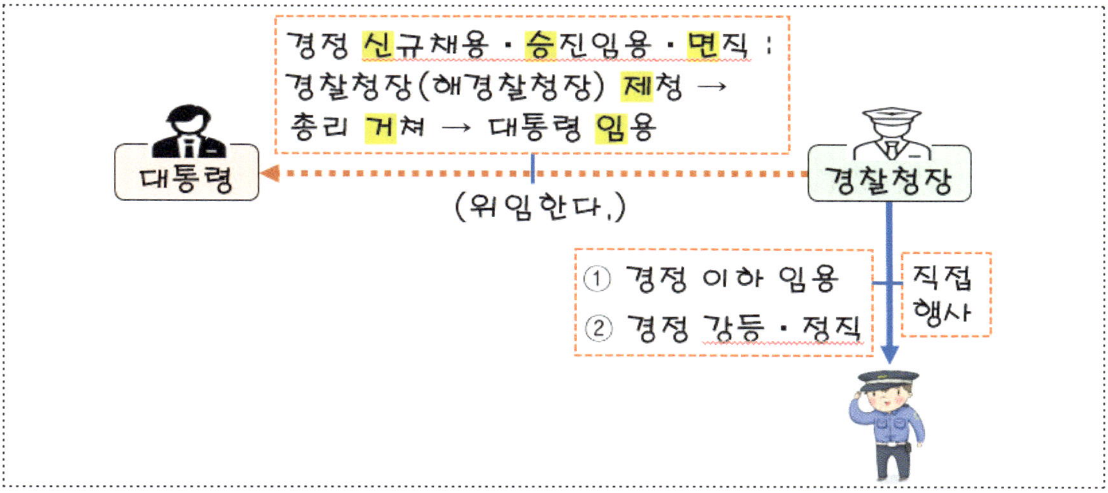
경정 신규채용 · 승진임용 · 면직 :
경찰청장(해경찰청장) 제청 →
총리 거쳐 → 대통령 임용
대통령
경찰청장
(위임한다.)
① 경정 이하 임용
② 경정 강등 · 정직
직접 행사

경찰청장

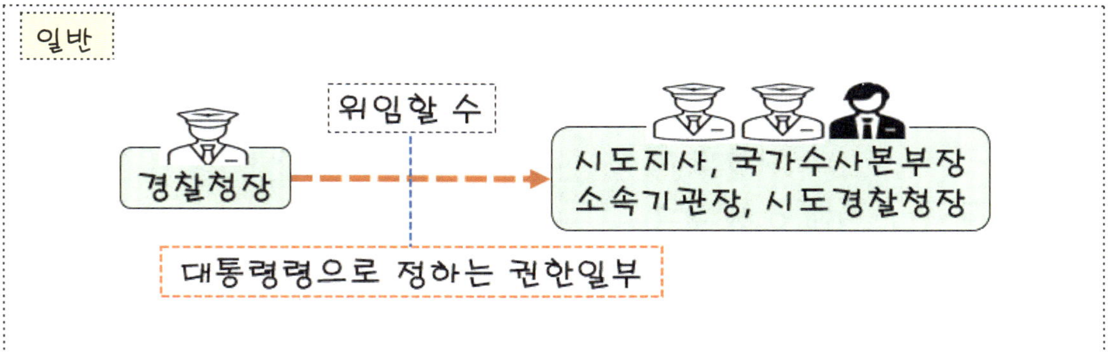
일반
위임할 수
경찰청장
시도지사, 국가수사본부장
소속기관장, 시도경찰청장
대통령령으로 정하는 권한일부

시도지사

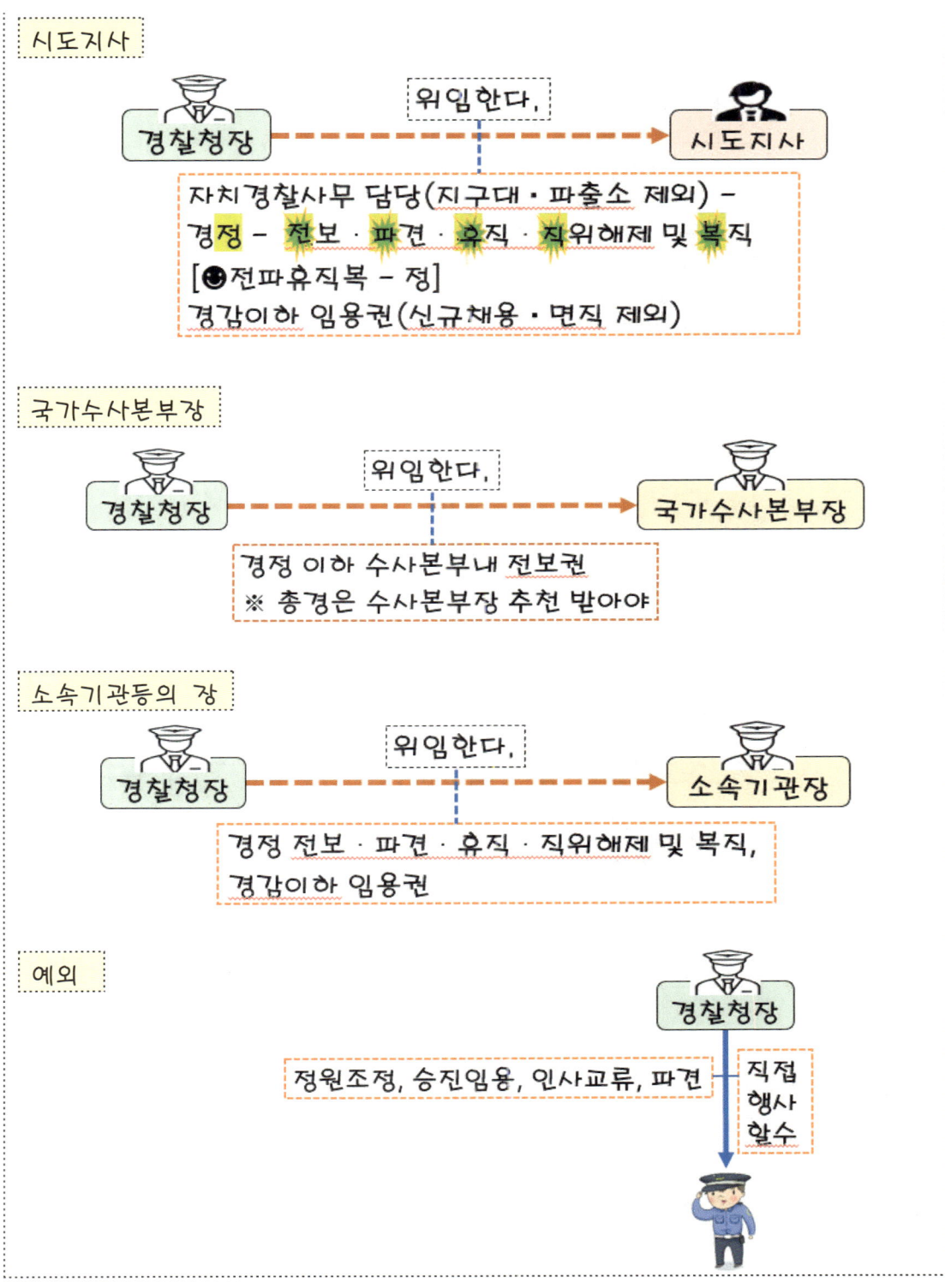

경찰청장 → (위임한다.) → 시도지사

자치경찰사무 담당(지구대·파출소 제외) –
경정 – 전보·파견·휴직·직위해제 및 복직
[☻전파휴직복 – 정]
경감이하 임용권(신규채용·면직 제외)

국가수사본부장

경찰청장 → (위임한다.) → 국가수사본부장

경정 이하 수사본부내 전보권
※ 총경은 수사본부장 추천 받아야

소속기관등의 장

경찰청장 → (위임한다.) → 소속기관장

경정 전보·파견·휴직·직위해제 및 복직,
경감이하 임용권

예외

경찰청장

정원조정, 승진임용, 인사교류, 파견 – 직접 행사 할수

시·도지사, 시·도자치경찰위원회

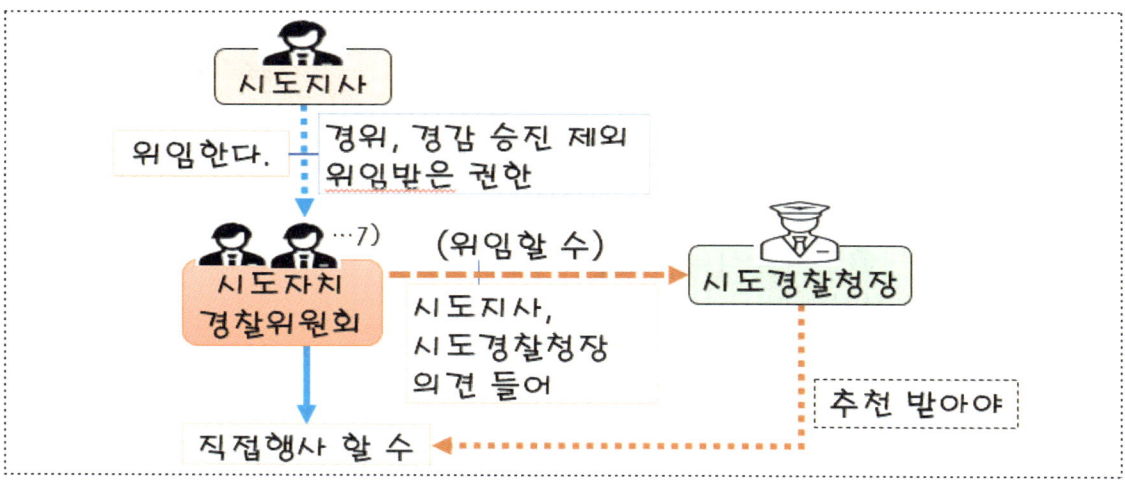

소속기관 등의 장

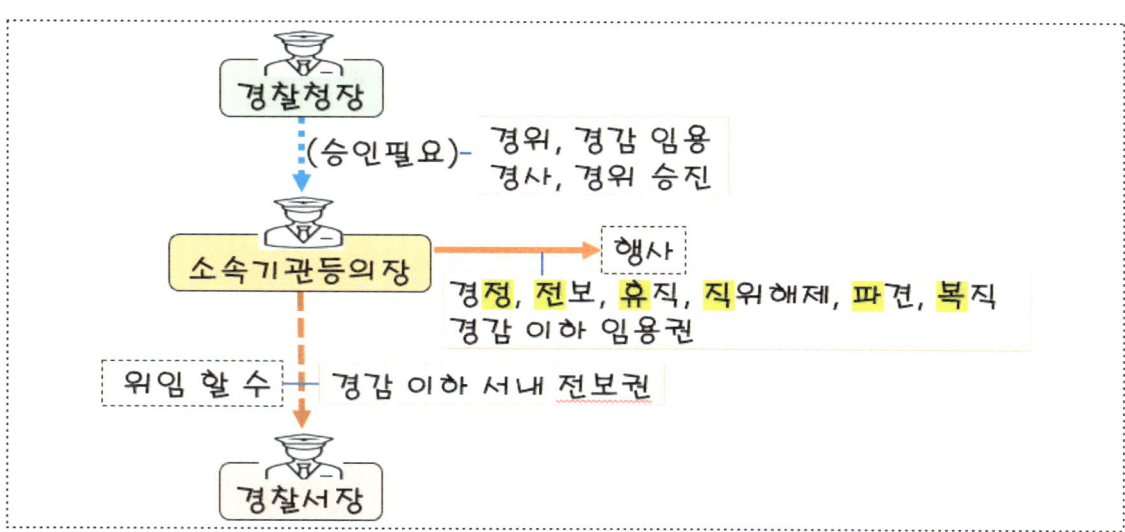

경찰서장

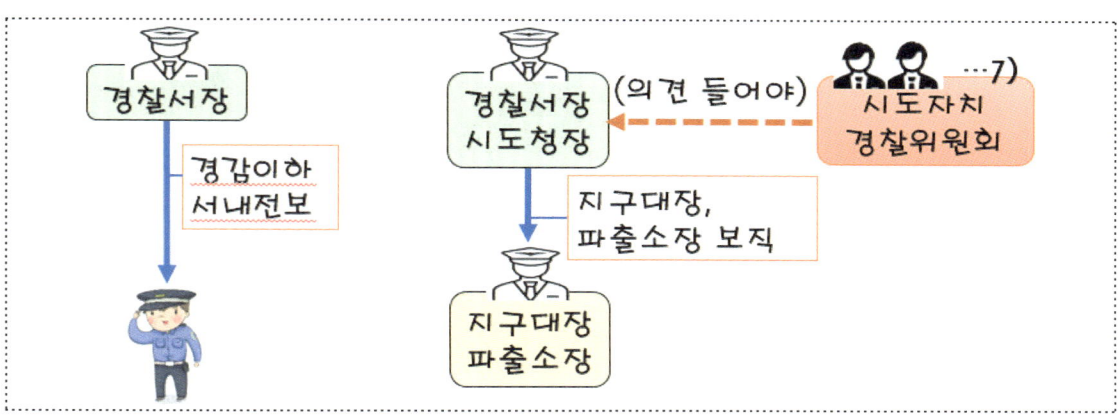

Part 03

경찰공무원 인사위원회

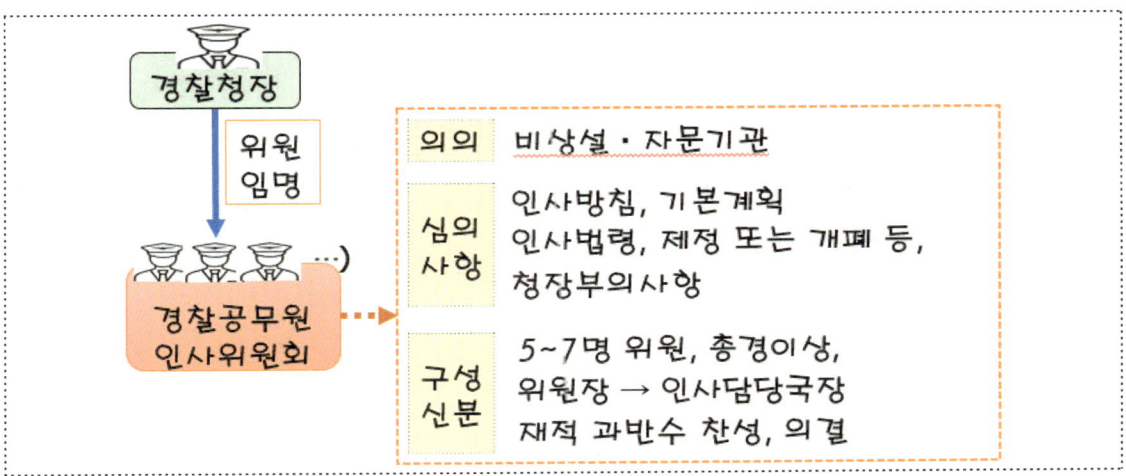

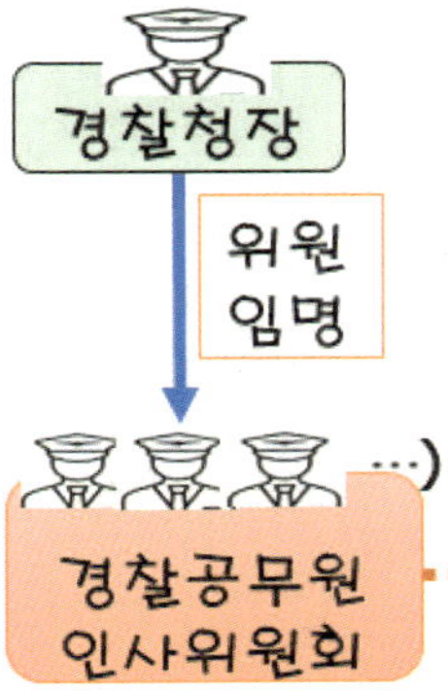

의의	비상설·자문기관
심의사항	인사방침, 기본계획 인사법령, 제정 또는 개폐 등, 청장부의사항
구성신분	5~7명 위원, 총경이상, 위원장 → 인사담당국장 재적 과반수 찬성, 의결

제2절 경찰공무원의 근무관계

1 경찰공무원 근무관계의 성질

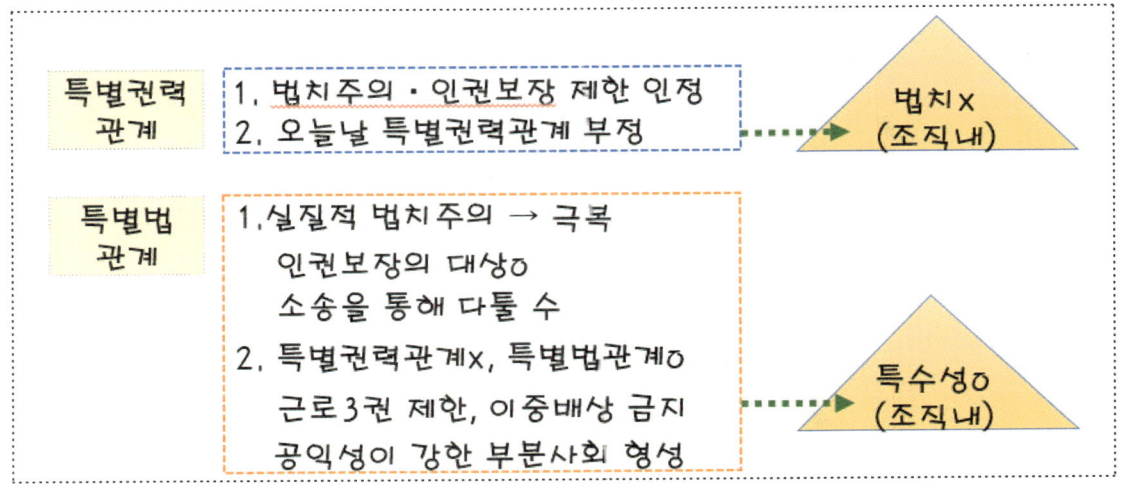

특별권력관계	1. 법치주의·인권보장 제한 인정 2. 오늘날 특별권력관계 부정
특별법관계	1. 실질적 법치주의 → 극복 인권보장의 대상o 소송을 통해 다툴 수 2. 특별권력관계x, 특별법관계o 근로3권 제한, 이중배상 금지 공익성이 강한 부분사회 형성

2 근무관계 변동

1 성립

법적성질

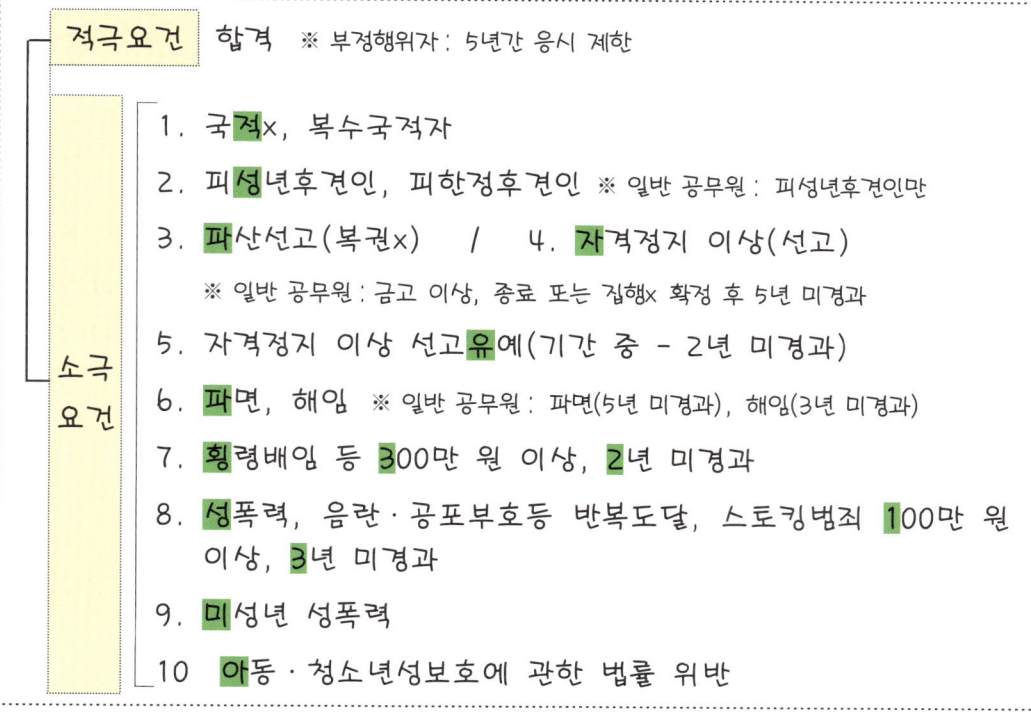

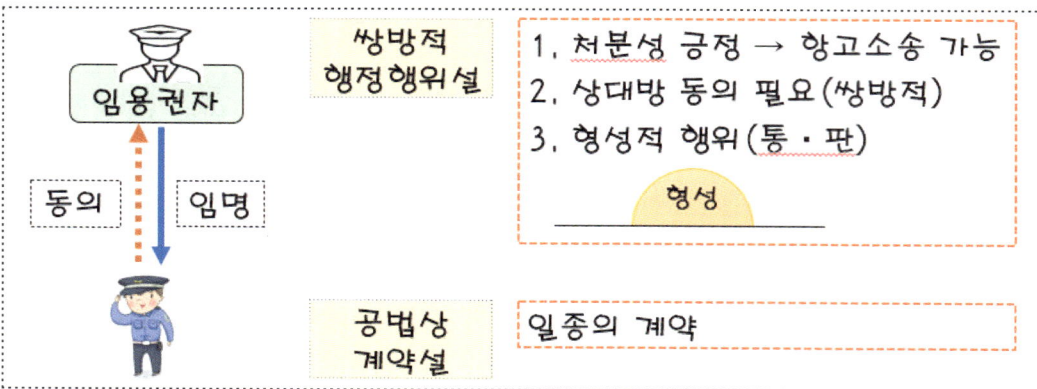

쌍방적 행정행위설	1. 처분성 긍정 → 항고소송 가능 2. 상대방 동의 필요(쌍방적) 3. 형성적 행위(통·판) 형성
공법상 계약설	일종의 계약

자격

적극요건: 합격 ※ 부정행위자 : 5년간 응시 제한

소극요건:
1. 국적x, 복수국적자
2. 피성년후견인, 피한정후견인 ※ 일반 공무원 : 피성년후견인만
3. 파산선고(복권x) / 4. 자격정지 이상(선고)
   ※ 일반 공무원 : 금고 이상, 종료 또는 집행x 확정 후 5년 미경과
5. 자격정지 이상 선고유예(기간 중 - 2년 미경과)
6. 파면, 해임 ※ 일반 공무원 : 파면(5년 미경과), 해임(3년 미경과)
7. 횡령배임 등 300만 원 이상, 2년 미경과
8. 성폭력, 음란·공포부호등 반복도달, 스토킹범죄 100만 원 이상, 3년 미경과
9. 미성년 성폭력
10 아동·청소년성보호에 관한 법률 위반

판) 파면, 해임 → 임용결격사유 → 적법(과잉금지위반X)

판) 임용결격자 임용 → 당연무효 → 퇴직급여청구X

* 임용결격사유 소멸 후 근무한 경우에도 동일, 승진임용 당연무효

Part 03

임용절차

채용 후보자 명부	1. 성적순 → 채용후보자 명부 등재 → 등재 순 신규채용 ※ 신임교육을 받은 경우 → 신임교육 성적순 신규채용 ※ 명부등록X → 임용의사 X 간주 2. 유효기간 2년(1년 범위 내 연장 가능) ※ 유효 기간 내 임용유예 : 병역(계산x), 학업, 질병(6월 이상), 임신 · 출산
임용장	임용효력 → 임용장이나 임용통지서에 기재된 날짜에 ※ 사망효력 → 사망한 다음날에 발생

※ 채용후보자 자격상실 사유

1. 임용 또는 임용제청 불응 / 2. 교육훈련 불응
3. 교육훈련성적 수료점수에 미달 4. 퇴학처분(불가피한 사정 제외)
5. 품위 크게 손상행위 → 직무수행곤란(임용심사위 거쳐야)
6. 법령위반 중징계 사유에 해당하는 비위
7. 법령위반 경징계 사유에 해당하는 비위 2회 이상

시보

합격 → 입교 ←(교육생)→ 졸업

시보임용 ←— 1년 — (시보)→ 만료일 → 다음날 (정규임용)

적격 확인, 실무습득 – 시험보직
※ 신분보장x, 쟁송제기 가능
경정 이하, 신규임용 시
기간 – 1년,
만료된 다음날 정규임용
※ 제외 – 휴직, 직위해제, 정직, 감봉

임용심사위
(5~7)
면직, 정규임용
경감이상,
재2/3출 출과

신분보장x | 신분보장o

교육생 면직사유 →
교육성적 60% 미만
생활기록 극히 불량
[☻교육생]

시보 면직사유 →
불가피 사정외 퇴교, 징계
교육성적 60% 미만
생활기록 극히 불량,
근무성적 50%미만
[☻불징계 교육생, 오미!]

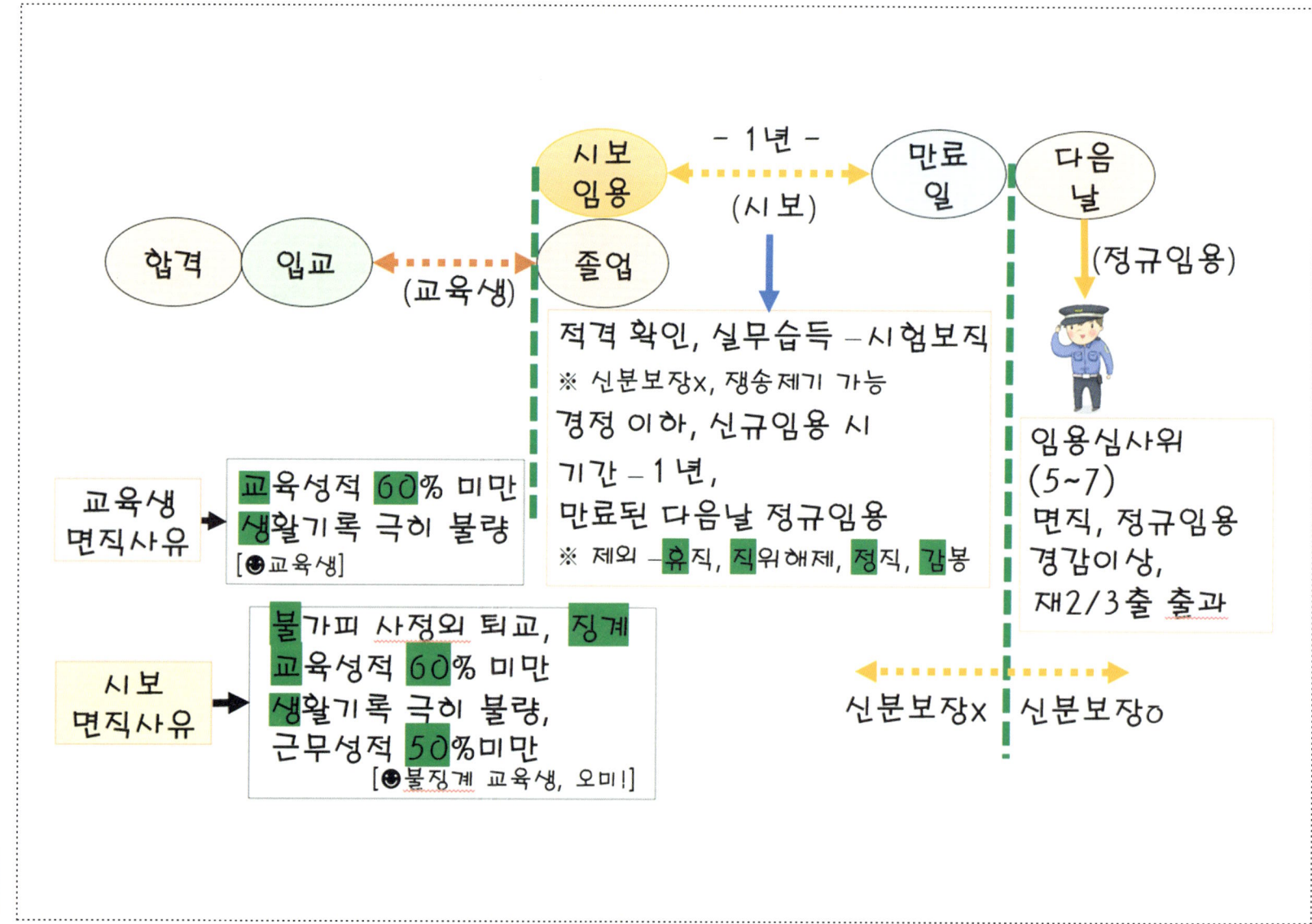

※ 시보면제(예외)

다음은 시보임용을 거치지 아니한다.
① 경찰대학 졸업자, 경찰간부후보생 경위 임용
② 승진자격요건o → 채용시험합격
③ 퇴직 시 계급의 채용시험합격
④ 자치경찰공무원 → 그 계급 경찰공무원 임용

2 변경

내용

전직	직렬을 달리 하는 임용, 경찰X
강임	하위직급에 임명, 경찰X
전과	경과를 바꾸는 임용
전보	보직 변경
파견	다른 기관에 이동근무
복직	휴직, 직위해제, 정직 → 직위에 복귀

판) 당연퇴직자 → 복직처분 → 공무원신분 회복X(당연무효)

전보

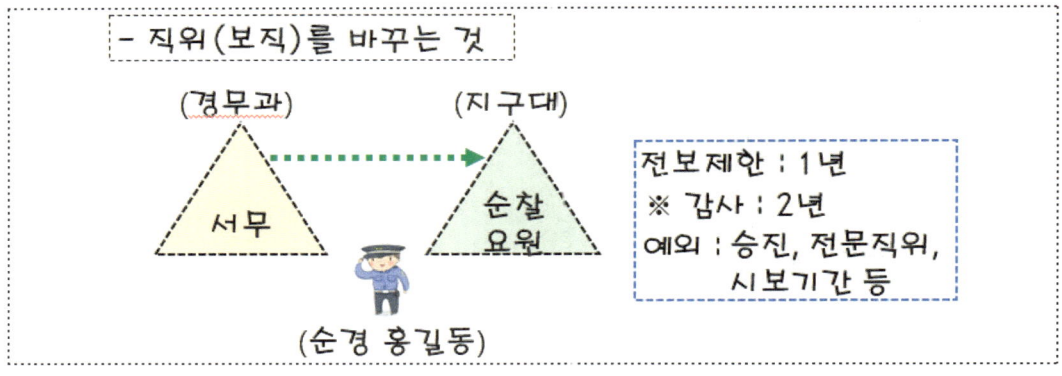

- 직위(보직)를 바꾸는 것

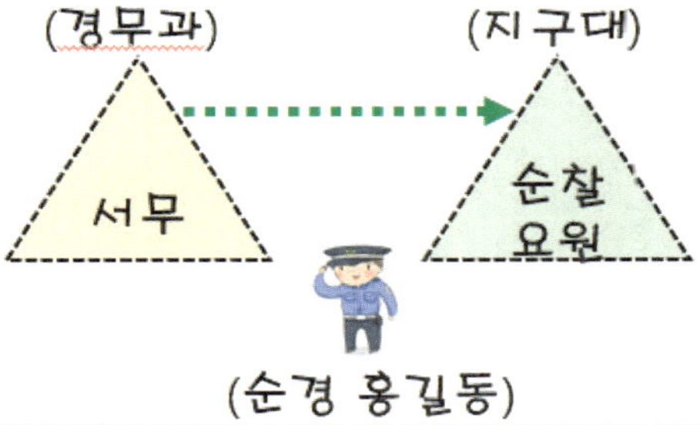

전보제한 : 1년
※ 감사 : 2년
예외 : 승진, 전문직위, 시보기간 등

휴직

사유소멸 → 30일 이내 신고 → 지체 없이 복직을 명하여야

직권휴직 - 휴직을 명하여야

1. 신체정신상의 장애
   * 1년, 연장 - 1년/
   공재, 산재 - 3년. 연장2년(경찰 - 5년 이내. 연장3년)
2. 병역의무(끝날 때 까지)
3. 천재지변 (3개월 / 경찰공무원 – 법원 실종선고 날까지)
4. 법적의무 수행
5. 노조 전임자(전임기간)

의원휴직 - 휴직을 명할 수

1. 채용(그 기간, 민간업체 – 3년 이내)
2. 유학(3년, 연장2년)
3. 연수(2년)
4. 자녀양육(8세 이하), 임신, 출산(1명당 3년)
5. 부양 · 돌봄(1년 이내, 총3년 초과금지)
6. 동반유학(3년, 연장2년)
7. 학습 · 연구(1년)

직위해제

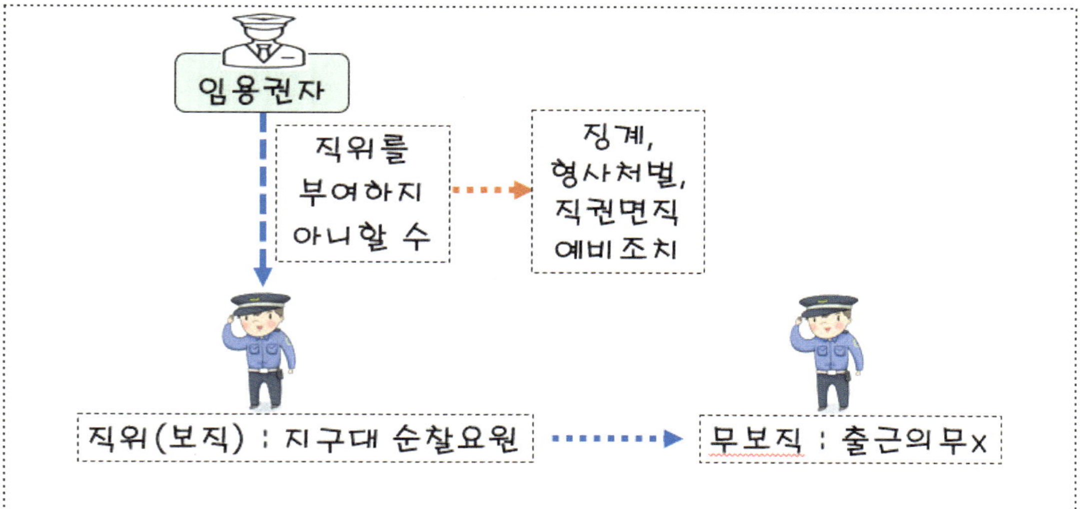

의의 직위만 부여x, 제재적 성격, 복직보장x, 징계와 병과 가능

판) 직위해제 후 → 해임 → 적법O, 일사부재리 위배X

판) 직위해제처분 → 행정절차법상 사전통지 등 규정(적용X)

사유

(직위를 부여하지 아니할 수)

1. 능력부족, 성적이 나쁜 경우[3월 이내 대기명령(야) → 향상x, 직권면직(수)]
2. 중징계(파면, 해임, 강등, 정직) 요구 / 형사기소(약식명령 제외)
3. 고위공무원단 소속 일반직 → 적격심사 요구
4. 비위, 성범죄 등 → 수사대상

판) 형사기소만으로 직위해제 → 정당화X, 위법여부→ 구체적 판단해야

판) 중징계요구만, 직위해제 → 정당화X, 요건 제반사정 고려 판단해야

효과

1. 출근의무x, 승진소요최저 년 수 산입x(예외 : 징계 무효·취소 등)
2. 봉급 : 능력부족, 성적 나쁜 경우 : 봉급 80%
   적격심사 요구 대상 : 봉급 70%
   기타 : 봉급 50%
3. 사유 소멸 → 직위 부여해야

판) 직위해제 요건 → 중징계요구 중인 자 → 의결이 이루어질 때까지로 한정

승진

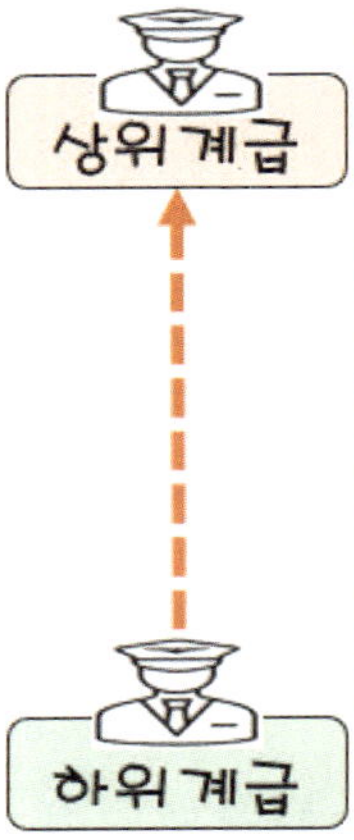

1. 특별승진 : 경정까지, 경감 이하 대상(2계급 특진 : 경위 이하)
2. 근속승진 : 순경·경장 - 4년
   경장·경사 - 5년
   경사·경위 - 6년 6월
   경위·경감 - 8년
3. 시험승진 : 경정까지, 경감 이하 대상
   (심사·시험승진 병행시, 심사 70%, 시험 30%)
4. 심사승진 : 경무관까지, 총경 이하 대상
   ※ 승진소요 최저년수 : 1 1 1 1 2 2 3

총경이하 → 승진대상자 명부 작성(야)

대우공무원제

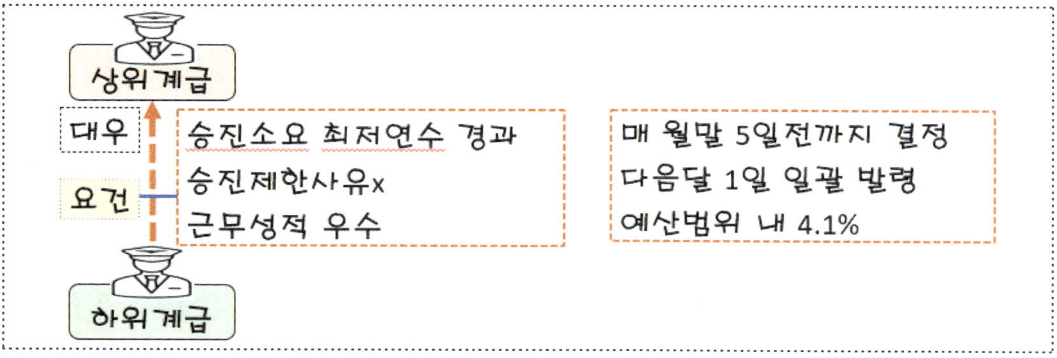

3 소멸

퇴직

강제퇴직	당연퇴직
	징계면직
	직권면직
임의퇴직	의원면직

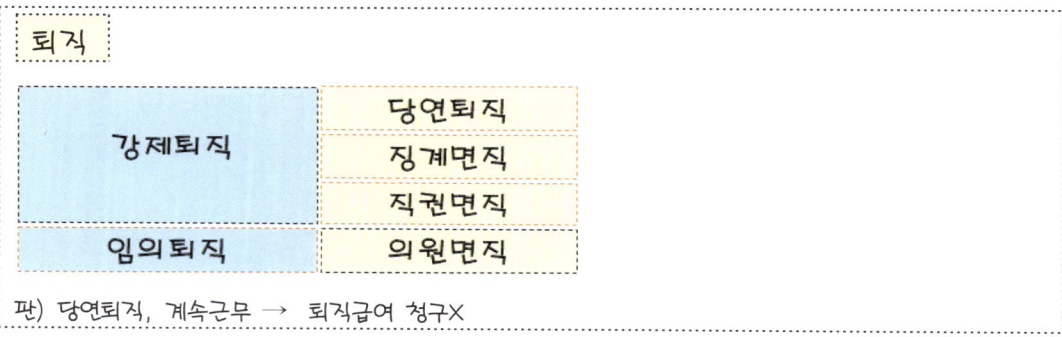

판) 당연퇴직, 계속근무 → 퇴직급여 청구X

당연퇴직

의의 당연히 신분상실, 처분x → 관념의 통지

결격퇴직

(임용결격사유 - ☻ 적성파자유파, 횡성미아3212, 횡성동수)

1. 국적x, 복수국적자
2. 피성년후견인, 피한정후견인
3. 파산선고(복권x)
4. 자격정지이상(선고)
5. 자격정지이상 선고유예(기간 중 - 2년)[횡령·배임등, 성폭력범죄, 아동청소년대상 성범죄(아청법), 수뢰죄등(..사전수뢰죄, 제3자 뇌물제공, 수뢰후 부정처사, 사후수뢰, 알선수뢰)만 해당]

6. 파면, 해임
7. 횡령배임 등 300만 원 이상, 2년 미경과
8. 성폭력, 음란 · 공포부호등 반복, 스토킹범죄 100만 원 이상, 3년 미경과
9. 미성년 성폭력
10. 아동 · 청소년성보호에 관한 법률 위반

정년퇴직

1. 연령정년 : 60세
2. 계급정년 : 경정(14년), 총경(11년), 경무관(6년), 치안감(4년)

※ 수사 · 정보 · 외사 · 보안 · 자치경찰사무 총경 · 경정 4년 연장가능

※ 비상사태 : 2년 연장가능(경무관 이상 – 거거승, 총경 · 경정 – 거승)

사망 · 임기만료

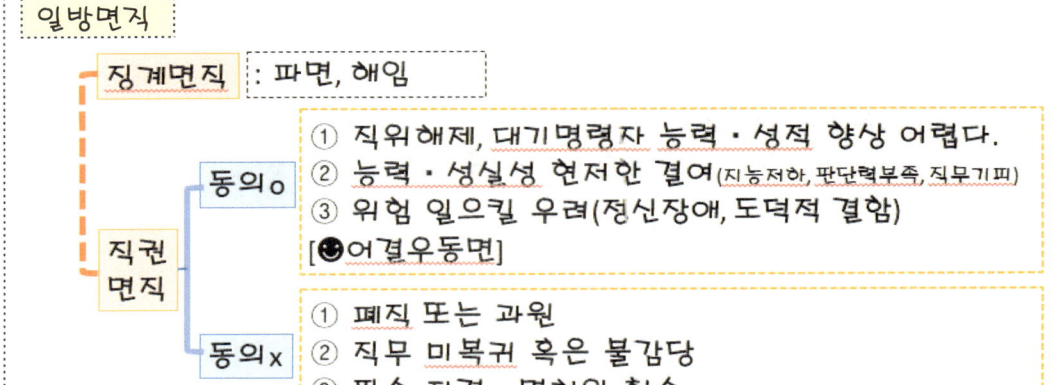

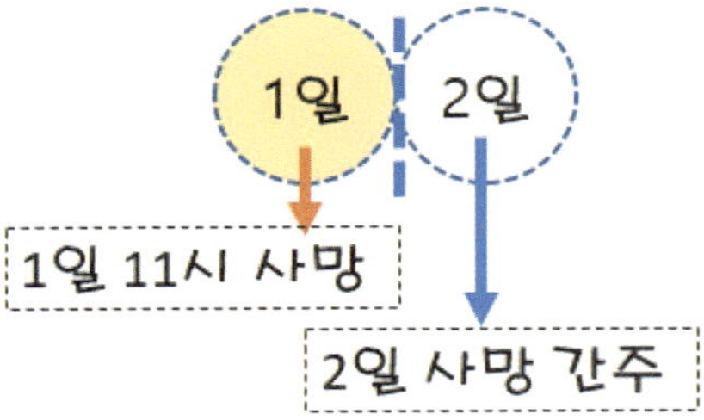

사망한 다음날 사망 간주
(사망한 날(1일) 하루 근무한 것으로)
※ 경찰공무원임용령

면직

일방면직

- 징계면직 : 파면, 해임
- 직권면직
  - 동의o
    ① 직위해제, 대기명령자 능력 · 성적 향상 어렵다.
    ② 능력 · 성실성 현저한 결여(지능저하, 판단력부족, 직무기피)
    ③ 위험 일으킬 우려(정신장애, 도덕적 결함)
    [☻어결우동면]
  - 동의x
    ① 폐직 또는 과원
    ② 직무 미복귀 혹은 불감당
    ③ 필수 자격 · 면허의 취소
    [☻ 직원(이) 불미(스러워) 취소]

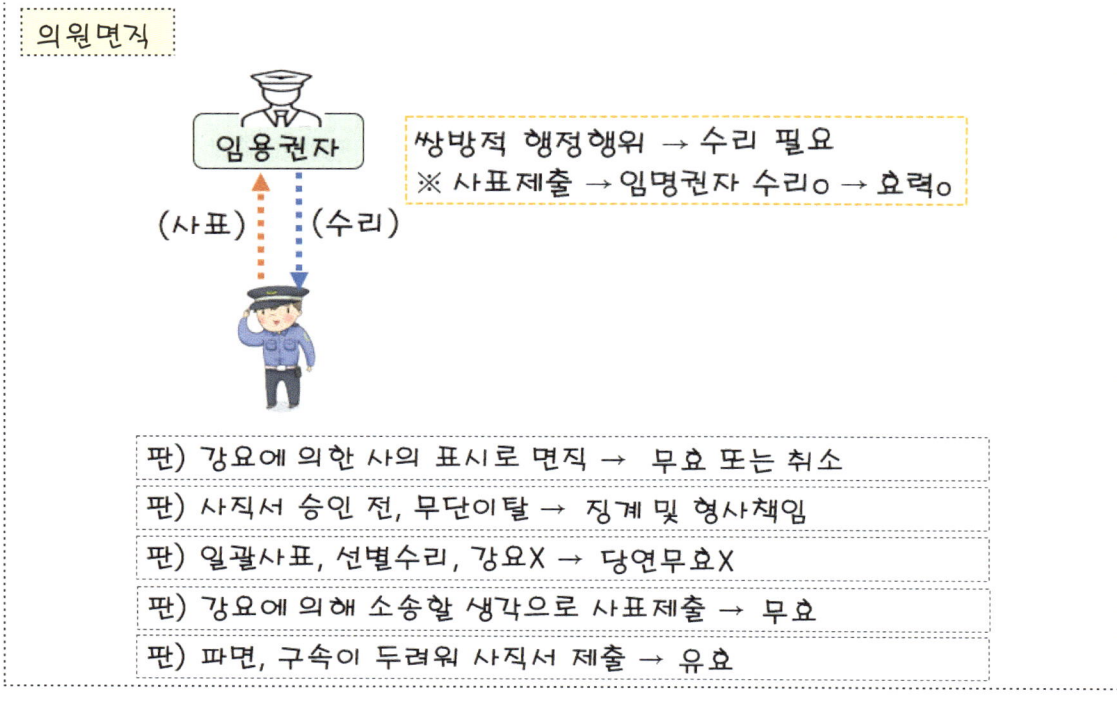

의원면직

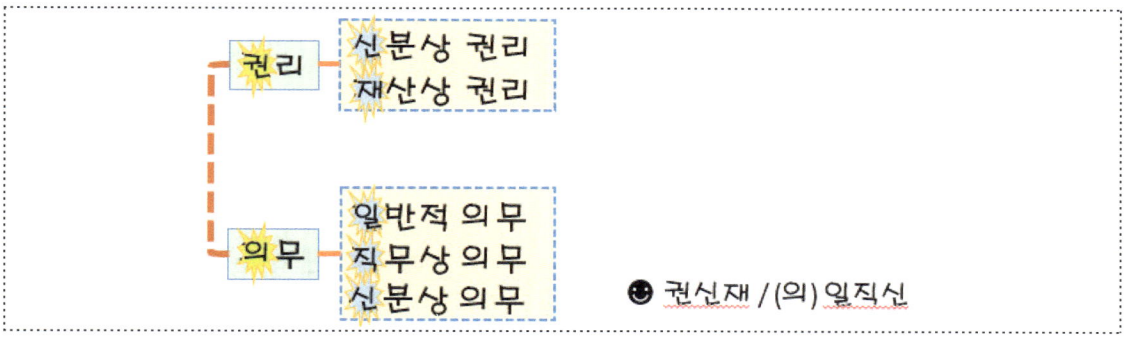

쌍방적 행정행위 → 수리 필요
※ 사표제출 → 임명권자 수리o → 효력o

판) 강요에 의한 사의 표시로 면직 → 무효 또는 취소
판) 사직서 승인 전, 무단이탈 → 징계 및 형사책임
판) 일괄사표, 선별수리, 강요X → 당연무효X
판) 강요에 의해 소송할 생각으로 사표제출 → 무효
판) 파면, 구속이 두려워 사직서 제출 → 유효

제3절 경찰공무원의 권리 · 의무 · 책임

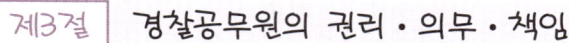

- 권리
  - 신분상 권리
  - 재산상 권리
- 의무
  - 일반적 의무
  - 직무상 의무
  - 신분상 의무

☻ 권신재 / (의) 일직신

1 권리

신분상 권리

일반적 신분상 권리

1. 직무집행권 : 침해 → 공무집행방해죄
2. 신분보유권 : 신분보장
   판) 적법한 공무집행 → 추상적 권한(o), 구체요건방식(o),
   - ㉠ 원칙 : 중하위직o
   - ㉡ 예외 : 치안총감, 치안정감, 시보x
     ※ 예외의 예외 : 경찰청장인 치안총감, 국수본부장인 치안정감
3. 직위보유권 : 직위해제 사유 소멸 → 지체 없이 직위부여 해야
4. 쟁송제기권 : 불이익 처분 → 행정심판(소청), 행정소송 가능

특수한 신분상 권리

제복착용권
경공법 : 제복착용 하여야(의무) ⇒ 권리이자 의무
※ 일반인 착용x → (경찰관에게는) 권리
※ 복제 → 행안부령으로 정

무기휴대사용권
무기휴대 → 경공법 : 휴대할 수(권리) 
무기사용 → 경직법 : 사용할 수 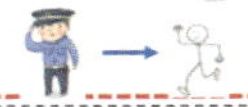
판) 무기휴대 권리 → 개인적 구입 휴대 권리(x),

장구사용권
수갑 · 포승 · 봉 · 방패 · 충격기
※ 법적근거 → 경직법 : 사용할 수

재산상 권리

1. 보수 = 봉급(기본급여) + 수당(부가급여)
   - ㉠ 근로의 대가
   - ㉡ 생활보장적 측면
2. 규정 → 대통령령 : 공무원보수규정, 공무원 수당 등에 관한 규정
3. 압류 : 1/2로 제한
   청구소멸시효 : 5년(원칙) 3년 (예외) – 요양, 재활, 간병, 부조급여
4. 각종 급여 결정
   - 인사혁신처장이 결정 (연금관리공단에 위임)
   → 연금관리 공단이 지급

2 의무

일반적 의무

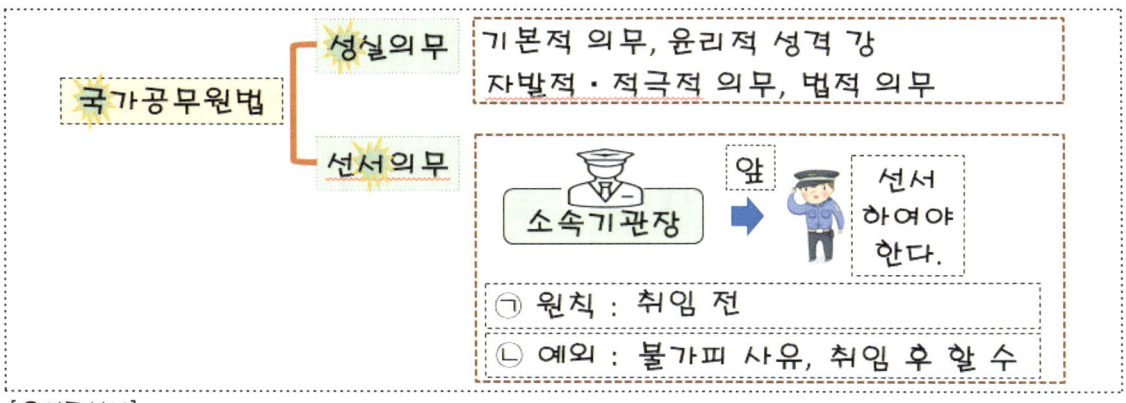

국가공무원법
- 성실의무: 기본적 의무, 윤리적 성격 강 / 자발적 · 적극적 의무, 법적 의무
- 선서의무:

㉠ 원칙 : 취임 전

㉡ 예외 : 불가피 사유, 취임 후 할 수

[☻일국성서]

직무상 의무 - 국공법

- 국공법 ->
(종교중립의무, 친절공정의무, 복종의무, 직무전념의무, 법령엄수의무)

☻ 종친복직 국법

종교중립의무

복종의무에 우선[종교중립의무(= 법령엄수의무) 〉 복종의무]

※ 종교중립의무에 위배되는 명령 → 따르지 아니할 수(국공법)

친절 · 공정의무

국민 전체에 대한 봉사자

※ 윤리적 성격, but 법적 의무

복종의무 국공법 → 상사의 명령에 복종하여야

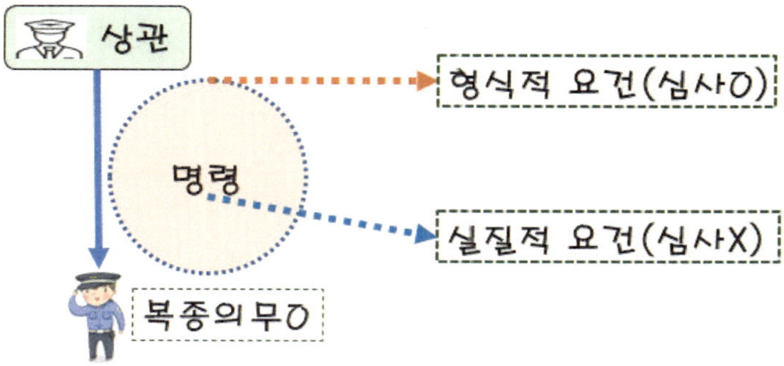

판례
직무수행내역 기재 보고 명령 ➡ 적법
점심식사 거부행위 주도한 기동대원 파면 ➡ 적법

① 형식적 요건

㉠ 권한 있는 상사
㉡ 직무 범위 내(직무관련 사생활 포함 - 복장 등 간접 사항)
㉢ 독립된 권한X
※ 형식적 요건 하자 → 수명 공무원 책임

② 실질적 요건 (내용)적법, 공익성, 타당성, 적합성(심사x)

㉠ 부당
ⓐ 국자법 : 구체적 수사지휘, 적법성 · 정당성 이견 → 이의제기 할 수
ⓑ 경공행동강령 : 부당지시 → 소명하고 따르니 아니하거나, 상담할 수
부당지시 반복 → 상담하여야

㉡ 위법
ⓐ 판례 : 거부해야, 알고 복종 → 책임o
ⓑ 통설 : 직무명령, 중대 · 명백 위법 아니면 복종의무o

직무전념의무

이탈금지
소속상관 허가, 정당한 이유x → 이탈 금지
※ 미리 통보 → 공무원 구속(예외 : 현행범)
※ 수사개시, 종료 → 10일 이내 통보

겸직금지
소속기관장 허가x → 겸직금지

영리업무 종사금지
절대 금지, 소속기관장 허가o → x

법령엄수의무

경찰공무원 복무규정

기본강령	1호 경찰사명, 2호 경찰정신, 3호 규율, 4호 단결, 5호 책임, 6호 성실·청렴
지정장소 외 직무수행금지	상사의 허가·명령 제외
민사분쟁 부당개입금지	직위, 직권이용 → 민사개입x
근무시간 중 음주금지	주기가 있는 상태 직무수행x 특별한 사정이 있는 경우 예외,

여행제한

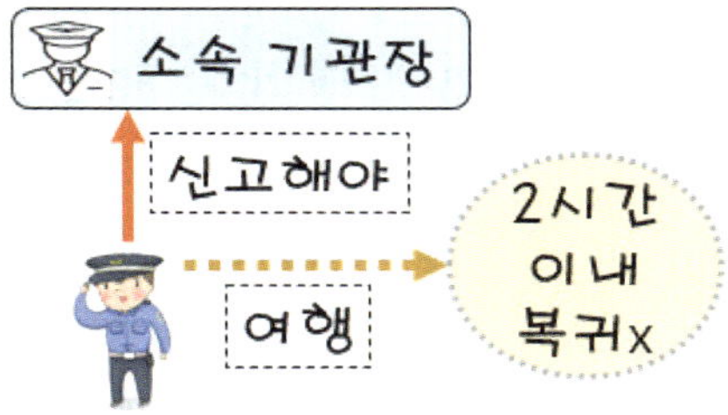

포상휴가

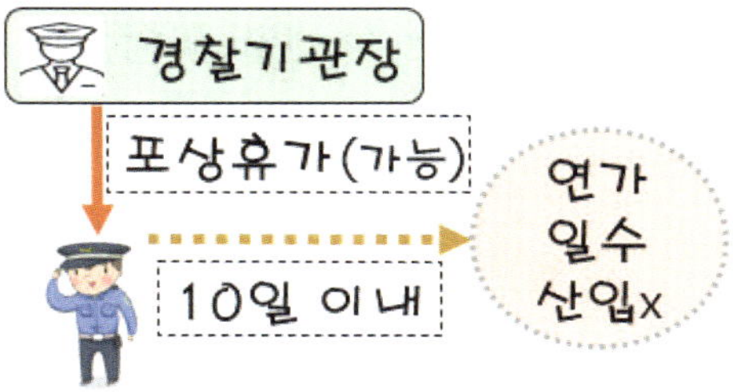

연일근무자 등의 휴무

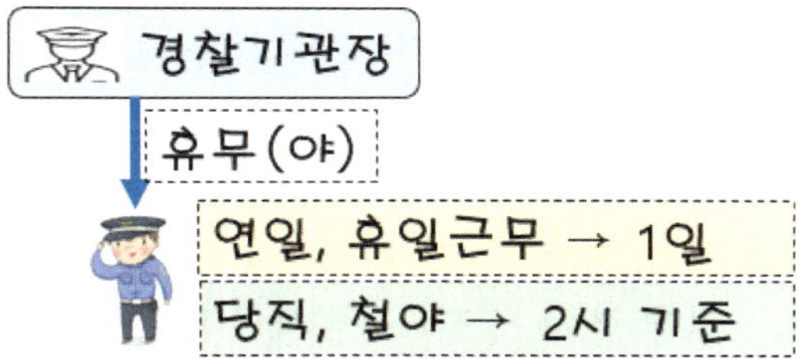

상관신고

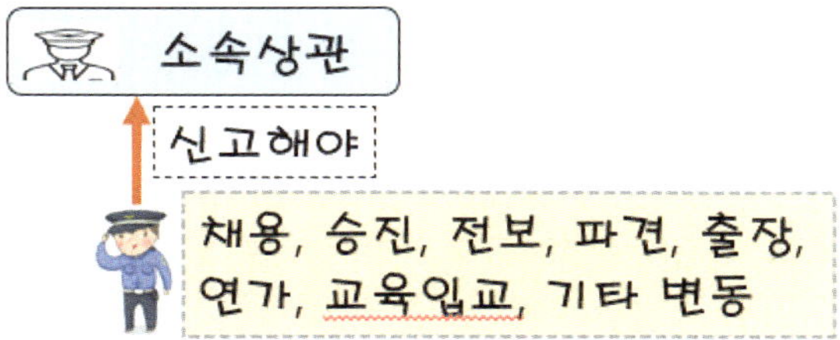

※ 직무상 의무(경공법)

- 거짓보고 금지, 직무유기 금지
- 제복착용의무
- 지휘권남용 금지(거부, 유기, 진출 · 퇴각 또는 이탈)
- 정치관여금지

신분상 의무 - 국가공무원법

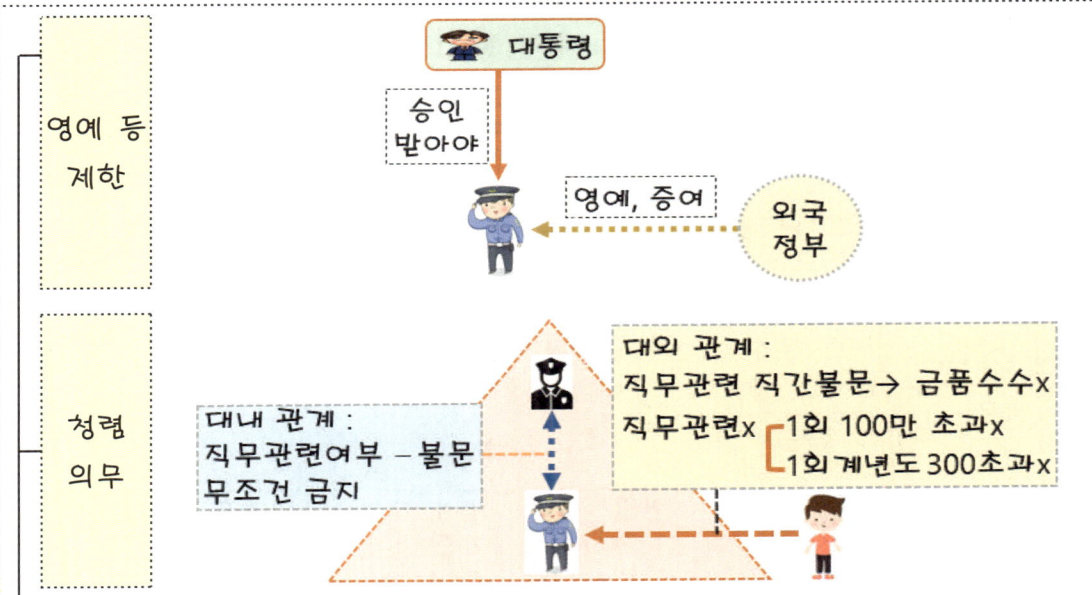

영예 등 제한

청렴 의무

※ 공직자 윤리법

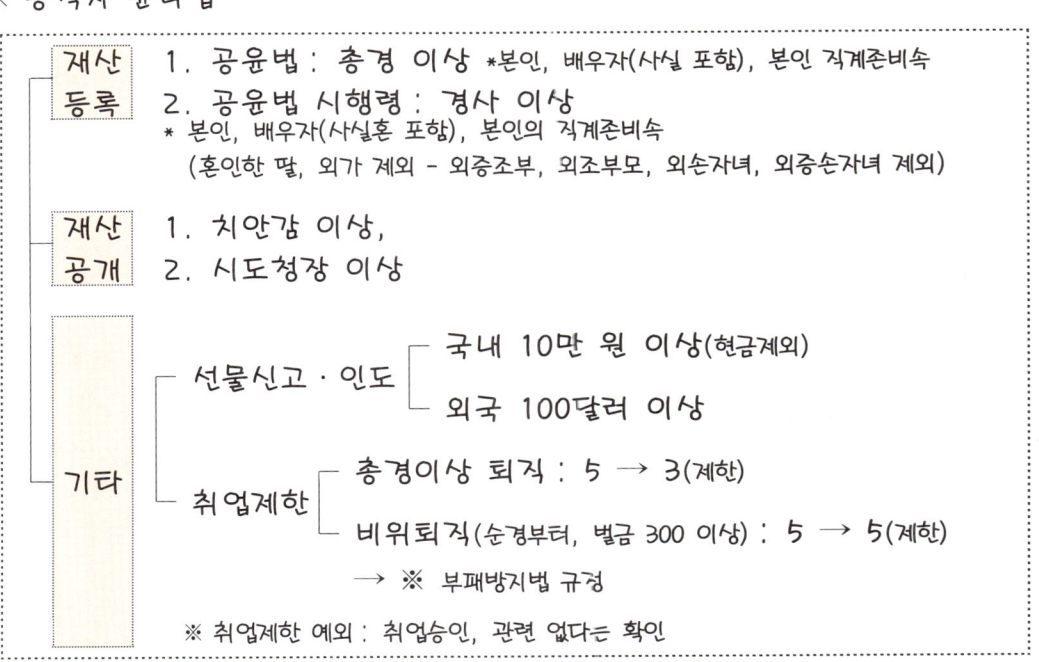

재산등록
1. 공윤법 : 총경 이상 *본인, 배우자(사실 포함), 본인 직계존비속
2. 공윤법 시행령 : 경사 이상
* 본인, 배우자(사실혼 포함), 본인의 직계존비속
(혼인한 딸, 외가 제외 - 외증조부, 외조부모, 외손자녀, 외증손자녀 제외)

재산공개
1. 치안감 이상,
2. 시도청장 이상

기타
- 선물신고 · 인도
  - 국내 10만 원 이상(현금제외)
  - 외국 100달러 이상
- 취업제한
  - 총경이상 퇴직 : 5 → 3(제한)
  - 비위퇴직(순경부터, 벌금 300 이상) : 5 → 5(제한)

→ ※ 부패방지법 규정

※ 취업제한 예외 : 취업승인, 관련 없다는 확인

※ 부패방지 및 국민권익위원회 설치 운영에 관한 법률

국민권익위원회

2. 처리 → 60일 이내 해야(30일 연장가능)

3. 이첩(야)

감사
수사
조사

5. 10일 이내 통보(야)

4. 60일 이내 처리

인적사항
신고취지
기명문서
신고대상
증거제시

1.신고

※ 경무관 이상 비리 → 위원회 명의 고발(야)

허위 : 알았거나 알 수(o)
-> 이법의 보호(x)

정치중립 의무

1. 모두 금지 : 정치단체 결성x, 가입x, 권유x, 서명x 등
2. 위반 : 5년 이하 징역, 5년 이하 자격정지

판) 정치운동금지 위반 → 조직적, 계획적이어야(x), 공무원지위 이용해야(x)

비밀엄수 의무

비밀누설:
1. 형사책임
2. 민사책임
3. 행정책임

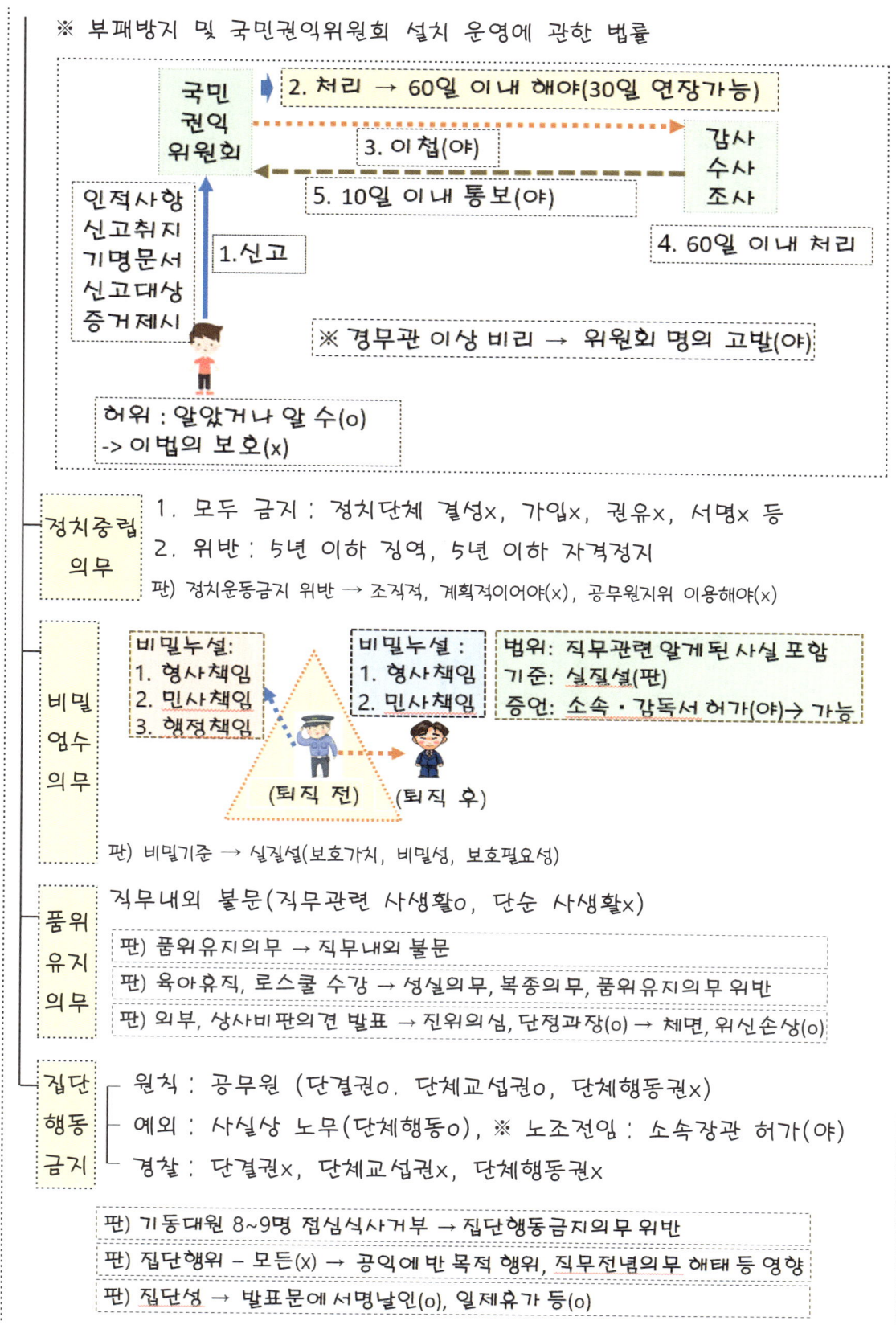

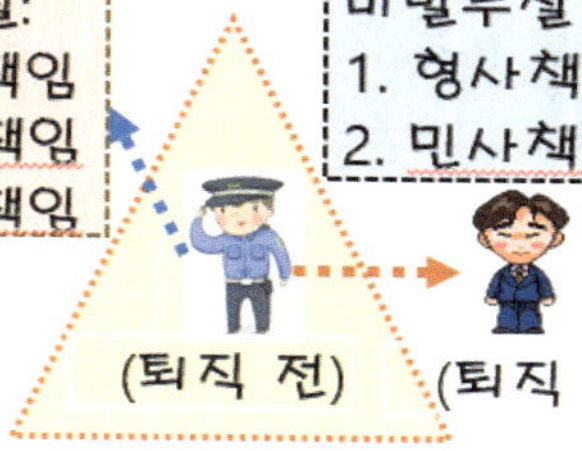

비밀누설 :
1. 형사책임
2. 민사책임

범위: 직무관련 알게된 사실 포함
기준: 실질설(판)
증언: 소속·감독서 허가(야)→ 가능

판) 비밀기준 → 실질설(보호가치, 비밀성, 보호필요성)

품위유지 의무

직무내외 불문(직무관련 사생활o, 단순 사생활x)

판) 품위유지의무 → 직무내외 불문

판) 육아휴직, 로스쿨 수강 → 성실의무, 복종의무, 품위유지의무 위반

판) 외부, 상사비판의견 발표 → 진위의심, 단정과장(o) → 체면, 위신손상(o)

집단행동 금지

- 원칙 : 공무원 (단결권o. 단체교섭권o, 단체행동권x)
- 예외 : 사실상 노무(단체행동o), ※ 노조전임 : 소속장관 허가(야)
- 경찰 : 단결권x, 단체교섭권x, 단체행동권x

판) 기동대원 8~9명 점심식사거부 → 집단행동금지의무 위반

판) 집단행위 – 모든(x) → 공익에 반 목적 행위, 직무전념의무 해태 등 영향

판) 집단성 → 발표문에 서명날인(o), 일제휴가 등(o)

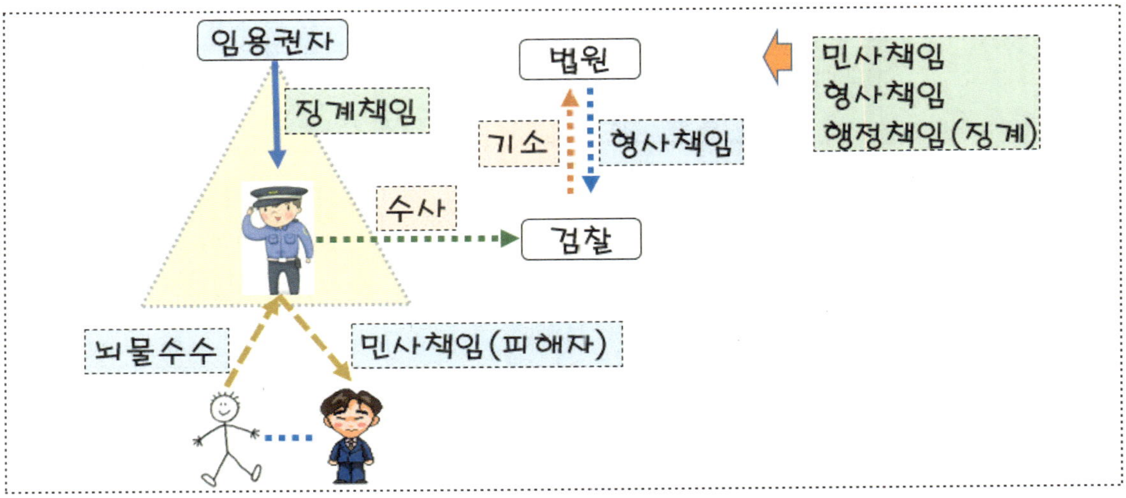
※ 공무원직장협의회 설립 · 운영에 관한 법률
설립
(국가기관, 지자체, 하부기관근무) 직협 설립할 수
기관 단위 설립, 하나만 가능
설립 → 소속 기관장에 통보해야
가입
가능 : 경찰공무원, 일반직, 소방
불가 : 지휘감독, 기밀보안(가입 금지 공무원 공고해야)
협의
일반 고충, 전담 공무원x

3 징계책임

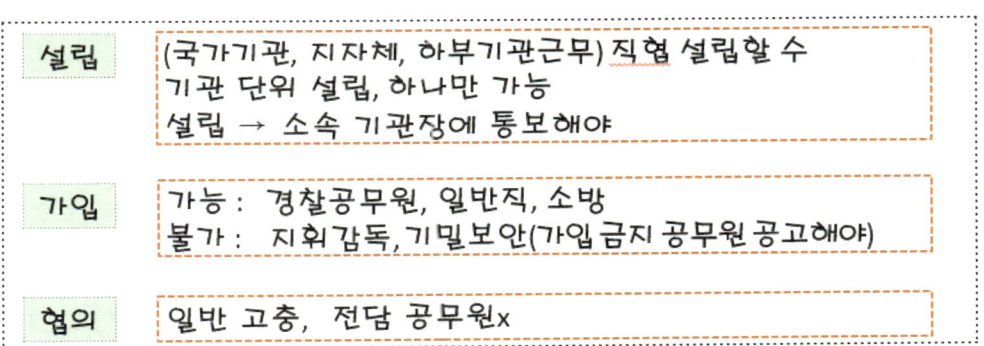
임용권자
징계책임
법원
기소
형사책임
민사책임
형사책임
행정책임(징계)
수사
검찰
뇌물수수
민사책임(피해자)

의의

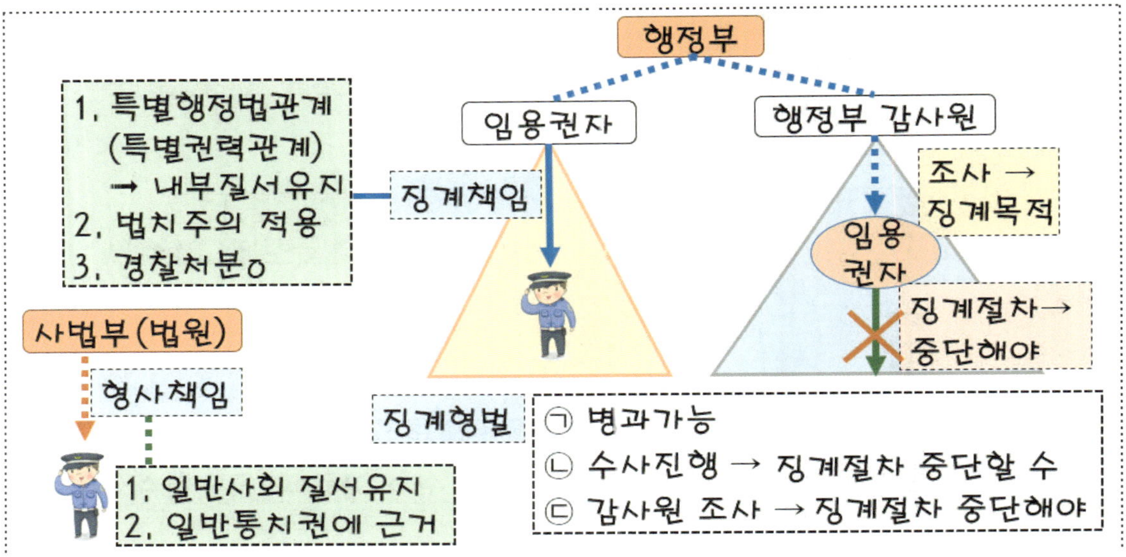
행정부
임용권자
행정부 감사원
1. 특별행정법관계
(특별권력관계)
→ 내부질서유지
2. 법치주의 적용
3. 경찰처분o
징계책임
조사 →
징계목적
임용
권자
징계절차→
중단해야
사법부(법원)
형사책임
징계형벌
㉠ 병과가능
㉡ 수사진행 → 징계절차 중단할 수
㉢ 감사원 조사 → 징계절차 중단해야
1. 일반사회 질서유지
2. 일반통치권에 근거

판) 형사무죄판결 → 징계처분 당연무효(x), 위법(o)

판) 형사유죄확정(x) → 징계가능(o), 행정소송가능(o)

판) 수사기관통보(x) → 징계절차 진행 → 진술기회 침해(x)

종류 [☻ 중징계 - 파해강정, 경징계 - 감견]

중징계

- **파면**: 일반(5년간x), 경찰(영원히)
  - 퇴직급여 → 5년 이상 (1/2감), 5년 미만 (1/4감)
  - 퇴직수당: 1/2 감
- **해임**: 일반(3년간x), 경찰(영원히)
  - 원칙 : 전액지급
  - 예외 : 금품·향응 수수, 공금횡령·유용 → 퇴직급여: 5년 이상(1/4감), 5년 미만(1/8감) / 퇴직수당: 1/4감
- **강등**: 1계급↓, 3개월 직무x, 보수전액 감
- **정직**: 1~3개월 직무x, 보수전액 감
  - (강등·정직) 승진·승급 18개월 제한
  - ※ 일정한 재산범죄, 소극행정, 음주운전, 성범죄 -> 6개월 추가

경징계

- **감봉**: 1~3개월(추가x), 보수1/3 감 → 승진·승급 12개월 제한
- **견책**: 훈계 → 승진·승급 6개월 제한

※ 징계기간 → 승진소요 최저 년 수에서 제외,
정직이상 징계 → (시험, 심사)승진후보자 명부에서 제외
→ 처분 X(판례)

※ 강등신설과 계급정년

- 2022.1.1 총경승진 → 2032.12.31 계급정년(11년)
- 2025.6.1 경정 강등
- 2028.6.1 경감 강등 → 계급정년? (변화x)

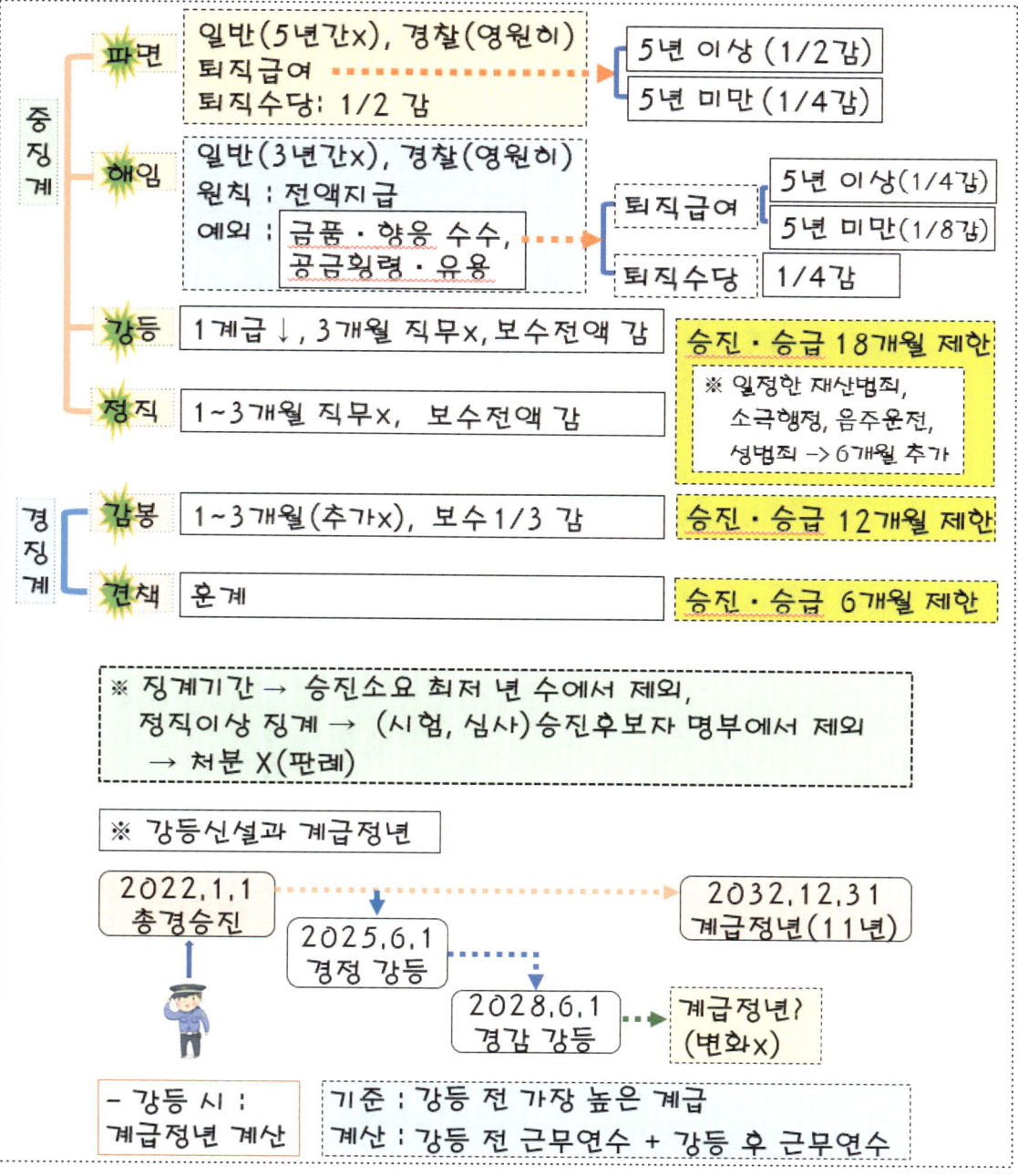

- 강등 시 : 계급정년 계산

기준 : 강등 전 가장 높은 계급

계산 : 강등 전 근무연수 + 강등 후 근무연수

징계권자

	← 경무관 이상	총경	경정	경감 이하 →
파면	경찰청장[해경청장] (제청) ➡			소속기관장이 집행
해임	행안장관[해수장관] (거쳐) ➡			소속기관장이 집행
강등	국무총리 (거쳐) ➡	경찰청장 집행		소속기관장이 집행
정직	대통령 집행(임용)	경찰청장 집행		소속기관장이 집행
감봉	경찰청장 집행	(징계위원회가 설치된) 소속기관의 장이 집행		
견책	경찰청장 집행	(징계위원회가 설치된) 소속기관의 장이 집행		

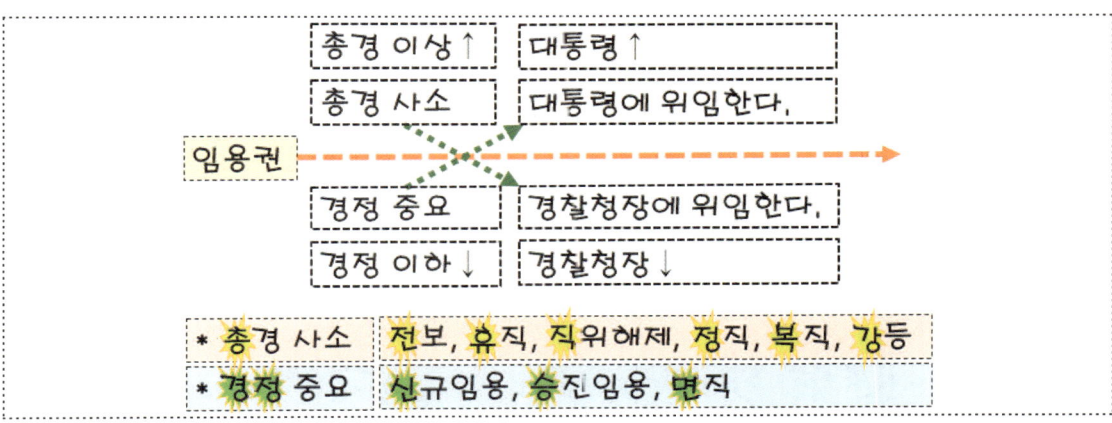

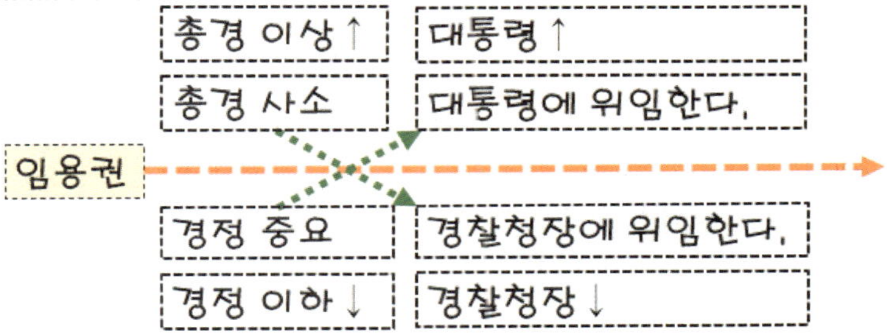

* 총경 사소	전보, 휴직, 직위해제, 정직, 복직, 강등
* 경정 중요	신규임용, 승진임용, 면직

징계위원회

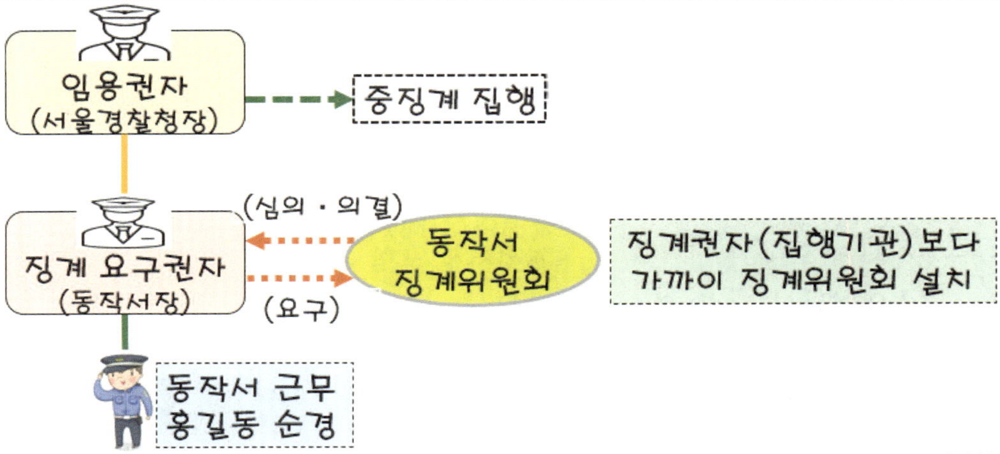

종류	관할	설치(소속)
국무총리 중앙징계위원회	경무관 이상	국무총리 소속 하에 설치
경찰공무원 중앙징계위원회	총경 및 경정	경찰청 및 해양경찰청
경찰공무원 보통징계위원회	경감 이하	경찰청과 소속기관
	경위 이하	경정 이상 서장 경찰서 총경 이상이 장인 기관
	경사 이하	경감 이상이 장인 기관

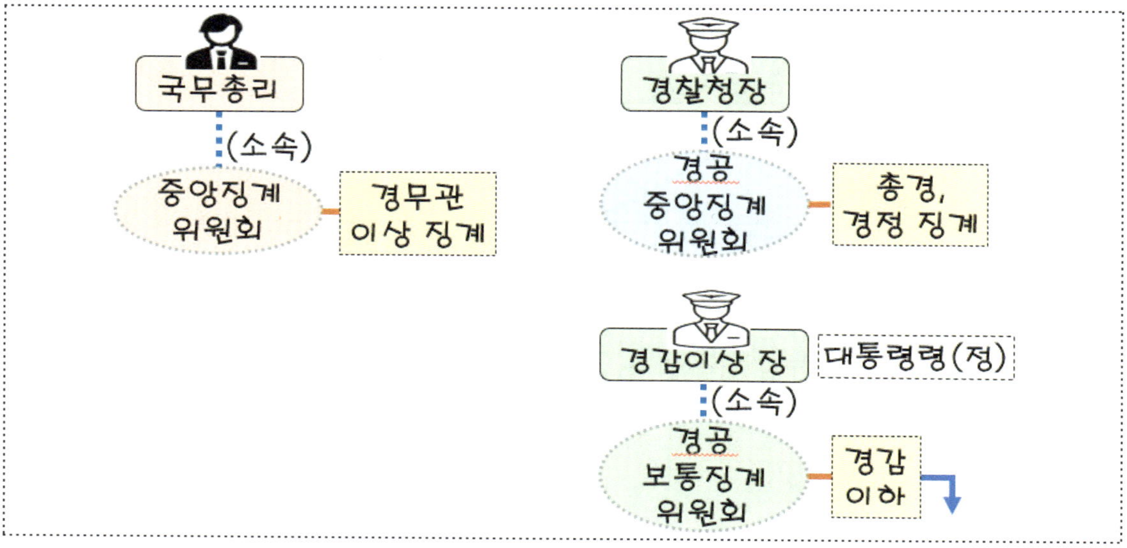

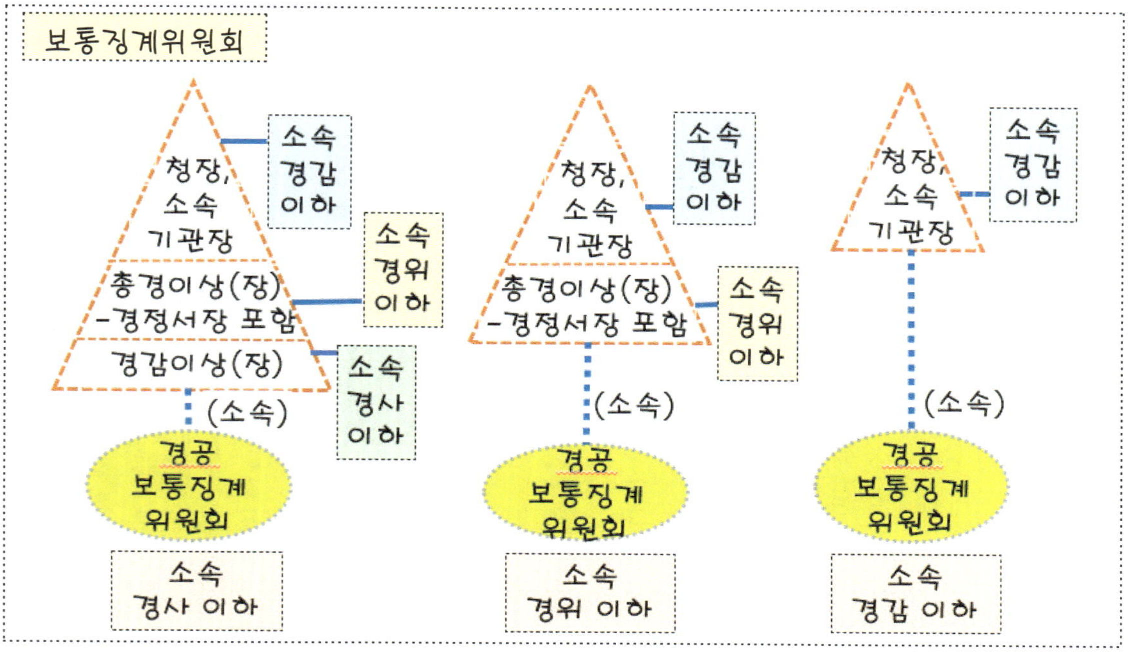

관련 사건 관할

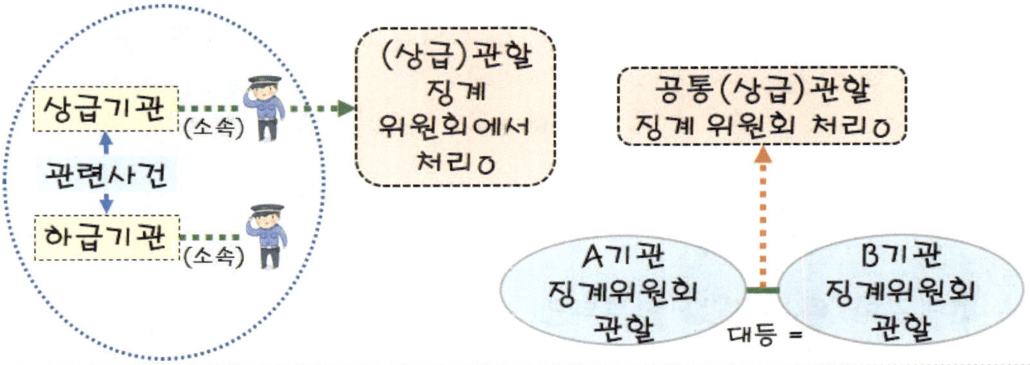

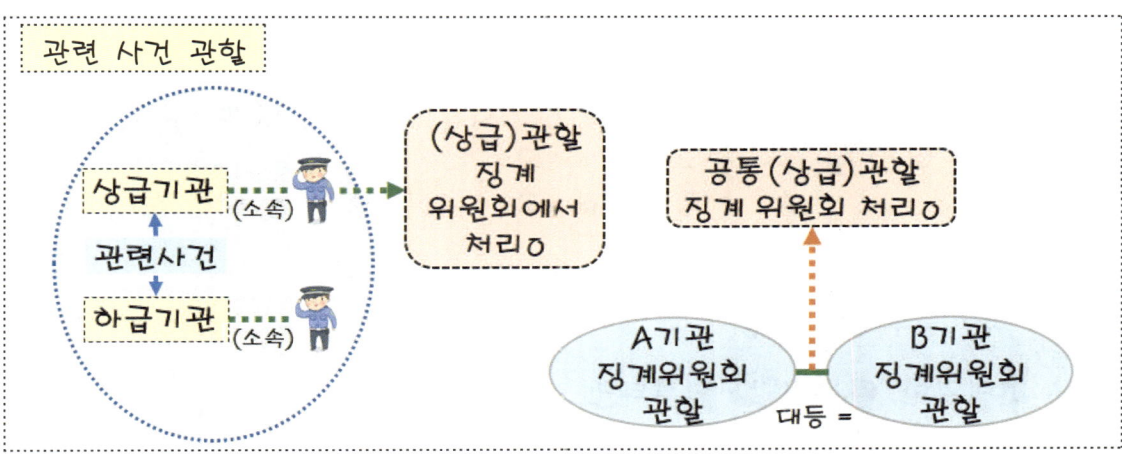

경찰공무원 징계위원회

구성

각 징계위 : 위원장(1) 포함 11~51 (공무원위원 + 민간위원)
1/2이상 민간(장 포함) (민간위원 특정성 6/10초과금지)
회의 : 장(1) + (4~6명 위원), 민간위원 1/2이상(장 포함)
성폭, 성희롱 – 피해자 동일성 1/3이상(장x)

임명

① 상위계급, 경위 이상, 6급 이상

중앙 징계위

- 판, 검, 변 : 10년 이상
- 정교수(재직 중), 총경 또는 4급 이상(퇴직)
- 민간 인사・감사 담당 임원급 이상

보통 징계위

- 판, 검, 변 – 5년 이상
- 부교수 이상(재직 중),
- 공무원 20년 이상 근속(퇴직)
- 민간 인사・감사 담당 임원급 이상

제척

- 친족, 직근 상급자
- 징계사유와 관계, 조사・심의・의결에 관여

기피

- 제척사유
- 불공정 의결 우려

회피

- 제척사유O → 회피해야(스스로)
- 불공정 우려 → 회피할 수

위원장

사무총괄, 대표, 표결권o,
최상위 계급(같은 계급 먼저임용) → 위원장(유고 시 동일)

징계사유

① 다른 법 적용 공무원(임용이전 징계사유) → 이 법 징계사유로 간주
② 임용 이전 행위 → 원칙 : 징계사유X,
예외 : 징계사유o – 임용 후 체면, 위신 손상
③ 고의 · 과실 → 불문

※ 국가공무원법 규정

- 법령위반, 의무위반 · 직무태만
- 체면 · 위신손상

판) 임명전 행위 → 원칙(징계사유X) / 예외(임용 후 체면,위신 손상) → 징계사유O

판) 정류장에서 앞지르지 못한다고 주의 → 직무태만X

※ 징계 정상참작 사유

행위자

- 국가이익 증진
- 매뉴얼(대로)
- 결과방지 최선 등 ...

감독자

- 미리 발견 조치
- 감독범위 벗어난 경우 예) 감독자 교육 또는 휴가 중 사고
- 부임 1개월 이내 등....

※ 징계 감경할 수

① 훈장, 포장 수여
② 국무총리 이상 표창(단체 표창X)
경감이하 – 경찰청장, 차관이상 표창
③ 모범공무원으로 선발된 공적
-> 징계 OR 징계위 권고에 의한 경고를 받은 사실
-> 제외한다.

* 훈포표모 징계경고

※ 징계 감경x

① 일정한 재산상 이익 취득, 제공, 비위 등, 신고의무x
- 재산등록 • 주식매각 • 신탁 관련 의무위반
② 소극행정, 부작위 또는 직무태만
③ 음주운전(측정불응 포함)
④ 성범죄(성희롱, 성매매, 성폭력), 성비위 은폐, 조치x
⑤ 불법체포 • 감금 및 폭행 • 가혹행위
⑥ 채용비리(특혜요청, 부정관리)
⑦ (부정청탁금지법)부정청탁 및 이에 따른 직무수행
⑧ 직무상 비밀이용 부당행위
⑨ 갑 질(우월적 지위 이용 → 고통주기)
⑩ 행동강령 상 직무권한 등 행사 부당행위
(접수거부 • 지연, 부당지시 요구 등), 은폐, 조치x

징계절차

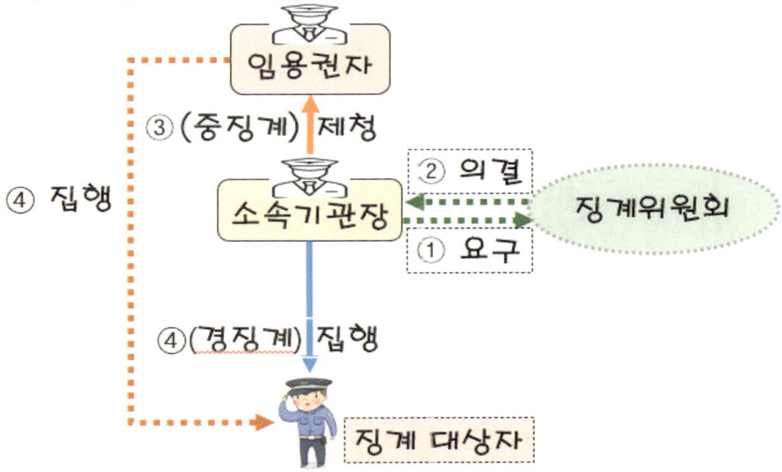

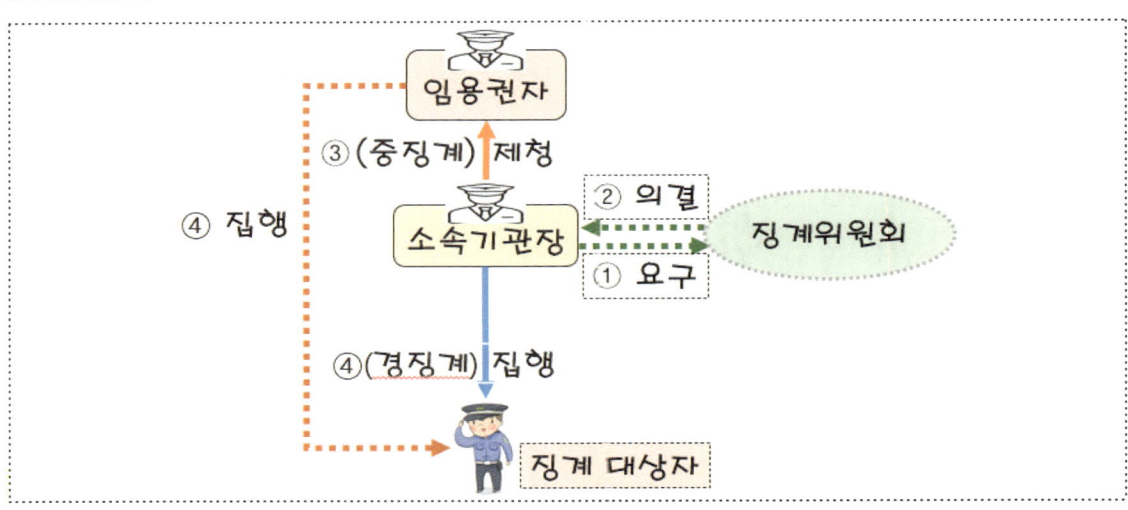

(1) 요구

요구 - 하여야
예) 횡령 · 배임 300만원이상 (중징계)
소속기관장
징계위원회
요구해야
1. 자체 적발 : 지체없이
2. 통보 : 30일 이내
3. 재징계 요구 : 3월 이내
징계대상자
판) 징계요구 철회 후 다시 징계요구, 파면 → 적법
판) 징계대상자에 사실확인(x) → 징계요구 → 적법
※ 요구시효
성범죄(성매매, 성폭력, 성희롱) : 10년
일정한 재산범죄(횡령, 배임 등) : 5년
기타 : 3년
신청
상급기관장
징계위원회 (관할O)
신청(야)
소속기관장
징계위원회 (관할X)
징계대상자
재징계
처분권자 (처분제청권자)
징계위원회
3월 이내
무효, 취소
징계
원칙 요구해야
예외 감봉, 견책 - 양정과다, 요구할 수

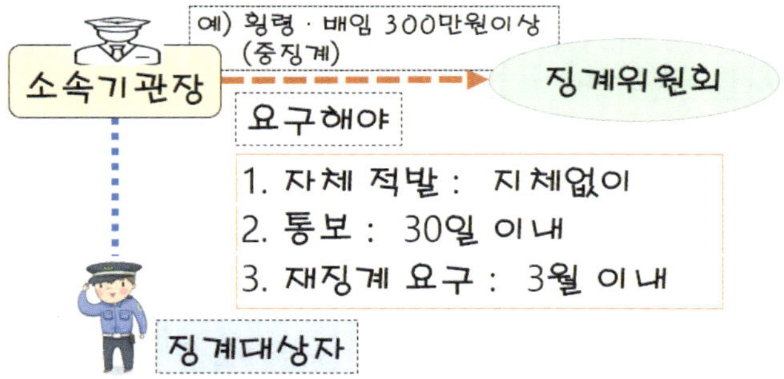

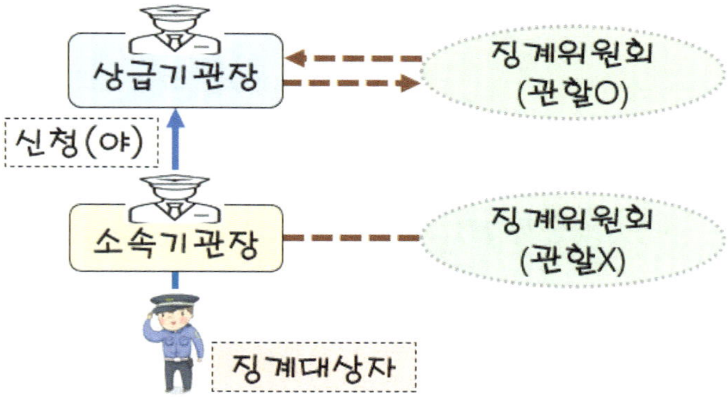

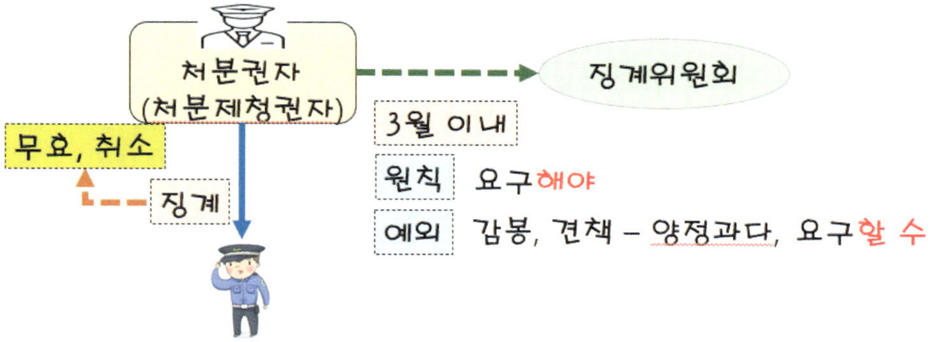

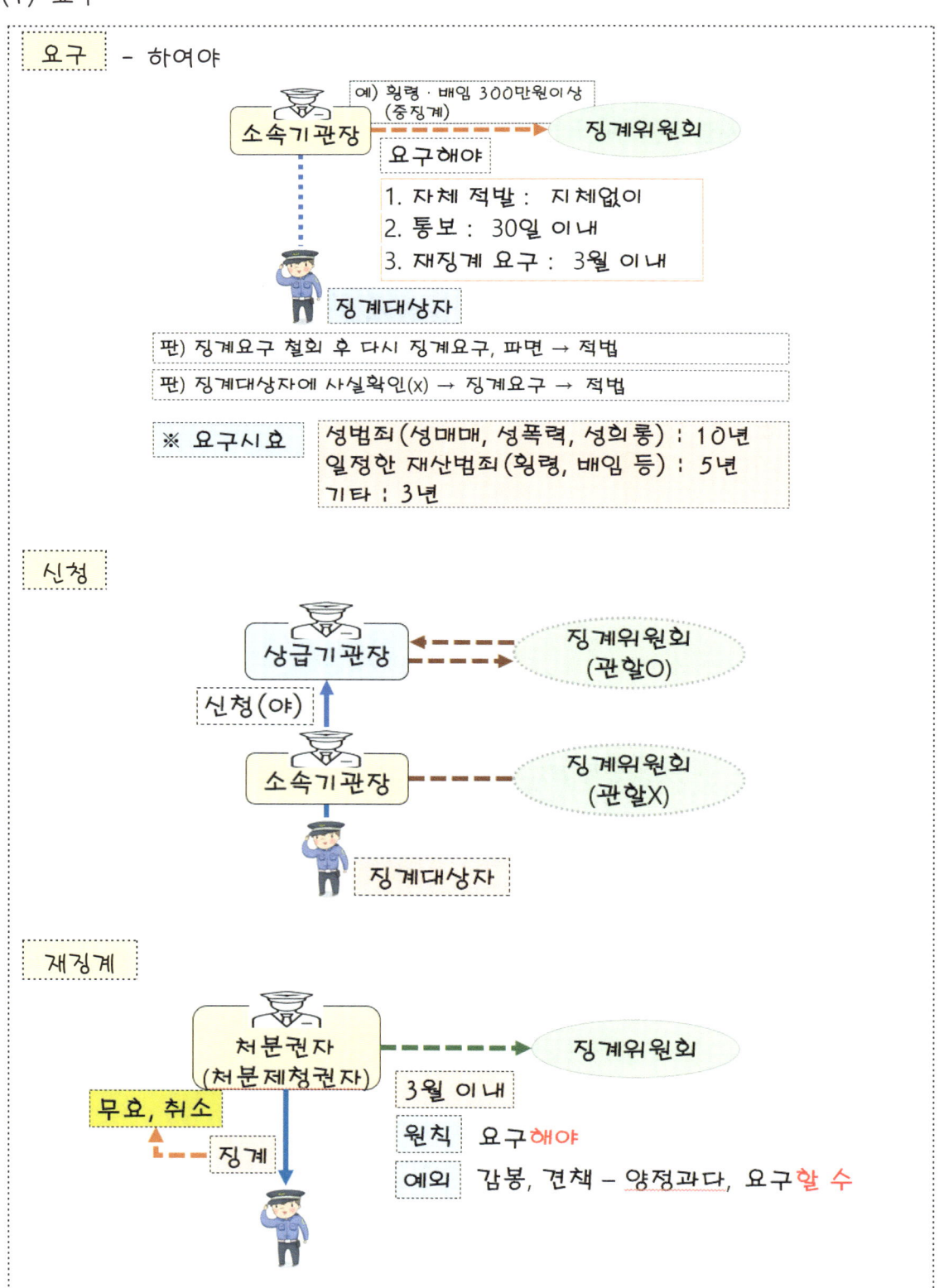

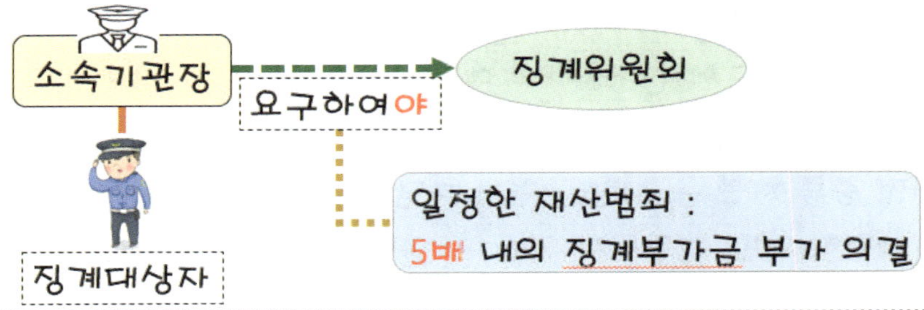
징계 부과금
소속기관장
요구하여야
징계위원회
일정한 재산범죄 :
5배 내의 징계부가금 부가 의결
징계대상자

(2) 의결

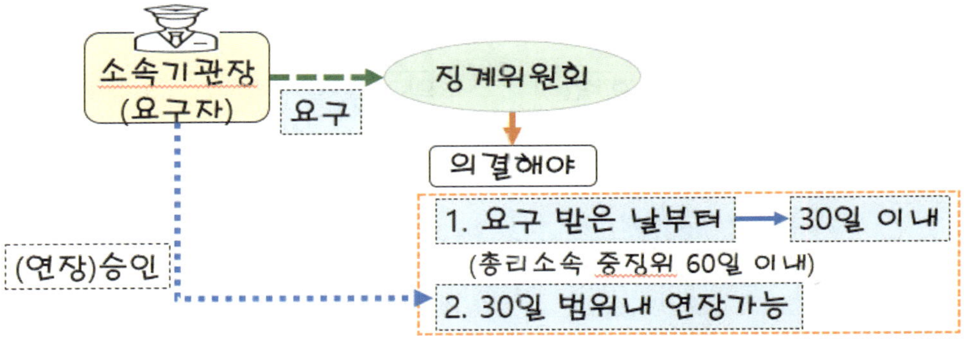
기한
소속기관장
(요구자)
요구
징계위원회
의결해야
1. 요구 받은 날부터
30일 이내
(총리소속 중징위 60일 이내)
(연장)승인
2. 30일 범위내 연장가능

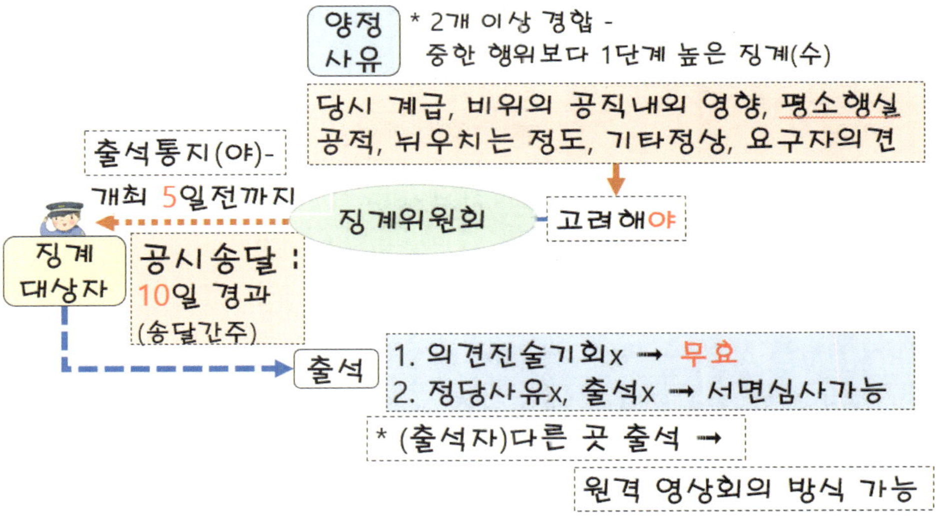
출석 · 양정
양정
사유
* 2개 이상 경합 -
중한 행위보다 1단계 높은 징계(수)
당시 계급, 비위의 공직내외 영향, 평소행실
공적, 뉘우치는 정도, 기타정상, 요구자의견
출석통지(야)-
개최 5일전까지
징계위원회
고려해야
징계
대상자
공시송달 :
10일 경과
(송달간주)
출석
1. 의견진술기회x → 무효
2. 정당사유x, 출석x → 서면심사가능
* (출석자)다른 곳 출석 →
원격 영상회의 방식 가능

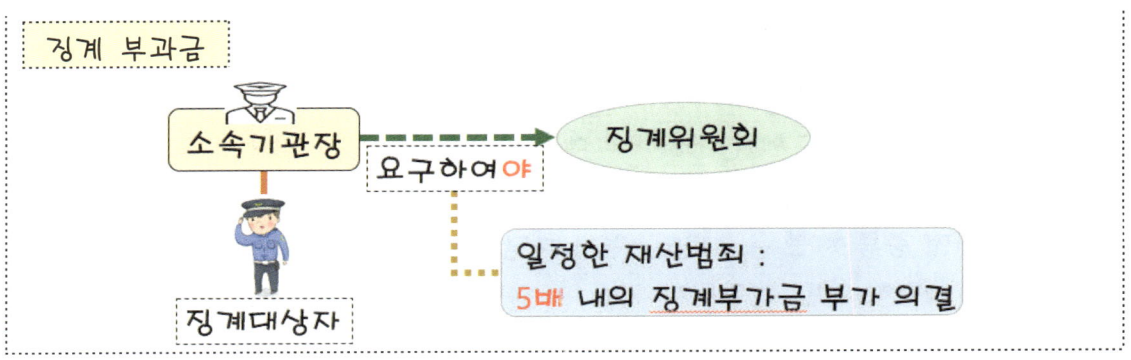

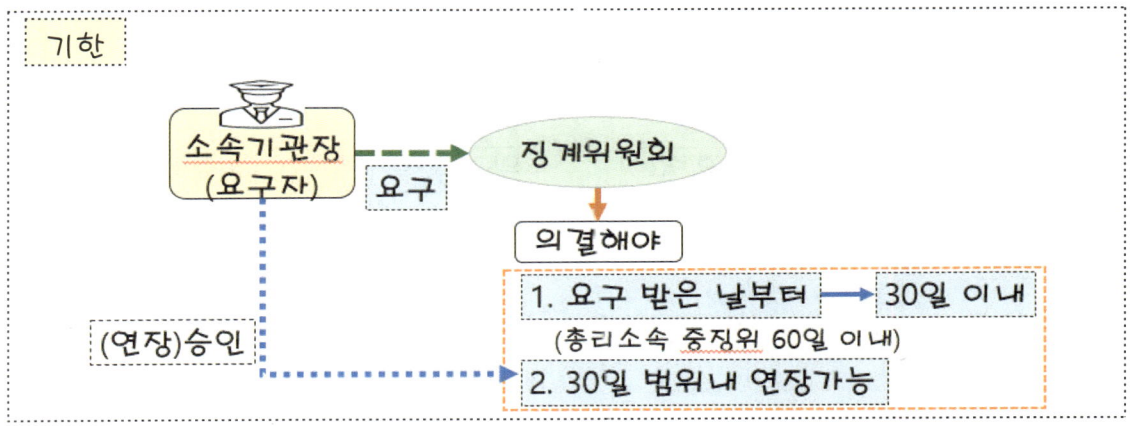

판) 징계위 출석통지(x), 위법 → 취소사유

판) 통지(서면, 구두, 전화, 전언등 가능) 없는 징계절차 → 위법

판) 비공개, but 구체적 내용과 피해자 충분히 알 수 → 방어권 지장x

판) 공적사항 고려(x) → 위법

판) 어떤 종류 처분 → 재량o/ 현저 타당성(x) → 위법(객관적 명백 부당)

판) 비례원칙 위반, 평등원칙 위반 → 위법

판) 징계사유 일부만 인정(무고o, 금품수수x) → 해임타당o, 일탈·남용(x)

의결

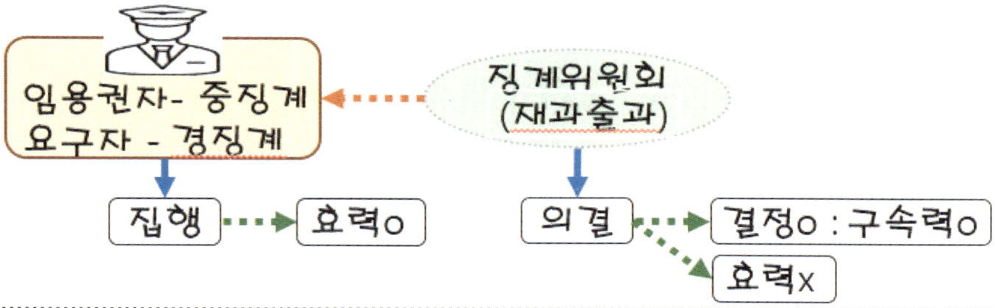

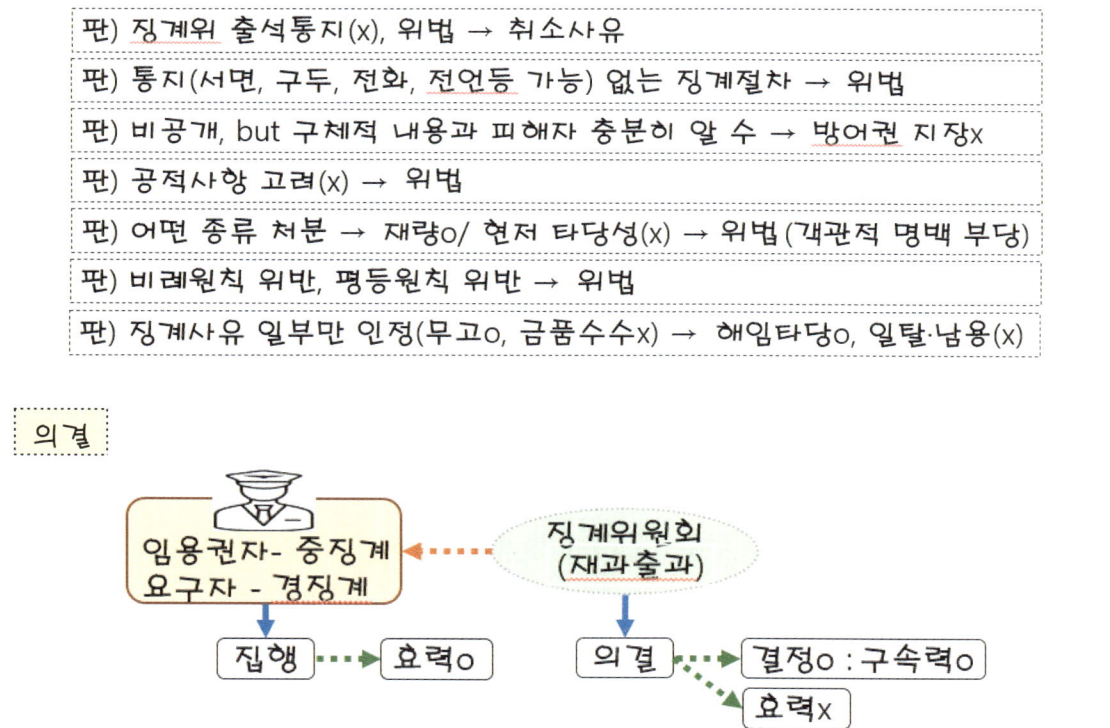

(3) 집행

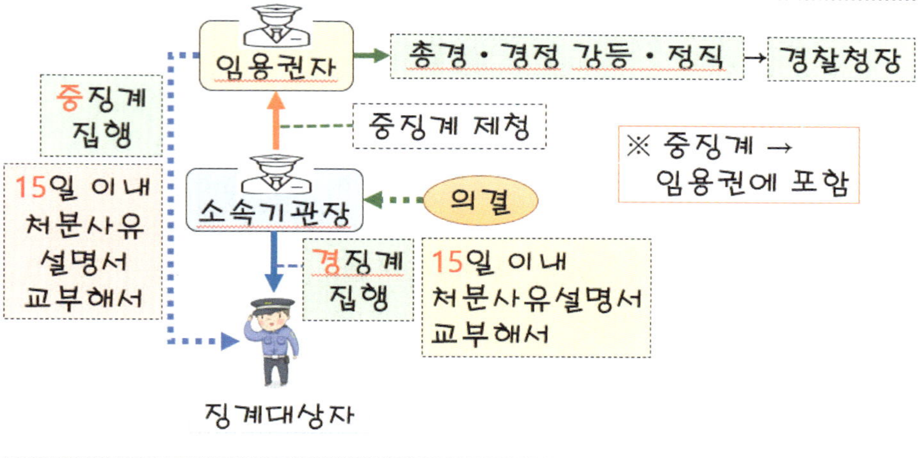

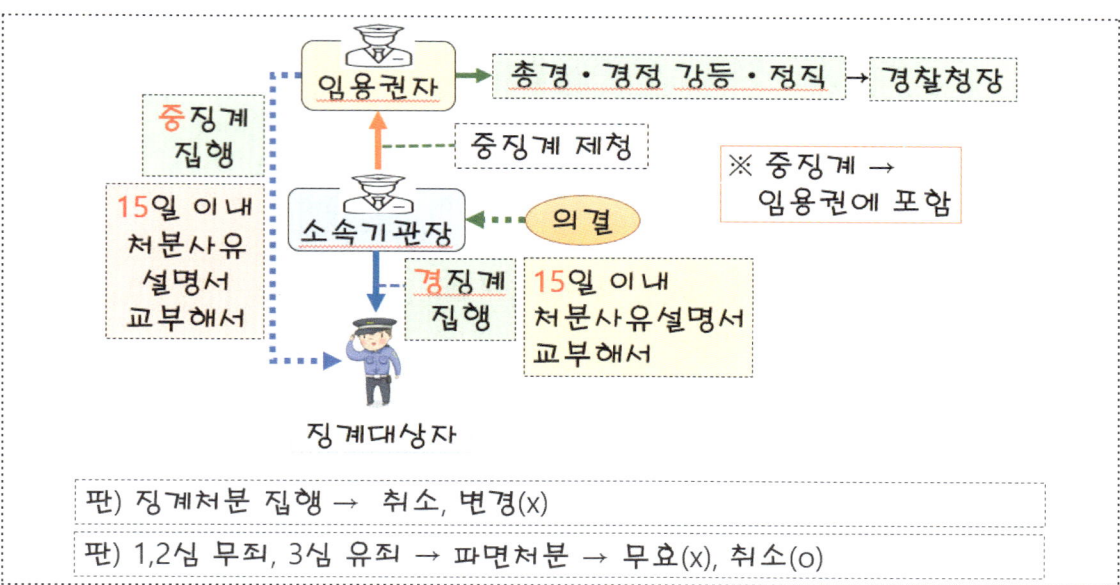

판) 징계처분 집행 → 취소, 변경(x)

판) 1,2심 무죄, 3심 유죄 → 파면처분 → 무효(x), 취소(o)

제4절 | 경찰공무원 권익보장제도

1 처분사유 설명서 교부제도

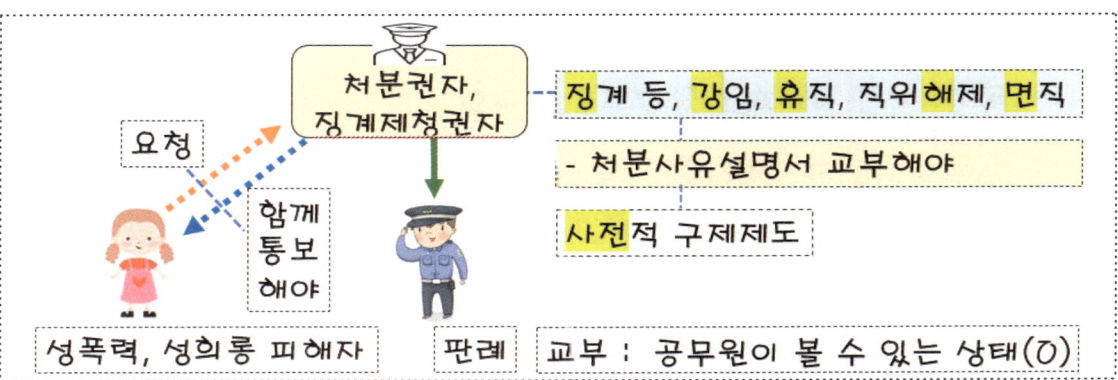

처분권자, 징계제청권자 — 징계 등, 강임, 휴직, 직위해제, 면직

요청 → 처분권자, 징계제청권자

함께 통보 해야 →

성폭력, 성희롱 피해자

- 처분사유설명서 교부해야

사전적 구제제도

판례 | 교부 : 공무원이 볼 수 있는 상태(O)

2 고충처리제도

일반

중앙고심위 (소청심사위원회) → 경정 이상 경공고심 거친것

경찰공무원 고충심사위원회 → 경감 이하

1. 설치 - 대통령령으로 정하는 기관 (경감 이상을 장)
2. 구성 - 7~15명(공무원 + 민간) / 위원장 제외 민간 1/2이상
3. 회의 - 위원장과 장지명 5~7위원 (성별 고려, 민간 1/3이상)
   - 5명 이상 출석, 출석 과반수 합의 -> 의결

절차

5일 전까지 통지해야

처분청 ←→ 고충심사위원회

청구인

30일 이내 결정, 30일 연장가능

효력

강제성x →   처분x →   행정소송대상x

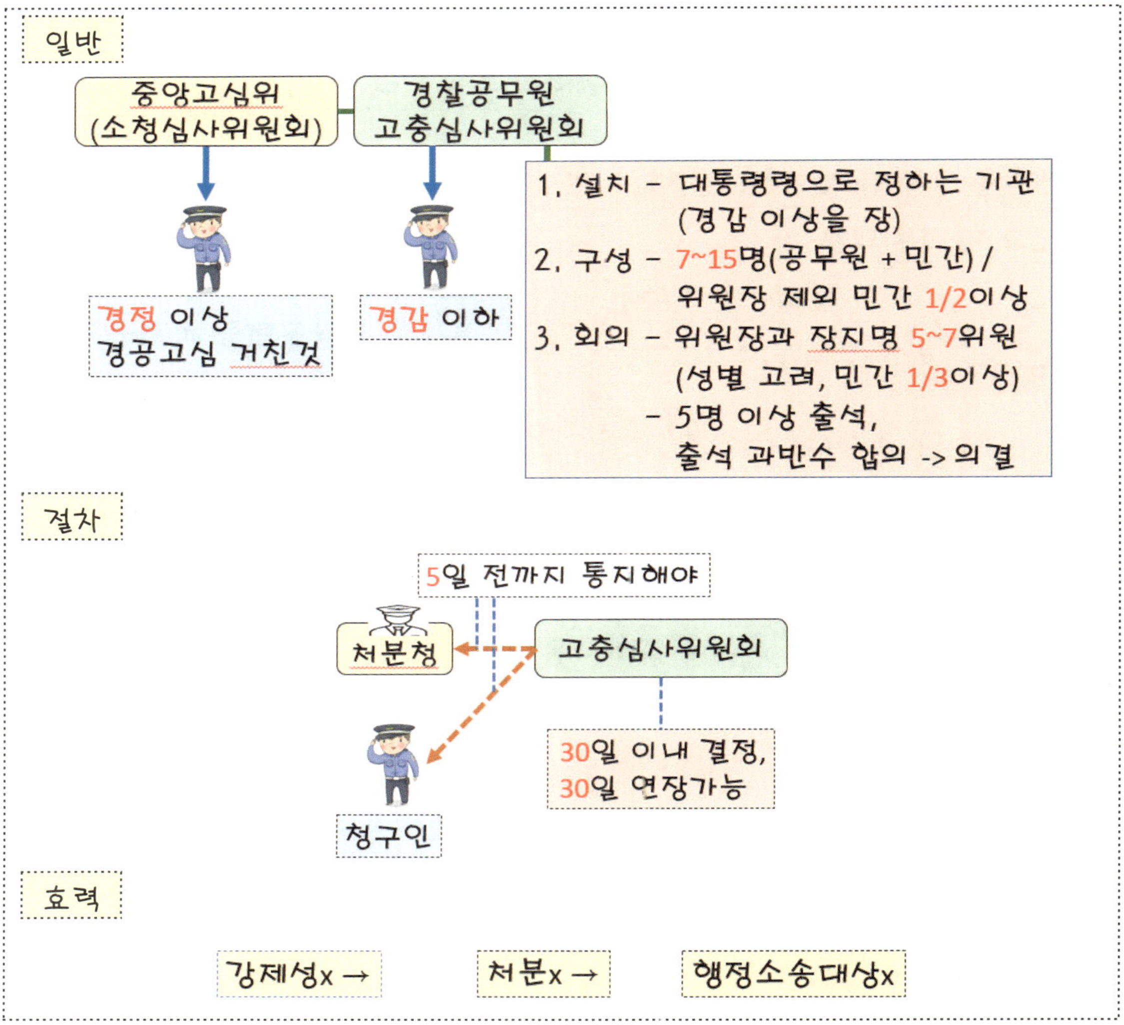

3 양성평등

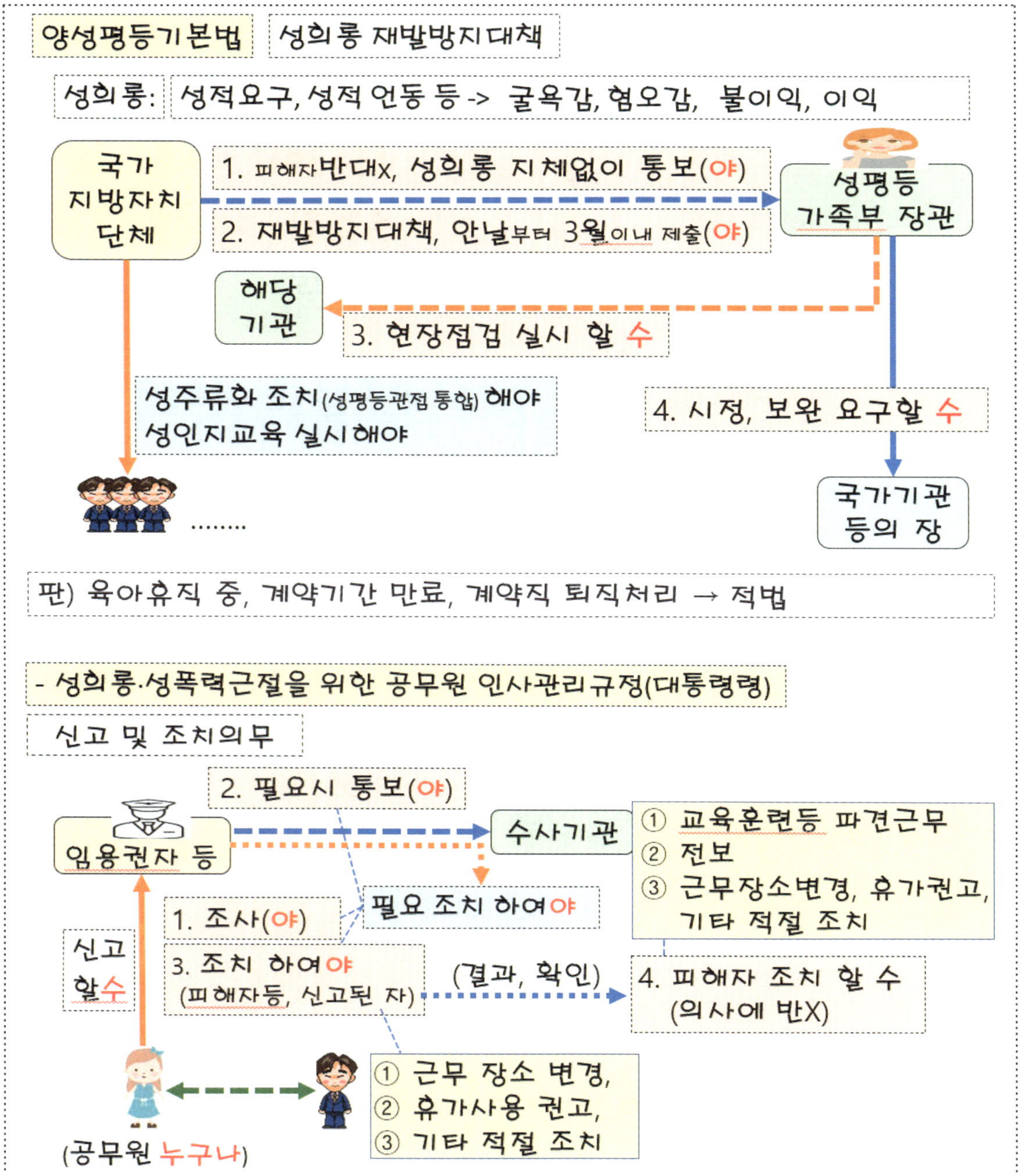
양성평등기본법
성희롱 재발방지대책
성희롱: 성적요구, 성적 언동 등 -> 굴욕감, 혐오감, 불이익, 이익
국가 지방자치 단체
1. 피해자반대x, 성희롱 지체없이 통보(야)
2. 재발방지대책, 안날부터 3월이내 제출(야)
성평등 가족부 장관
해당 기관
3. 현장점검 실시 할 수
성주류화 조치(성평등관점 통합) 해야
성인지교육 실시해야
4. 시정, 보완 요구할 수
국가기관 등의 장
....
판) 육아휴직 중, 계약기간 만료, 계약직 퇴직처리 → 적법
- 성희롱·성폭력근절을 위한 공무원 인사관리규정(대통령령)
신고 및 조치의무
2. 필요시 통보(야)
임용권자 등
수사기관
① 교육훈련등 파견근무
② 전보
③ 근무장소변경, 휴가권고, 기타 적절 조치
필요 조치 하여야
1. 조사(야)
3. 조치 하여야 (피해자등, 신고된 자)
(결과, 확인)
4. 피해자 조치 할 수 (의사에 반X)
신고 할수
① 근무 장소 변경,
② 휴가사용 권고,
③ 기타 적절 조치
(공무원 누구나)

- 경찰청 성희롱·성폭력·스토킹예방 및 2차피해방지와 그 처리에 관한 규칙

2차피해방지

"스토킹" -

스토킹 행위와 스토킹 범죄

"2차 피해"

1. 사건처리, 피해회복 전과정에서 정신·신체·경제적 피해, 집단 따돌림, 폭행 또는 폭언, 그 밖에 정신적·신체적 피해 등
2. 사건내용 유포 및 축소·은폐, 의사에 반한 불리한 처우 등으로 피해

"행위자"

성폭력, 성희롱, 스토킹의 행위를 한 사람 + 2차 피해 야기한 사람

"피해자"

성폭력, 성희롱, 스토킹, 2차피해의 행위로 피해입은 사람(피해 주장하는 사람포함

"적용범위"

1. 피해자(피해를 입었다고 주장하는 사람 포함)
2. 신고자·조력자·대리인(피해자 등)에게도 적용

조사 및 조치의무

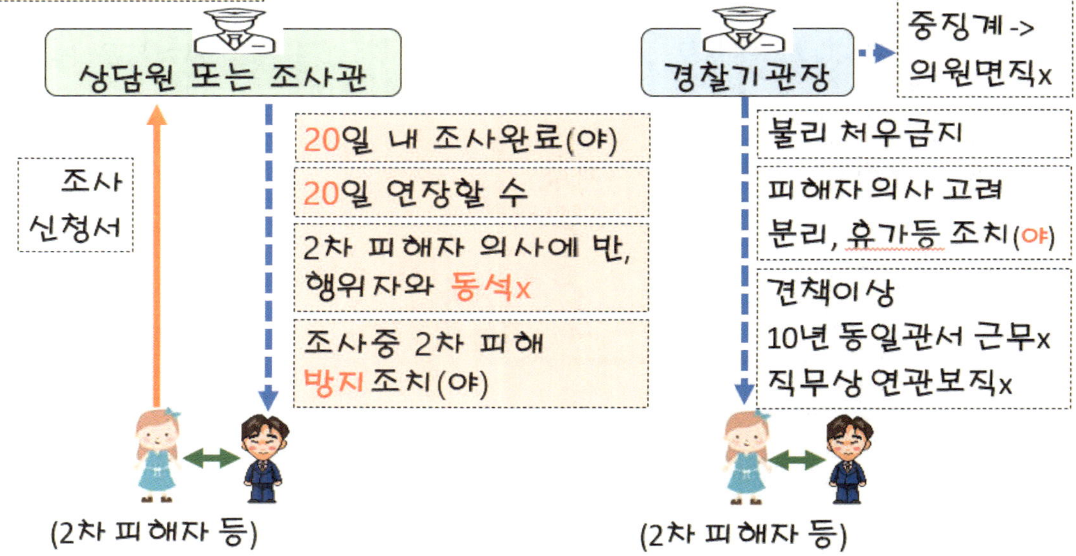

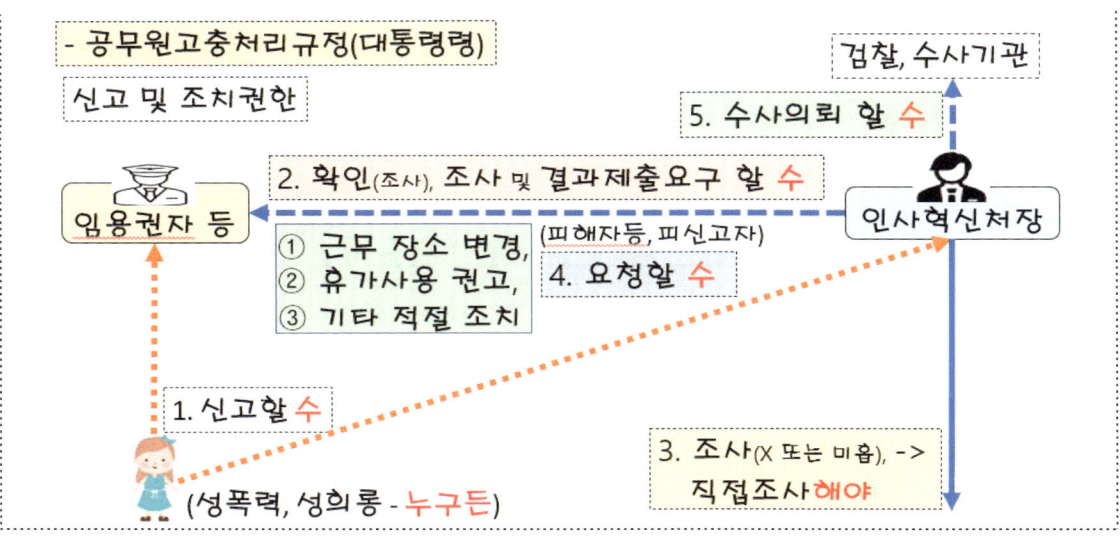

4 소청심사제도

일반

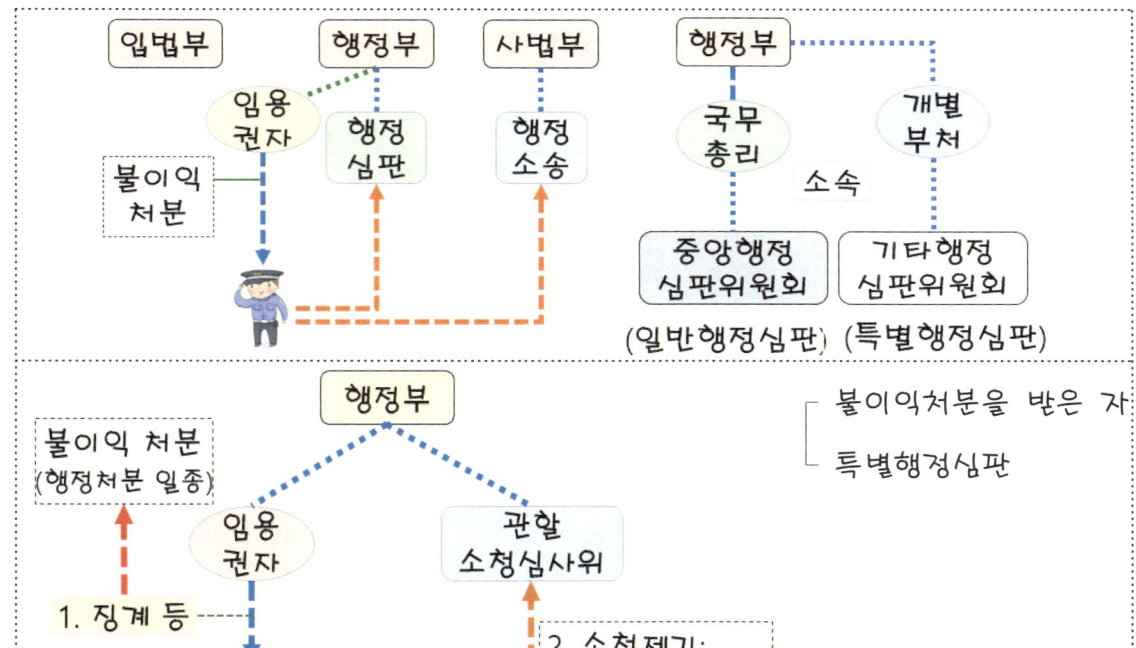

심사청구

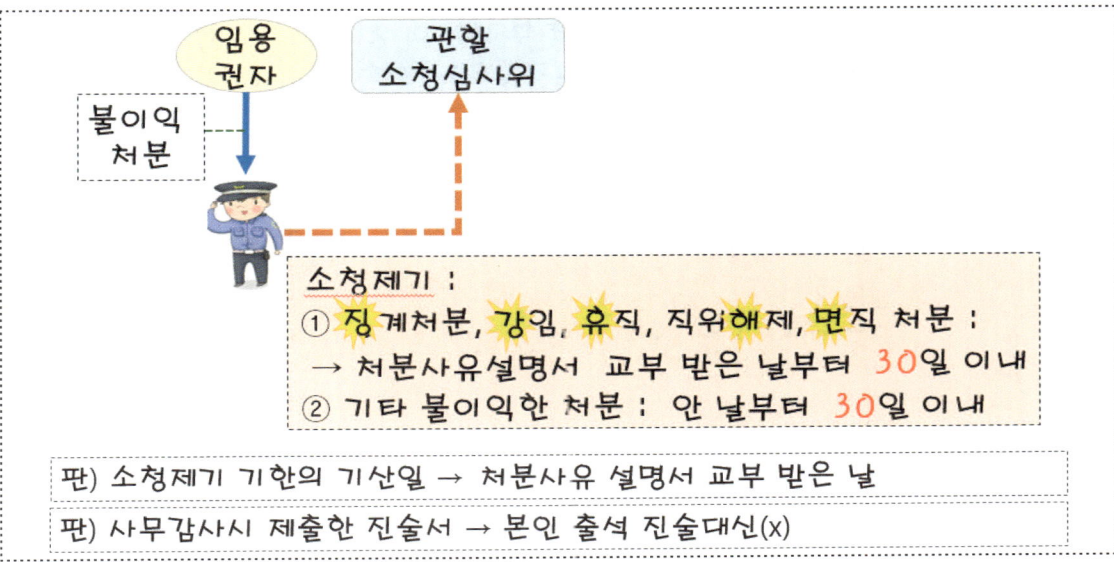

임용권자 → 관할 소청심사위

불이익 처분

소청제기 :
① 징계처분, 강임, 휴직, 직위해제, 면직 처분 :
→ 처분사유설명서 교부 받은 날부터 30일 이내
② 기타 불이익한 처분 : 안 날부터 30일 이내

판) 소청제기 기한의 기산일 → 처분사유 설명서 교부 받은 날

판) 사무감사시 제출한 진술서 → 본인 출석 진술대신(x)

소청심사위원회

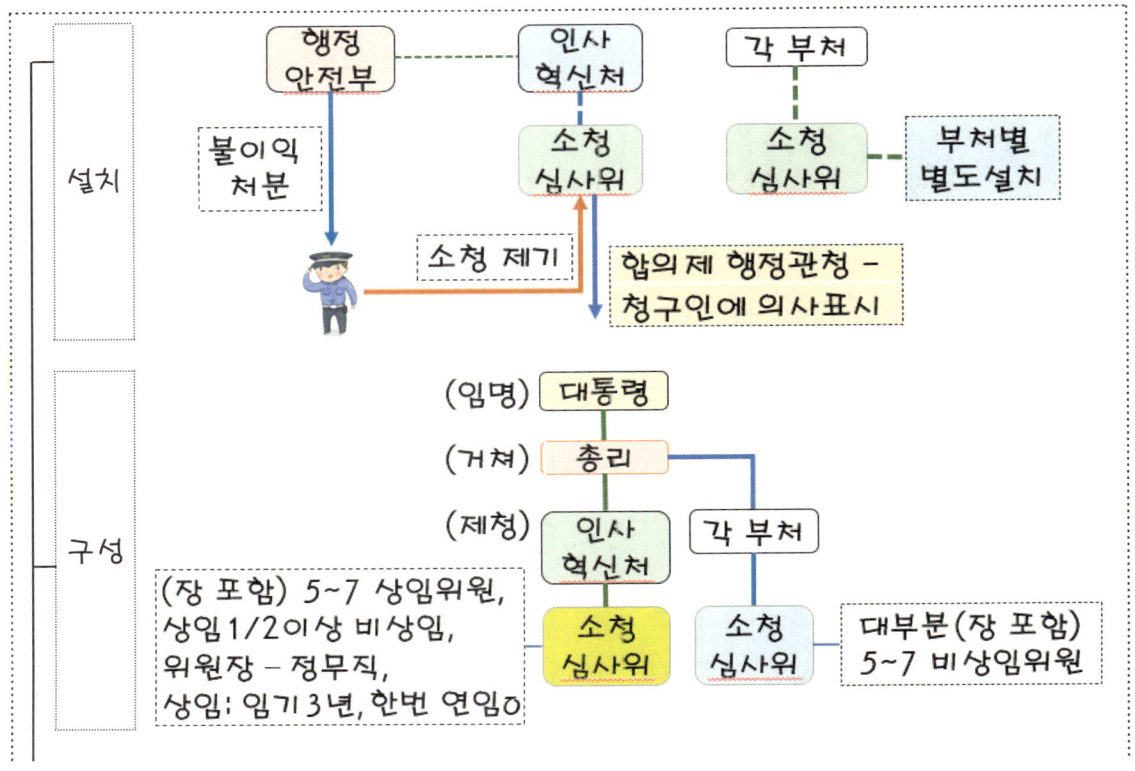

설치

행정안전부 --- 인사혁신처

각 부처

불이익처분

소청심사위

소청심사위 — 부처별 별도설치

소청 제기

합의제 행정관청 - 청구인에 의사표시

구성

(임명) 대통령
(거쳐) 총리
(제청) 인사혁신처 / 각 부처

소청심사위 / 소청심사위

(장 포함) 5~7 상임위원,
상임 1/2이상 비상임,
위원장 - 정무직,
상임: 임기 3년, 한번 연임o

대부분(장 포함)
5~7 비상임위원

자격

① 법관, 검사, 변호사 (5년 이상)
② 행정학, 정치학, 법률학 부교수 이상 (5년 이상)
③ 3급 이상 공무원, 고위공무원단 소속 (3년 이상)

상임 자격 ①②③

비상임 자격(①②)

벌칙 → 공무원 간주(겸직x),
신분보장 →
금고 이상 형벌, 신체정신상 장애 제외, 의사에 반 ⇒ 면직x

심사

지체없이 심사하여야
① 검증, 감정, 사실조사, 증인소환, 서류제출 → 명할 수
② 공무원 증인소환 → 따라야,
③ 감정 · 검증 → 의뢰할 수
④ 진술기회 주어야 → 소청인, 대리인에
※ 진술기회x → 무효

결정

① 재적 2/3 출석, 출석 과반수 찬성 → 의결
② 불리 의견 + 차례로 유리 의견 → (과반수)
→ 그중 가장 유리한 의견 = 합의된 의견
③ 결정서로
④ 불이익 변경 금지 원칙

판) 의원면직 취소(절차상 하자) → 징계처분(불이익변경 금지원칙x)

효과 및 불복

효과

① 종전 징계처분에 → 영향x
② 결정 → 처분행정청 기속o
③ 재의요구x

불복

행정 소송

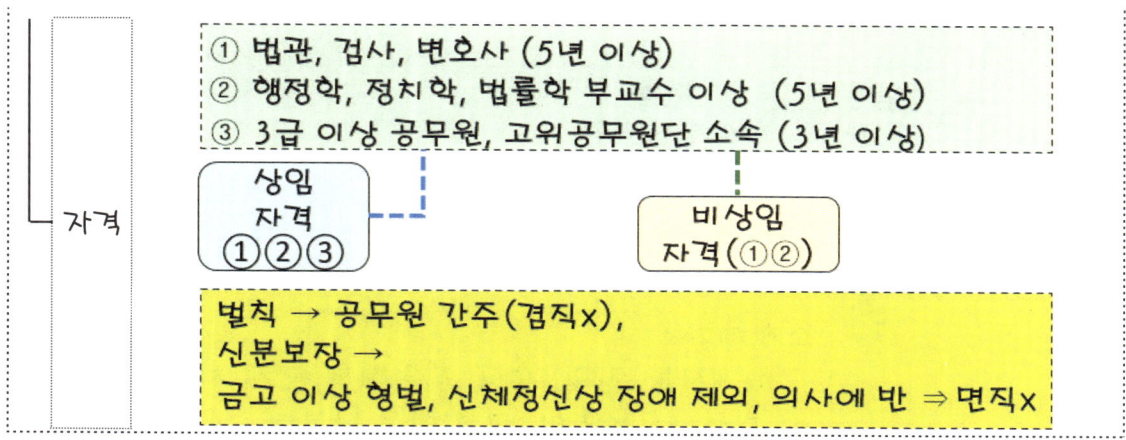

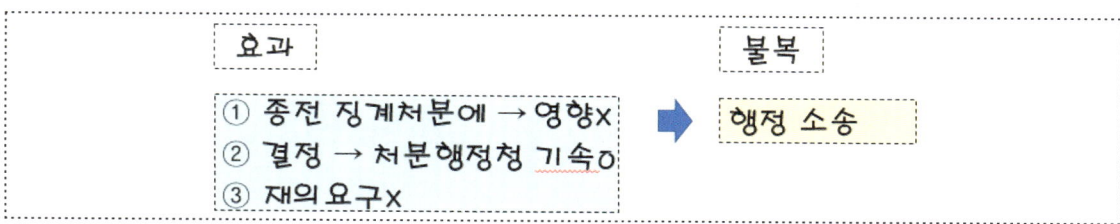

5 행정소송

소청 심사위

행정법원

결정 → 불복
60일 경과 → 결정X

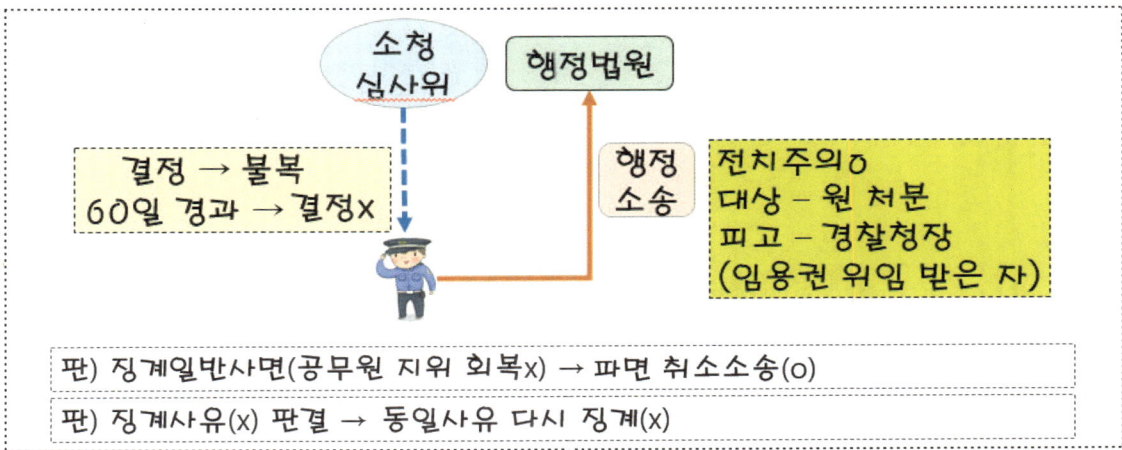

행정 소송

전치주의o
대상 – 원 처분
피고 – 경찰청장
(임용권 위임 받은 자)

판) 징계일반사면(공무원 지위 회복x) → 파면 취소소송(o)

판) 징계사유(x) 판결 → 동일사유 다시 징계(x)

제3장 경찰의 기본적 임무 및 수단

제1절 경찰의 기본적 임무

1 일반

조직법 : 국자법(제3조)
작용법 : 경직법(제2조) → 모두 규정

1. 국민 생명·신체, 재산 보호
2. 범죄 예방·진압, 수사
3. 범죄피해자 보호
4. 경비·주요인사 경호, 대간첩·대테러작전
5. 공공안녕에 대한 위험의 예방과 대응정보 수집·작성, 배포
6. 교통단속, 위해 방지
7. 외국정부, 국제기구와 국제협력
8. 그 밖의 공공의 안녕과 질서유지

임무 →

1. 수사 → 경찰임무에 포함
2. 궁극적 임무 → '그 밖의 공공의 안녕과 질서유지'
   ※ 국민의 생명, 신체, 재산보호 → 포함

※ 요약 → ① 공공의 안녕과 질서유지
② 범죄수사
③ 서비스

판) 국민 생명·신체·재산보호 → 절박,중대위험우려(o) - 법령근거x, 작위의무o

절박, 중대위험발생, 발생우려(x) → 법령근거x - 작위의무x

판) 직무 구체적 내용·방법 → 경찰관의 합리적 재량에 위임

2 공공의 안녕과 질서유지(위험의 방지)

1 공공의 안녕

개념구성

※ 성문법규범 총체, 개인과 국가의 이중적 개념

① 법질서의 불가침성
② 국가의 존립과 기능
③ 개인의 권리와 법익

법질서의 불가침성

1. 공공 안녕의 제1요소
2. 공법 위반 → 경찰권 발동

공법질서

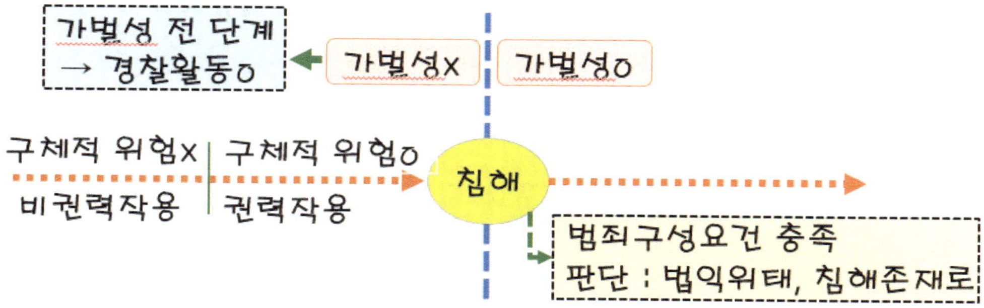

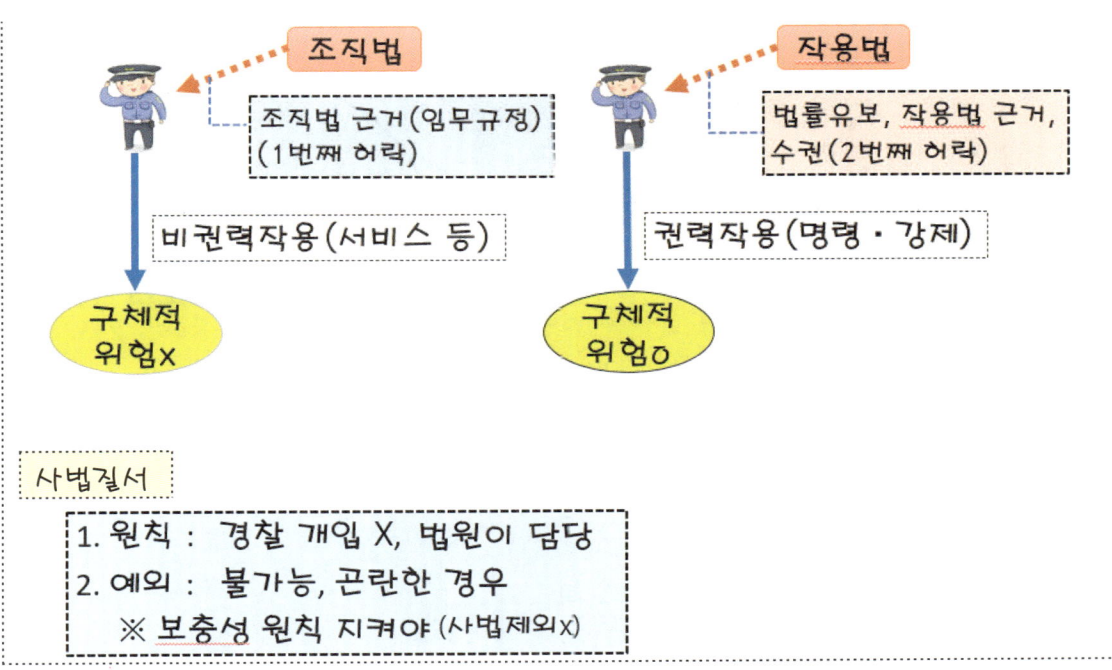

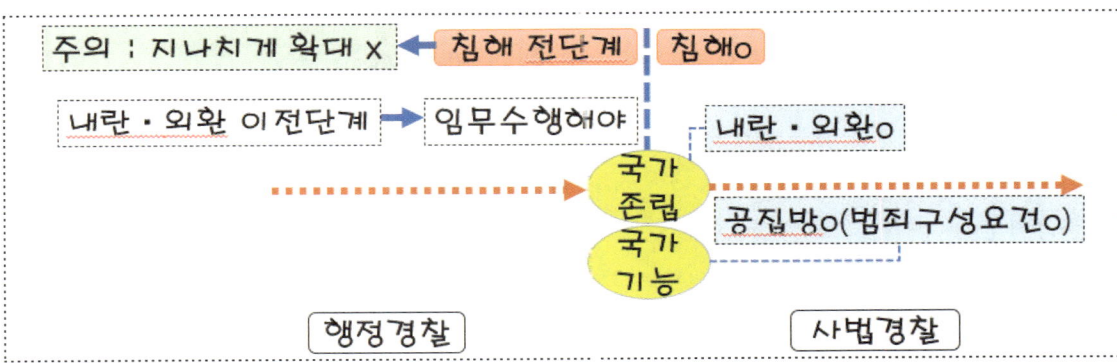

국가의 존립, 기능의 불가침성

개인의 권리와 법익의 불가침성

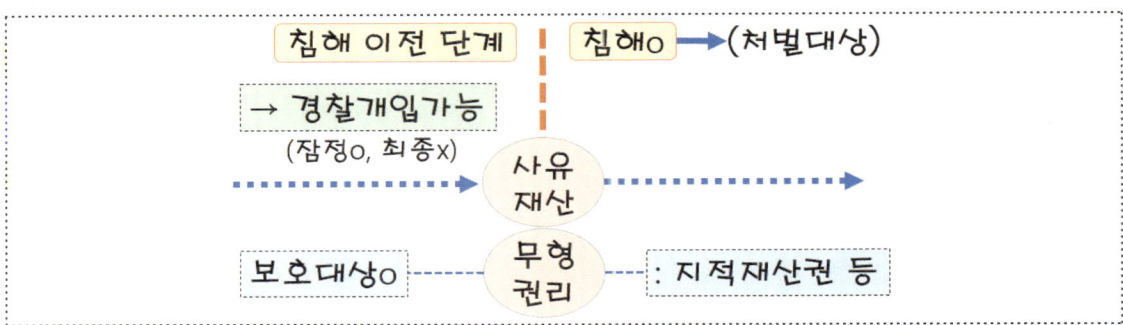

2 질서

1. 불문 규범의 총체
2. 시대에 따라 → 점차 축소
3. 제한적 사용과 엄격한 합헌성 요구

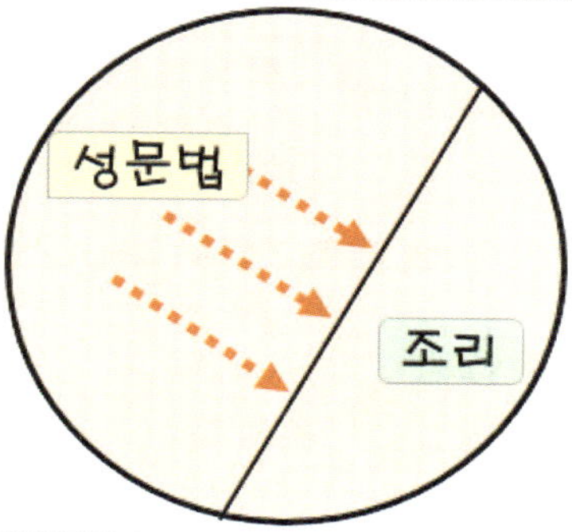

3 위험방지(유지)

개념

위험	손해 가능성, 충분히 존재
손해	정상적인 상태 → 객관적 감소(현저한 침해가 있어야 인정)
위해, 장해, 경찰 위반	위험 이미 발생(위험 현실화)

판단기준

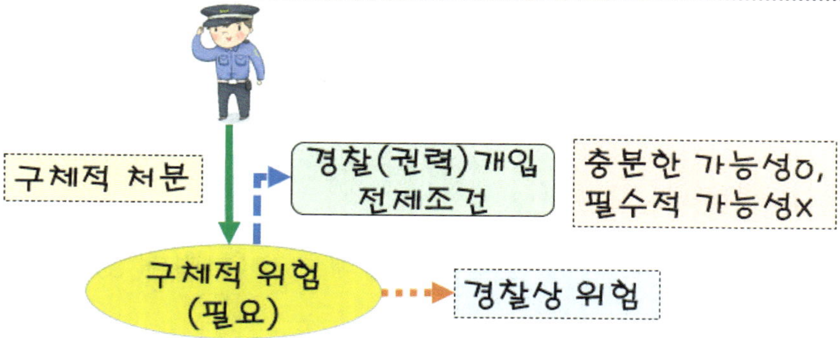

유형

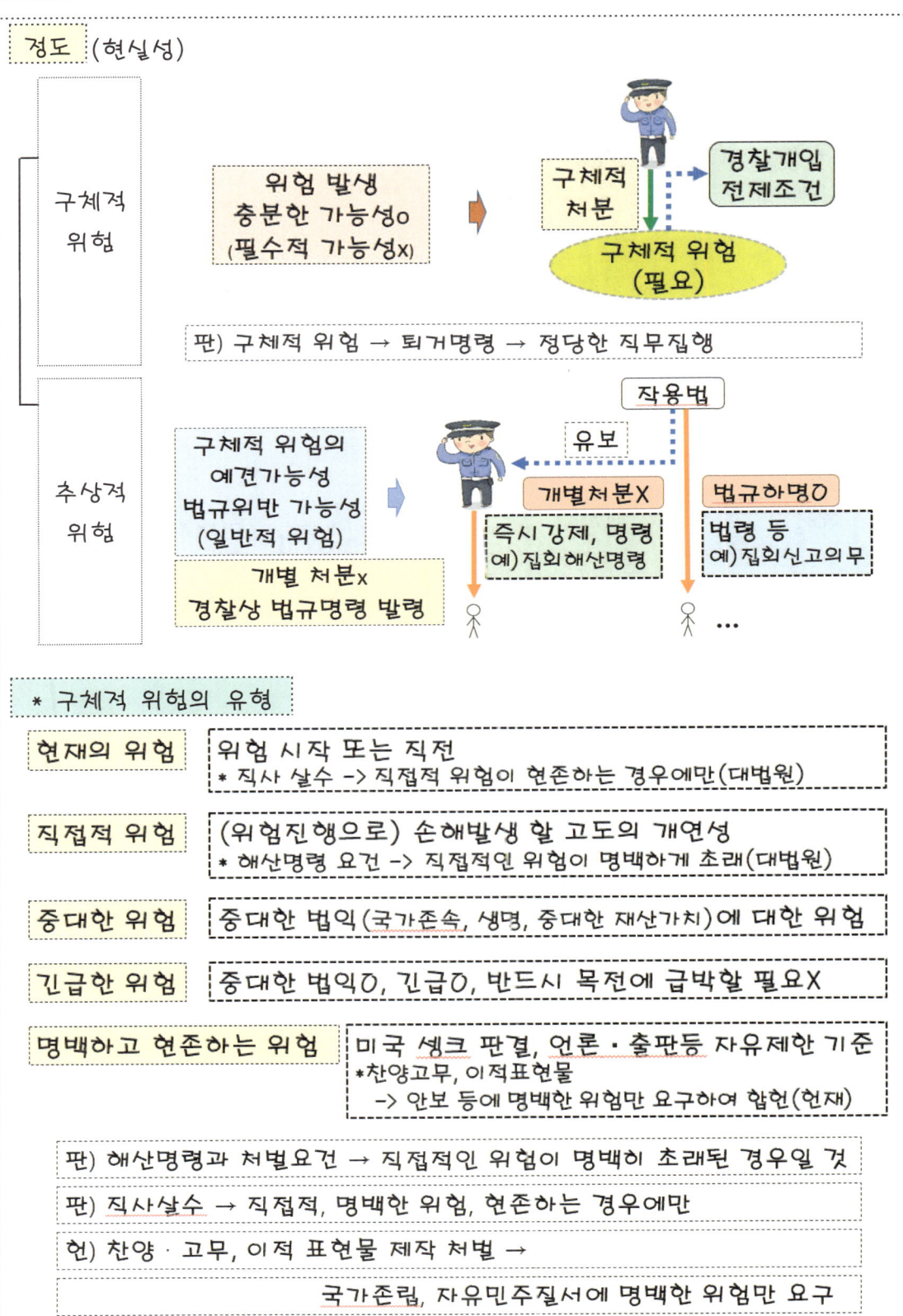

정도 (현실성)

구체적 위험

위험 발생
충분한 가능성O
(필수적 가능성x)

구체적 처분

경찰개입 전제조건

구체적 위험 (필요)

판) 구체적 위험 → 퇴거명령 → 정당한 직무집행

추상적 위험

구체적 위험의
예견가능성
법규위반 가능성
(일반적 위험)

개별 처분x
경찰상 법규명령 발령

작용법

유보

개별처분X
즉시강제, 명령
예) 집회해산명령

법규하명O
법령 등
예) 집회신고의무

...

* 구체적 위험의 유형

현재의 위험	위험 시작 또는 직전 * 직사 살수 -> 직접적 위험이 현존하는 경우에만(대법원)
직접적 위험	(위험진행으로) 손해발생 할 고도의 개연성 * 해산명령 요건 -> 직접적인 위험이 명백하게 초래(대법원)
중대한 위험	중대한 법익(국가존속, 생명, 중대한 재산가치)에 대한 위험
긴급한 위험	중대한 법익O, 긴급O, 반드시 목전에 급박할 필요X
명백하고 현존하는 위험	미국 셍크 판결, 언론·출판등 자유제한 기준 *찬양고무, 이적표현물 -> 안보 등에 명백한 위험만 요구하여 합헌(헌재)

판) 해산명령과 처벌요건 → 직접적인 위험이 명백히 초래된 경우일 것

판) 직사살수 → 직접적, 명백한 위험, 현존하는 경우에만

헌) 찬양 · 고무, 이적 표현물 제작 처벌 →
국가존립, 자유민주질서에 명백한 위험만 요구

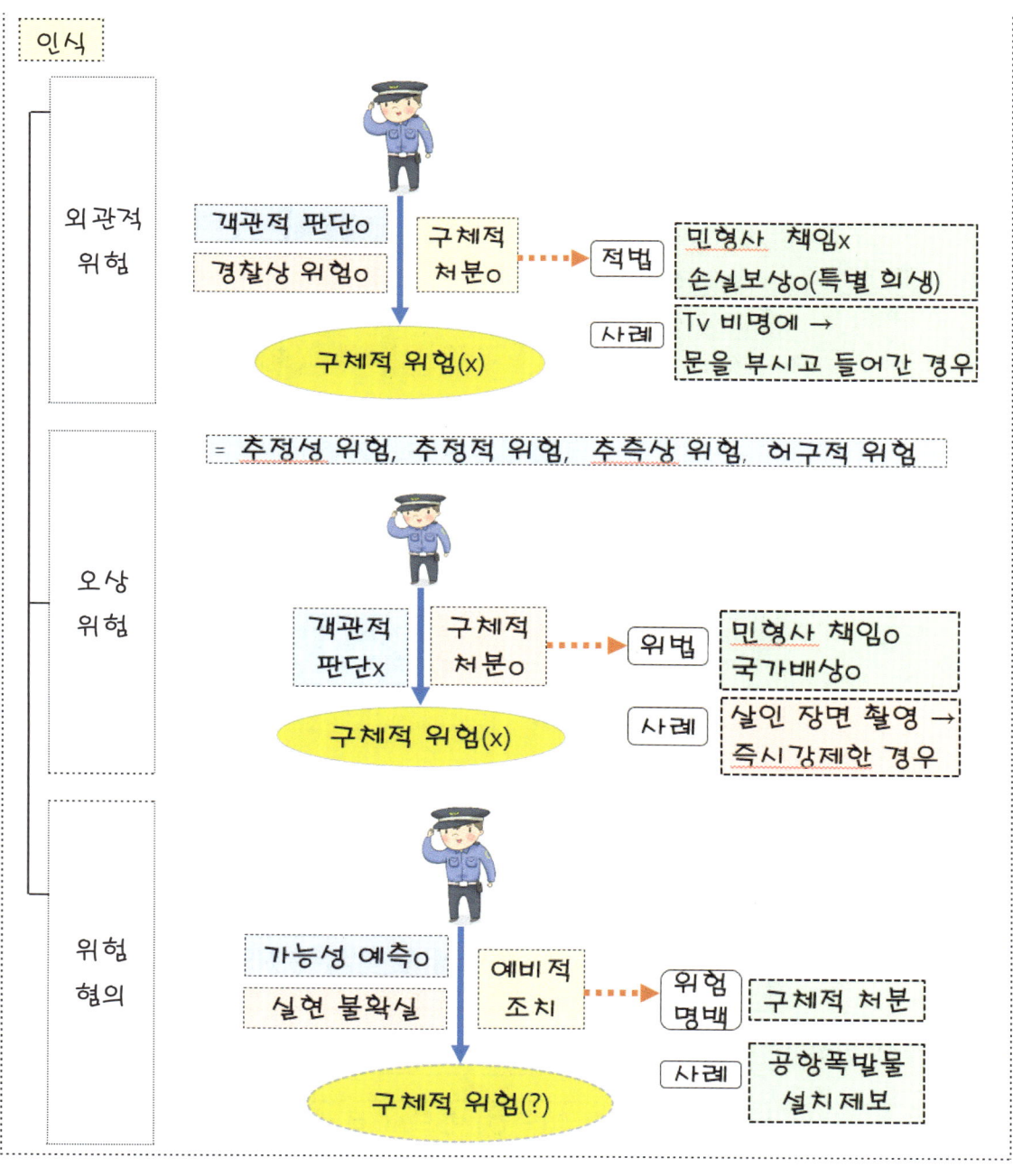

특색

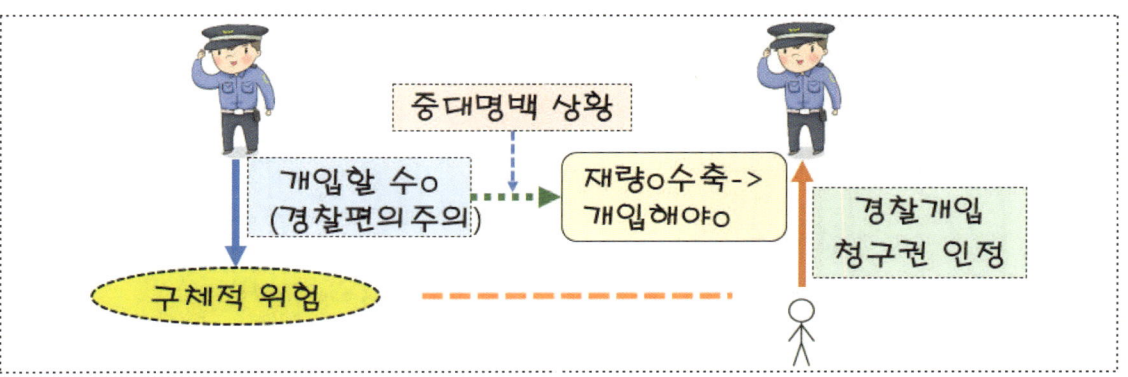

중대명백 상황

개입할 수 ○
(경찰편의주의)

재량 0수축 ->
개입해야 0

경찰개입
청구권 인정

구체적 위험

---

* 법죄 피해자 보호

– 인신매매등 방지 및 피해자 보호등에 관한 법률

신고 및 불이익 조치

수사기관,
피해자
권익보호기관

누구든!

일정 불이익 조치 금지

신고할 수!

누구든!

(신고자)

승진제한, 교육기회제한,
집단 따돌림 등…… ->
3년 이하 징역,
3천만원 이하 벌금

출동

(해야)

동행

권익보호기관직원

권익보호기관장

(해야)

동행

사법경찰관리

수사기관장

(동행요청 할 수)

(서로)

(동행요청 할 수)

수사기관장

사법경찰관리

(출동해야)

권익보호기관장

권익보호기관직원

(출동해야)

(신고)

(신고)

Part

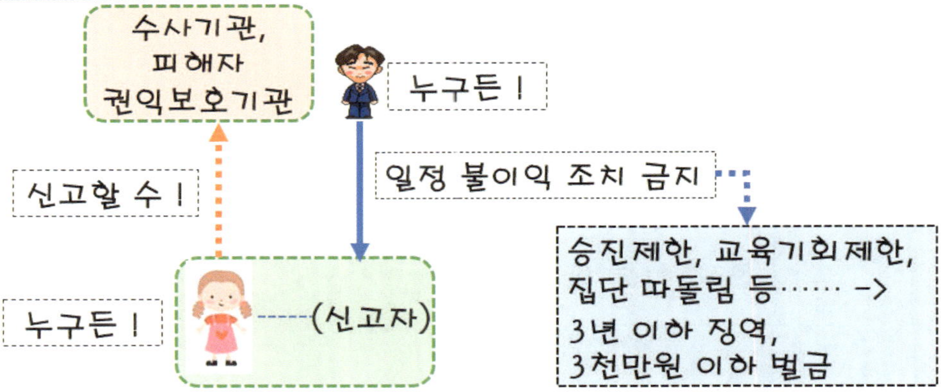

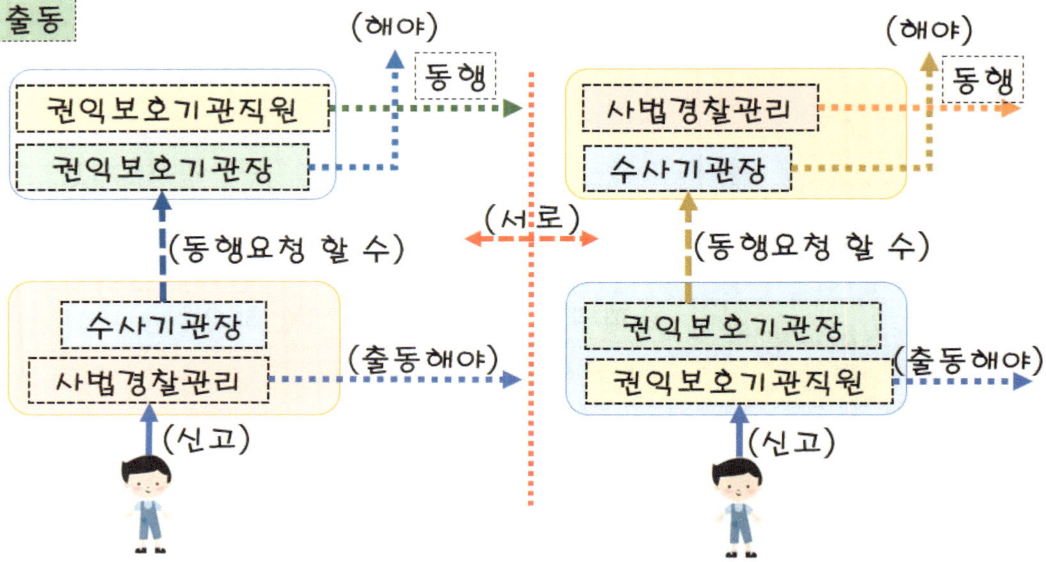

출동, 출입 · 조사 · 질문, 조치

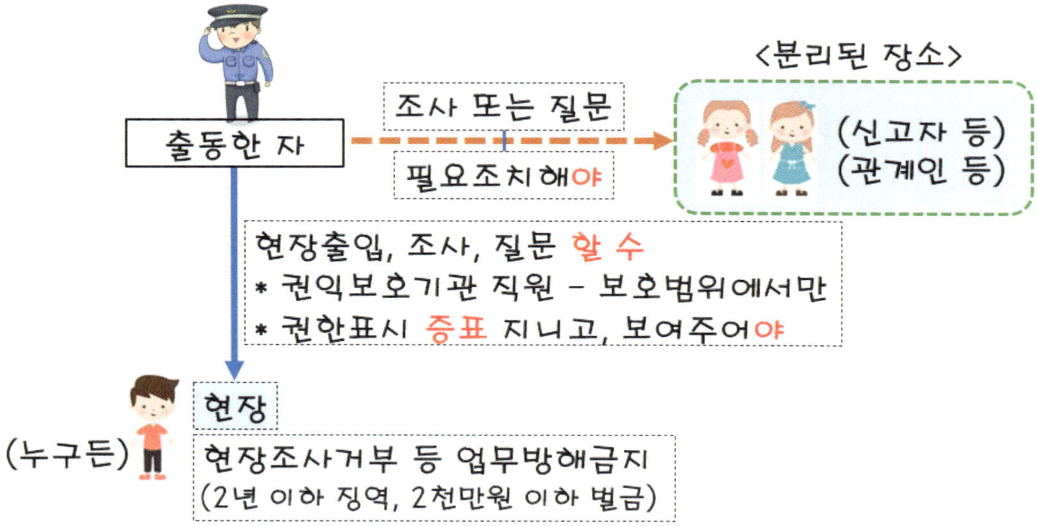

인도

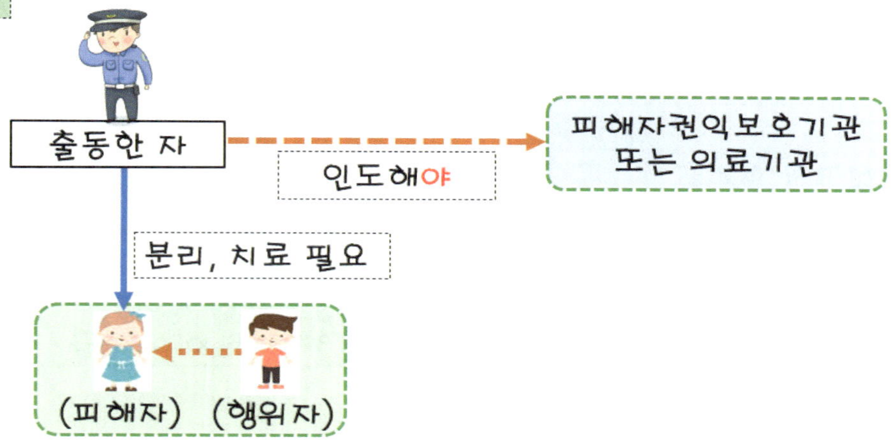

피해통지

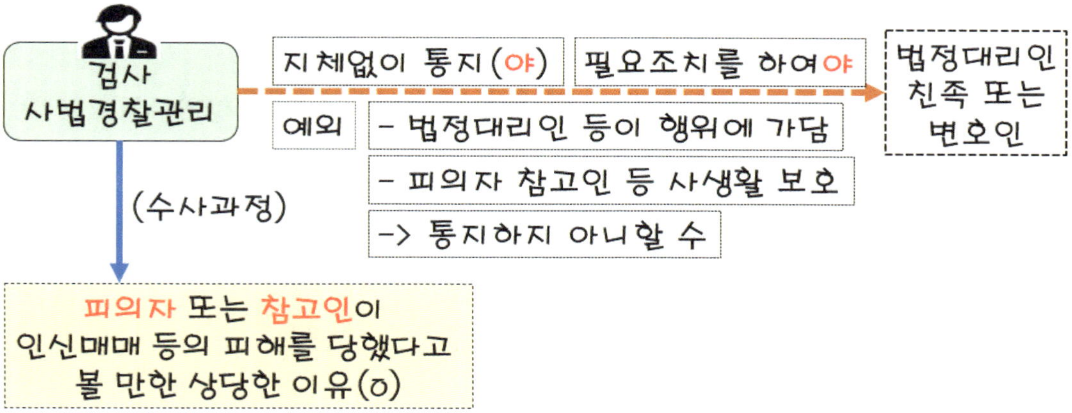

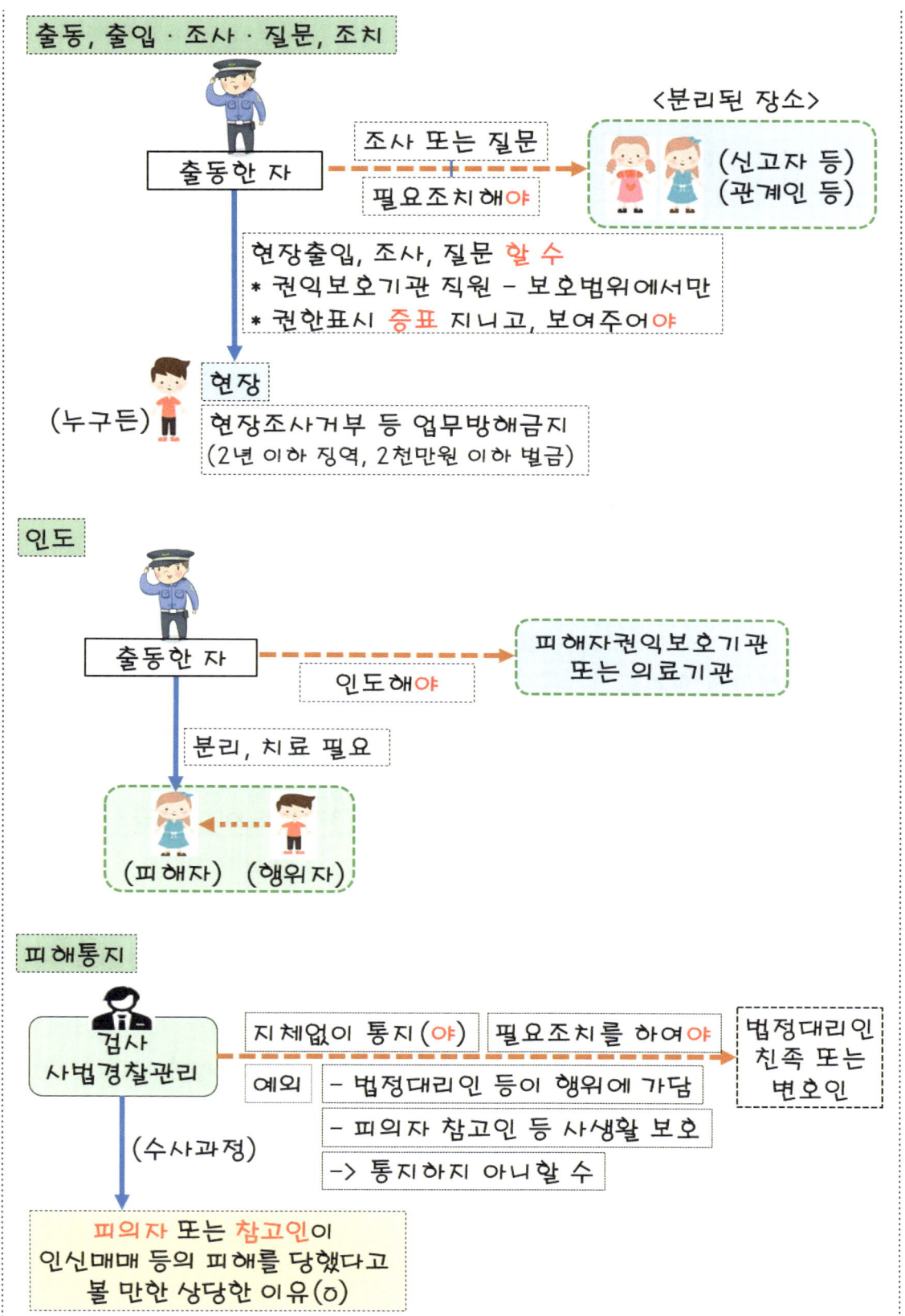

Part 03

무효채권

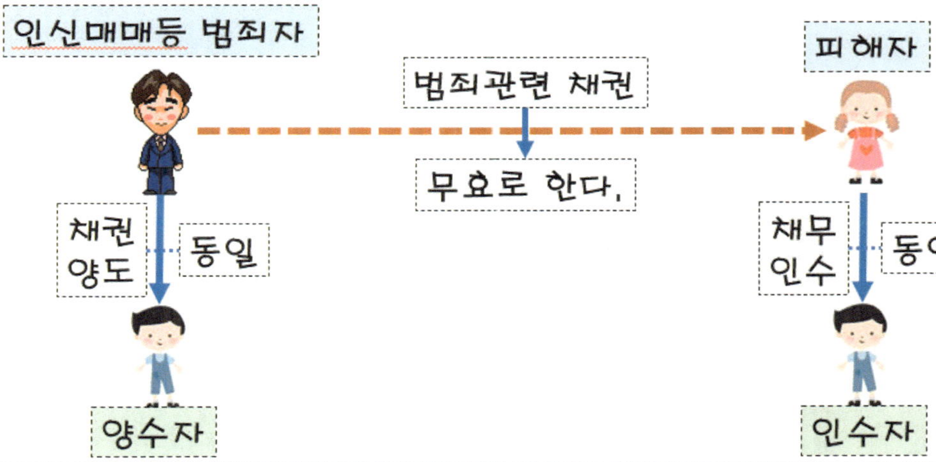

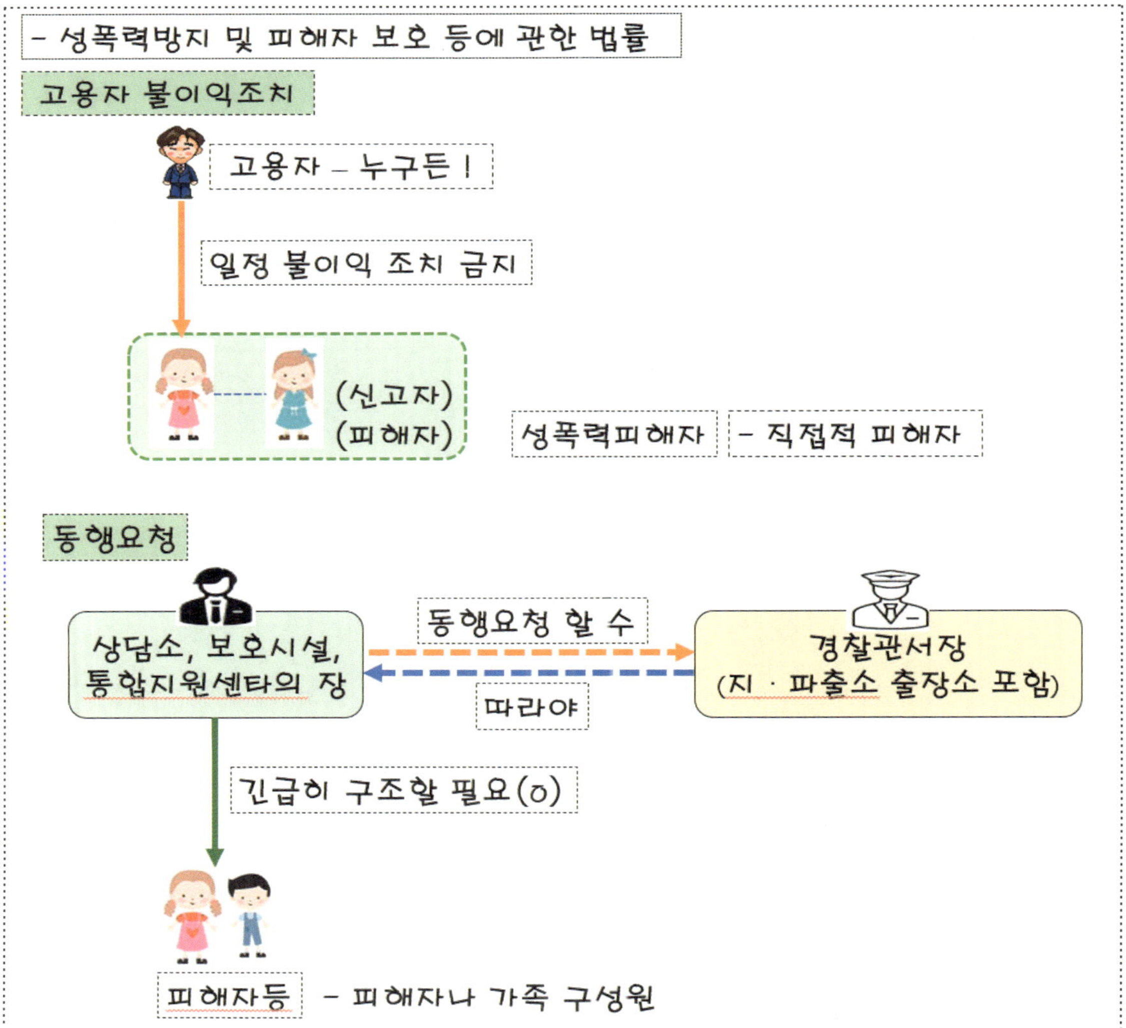

- 성폭력방지 및 피해자 보호 등에 관한 법률

고용자 불이익조치

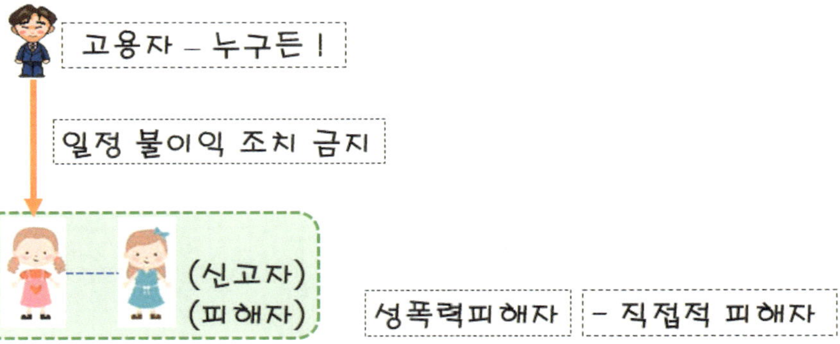

동행요청

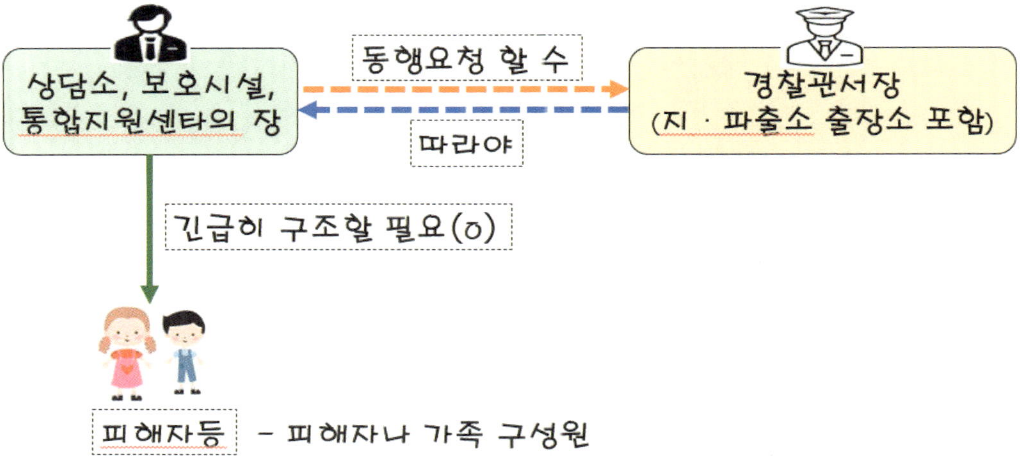

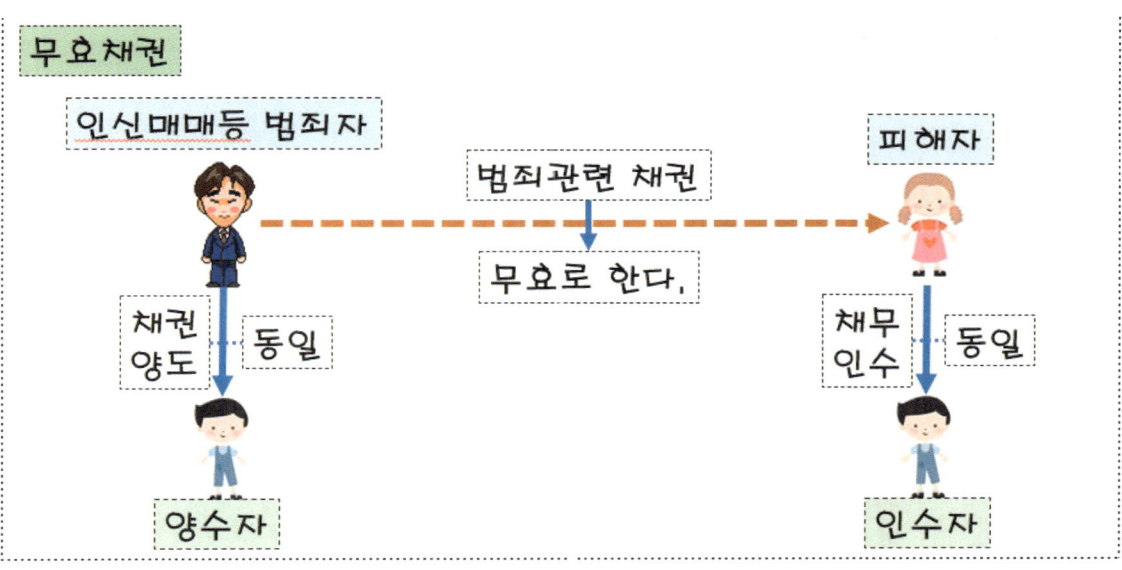

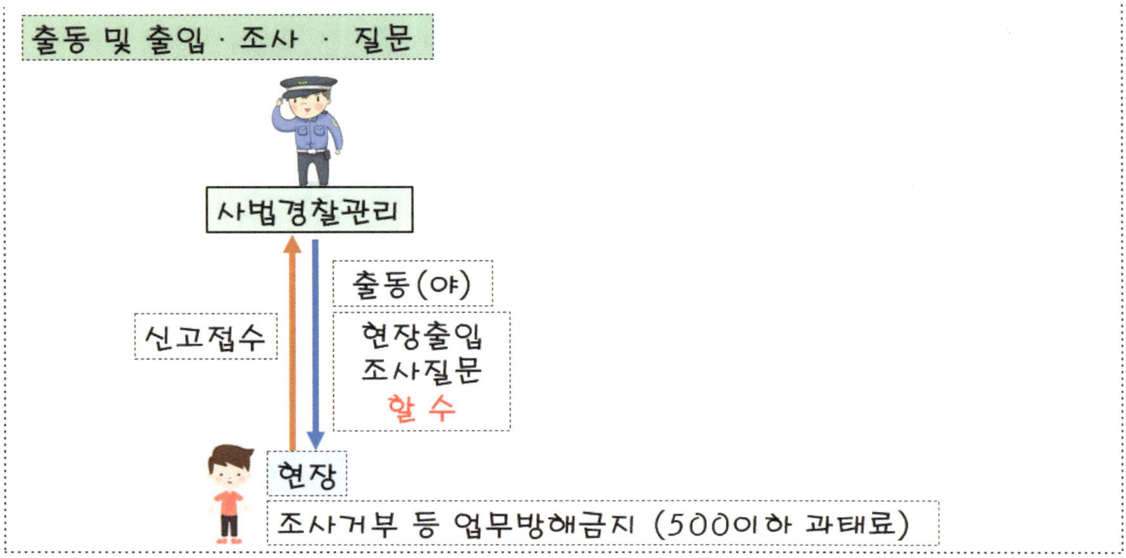
출동 및 출입 · 조사 · 질문
사법경찰관리
출동(야)
신고접수
현장출입
조사질문
할 수
현장
조사거부 등 업무방해금지 (500이하 과태료)

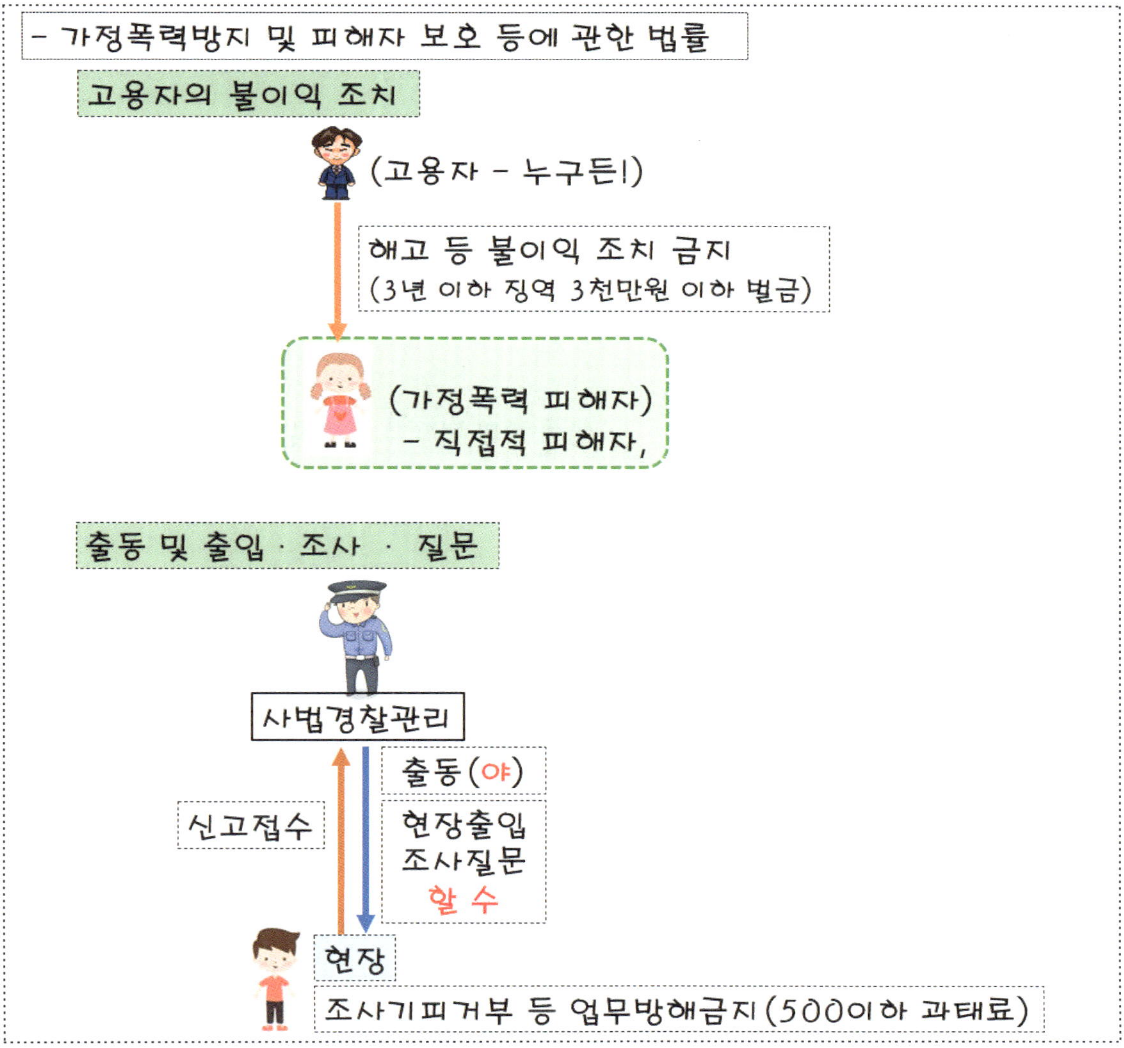
- 가정폭력방지 및 피해자 보호 등에 관한 법률
고용자의 불이익 조치
(고용자 - 누구든!)
해고 등 불이익 조치 금지
(3년 이하 징역 3천만원 이하 벌금)
(가정폭력 피해자)
- 직접적 피해자,
출동 및 출입 · 조사 · 질문
사법경찰관리
출동(야)
신고접수
현장출입
조사질문
할 수
현장
조사기피거부 등 업무방해금지(500이하 과태료)

- 스토킹방지 및 피해자 보호 등에 관한 법률
고용자의 불이익 조치
(고용자 - 누구든!)
부당한 감사 또는 조사나 그 결과의 공개' 등
불이익 조치 금지 (3년 이하 징역 3천만원 이하 벌금)
(신고자)
(피해자)
성폭력피해자
- 직접적 피해자,
고용자의 조치
고용자
요청 있으면
업무, 연락처, 근무장소 변경
배치전환 등 적절조치 할 수
(피해자)
출동, 출입 · 조사 · 질문, 필요조치
(분리된 장소)
사법경찰관리
조사등
필요조치해야
(피해자)
(신고자)
(목격자 등)
신고접수
출동(야)
현장출입, 조사, 질문 할 수
(권한표시 증표 지니고, 내보여야)
현장
(누구든)
현장조사거부 등 업무방해금지(1천만원 이하 과태료)

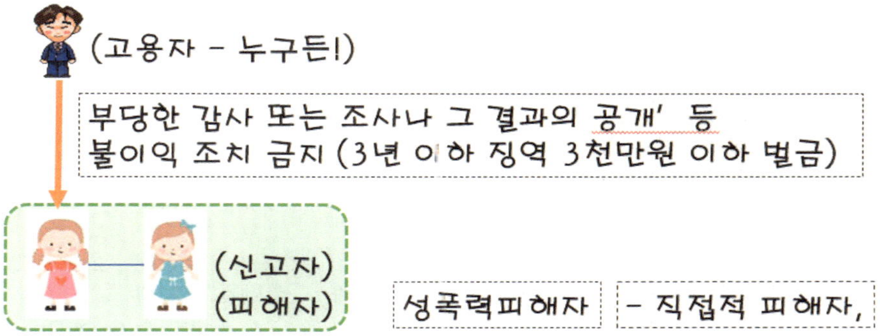

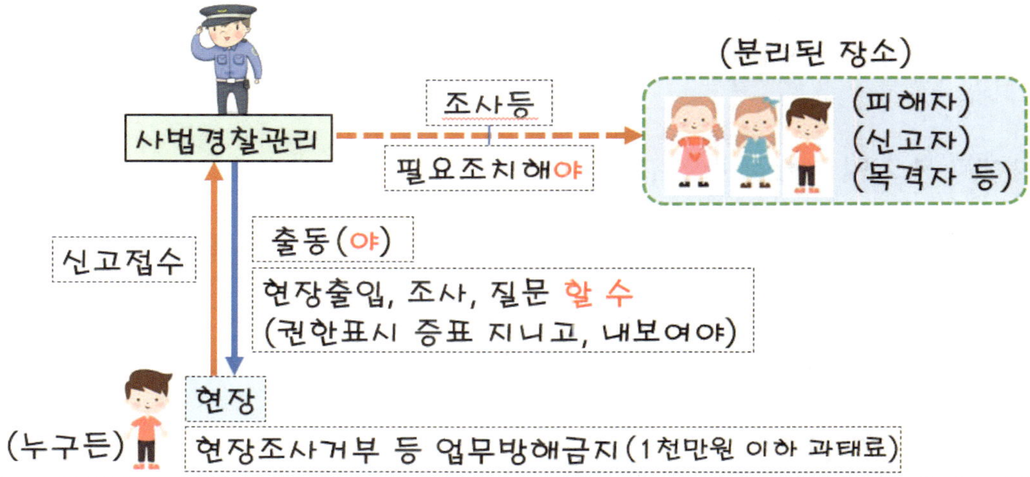

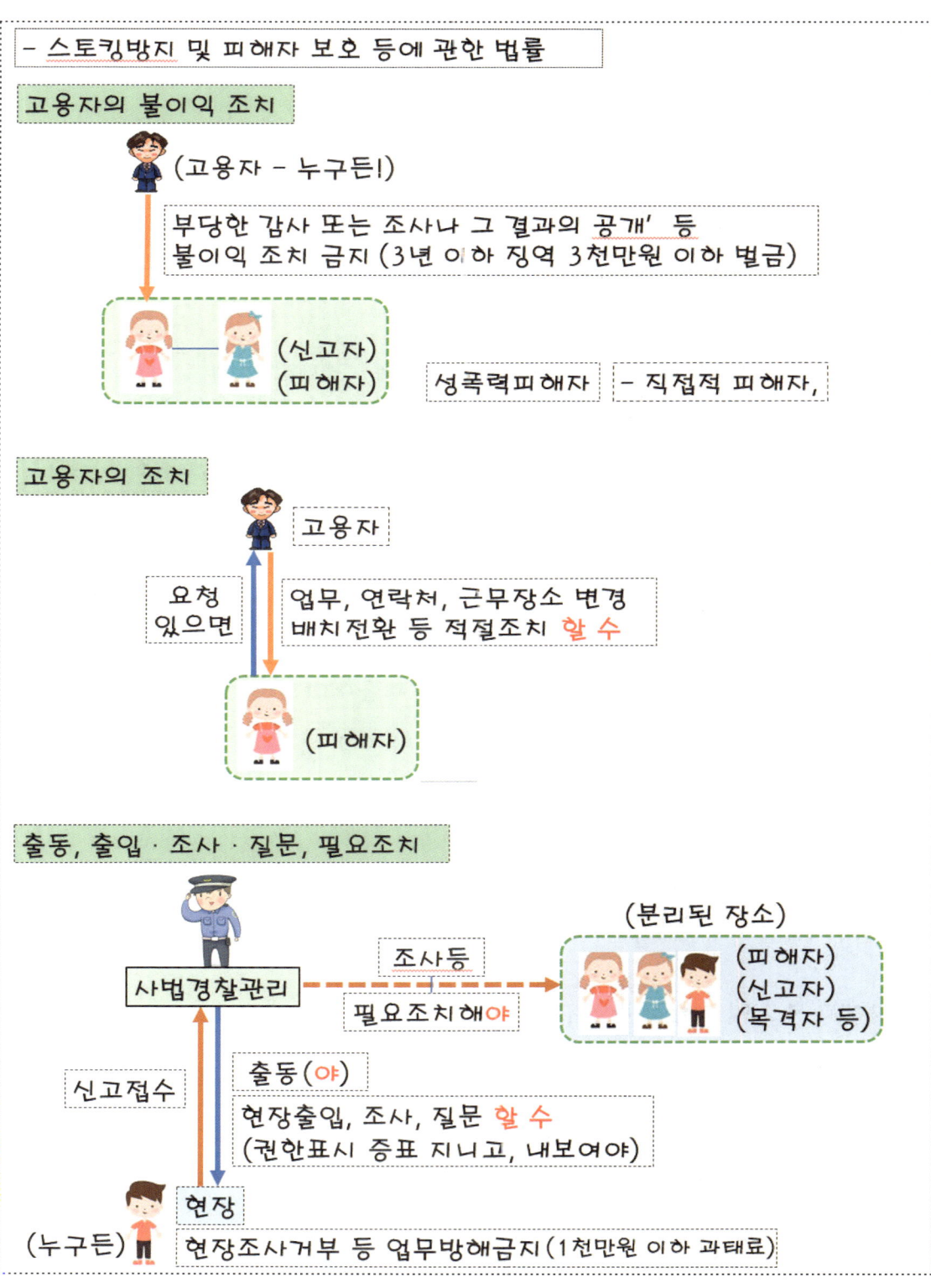

- 여성폭력방지 기본법

"여성폭력" -

여성에 신체, 정신적 침해 (가정폭력, 성폭력, 성매매, 성희롱, 지속적 괴롭힘, 그 밖에 친밀관계에 의한 폭력, 정보통신망을 이용한 폭력 등)

"여성폭력피해자" -

피해자, 그 배우자(사실혼 포함), 직계친족 및 형제자매

"2차 피해" -

1. 사건처리 및 회복 전 과정의 정신 · 신체 · 경제적 피해
2. 집단 따돌림, 폭행 또는 폭언, 그 밖에 정신 · 신체적 손상행위
   (정보통신망 이용행위의 피해를 포함)
3. 사용자 불이익 조치(징계, 인사, 상여금차별, 정보사용자격 정지취소 등등등)

교육결과 제출

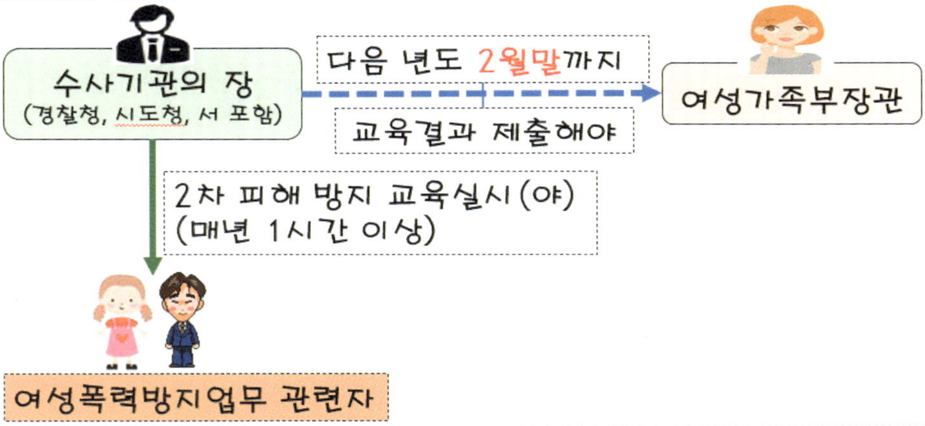

- 피해자 보호 및 지원에 관한 규칙

2차피해방지

* 피해자 - 범죄피해자 보호법 규정 준용
  - 직접피해자, 배우자(사실혼o), 직계친족, 형재자매 포함

* 피해자대책관(서, 시도청)
  – 여성안전과장, 여성청소년과장, 생활안전교통과장

피해접수, 조사시 유의사항

경찰관 → 성폭, 아동학대, 가폭 피해자
배려필요 - 인계조치한다. → 담당부서
피해자보고관

피해
접수시 : 피해사실 접수와 무관
(접수한 경우에 한해x) | 원○ - 지원제도 등
정보제공·인계 노력한다.

피해자
조사시 : 신뢰관계인 참여
고지해야 | 대질 어려운 경우 - 분리조사등
2차피해방지조치 해야

피해자 안전조치

경찰관서장 | 피해자
보호팀 ← 중범죄 생신재피해심각
인계, 연속지원(야) ← 사건담당자

직권
또는
신청 | 생명, 신체
해, 우려
조치해야 | 안전조치 유형 -
특정시설보호, 동행 및 신변경호
임시숙소 제공, 순찰강화, cctv설치
비상연락망 구축, 기타 필요조치

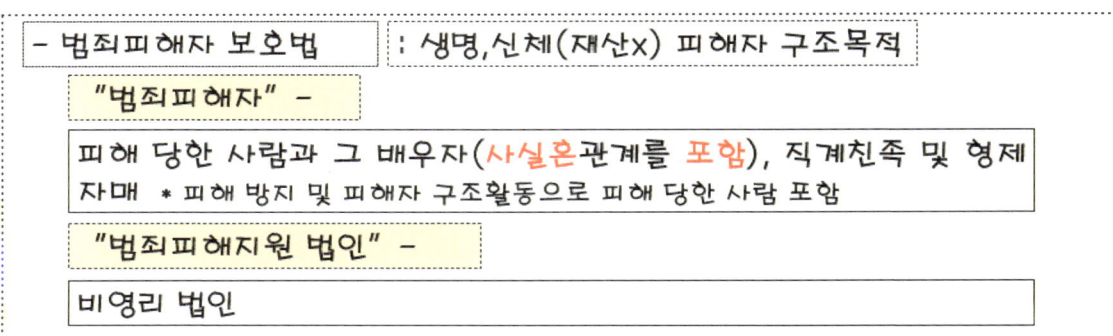

- 범죄피해자 보호법 | : 생명, 신체(재산x) 피해자 구조목적

"범죄피해자" -

피해 당한 사람과 그 배우자(사실혼관계를 포함), 직계친족 및 형제
자매 * 피해 방지 및 피해자 구조활동으로 피해 당한 사람 포함

"범죄피해지원 법인" -

비영리 법인

"구조대상 범죄 피해" –

한국 영역 안, 영역 밖(선박, 항공기안) – 생명, 신체를 해치는 죄
– 형사미성년, 심신상실, 강요된 행위, 긴급피난(O)
– 정당행위, 정당방위, 과실행위(X) -> 사망, 장해, 중상해
* 장해 – 치료 후 남은 대통령령으로 정하는 신체장해
* 중상해 – 신체, 생리적 기능손상(대통령령으로 정)

– 형사절차참여보장등

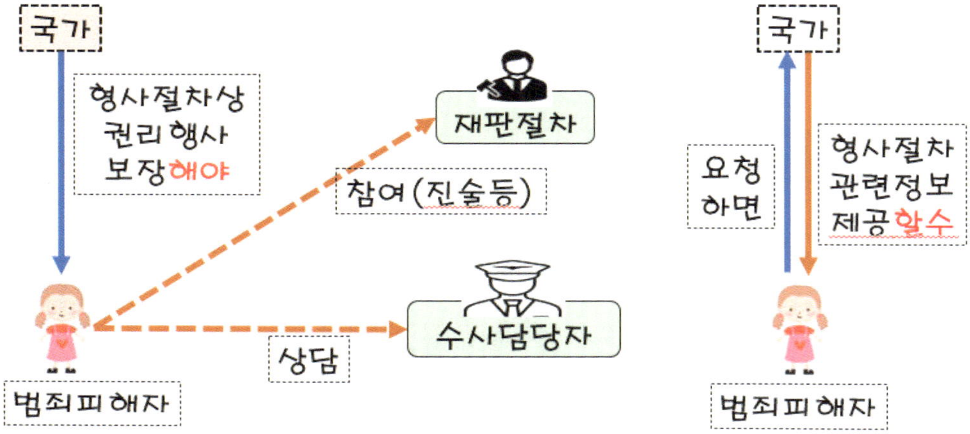

: 사생활의 평온, 신변보호

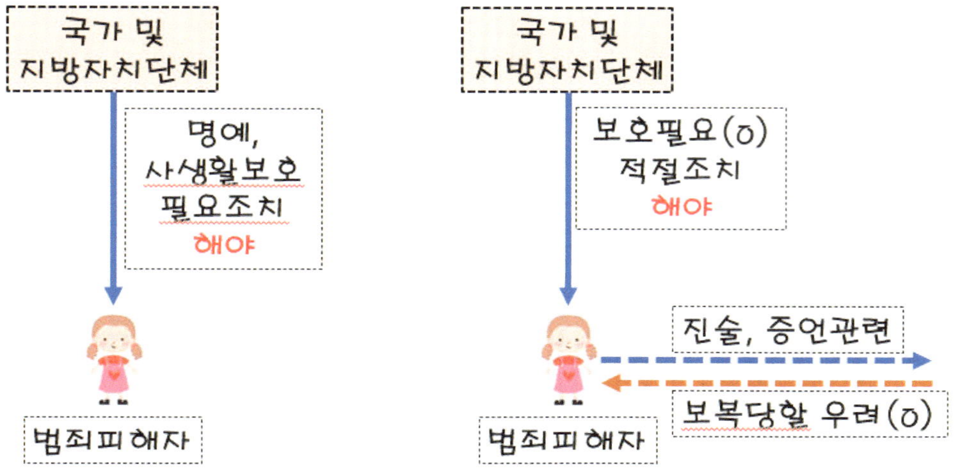

Part 03

구조금 지급 요건, 종류

국가

구조금을 지급한다.

- 유족구조금 – (선순위)유족에 지급
- 장해 및 중상해구조금 – 구조피해자에 지급

1. 피해의 전부 또는 일부 배상(x)
2. 수사단서(고소고발등) 제공/ 진술증언, 자료제출로 피해

구조대상 범죄피해자

구조금 지급제외사유

국가

구조금 지급(x)

1. 부부
2. 직계혈족
3. 4촌 이내 친족
4. 동거친족

→ 이외 친족관계 → 일부지급(x)

구조대상 범죄피해자 ↔ 가해자

1. 교사 방조
2. 과도 폭행,협박 / 중대 모욕등 유발
3. 범죄관련 현저 부정행위
4. 범죄용인 5. 집단,상습 범죄조직가입
6. 가해자등에 보복, 생명신체 중대침해

1. 폭행, 협박, 모욕등 유발
2. 발생,증대에 가공(부주의 부적절 행위)

→ 일부 지급(x)

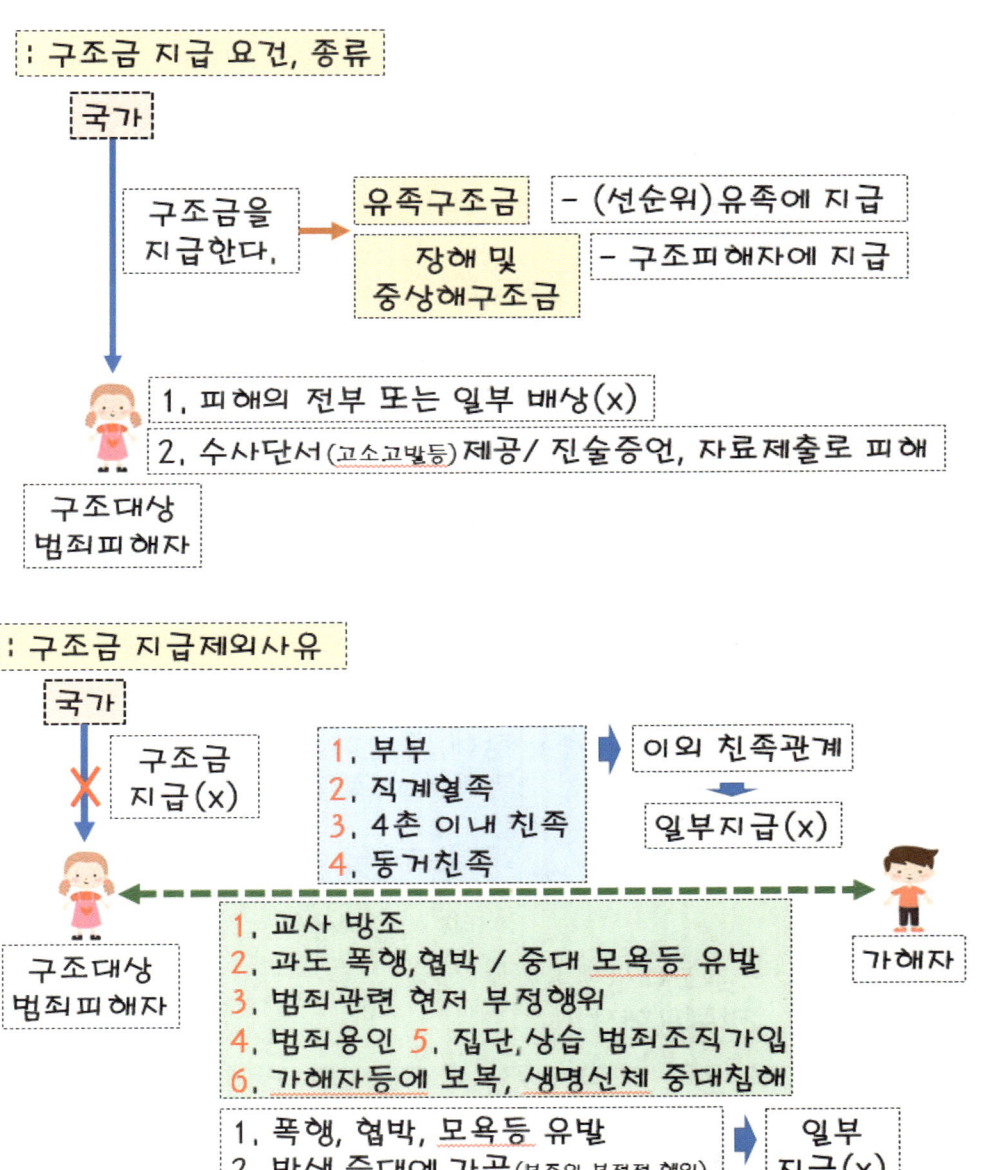

구조금의 지급신청
지구심의회
- 주소지, 거소지, 범죄지 관할
구조금
지급신청
안날부터 3년
발생일부터 10년
=(손실보상)
구조결정
구조대상
범죄피해자
송달
2년
행사X
시효소멸
* 구조금 받을 권리 - 양도, 담보제공, 압류(x)
긴급구조금 지급
지구심의회
장해, 중상해 불명확
기타 신속결정 어려운 사정
지급신청
긴급구조금 지급
결정 할 수
(대통령령 금액범위,
직권 또는 신청)
구조대상
범죄피해자
판) 유족구조금 → 손실보상 목적, 불법행위 배상과 같은 종류의 금원
긴급구조 - 동행요청
피해자 지원법인(장)
보호시설의 장
소속직원
동행요청 할 수
경찰관서장
(지구대 · 파출소 출장소 포함)
특별사유(x)
-> 따라야
긴급히 구조할 필요(o)
피해자
가족구성원

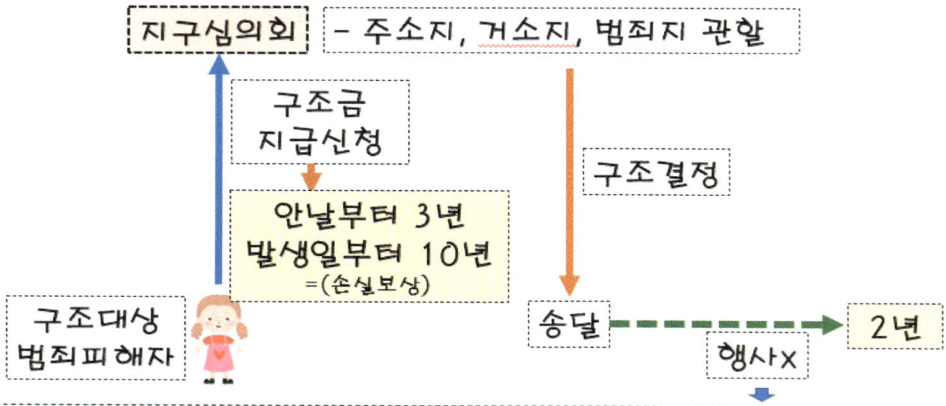

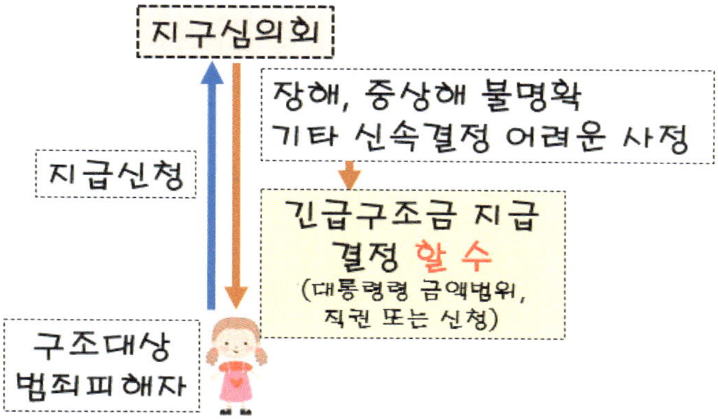

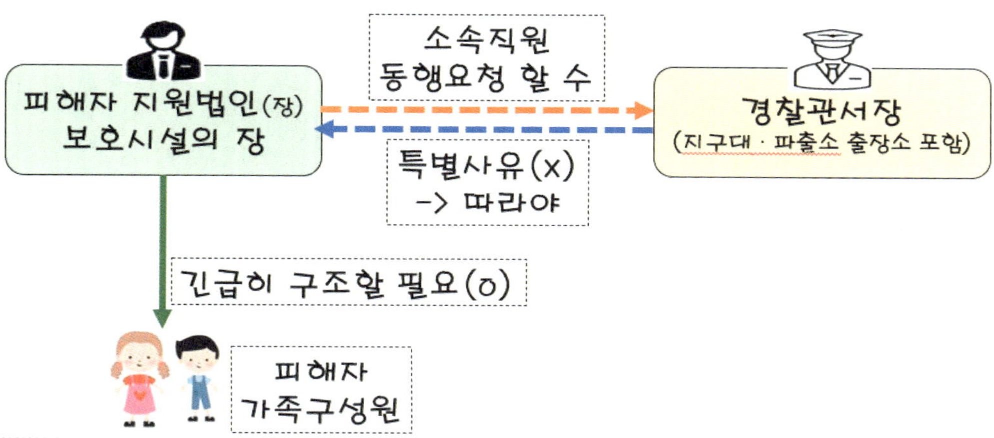

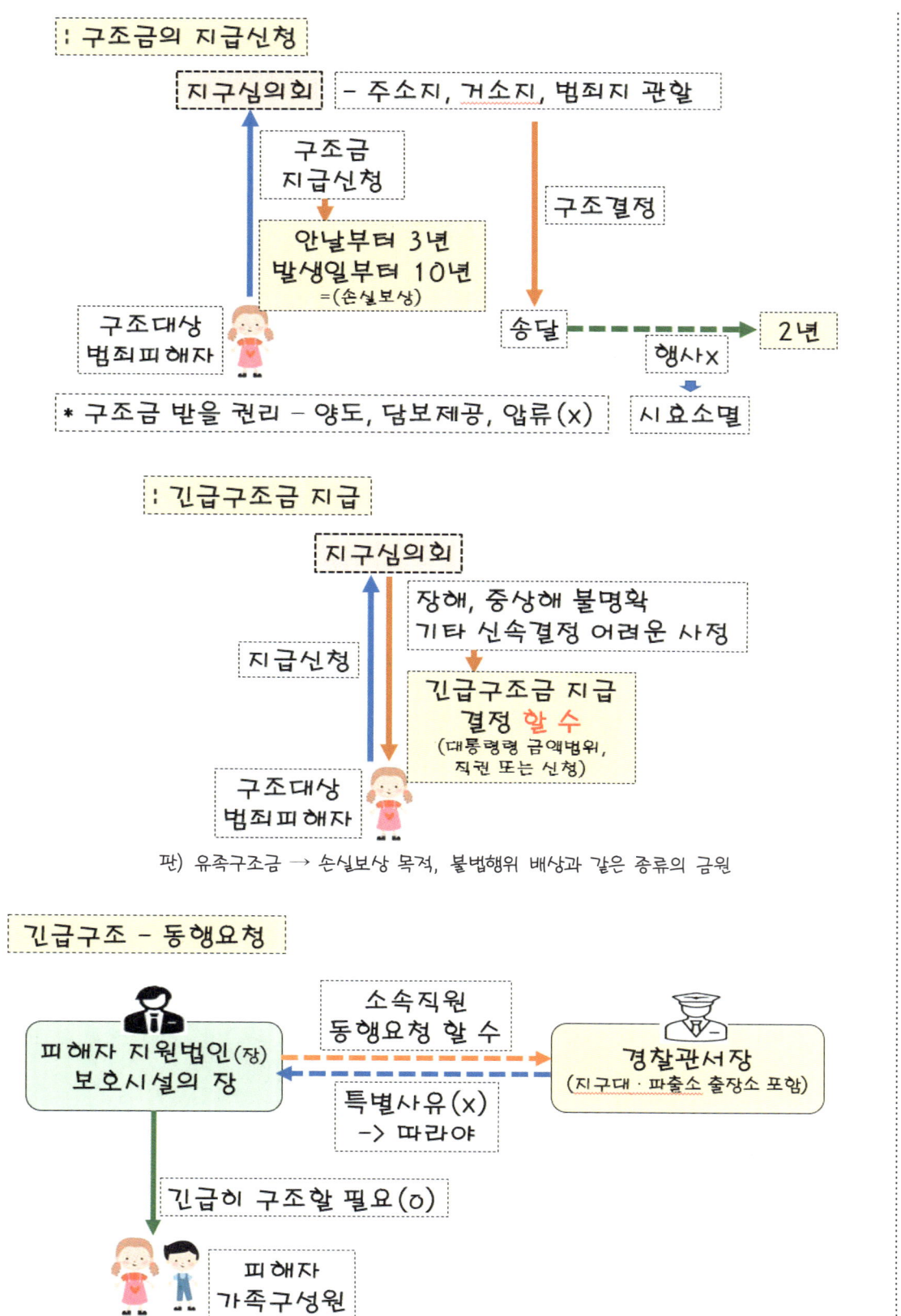

제2절 경찰활동의 기초

1. 협의의 경찰권
2. 수사권
3. 광의의 경찰권(협의의 경찰권 + 수사권)

* 광의의 경찰권 = 협의의 경찰권(행정경찰) + 수사권(사법경찰권)

1 협의의 경찰권

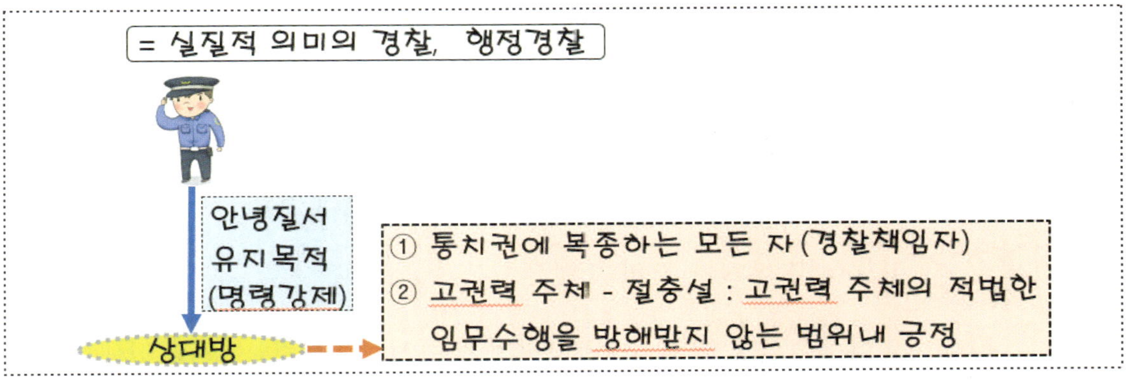

※ 경찰책임의 원칙

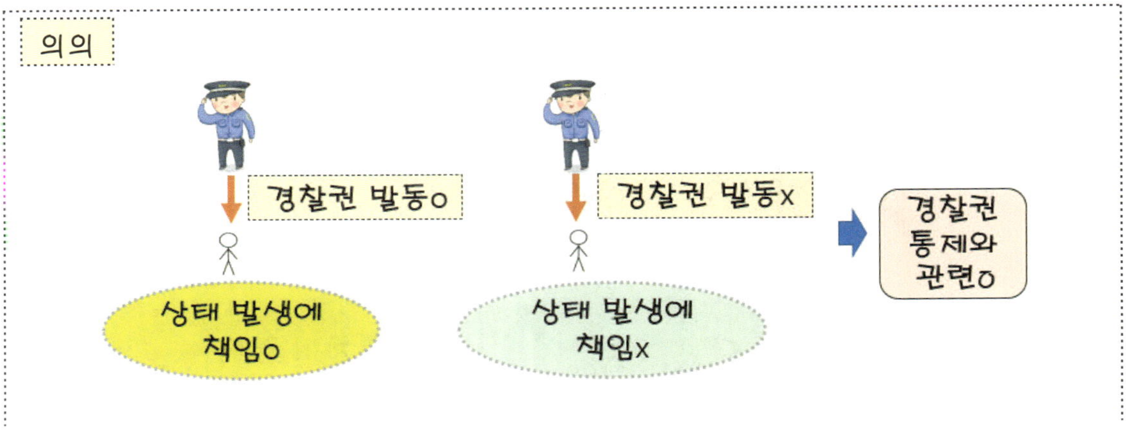

요건

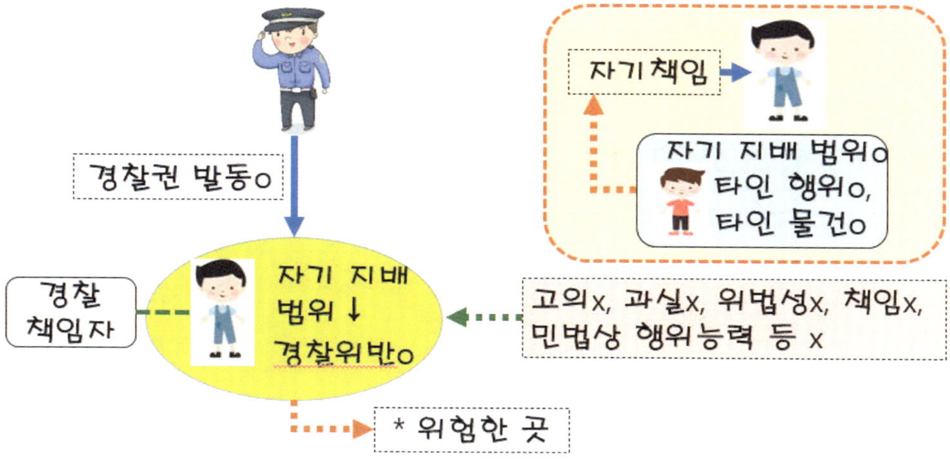

* 인과관계 판단기준 – 학설

조건설 (등가설)	적어도 인과의 관계(o) → 책임발생 o. 수영복 입은 모델(B)을 쇼윈도에 비치한 옷가게 주인(A)과 구경꾼으로 인한 교통혼잡 → 모두 책임(O)
상당인과 관계설	통상 발생하는 결과에 한정
직접 원인설	직접적으로 야기 → 인과관계를 인정(통설) o.수영복 모델(B), 옷가게 주인(A), 구경꾼 → 구경꾼 책임
의도적 간접원인 제공자 이론	= 목적적 원인제공자 책임설 / 의도적 유발, 간접원인제공자 → 경찰권발동 대상(o) o. 수영복 입은 모델(B), 옷가게 주인(A), 구경꾼 → A책임 (A로 하여금 B를 쇼윈도에서 나오게 하도록 조치)

종류 - 행위책임, 상태책임, 복합책임

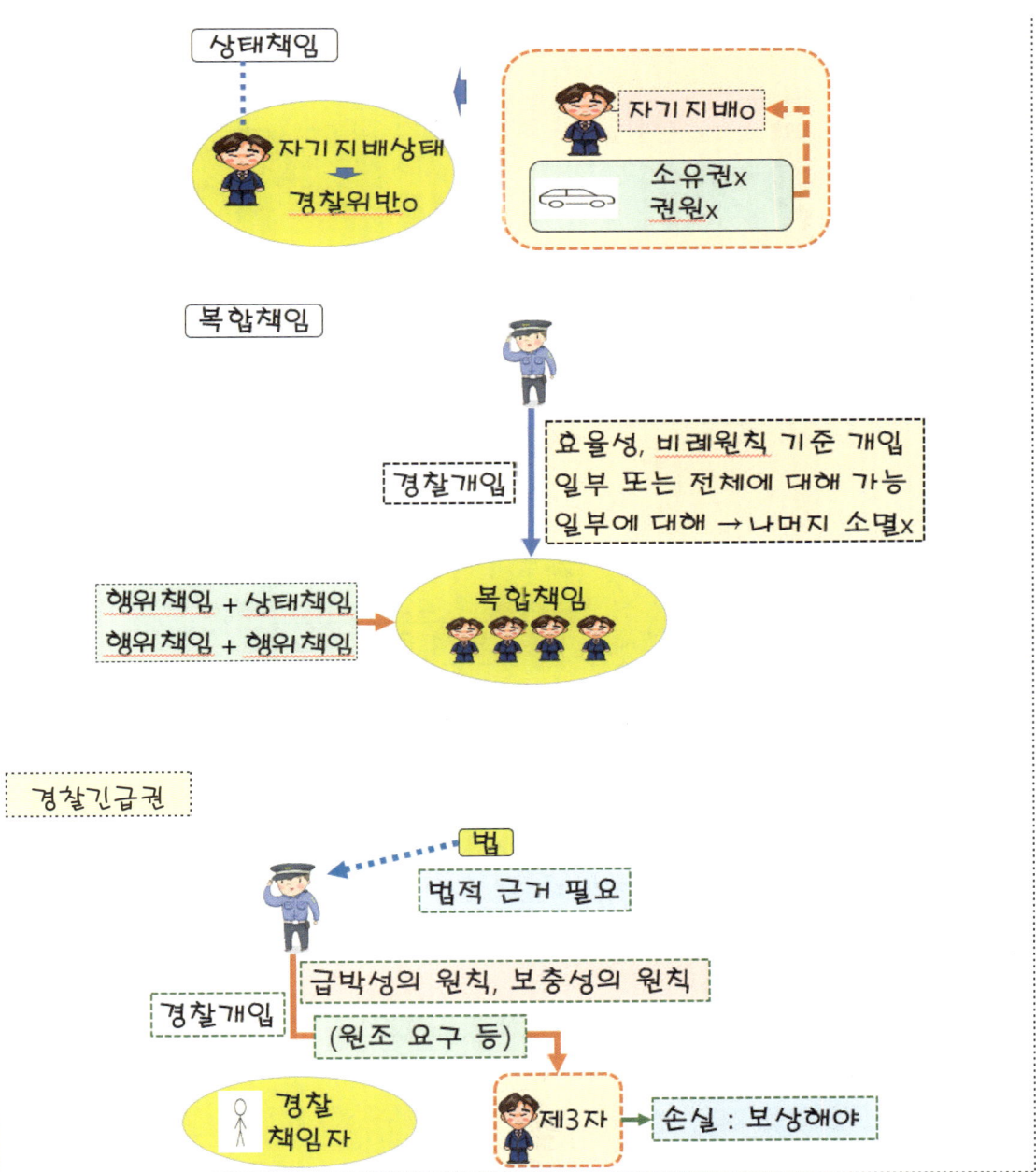

상태책임

자기 지배상태
경찰위반ㅇ

자기 지배ㅇ
소유권x
권원x

복합책임

경찰개입

효율성, 비례원칙 기준 개입
일부 또는 전체에 대해 가능
일부에 대해 → 나머지 소멸x

행위책임 + 상태책임
행위책임 + 행위책임

복합책임

경찰긴급권

법

법적 근거 필요

경찰개입

급박성의 원칙, 보충성의 원칙
(원조 요구 등)

경찰
책임자

제3자

손실 : 보상해야

Part

제3절 경찰권의 수단

조직법 → 비권력적 수단 / 경찰서비스, 순찰 등

작용법 → 권력적 수단 / 명령, 강제 등

조직법 / 작용법

형소법 등 → 법적 근거 필요

수사 수단 ···· 원칙: 임의수사 / 예외: 강제수사

참고 재량 0 수축이론과 경찰개입청구권

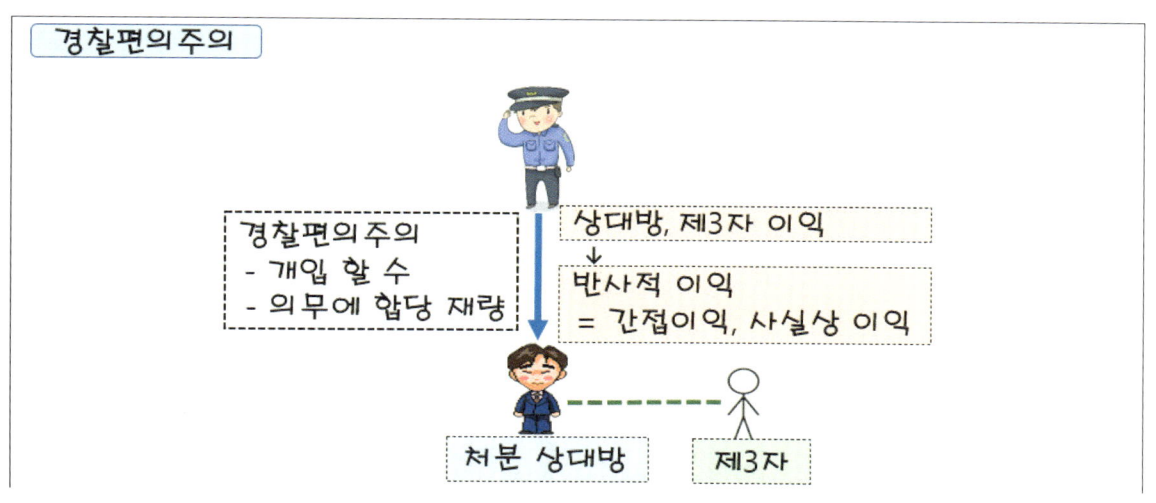

경찰편의주의

경찰편의주의
- 개입 할 수
- 의무에 합당 재량

상대방, 제3자 이익
↓
반사적 이익
= 간접이익, 사실상 이익

처분 상대방   제3자

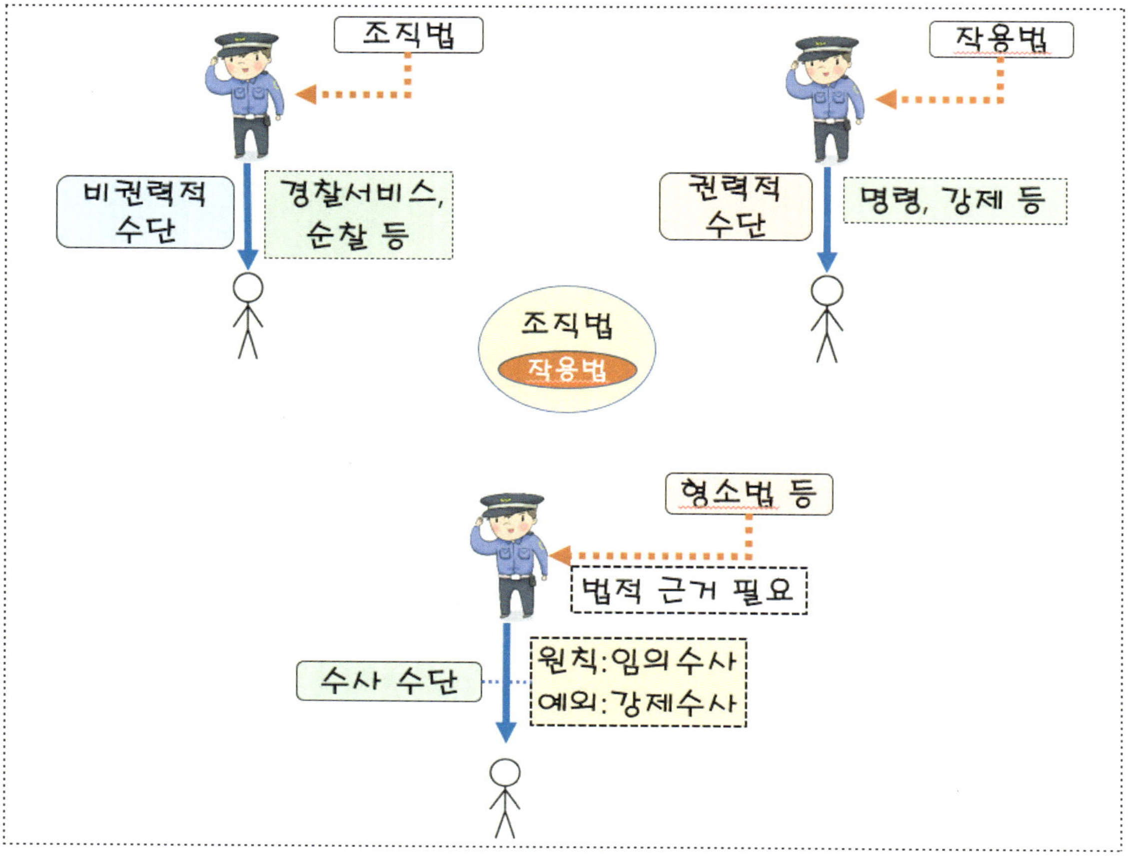

Part
03

재량0수축

경찰편의주의
반사적 이익
간접이익
사실상 이익

할 수 → 해야

중대, 명백

재량0수축
보호이익
경찰개입청구권0
기속행위, 공권,
법률상 이익

판) 뇌물수수 및 윤락강요 방치, 화재사고 → 위자료 지급의무(O)

경찰개입청구권

재량0수축 → 해야

경찰개입청구권 - 띠톱판결 -> 확대
재량0수축을 전제
행정쟁송, 손해배상 가능
보호이익, 공권

판) 연탄공장 허가로 불이익 제3자 → 허가 취소소송 가능(O)

제4절 경찰의 관할

1 사물관할

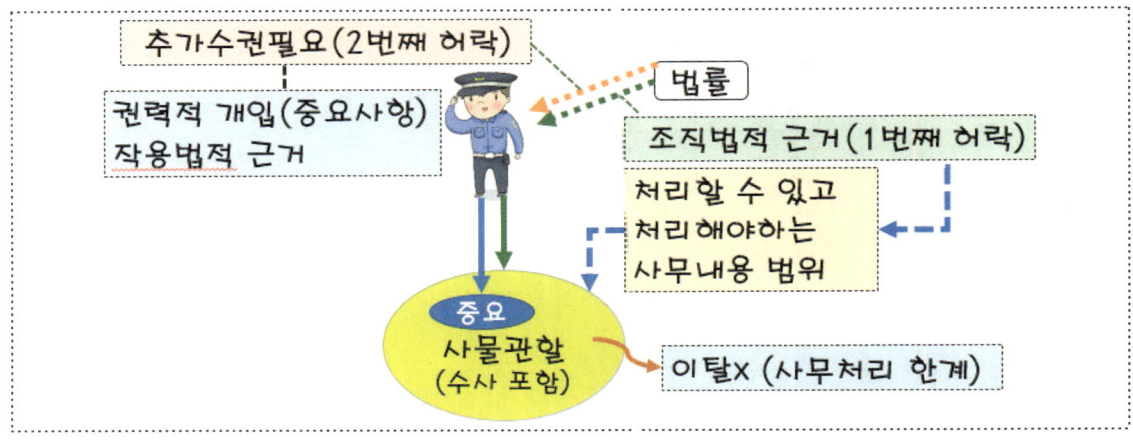

추가수권필요(2번째 허락)

법률

권력적 개입(중요사항)
작용법적 근거

조직법적 근거(1번째 허락)

처리할 수 있고
처리해야하는
사무내용 범위

중요
사물관할
(수사 포함)

이탈x (사무처리 한계)

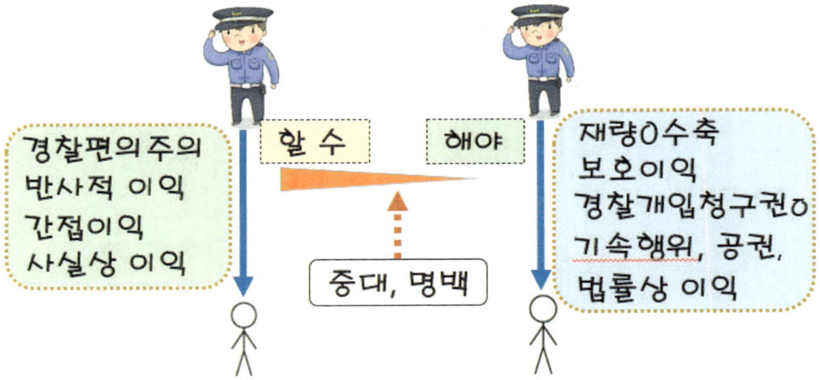

2 인적관할

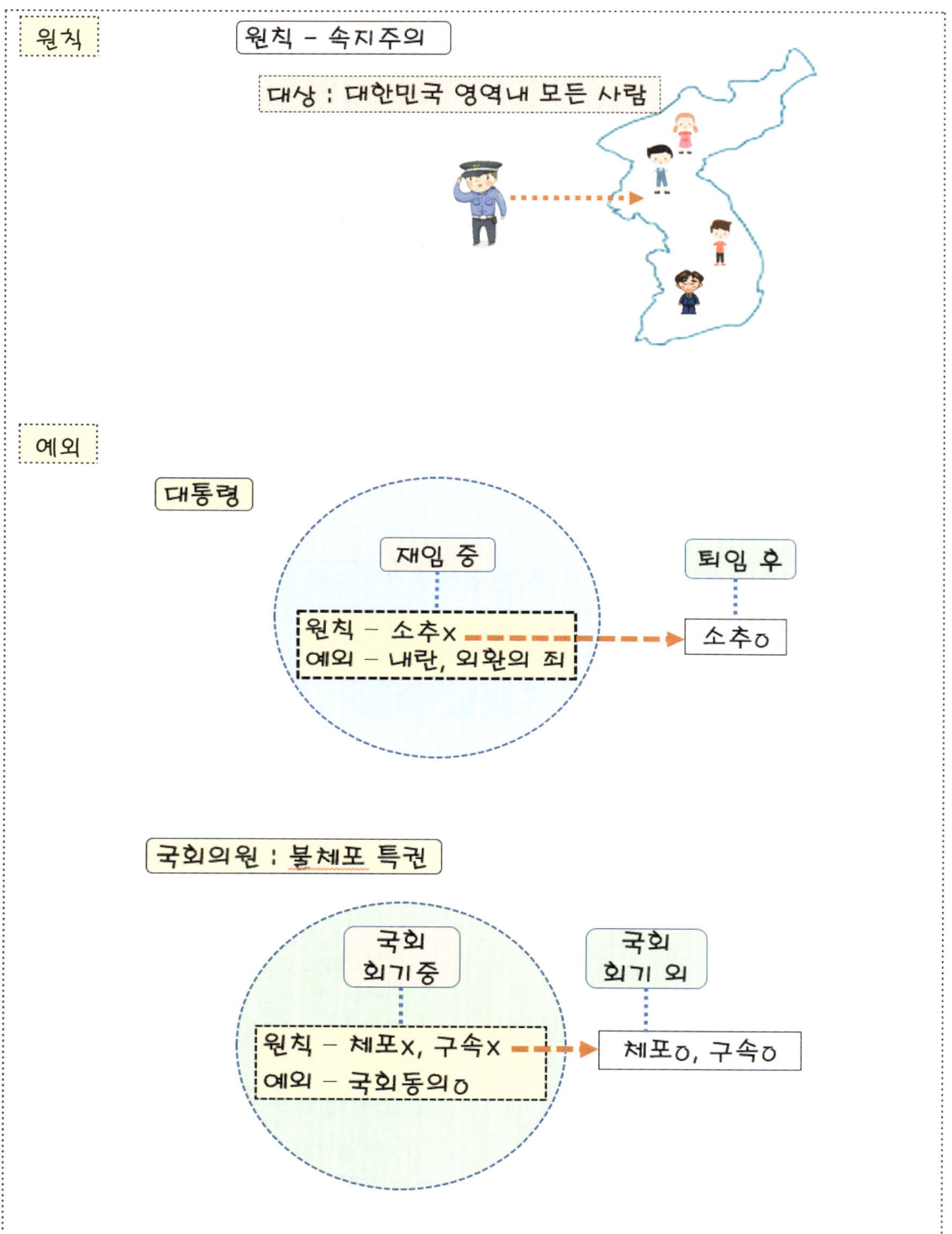

원칙

원칙 – 속지주의

대상 : 대한민국 영역내 모든 사람

예외

대통령

재임 중

원칙 – 소추x
예외 – 내란, 외환의 죄

퇴임 후

소추o

국회의원 : 불체포 특권

국회 회기중

원칙 – 체포x, 구속x
예외 – 국회동의o

국회 회기 외

체포o, 구속o

국회의원 : 면책 특권

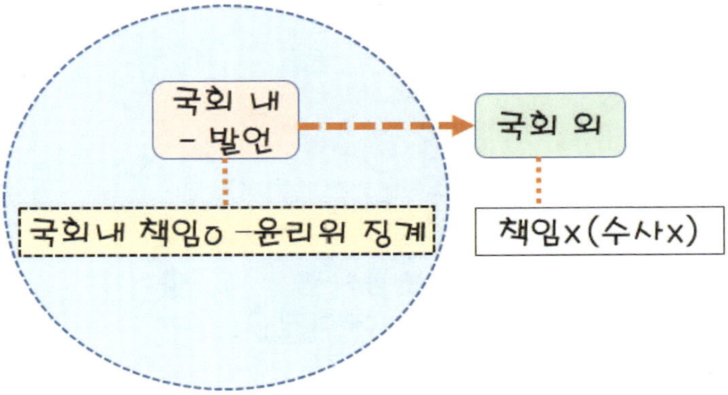

외교사절

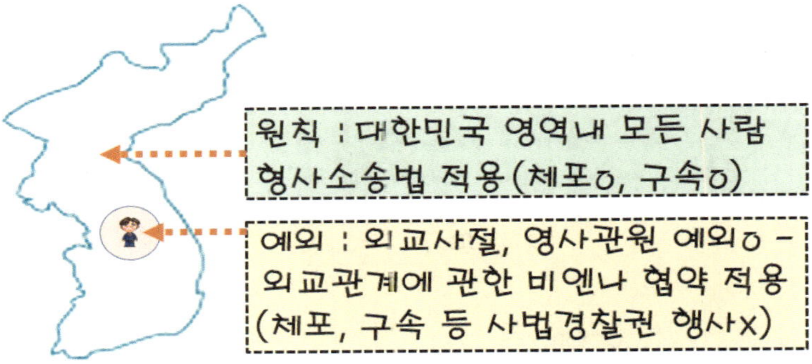

주한미군

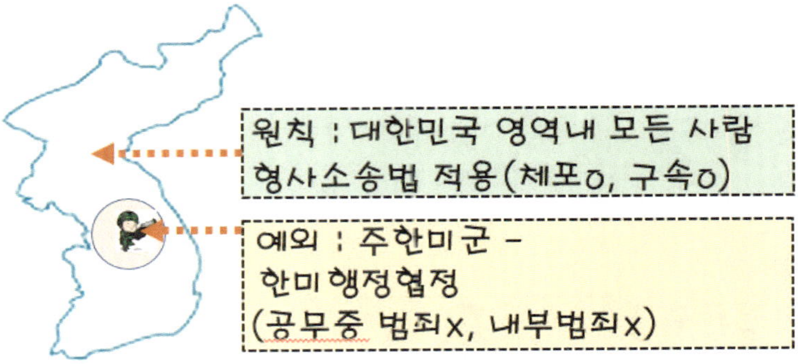

3 토지관할

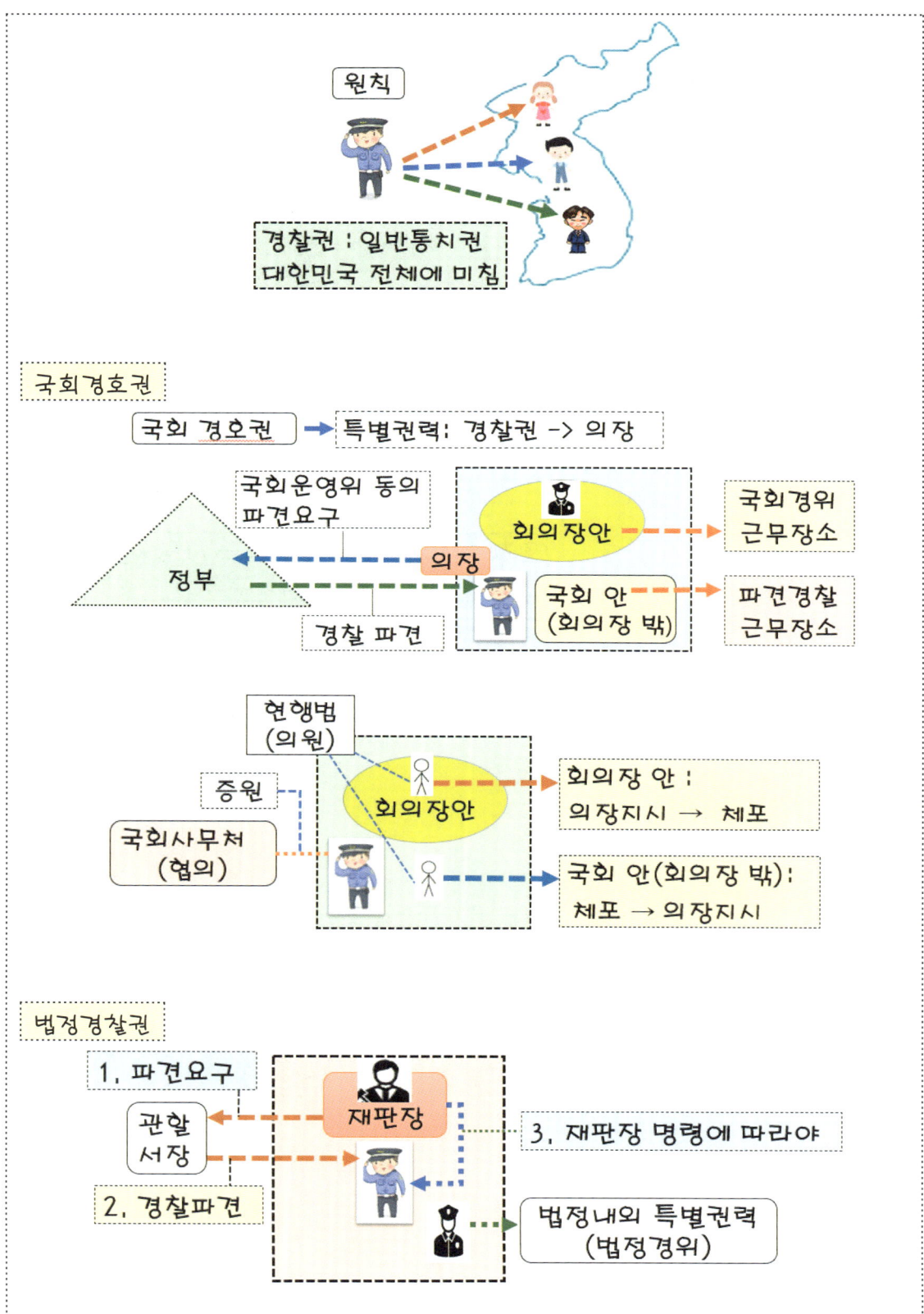

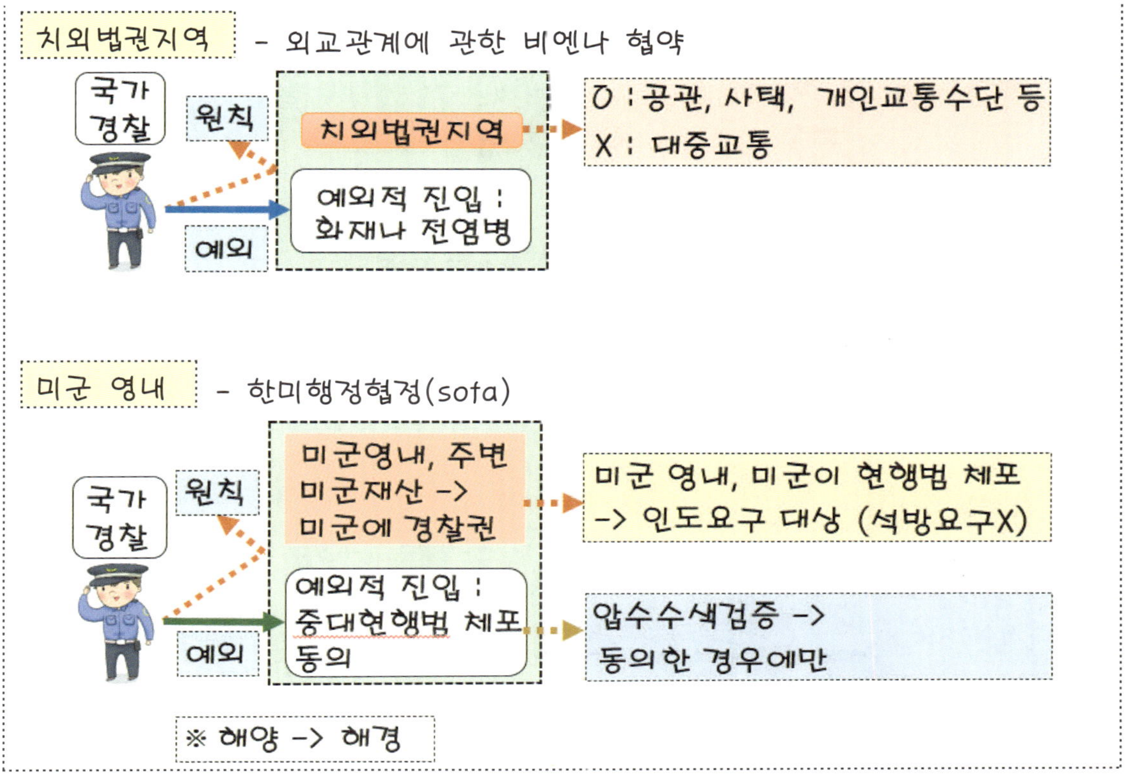

제4장 경찰작용법

1 의의

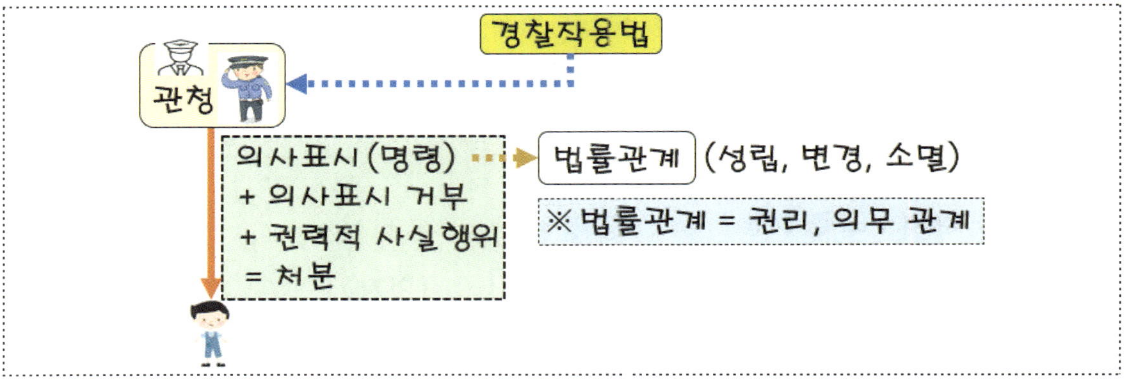

2 근거

조직법적 근거 - 처리할 수 있고, 처리해야 하는 사무범위

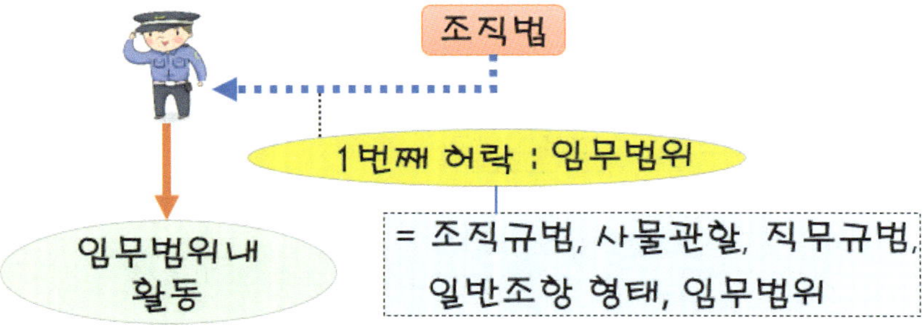

작용법적 근거

(일반)

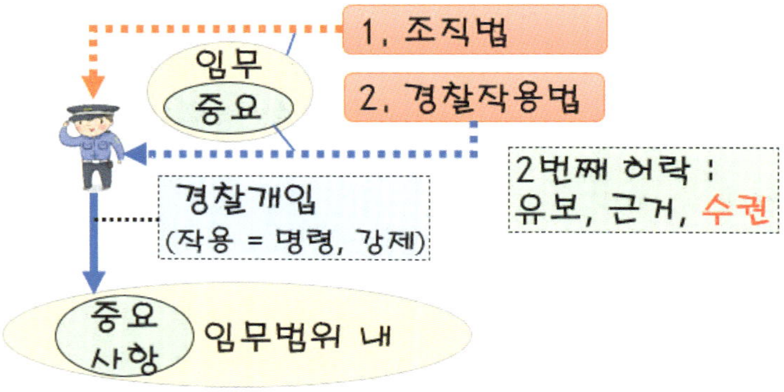

(유형)

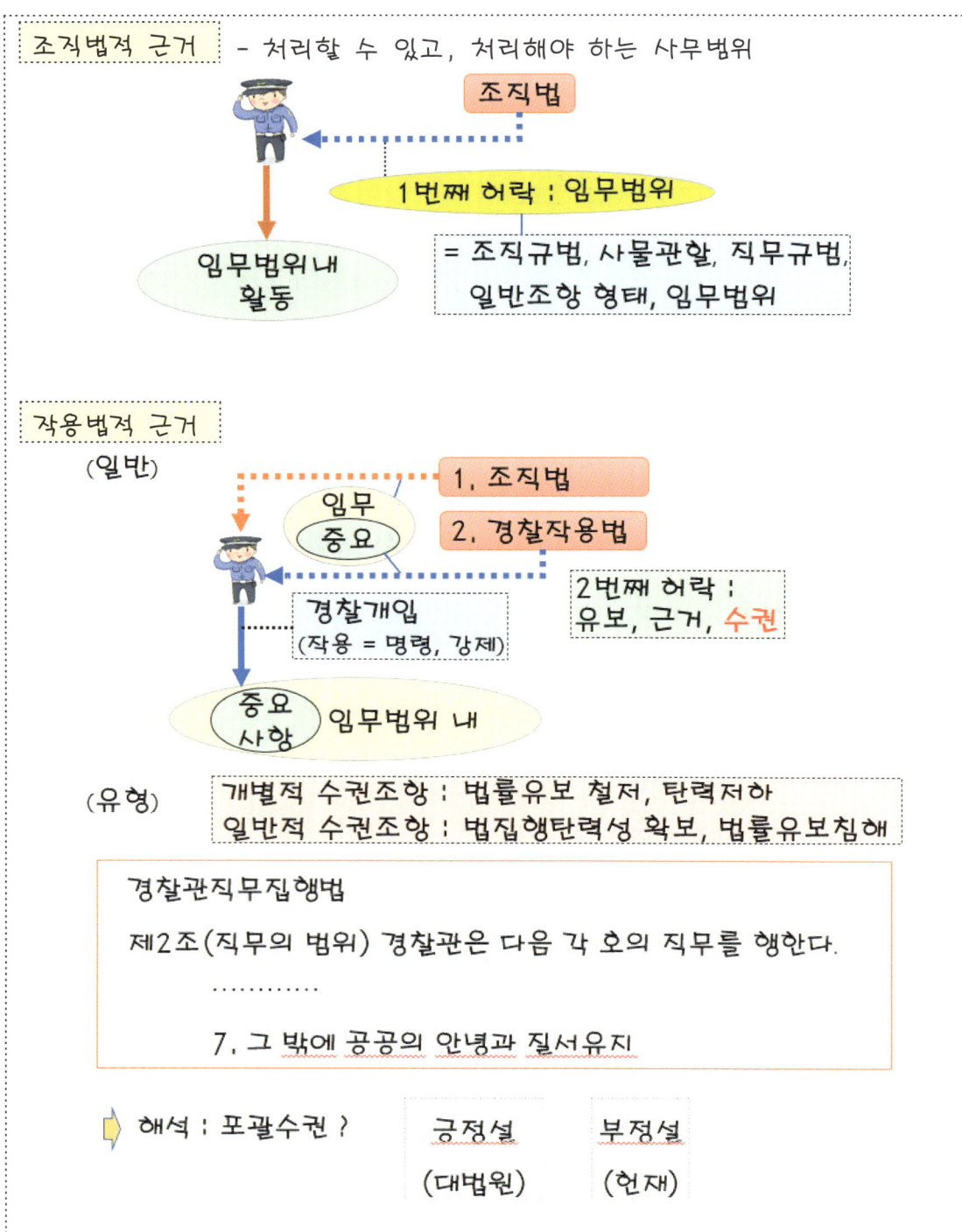

개별적 수권조항 : 법률유보 철저, 탄력저하
일반적 수권조항 : 법집행탄력성 확보, 법률유보침해

> 경찰관직무집행법
>
> 제2조(직무의 범위) 경찰관은 다음 각 호의 직무를 행한다.
>
> ....
>
> 7. 그 밖에 공공의 안녕과 질서유지

해석 : 포괄수권 ?

긍정설	부정설
(대법원)	(헌재)

(일반수권조항 논란)

긍정설 (대법원)

- 입법기술상 한계
- 학설·판례로 보충
- 조리상 한계로 통제
- 독일은 학설·판례가 긍정
- 인정하고 보충적으로 적용

판) 공공의 안녕과 질서유지(근거) → 청경이 무허가 개축 단속가능

판) 경직법 제2조, 제5조 근거 → 폭력제지 가능

부정설 (헌재)

- 헌법위배(제37조②법률에 근거해야)
- 법률유보에 위배
- 독일은 명문규정o, 우리 명문규정x
- 조직법적 근거에 해당

헌) 경직법 제2조 → 통행제지의 법적근거(X)

3 한계

조리상 한계

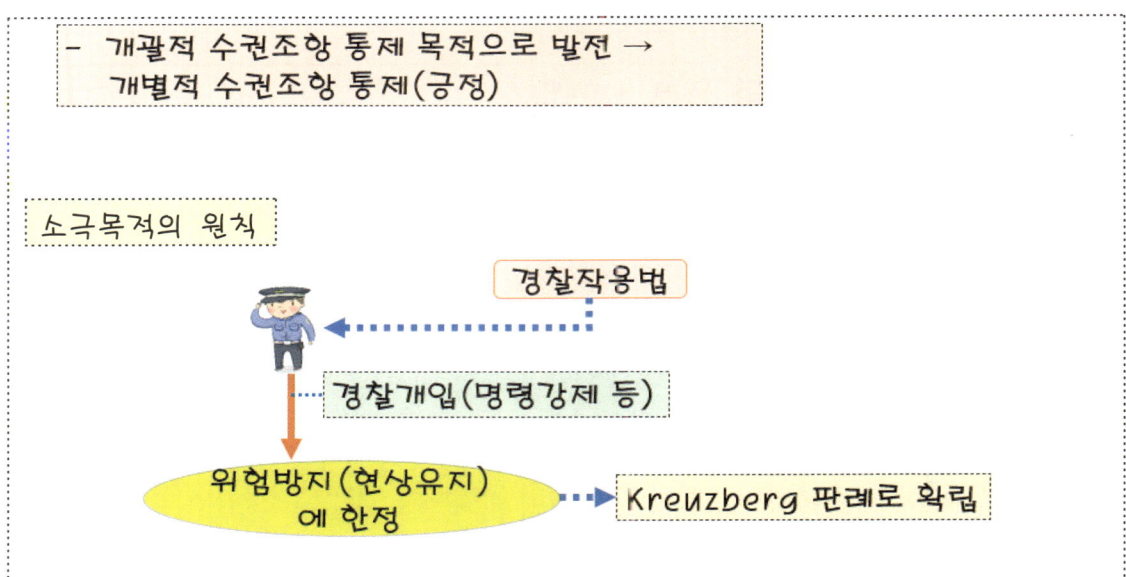

- 개괄적 수권조항 통제 목적으로 발전 → 개별적 수권조항 통제(긍정)

소극목적의 원칙

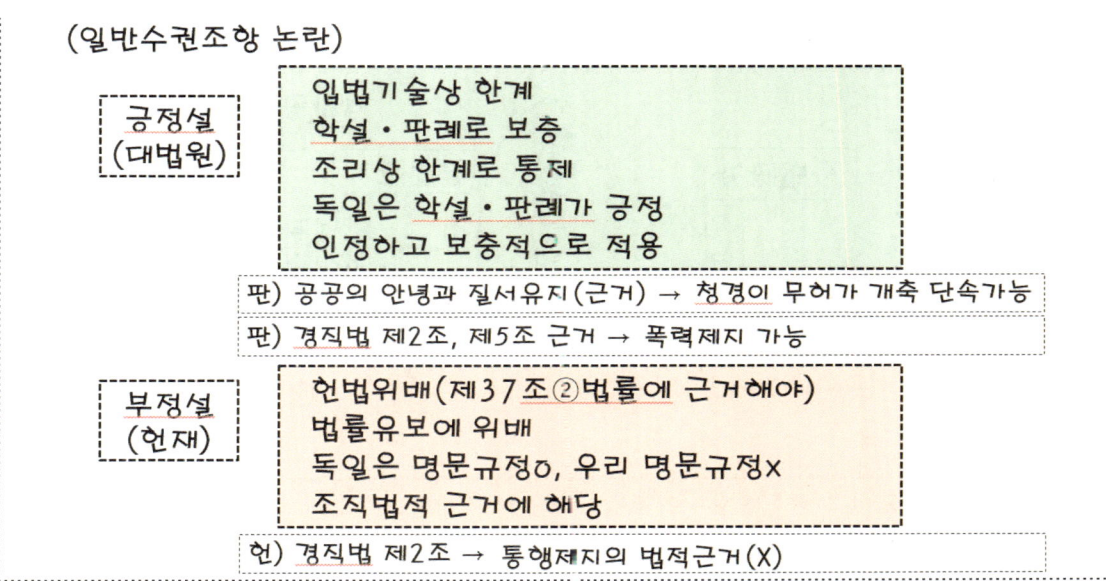

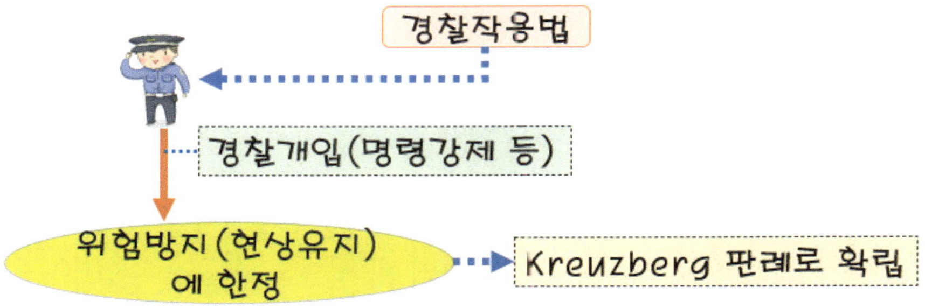

경찰공공의 원칙

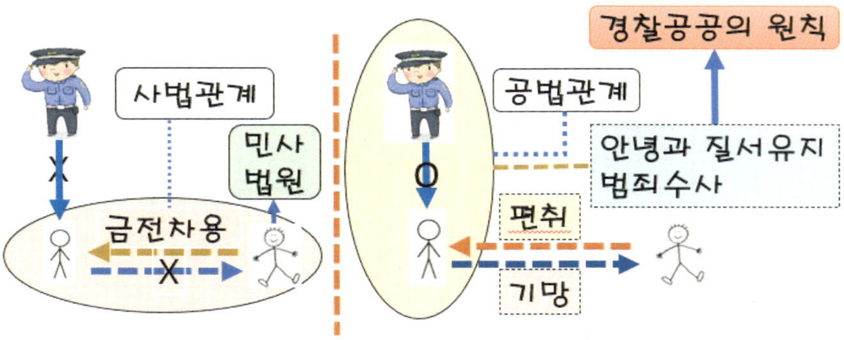

사생활 불가침	원칙 : 사생활 간섭X, 예) 의복, 치장, 가정사 등 예외 : 공공안녕질서와 관련o → 개입허용 예) 신체의 과도한 노출, 고성방가 등
사주소 불가침	원칙 : 사주소 침해X, 예) 사주소 내에서 나체로 있는 행위 등 예외 : 공공안녕질서와 관련o → 개입허용 예) 피아노 연주로 인근 고통
민사관계 불간섭	원칙 : 민사관계 → 경찰권 대상X 예외 : 처벌규정 있는 경우 예) 암표의 매매, 총포 · 도검류의 매매 등
사경제 불간섭	상품 가격 등 문제 → 개입X

※ 기타

1. 경찰비례의 원칙
2. 경찰책임의 원칙
3. 경찰평등의 원칙
4. 보충성의 원칙

4 행정행위(처분 - 행정소송의 대상)

행정행위

행정관청 (행정주체)

공법상 법률행위 (의사표시)

구체적 사실

처분 행정행위 + 거부처분 + 권력적 사실행위

관청

공권력의 행사
거부처분
그에 준하는 행정작용

구체적 사실

* 처분시법주의

판) 국유재산 무단점유 → 변상금 부과 → 공법상 법률행위(행정행위)

판) 국가나 지자체 근무 청원경찰 → 사법상 고용관계(X)

판) 국립교육대학생 퇴학 → 행정처분(O)

판) 원천징수행위 → 행정처분(X)

판) 시험승진 후보자 명부 삭제 → 행정처분(X)

판) 권리 · 의무에 직접 영향을 미치는 조례(두밀분교 폐지) → 처분(O)

판) 법률관계 직접규율 보건복지부고시(약제급여 등 고시) → 처분(O)

판) 영업시간 준수지시(유흥업소 상대) → 처분(X)

판) 위법건축물 전기 · 전화 공급중단요청(한전에) → 처분(X)

제재처분

관청

의무를 부과하거나
권익을 제한하는 처분
행정상 강제 제외

* 행위시법주의

예외) 경한 신법우선주의

위반행위 종료 → (가능) → 5년 → (불가능)

제척기간

예외) 위법성 알고, 중과실로 모른 경우
거짓, 부정한 방법 인허가, 신고
조사등 기피 · 방해 · 거부로 기간경과

* 제재처분 취소철회시 새로운 제제처분
-> 1년(합의제 행정기관은 2년) 이내 가능

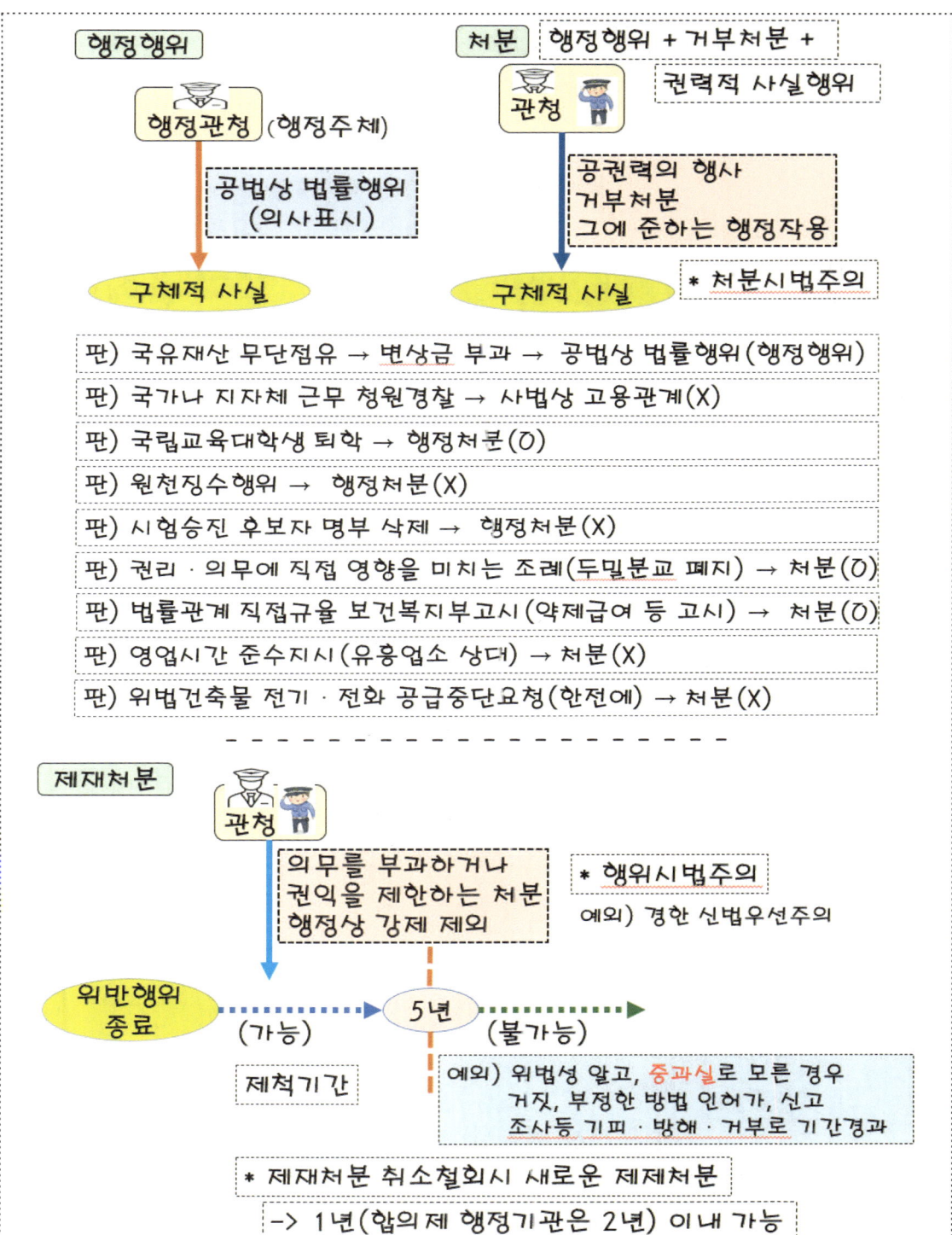

이의신청

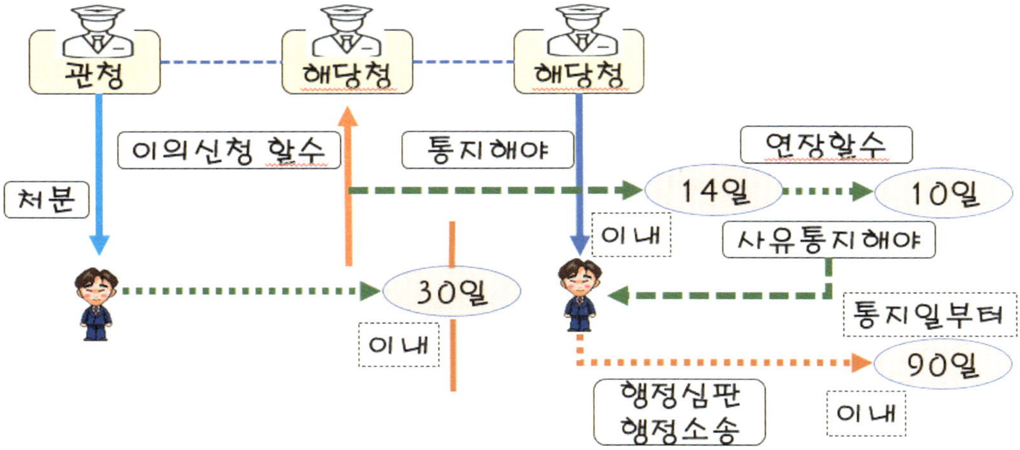

처분의 재심사

쟁송(행심, 행소 포함)으로 다툴 수 없게 된 경우
(재제처분 · 행정강제 제외, 확정판결 제외)

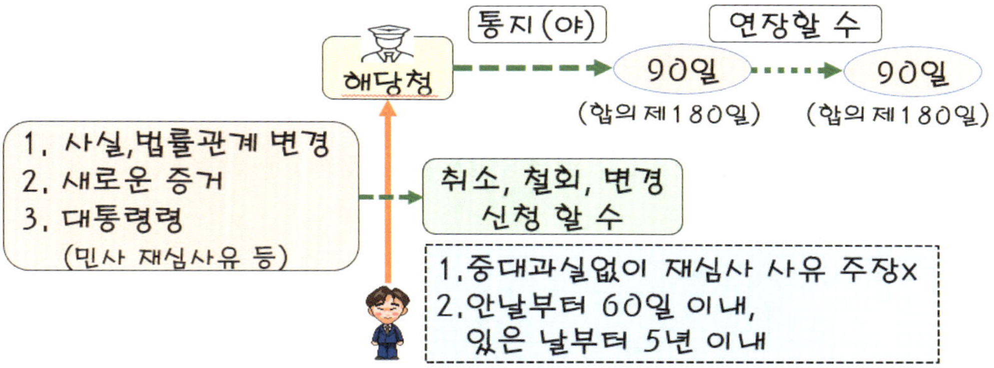

* 정리) 법률행위와 사실행위

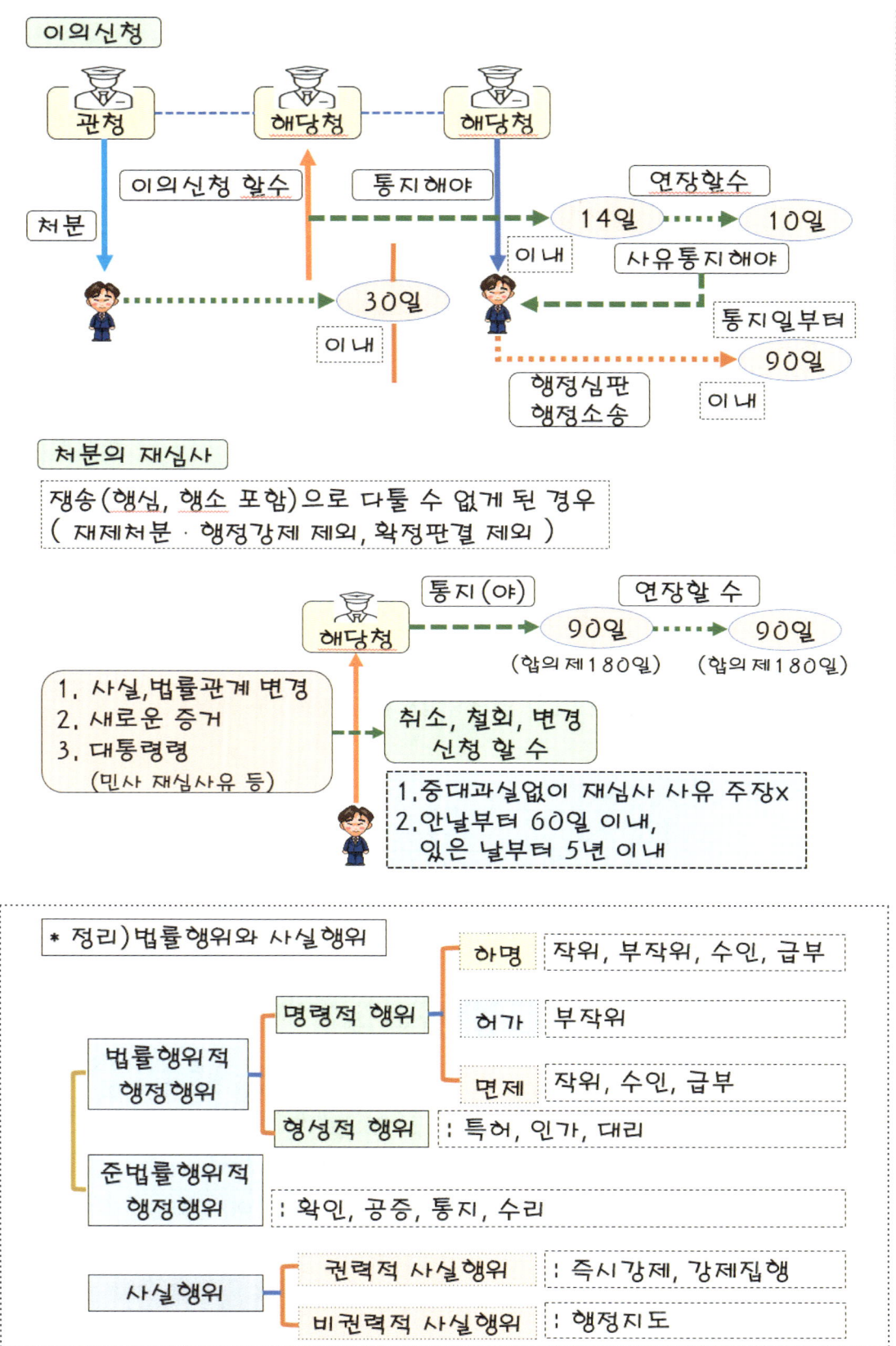

- 법률행위적 행정행위
  - 명령적 행위
    - 하명: 작위, 부작위, 수인, 급부
    - 허가: 부작위
    - 면제: 작위, 수인, 급부
  - 형성적 행위 : 특허, 인가, 대리
- 준법률행위적 행정행위 : 확인, 공증, 통지, 수리
- 사실행위
  - 권력적 사실행위 : 즉시강제, 강제집행
  - 비권력적 사실행위 : 행정지도

법률 행위	법률행위적 행정행위	행정 행위	행정소송 O 국가배상 O
	준법률행위적 행정행위 (확인, 공증, 통지, 수리)		
사실 행위	권력적 사실행위 (강제집행, 즉시강제 등)	처분O	행정소송 O (실효성X) 국가배상 O
	비권력적 사실행위	처분X	행정소송 X 국가배상 O

※ 행정지도

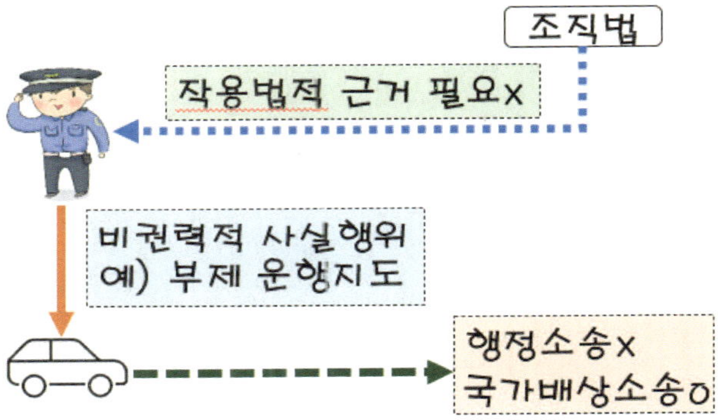

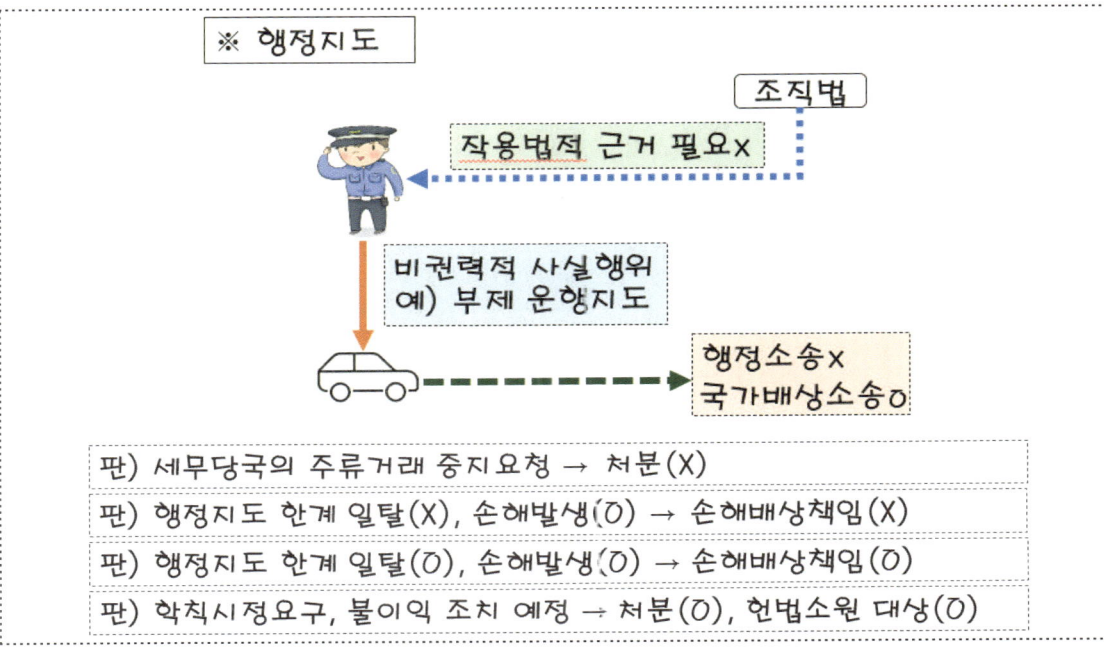

판) 세무당국의 주류거래 중지요청 → 처분(X)

판) 행정지도 한계 일탈(X), 손해발생(O) → 손해배상책임(X)

판) 행정지도 한계 일탈(O), 손해발생(O) → 손해배상책임(O)

판) 학칙시정요구, 불이익 조치 예정 → 처분(O), 헌법소원 대상(O)

* 재량행위 → 판단기준 : 법문언 기준설(통설,판례)
* 할 수 OR 하여야(한다.)

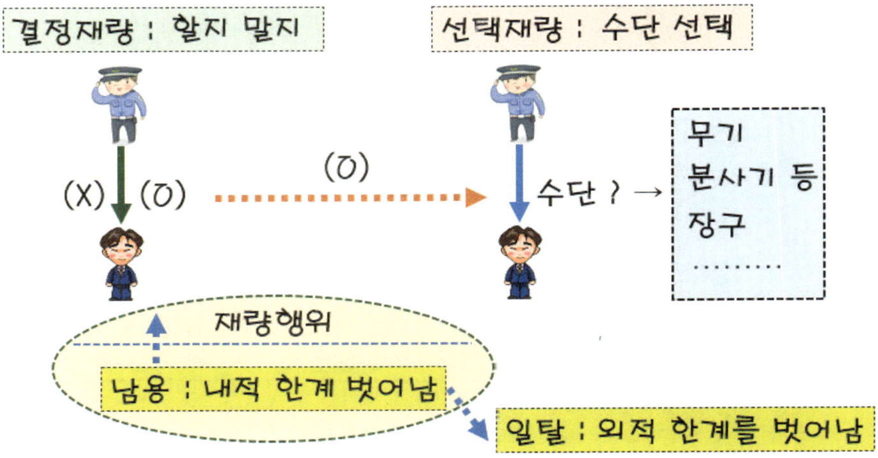

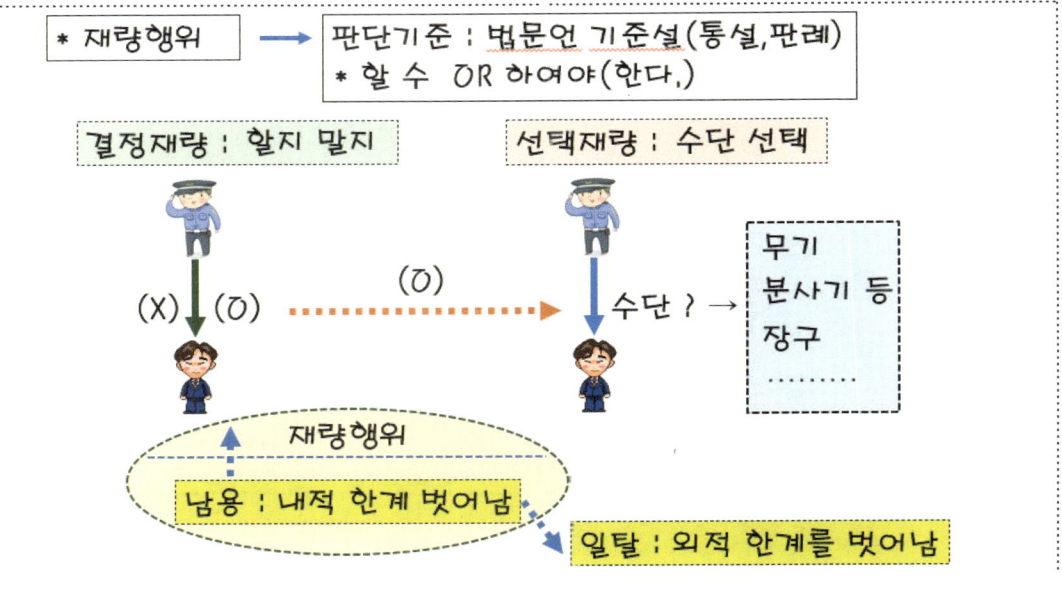

판) 기속 · 재량행위 → 법령규정에 따라, but 관습법, 조리상 일정한계(o)

판) 재량권 불행사가 현저 불합리 → 재량권 일탈 · 남용(위법)

판) 재량권 일탈 · 남용 → 현저히 부당 → 법규정 + 법일반원칙(조리) 고려해야

판) 재량에 의한 공익판단 여지 감안 → 일탈 · 남용이 있는지 여부만 심사해야

심사 → 사실오인, 비례, 평등원칙 위반 등을 판단대상으로 한다.

판) 총기난동 진압 주저로 파면 → 일탈(x)

판) 하자(o), 취소가능 → 공익, 당사자 불이익 비교 교량해야

1 명령적 행위(하명, 허가, 면제)

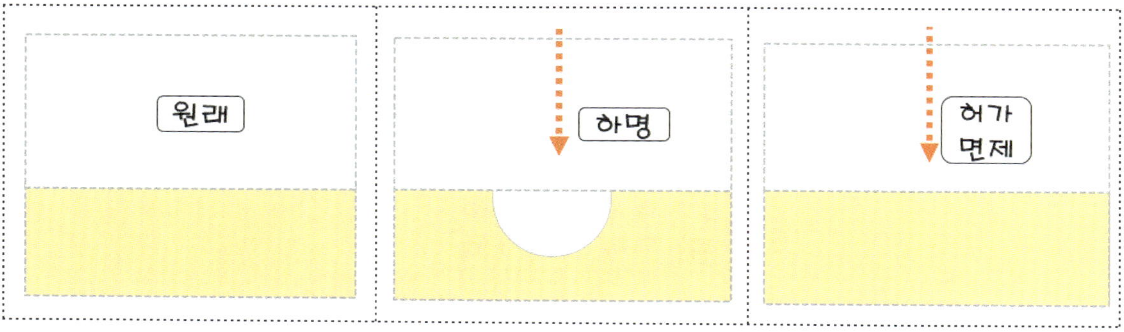

하명

의의

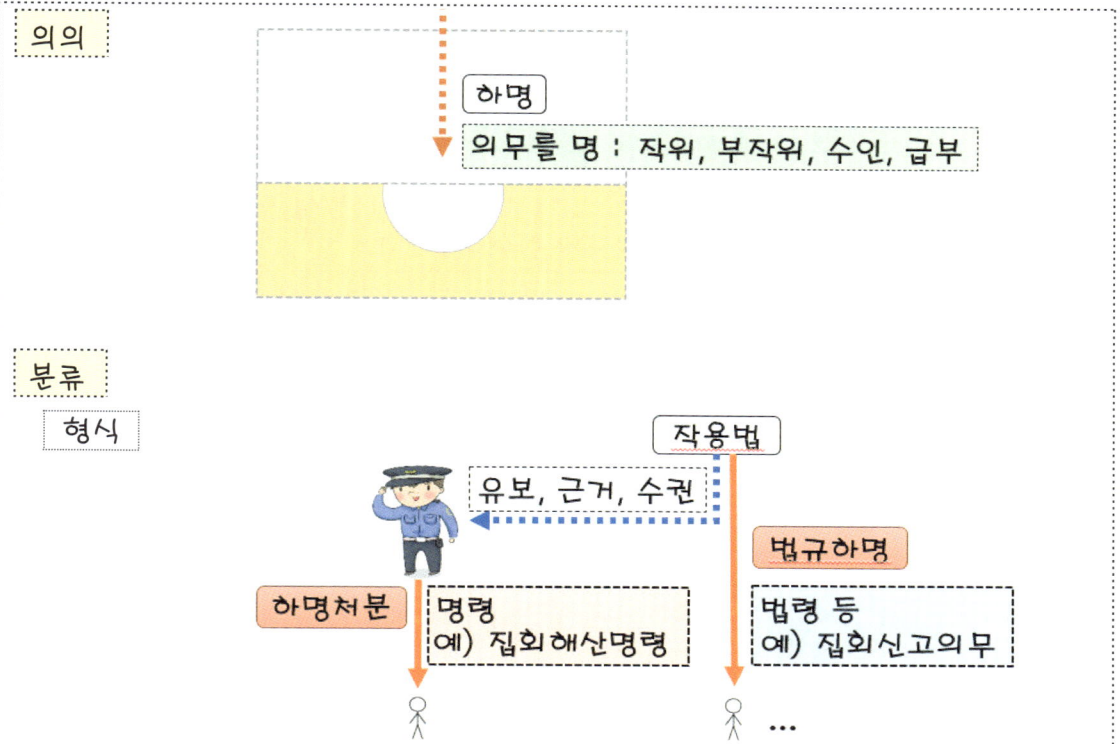

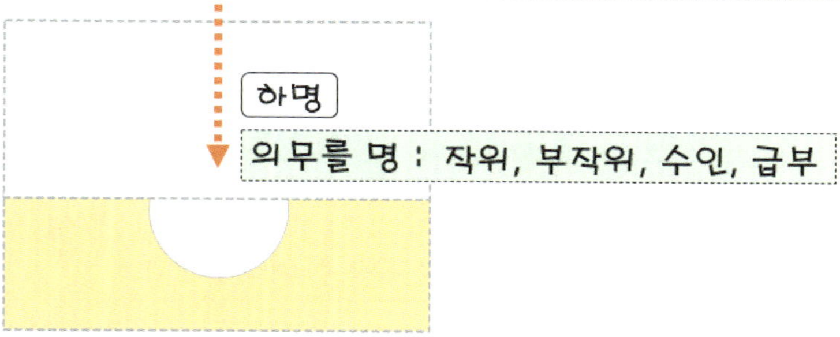

분류

형식

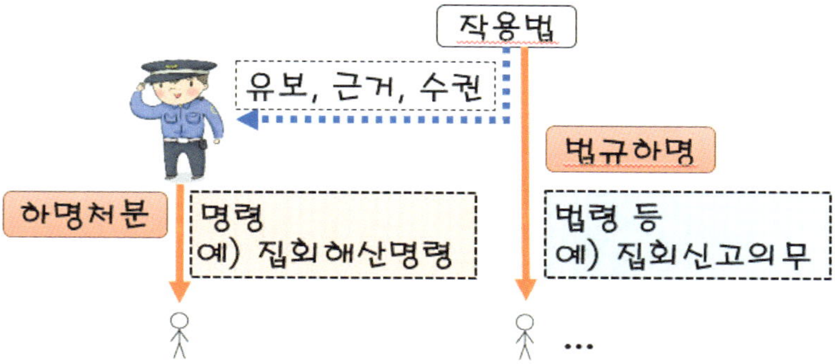

내용

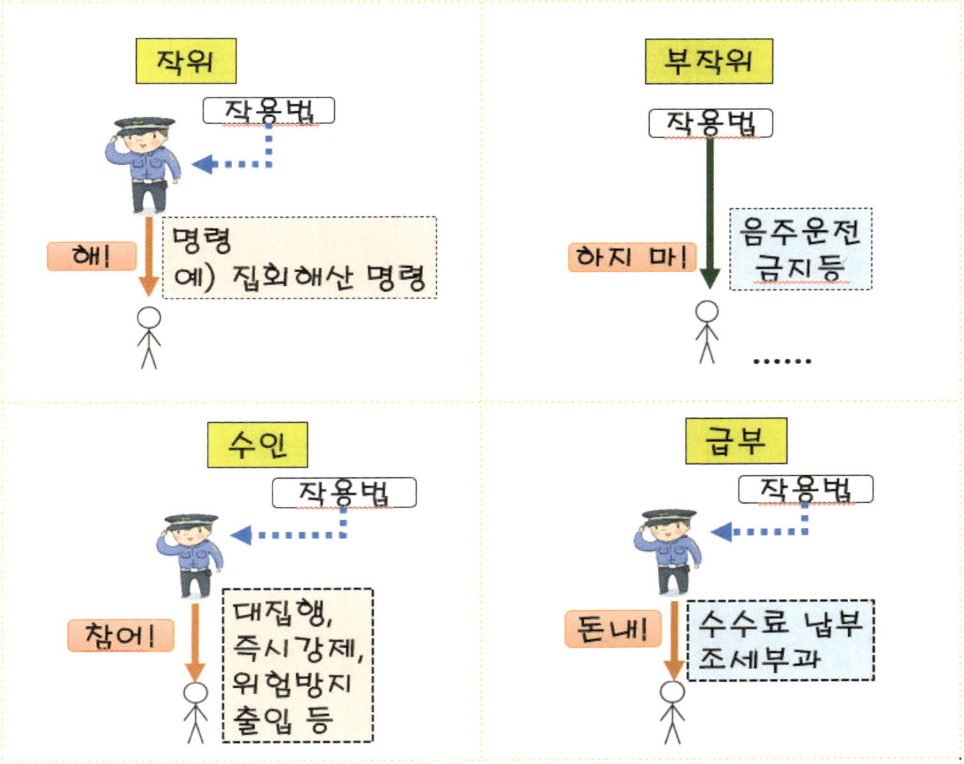
작위
작용법
해!
명령
예) 집회해산 명령
부작위
작용법
하지 마!
음주운전
금지 등
……
수인
작용법
참아!
대집행,
즉시강제,
위험방지
출입 등
급부
작용법
돈내!
수수료 납부
조세부과

대상

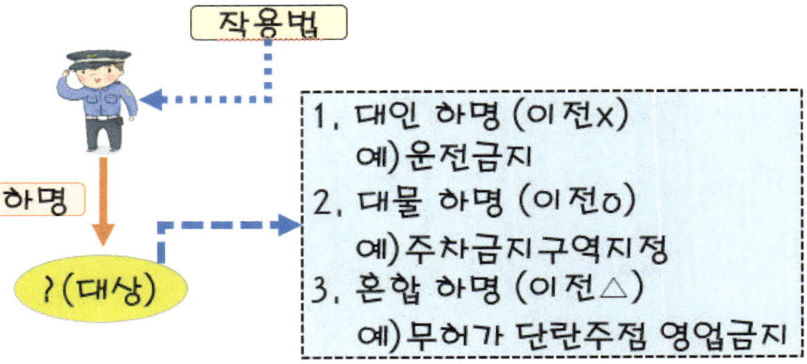
작용법
하명
?(대상)
1. 대인 하명 (이전x)
예)운전금지
2. 대물 하명 (이전o)
예)주차금지구역지정
3. 혼합 하명 (이전△)
예)무허가 단란주점 영업금지

효과

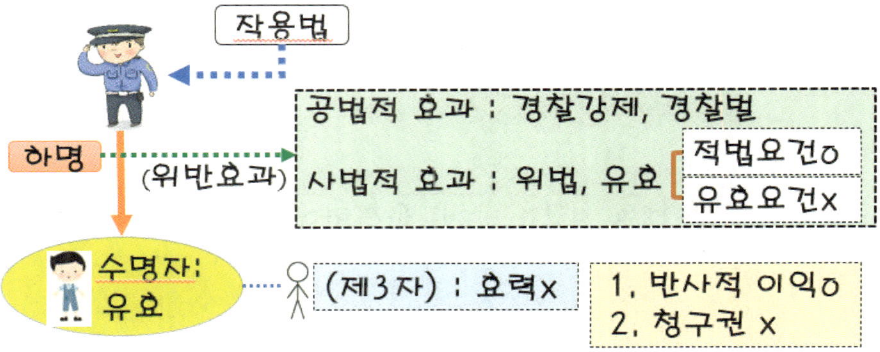
작용법
하명
(위반효과)
공법적 효과 : 경찰강제, 경찰벌
사법적 효과 : 위법, 유효
적법요건o
유효요건x
수명자:
유효
(제3자) : 효력x
1. 반사적 이익o
2. 청구권 x

구제

    적법 : 손실보상
    위법 : 행정쟁송(행정심판, 행정소송), 국가배상

허가

의의

성질

분류

형식

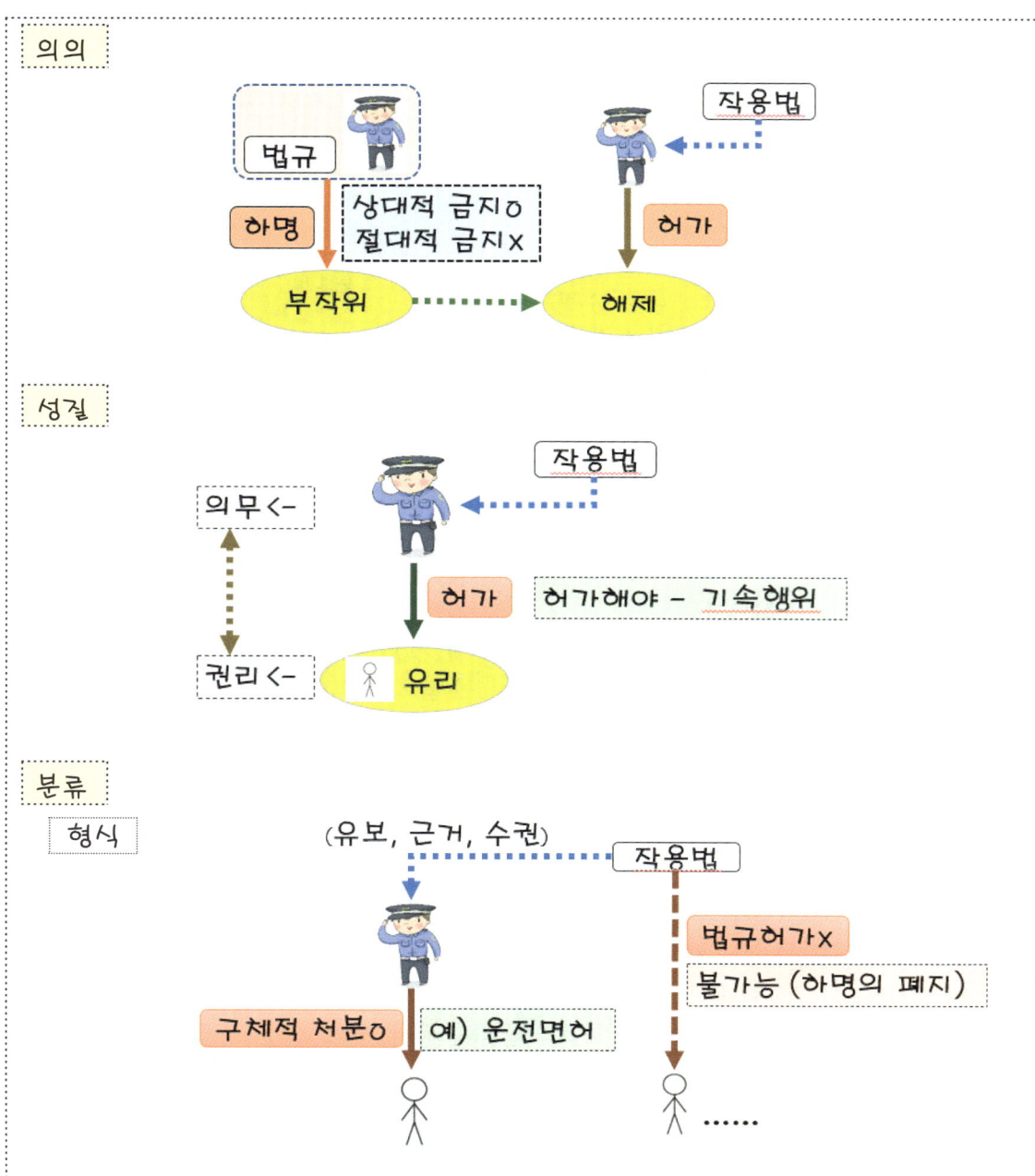

내용

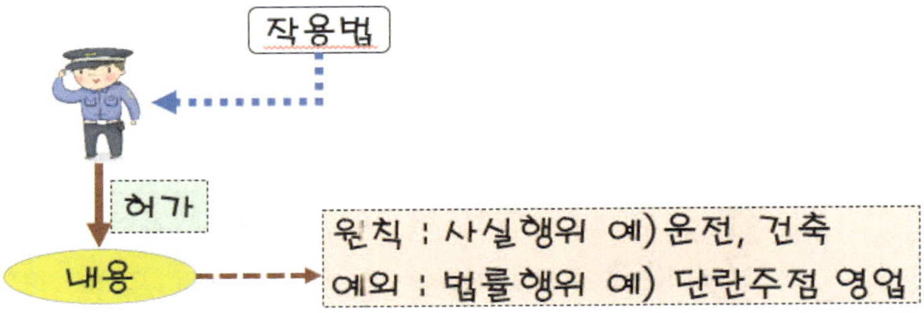

대상

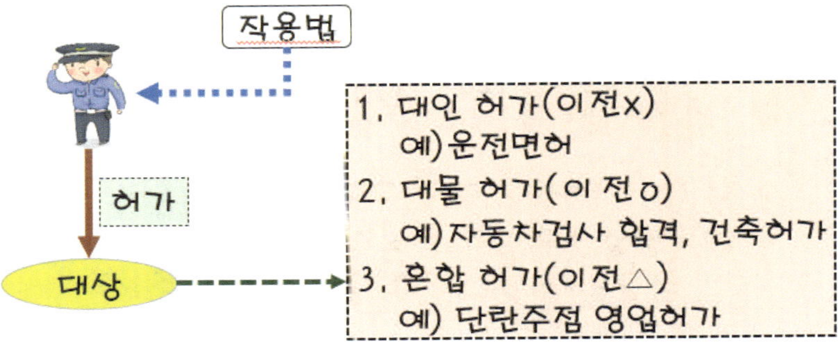

요건

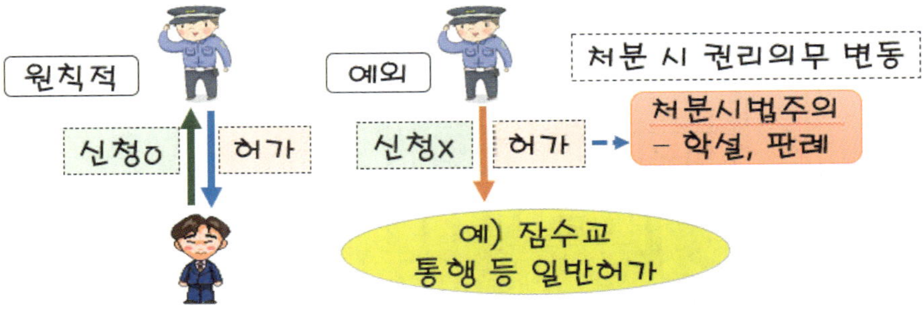

※신청, 시험 · 검사합격, 수수료 · 조세 납부, 공적증명을 요하는 경우가 있음

갱신

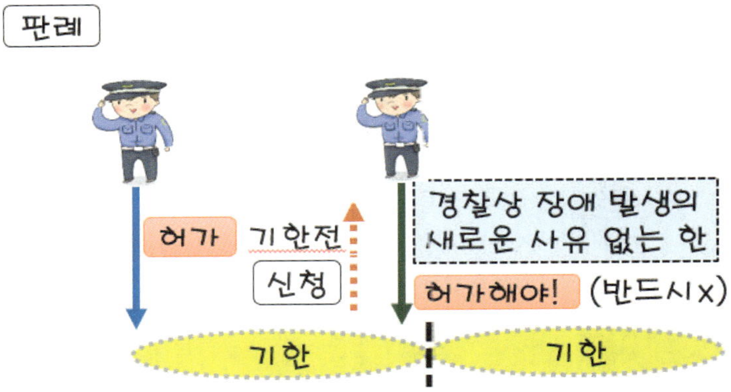

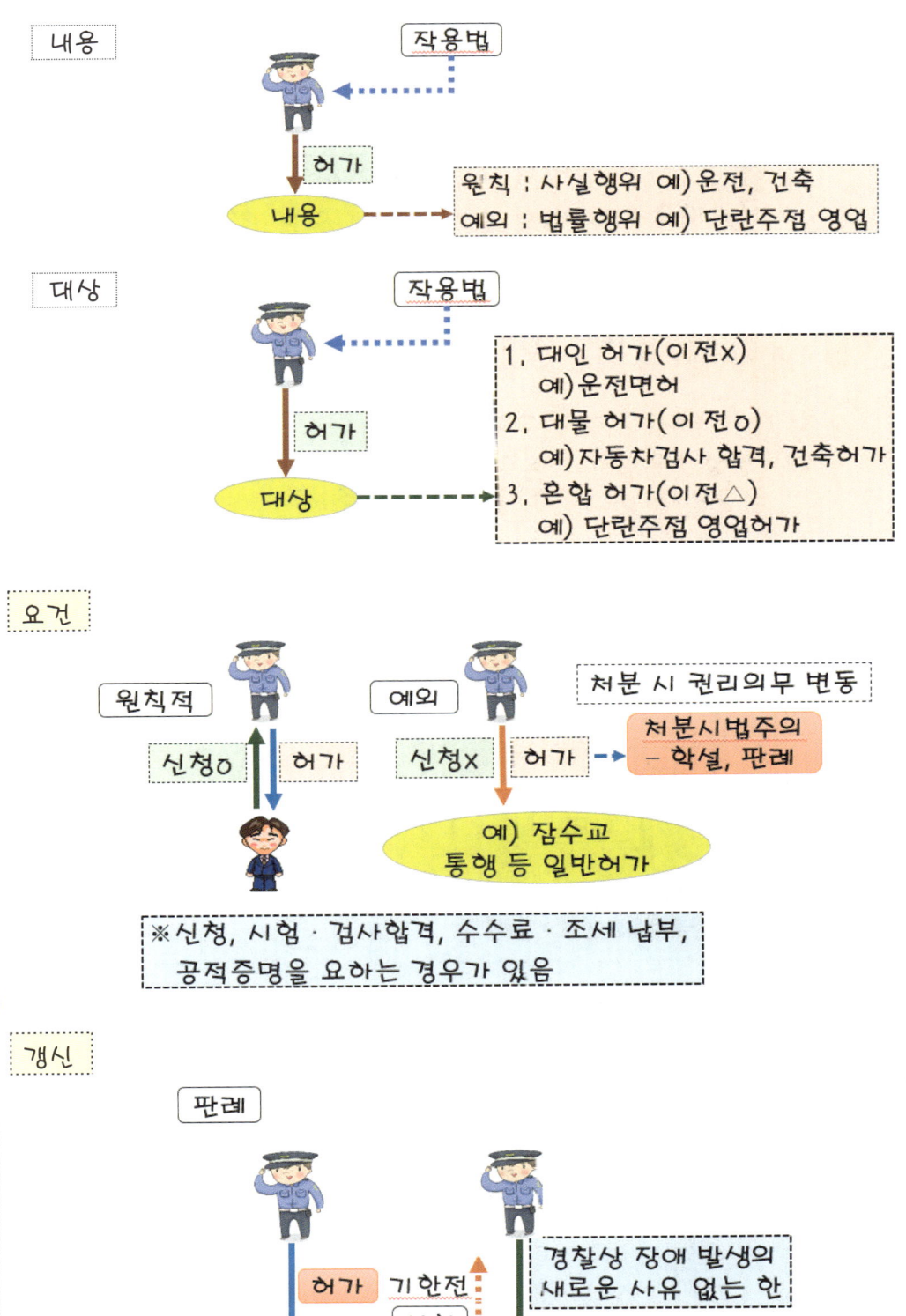

판) 시행행위 갱신허가 → 기한의 연장에 불과, 반드시 갱신하여야(x)

효과

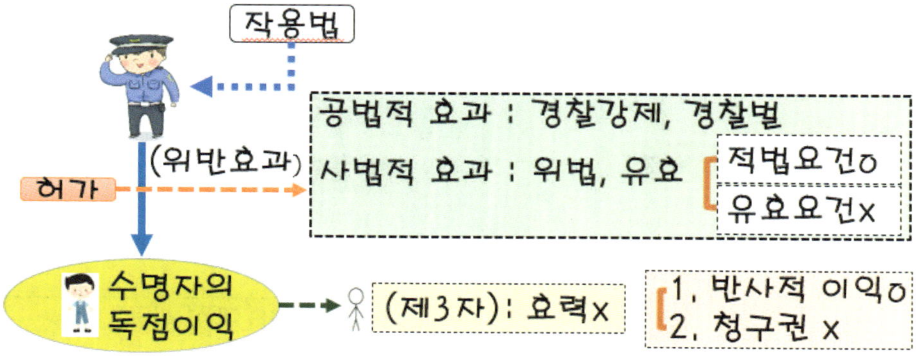

※ 허가 → 타법상 제한 그대로 존재
예) 경찰공무원의 음식점 허가 → 국공법상 영리업무 종사금지 유효

판) 한의사 면허 독점이익(약사에 대해) → 반사적 이익에 불과

면제

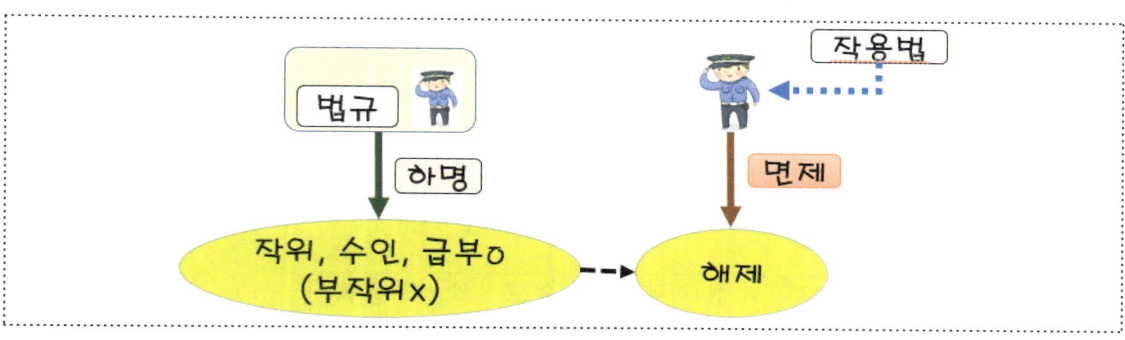

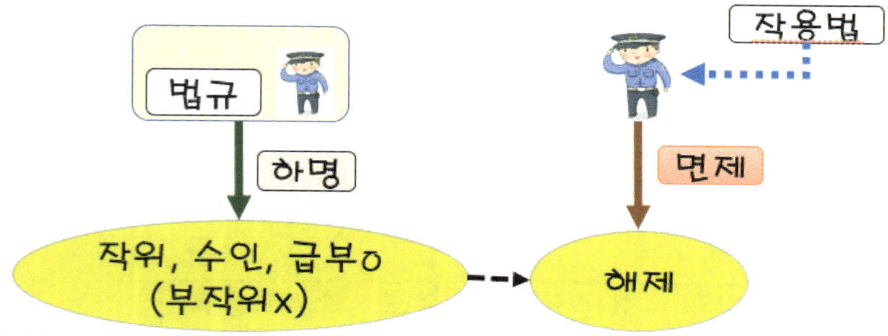

2 형성적 행위

의의

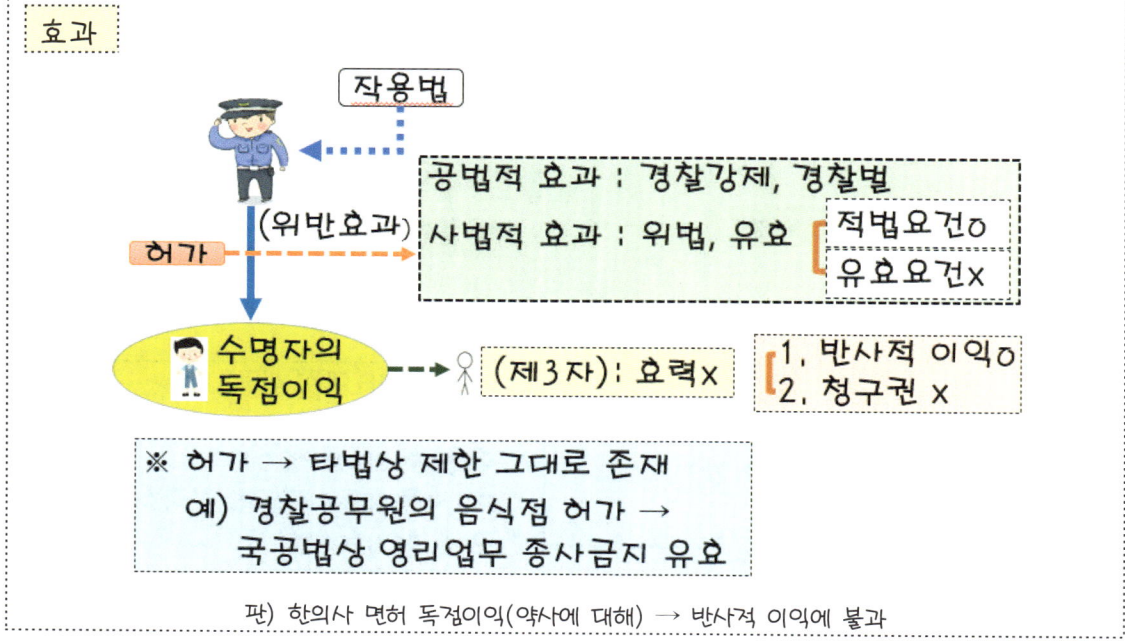

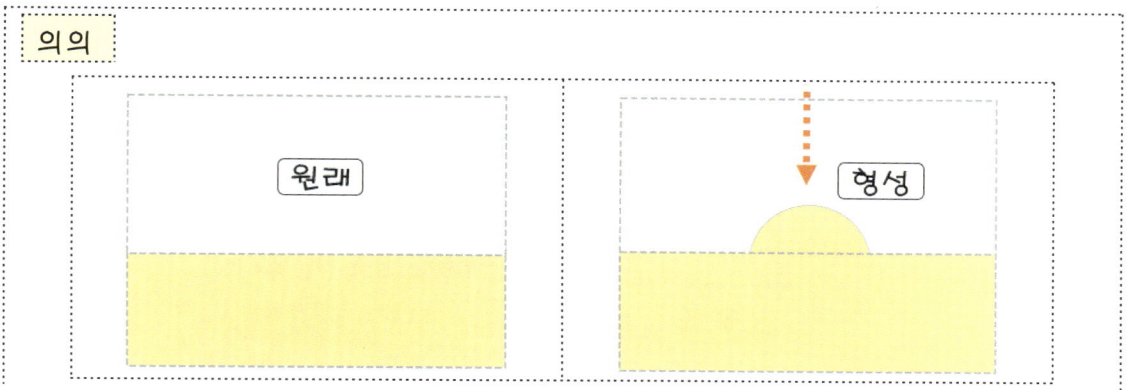

Part
03

종류

특허

권리 설정
능력 설정
포괄적 법률관계 설정

예) 공무원임명, 공유수면매립허가,
공유지 사용허가, 어업면허 등

인가

사인간
법률행위

A B

미완

행정주체
인가

A B

완성

대리

사인간
법률행위

A B

미완

행정주체
대리

A B

완성

▶ 준법률행위적 행정행위

확인

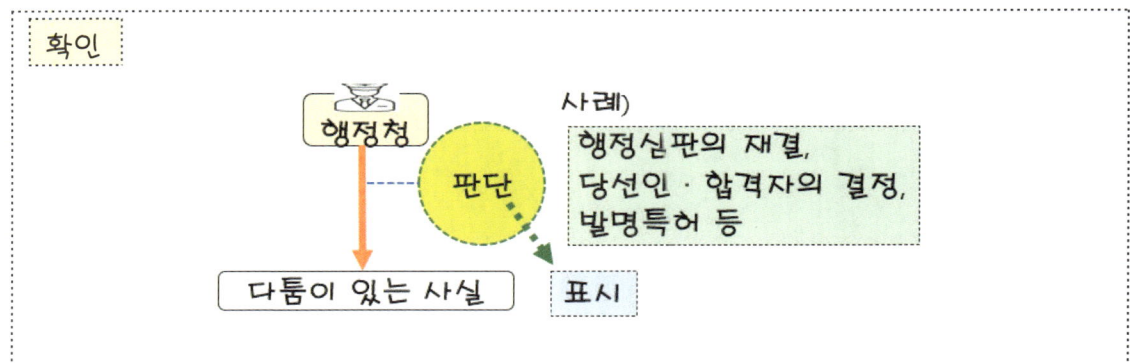

행정청

판단

다툼이 있는 사실

표시

사례)
행정심판의 재결,
당선인·합격자의 결정,
발명특허 등

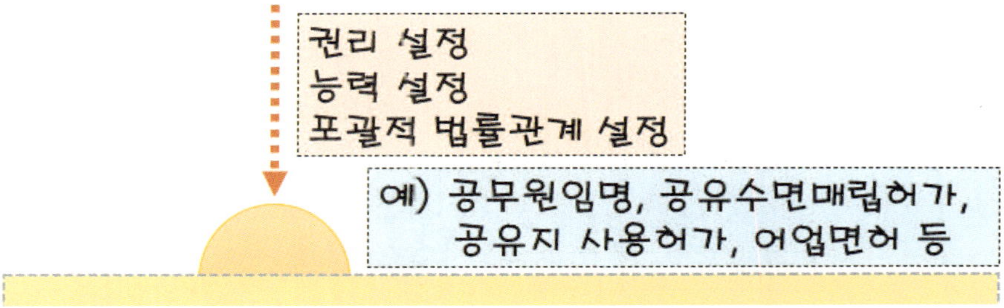

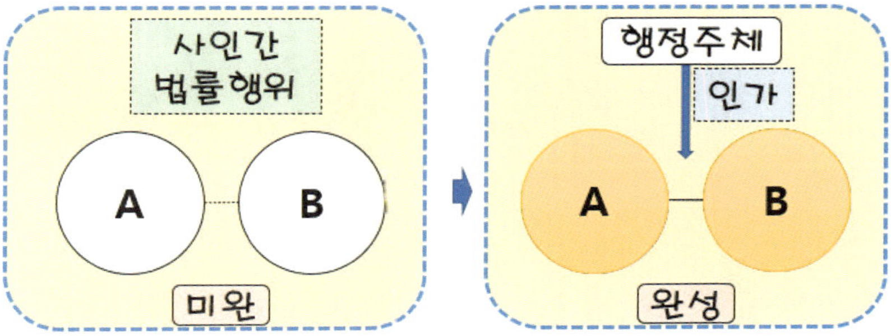

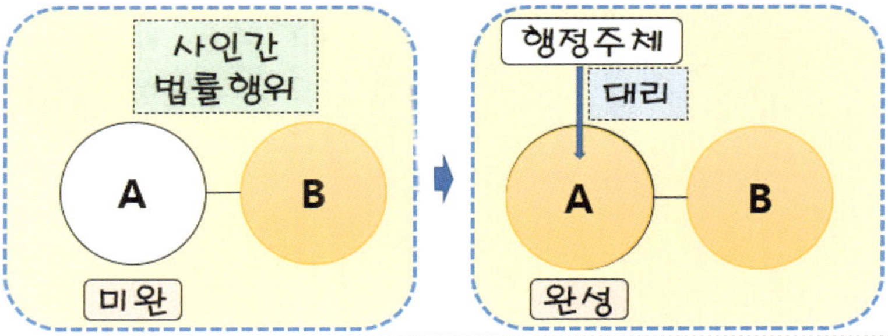

공중

행정청 ----- 인식

다툼이 없는 사실 → 표시

사례)
면허증 교부·발급,
여권발급, 등기 · 등록 · 등재
영수증·허가증의 교부·발급
날인·압날 등

통지

행정청 ▸ 특정 사실 ▸ (타인)

알리는 행위

수리

행정청 ◂ 행정청에 대한 행위 ◂ (타인)

유효한 것으로 수령하는 행위

5 경찰처분의 부관

의의

요건

부관은 다음 각 호의 요건에 적합하여야 한다. (행정기본법 제17조 제4항)

1. 해당 처분의 목적에 위배되지 아니할 것 (제1호)

2. 해당 처분과 실질적인 관련이 있을 것 (제2호)

3. 해당 처분의 목적을 달성에 필요한 최소한의 범위일 것 (제3호)

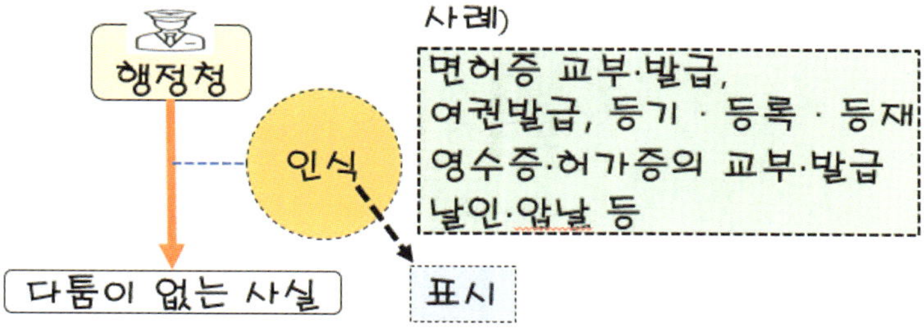

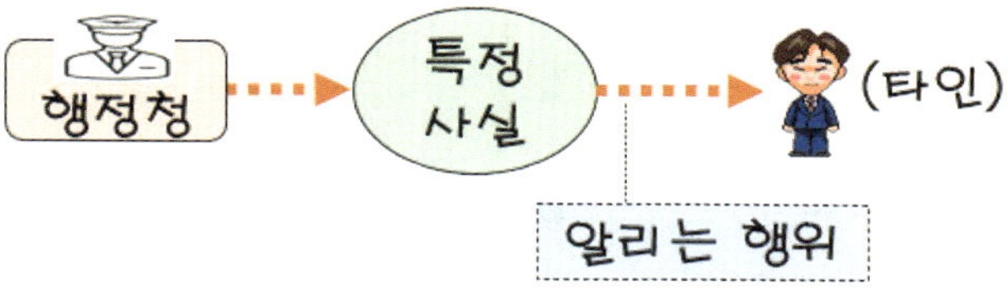

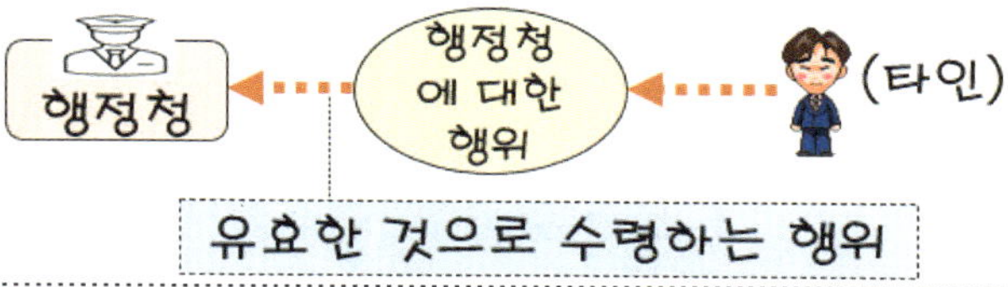

종류

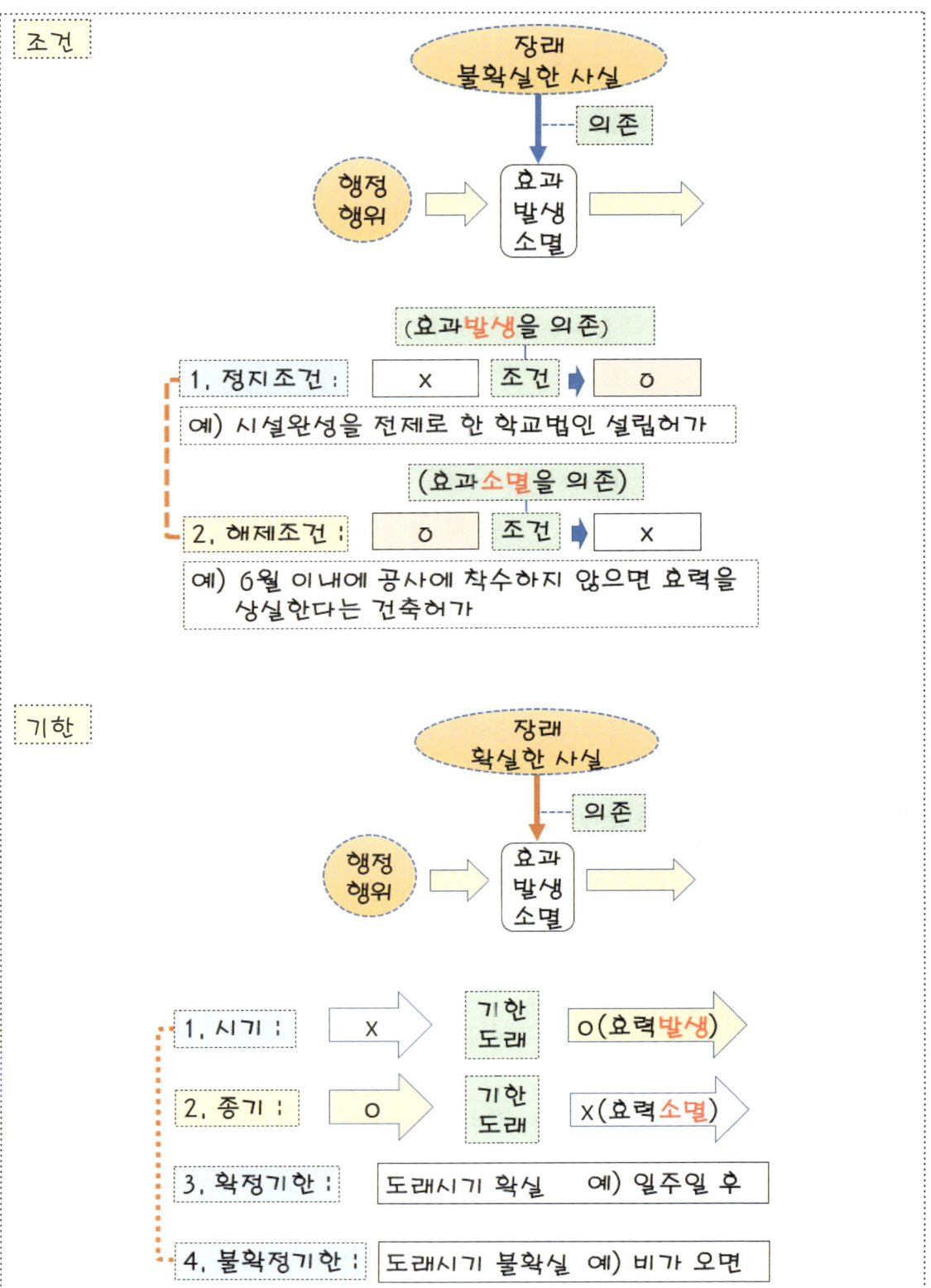

부담

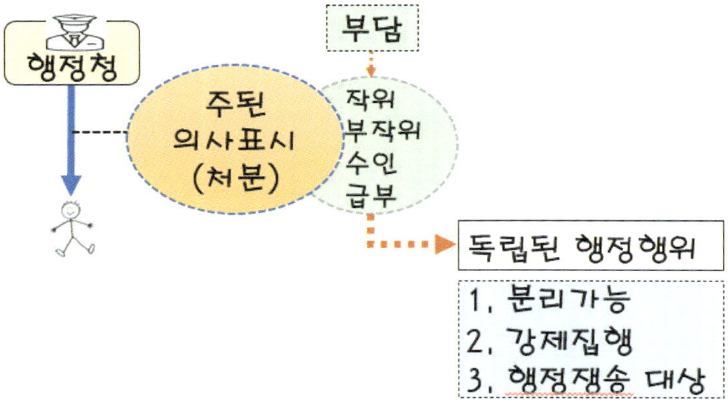

수정부담

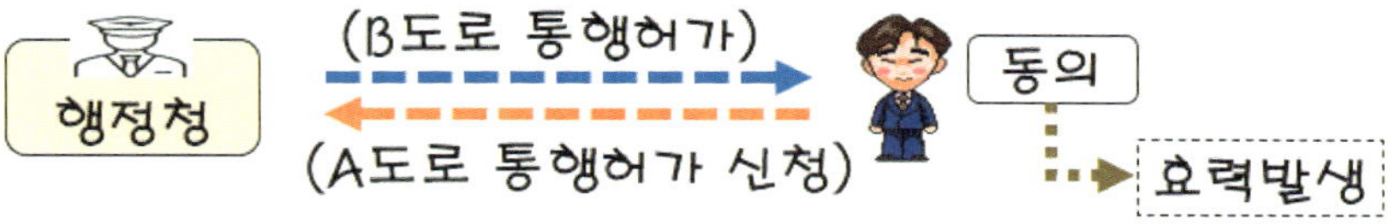

철회권 유보

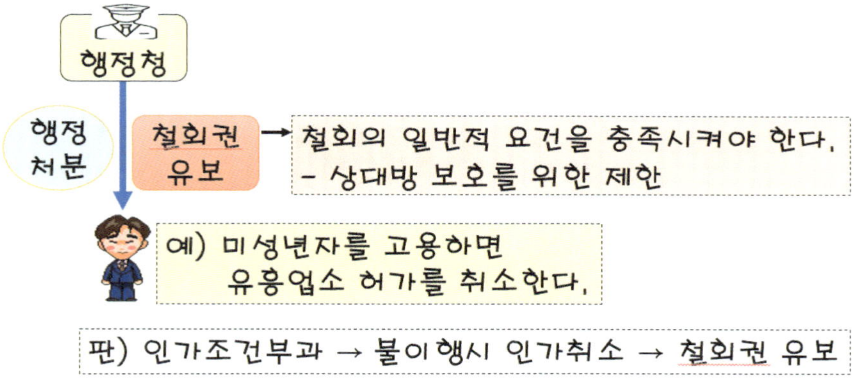

법률효과 일부배제

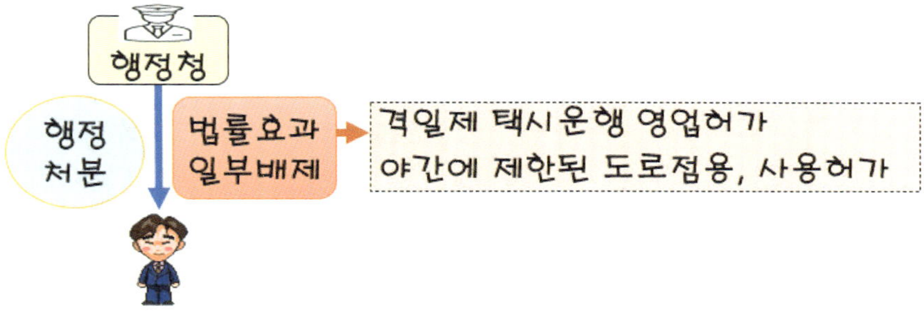

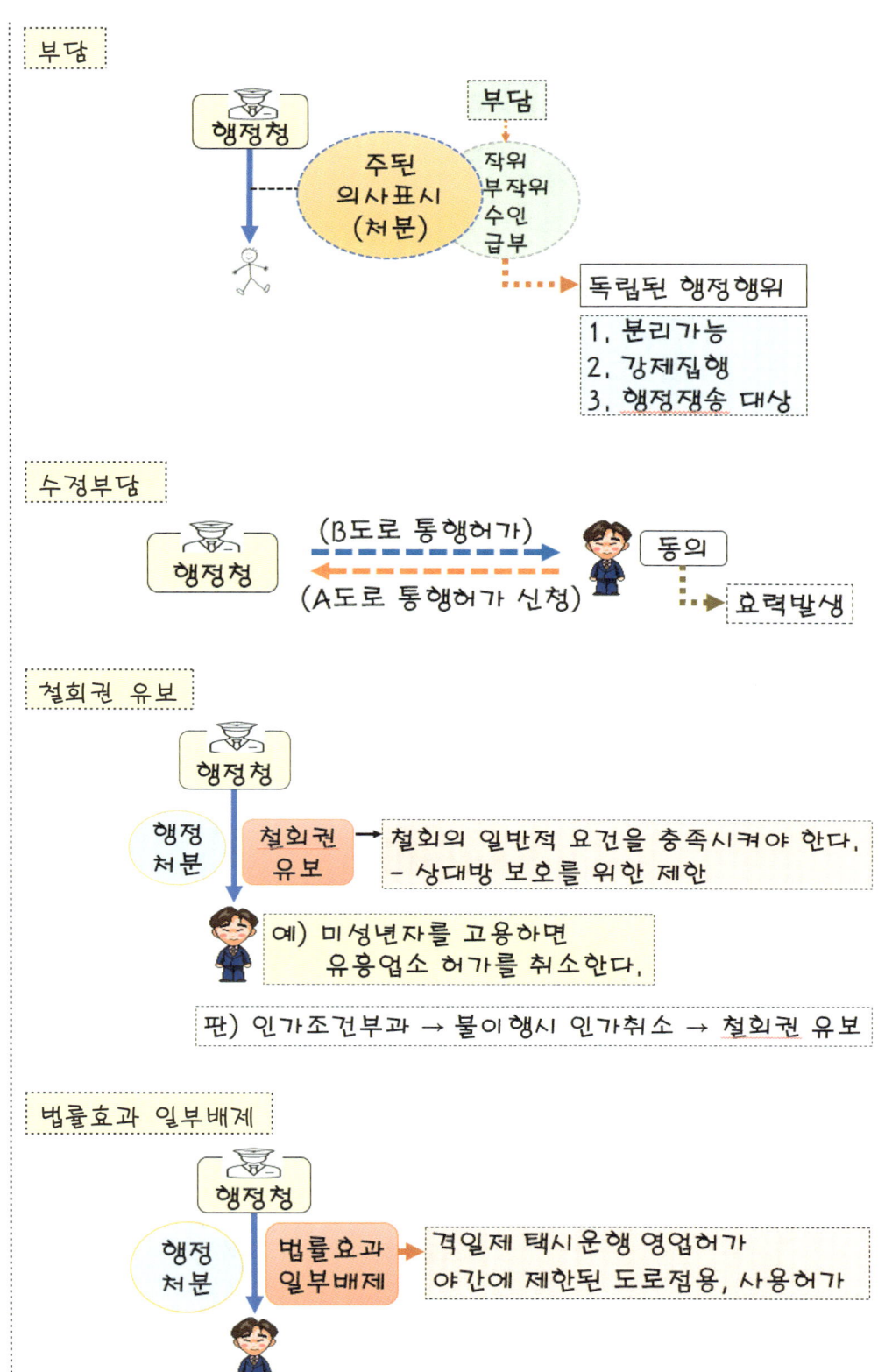

부담권 유보

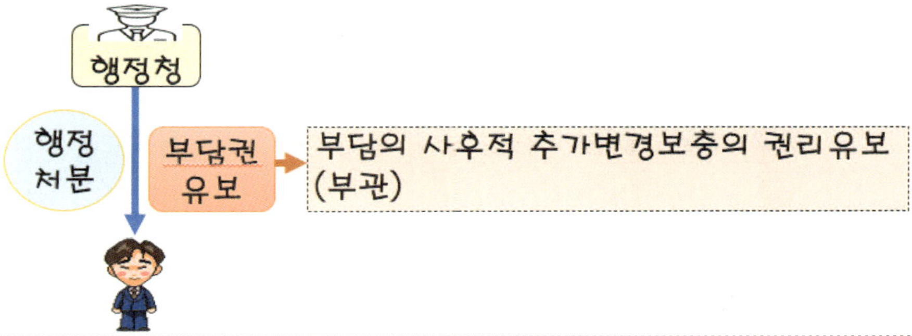

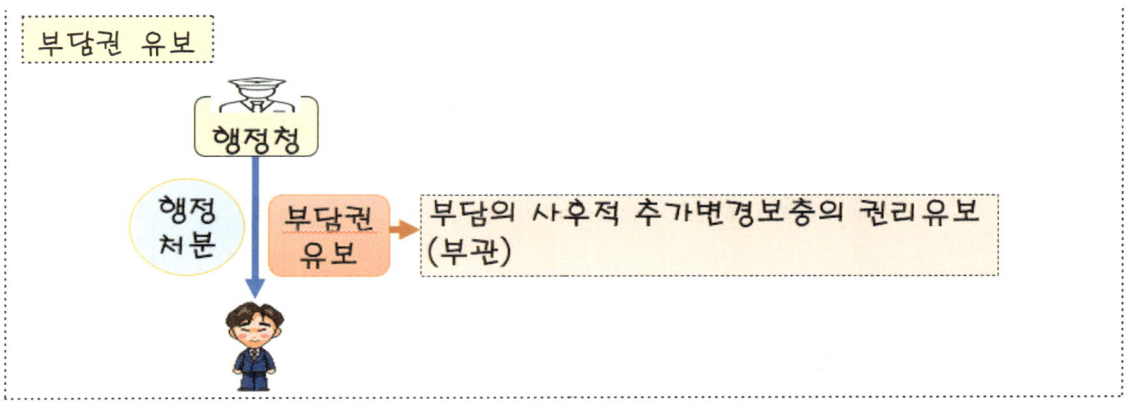

기능 · 한계

기능 - 신축성

한계

자유성 법적근거 불요설(통)

가능성
① 법률행위적 행정행위o, 준법률행위적 행정행위x
② 재량행위o, 기속행위x
㉠ 행정청은 처분에 재량이 있는 경우에는 부관을 붙일 수 있다.(행정기본법 제17조 제1항)
㉡ 행정청은 처분에 재량이 없는 경우에는 법률에 근거가 있는 경우에 부관을 붙일 수 있다.(행정기본법 제17조 제2항)

사후부관

제한적 긍정설(通 · 判)
① 원칙 : 부정
② 예외 : 유보, 상대방 동의, 법적 근거, 사정변경, 부담

* 행정기본법

행정청은 부관을 붙일 수 있는 처분이 다음 각 호의 어느 하나에 해당하는 경우에는 그 처분을 한 후에도 부관을 새로 붙이거나 종전의 부관을 변경할 수 있다.(제17조 제3항)

1. 법률에 근거가 있는 경우
2. 당사자의 동의가 있는 경우
3. 사정이 변경되어 부관을 새로 붙이거나 종전의 부관을 변경하지 아니하면 해당 처분의 목적을 달성할 수 없다고 인정되는 경우

하자

취소	중대 명백x 하자 → 취소되면 → 무효의 경우와 동일
무효	① 원칙(부관이 본질x) : 부관만 무효 ② 예외(부관이 본질o) : 행정행위 전체 무효

부관에 대한 쟁송

1. 원칙 : 독립하여 쟁송의 대상x
2. 예외 : 부담독립쟁송설(通 · 判) →
   예외적으로 독립하여 최소소송 대상

6 경찰처분의 요건

판) 보통우편, 도달사실 입증 → 주장하는 측에서 입증해야

7 경찰처분의 효력 - 구속력, 공정력, 확정력, 자력집행력

판) 도달 → 상대방이 양지할 수 있는 상태(충분)

구속력 무효제외, 관련자들을 구속하는 힘

공정력 무효(중대 · 명백)제외, 일단 유효한 것으로 추정

*** 선결문제**

형사 선결 - 형사절차에서 행정처분의 무효취소여부 판단

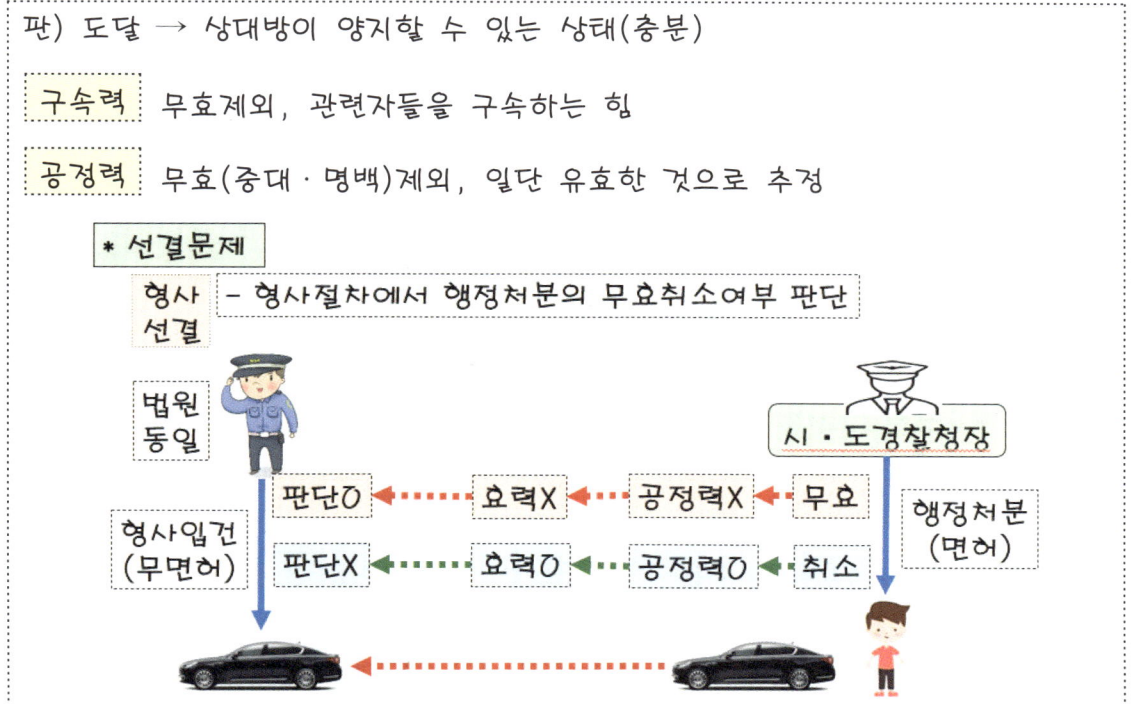

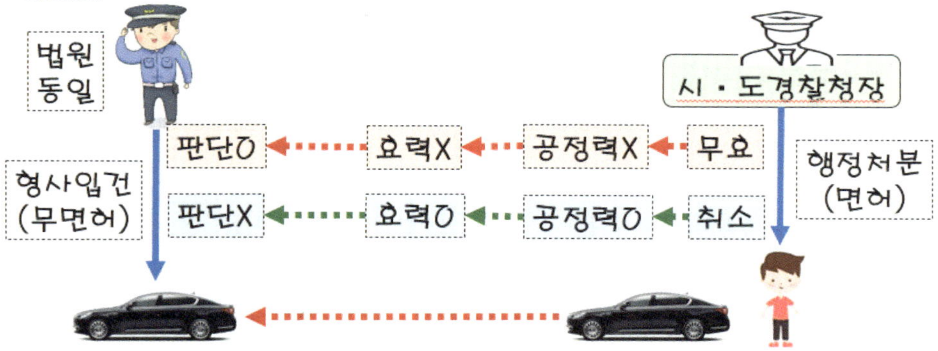

- 형사절차에서 행정처분의 위법성 판단

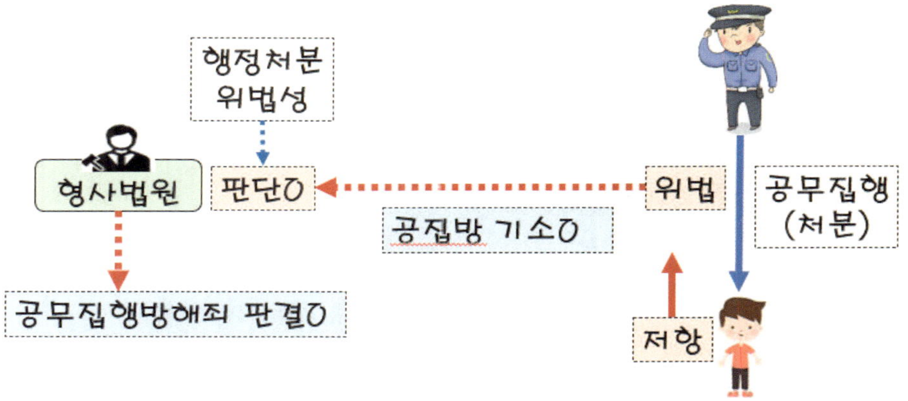

민사 선결

- 민사절차에서 행정처분의 무효취소여부 판단

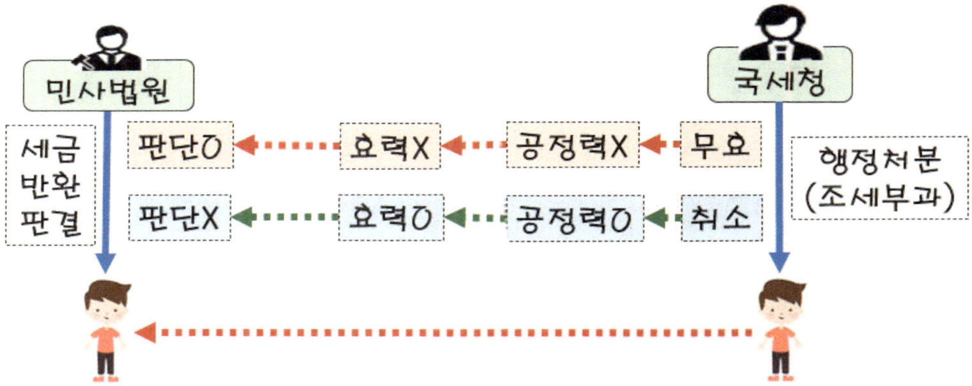

- 민사절차에서 행정처분의 위법성 판단

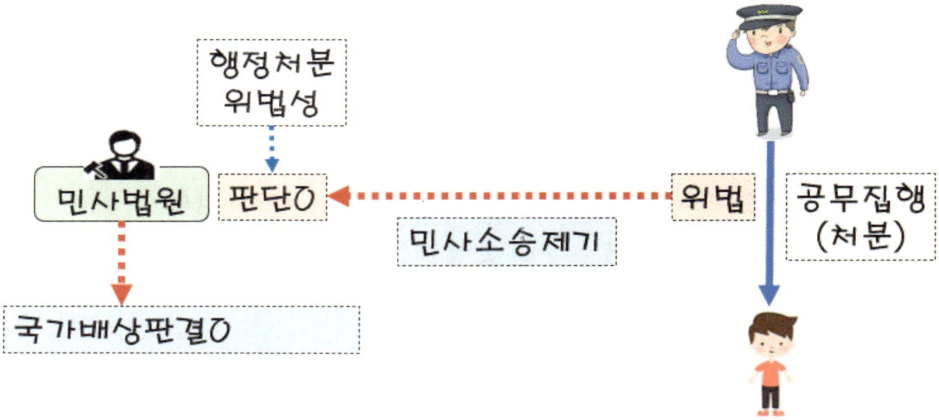

- 선결문제

| 민사 | 효력 유무 | 1. 무효사유 : 적극설(通·判)
2. 취소사유 : 소극설(通·判)
   예 세금반환소송에서 과세처분의 효력심사 |
| | 위법 여부 | 적극설(通·判)
   예 국가배상소송에서 처분의 위법성심사 |

판) 위법(O), 취소(X) → 손해배상(O)

| 형사 | 효력 유무 | 1. 무효사유 : 적극설(通·判)
2. 취소사유 : 소극설(通·判)
   예 무면허운전 형사소송에서 면허 효력심사
   판) 연령기망, 면허증 교부 → 무면허운전(X) |
| | 위법 여부 | 적극설(通·判)
   예 공무집행방해죄 심리 중 공무수행의 적법성 심사 |

확정력
- 불가 쟁력 : 다툴 수 없게 되는 효력
  예 제소기간의 경과, 심급의 종료 등
- 불가 변력 : 취소·철회할 수 없는 효력(준사법적 행위만)
  예 행정심판의 재결, 징계위원회의 결정, 소청심사위원회의 결정 등

자력집행력 : 행정청 자력으로 강제

8 경찰상 행정행위의 하자

무효·취소

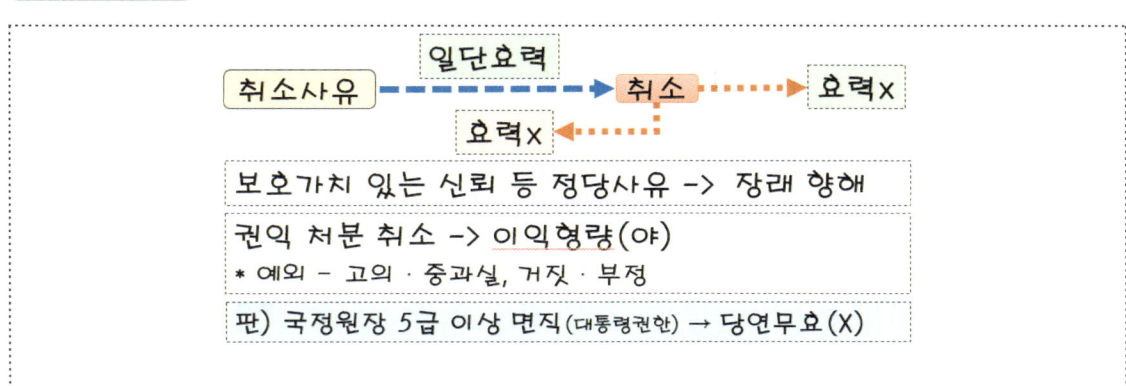

보호가치 있는 신뢰 등 정당사유 -> 장래 향해

권익 처분 취소 -> 이익형량(야)
* 예외 - 고의·중과실, 거짓·부정

판) 국정원장 5급 이상 면직(대통령권한) → 당연무효(X)

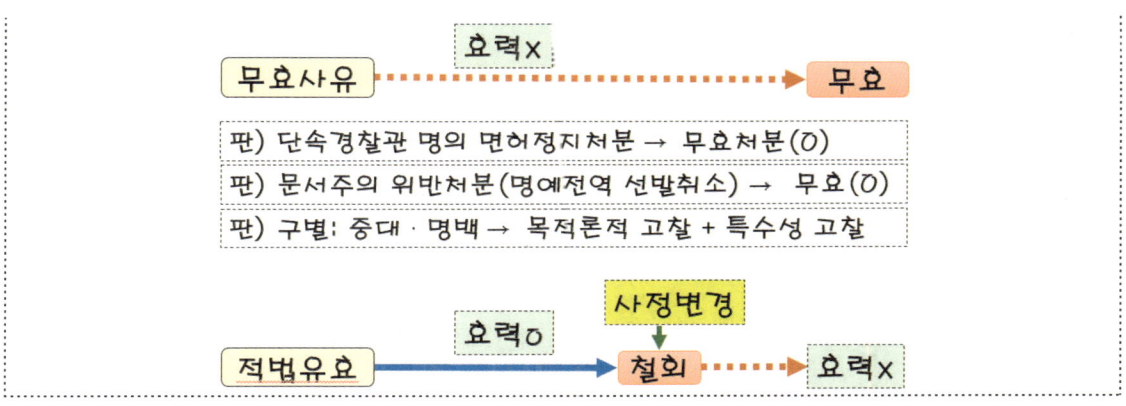

하자승계

선행행위
- 취소사유ㅇ
- 불가쟁력ㅇ

후행행위
- 하자x

① 독립된 별개 효과추구
➡ 승계를 부정
② 동일 공통된 효과추구
➡ 승계를 긍정

긍정

(1) 대집행절차 상호간
(2) 조세체납처분 상호간(독...압...매...청)
(3) 개별공시지가결정, 과세처분
(4) 안경사시험합격무효처분, 안경사면허취소처분
(5) 반민족행위자로 결정, 독립유공자법 적용 배제 [☺대조개안 독립]

부정

(1) 직위해제처분과 직권면직처분
(2) 건물철거명령과 대집행계고처분
(3) 과세처분과 체납처분
(4) 표준공시지가결정과 과세처분
(5) 사업인정과 토지수용재결처분
(6) (대학원) 수강거부처분과 수료처분 [☺직건과표사수 부정]

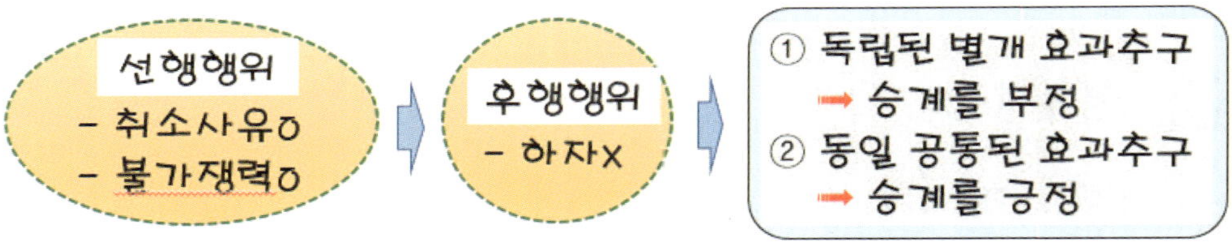

하자의 치유과 전환

제5장 경찰행정의 실효성 확보수단

제1절 전통적 의무이행 확보수단

1 경찰강제

경찰강제 = 강제집행 + 즉시강제

※ 경제집행 → 하명 근거법 + 별도 법적 근거 필요

1 강계집행   판) 강계집행 → 원칙적 수단, 즉시강계 → 예외적 수단

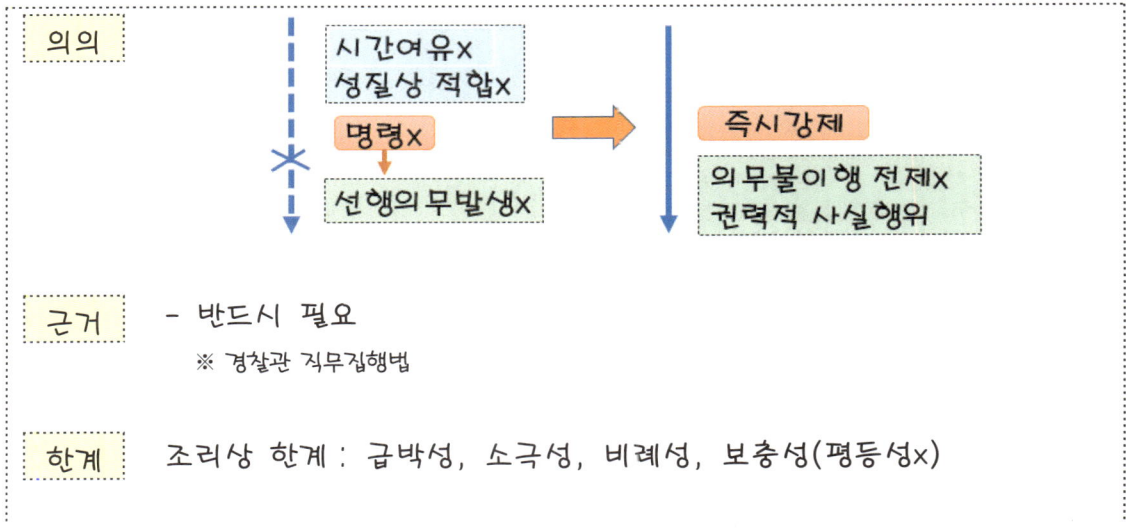

| 하명 | 의무발생 | ⟶ | 강제집행 | 의무불이행 전제 |

작위 — 대체적 / 비대체적 ⟶ 대집행
부작위 ⟶ 집행벌
수인 — 모든 의무 ⟶ 직접강제
급부 ⟶ 강제징수

대집행	1. 의의 : 대체적 작위의무 불이행 → 3자 대신 이행 2. 근거 : 행정대집행법(반드시 근거필요) 3. 절차 : 계고 → 통지 → 실행 → 비용의 징수
집행벌	비대체 작위의무, 부작위 의무 이행x → (과태료등)반복부과 계고 → 통지절차(행기법) ※ 간접적 수단
직접 강제	모든 의무(대상) → (직접 신체 재산에 강제, 스스로 하게) 계고 → 통지절차(집행벌 규정 준용), 증표제시의무ㅇ 예)불법집회 해산명령(집시법), 외국인 강제퇴거(출입국법), 도교법 위험방지조치
강제 징수	1. 의의 : 급부의무 → (재산에 실력) → 이행과 동일상태 2. 근거 : 국세징수법 3. 절차 : ① 성공 : 독촉 ⇨ 압류 ⇨ 매각 ⇨ 청산 ② 실패 : 독촉 ⇨ 체납처분 ⇨ 체납처분 중지 ⇨ 결손

2 경찰상 즉시강계

| 의의 | 시간여유x / 성질상 적합x
명령x
선행의무발생x   ⟹   즉시강제
의무불이행 전제x / 권력적 사실행위 |

| 근거 | - 반드시 필요
※ 경찰관 직무집행법 |

| 한계 | 조리상 한계 : 급박성, 소극성, 비례성, 보충성(평등성x) |

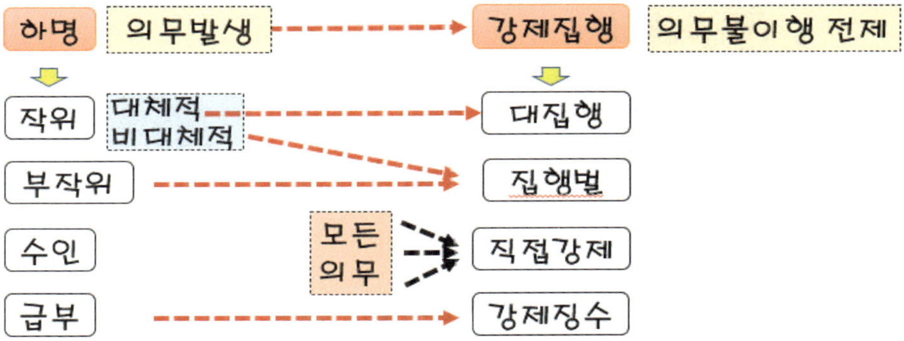

절차 1. 영장주의 - 절충설(통설·판례) ① 원칙 : 적용
② 예외 : 긴급한 경우

2. 증표제시의무o

수단 - 대인, 대물, 대가택 → (개별규정에서 익혀야)

구제
- 적법 : 특별한 희생 → 손실보상
- 위법
  - 행정쟁송 : 처분성o → 쟁송가능o, 실익x, 성질상 적합x
  - 국가(손해)배상 : 실효성 있는 수단
  - 기타 : 정당방위o → 공무집행방해x

*** 행정(경찰)조사(행정조사기본법)**

의의
- 경찰작용을 위한 권력·비권력적 활동
- 경찰작용의 정보·자료 확보위한 준비적·보조적 활동

근거

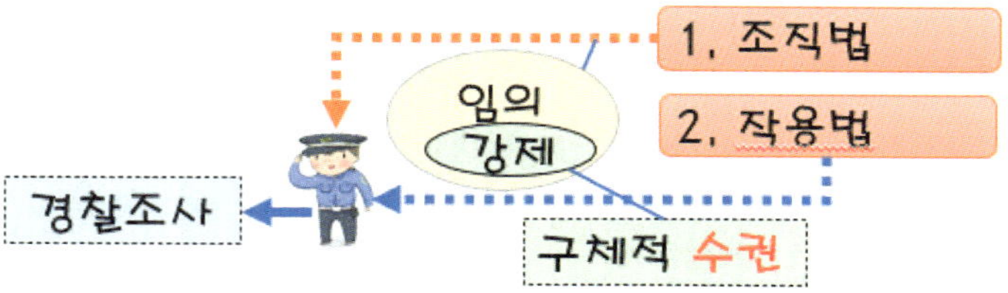

행정조사기본법

행정 조사

1. 규정필요o, 할 수/ 예외: 자발 협조(규정x)/
교통사고+음주 등 (조사해야)

2. 근거: 행정조사기본법(예외 : 조세 · 형사 · 행형 및 보안처분)

3. 직접 강제력 행사x, 강제출입x
예외 : 총포등 제조 · 판매 · 임대소, 화약류저장 · 사용장소
→ 출입조사거부 – 형벌
세무조사 거짓진술, 직무집행 기피 · 방해 –
질서벌(과태료 – 2천만원 이하)
식위법 출입 · 검사 · 수거, 거부 · 방해 · 기피등 – 허가취소
감염병 환자 조사거부등 – 격리 · 치료 · 입원등 – 즉시강제

*판례

풍속영업소 출입조사 -> 행정조사(O), 강제수사(X)

도교법 호흡측정, 혈액검사 -> 행정조사(O), 강제수사(O)

영장X, 위법 채혈조사 -> 면허취소 -> 위법(O)

*원칙

목적외 사용금지 -> 법률에 따른 경우 제외,

스텝1

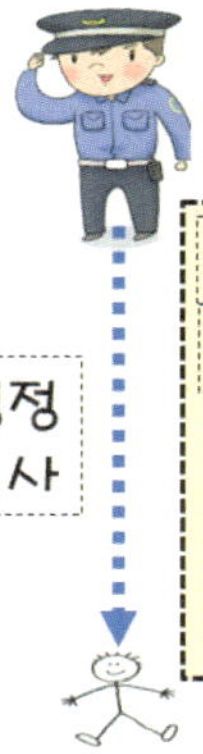

행정 조사

① 증표 지니고, 내보여야

② 서면통보해야 -> 조사7일 전까지

예외 – 증거인멸 등 우려,
지정통계작성 위한 조사,
자발적인 협조,

스텝2

소속 기관장

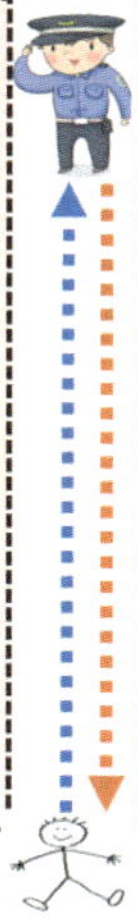

③ 연기신청서 -> (행정기관장에 제출해야)	7일 이내 -> 통지해야
④ 자발협조 조사 -> (전화등, 거부할 수)	응답(X) -> 거부한 것으로 봄
⑤ 기관장에 의견제출 할 수 ->	상당이유O, 반영해야
* 쌍방녹음, 녹화할 수 ->	범위협의(야), 기관장에 사전통지(야)
⑥ 조사결과 ->	7일 이내 통지해야

한계
- (강제조사)영장주의 -> 절충설(통.판례)
- 진술거부권 고지x -> 형사소송법 준용x(판례)

개인정보보호법

용어 정의

개인정보	살아있는 개인에 관한 정보
	1. 성명, 주민번호, 영상등, 알아 볼 수 있는 정보
	2. 다른 정보와 쉽게 결합, 알아볼 수 있는 정보
	3. 가명처리로 추가정보와 결합없이 알아볼 수 없는 정보
가명처리	삭제, 대체 -> 추가정보 없이 알아볼 수x
정보주체	정보에 의해 알아볼 수 있는 사람
개인정보파일	체계적 배열, 구성한 개인정보 집합물
개인정보처리자	개인정보처리 공공기관, 법인, 단체 및 개인 등(관리자X)
고정형 영상정보 처리기기	일정 공간에 지속적 설치, 촬영, 전송장치
이동형 영상정보 처리기기	신체 착용, 부착, 촬영, 이동물체 부착,거치

정보주체의 권리

1. (개인정보 처리) 정보 제공 받을 권리
3. (〃) 확인, 열람(사본 발급 포함), 전송 요구 권리
2. (〃) 동의, (동의 범위)선택, 결정 권리
6. (〃) 결정거부, 설명요구 권리
4. (〃) 정지, 정정, 삭제, 파기 요구 권리
5. (〃) 피해 구제받을 권리

개인정보 수집이용 제한 - 예외(할 수)

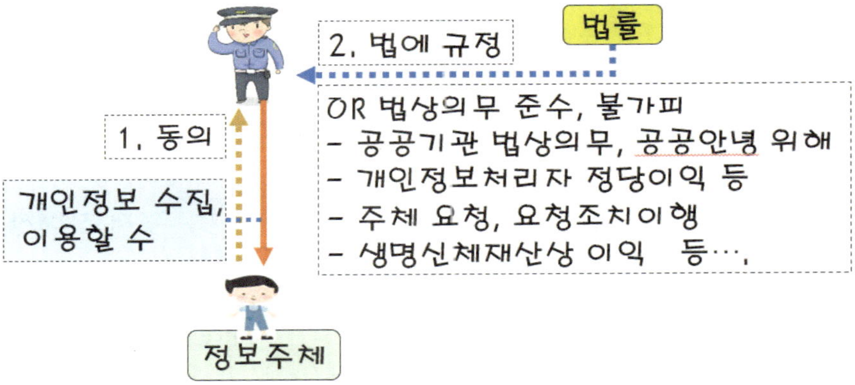

개인정보 제공제한 - 예외(할 수)

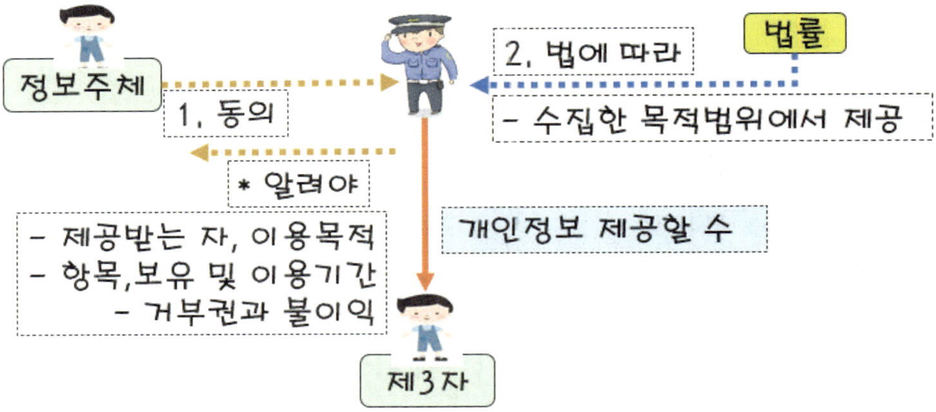

개인정보 초과제공, 초과이용제한 - 예외(할 수)

정보주체

1. 동의

2. 법에 규정

법률

- 법상 업무수행곤란(보호위원회 심의)
- 조약, 협정이행 필요
- 수사, 공소, 재판, 집행 필요(동의 필요X)
- 주체 또는 3자 생명신체재산 이익
- 공공안전과 안녕을 위해

A. 개인정보 초과 제공

제3자

B. 목적 외 용도 초과이용

* 개인정보 불필요 -> 지체없이 파기해야

이동형 영상정보처리기기 운영제한

이동형영상정보처리기기

① 사람 또는 사람관련 사물영상 (개인정보) -> 촬영금지

- 예외: 법에 의해 수집이용가능, 명확표시->거부의사x, 이에 준(대통령령)

③ 불빛, 소리, 안내판 등(대통령) -> 알려야(개인정보관련)

② 목욕실, 화장실, 발한실, 탈의실 등(개인사생활 현저 침해장소) -> 촬영금지

- 예외 : 인명 구조 및 구급 등 필요 (대통령령으로 정)

개인정보 파기 및 가명정보 처리 등

개인정보처리자

① 개인정보 -> 불필요 -> 파기해야(다른 법 예외o)

② 통계작성, 과학적 연구, 공익적 기록보존 등 -> 동의x, 가명정보처리 가능

③ 가명정보 제3자 제공 -> 개인 알아볼 정보포함x

* 금지행위

1. 거짓, 부정방법, 개인정보취득 및 처리 -> 동의를 받는 행위
2. 개인정보 누설, 권한없이 이용제공
3. 개인정보 이용, 훼손, 멸실, 변경, 위조 또는 유출

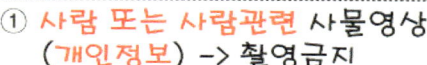

Part 03

3 즉시강제 일반법 등

경직법 일반

연혁 - 일본의 경찰관등직무집행법 모방 1953년 제정

- 81년 : 유치장 설치근거, 치안정보 수집·작성·배포 → 직무범위 규정
- 88년 : 임의동행 시 "거부의 자유", "퇴거할 자유",
  "변호인 조력의 권리" 고지규정 신설,
  경찰서 유치시한 → 3시간 규정,
  임시영치 30일 → 10일
- 89년 : 최루탄 사용조항 추가
- 91년 : '임의동행 거절권' '퇴거의 자유' 사전고지 삭제,
  임의동행 시간 3시간 → 6시간, (범죄와 전쟁)
- 99년 : 장비규정 구체화 명확화
- 04년 : 지구대 설치
- 06년 : 제주자치경찰 도입
- 13년 : 손실보상규정 신설
- 18년 : 범죄피해자 보호 추가
- 20년 : 인권보호의무 처음으로 명시

의의

1. 즉시강제 일반법 → 작용의 일반법
   ① 국민의 자유와 권리, 개인 인권보호 → 영미법계 사고
   ② 공공의 안녕과 질서유지 → 대륙법계 사고(영미, 대륙 모두 반영)
2. 비례의 원칙, 권한 남용금지 → 경직법 제1조 제2항에 규정
   ※ 직권남용 → 1년 이하의 징역, 금고, 300만원 이하 벌금
   판) 경직법 '필요최소한도에서' → 비례원칙 명시규정, 헌법상 과잉금지원칙 표현

직무범위

1. 국민의 생명·신체 및 재산의 보호
2. 범죄의 예방·진압·수사
3. 범죄피해자 보호
4. 경비·주요인사 경호 및 대간첩·대테러작전
5. 공공안녕에 대한 위험의 예방과 대응을 위한 정보의 수집·작성, 배포
6. 교통의 단속과 위해의 방지

7. 외국정부기관 및 국제기구와 국제협력
8. 그 밖의 사회 공공의 안녕과 질서유지
   판) 법령위반 → 신의성실 등 조리(마땅 준칙, 규범)위반 포함
   판) 국민 생신재 보호, 형식적 법령근거(X) → 공무원 작위의무(O)
   판) 직무수행(O) → 현저 불합리(X), 다른 조치(X) → 위법(X)

주체

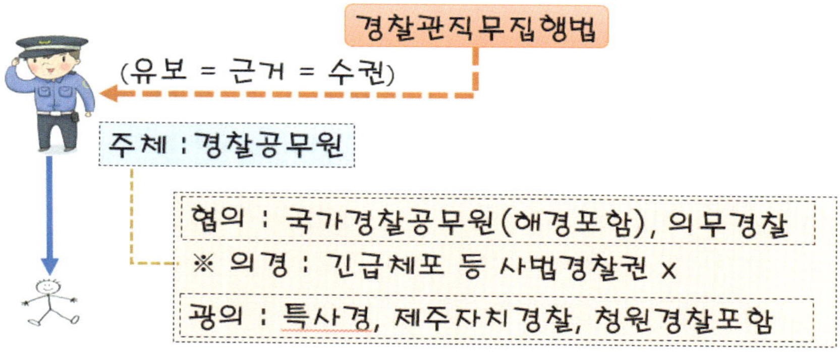
경찰관직무집행법
(유보 = 근거 = 수권)
주체 : 경찰공무원
협의 : 국가경찰공무원(해경포함), 의무경찰
※ 의경 : 긴급체포 등 사법경찰권 x
광의 : 특사경, 제주자치경찰, 청원경찰포함

판) 의무경찰 → 신호, 지시(O)
판) 의경 → 명시적 묵시적 지시(O) → 불심검문, 무기사용 등(O)

수단 - 대인, 대물, 대가택적 수단 → 각 조문에서 이해

불심검문

의의

불심검문대상자를 정지시켜 질문 할 수,
※ 경찰조사의 근거

근거 - 경직법(행정경찰상 처분)
※ 대응조치x, 처벌규정x

성질 1. 다수설 → 임의적 수단
2. 경찰 → 대인즉시강제로 해석(근거 - 판례 : 최소한의 유형력)
   ※ 시험에서 모두 정답 처리
① 거절 → 강제x(거절 - 강제로 가방 열고 시너, 화염병 압수 → 위법)
② 최소한의 유형력o : 어깨, 팔 가볍게 잡기o, 앞 가로막기o
판) 불심검문대상자 추격, 옷자락 붙잡는 행위 → 적법

대상

1. 죄를 범하였거나, 범하려하고 있다고 의심 [☻하려안]
2. 행하여진 범죄, 행하여지려 하는 범죄에 그 사실 안다고 인정

판) 불심검문 대상자 → 체포 · 구속 정도 혐의 필요(x)

판) 불심검문 대상 → 일부 인상착의 일치하지 않는 것만 → 위법(x)

절차

정지

- 최소한의 유형력o

㉠ 손으로 어깨나 팔을 가볍게 잡는 행위, 앞을 가로 막는 행위 등

판) 재차 앞을 가로막고 검문 → 멱살 잡아 밀치는 항의 → 공집방(o)

질문

1. 소개 : 증표 제시, 소속 · 성명 밝히고
2. 용건 : 목적 · 이유 고지
3. 증표 → (반드시) 경찰공무원증[흉장x, 재직증명서x]

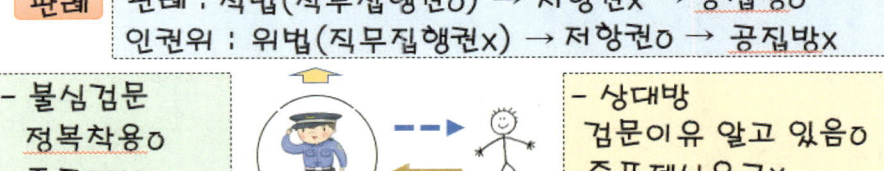

판례
판례 : 적법(직무집행권o) → 저항권x → 공집방o
인권위 : 위법(직무집행권x) → 저항권o → 공집방x

- 불심검문
정복착용o
증표제시x
증표제시의무o

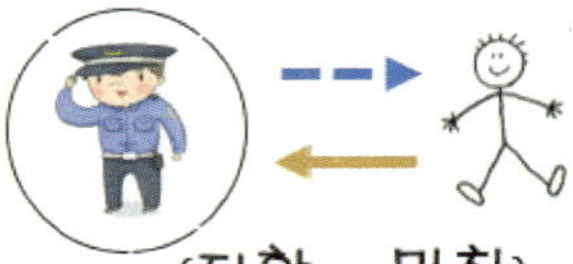

(저항 - 밀침)

- 상대방
검문이유 알고 있음o
증표제시요구x
불심검문에 응할 의무o

4. 답변강요 금지(← 헌법상 모든 국민 진술거부권o)
5. 진술거부권 고지x(진술거부권o, 고지는 → 신문 시에)

검사

- 규정 : 흉기조사 할 수, 대응조치x, 처벌규정x

흉기조사
일반소지품 : 규정x → 불가능, (예외)동의 : 가능
흉기 : 규정o(직무집행권o) → 저항권x → 공집방o

- 흉기조사
Stop and frisk
(외표검사)

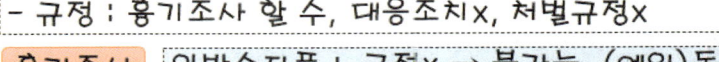

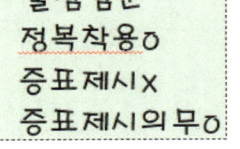

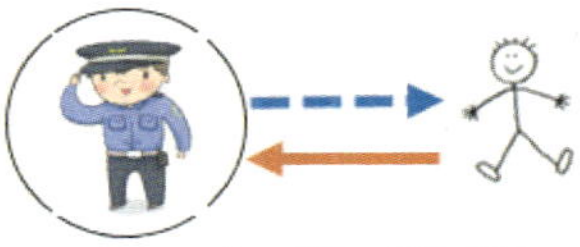

(저항-밀침)

상대방 :
흉기조사에 응할 의무o

판) 비례원칙, 상당한 방법 → 정지, 질문, 흉기 소지여부 조사(o)

임의동행

- 요건
  - 불리하거나,
  - 교통에 방해
- 성질
  - 비권력적 수단 → 동의필요, 거부o, 되돌아갈 수o
  - 판) 자발 탑승 → 하차요구, 설명듣고 빨리가자 요구 → 적법
  - 판) 자발적 의사 → 객관적 사정, 명백 입증 → 적법
  - 판) 임의동행 가장 강제연행 → 불법
- 절차

요구 시 (고지) — 소개 : 증표제시, 소속성명 / 용건 : 목적, 이유, 동행장소 / ※ 임의동행 거절권 고지의무x

동행 후 — 연락하거나 연락할 기회 / 변호인 조력을 받을 권리 고지 / ※ 6시간 초과x, 24시간 이내 보고

판) 6시간 초과금지 → 6시간 구금허용(x)

판) 6시간 초과 상태(형소법상 임의동행) → 소변제출 → 적법증거

보호조치

의의

할 수  (응급구호 대상자)

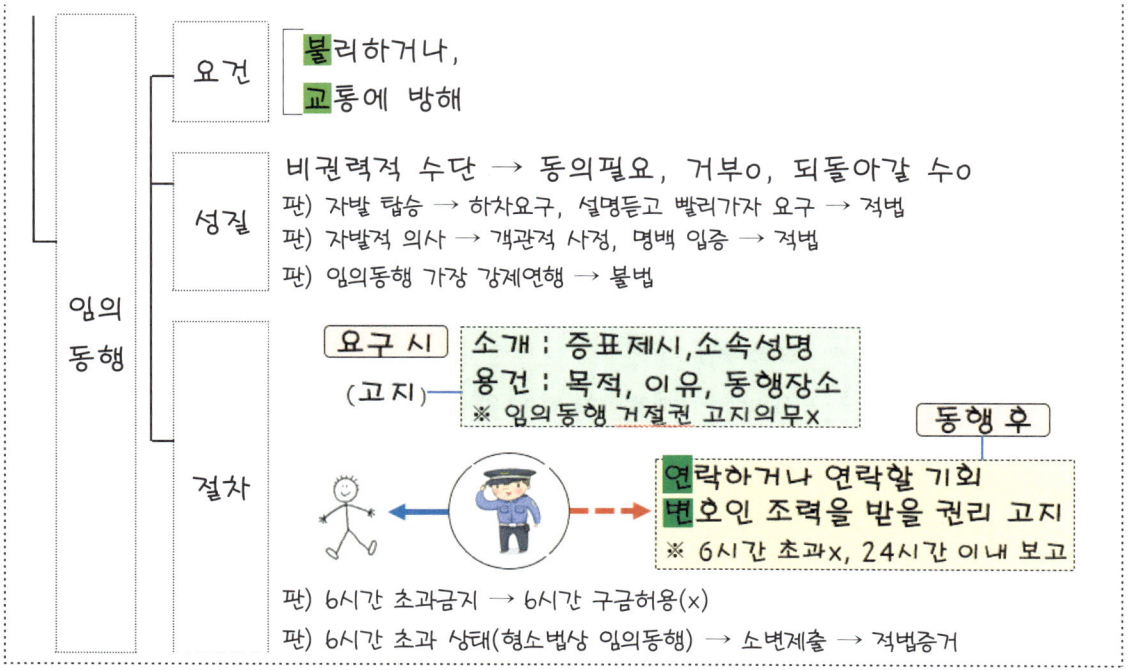

(불리한 요소O – 강제보호조치)

판) 보호조치 요건(x) → 의사에 반, 경찰서로 데려간 행위 → 위법

판) 주취정도 심한 경우 → 경찰관서 일시보호 가능(o)

성질 - 대인즉시강제

판) 만취자 파출소 보호 → 지속적 관찰 조치의무(o)

판) 주취자 보호조치 → 즉시강제(o), 신중엄격 해석해야

판) 보호조치 상태 음주측정 요구만 → 위법(x), 보호조치 종료(x)

대상

- 강제 보호조치
  - 정신병자, 주취자, 자살기도자 - 열거 ※ 동의여부x
  - 판) 술에 취한 상태 → 정상적 판단능력, 의사능력 상실할 정도(o)
  - 판) 보호실 → 정신착란, 주취자, 자살기도자(o), 영장x 피의자 구금(x)
  - 판) 구윤락방지법 요보호여자, 보호실 유치 → 위법(o)
- 임의 보호조치
  - 미아, 병자, 부상자 등(기아 노인O) - 예시
  - ※ 거절하는 경우x
  - 예 야간 홀로 걷는 10세 여아 → 보호조치 거부 → 대상X

방법 - 일시보호, 응급구호

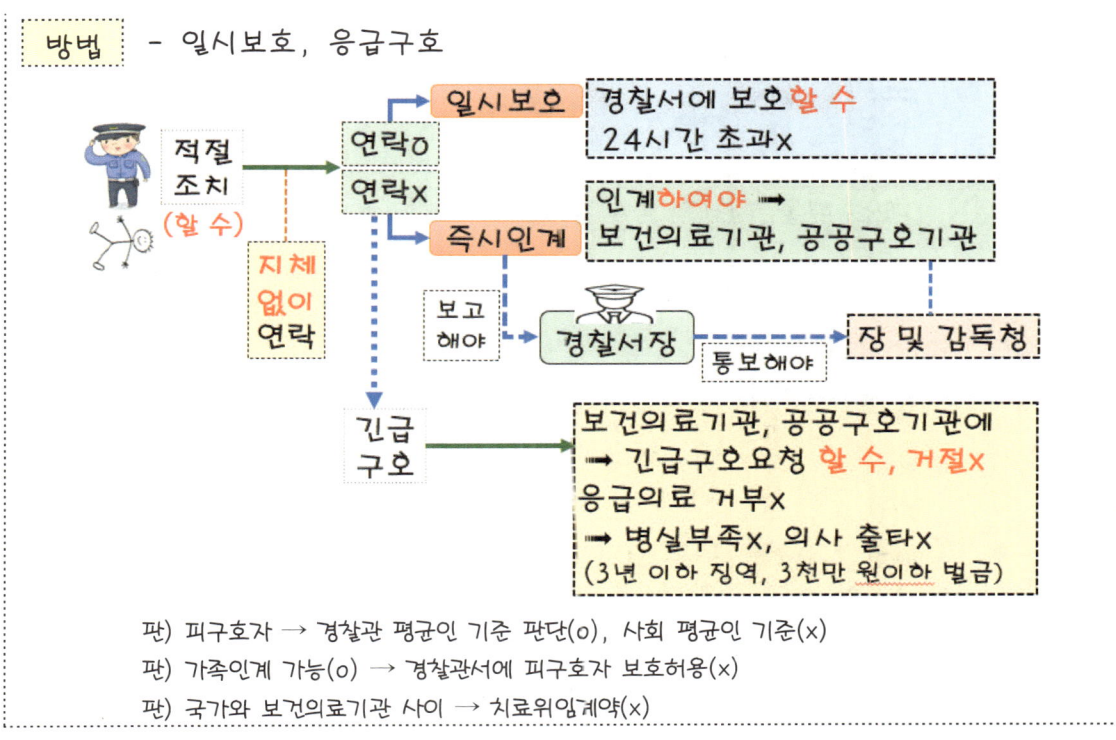

적절조치 (할 수)
지체 없이 연락

연락O → 일시보호 → 경찰서에 보호할 수 24시간 초과x

연락x → 즉시인계 → 인계하여야 ➡ 보건의료기관, 공공구호기관

보고해야 → 경찰서장 → 통보해야 → 장 및 감독청

긴급구호 → 보건의료기관, 공공구호기관에 ➡ 긴급구호요청 할 수, 거절x 응급의료 거부x
➡ 병실부족x, 의사 출타x (3년 이하 징역, 3천만 원이하 벌금)

판) 피구호자 → 경찰관 평균인 기준 판단(o), 사회 평균인 기준(x)
판) 가족인계 가능(o) → 경찰관서에 피구호자 보호허용(x)
판) 국가와 보건의료기관 사이 → 치료위임계약(x)

※ 임시영치

대물 즉시강제 10일 초과x
위험 물건

위험발생 방지

의의

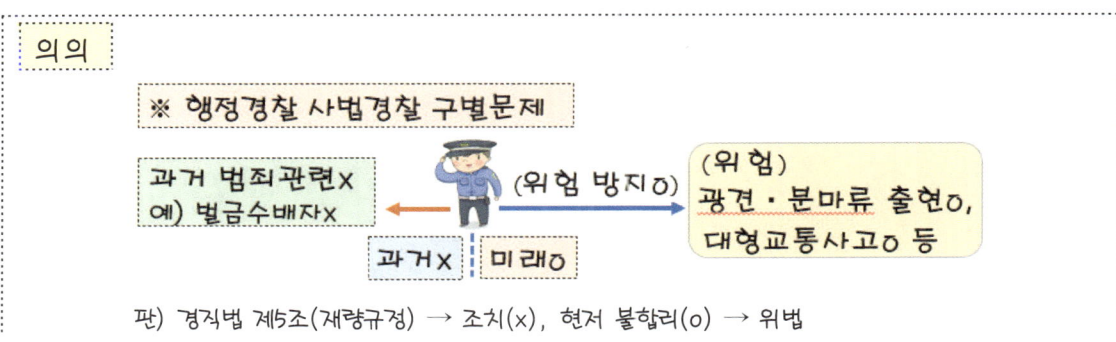

※ 행정경찰 사법경찰 구별문제

과거 범죄관련x 예) 벌금수배자x ← 경찰 → (위험 방지O) (위험) 광견·분마류 출현O, 대형교통사고O 등

과거x | 미래O

판) 경직법 제5조(재량규정) → 조치(x), 현저 불합리(o) → 위법

성질

대인, 대물, 대가택 즉시강제, ※ 포괄수권이라는 견해ㅇ

수단

경고  그 장소에 모인 사람, 사물관리자, 그 밖의 관계인

이**동**제한 / **대**피  위해를 받을 우려가 있는 사람
예) 화재나 건물붕괴 현장에서 사람들을 대피

퇴거 / 접**근**금지  위험 원인을 제공한 사람
예) 공사로 건물붕괴를 유발한 사람 퇴거(25. 11.15 시행)

조치
→ 그 장소에 있는 사람, 사물관리자, 그 밖의 관계인
1. 조치를 하게(경찰하명): 광견 사살명령
2. 직접 조치(즉시 강제): 직접 사살
예) 줄이 풀려 사람을 위협하는 사냥개 →
사살명령(명령 - 생략가능) → 직접사살(즉시강제)

제한금지
경찰관서장 →(접근 · 통행)할 수, 경찰관 - 보고해야
*대간첩작전지역, 경찰관서, 무기고, 국가중요시설 [다중이용시설x]

* 위험발생의 방지조치 관련 판례

판) 대집행 → 위험발생의 방지조치, 공집방 범행방지, 현행범 체포 가능

판) 나름대로 조치(ㅇ) → 살인 막을 다른 조치(x), 적법(ㅇ)

판) 경찰의 시위 후 트럭 방치 → 다른 운전자 상해 → 위법(ㅇ)

판) 현장보존필요(ㅇ), 사고위험(ㅇ) → 조치의무(ㅇ)

범죄의 예방과 제지

의의

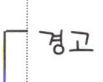

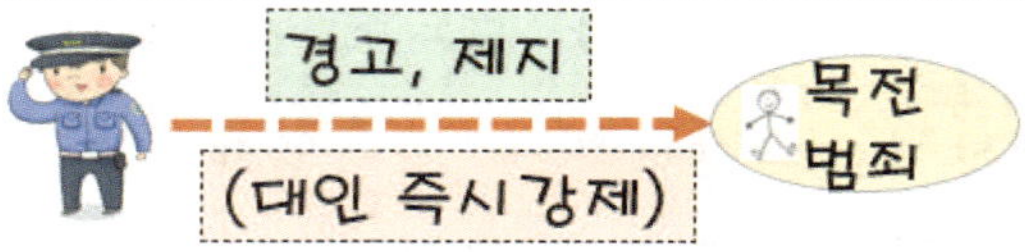

판) 제지 → 시간적 여유(x), 성질상(x) → 의무불이행 전제(x)

판) 범죄의 제지 → 급박한 상태 → 적법(o)

판) 기자회견 명목 집회 → 제지 → 적법(o)

판) 검증장소 경비 순경 폭행 → 공집방(o)

판) 범죄의 예방과 제지 → 비례원칙 준수(o) → 합헌 · 합법

요건

1. 목전에 범죄행위 → 경고
2. (목전 범죄) 생명신체 위해, 재산에 중대 손해, 긴급 → 제지(즉시강제)

- 필요 최소한(비례의 원칙),

예 서울 불법집회, 제주공항, 충청남도에서 제지 → 과잉금지의 원칙(비례의 원칙)에 위배(판례)

판) 경직법 제6조 경고, 제지 → 범죄실행착수전(o) 범죄 계속 중(o)

판) 현재성(눈앞, 객관), 중대성, 절박성(보충성) → 경직법 제6조 제지

판) 제지 적법성 → 조치당시 구체적 상황기초(o), 사후 객관적 판단(o)

판) 다른 방법o(스스로) → 즉시강제, 체포 → 객관적 정당성x(위법)

판) 집회 조형물 스스로o → 경찰관 견인 → 위법

수단

- 경고
  - 비권력적 사실행위
  - 간접수단
- 제지
  - 권력적 사실행위
  - 직접수단

※ 경고와 제지 - 순서x(경고가 명령이 아니고, 제지도 강제집행 아니라는 것)

판) 근접하지 않은 지역 제지 → 위법(o)

판) 원거리 제지 → 위법, 공집방x

판) 경고 · 제지 → 착수 전(o), 계속 중 가능(o)

판) 주거 큰 음악, 큰소리 떠듬 → '인근소란' 등 → 예방, 제지 가능

판) 고착관리 → 충돌방지 목적 → 즉시강제(o), 체포(x),

판) 긴급사정x, 고착관리 → 즉시강제(x), 체포(o)

판) 행정대집행 직후 다시 점거 → 소극적 제지 → 적법(o),

위험방지를 위한 출입

의의

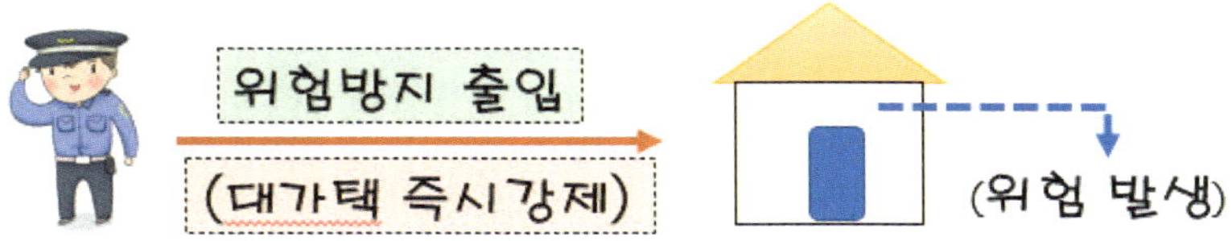

한계

수사목적x, 경찰행정상 목적에 제한(위험방지)
(행정경찰 사법경찰 구별문제)
보충성의 원칙 (권고 등 비권력 수단x → 즉시강제)
증표제시 해야

종류

예방 출입	공개된 시간에만, 상대방 동의 필요 → 거절x(강제출입권 성격)
긴급 출입	구체적 위험o 시간제한x, 상대방 동의필요x

판) 싸우는 소리 신고, 출동 → 허락없이 출입 → 폭행 → 공집방x

긴급 검색	시간제한x, 상대방 동의필요x 영장주의 적용x ※ 대간첩작전 작전지역내

사실의 확인

- 비권력적 사실행위

사실 조회	경찰관서장 → (조회할 수) → 국가기관, 공사단체 등에 ※ 긴급한 경우 : (소속직원) → (현장), 국가기관 등 협조로 사실 확인
출석 요구	행정경찰상 목적 → 출석요구 할 수 - 교통사고 조사상 사실 확인, 사고 사상자 확인, 유실물을 인수 권리자 확인, 미아 인수자 확인 ※ 수사목적 → 형사소송법에 근거 해야

정보수집, 국제협력

- 국제협력: 자료 교환, 국제협력 활동 등을 할 수
- 정보수집: 정보경찰 활동근거, 절차 한계는 대통령령으로

* 경찰관의 정보수집 및 처리등에 관한 규정(대통령령)

정보활동의 기본원칙

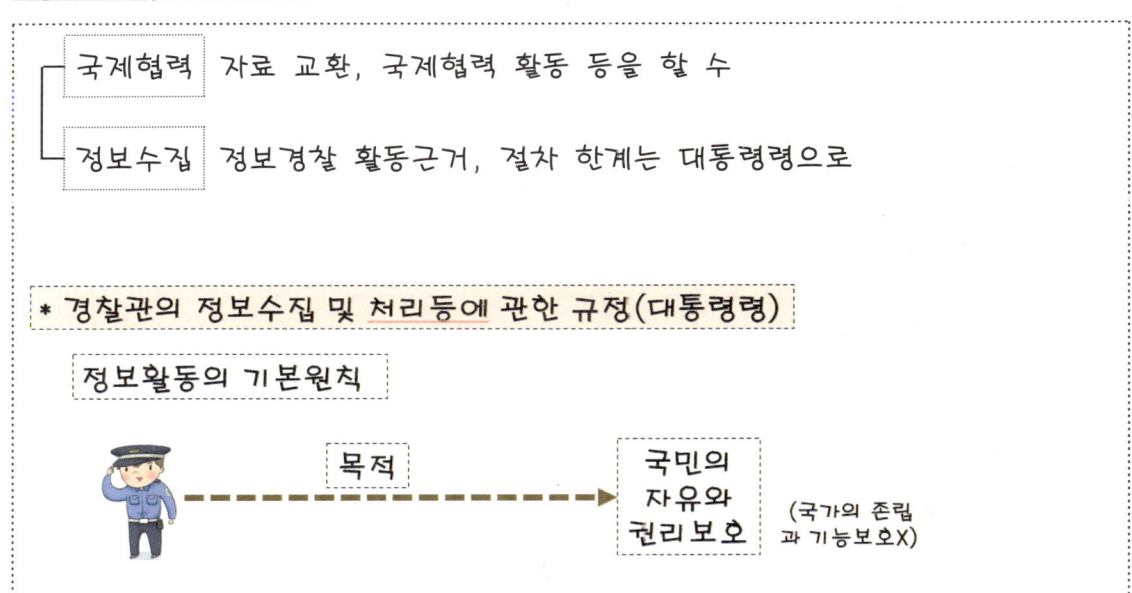

목적 → 국민의 자유와 권리보호 (국가의 존립과 기능보호X)

금지행위

1. 정치관여목적, 정보의 수집 · 작성 · 배포
2. 직무를 벗어난, 사생활 정보, 수집 · 작성 · 배포
3. 의사에 반, 의견표명 강요
4. 부당한 민원이나 청탁 전달
5. 직무상 알게 된 정보누설, 개인이익 위해 사용
6. 직무와 무관 비공식 직함사용

수집등 대상정보

1. 범죄의 예방과 대응, 범죄정보제외(X), 수사에 필요한 정보(X)
2. 수형자, 가석방자 재범방지, 피해자 보호
3. 국가중요시설안전, 주요인사 보호
4. 방범 · 대테러 등 국가안전에 필요
5. 재난 · 안전사고 등 국민안전확보
6. 집회시위 등, 공공갈등 다중운집 → 질서 및 안전유지
7. 국민생신재 보호, 공공안녕위험에 예방과 대응 → 정책정보
   객관적 필요 정보로 한정 → 직접 · 구체관련X 정보 – 제외
8. 도로교통 위해방지 · 제거, 원활한 소통확보
9. (보안)위탁 신원조사, 공공기관 요청 사실확인정보(정보공개)
10. 1~9 준

절차(신분공개, 목적설명)

1. 신분을 밝히고, 목적을 설명해야
2. 강제적 방법 사용금지
   예외) 국민 생명 · 신체안전[재산X] 국가안보 긴박위험 우려
   범죄대응 정보활동 → 현저지장 우려
3. 정보제공자, 사실확인해준 자 →
   비밀유지 등 불이익방지조치(야)

정보수집위한 출입 한계

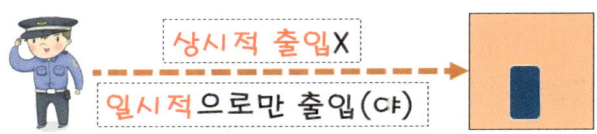

상시적 출입X

일시적으로만 출입(다)

1. 민간단체(언론 · 교육 · 종교 · 시민사회단체 등)
2. 민간기업
3. 정당의 사무소 (공기업X) (지자체X)

정보처리

필요 – 통보(수)

불필요 → 폐기(야)

관계 기관등

유치장

① 설치 – 경찰서, 해양경찰서

② 설치근거 – 경직법 제9조

③ 체포 · 구속된 자, 자유형을 선고(즉심 구류)

※ 보호조치 대상x, 임의동행자x

경찰장비의 사용

의의

- 경찰장비 – 무기, 장구, 분사기등, 차량, 항공기 등등 모두..

※ 위해성 장비(통상용법대로 사용 시 생명신체에 위해) 사용규정 →

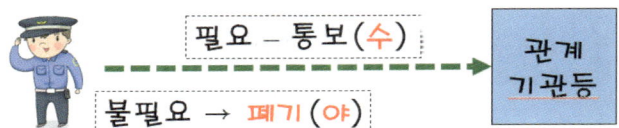

1. 경찰장구 : 수갑,  포승,  (각종)봉, 

(각종)방패,  전자충격기 

2. 무기 : (각종)총,  (각종)포  유탄발사기, 

수류탄,  크레모아,  폭발물,  도검 

3. 분사기 · 최루탄 등 : 근접분사기  가스분사기 

가스발사총 (고무탄 발사겸용을 포함) 

및 최루탄(그 발사장치 포함) 

4. 기타장비 : 물포,  가스차,  살수차, 

특수진압차, 도주차량차단장비, 다목적발사기, 석궁

※ 가스차 · 살수차 · 특수진압차 · 물포의 사용기준(위해성 경찰장비 규정)

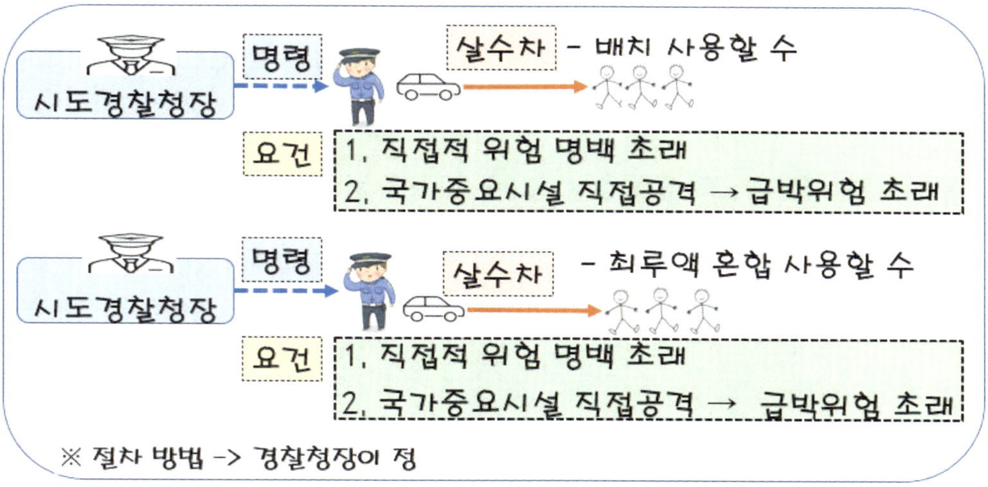

판) 직사살수 요건 → 직접적, 명백한 위험 현존 경우에만 → 가능

판) 해산명령 후 → 직사살수 가능

판) 해산 위한 살수차 사용요건 → 법률에 근거 두어야

판) 위해성 경찰장비 → 다른 용도, 방법 사용 → 법령상 근거 필요

판) 어떤 장비 사용? → 구체적 상황, 구체적 위험 → 재량(o)

판) 통상용법과 달리 사용, 생명신체위해 → 사용필요(o),

위해 통상 예견범위내 등 특별사정 없는 한 → 위법

판) 경찰장비 위법한 사용 → 직접 대항, 장비손상 → 정당방위(o)

준수사항

안전성
검사

신규도입 → 경찰청장 → 3개월 이내 보고 → 국회 소관 상임위

안전성 검사 의뢰 / 30일 이내 보고

외부전문가

안전
검사
안전
교육

경찰관 ▶ 안전교육과 안전검사를 받은 후 사용해야

안전교육 ▶ 경찰관 → 안전교육을 받아야

안전검사 ▶ 국가경찰관서장 → 안전검사를 실시해야

개조

임의개조, 임의부착사용 금지

국가경찰관서장(경감이상)
* 개조 및 용법에 준한 사용가능

경찰장구의 사용

의의 대인적 즉시강제

요건

(제3자)

범인 ← 경찰관

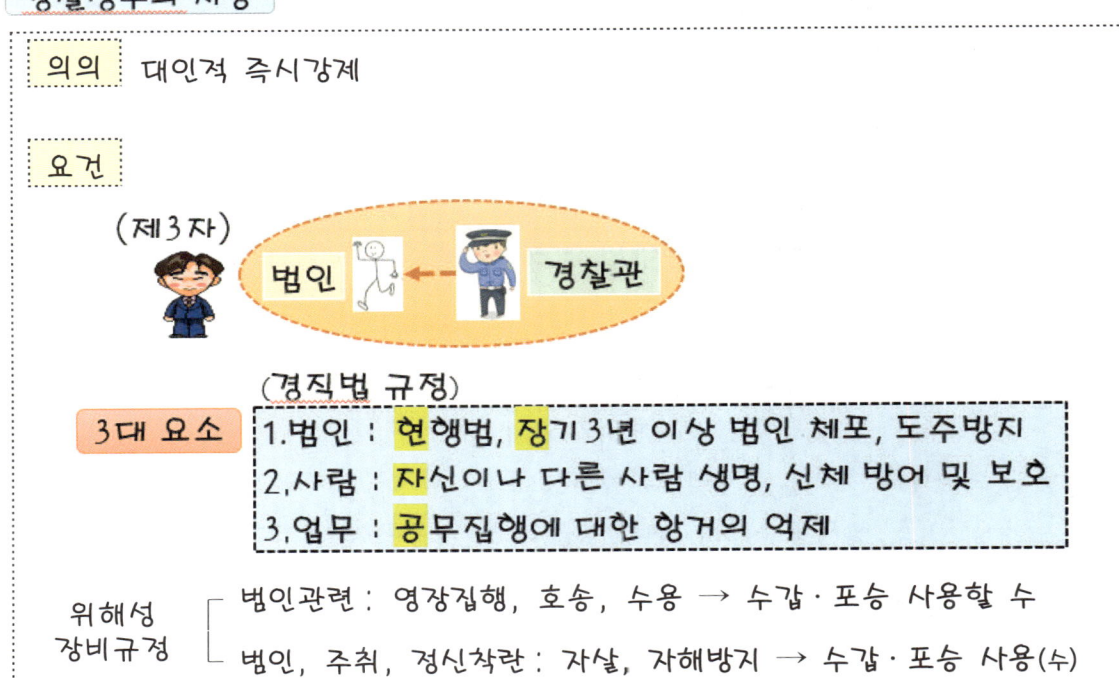

(경직법 규정)

3대 요소
1. 범인 : 현행범, 장기 3년 이상 범인 체포, 도주방지
2. 사람 : 자신이나 다른 사람 생명, 신체 방어 및 보호
3. 업무 : 공무집행에 대한 항거의 억제

위해성
장비규정
범인관련 : 영장집행, 호송, 수용 → 수갑·포승 사용할 수
범인, 주취, 정신착란 : 자살, 자해방지 → 수갑·포승 사용(수)

한계

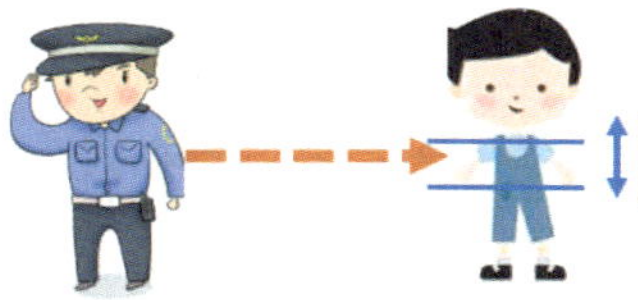

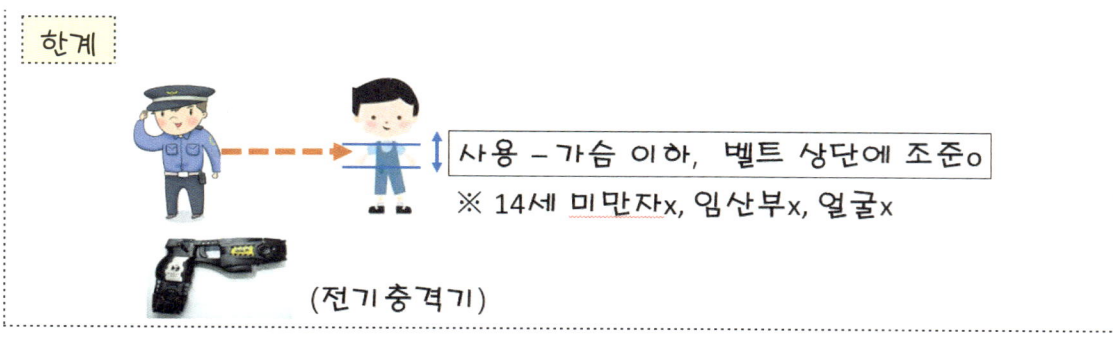

사용 – 가슴 이하, 벨트 상단에 조준o

※ 14세 미만자x, 임산부x, 얼굴x

(전기충격기)

분사기 등의 사용

의의 현장 책임자가 판단, 사용할 수

요건

(경직법 규정)

3대 요소

1.범인 : 범인 체포, 도주방지
(불법집회에 당하여)
2.사람 : 자신, 다른 사람 생명, 신체, 재산 방어, 보호
3.업무 : 공공시설 안전에 대한 위해의 억제

위해성 장비 규정

불법집회, 타인이나 경찰관, 생명·신체, 재산 공공시설 안전 위해 억제

※ 경찰봉, 호신용 경봉 사용 할 수
※ 가스차(현장 책임자 판단으로) 사용 할 수

한계 보충성의 원칙, 현장책임자 판단으로

- 가스 발사총 - 1m 이내 얼굴 향해 사용금지
- 최루탄 발사
  - 최루탄 발사기 : 발사각 30도
  - 최루탄 발사대 : 발사각 15도

무기의 사용

의의 경직법상 무기 - 권총, 소총, 도검

* 국가안전관련 작전(대간첩, 대테러등) → 개인화기 + 공용화기(가능)

근거

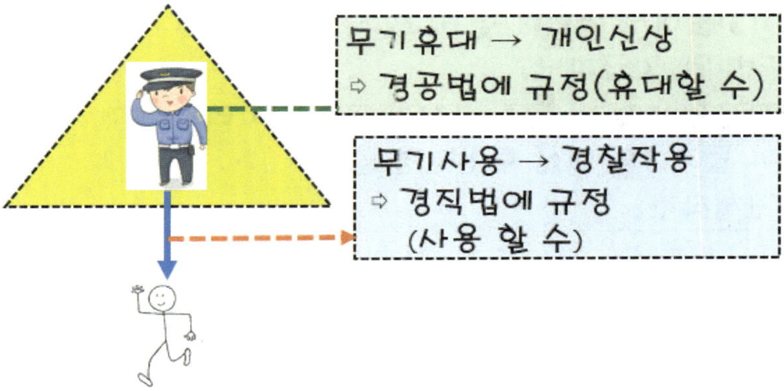

요건

1. 위해수반x(특별한 규정x) ← 사용할 수 있다.

(경직법 규정)

3대 요소

1.범인 : 범인 체포, 도주방지
2.사람 : 자신, 다른 사람 생명, 신체, 방어, 보호
3.업무 : 공무집행에 대한 항거의 억제

※ 위해성 장비규정 - 가스발사총 :

① 범인의 체포, 도주방지,

② 타인 또는 경찰관의 생명 · 신체 방호.

③ 공무집행에 대한 항거의 억제

2. 위해수반o(특별한 규정필요) -> 아래 이외 위해수반 금지

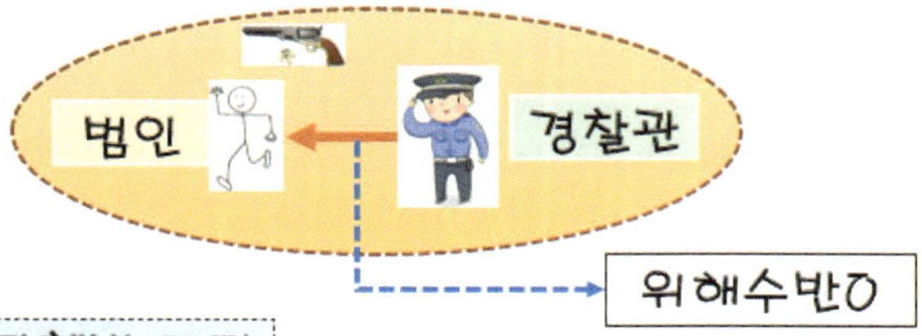

경찰관직무집행법 규정

1. 장기3년 이상 범인이 항거, 도주, 3자가 도주 시키려고 항거
2. 정당방위, 긴급피난
3. 영장집행에 항거, 도주, 3자가 도주 시키려고 항거
4. 무기 들고 3회 이상 투항명령 불응
5. 대간첩작전

판) 신호위반 도주 → 공포탄 발사, 계속도주 → 실탄발사, 사망 → 위법

판) 위험 큰 권총 → 더욱 요건 엄격

판) 무기사용요건 충족여부 → 사회 통념상 상당하다 평가 여부로

판) 주취소란, 임의동행 불응 →

시비중 카빈총 발사 → 위법

판) 도난번호 부착차량 → 수차 정지명령 불응 → 허벅지 총상 → 적법

한계

- 합리성, 필요성, 상당성, 보충성

1. 대간첩작전 - 보충성의 원칙x
2. 원칙 : 경고해야
   예외 : 시간여유x, 은밀한 작전

※ 판례

- 형사무죄 → 민사책임 인정 가능(상호 불간섭)
- 위법 : 등부위 권총발사 사망 / 칼빈총 왼쪽 가슴 아래 관통 사망,
  2m 거리 복부 관통 사망,
  15-16세 오토바이 폭주족 타이어에 발사로 1인 총상
  공포탄, 가스총으로 제압 여지(o), 다리에 총기 사용

※ 총기사용 안전수칙

(1) 총구는 공중 또는 지면 / (2) 안전장치(방아쇠울에 설치 사용)
(3) 1탄은 공포탄, 2탄 이하 실탄 / (4) 조준 시는 대퇴부 이하

경찰착용기록장치의 사용

요건

경찰착용기록장치 - 착용휴대, 근거리 영상음성 기록 장치

사용요건

- 체포 또는 구속
- 수사 – 범행 직전, 중, 직후 / 증거보전 필요, 긴급
- 보호조치대상(제4조) – 명백, 응급조치필요
- 위험발생의 방지(제5조) – 위험사태발생
- 범죄의 예방과 제지(제6조) – 긴급(생명·신체,재산)
- 해상검문검색, 추적·나포 / 수난구호 – 수색·구조
- 기록대상자 – 동의 또는 요청
- 그 밖에 – 대통령령 정

절차1

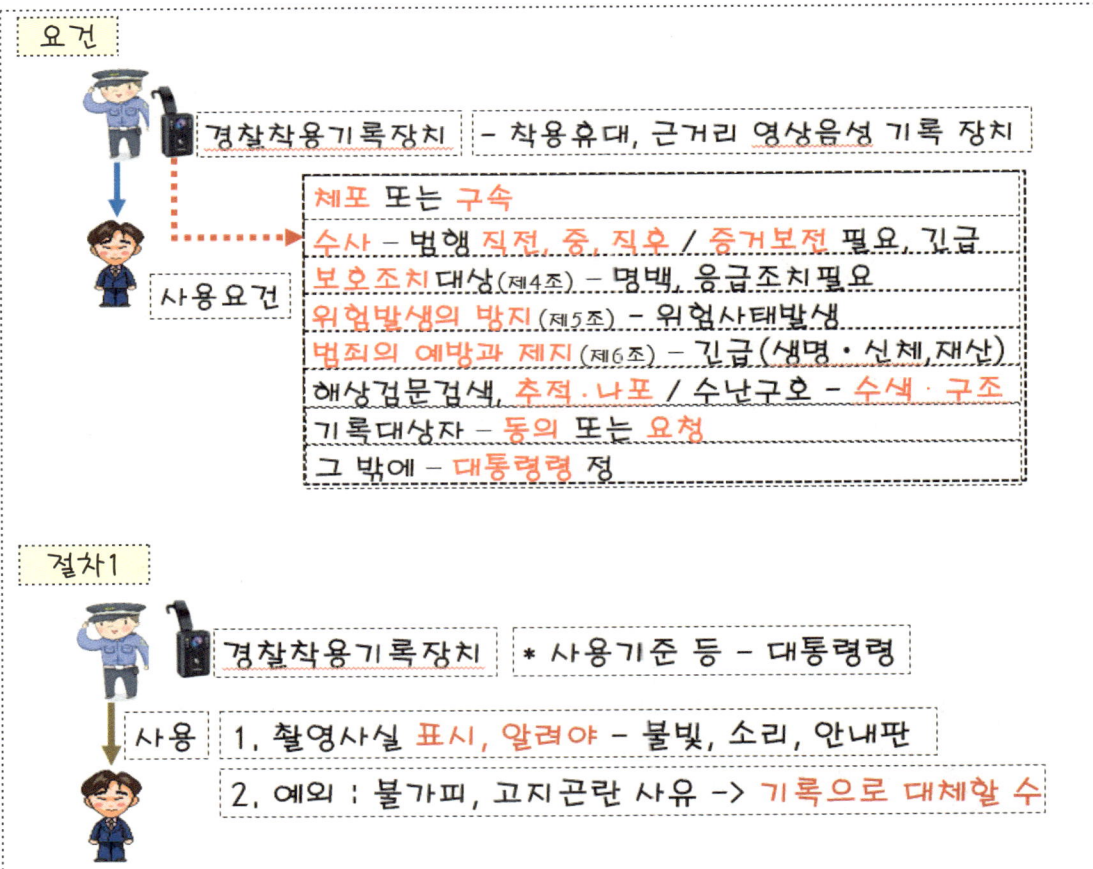

경찰착용기록장치 * 사용기준 등 – 대통령령

사용

1. 촬영사실 표시, 알려야 – 불빛, 소리, 안내판
2. 예외 : 불가피, 고지곤란 사유 -> 기록으로 대체할 수

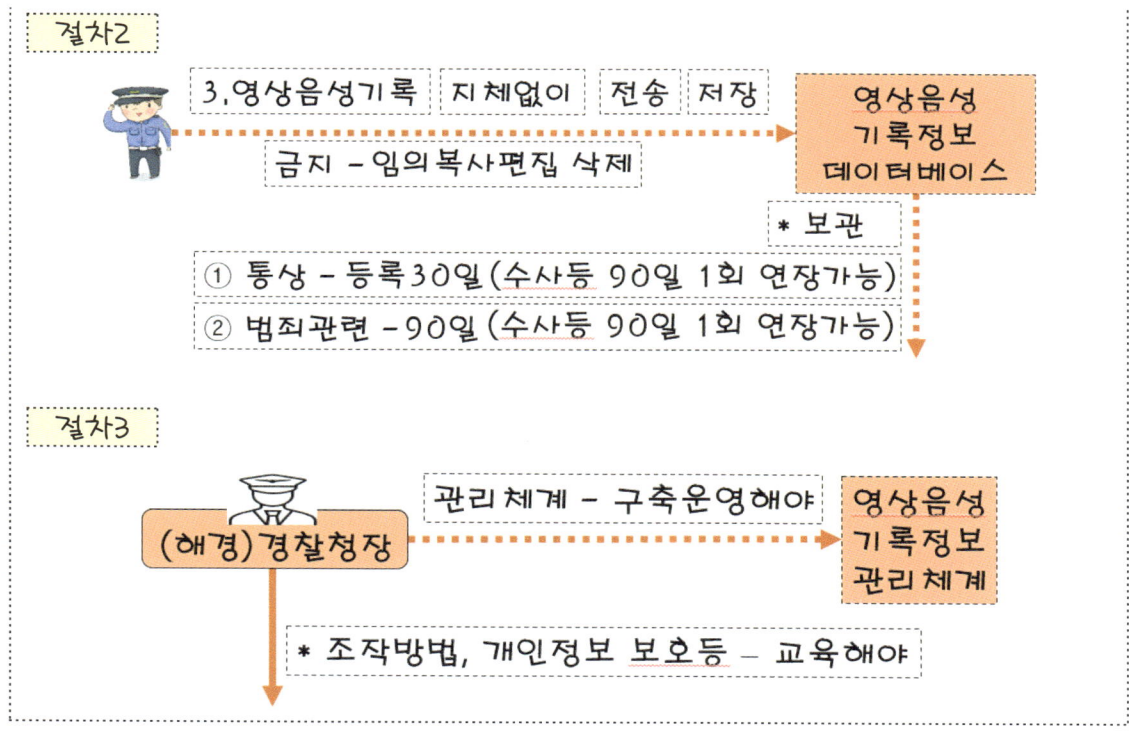

절차2

3. 영상음성기록 | 지체없이 | 전송 | 저장 → 영상음성 기록정보 데이터베이스

금지 - 임의복사편집 삭제

* 보관

① 통상 - 등록30일(수사등 90일 1회 연장가능)

② 범죄관련 - 90일(수사등 90일 1회 연장가능)

절차3

(해경)경찰청장 → 영상음성 기록정보 관리체계

관리체계 - 구축운영해야

* 조작방법, 개인정보 보호등 - 교육해야

* 112 신고사건 처리 - 112신고의 운영 및 처리에 관한 법률, 112 종합상황실 운영·신고처리규칙

정의

1. 112 : 전기통신사업법, 전자번호관리계획, 특수번호
2. 112신고 : 위급상황 발생, 예상[예상제외x] 112이용 음성, 문자등
3. 112치안종합상황실 : 경찰청, 시도경찰청, 경찰서에 설치
4. 112치안종합상황실장 : 경찰청 - 치안상황 관리관,
   시도경찰청 - 112치안종합 상황실장 / 경찰서 - 범죄예방대응과장
5. 상황팀장 : 상황실장 등 지휘로 112신고의 처리등 임무를 수행
6. 출동경찰관 : 현장출동 조치 경찰관[상황실 근무x],
7. 접수 : 내용 확인 및 신고내용 입력

Part
03

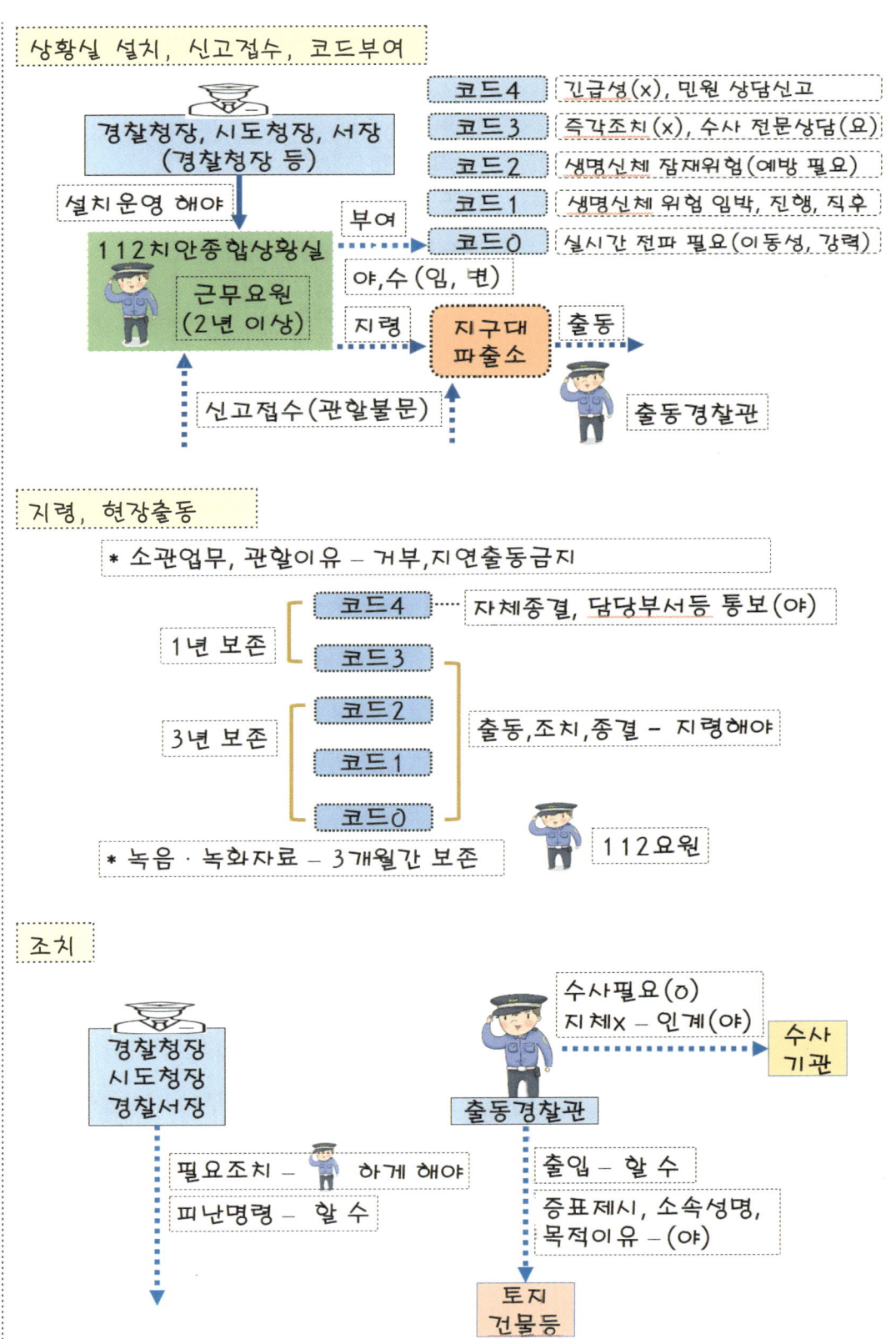

상황실 설치, 신고접수, 코드부여

경찰청장, 시도청장, 서장
(경찰청장 등)

설치운영 해야

112치안종합상황실

근무요원
(2년 이상)

신고접수(관할불문)

코드4 — 긴급성(x), 민원 상담신고
코드3 — 즉각조치(x), 수사 전문상담(요)
코드2 — 생명신체 잠재위험(예방 필요)
코드1 — 생명신체 위험 임박, 진행, 직후
코드0 — 실시간 전파 필요(이동성, 강력)

부여

야,수 (임, 변)

지령 → 지구대 파출소 → 출동

출동경찰관

지령, 현장출동

* 소관업무, 관할이유 – 거부,지연출동금지

1년 보존
코드4 ····· 자체종결, 담당부서등 통보(야)
코드3

3년 보존
코드2
코드1 — 출동,조치,종결 – 지령해야
코드0

112요원

* 녹음 · 녹화자료 – 3개월간 보존

조치

경찰청장
시도청장
경찰서장

필요조치 – 하게 해야
피난명령 – 할 수

출동경찰관

수사필요(O)
지체x – 인계(야) → 수사 기관

출입 – 할 수
증표제시, 소속성명, 목적이유 – (야)

토지 건물등

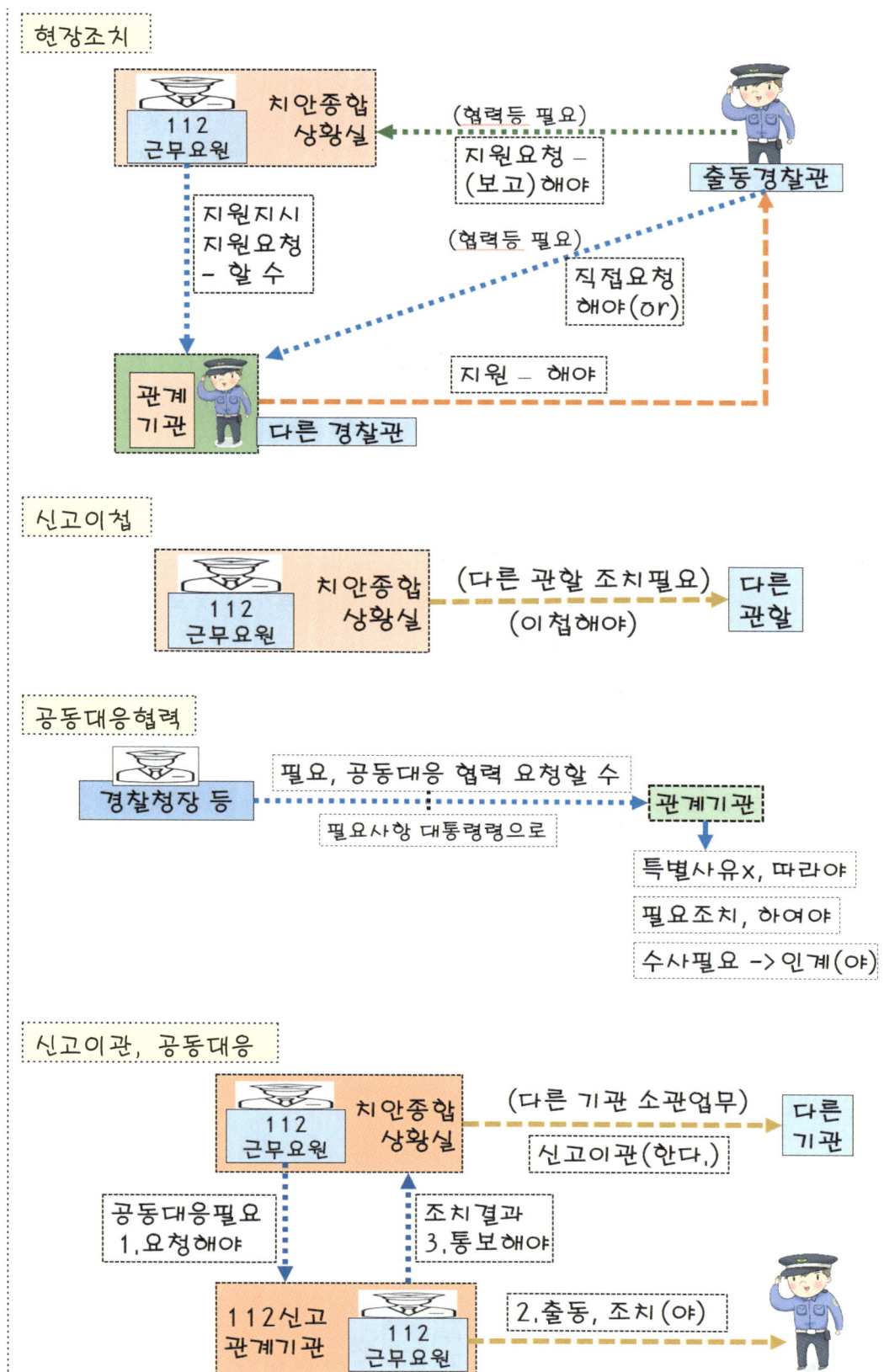

신고자보호등

경찰청장 등

112사용 전화번호, 이름,주소,성별,나이,음성등
신고자 특정, 유추 일체정보 → 수집, 이용, 제공금지

예외 →
1. 112신고처리
2. 동의
3. 법

* 목적외 이용금지

지휘목적 촬영

경찰청장 등

무인비행장치,차량설치,경관 착용휴대

지휘목적 출동현장 촬영할 수(미리 알려야 - 불소안)

* 알리기 어려운 경우 - 미리 인터넷공지 할 수

* 보관 - 30일(수사필요30일 연장할 수)

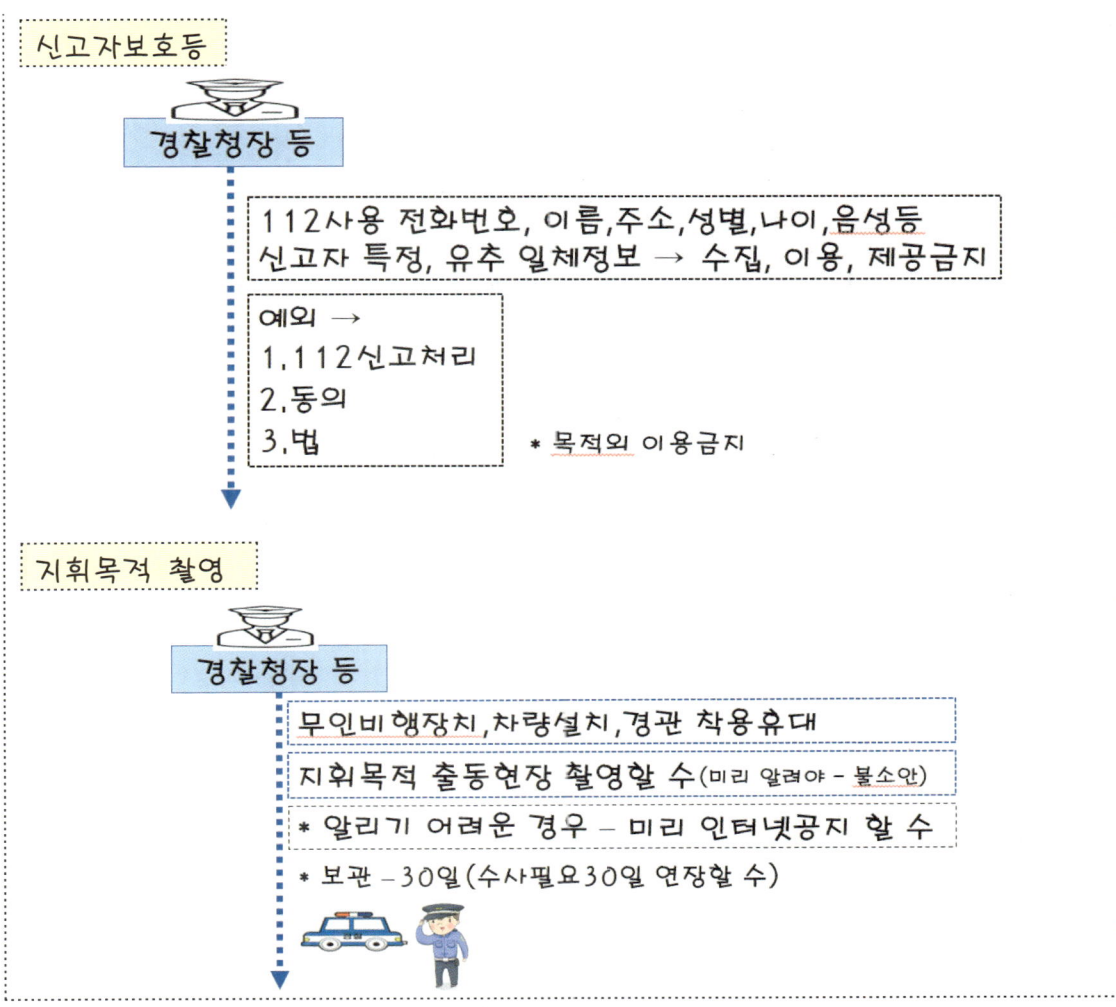

*** 정보등 보관기간**

(1) 지휘목적장치 (착용장치, 무인장치 -> 영상정보)
① 촬영30일 (수사등 30일 범위 연장가능)

(2) 경찰착용기록장치 (데이터 베이스 - 영상음성기록)
① 통상 - 등록30일(수사등 90일 1회 연장가능)
② 범죄관련 -90일(수사등 90일 1회 연장가능)

(3) 112시스템 입력자료
① 코드0,1,2 - 3년간 (수사목적 2년 연장가능)
② 코드3,4- 1년간(수사목적 1년 연장가능)
③ 녹음 · 녹화자료 -3개월 (3개월 연장가능)

손실보상

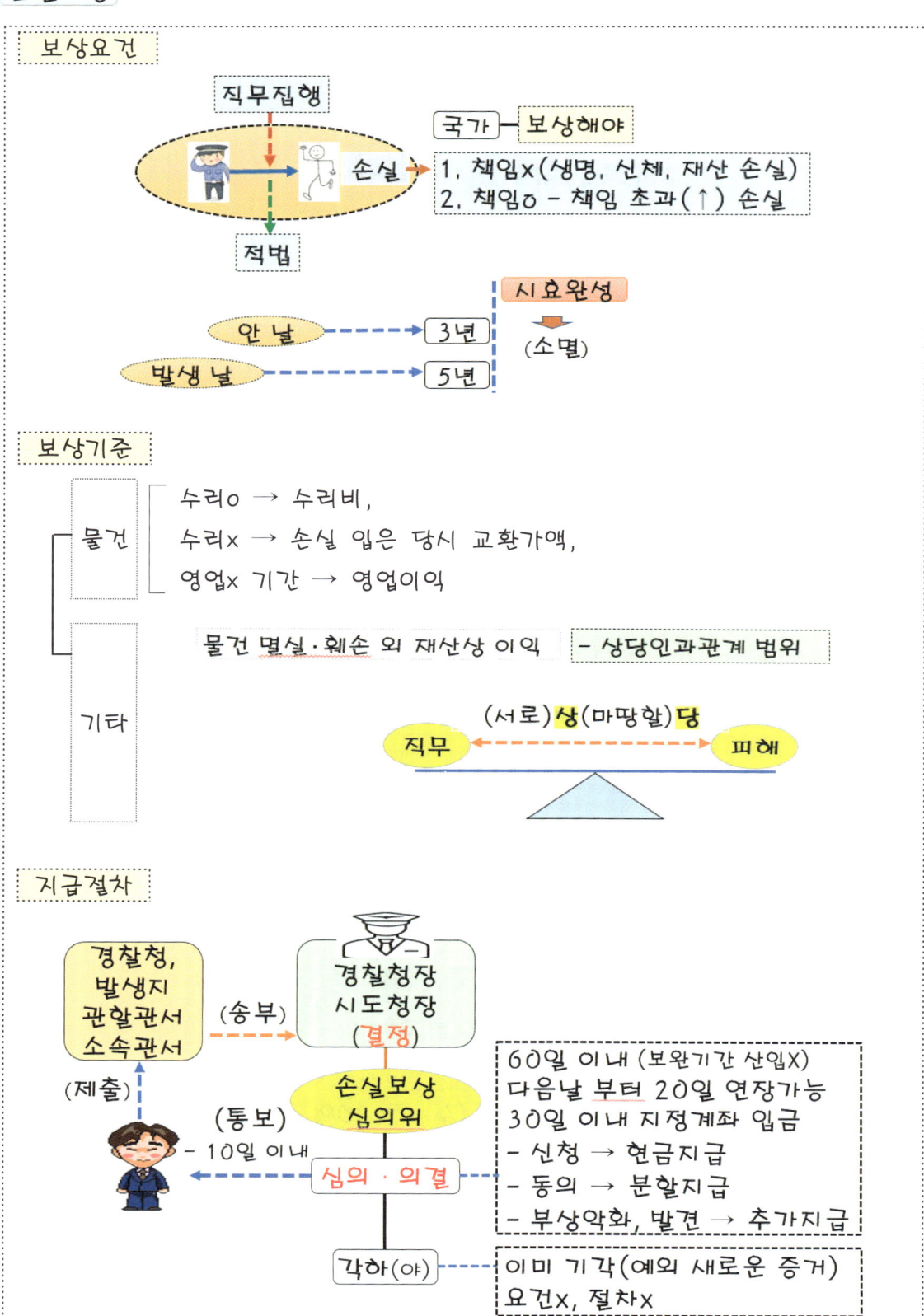

보상요건

직무집행

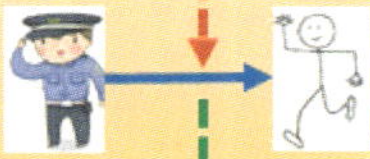

손실 → 1. 책임x(생명, 신체, 재산 손실)
2. 책임o - 책임 초과(↑) 손실

국가 — 보상해야

적법

안 날 → 3년
발생 날 → 5년

시효완성
(소멸)

보상기준

- 물건
  - 수리o → 수리비,
  - 수리x → 손실 입은 당시 교환가액,
  - 영업x 기간 → 영업이익
- 기타
  - 물건 멸실·훼손 외 재산상 이익 - 상당인과관계 범위

(서로)상(마땅할)당

직무 ↔ 피해

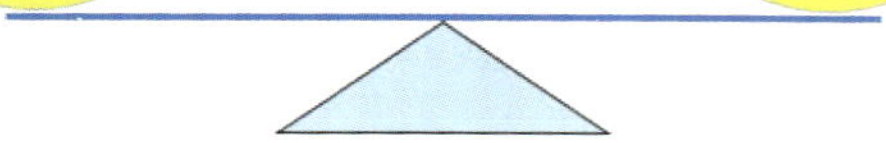

지급절차

(제출) 경찰청, 발생지 관할관서 소속관서 —(송부)→ 경찰청장 시도청장 (결정)

손실보상 심의위

(통보) - 10일 이내 ← 심의 · 의결

심의 · 의결:
60일 이내 (보완기간 산입X)
다음날 부터 20일 연장가능
30일 이내 지정계좌 입금
- 신청 → 현금지급
- 동의 → 분할지급
- 부상악화, 발견 → 추가지급

각하(야):
이미 기각(예외 새로운 증거)
요건x, 절차x

초과지급환수

※ 환수절차 등 세부 사항 -대통령령으로

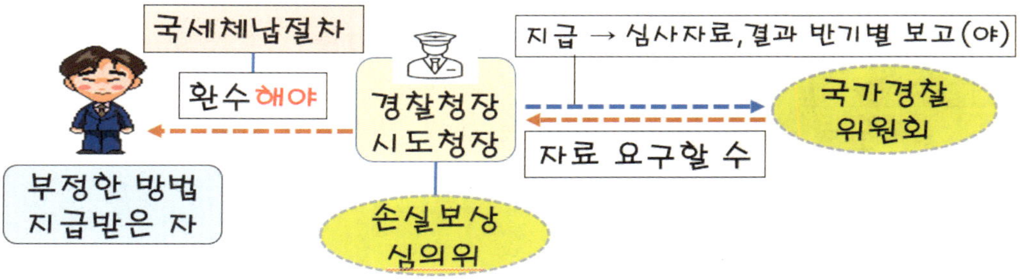

손실보상 심의위원회

※ 기준 절차 등 세부 사항 - 대통령령으로

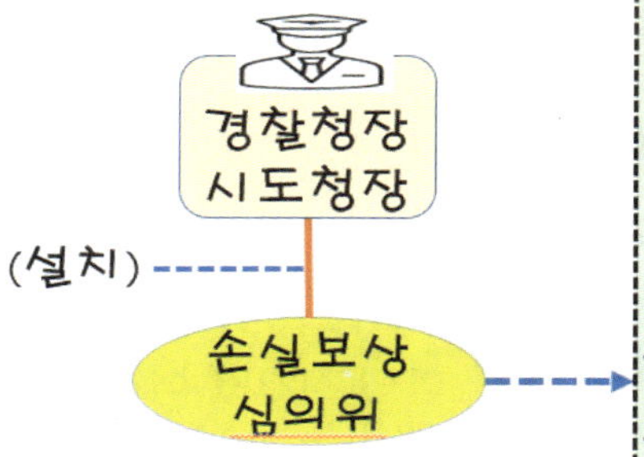

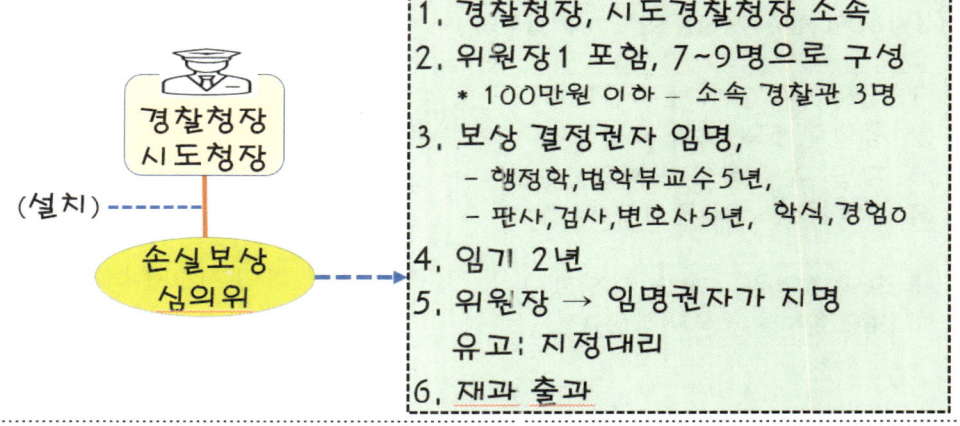

1. 경찰청장, 시도경찰청장 소속
2. 위원장1 포함, 7~9명으로 구성
   * 100만원 이하 - 소속 경찰관 3명
3. 보상 결정권자 임명,
   - 행정학,법학부교수5년,
   - 판사,검사,변호사5년, 학식,경험o
4. 임기 2년
5. 위원장 → 임명권자가 지명
   유고: 지정대리
6. 재과 출과

범인검거 등 공로자 보상

지급대상

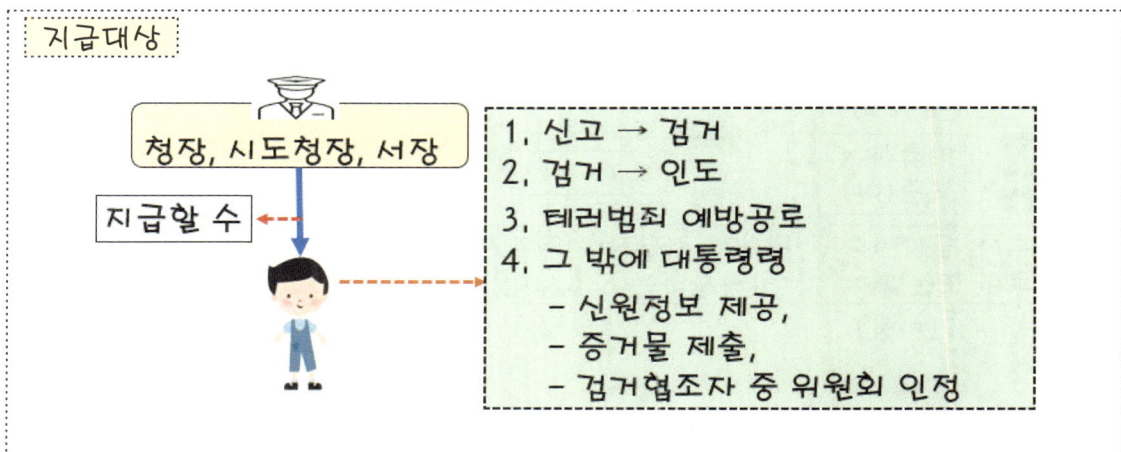

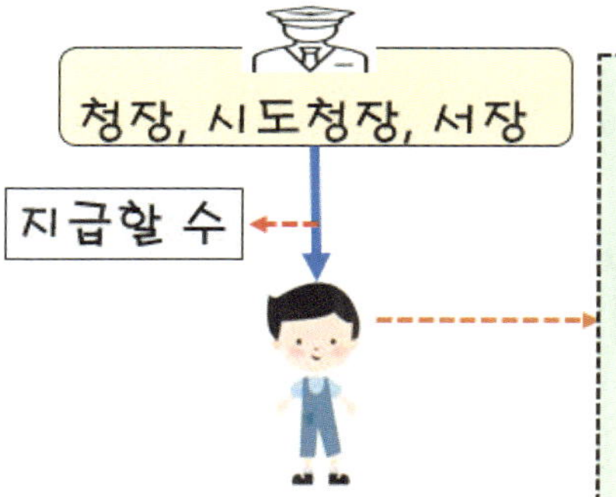

1. 신고 → 검거
2. 검거 → 인도
3. 테러범죄 예방공로
4. 그 밖에 대통령령
   - 신원정보 제공,
   - 증거물 제출,
   - 검거협조자 중 위원회 인정

보상금 심사위원회

청장, 시도청장, 서장

소속,
설치해야

신고등 보상
심사위원회

1. 장1포함 5명이내
2. 소속경찰관 중, 청장, 시도청장, 서장임명
3. 경찰청 위원장
   (과장급 이상 중 청장이 임명)
4. 재과 → 의결

지급 등

부정한 방법
지급받은 자

환수한다.

국세체납절차

(통지40일 범위, 청장등 정한기한 납부x)

경찰청장
시도청장
서장

보상금
심사위

1. 심사·의결 거쳐 지급한다.
2. 동일인 5회 초과 지급x
3. 지급 후 →동일건 지급x(예외ㅇ)
4. 2명이상 → 배분지급 할 수

최고액 5억원, 기준 청장고시
(범인검거 등 공로자 보상규정)

1. 장기 10년 이상 - 500만원 이하
2. 장기 10년 미만 - 300만원 이하
3. 장기 5년 미만, 10년 이상
   자격정지, 벌금 - 100만원 이하

사용기록보관 등

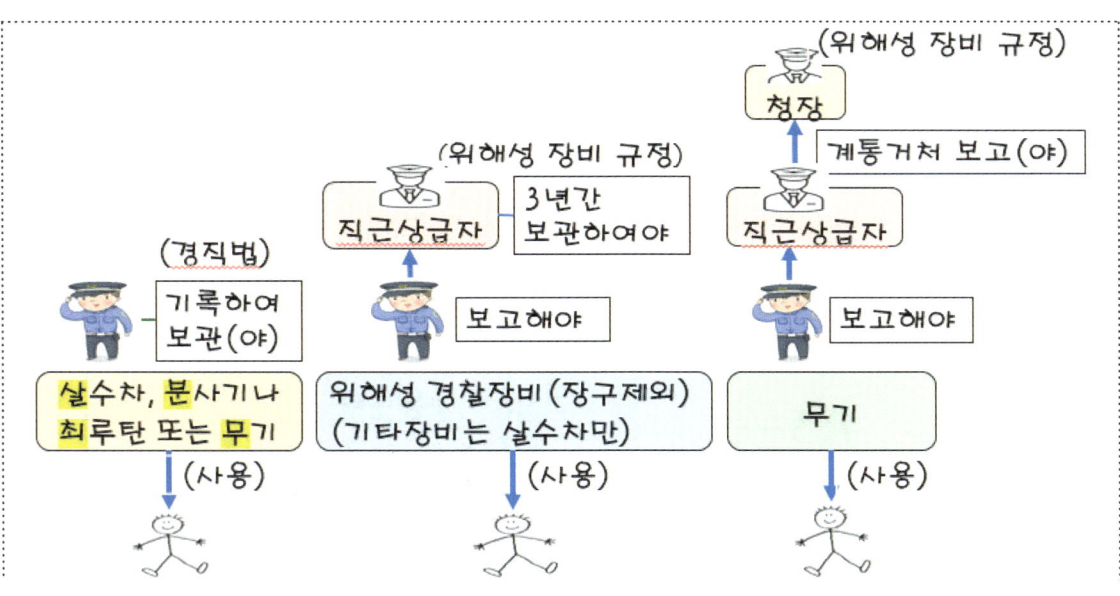

(위해성 장비 규정)

청장

계통거쳐 보고(야)

직근상급자

보고해야

무기

(사용)

(위해성 장비 규정)

직근상급자

3년간
보관하여야

보고해야

위해성 경찰장비 (장구제외)
(기타장비는 실수차만)

(사용)

(경직법)

기록하여
보관(야)

실수차, 분사기나
최루탄 또는 무기

(사용)

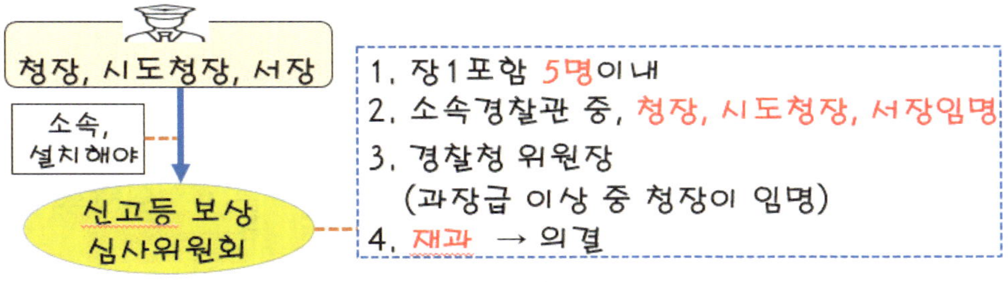

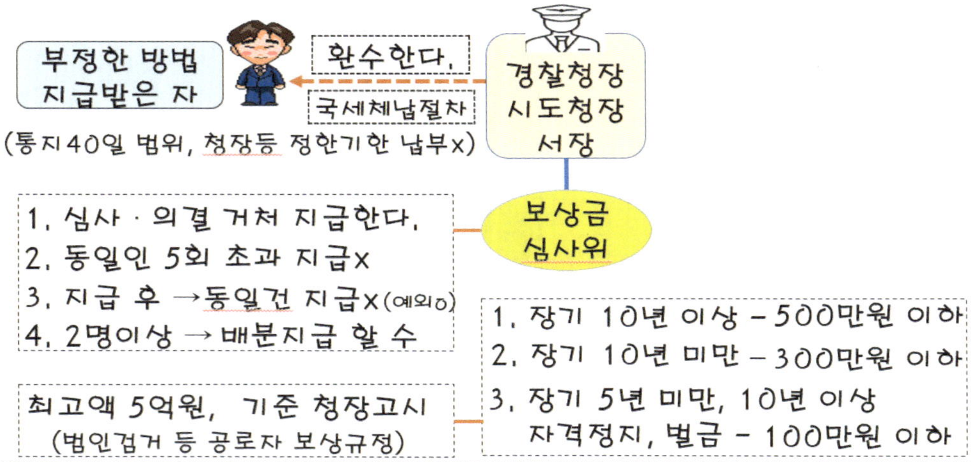

※ 경찰 물리력 행사의 기준과 방법에 관한 규칙

① 권총, 전자충격기, 분사기, '중위험 물리력' 이상의 경찰봉 · 방패, 위해를 끼칠 수 있는 장비 사용 → 소속기관의 장, 보고하여야

② 수갑 또는 신체적 물리력을 사용, 부상 발생 → 보고하여야

③ 권총 사용, 권총 이외의 물리력 수단 사용 → 대상자 사망 또는 심각한 부상 → 소속기관의 장, 상급 경찰기관장 경유 → 경찰청장에게 보고하여야

※ 경찰장비 관리규칙 상 장비의 사용보고

① 무기, 최루탄, 분사기 및 가스발사총 등 장비 사용 → 소속기관의 장에 보고하여야(훈련제외)

② 무기, 최루탄, 분사기 및 가스발사총 이외의 특별관리대상 장비(장구 등) 사용 → 사람 생명 · 신체에 중대한 침해 발생 → 소속기관의 장에게 보고하여야

③ 제1항, 제2항의 보고를 받은 경찰기관의 장 → 상급 경찰기관장 경유 → 경찰청장에 보고하여야

벌칙

이법, 의무위반, 직권남용 → 다른 사람에 해 ➡ 1년 이하 징역, 금고 300만원 이하 벌금

소송지원

면책

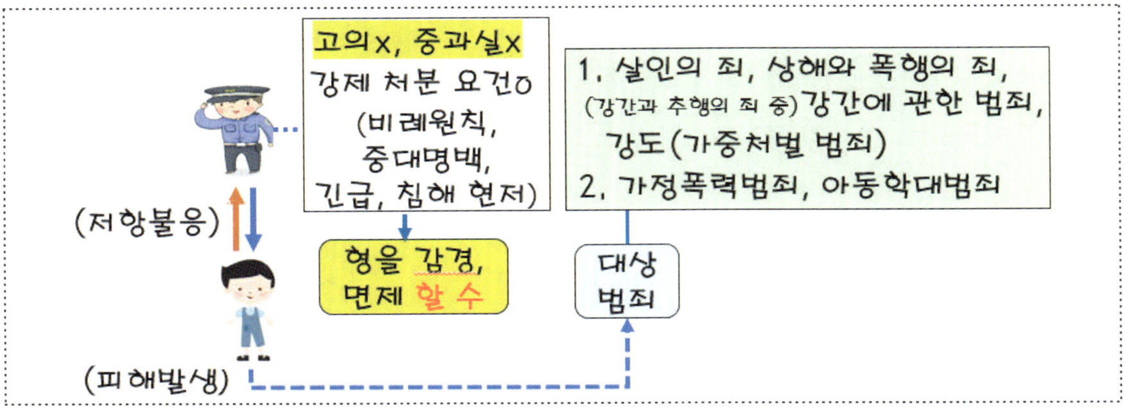
고의x, 중과실x
강제 처분 요건o
(비례원칙,
중대명백,
긴급, 침해 현저)
형을 감경,
면제 할 수
1. 살인의 죄, 상해와 폭행의 죄,
(강간과 추행의 죄 중)강간에 관한 범죄,
강도(가중처벌 범죄)
2. 가정폭력범죄, 아동학대범죄
대상
범죄
(저항불응)
(피해발생)

물리력 행사의 기준, 방법 규칙

목적 : 물리력 사용 시 기본원칙, 정도, 수단의 사용 한계 및 유의사항 규정

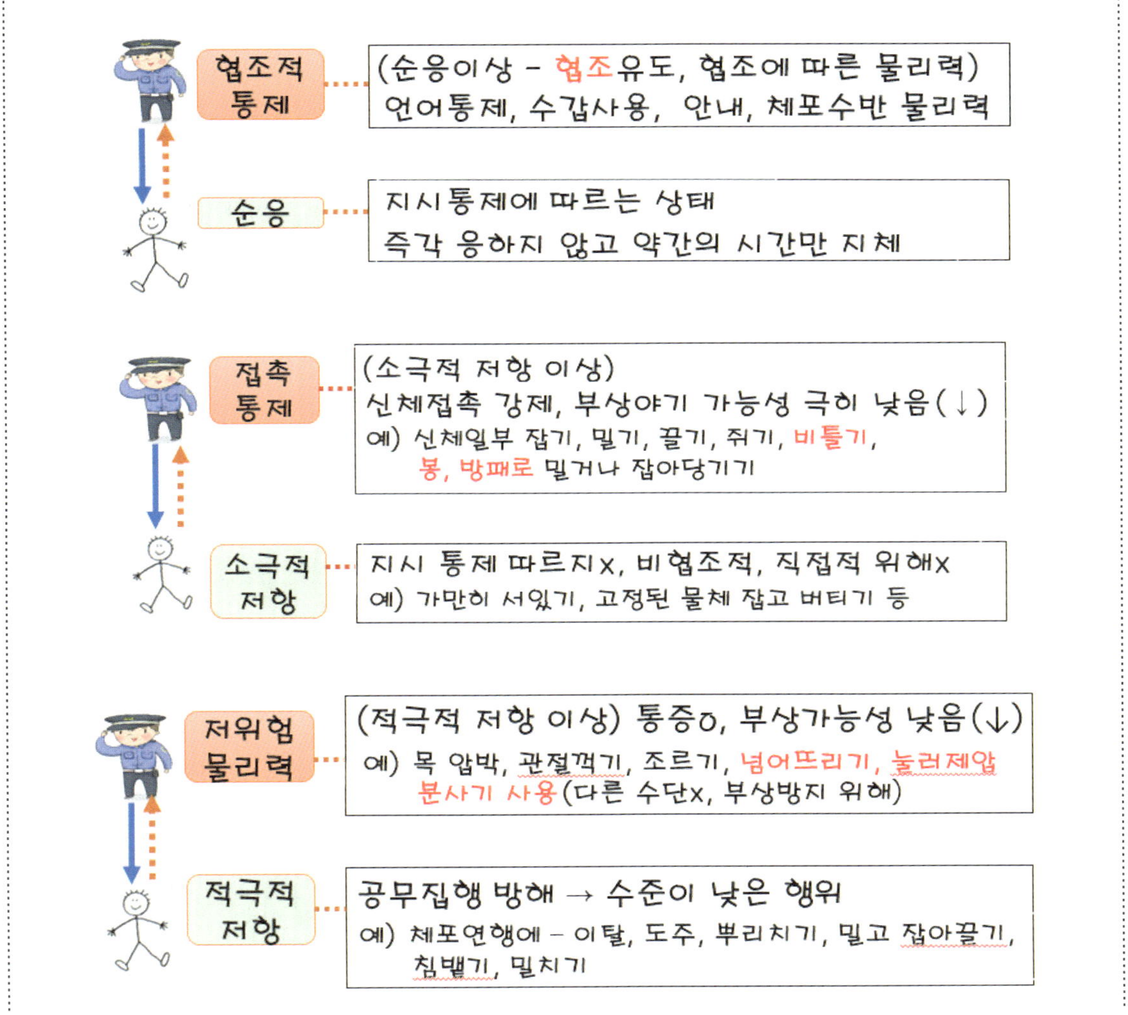
협조적
통제
(순응이상 - 협조유도, 협조에 따른 물리력)
언어통제, 수갑사용, 안내, 체포수반 물리력
순응
지시통제에 따르는 상태
즉각 응하지 않고 약간의 시간만 지체
접촉
통제
(소극적 저항 이상)
신체접촉 강제, 부상야기 가능성 극히 낮음(↓)
예) 신체일부 잡기, 밀기, 끌기, 쥐기, 비틀기,
봉, 방패로 밀거나 잡아당기기
소극적
저항
지시 통제 따르지x, 비협조적, 직접적 위해x
예) 가만히 서있기, 고정된 물체 잡고 버티기 등
저위험
물리력
(적극적 저항 이상) 통증o, 부상가능성 낮음(↓)
예) 목 압박, 관절꺾기, 조르기, 넘어뜨리기, 눌러제압
분사기 사용(다른 수단x, 부상방지 위해)
적극적
저항
공무집행 방해 → 수준이 낮은 행위
예) 체포연행에 - 이탈, 도주, 뿌리치기, 밀고 잡아끌기,
침뱉기, 밀치기

중위험 물리력
(폭력적 공격 이상) 신체 부상,
생명·신체 중대위해 발생가능성 낮은 물리력(↓)
예) 손바닥, 주먹, 발 이용 가격, 경찰봉으로 중요부위 아닌 부위 찌르거나 가격, 방패로 압박 미는 행위

폭력적 공격
신체적 위해, 폭력행사(자세, 임박),
예) 주먹 발 사용 위해 초래, 완력사용 체포에서 벗어나려

고위험 물리력
생명·신체 중대한 위해 발생가능성o, 최후 수단,
사망 또는 심각한 부상 초래가능한 물리력
예) 총기류 사용, 경찰봉 등 신체 중요부위 또는 급소 가격

치명적 공격
사망 또는 심각한 부상 초래 할 수 있는 행위
예) 총기류, 흉기, 둔기 이용 위력 행사 또는 임박,
목 조르거나 무차별 폭행 → 생명, 신체 중대위해 발생

2 경찰벌

일반

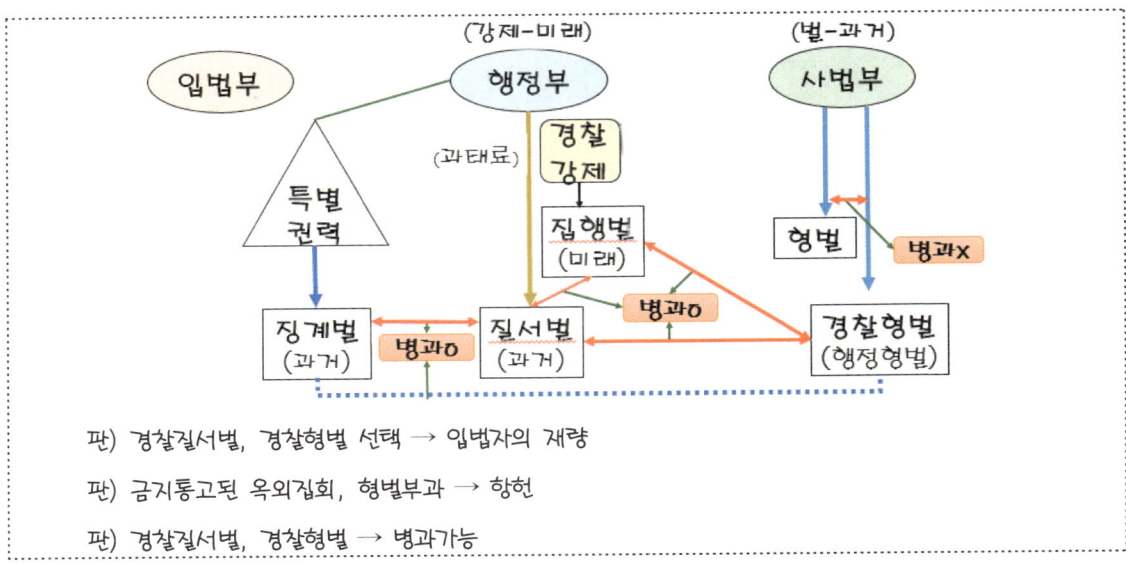

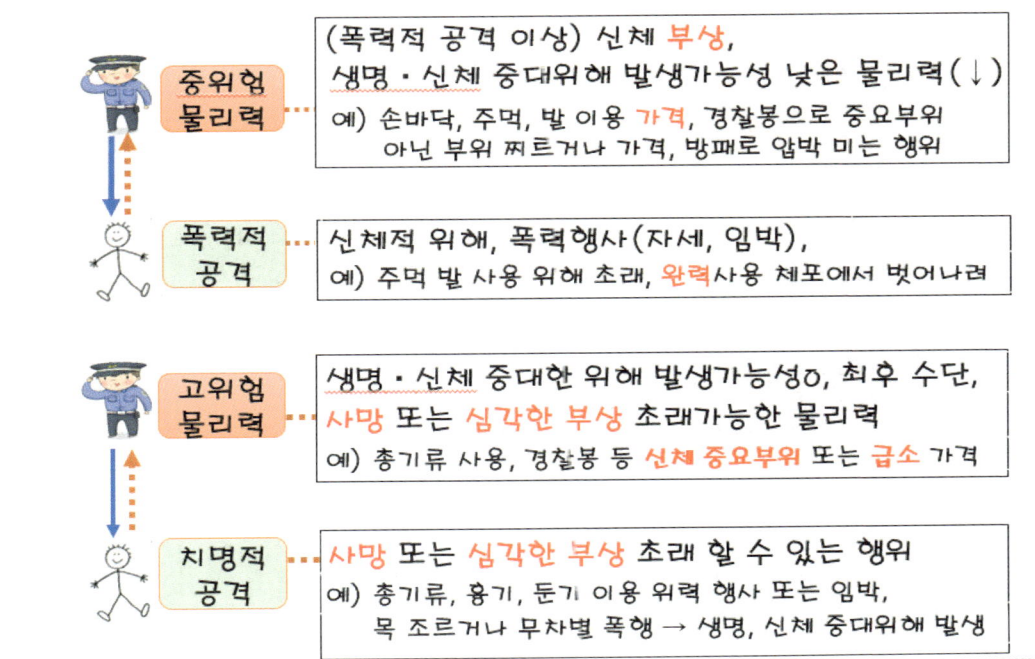

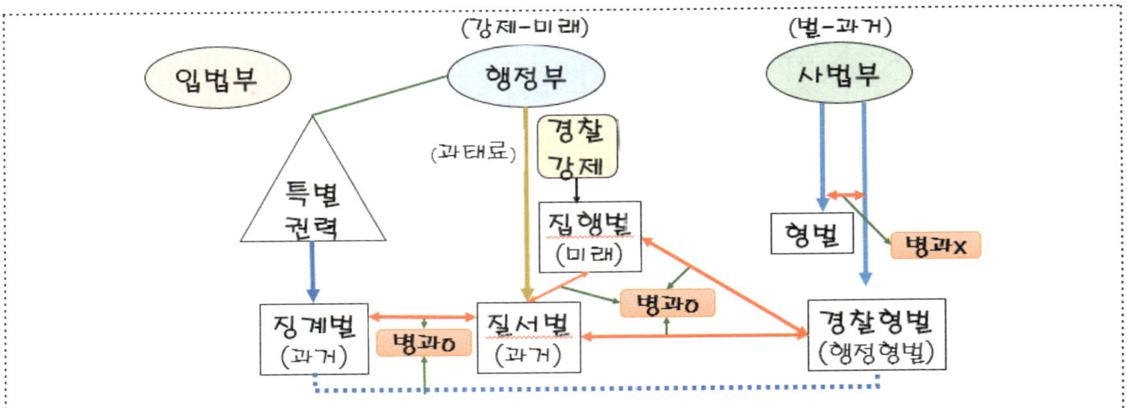

판) 경찰질서벌, 경찰형벌 선택 → 입법자의 재량

판) 금지통고된 옥외집회, 형벌부과 → 항헌

판) 경찰질서벌, 경찰형벌 → 병과가능

통고처분

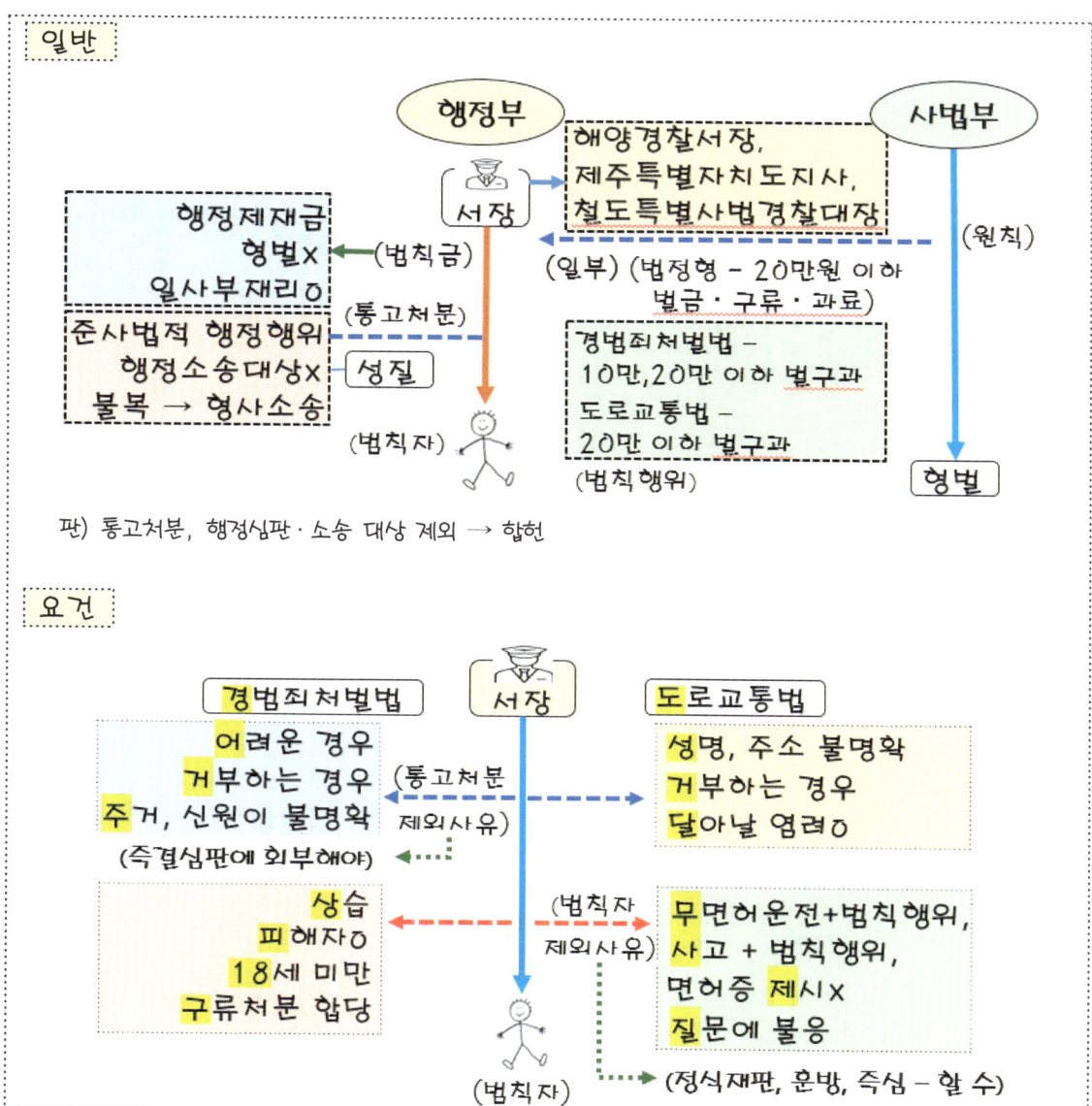

Part 03

납부절차

1차

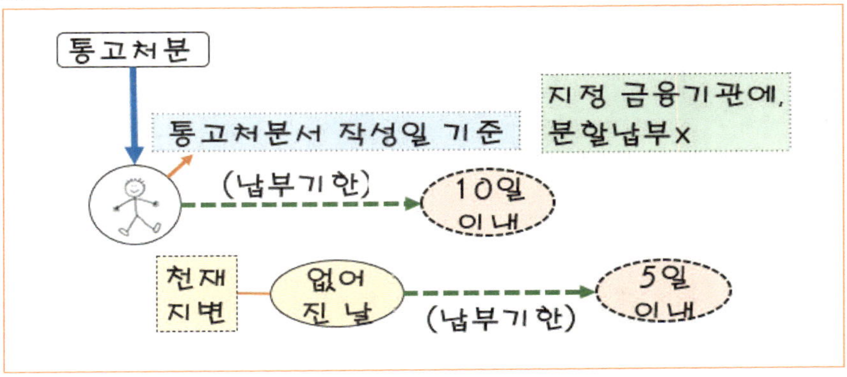

2차

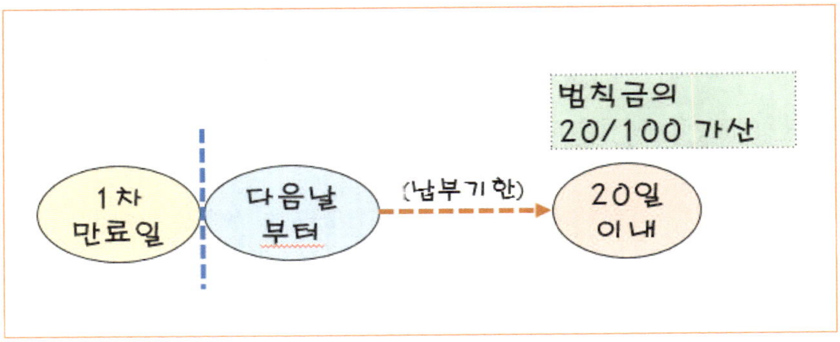

판) 범칙금 납부기간까지 → 즉결심판청구(x), 기소(x)

3차

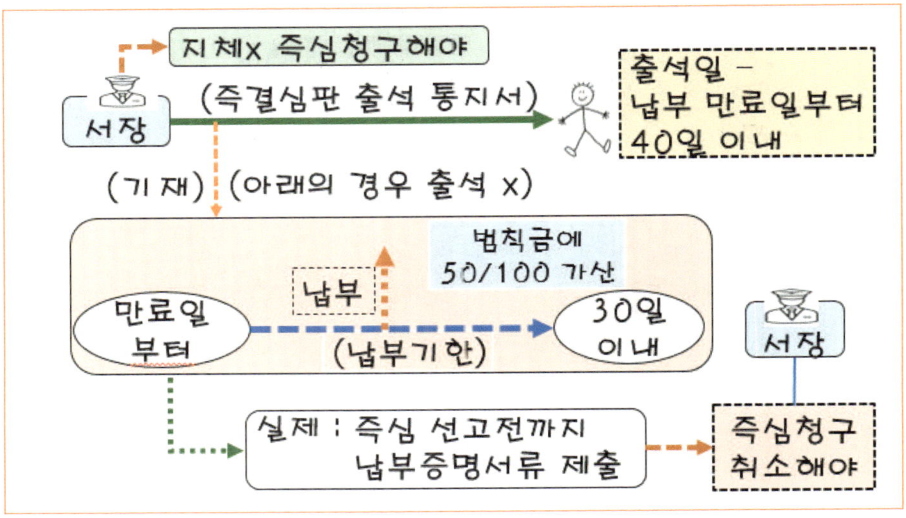

납부효과 - 다시 벌 받지x (기판력o)

판) 신호위반 통고처분 → 신호위반 사고 처벌 가능

판) 안전운전 위반 통고처분 → 중침인피사고처벌(o) → 이중처벌x

즉결심판

청구

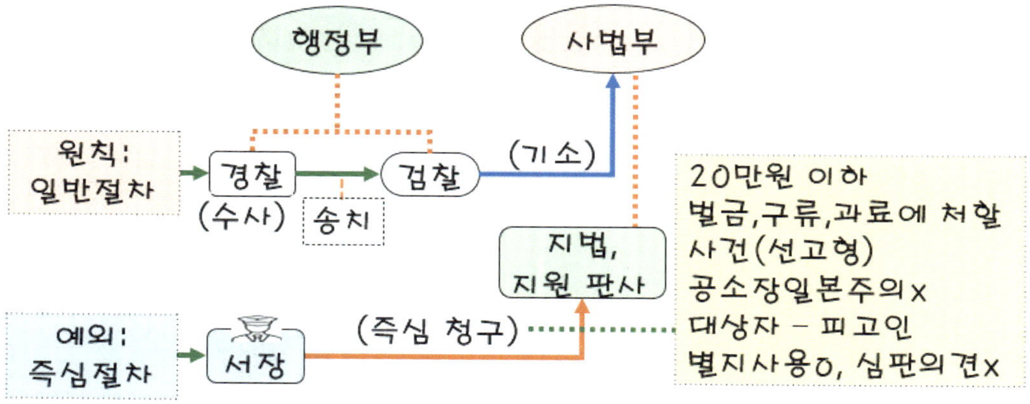

판) 주거불명입증 → 주거불명인자로 취급할 수 밖에 없었다는 점 분명히 해야

판) 공소장일본주의 배제 → 입법적 고려

기각

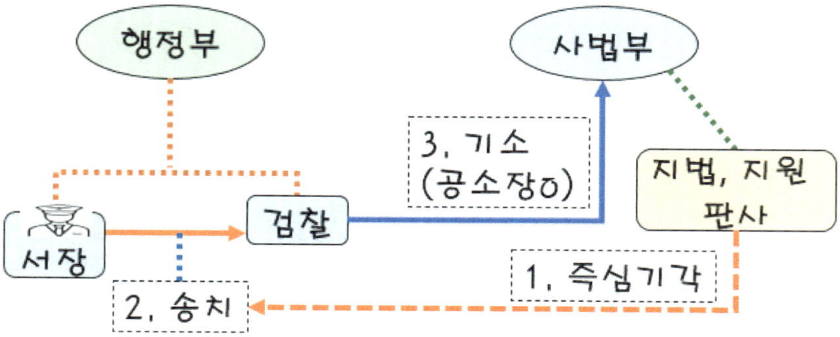

판) 즉심기각을 정식재판 청구로 오인 → 공소장 제출(x) → 공소제기 불성립

심리

지법, 지원판사

자백보강법칙 (x)
전문법칙 (x)
자백배제법칙 (o)
위법수집증거배제법칙 (o)

즉시 심판하여야
공개법정 (경찰관서이외)
벌금, 과료 –
원칙 –
증거조사 가능 (재정증거)

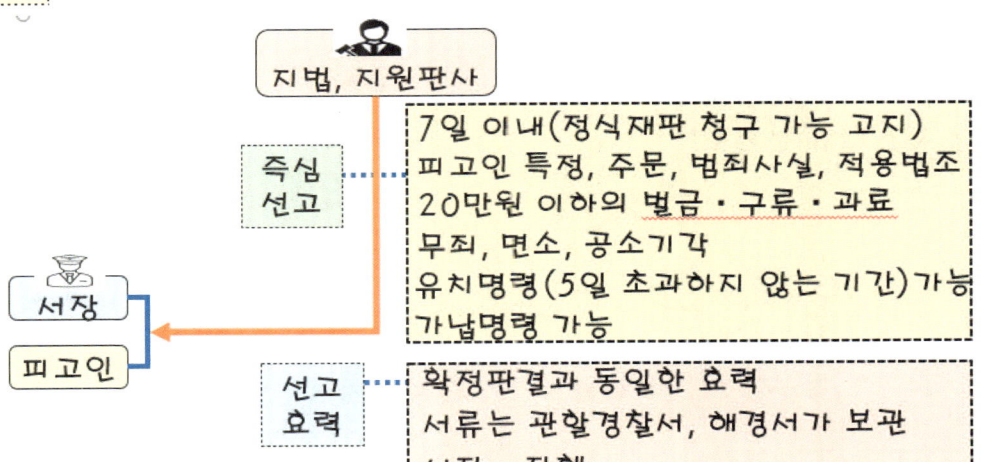

피고인 → 서장

불출석 심판청구
– 범칙금 150% 예납
– 불출석 심판 청구서 제출

재판

지법, 지원판사

즉심 선고

7일 이내 (정식재판 청구 가능 고지)
피고인 특정, 주문, 범죄사실, 적용법조
20만원 이하의 벌금·구류·과료
무죄, 면소, 공소기각
유치명령 (5일 초과하지 않는 기간) 가능
가납명령 가능

서장
피고인

선고 효력

확정판결과 동일한 효력
서류는 관할경찰서, 해경서가 보관
서장 – 집행,
벌금·과료·몰수 – 검사인계

판) (1년 이하) 징, 금, 자, 벌 → 선고유예 대상 / 구류형 → 선고유예 불가

판) 즉심, 30만원 벌금선고 → 불가능

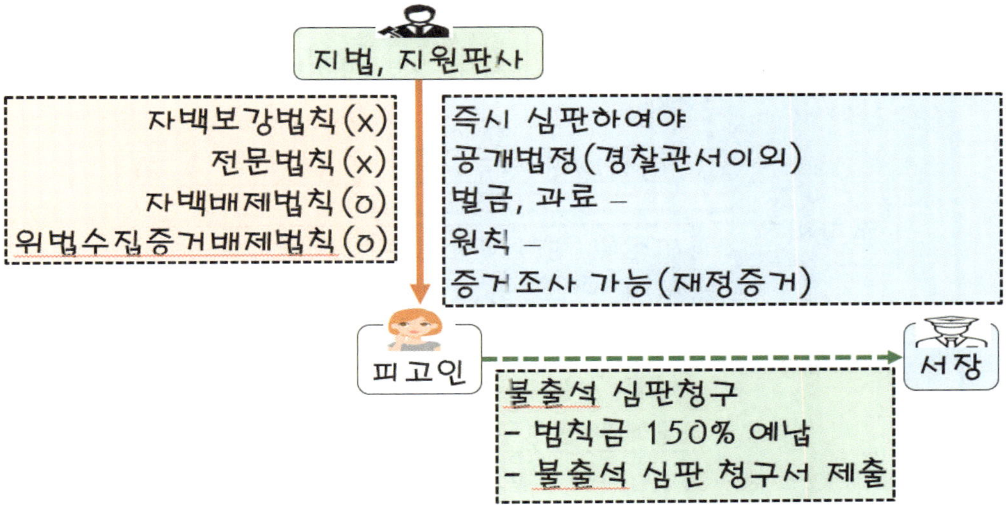

정식재판청구1

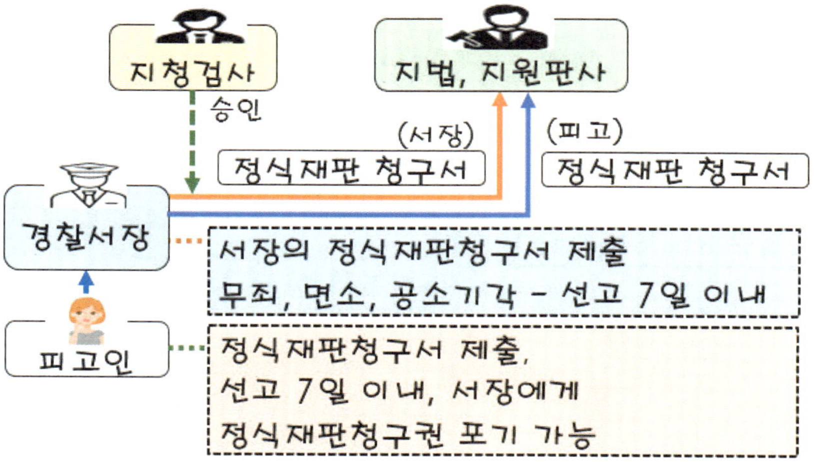

판) 정식재판 청구, 기명 + 서명 → 적법

정식재판청구2

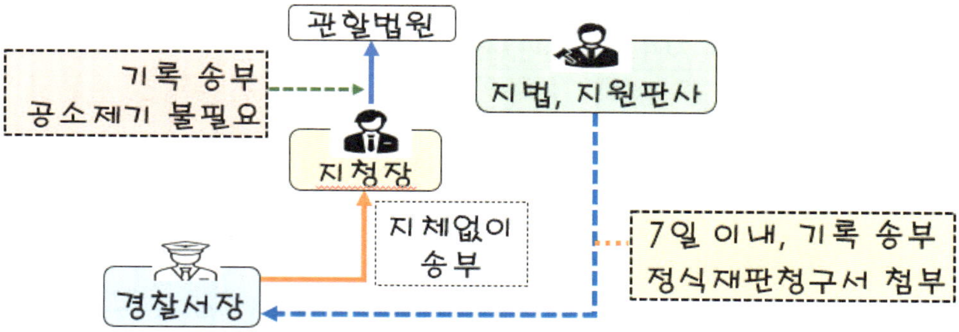

판) 정식재판청구, 1회 공판기일 전 사건기록 증거물 법원 송부 → 위법(x)

정식재판청구 - 효과 - 형사소송법 규정 준용

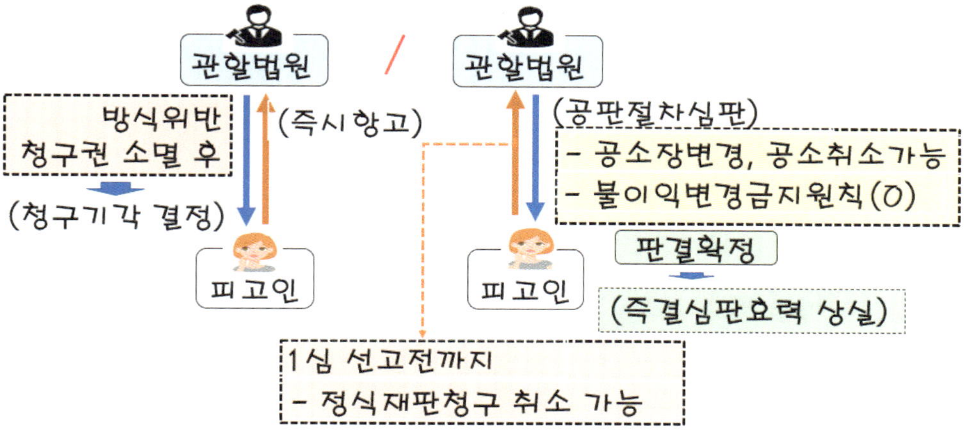

판) 즉심, 정식재판 청구 → 불이익 금지원칙 적용(o)

질서위반행위규제

성립요건

질서위반행위 법정주의
행위시법주의
고의, 과실 필요
위법성착오 → 정당이유○ → 벌x
심신상실 → 과태료 부과x (한다.)
심신미약 → 감경 (한다.)
2인 이상 가담 → 각자 행위로
신분x가담 → 성립 (신분○담)
신분으로 경중 → 중한행위로 벌x
상상경합 → 중한행위로 벌
※ 고의과실 등 도교법상
　고용주 처분에 적용x..

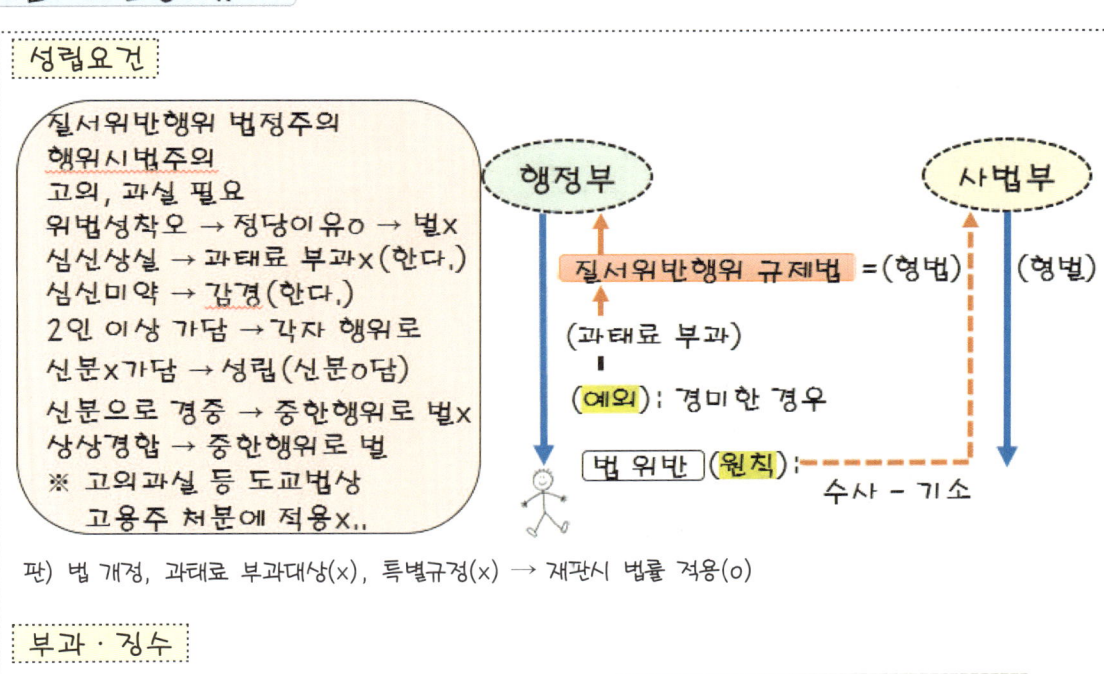

판) 법 개정, 과태료 부과대상(x), 특별규정(x) → 재판시 법률 적용(o)

부과·징수

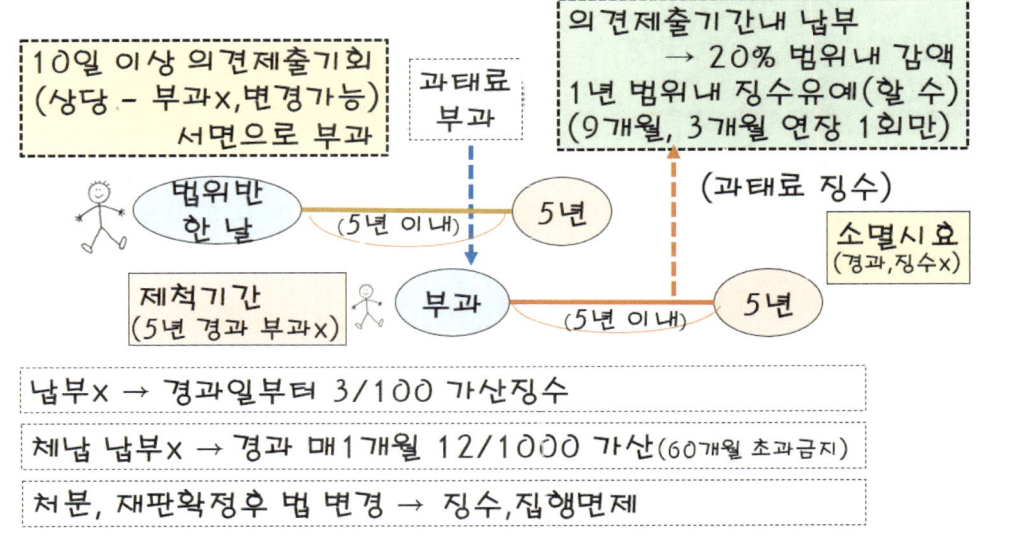

납부x → 경과일부터 3/100 가산징수

체납 납부x → 경과 매1개월 12/1000 가산 (60개월 초과금지)

처분, 재판확정후 법 변경 → 징수,집행면제

불복

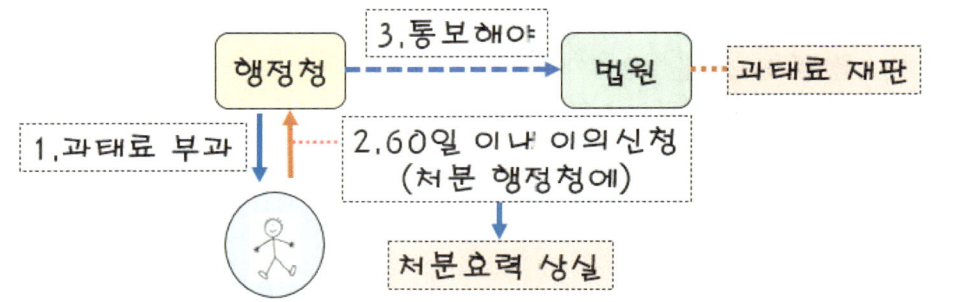

제6장 권리구제 수단

제1절 사전적 권리구제 수단

1 행정정보 공개제도

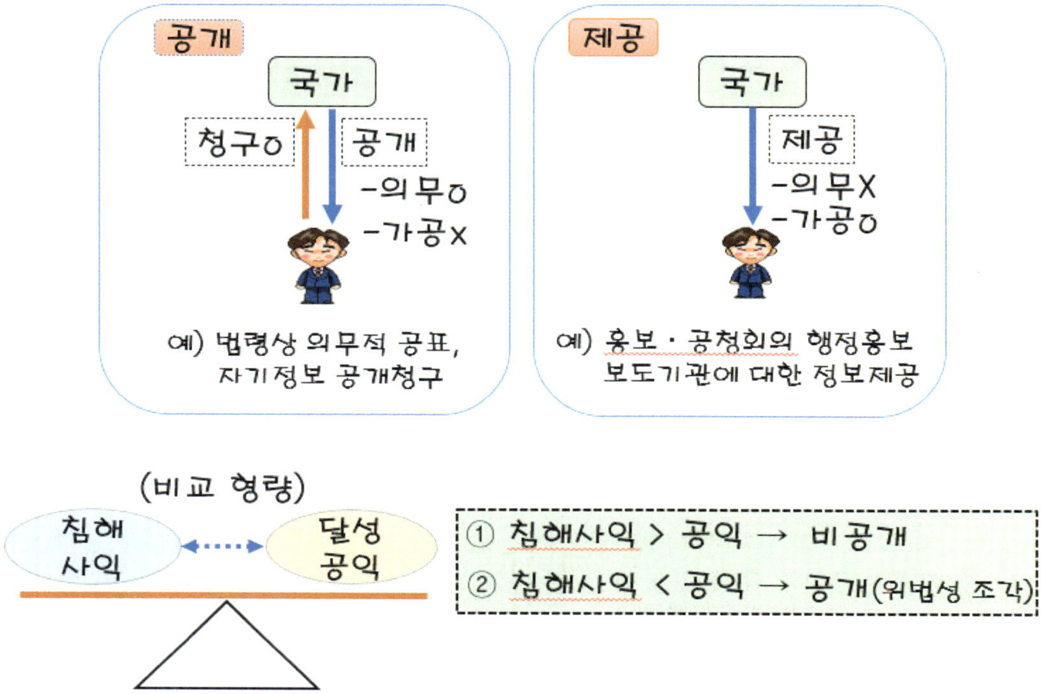

1 프라이버시

확대 공개거부(소극적 권리) → 자기 정보통제(적극적 권리)

학자 정의

S. Warren & L. Brandeis → 혼자 있을 권리(Right to be left alone)

Alan F. Westin → 언제 · 어떻게 전할까, 스스로 결정(권리)

Edward Bloustine → 인격권의 법익

Ruth Gavison → 프라이버시 세 가지 요소 → 비밀 · 익명성 · 고독(상실이 침해)

유형

사생활 판단의 **오**도 - 특정인 사진을 현상수배자 리스트에 넣는 행위 등
사적인 일의 영리적 **이**용 - 수강생 사진을 학원 광고 모델로 사용
사적인 일에의 **침**입 - 타인의 전화도청, 타인의 은행계좌의 불법 추적 등
사적인 사실의 **공**개 - 타인의 범죄경력, 기형적 신체 상태를 공개하는 행위

판) 국군보안사령부가 민간인 상대 사생활 정보 비밀수집 → 불법행위 구성

2 공공기관의 정보공개(정보공개법)

일반

원칙

공개하여야(의무)

※ 전자적 형태 공개요청 → 곤란한 경우 제외하고 따라야!

예 국공립학교 성적평가, 조세부과·환급관련정보, 서장 판공비

예외

공개하지 아니할 수(권리), 제한적 해석,

☞ 비공개 대상정보

- 법 규정
- 국가적 법익 : ① 국가안보, 외교 등 관련
  ② 감사, 감독 등 내부검토 과정
  ③ 범죄관련(재판, 기소, 예방 모두)
  예 전국 폭력단 현황, 보안관찰 통계자료
- 사회적 법익 : ④ 경영, 영업상 비밀 관련
  ⑤ 부동산 투기 관련
- 개인적 법익 : ⑥ 생명, 신체, 재산보호 관련
  ⑦ 사생활비밀, 자유 침해 우려

판) 보안관찰통계자료 → 비공개대상 정보

판) 의견서 등 → 곧바로 비공개x, 수사직무수행 현저곤란 상당이유o → 비공개o

판) 진술내용 → 개인 사생활 비밀 또는 자유 침해우려(o) → 비공개 대상o

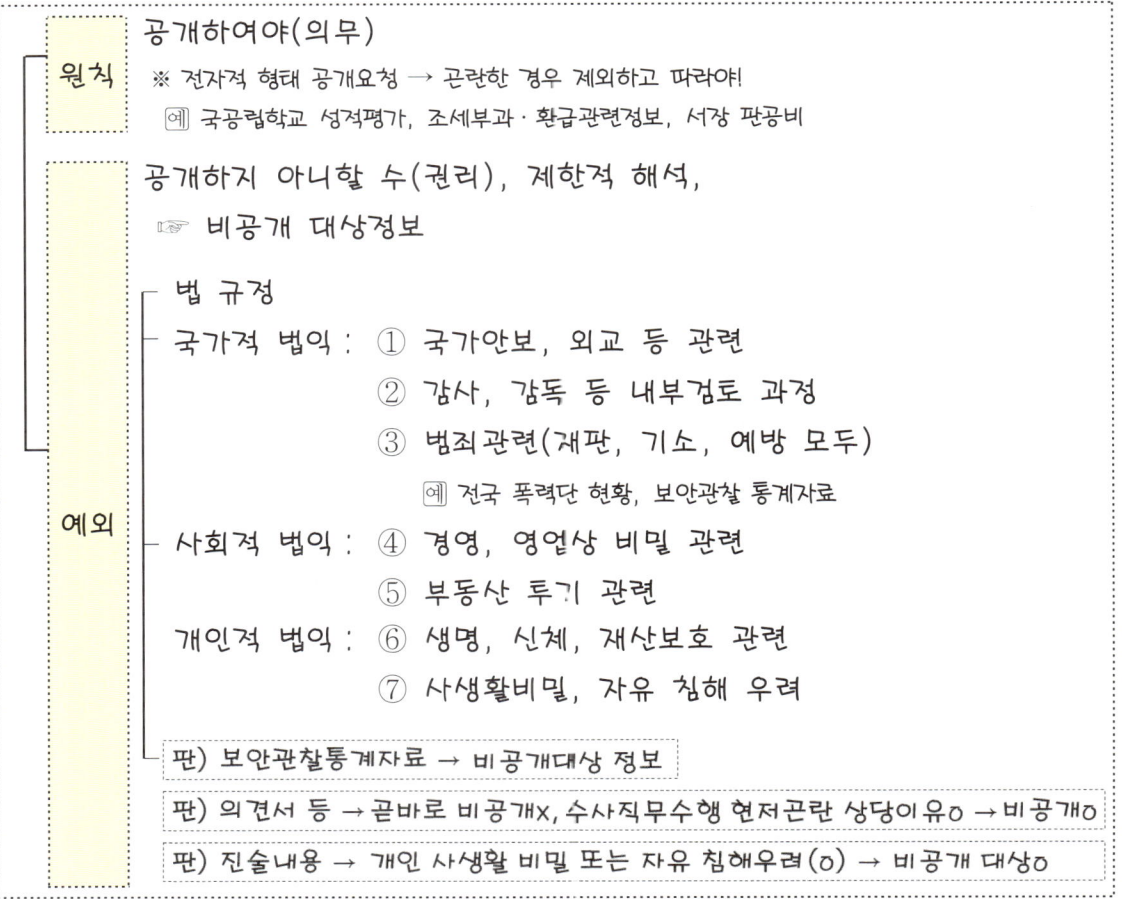

주요내용

청구권자

정부

(이해관계x -> 가능)

모든 국민 + 대통령령 외국인

※ 정보 : 모든 형태의 매체에 기록된 사항

공공기관

정보공개 의무자 (청구)

- 국가
- 지방자치단체
- 공공기관
- 지방공사, 지방공단
- 대통령령으로 정..

정보공개 심의회

소속 국가기관 상급기관(할 수) — 설치

정보공개 심의회 → (공개여부심의)

- 공개여부 등 심의
- 위원장 포함 5~7
- 외부전문가2/3위촉해야
- ※ 국가안보(수사) 1/3이상

정보공개 위원회

행정안전부 장관 (소속) 정보공개 위원회

- 정보공개 정책수립, 제도개선 등
- 위원장 포함 11,
- ※ 위원장 포함 7명은 공무원x,
- 임기 2년 연임 가능

총괄

행정안전부 장관 (제도총괄)

공공기관 → 행정안전부 장관 (요청하면)

행정안전부 장관 → 공공기관 운영실태 (평가할 수)

국회·법원·헌법재판소 및 중앙선거관리위원회는 제외

공개대상

- 목록 작성 · 비치(야)
- 원문공개(전자적 형태 → 청구x → 정보공개시스템 통해, 공개해야)

비용

- 청구인 부담
- 공공복리의 유지 · 증진을 위해 필요 → 감면할 수

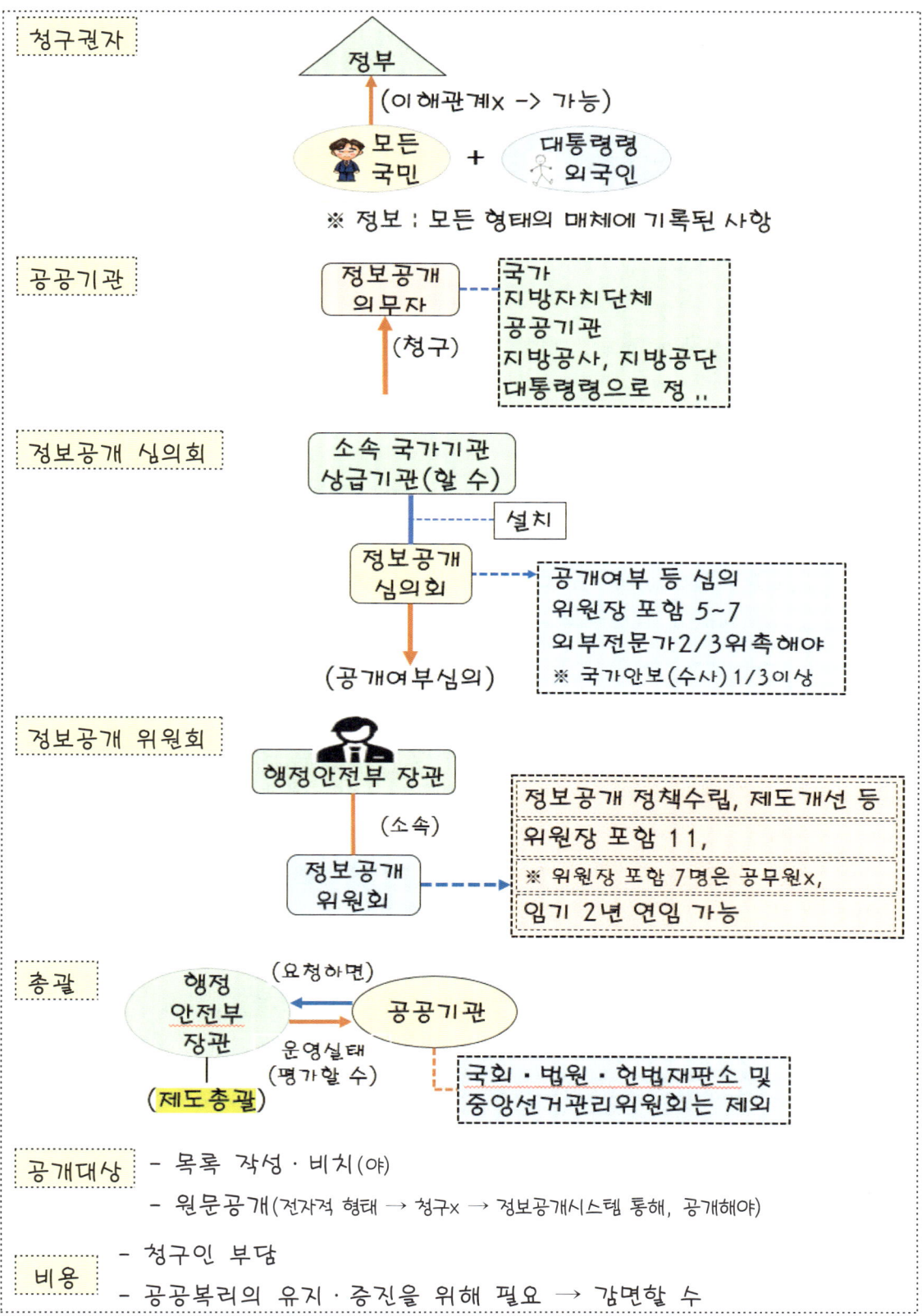

Part 03

절차

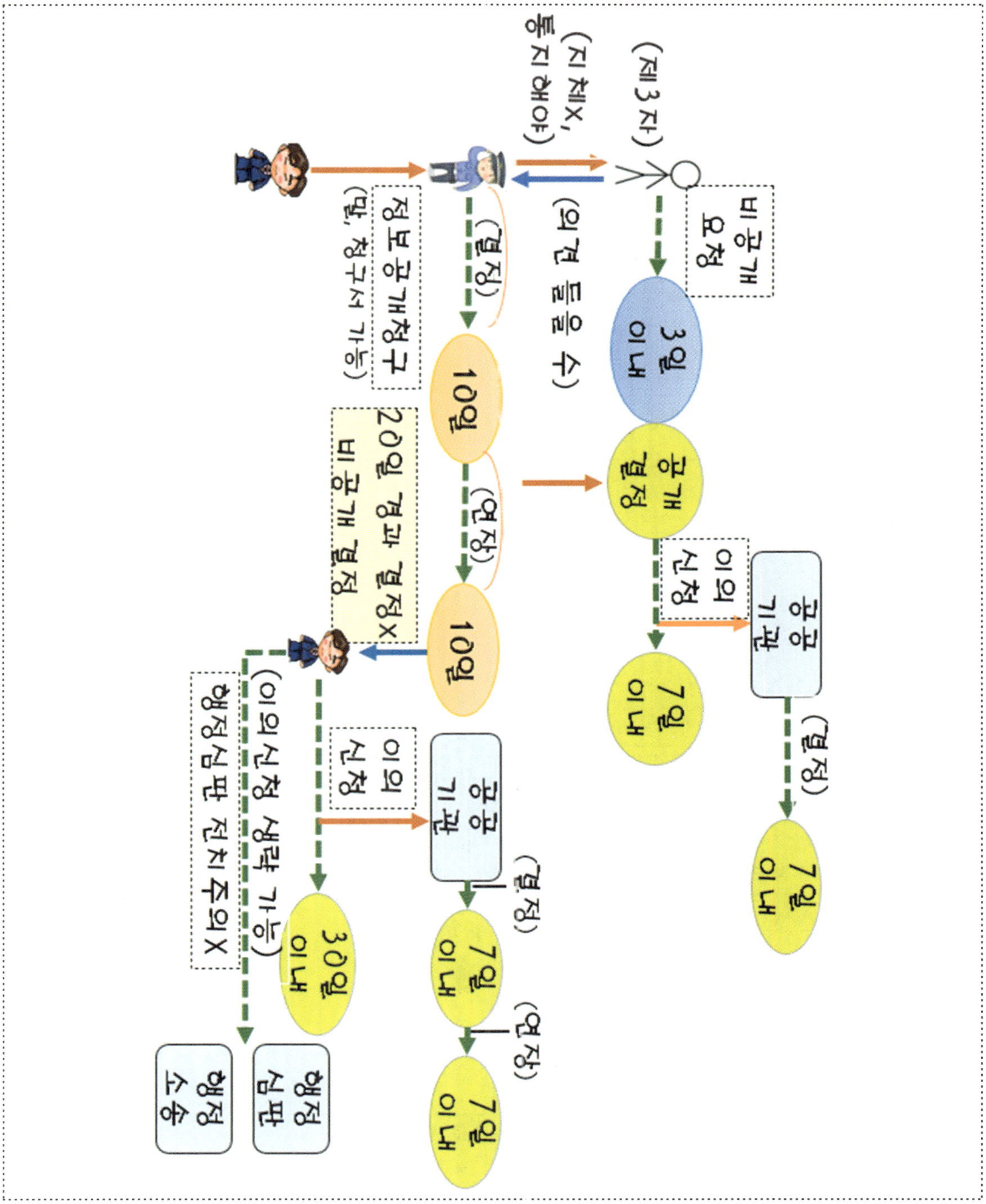
(제3자)
비공개 요청
3일 이내
(지체X, 통지해야)
(의견 들을 수)
공개 결정
이의 신청
공공기관
(결정)
7일 이내
7일 이내
정보공개청구
(말, 청구서 가능)
(결정)
10일
(연장)
10일
20일 경과 결정X
비공개 결정
이의 신청
공공기관
(결정)
7일 이내
(연장)
7일 이내
(이의신청 생략 가능)
30일 이내
행정심판 전치주의X
행정심판
행정소송

2 행정절차제도

행정지도

서면 - 요구 할 수
의견 - 제출 할 수

지도, 조언, 권고
(비권력적 사실행위)

1. 과잉금지의 원칙, 임의성의 원칙 명문화
2. 거부 → 불이익 조치x
3. 행정지도 실명제(취지, 내용, 신분 밝혀야)
4. 서면요구시 → 교부하여야
5. 방식 : 서면, 구두 모두 가능

※ 행정절차법 내용 : 신고절차, 처분절차, 행정지도절차, 입법예고절차, 행정예고절차, 확약, 위반사실 공표, 행정계획,

주요절차

신청

행정청

처분을 구하는 신청o

1. 문서로 하여야 (예외 – 다른 법)
2. 전자문서→(입력한 때 – 신청 간주)
3. 처분 전 → 보완, 변경, 취하 할 수
4. 기간내 처리x → 신속처리 요청(수)

1. 필요서류 → 게시 or 편람비치(야)
2. 보류,거부,되돌x → 접수증(야)
3. 흠,상당기간 → 보완요구(야)

처분방식

행정청

처분

1. 원칙: 문서로 해야
2. 전자문서 → 동의 or 전자문서신청/
3. 말, 전화, 문자, 팩스, 전자우편등 → 공공 안전, 복리에 긴급 or 경미
   * 요청 → 지체x, 문서주어야

판) 단속경찰관 명의 면허정지처분 → 무효

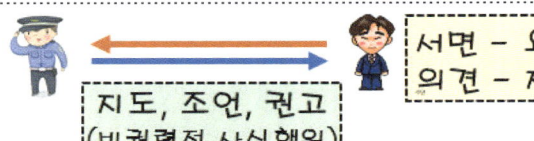

송달

행정청

송달

1. 우편, 교부, 정보통신망 등, 주, 거, 영업, 사무, e우편주소로
   * 동의(o) → 만나는 장소(o)
2. 교부송달 : 수령확인서o → 문서교부
   * 만남(x) → 사리분별지능o에게 → 문서교부 할 수
   * 정당사유(x) → 거부 → 송달장소에 둘 수
3. 정통망 송달 → 동의(전자우편주소 지정해야)시에만
   * 정통망, 전자문서 송달 → 입력o → 송달간주
4. 송달공고 : 주소확인x or 송달불가 →
   관보, 공보, 게시판, 일간 하나이상 and 인터넷 공고해야
   * 송달공고 → 14일 경과 → 효력발생o
5. 송달 → 도달 → 효력o

의견청취절차

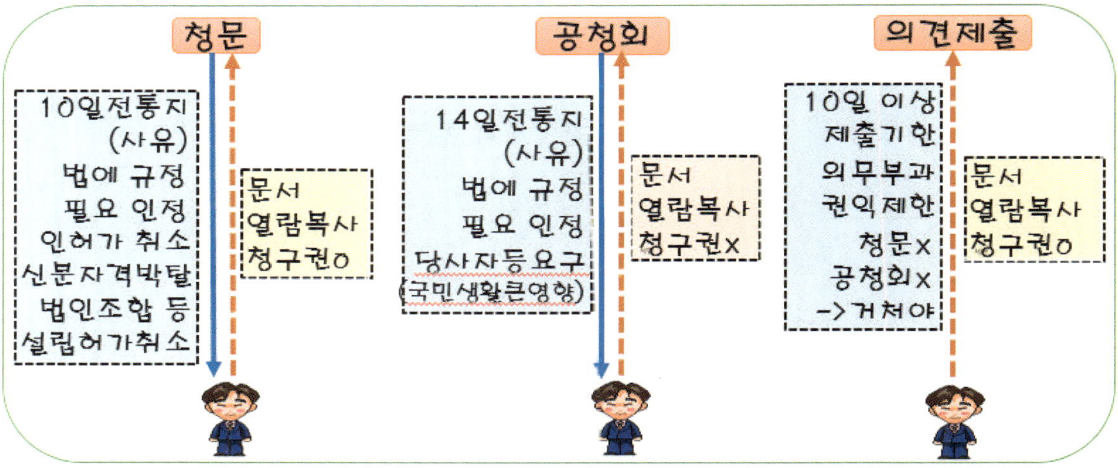

판) 의견제출기회x → 위법, 취소사유

이유부기

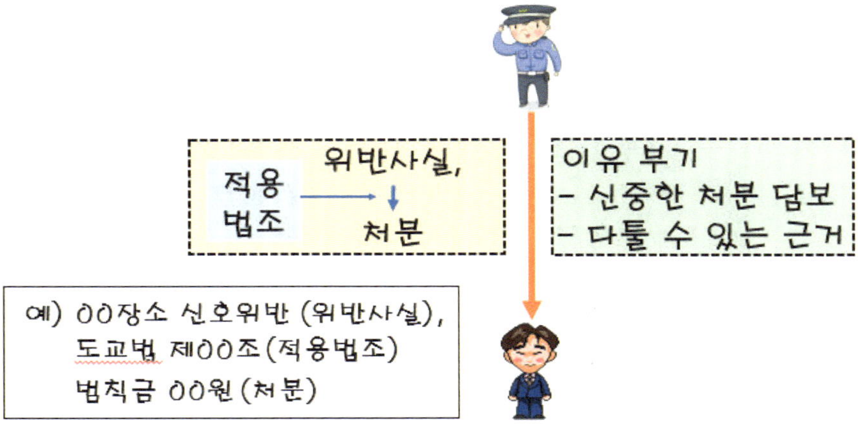

판) 처분근거와 위반사실 적시를 빠트린 하자 → 치유x

공문서 종류

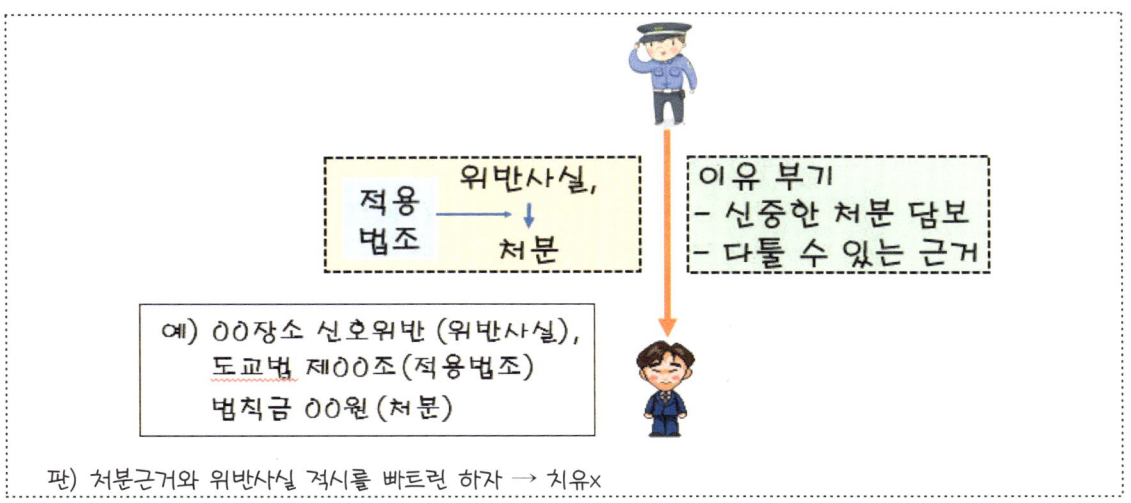

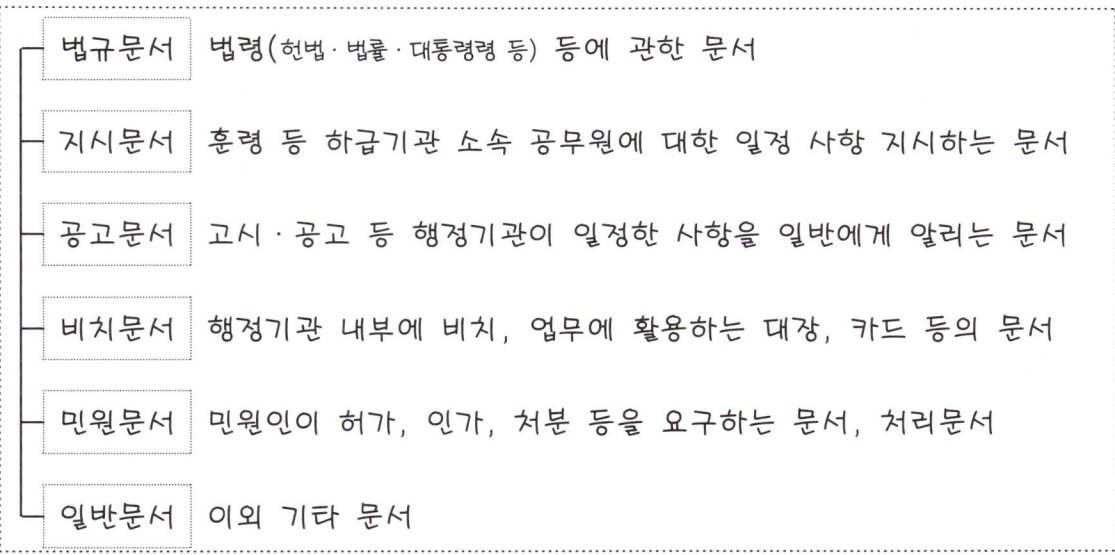

법규문서	법령(헌법 · 법률 · 대통령령 등) 등에 관한 문서
지시문서	훈령 등 하급기관 소속 공무원에 대한 일정 사항 지시하는 문서
공고문서	고시 · 공고 등 행정기관이 일정한 사항을 일반에게 알리는 문서
비치문서	행정기관 내부에 비치, 업무에 활용하는 대장, 카드 등의 문서
민원문서	민원인이 허가, 인가, 처분 등을 요구하는 문서, 처리문서
일반문서	이외 기타 문서

제2절 사후적 권리구제 수단

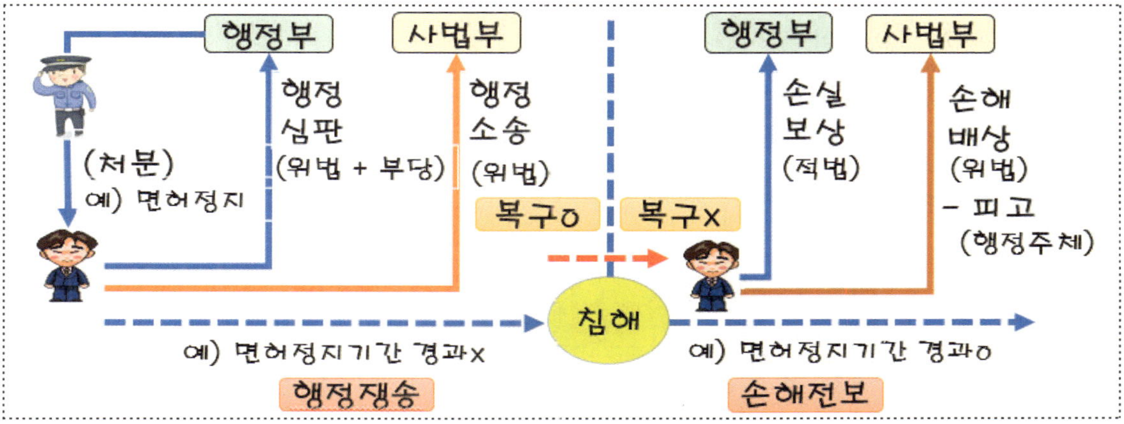

1 행정쟁송제도

1 행정심판

- 의무이행심판(o), 위법(o) + 부당(o)

종류

- 취소심판 : 처분의 취소 · 변경을 구하는 심판
- 무효등 확인심판 : 처분의 효력유무, 존재여부의 확인을 구하는 심판
- 의무이행심판 : 거부처분이나 부작위에 대한 일정한 처분을 구하는 심판

당사자, 행정심판 기관

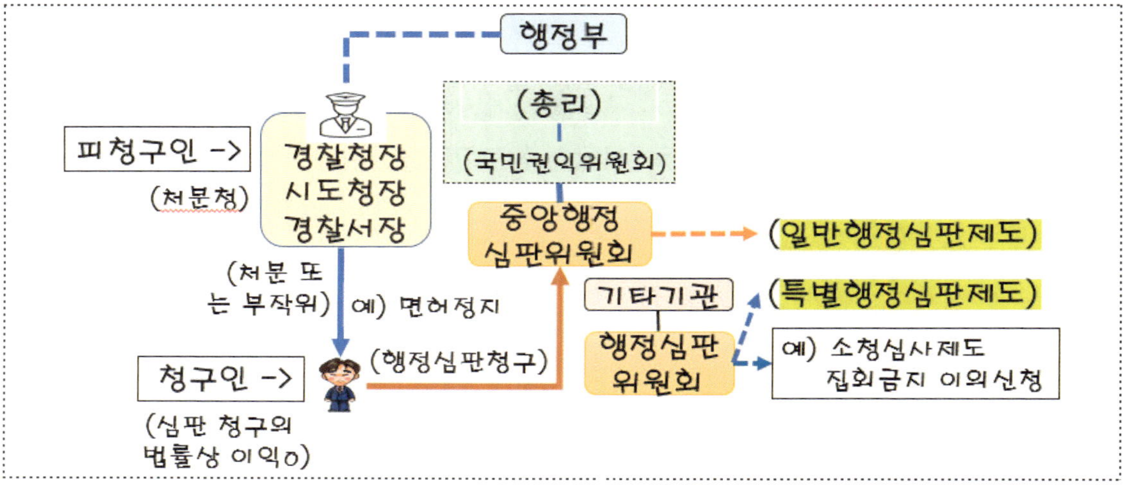

대상

- 개괄주의
  - 권리구제 범위 확대,
  - 처분 : 공권력의 행사 또는 그 거부와 그 밖에 이에 준하는 행정작용
  - * 위법 + 부당
- 대통령의 처분, 부작위 → 대상x(예외 - 다른 법률의 규정)

심판청구 제기

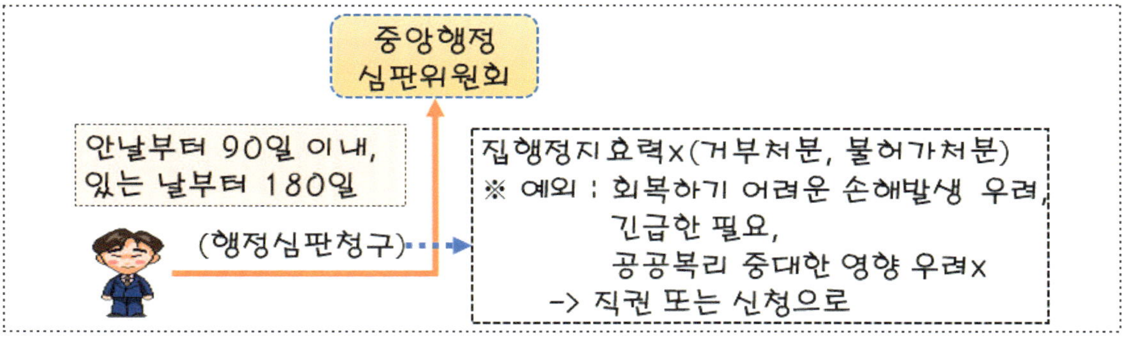

심리

서면심리 또는 구술심리, 비공개주의

심판재결의 종류

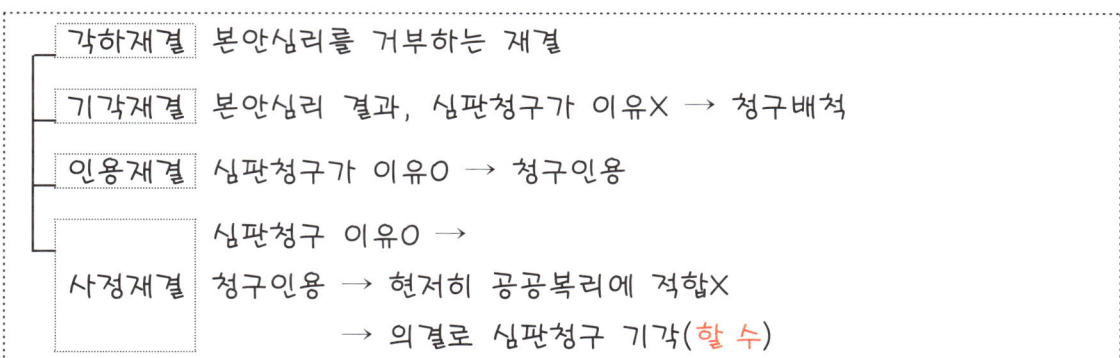

각하재결	본안심리를 거부하는 재결
기각재결	본안심리 결과, 심판청구가 이유X → 청구배척
인용재결	심판청구가 이유O → 청구인용
사정재결	심판청구 이유O → 청구인용 → 현저히 공공복리에 적합X → 의결로 심판청구 기각(할 수)

판) 판결의 기속력 → 구체적 위법사유 판단에만, 다른 사유든 처분(x)

2 행정소송

- 의무이행소송(x), 위법(o) + 부당(x)

종류

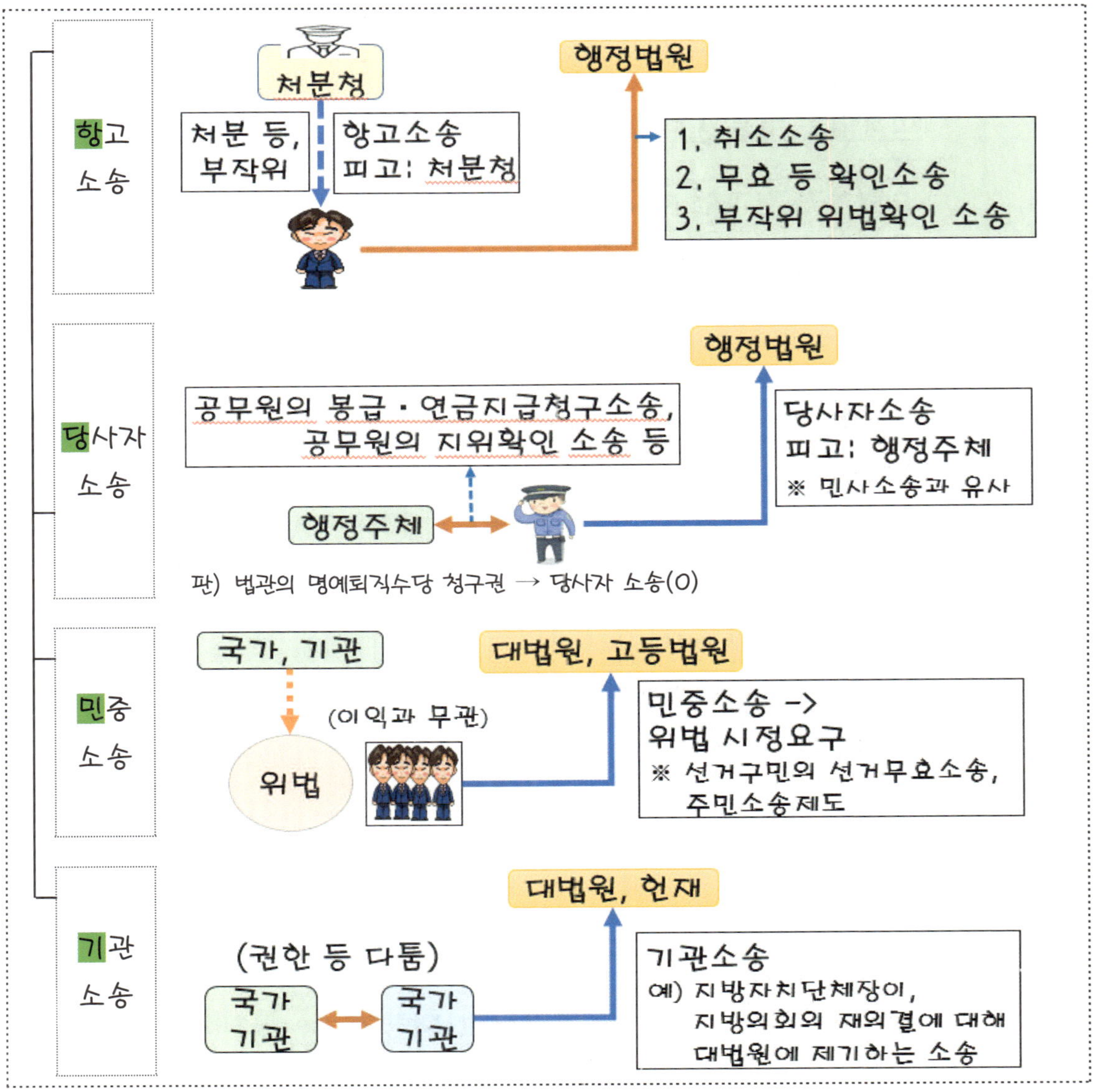

당사자, 재판관할, 대상

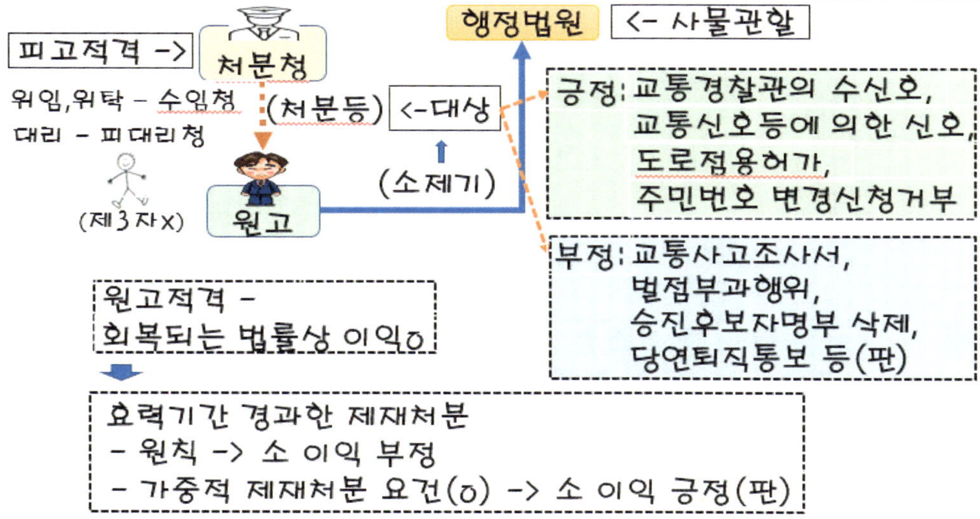

원고적격

판) 가중적 제재처분의 요건(o) → 정지처분 소멸 후 → 소익(o)

판) 가중사유나 전제요건(o) → 제재기간 경과 → 취소의 법상 이익(o)

소송대상

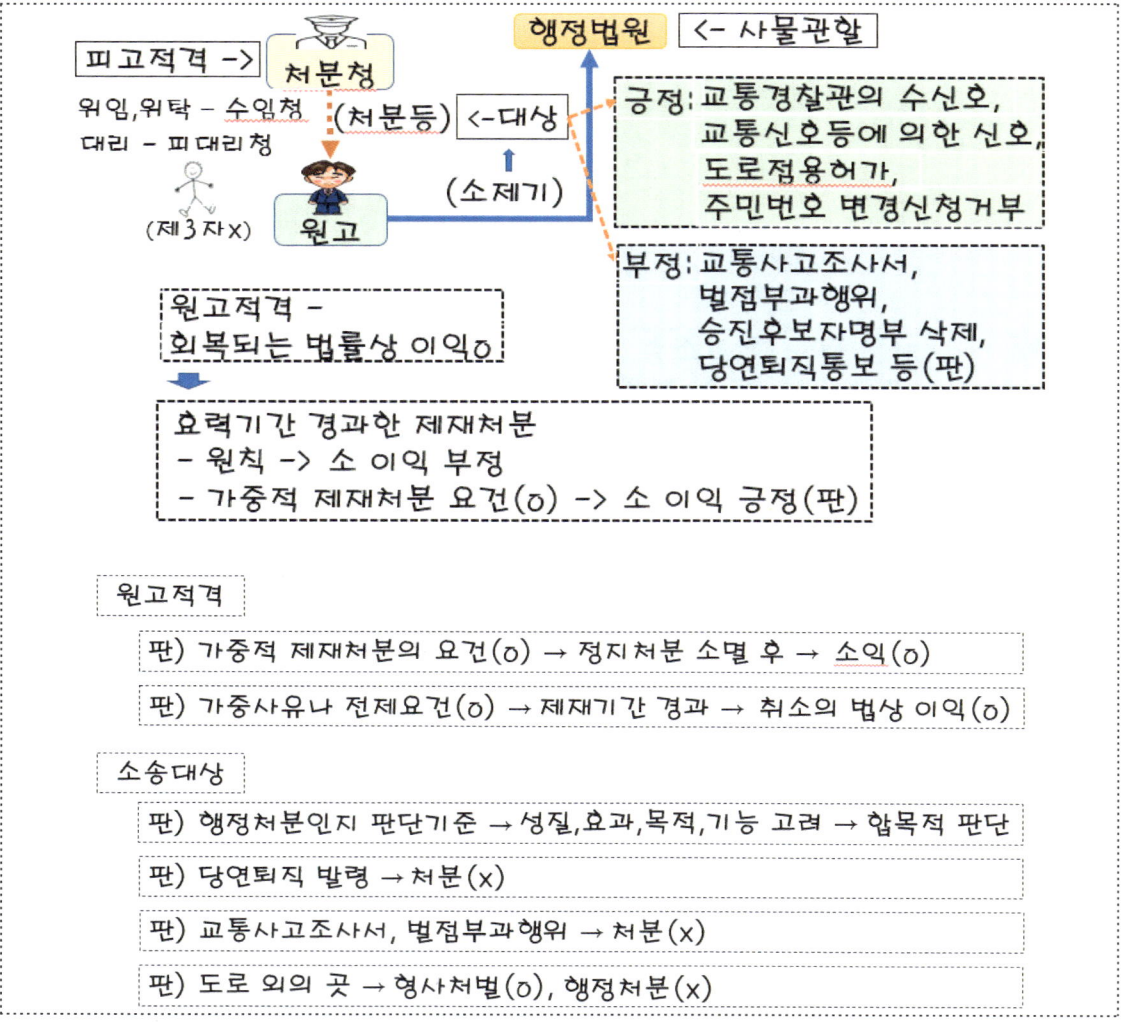

판) 행정처분인지 판단기준 → 성질,효과,목적,기능 고려 → 합목적 판단

판) 당연퇴직 발령 → 처분(x)

판) 교통사고조사서, 벌점부과행위 → 처분(x)

판) 도로 외의 곳 → 형사처벌(o), 행정처분(x)

한계

1. 구체적 사건성 <- 사법본질상 한계
2. 법적 해결가능성(위법) - 부당한 재량행위x, 통치행위x
3. 무명항고소송x 예)의무이행소송x <- 권력분립상 한계

소제기 등

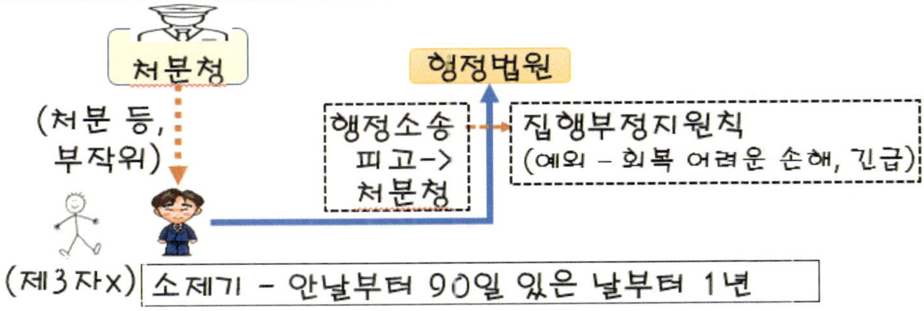

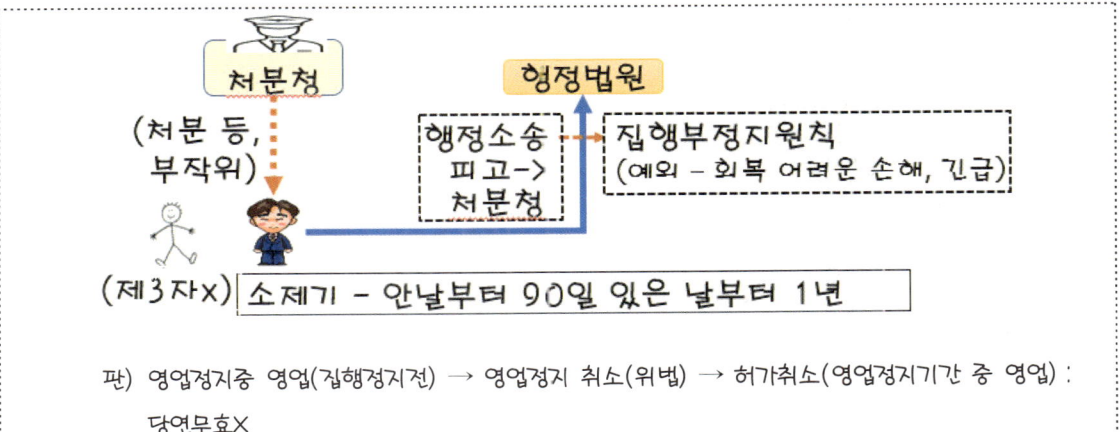

판) 영업정지중 영업(집행정지전) → 영업정지 취소(위법) → 허가취소(영업정지기간 중 영업) : 당연무효X

판결

1. 위법판단 기준시점 → 처분 시(통설, 판례)
2. 사정판결 → 청구이유(O), 공공복리에 적합(X)
   → 청구기각(할 수)

2 손해전보제도

1 행정상 손해배상(국가배상)

- 종류
  1. 불법행위 책임(국배법 제2조)
  2. 영조물책임(국배법 제5조)
- 주체
  1. 헌법 : 국가 또는 공공단체
  2. 국가배상법 : 국가나 지방자치단체

판) 상호주의 : 상호주의 → 외국법령, 판례 및 관례 등 비교 인정되면 충분, 반드시 조약X

위법한 직무집행으로 인한 배상책임

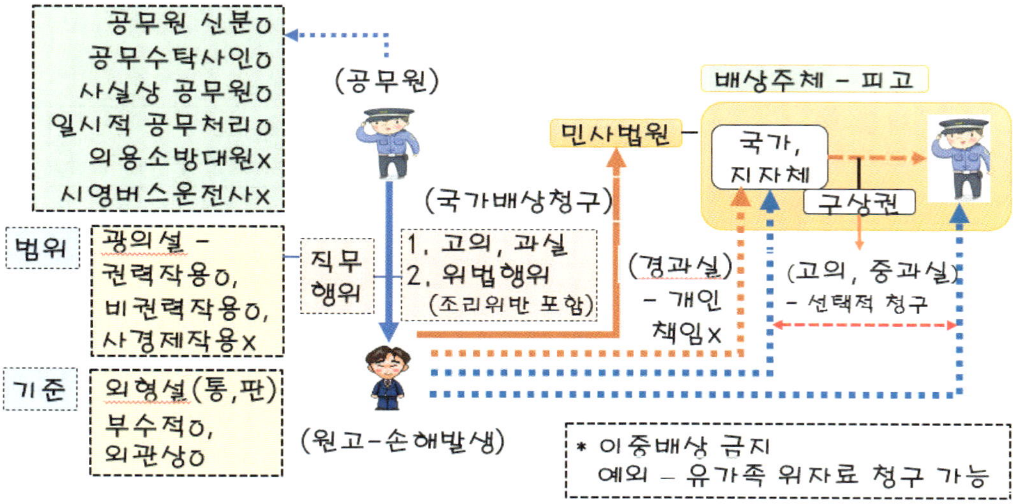

공무원

판) 교통할아버지로 선정 → 위탁범위 넘어 사고발생 → 배상책임(o)

판) 자동차 운수사업 → 공익적 견지 → 국배법 적용(x)

직무행위

판) 부작위인한 국가배상 → 작위의무 법령x → 손해, 조치가능성등 종합고려

법령위반

판) 적법한 추격(법령 요건절차 준수), 제3자 손해 → 위법(x)

판) 권한행사 현저 불합리 → 위법(o)

판) 신의성실 위반 등, 객관적 정당성(x) → 위법(o)

판) 적절한 조치라는 판단, 직무수행 → 현저 불합리(x) → 적법(o)

판) 직무집행(시위진압) → 불필요 or 현저히 합리성 결여 → 위법(o)

판) 형식적 법령에 근거(x)(국민생신재 보호) → 작위의무(o)

판) 함정수사 → 범의유발 : 위법 / 기회제공 : 적법

판) 적절한 구조지휘, 승객 퇴선 유도x 과실 → 위법행위(o)

판) 인권존중 등 조리위반 → 위법 → 국가배상 책임(o)

손해발생

판) 전적 or 부수적 개인 안전과 이익 보호목적(o) → 상당인과관계(o)

판) 도로에 트랙터 방치 → 상해사고 → 배상책임 인정

판) 공용차 사용 직무집행 → 국가배상 책임(o), 개인책임(x)

판) 윤락행위 방치 → 국가배상책임 인정

가해공무원 책임

판) 중과실 → 고의에 가까운 현저한 주의의무 결여

판) 견해대립 → 대법원과 다른 해석, 집행 → 국가배상법상 과실(x)

판) 경과실 – 책임(x) → 공무집행의 안전성 확보 목적

판) 청와대에 서명지 전달 행진시도 → 관할 서장 해산명령, 통행차단 →
중대한 과실(x)

이중배상 금지

판) 전투경찰순경 → 이중배상 제한 되는 경찰공무원(o)

판) 순찰중 대형낙석 사망(일반직무집행) → 배상책임 제한(o)

* 전투, 훈련 이에 준하는 직무집행 → 일반직무집행 포함

영조물 책임

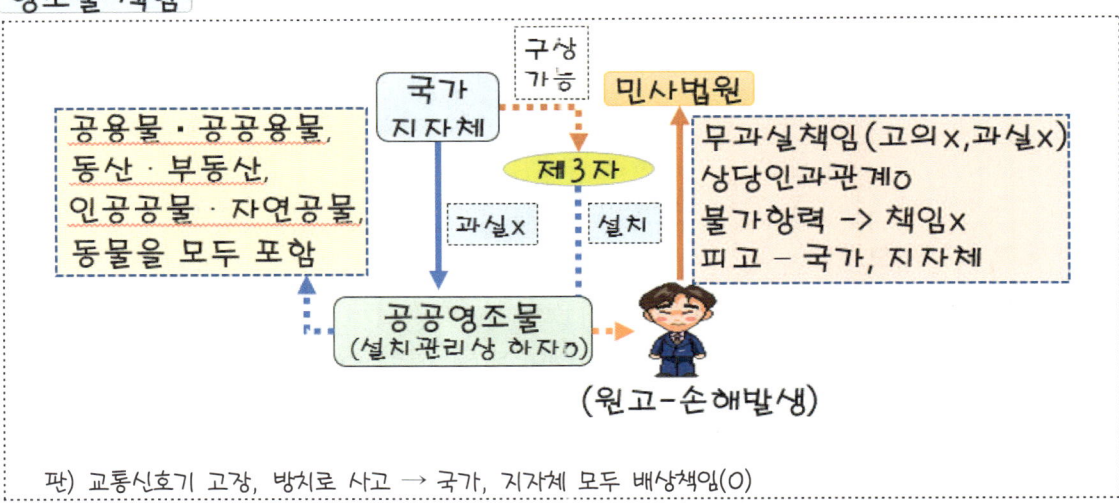

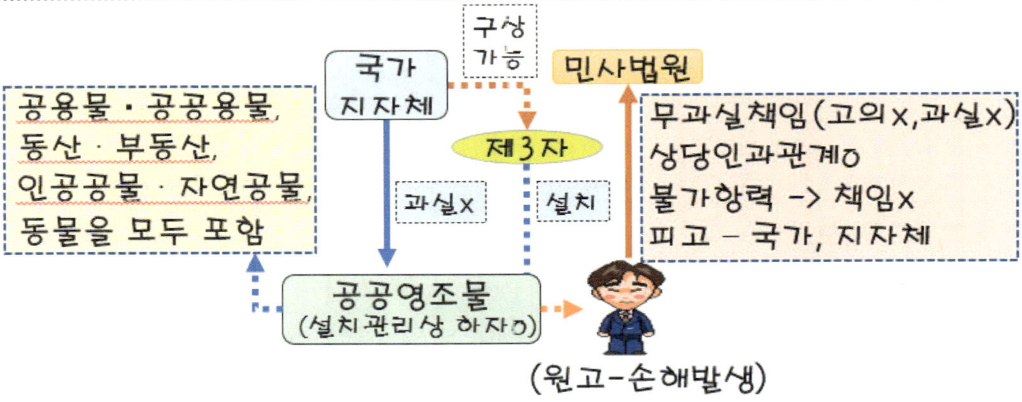

판) 교통신호기 고장, 방치로 사고 → 국가, 지자체 모두 배상책임(O)

2 손실보상

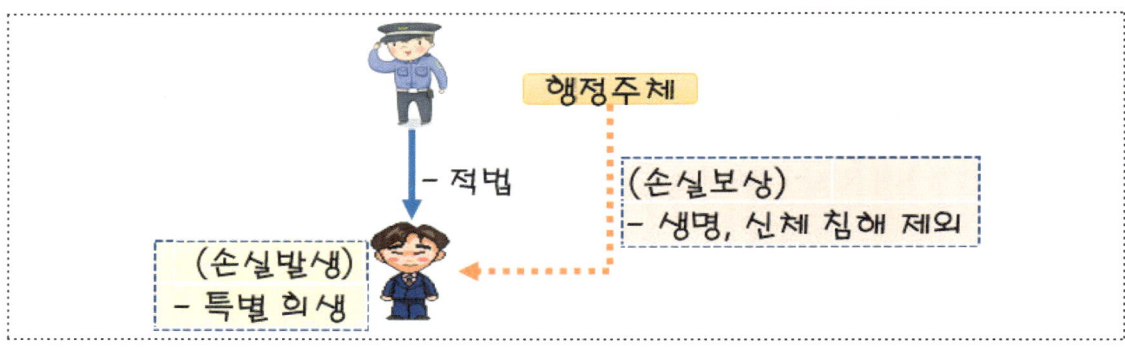

제1장 경찰관리 일반

치안지수

(1) 불안수준 - 주관적 성격
① 치안정책의 중점사항을 선택
② 지역특성에 맞는 치안정책
③ 치안만족도 변화를 파악할 수

(2) 국민만족 치안활동의 기대효과
① 사소한 범죄사건 신고에도 적극대응
② 국민이 불안과 불편을 느끼면 사소한 범죄에도 형사활동 확대
③ 교통단속을 강조하지 않아도 법규준수율 향상, 교통사고 감소
④ 인권침해 등 수사과오 발생하면 평가 불이익

* 정책결정모형

합리(포괄)모형 (이상주의)

고도(최선)의 합리성 -> 합리적 대안 탐색, 선택 -> 최선의 대안결정

만족모델 (현실주의)

제한적 합리성 -> 여러 요인 고려 -> 주관적 만족수준 결정

점증모델 (보수주의, 현실주의)

정치적 합리성 -> 현실 긍정 -> 약간 향상된 결정에 만족

최적모형 (이상주의, 현실주의 - 통합)

이상, 현실 통합 -> 기존정책x(점증주의 비판) -> 정책방향 다시 검토

* 규범적 최적 모형 -> 혼합모형과 다름, 합리모형에 보다 가까움

혼합탐사모델 (점증모델 단점 -> 합리모델로 보완)

기본결정, 세부결정 분리 -> 기본결정 – 합리모델, 세부결정 – 점증모델

사이버 네틱스 모델

정보분석, 환류과정 -> 스스로 조정

엘리트 모델

소수 엘리트 권력자만 -> 결정

쓰레기통 모델 (우연한 결정)

문제, 해결책, 선택기회, 참여자 -> 우연히 서로 연결 -> 의사결정o

* 관료정치모델 – 의사결정은 관료들의 정치적 타협의 산물

제2장 경찰조직관리

1 조직관리 일반

(1) 경찰조직의 이념(국자법) : 민주성과 효율성

- 민주성: 국가경찰위원회(합의제 조직), 자치경찰제도
- 효율성: 경찰관청 독임제, 국가경찰제도, 성과급제도 도입 등

(2) 양자는 조화를 이루어야 한다.

2 경찰관료제

특징

① 전문성 있는 관료에 의한 직무수행
② 계층제적 조직구조
③ 법규에 의한 행정(법규우선주의)
④ 공·사의 구분(개인적 감정을 배제)
⑤ 문서주의
⑥ 공개채용
⑦ 분업(전문화)

단점

① 무사안일주의(상관권위에 의존, 소극적 일처리, 신분보장에 의존, 책임회피)
② 변화에 대한 저항과 보수주의
③ 할거주의(속한 기관·부서에만 충성하고 집착)
④ 인격·인간성의 상실(몰인격적 역할관계, 몰인정성, 비정의성)
⑤ 전문가적 무능(지나친 분업화로 인한 병리현상, 대안생각x, 훈련된 무능)
⑥ 번문욕례(red tape, 서면주의·형식주의 등의 현상)
⑦ 동조과잉, 형식주의(목표의 전환)(목표가 아닌 수단으로서의 규칙과 절차에 지나치게 집착)
⑧ 집권적 권위주의(권한과 능력의 괴리, 상위직으로 갈수록 모호해지는 업적평가기준, 규범을 엄격하게 준수해야 한다는 압박감 등으로, 더욱 권위주의적인 행태)
⑨ 상하계급 간 갈등(상관의 계서적 권한과 부하의 전문적 권력이 이원화)
⑩ 무능력자 승진(피터의 원리, 승진만 추구하므로 결국 무능력 수준까지 승진)

3 조직편성의 원리

- 계층제의 원리, 통솔범위의 원리, 명령통일의 원리, 분업의 원리, 조정통합의 원리

계층제의 원리

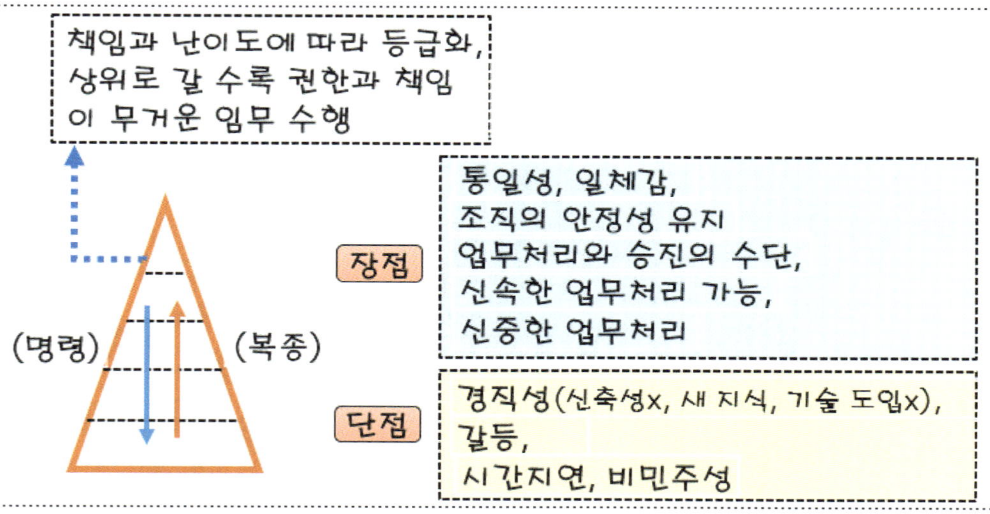
책임과 난이도에 따라 등급화, 상위로 갈 수록 권한과 책임이 무거운 임무 수행
(명령)
(복종)
장점
통일성, 일체감,
조직의 안정성 유지
업무처리와 승진의 수단,
신속한 업무처리 가능,
신중한 업무처리
단점
경직성(신축성x, 새 지식, 기술 도입x),
갈등,
시간지연, 비민주성

통솔범위의 원리

상관

구조조정 문제와 깊은 관련성

(고려요소)

통솔가능 부하 수?

1. 시간적 요소 : 비례
   오래(↑) – 통솔범위(↑)
2. 조직계층 수(조직규모) : 반비례
   많을 수록(↑) – 통솔범위(↓)
3. 공간적 요인 : 반비례
   멀어질수록(↑) – 통솔범위(↓)
4. 업무의 성질 : 반비례
   복잡할수록(↑) – 통솔범위(↓)
5. 조직원 능력 : 비례
   유능할수록(↑) – 통솔범위(↑)

명령통일의 원리

상관

지시는 1사람만,
보고도 1사람에게만,
결단과 지시권이
1인에게 통합되어야

장점: 혼란과 비능률을 방지, 신속한 업무수행

한계: 공백과 혼란 초래, 대행체제 필요, (위임,대리,유고관리자 사전 지정 등) 전문화에 역행

분업의 원리

한가지 주업무

전문화의 원리, 기능의 원리

장점: 능률성, 숙련성(↑) 행정능률 향상 예)장기간 강력팀 근무, 효율성(↑)

한계: 부품화, 전문가적 무능, 할거주의(조정·통합 곤란)

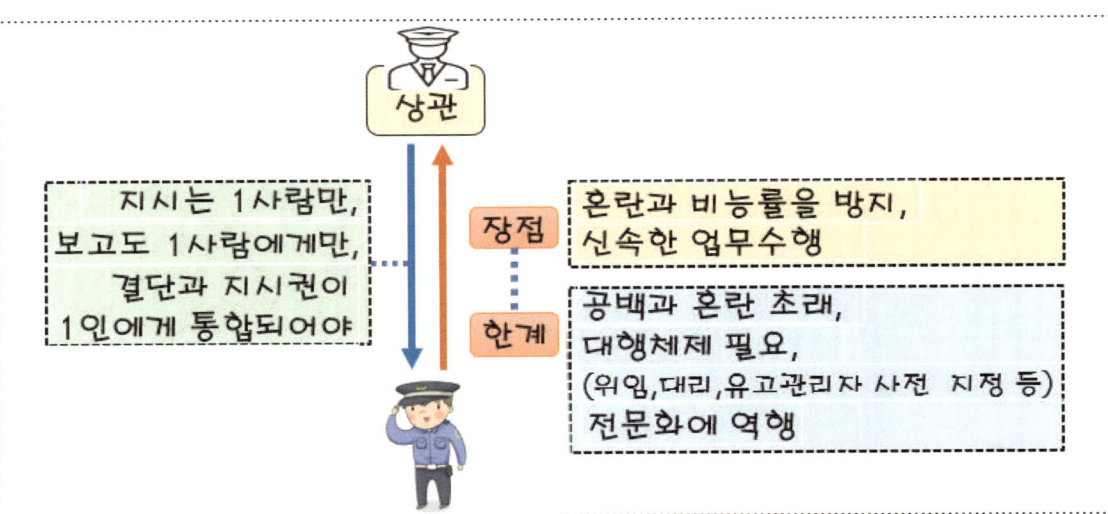

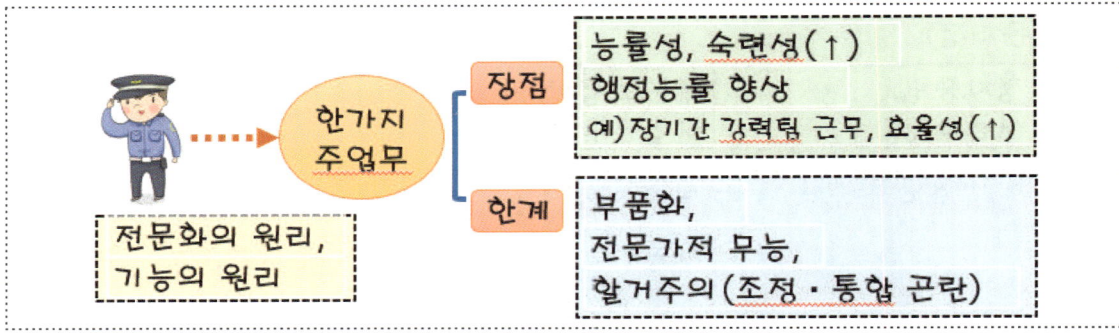

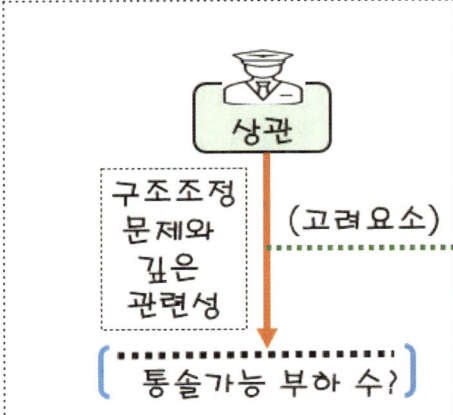

조정, 통합의 원리

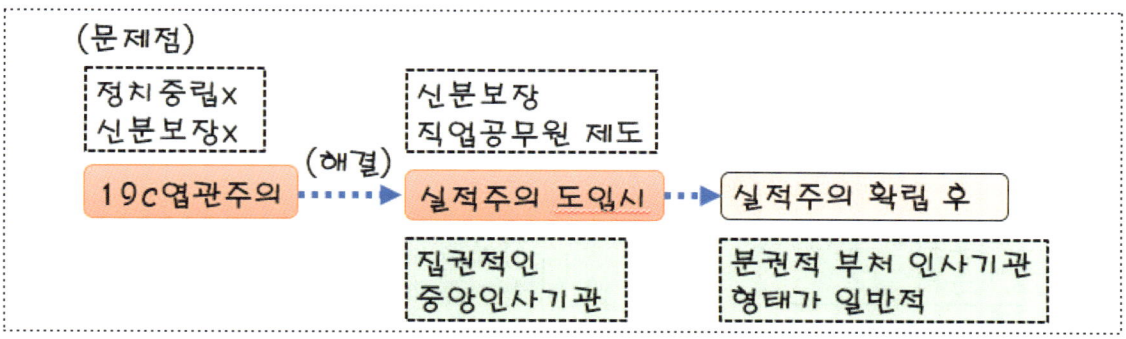

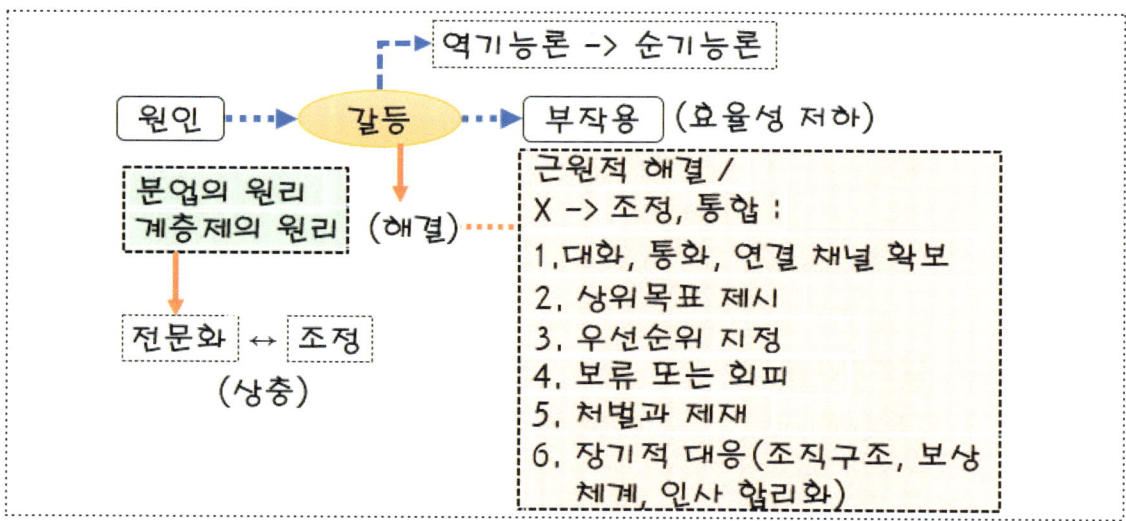

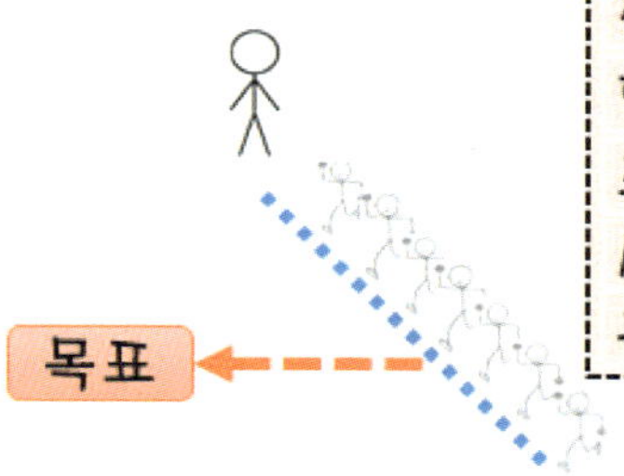

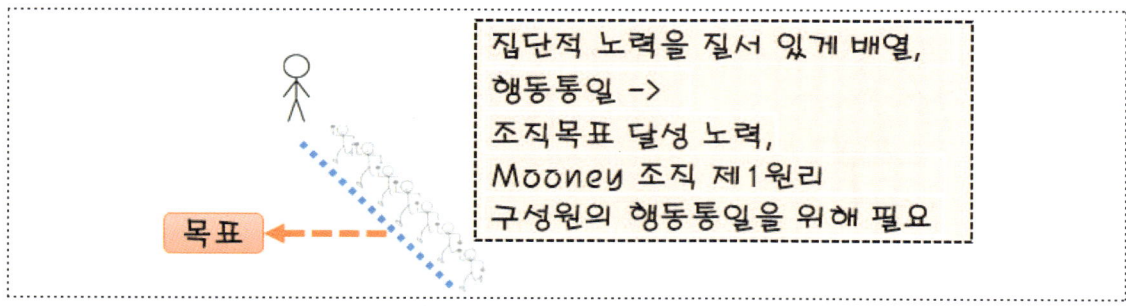

집단적 노력을 질서 있게 배열,
행동통일 ->
조직목표 달성 노력,
Mooney 조직 제1원리
구성원의 행동통일을 위해 필요

※ 현대 갈등이론

원인 ▶ 갈등 ▶ 역기능론 -> 순기능론
갈등 ▶ 부작용 (효율성 저하)

분업의 원리
계층제의 원리
(해결)

전문화 ↔ 조정
(상충)

근원적 해결 /
X -> 조정, 통합 :
1. 대화, 통화, 연결 채널 확보
2. 상위목표 제시
3. 우선순위 지정
4. 보류 또는 회피
5. 처벌과 제재
6. 장기적 대응(조직구조, 보상
   체계, 인사 합리화)

제3장 경찰인사관리

1 인사관리 일반

인사기관

(문제점)
정치중립x
신분보장x

신분보장
직업공무원 제도

19c엽관주의 ▶ (해결) ▶ 실적주의 도입시 ▶ 실적주의 확립 후

집권적인
중앙인사기관

분권적 부처 인사기관
형태가 일반적

1 엽관주의와 실적주의

엽관주의

㉠ 전제 : 누구나 공직수행 가능
㉡ 기준 : 당파성과 정실
㉢ 도입 : 19c 자유민주주의 발달과정
㉣ 대상 : 고위직

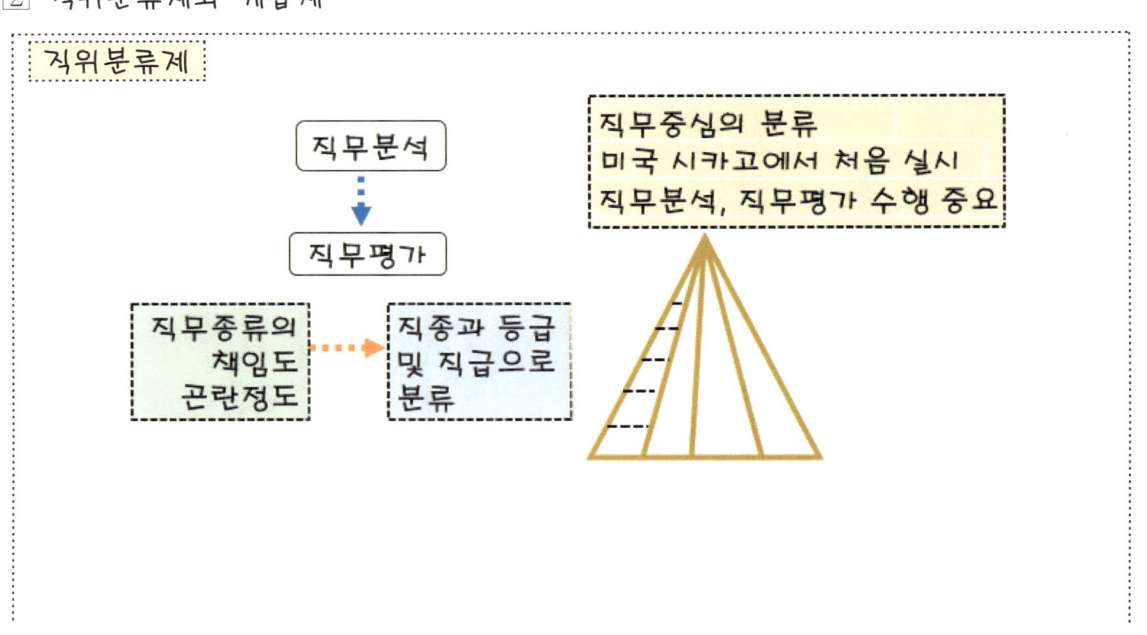

실적주의

㉠ 전제 : 신분보장, 중앙인사기관 도입
㉡ 기준 : 능력, 자격, 성적
㉢ 도입 : 엽관주의 극복과정
㉣ 대상 : 중, 하위직

우리제도

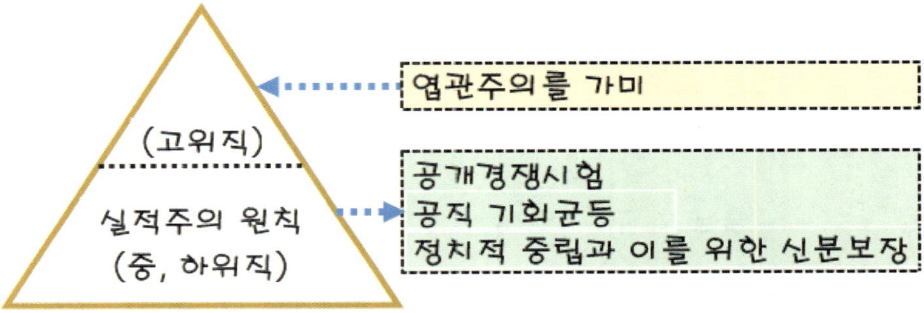

2 직위분류제와 계급제

직위분류제

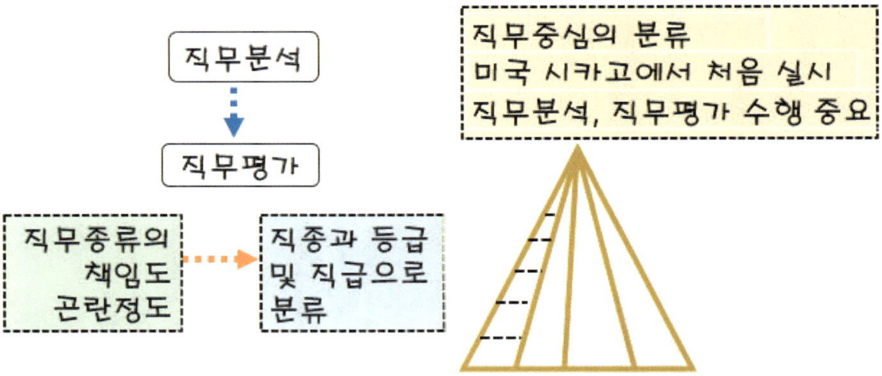

계급제

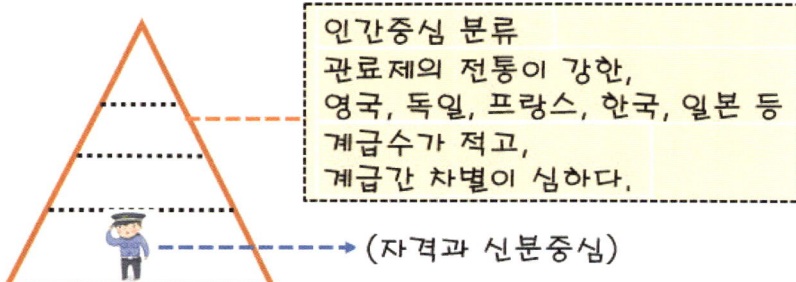

인간중심 분류
관료제의 전통이 강한,
영국, 독일, 프랑스, 한국, 일본 등
계급수가 적고,
계급간 차별이 심하다.

→ (자격과 신분중심)

비교1

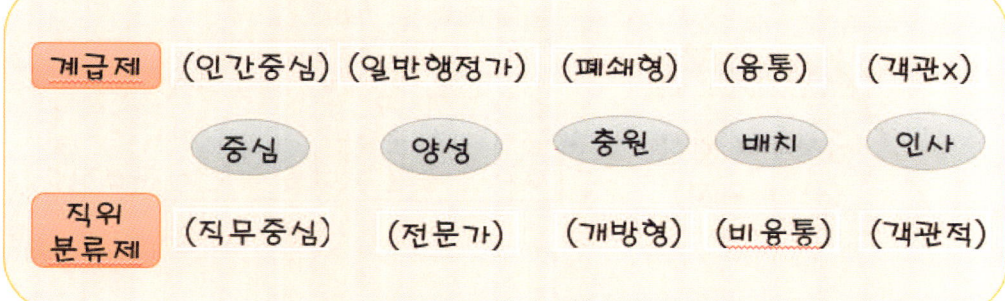

계급제	(인간중심)	(일반행정가)	(폐쇄형)	(융통)	(객관X)
	중심	양성	충원	배치	인사
직위 분류제	(직무중심)	(전문가)	(개방형)	(비융통)	(객관적)

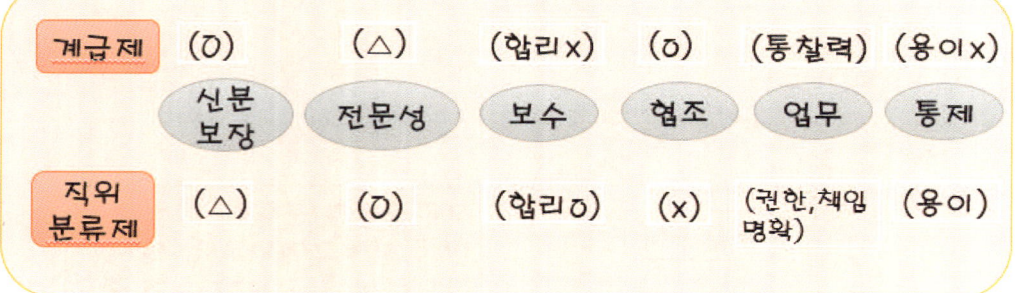

계급제	(O)	(△)	(합리X)	(O)	(통찰력)	(용이X)
	신분 보장	전문성	보수	협조	업무	통제
직위 분류제	(△)	(O)	(합리O)	(X)	(권한,책임 명확)	(용이)

관계

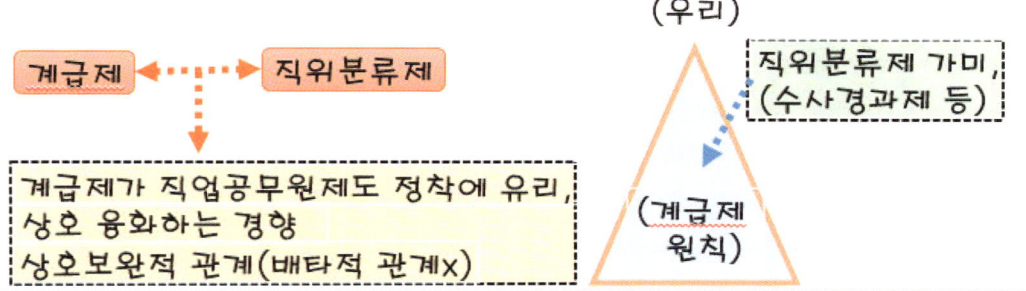

계급제 ◄┈┈► 직위분류제

계급제가 직업공무원제도 정착에 유리,
상호 융화하는 경향
상호보완적 관계(배타적 관계X)

(우리)

직위분류제 가미,
(수사경과제 등)

(계급제 원칙)

③ 직업공무원 계도

성공요건 실적주의 확립, 높은 사회적 평가, 적정보수, 연금계도 확립

실적주의와의 관계 (실적주의) ✕ ▶ (직업공무원제)

직업공무원제채택 ·····▶ (목적) 정치중립 ·····▶ (발전) 직업공무원제로
신분보장 - 전제   **실적주의 - 기반**

공통점 신분보장, 정치중립, 자격능력인사, 정실배제등

차이점 직업공무원제도 - 폐쇄형 충원
실적주의 -
  - 계급제 ; 폐쇄형 충원(직업공무원제 정착에 기여)
  - 직위분류제 ; 개방형 충원

특징

장점 행정의 안정성, 계속성, 중립성, 독립성 확보용이

단점 공직임용 기회균등 저해(연령제한),
행정통제, 행정책임 확보곤란(해고, 징계면직의 어려움)

선발기준

(연령, 학력)제약된 기회균등, 발전가능성(잠재능력)기준
* 실적주의 : 완전한 기회균등, 채용당시 능력이 기준

② 사기관리

① 사기

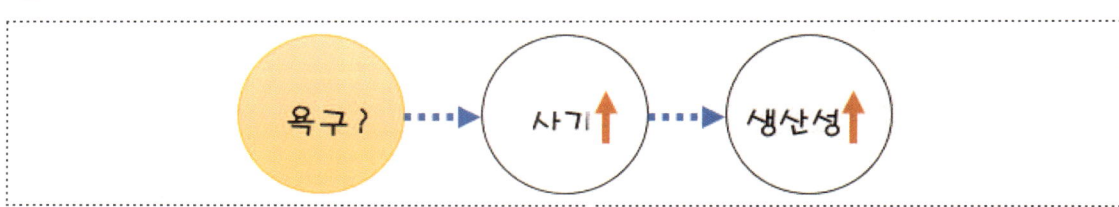

Part 04

② 동기부여 이론

과정이론

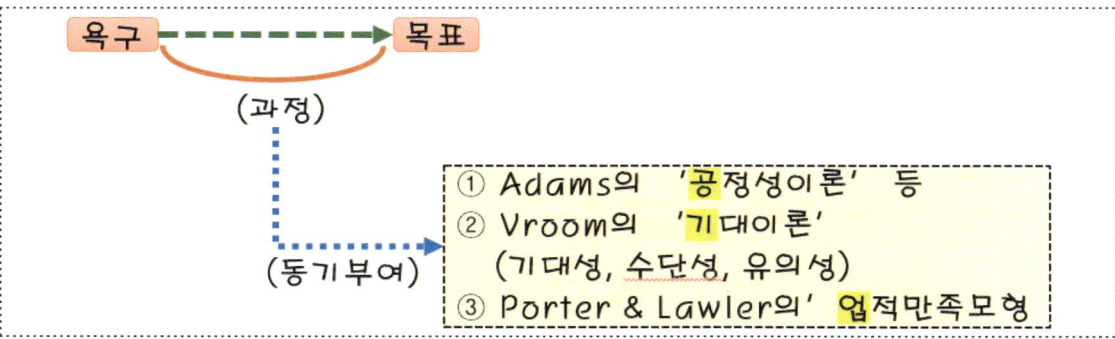

① Adams의 '공정성이론' 등
② Vroom의 '기대이론' (기대성, 수단성, 유의성)
③ Porter & Lawler의 '업적만족모형

[😊공기업]

내용이론

욕구 → 목표

(내용?) ① Maslow의 욕구 5단계 이론
② McClelland의 욕구이론
③ McGregor의 X이론·Y이론 등

Maslow의 욕구 5단계 이론

㉠ 욕구의 계층화 : 우선순위의 계층
㉡ 만족진행 접근법 : 하위욕구 충족o → 상위욕구로 진행(하위욕구 의미x)

(단계별 욕구)

자아실현욕구	(자기완성)	승진, 공무원단체 활용
존경 욕구	(지위, 인정, 명예)	참여확대, 권한위임, 제안, 포상
애정 욕구	(= 사회적 욕구, 소속감)	인간관계 개선, 고충상담 등
안전 욕구	(신분, 생활 불안해소)	연금제도, 신분보장으로 충족
생리적 욕구	(기초적 욕구, 성적 욕구 등)	휴양, 휴가제도, 적정한 보수

기타 이론

(1) McClelland의 욕구이론 : 권력욕구 ⇨ 친교욕구 ⇨ 성취욕구의 순

(2) E. Schein의 4대 인간관이론 : 합리경제인, 사회인, 자아실현인, 복잡인

(3) McGregor의 X이론(금전적 포상과 보상 강화) · Y이론

(4) Herzberg의 동기위생요인이론(적성에 맞는 직무에 배정)
전통적 조직이론(x이론) → 위생요인 /
새로운 조직이론(y이론) → 동기요인

(5) 아지리스(C. Arguris) : 성숙 · 미성숙 이론

(6) 앨더퍼(Alderfer) : ERG 이론
(Existence) 존재[매슬로욕구 1,2번 통합]
(Relatedness) 관계(매슬로욕구 3,4번 통합)
(Growth) 성장(매슬로욕구 5번 욕구)

제4장 경찰예산관리

1 예산의 의의

회계에 따른 분류

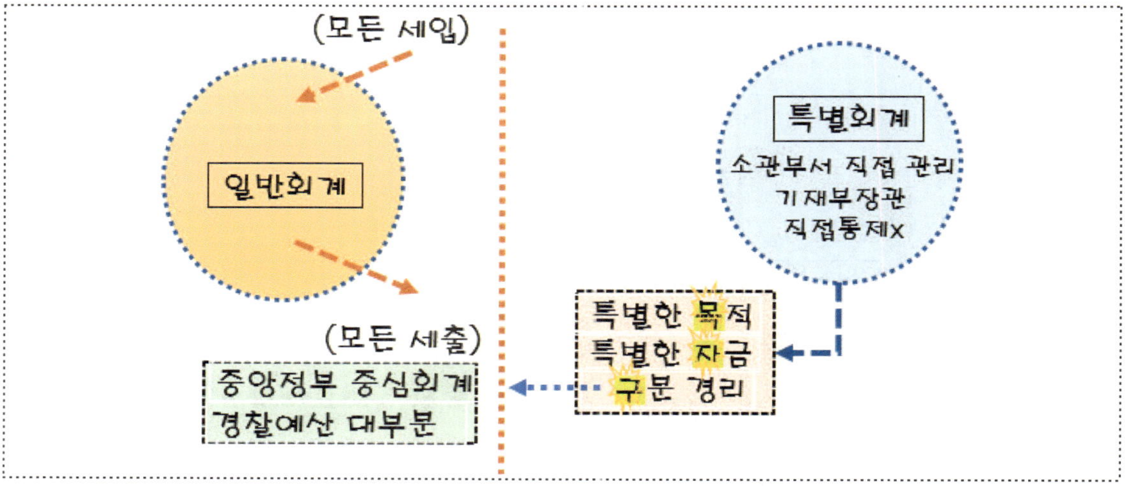

2 예산제도의 종류

품목별 예산제도

(지출) → 대상 성질

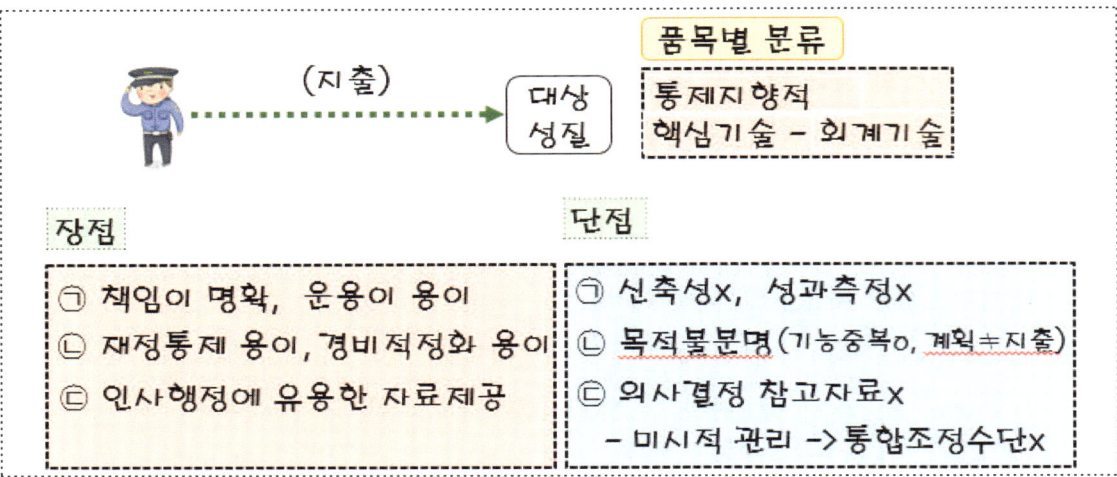

품목별 분류

통제지향적
핵심기술 - 회계기술

장점

㉠ 책임이 명확, 운용이 용이
㉡ 재정통제 용이, 경비적정화 용이
㉢ 인사행정에 유용한 자료제공

단점

㉠ 신축성x, 성과측정x
㉡ 목적불분명(기능중복o, 계획≠지출)
㉢ 의사결정 참고자료x
- 미시적 관리 -> 통합조정수단x

성과주의 예산제도

㉠ 단위원가 x 업무량 = 예산액

※ 단위원가 계산이 중요

㉡ 업무에 중점, 관리지향적 예산제도

장점

㉠ (자원배분)합리성, (집행의)신축성
㉡ 국민이 이해하기 용이
㉢ (업무능률) 다음연도 반영가능

단점

㉠ 원가계산 곤란, 단위산정 곤란
㉡ 기본경비에 적용 곤란
※ 인건비(봉급)등 경직성 경비에 적용 어려워

계획 예산제도

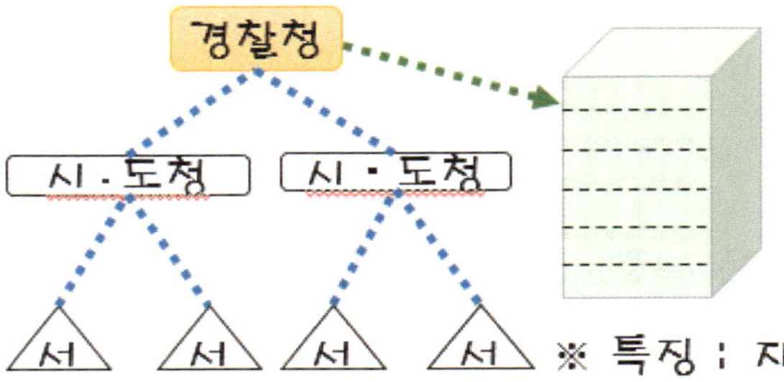

※ 특징 : 자료제시가 충분

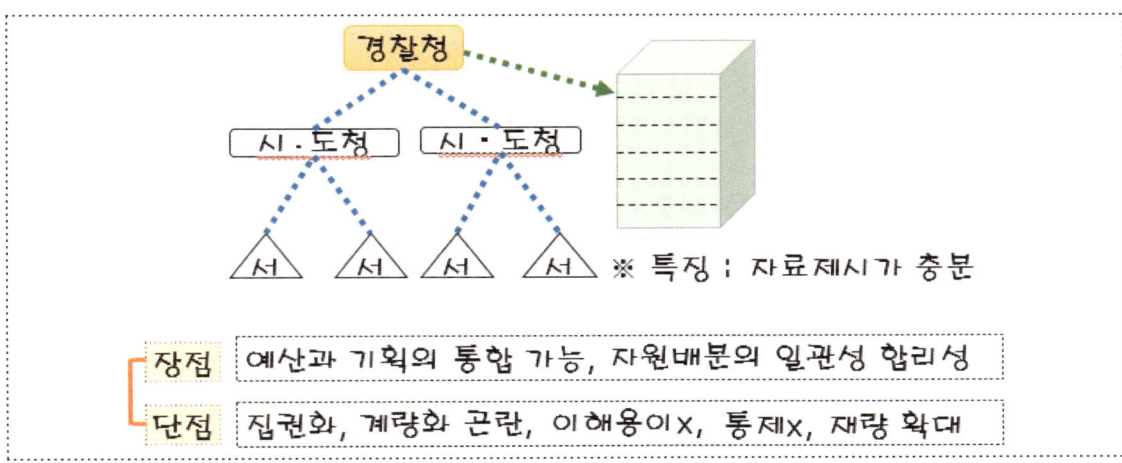

장점 예산과 기획의 통합 가능, 자원배분의 일관성 합리성

단점 집권화, 계량화 곤란, 이해용이x, 통제x, 재량 확대

영점기준 예산제도

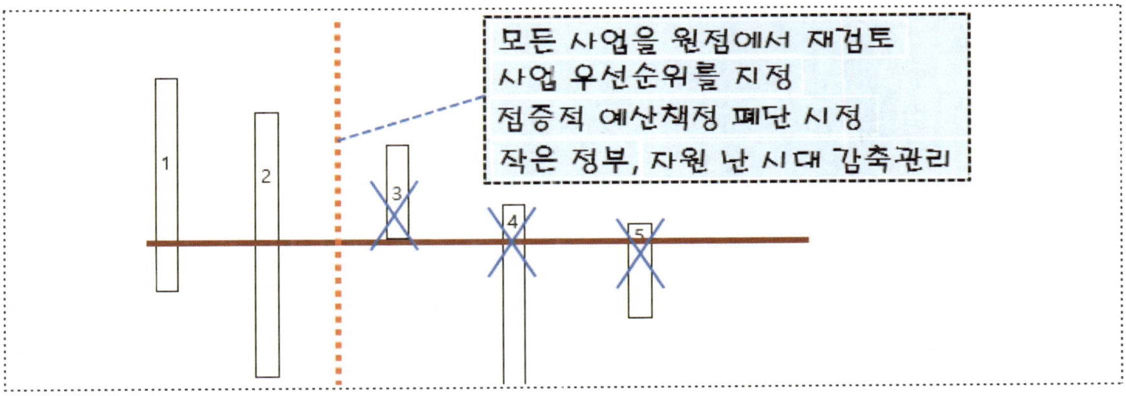
모든 사업을 원점에서 재검토
사업 우선순위를 지정
점증적 예산책정 폐단 시정
작은 정부, 자원 난 시대 감축관리
1
2
3
4
5

일몰법 예산제도

입법부가 중요한 사업에 대해
일정기간이 지나면 의무적 자동
적으로 폐지되는 법률을 제정,

자본 예산제도

- **경상지출** 세입 = 세출, 균형예산
- **자본지출** 세입 ≠ 세출, 불균형 예산

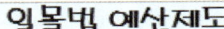

예) 100년간 사용할 교량, 올해 1/100만 징수,
나머지 99/100는 공채발행으로 충당

3 예산의 과정

- 편성,

- 심의 · 의결,

- 집행

- 결산

예산편성

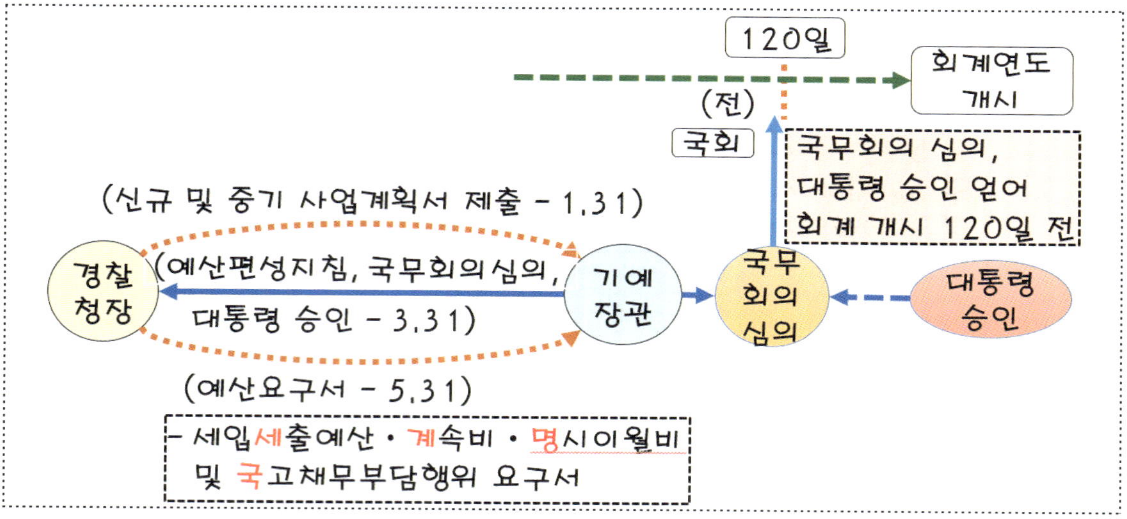

예산 심의 · 의결

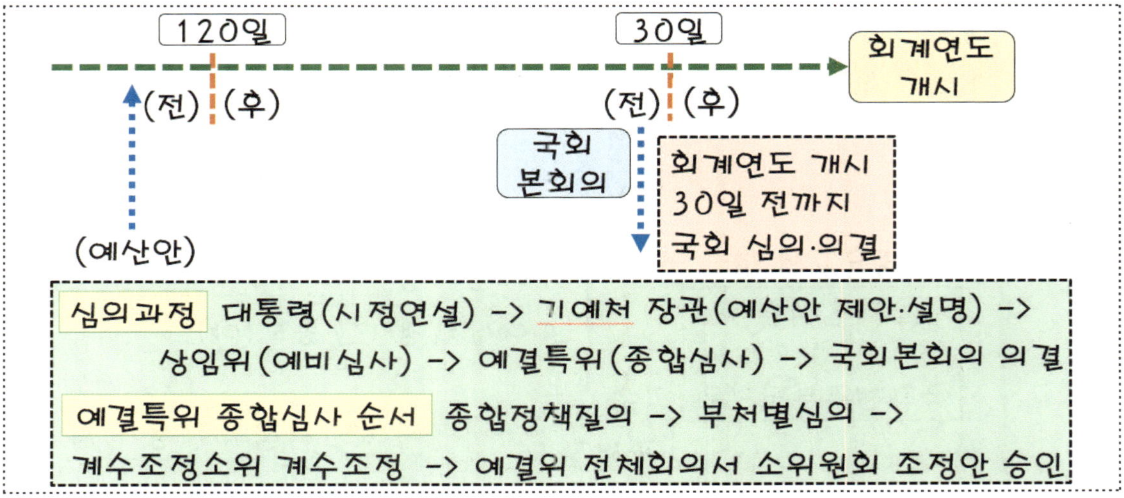

※ 예산절차에 따른 예산분류

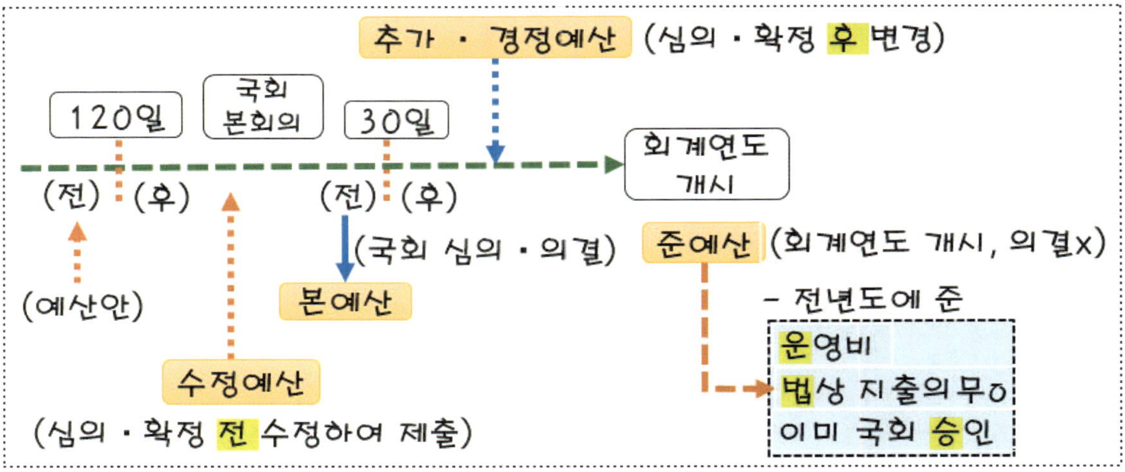

예산집행

배정

1. 예산의 집행은 예산의 배정으로부터 시작
2. 배정받기 전에 지출원인행위x

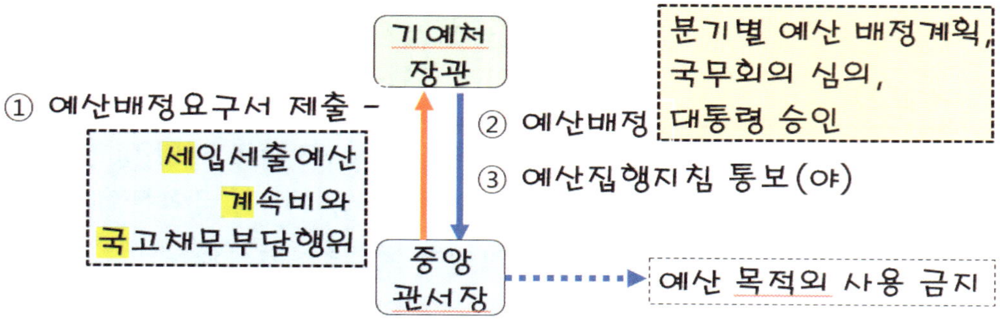

재배정

중앙관서장 → 산하 각 기관, 분기별, 다시 배정

지출

㉠ 예산확정o, 배정x → 지출원인행위x

㉡ 목적 외 사용x

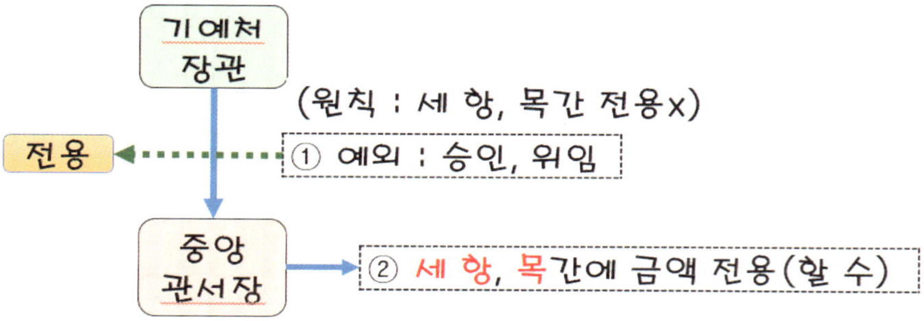

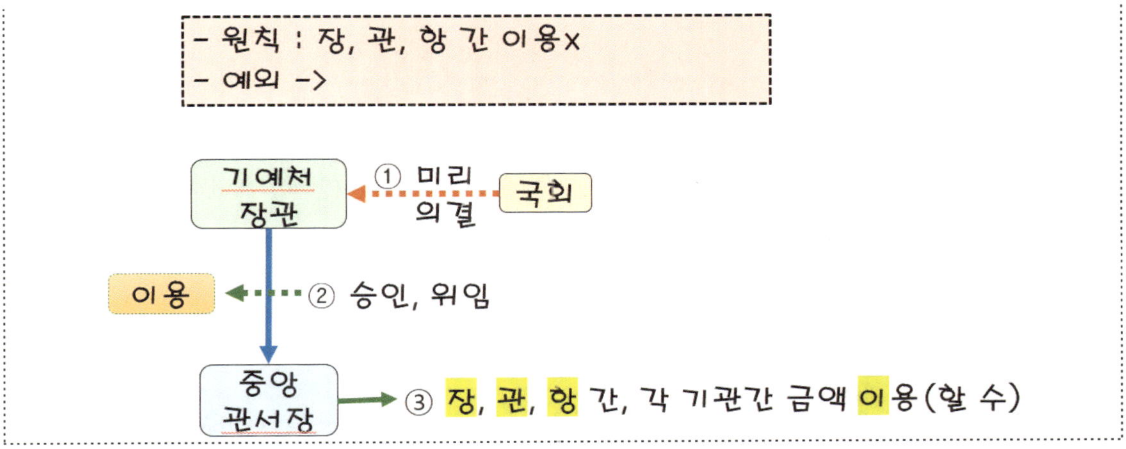

- 원칙 : 장, 관, 항 간 이용X
- 예외 ->
기예처 장관
① 미리 의결
국회
이용
② 승인, 위임
중앙 관서장
③ 장, 관, 항 간, 각 기관간 금액 이용(할 수)

예산결산

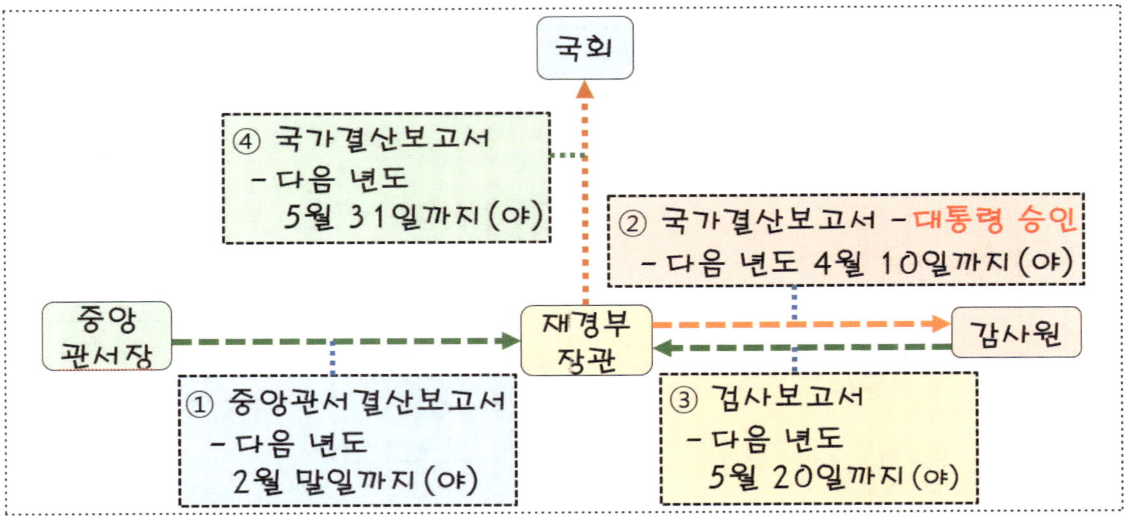

국회
④ 국가결산보고서
- 다음 년도
5월 31일까지(야)
② 국가결산보고서 - 대통령 승인
- 다음 년도 4월 10일까지(야)
중앙 관서장
재경부 장관
감사원
① 중앙관서결산보고서
- 다음 년도
2월 말일까지(야)
③ 검사보고서
- 다음 년도
5월 20일까지(야)

제5장 기타관리

1 물품관리

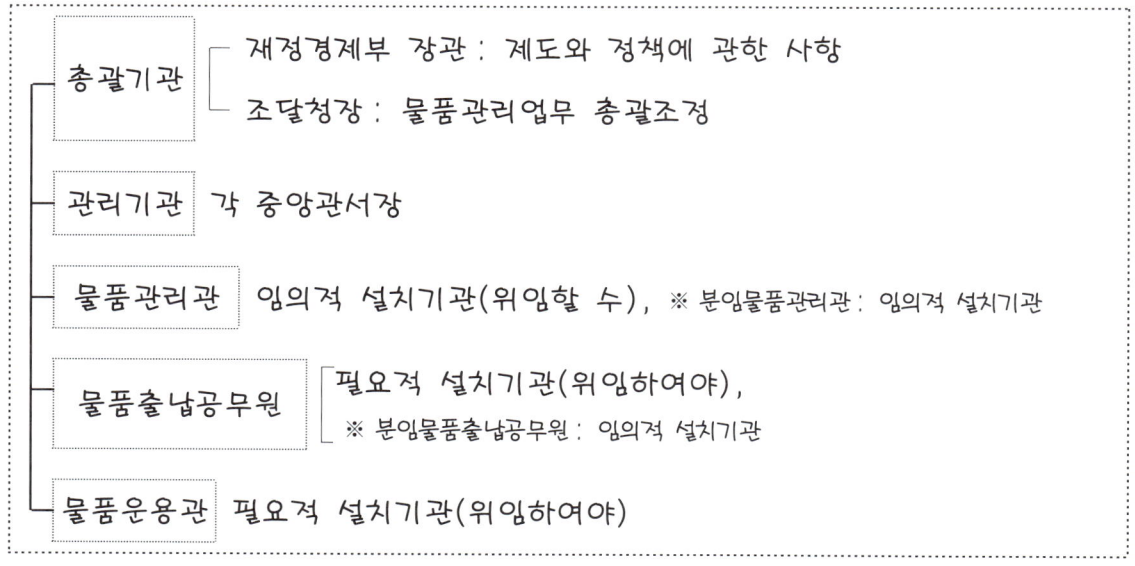

- 총괄기관
  - 재정경제부 장관 : 제도와 정책에 관한 사항
  - 조달청장 : 물품관리업무 총괄조정
- 관리기관: 각 중앙관서장
- 물품관리관: 임의적 설치기관(위임할 수), ※ 분임물품관리관 : 임의적 설치기관
- 물품출납공무원: 필요적 설치기관(위임하여야), ※ 분임물품출납공무원 : 임의적 설치기관
- 물품운용관: 필요적 설치기관(위임하여야)

2 장비관리

무기 및 탄약관리

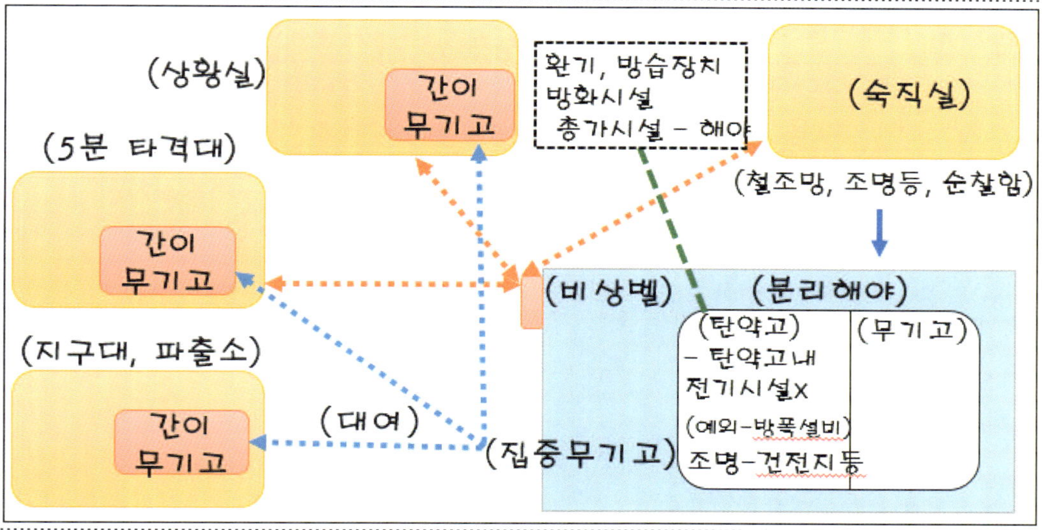

무기대여, 관리 및 입고

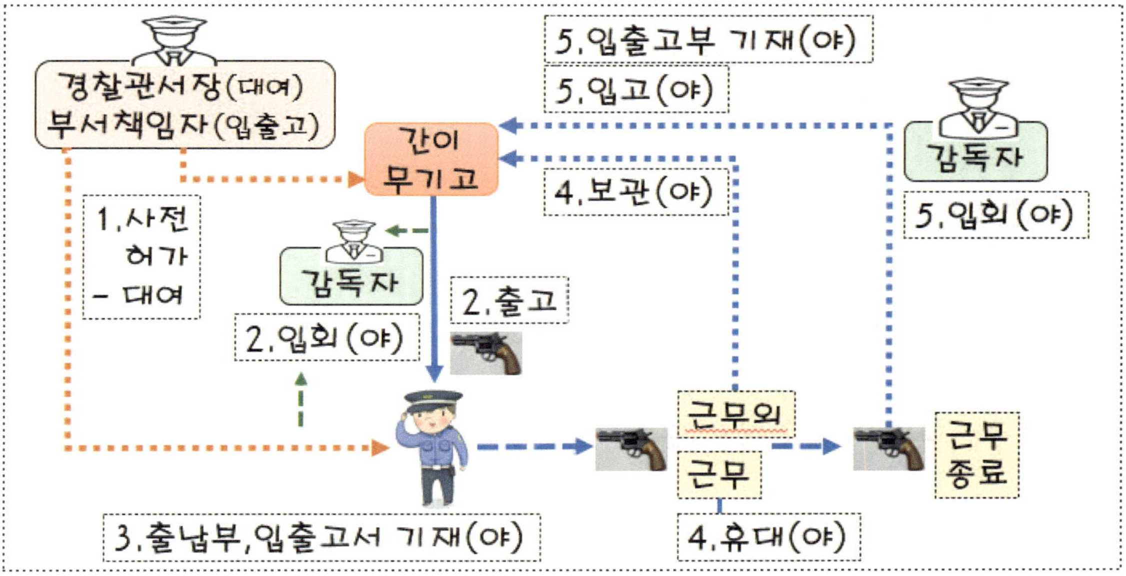

무기 지급 및 회수

즉시 회수해야	회수할 수	무기고에 보관해야
① 중징계 의결 요구된 자 ② 사의 표명	① 감찰조사, 경징계 대상 ② 형사사건 수사대상 ③ 직무적성검사 결과 고위험군 ④ 정신건강상 치료가 필요 ⑤ 정서적 불안, 소속 부서장 요청 ⑥ 그 밖에 경찰기관장 심의요청	① 술자리 또는 연회 장소에 출입 ② 상사의 사무실 출입 ③ 기타 필요하다 인정

(1) 회수할 수 있는 경우, 해야하는 경우(이의신청시, 부서장 요청시)
→ 무기소지 적격심의위원회 경유해야
① 각급 경찰기관의 장 소속
② 위원장 1명을 포함 총 5명 이상 7명 이내의 위원,
(정신건강 분야 전문성o) 민간위원 1명 이상(참여하여야)

(2) 예외 : 시간적 여유가 없거나 신속한 회수가 필요하다고 인정
- 즉시 회수할 수,

회수한 날부터 7일 이내에 심의위원회를 개최,

타당성 심의하고(비공개) 회수 여부를 결정하여야

기타 장비관리

차량 구분

- 차종 : 승용 · 승합 · 화물 · 특수용
- 차형 : 대형 · 중형 · 소형 · 경형 · 다목적형
- 용도별 : 전용 · 지휘용 · 업무용 · 순찰용 · 특수용

차량정수, 교체

- 차량정수 증감 → 매년 3월말까지, 경찰청장에게 차량정수 소요계획 제출
- 차량교체 → 매년 11월말까지, 다음연도 교체대상 차량, 청장 보고

차량불용처리 → 사용기간 최우선 고려, 공개매각, 도색제거 등 필요조치

집중관리 → 업무용 차량 집중관리 원칙

차량관리

- 차량열쇠 → 지정장소 집중보관, 무단복제 임의소지 금지
- 운전원 → 4주 이상 운전교육 실시해야

운행절차 경찰배차시스템 이용, 운행허가 받아야(시스템x 운행허가서로 갈음할 수)

관리책임 운행시 책임 - 1차 운전자, 2차 선임탑승자, 3차 경찰기관장

무기탄약 안전관리 - 권총

가. 총구 공중 또는 지면

나. 실탄 장전 시 반드시 안전장치

다. 1탄은 공포탄, 2탄 이하는 실탄(불가피한 경우에 1탄부터 실탄을 장전할 수)

라. 조준 시는 대퇴부 이하

3 보안관리

1 일반

보안의 원칙

㉠ 알 사람만 알아야 하는 원칙(한정의 원칙, 접근최소화의 원칙)
㉡ 부분화의 원칙 : 한 번에 다량유출×
㉢ 보안과 효율 조화의 원칙

보안의 대상

㉠ 인원보안 : 수단 - 신원조사

※ 대상: 공무원 임용예정자(기밀취급자만)
비밀취급인가 예정자
국가보안시설 · 보호장비 관리기관 등의 장(직원포함)
그 밖에 법령이 정, 각급 기관장이 필요 인정

㉡ 문서보안
㉢ 시설보안
㉣ 지역보안

2 문서보안

비밀취급인가

일반인가

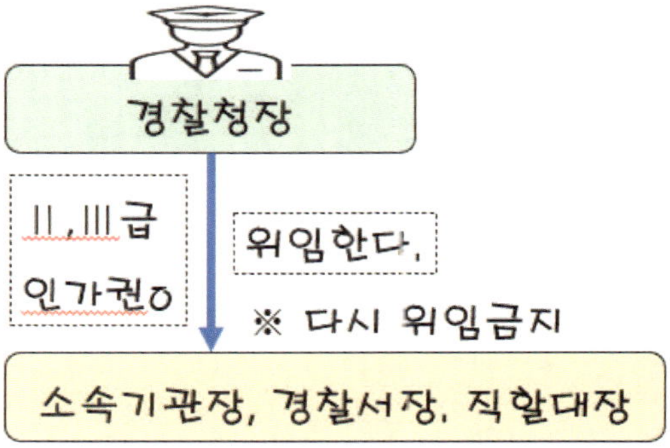

㉠ 임용시 신원조사회보서로 비밀취급인가 가능,
※ I급 비밀취급인가는 새로 신원조사해야
㉡ 조점 감독 대상 기업체 단체 소속된 사람
→ 미리 국정원장과 협의, II급 이하 인가 가능

특별인가

- 임용 : 동시에 III급 비밀취급권o
- 일정부서(경비, 경호, 작전 등) 보직발령 : II급 인가받은 것으로 간주

※ II급 특별인가 대상자 중, 신원특이자
→ 사전에 심의 거쳐야(자체 심의기구 거친 경우 위원회심의 생략)
※ II급 특별인가 대상자 중, 위원회나 자체 심의기구 취급불가 의결
→ 즉시 인사조치 한다.

비밀분류

비밀
(I급, II급, III급 분류)

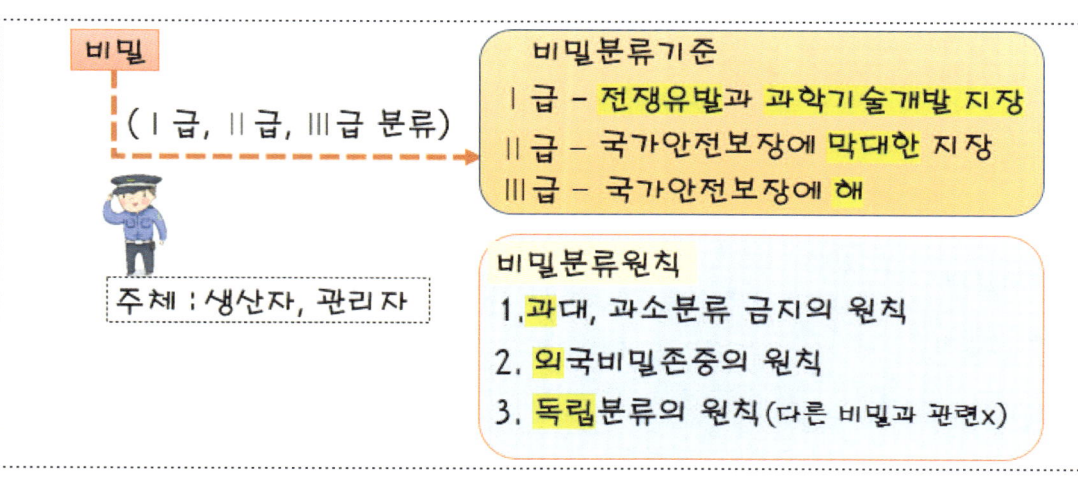

주체 : 생산자, 관리자

비밀분류기준
I급 – 전쟁유발과 과학기술개발 지장
II급 – 국가안전보장에 막대한 지장
III급 – 국가안전보장에 해

비밀분류원칙
1. 과대, 과소분류 금지의 원칙
2. 외국비밀존중의 원칙
3. 독립분류의 원칙(다른 비밀과 관련x)

비밀의 관리

보관방법

- 혼합보관 금지
  - I급 비밀 : 반드시 금고보관, 다른 비밀과 혼합x
  - II급 인가를 받은 경우 II, III급 혼합보관 가능
- 외부표시x

관리방법

㉠ 모든 비밀, 관리번호부여(야)

㉡ I급 비밀관리기록부 따로, II, III급은 구분된 관리번호 동일기록부 가능

㉢ 복사(모사 등)금지

※ 예외 ┌ I급 비밀 : 생산자 허가
　　　 └ II, III급 비밀 : 생산자 제한x, 공용으로 사용

※ 각 기관장, 예외단서에 따라, 사본제작 보관가능

㉣ 열람 → 인가o, 직접 관계o

┌ 인가x → 보안조치해야, I급 비밀 보안조치 - 국정원장과 미리 협의해야
└ 비밀파기 시, 열람기록전 따로 보관해야

㉤ 반출 - 비밀대출부에 기록, 시설 밖 반출x, 공무상 반출 - 소속기관장 승인

※ 출장 중 - 국내기관, 해외공관에 위탁할 수(보관해야)

㉥ 공개제한 - 중앙행정기관장이, 보안심사위원회 심의 거쳐 공개가능,

※ 1급 비밀 공개 - 국가정보원장과 미리 협의해야

※ 공무원이거나 이었던 사람, 소속 기관장 승인 없이 공개 금지

㉦ 보관 - 비밀열람기록전 등 5년

㉧ 파기 - '서약서철 등(비밀영수증철, 비밀관리기록부철, 비밀수발대장, 비밀열람기록전(철), 비밀대출부')의 문서 및 대장 : 5년간 보존(야), 이전 폐기는 국정원장 승인 필요

㉨ 각급 기관장, 연2회 비밀 소유현황 → 국정원장에 통보해야

㉩ 각급기관장, 접수, 발송등 통제에 필요한 규정 → 작성운영할 수

3 시설보안

보호지역 유형

┌ 제한지역 : 감시요구
├ 제한구역 : 안내요구
└ 통제구역 : 출입금지, 출입자 통제대장 운용

통제구역

① 암호취급소
② 암호장비관리실
③ 종합상황실 · 치안상황실
④ 종합조회처리실
⑤ 무기창(무기고) 및 탄약고
⑥ 정보보안기록실
⑦ 비밀발간실
⑧ 통합증거보관실
⑨ 사건기록관 · 사건기록보관실

제6장 경찰홍보

홍보 : 경찰목적 달성에 유리한 환경을 조성하는 행위

홍보유형

협의의 홍보(PR) = 공공관계 - Police - Public Relations
- 좋은 점을 일방적으로 알리는 활동, 상대의 지지를 얻기 위한 활동

예 중요사건 해결하고 보도자료 내는 경우

경찰과 지역공동체관계(PCR) - Police - Community Relations
- 주민들과 유기적인 연락 · 협조체계를 구축 · 유지, 지역사회 홍보체계

경찰과 언론관계(PPR) - Police - Press Relation
- 질의에 답하는 대응적이고 소극적인 홍보활동

경찰과 대중매체관계(PMR) - Police - Media Relations
- 종합적인 홍보활동, 전문가 채용, 유리한 여론 → 정책결정자 관심 확보

기업이미지식 홍보
- 서비스 개념으로 파악, 주민지지도 → 예산획득, 형사사법상 협력확보

예 포돌이 · 포순이 등 친근한 캐릭터 제작 및 활용

경찰과 대중매체관계

- Sir Robert Mark : '단란하고 행복스럽지는 않지만 오래 지속되는 결혼생활'에 비유
- G. Crandon : '공생(共生)관계'
- R. Ericson : '도덕성과 정의를 규정'짓는 사회적 엘리트 집단을 구성

경찰홍보전략

적극적 전략

① 대중매체의 적극적 이용, ② 공개주의와 비밀최소화 원칙

③ 전 경찰의 홍보요원화, ④ 홍보와 타 기능의 연계

소극적 전략

① 현행 공보실과 기자실의 운영방식, ② 비밀주의와 공개최소화 원칙

③ 홍보와 타 기능의 분리, ④ 언론접촉의 규제

기자회견

- 모든 매체를 만족시킬 수 있는 시간대x
- 기자회견 3시간 전 통보, 마음대로 촬영하도록o
- 보도 마감시간 고려, 파악에 시간이 걸리면 중간발표, 발표 담당자는 책임있는 지위에 있는 자이어야

※ 보도관련 용어 :

deadline - 기사 마감시간, lead - 1,2줄 요약,

embargo - 어느 시한까지 보도하지 않을 것을 전제, off the record - 보도하지 않을 것을 조건으로 하는 자료나 정보의 제공

언론피해구제방안

용어

㉠ "언론" : 방송, 신문, 잡지 등 정기간행물, 뉴스통신 및 인터넷신문

㉡ "언론사" : 방송사업자, 신문사업자, 잡지 등 정기간행물사업자, 뉴스통신사업자, 인터넷신문사업자

㉢ "언론분쟁": 언론사의 언론보도로 인하여 침해되는 명예나 권리 그 밖의 법익에 관한 다툼이 있는 경우

㉣ "정정보도": 사실이 아닌 경우

㉤ "반론보도": 진실여부와 관계없이

언론중재위원회

- 언론분쟁 조정, 중재, 심의
- 40~90, 위원은 문체부 장관이 위촉
- 위원장 1, 부위원장2, 감사2
- 장, 감사, 위원 임기 3년, 한 차례만 연임가능, 재과출과

정정보도청구권

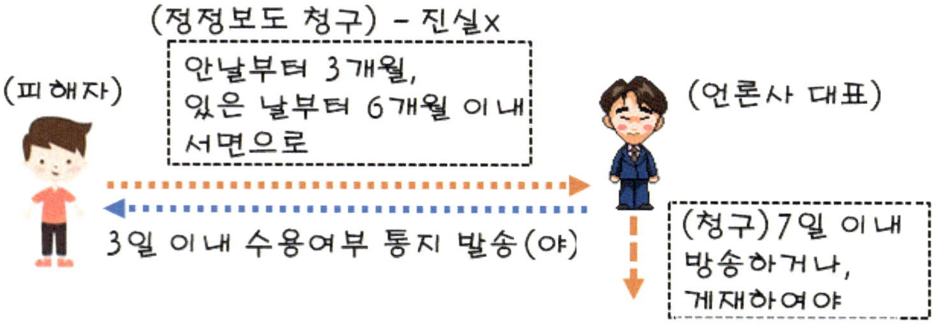

- 거부할 수 있는 경우

㉠ 정당한 이익x　㉡ 사실과 다른 경우　㉢ 위법한 내용

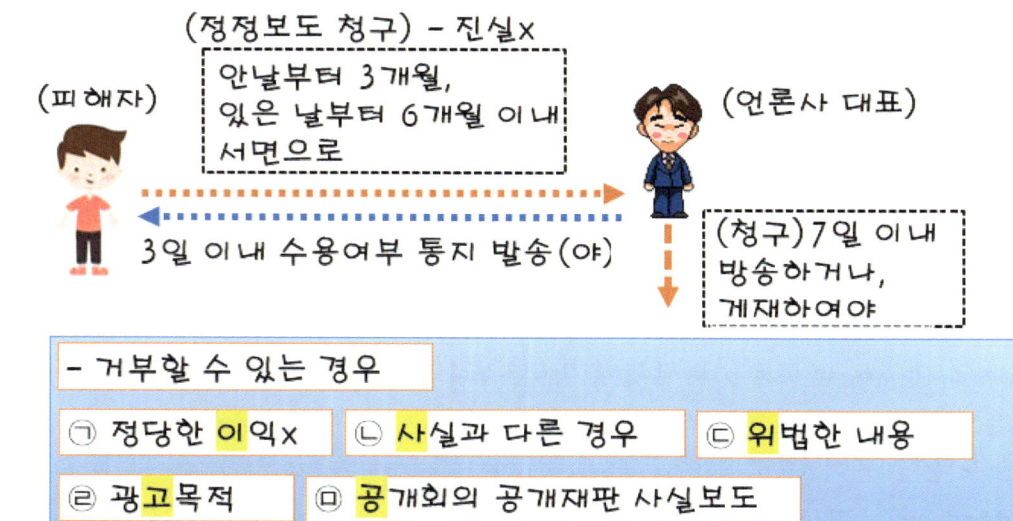

㉣ 광고목적　㉤ 공개회의 공개재판 사실보도

반론보도청구권

- 고의, 과실, 위법성 필요x, - 진실여부와 상관x
- 청구기간 등 정정보도 규정 준용(안날부터 3개월, 있은 날부터 6개월 등)

추후보도 청구권

- 무죄판결 기타 동등형태 종결, 안날부터 3개월 이내

조정

언론중재 위원회 → 14일 이내 조정해야
신청인 2회 불출석 -> 취하간주
언론사 등 2회 불출석 -> 합의간주

청구 (안날부터 3개월, 있은 날부터 6개월이내)

(언론사등) (피해자)

정정보도 등 거친 경우
협의 불성립 된 날부터 14일 이내
(협의불성립된 날 - 피해자 의사표시수령한 날)

- 조정 결과에 상대방이 합의 → 화해와 동일한 효력

중재

- 합의 후 신청 → 확정판결과 동일한 효력

소송

- 안 날부터 3개월, 있은 날로부터 6개월
- 전치주의x (중재 거치지 않고 소 제기 가능)

제7장 경찰에 대한 통제 및 개혁

1 통제 유형 및 그 장치

민주통제와 사법통제

민주통제

- 민주성 확보의 제도장치 발달 (영미법계)
① 국가경찰위원회제도
② 국민감사청구제도, (18세 이상 300인 이상 연서)
③ 자치경찰제도,
④ 경찰책임자 선거제도

사법통제

- 사법심사 시스템 구축
① 국가배상제도,
② 행정소송제도, (열기주의 -> 개괄주의)

1. 행정에 대한 법원통제 확대 (열기주의 -> 개괄주의)
2. 영미법계(판례법 국가)는 법원이 더 강력한 통제장치

사전통제와 사후통제

사전통제

① 정보공개 청구권
② 행정절차법상 –
입법예고제와 행정예고제,
청문 · 공청회절차 · 의견제출,
이유부기 등
③ 국회 – 입법권 · 예산심의권,
④ 행정부 – 인가권

사후통제

① 입법부 : 국정감사 · 조사권 등,
예산결산권 등
② 사법부 : 행정소송, 국가배상 등
③ 행정부 :
상급기관의 감독권(감사권),
행정부내 징계책임 · 행정심판 등,
감사원의 직무감찰

내부통제와 외부통제

내부통제

① 훈령권 · 직무명령권
② 이의신청에 대한 재결권
③ 청문감사관 제도

외부통제

① 입법통제 : 예산 심의의결권 등
② 사법통제 : 행정소송, 국가배상 등
③ 행정통제 : 국가경찰위원회,
④ 민중통제 : 국민감사청구제도

경찰감찰활동 - 내부통제

감찰결격

- 금품향응수수 공금횡령유용, 성폭력범죄 : 징계받은 사람(말소기간 경과여부 불문)
- 기타 사유 징계 : 말소기간 미경과

신분보장

- 2년 이내 본인의사에 반하여 전보x
- 1년 이상 성실근무자, 희망부서 고려 전보

관할 - 상급기관장 지시 → 관할 구역 밖에서 활동가능

특별감찰 - 일정기간 전반적 조직관리, 업무추진 실태 등 집중 점검가능

교류감찰 - 상급 경찰기관장의 지시, 다른 기관 소속 직원 점검가능

감찰착수 - 단서 수집접수 → 감찰부서장에 보고해야(감찰부서장이 착수 여부 결정)

감찰정보 심의회 - 감찰정보 구분, 감찰착수 → 감찰부서장이 - 심의회 운영할 수
* 심의회 : 3~5, 위원장 - 감찰부서장
  위원 - 감찰부서장 지명(소속공무원 중)

감찰처분 심의회 - 결과처리 및 양정, 이의신청, 결과공개, 기피신청 관련 → 감찰부서장이 - 심의회 운영할 수
* 심의회 : 3~7, 위원장 - 감찰부서장
  위원 - 감찰부서장 지명(소속공무원 중) or 위촉(외부전문가)

자료제출

출석, (답변, 진술서, 증거품 등 자료 - 최소한의 범위내) 제출, 협조 요구 가능
정당사유 없는 한, 요구에 응해야

출석요구 - 조사 3일전까지 통지(야)

※ 수사절차와 유사 : 변호인 선임(가능, 미리 위임장 제출해야), 진술거부권(거부할 수, 조사전 고지해야), 조사전 고지[(의무위반사실, 동석, 참여고지(야) 및 신청시 참여 동석(야)), 영상녹화(요청 시 - 해야)

심야조사금지 - 심야(자정~오전 6시) 조사x, 요청시 심야 조사 가능

처리

민원 접수 2개월 이내 처리해야, 감찰부서장 보고로 연장 가능
기관 통보사건 - 통보받은 날부터 1월 이내 처리해야
수사개시 통보 → 감찰절차 진행하지 아니할 수

경찰행정 사무감사

감사종류, 주기

- 종합감사 : 업무 전반의 적법성 · 타당성 등을 점검
- 특정감사 : 특정한 업무 · 사업 등에 대하여 문제점을 파악
- 재무감사 : 예산의 운용실태 및 회계처리의 적정성 여부 등 검토와 확인
- 성과감사 : 경제성 · 능률성 · 효과성의 분석과 평가
- 복무감사 : 피감사기관에 속한 사람 복무에 대하여 실시
- 일상감사 : 일상적인 감사

감사결과, 조치

① 징계 또는 문책 요구 : 징계, 문책 사유o, 자체감사거부, 자료제출 게을리
② 시정 요구 : 위법 또는 부당, 원상복구 등이 필요
③ 경고 · 주의 : 징계 · 문책사유x, 피감기관 · 부서 제재 필요
④ 개선 요구 : 법령상 · 제도상, 행정상 모순, 개선사항 인정
⑤ 권고 : 대안을 제시, 개선방안 필요
⑥ 통보 : 피감사기관 또는 부서에서 자율적으로 처리할 필요
⑦ 변상명령 : 변상책임이 있는 경우
⑧ 고발 : 범죄 혐의가 있다고 인정
⑨ 현지조치 : 경미한 지적사항, 현지 즉시 시정 · 개선 조치 필요

2 경찰개혁

A. Etzioni 개혁저항 극복방안

강제적 전략	공리적 · 기술적 전략	규범적 · 이상적 전략
➠ 제재로 위협	➠ 경제적 보상 등 이용	➠ 윤리규범에 호소(말)
① 물리적 제재 사용 예) 징계 등 처벌	① 개혁의 시기 조절 예)점진적 추진 ② 개혁내용 명확화 ③ 개혁방법 기술 수정	① 참여 및 의사소통 촉진 ② 개혁의 공공성 강조 예 상위목표 제시 ③ 설득 · 교육 지지 확대

PART 05 범죄학

제1장 범죄의 의의

G. M. Sukes (사이키스)
- 법규범 위반행위,
- 사회 · 역사 · 문화적 상황과 환경에 따라 차이o
- 상대적 개념

- 법률적 개념 : 법률에 위반하는 것
- 낙인 이론적 개념 : 권력계층에 의해 범죄로 규정된 행위
- 해악기준개념
  - 화이트칼라 범죄(Sutherland)
  - 인권침해 행위(Herman & Schwendinger)
  - 사회적 해악행위(Raymond Michalowski)

제2장 범죄의 원인

1 범죄원인론

1 범죄원인을 구성하는 요소

범죄4대 요소

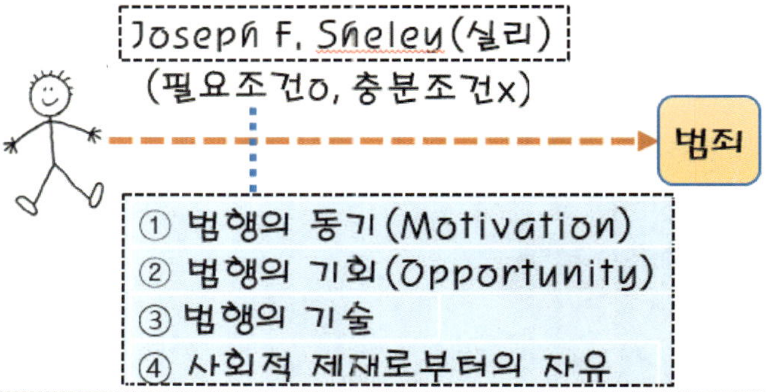

소질과 환경

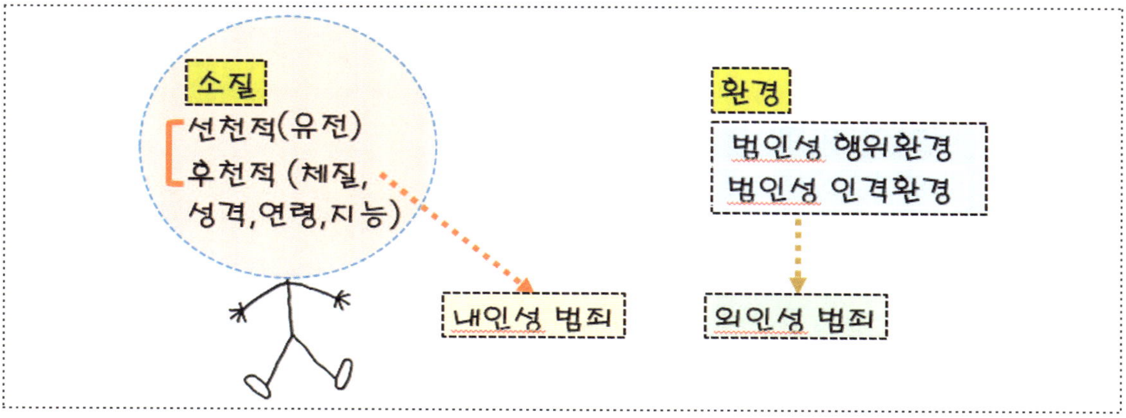

2 범죄원인에 관한 제학설

1 개인적 수준의 범죄원인 이론

고전주의

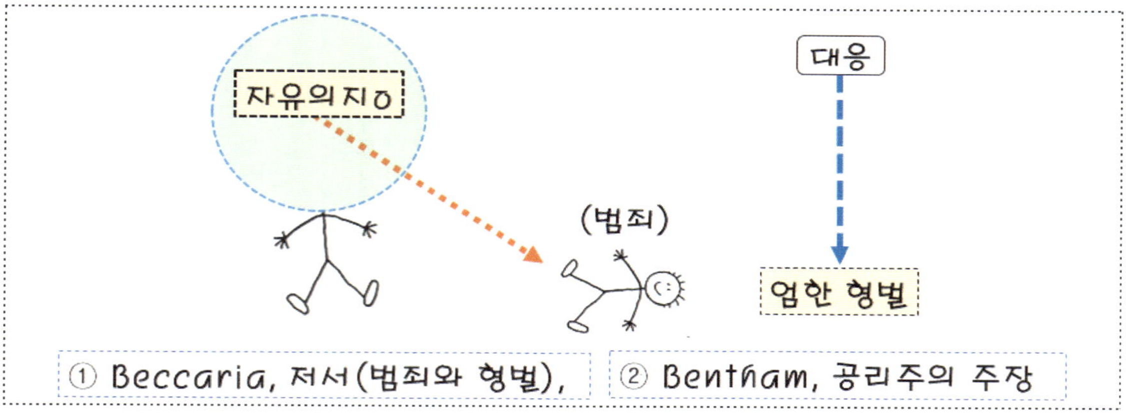

실증주의

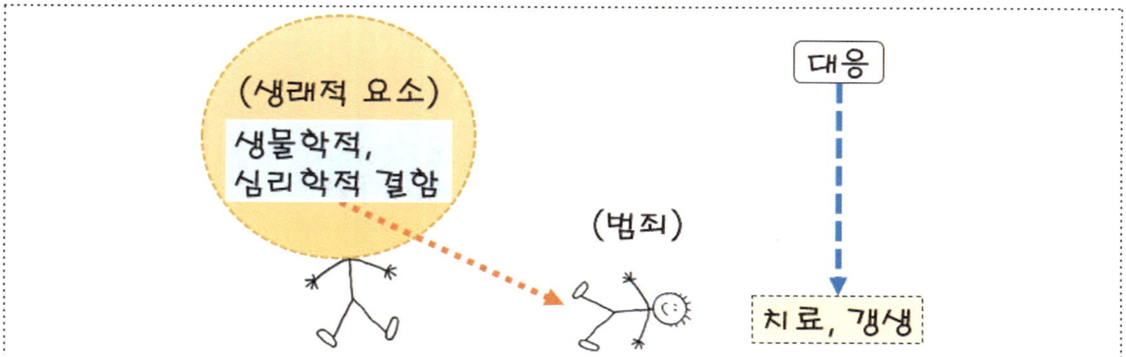

생물학적 이론 : 인상, 골격, 체형 등 생물학적 특성으로 범죄
심리학적 이론 : 정신이상, 낮은 지능, 모방학습에 기인

※ C. Lombroso(생래적 범죄인론), / E. Ferri(범죄포화의 법칙) / R. Garofalo(자연범과 법정범 구별)

2 사회학적 수준의 범죄원인이론

사회구조이론

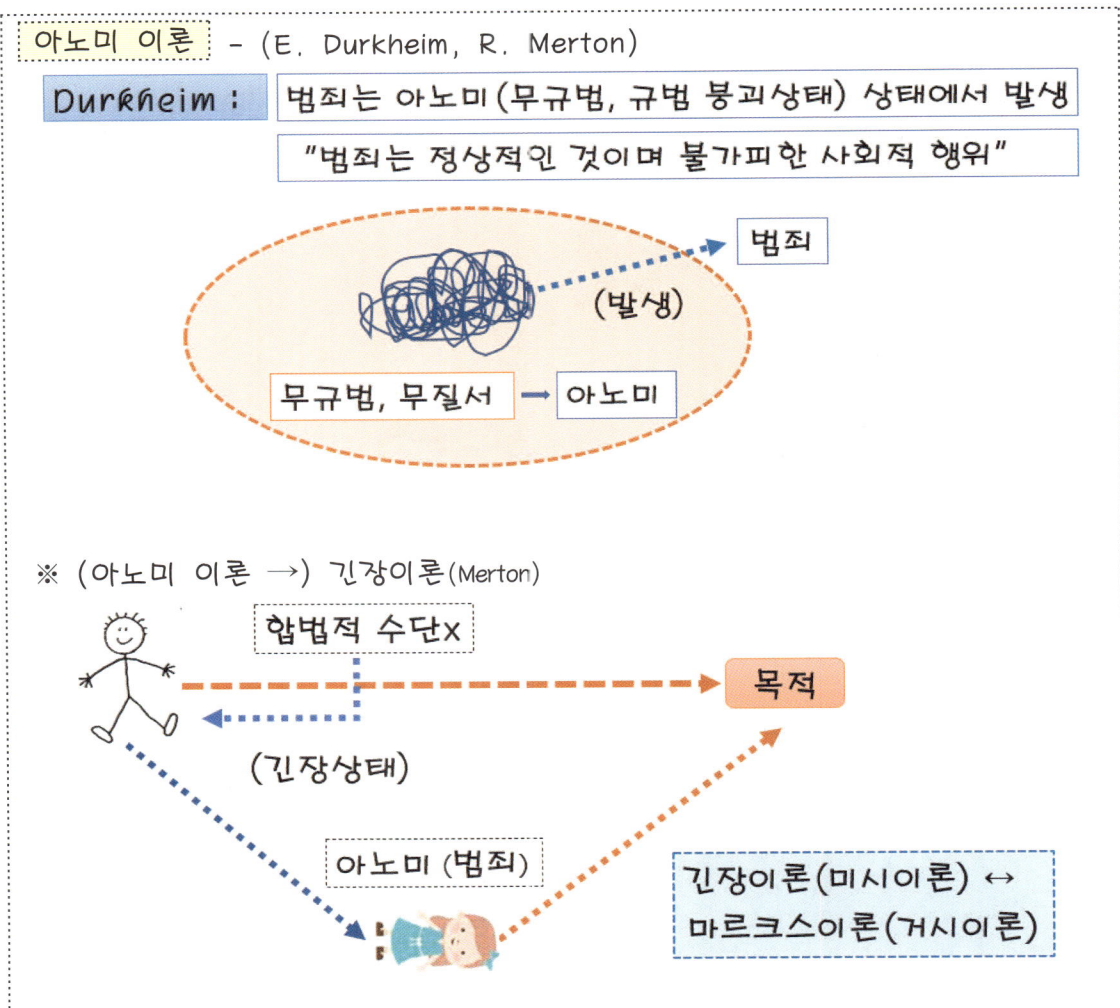

아노미 이론 - (E. Durkheim, R. Merton)

Durkheim : 범죄는 아노미(무규범, 규범 붕괴상태) 상태에서 발생
"범죄는 정상적인 것이며 불가피한 사회적 행위"

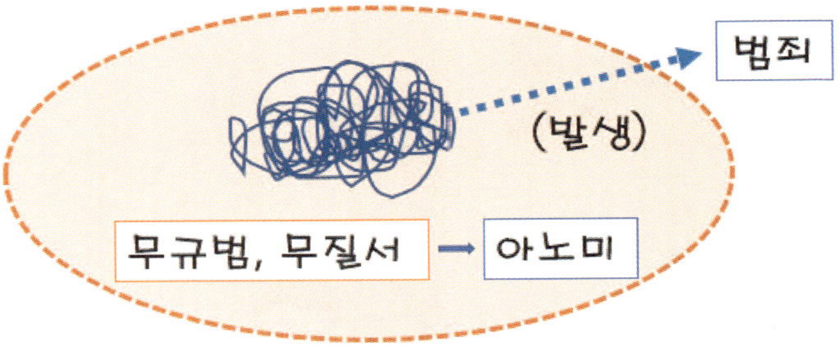

※ (아노미 이론 →) 긴장이론(Merton)

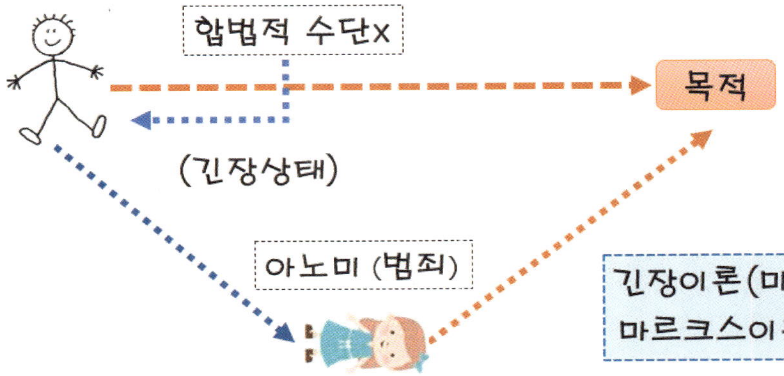

긴장이론(미시이론) ↔ 마르크스이론(거시이론)

사회해체론 - (Show & Macay / Burgess & Park)

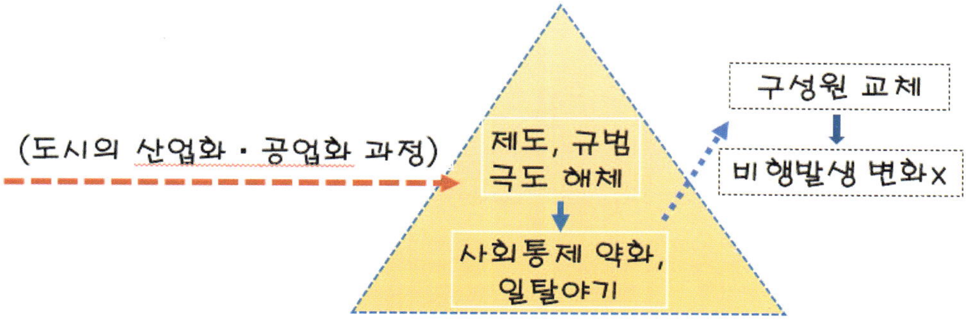

생태학 이론 (시카고학파 - W. Burgess)

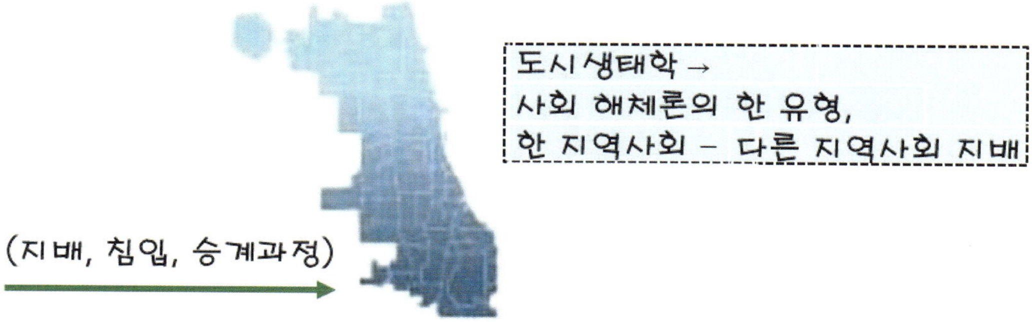

문화적 전파이론

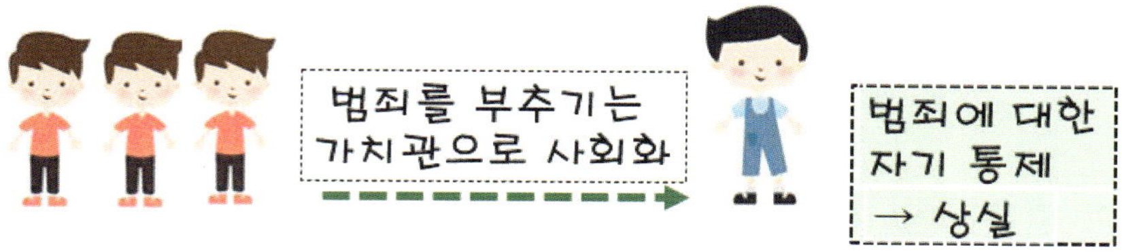

하위문화 이론

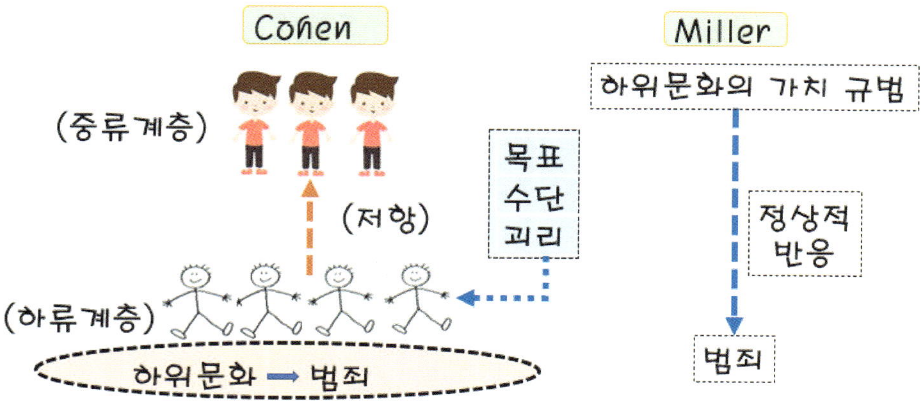

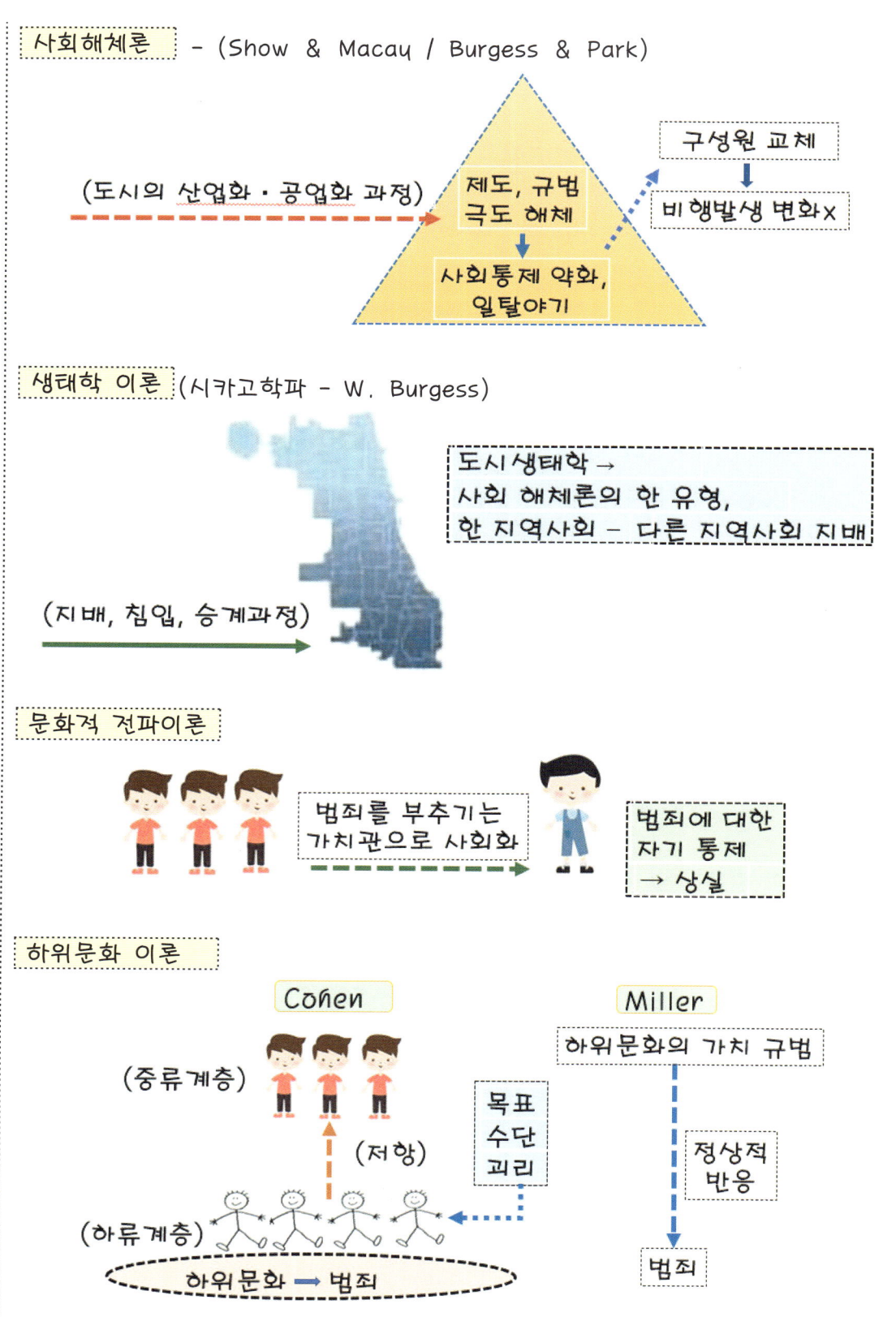

문화갈등 이론

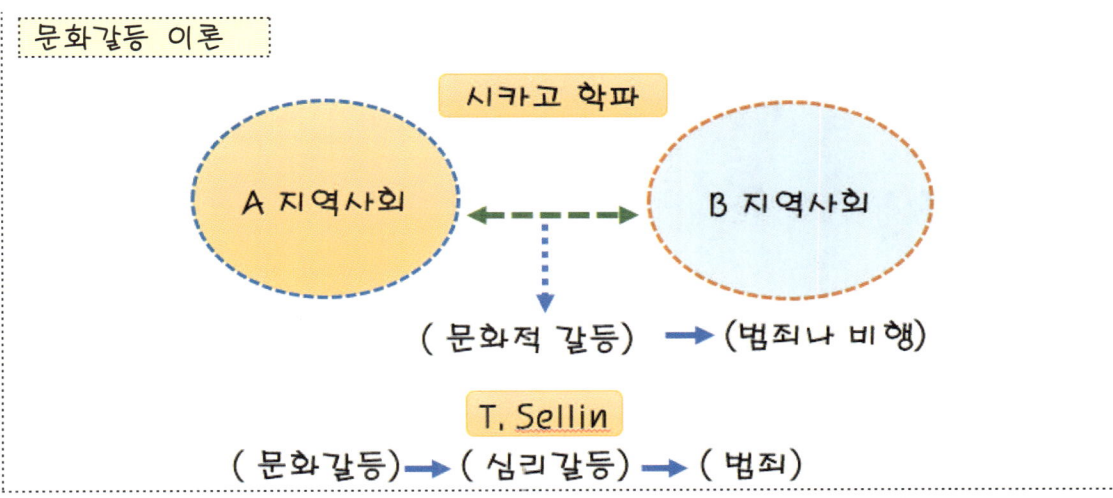

시카고 학파

A 지역사회 ←→ B 지역사회

(문화적 갈등) → (범죄나 비행)

T. Sellin

(문화갈등) → (심리갈등) → (범죄)

사회과정이론 – 사회학습이론

차별적 접촉이론(D. Sutherland))

분화

(정상)

분화적 접촉이론
사회적 학습이론
차별적 기회이론

(접촉, 참가, 동조)
- 정상적 학습

범죄
문화

※ '모방범죄 이론 (가브리엘 따르드)' – 이와 유사한 이론

차별적 동일시 이론(Glaser)

(영화 – 주인공)

예) 조폭
두목

대책) 폭력영상물 폐해교육

주인공 모방,
자신과 동일시

차별적

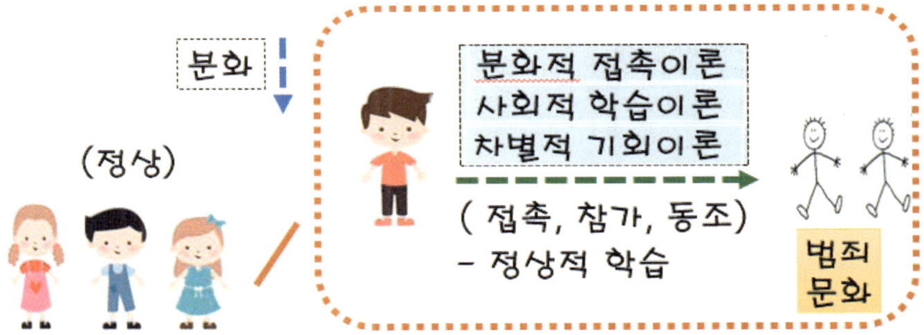

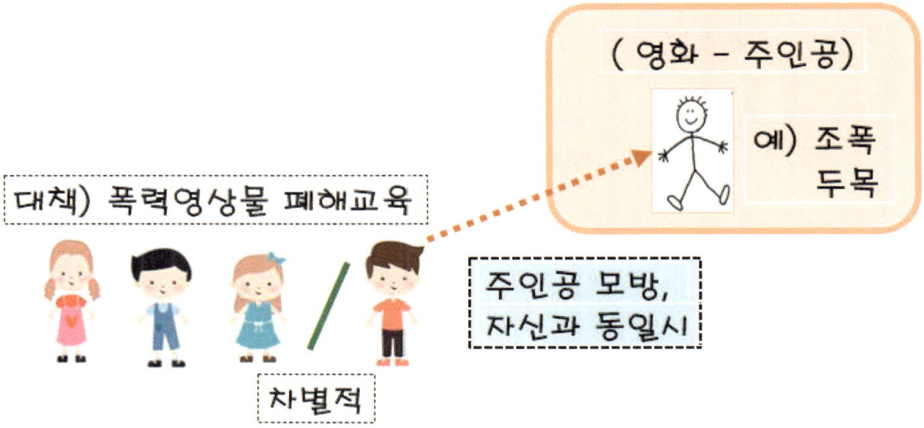

차별적 강화 이론(Burgess & Akers)

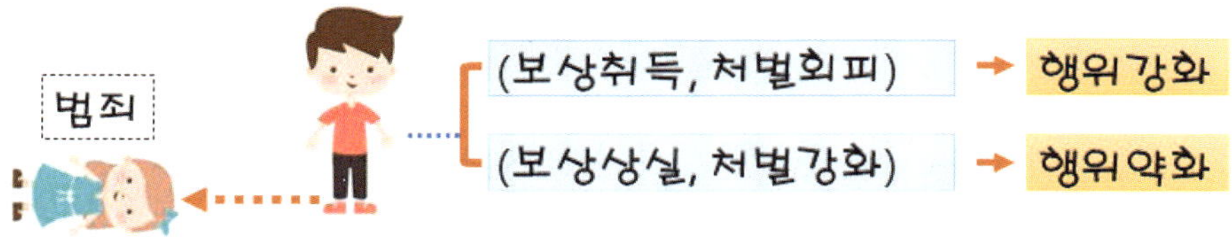

중화기술 이론(G. Sykes & Matza)

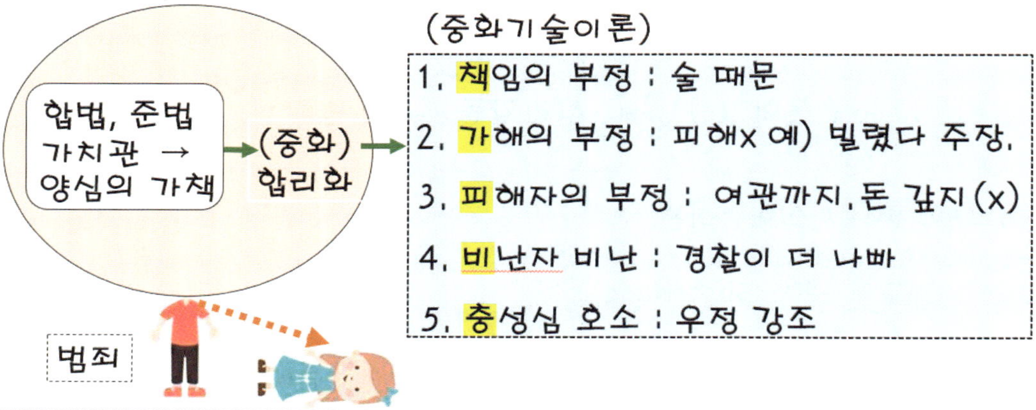

사회과정이론 – 통제이론

사회적 유대이론(Hirshi)

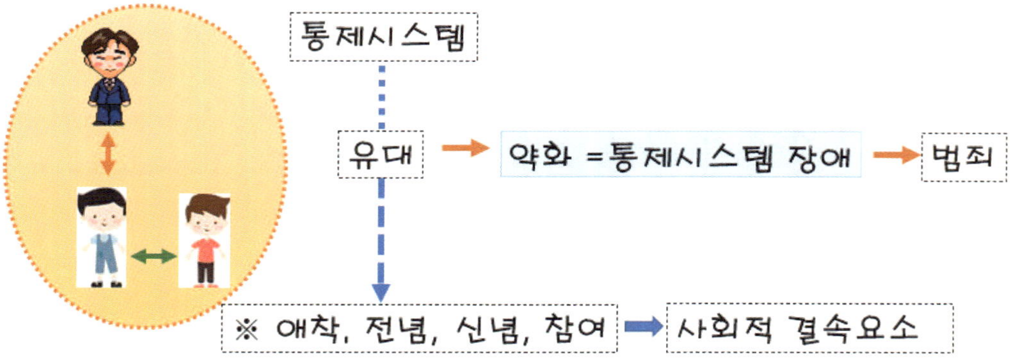

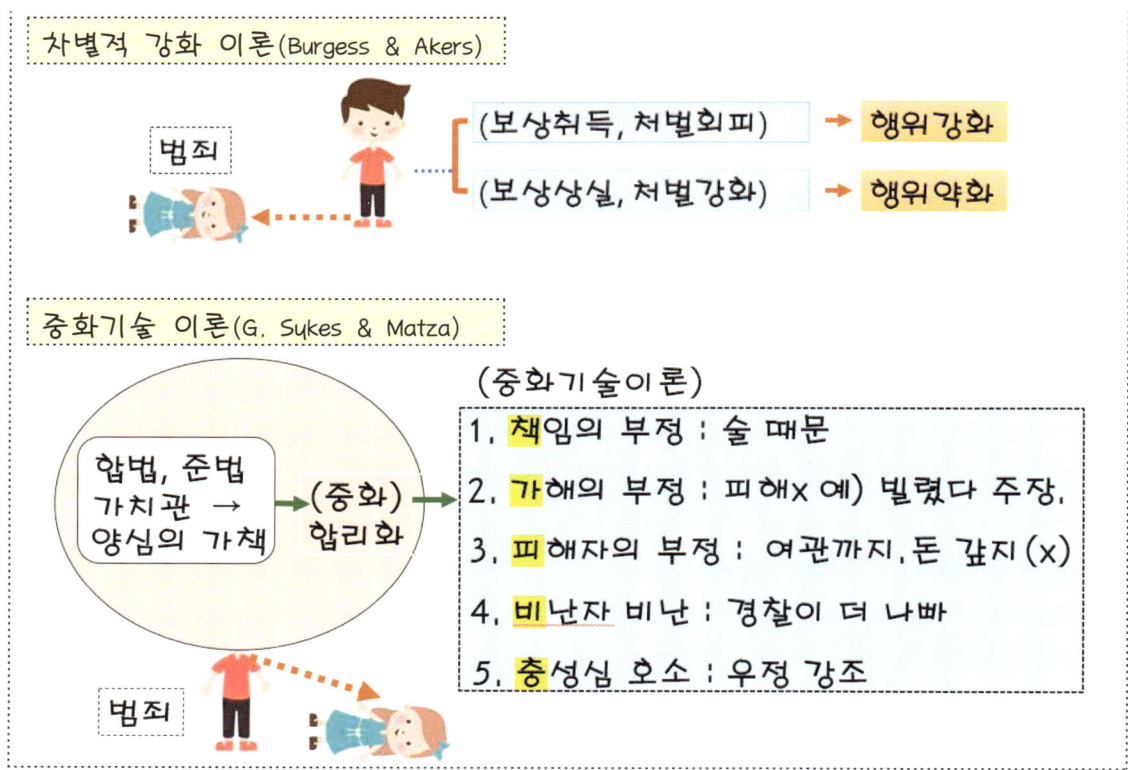

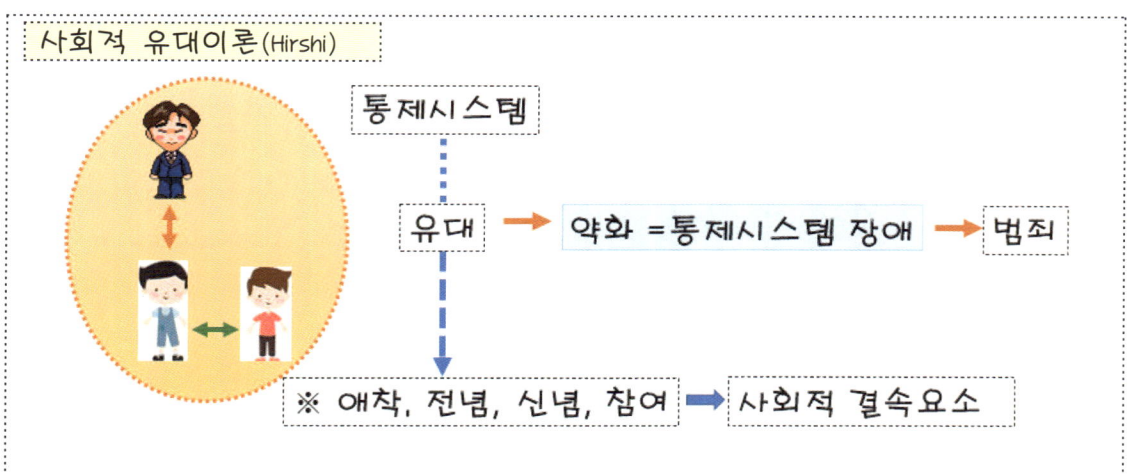

견계이론(Reckless)

좋은 자아 관념

비행가담X

(범죄적 환경)

동조성 전념이론(Briar & Piliavin)

동조성 (정상)

단기 유혹

처벌 두려움
- 동조성 전념

(범죄)

사회과정이론 – 낙인이론 (Tannenbaum, Lemert)

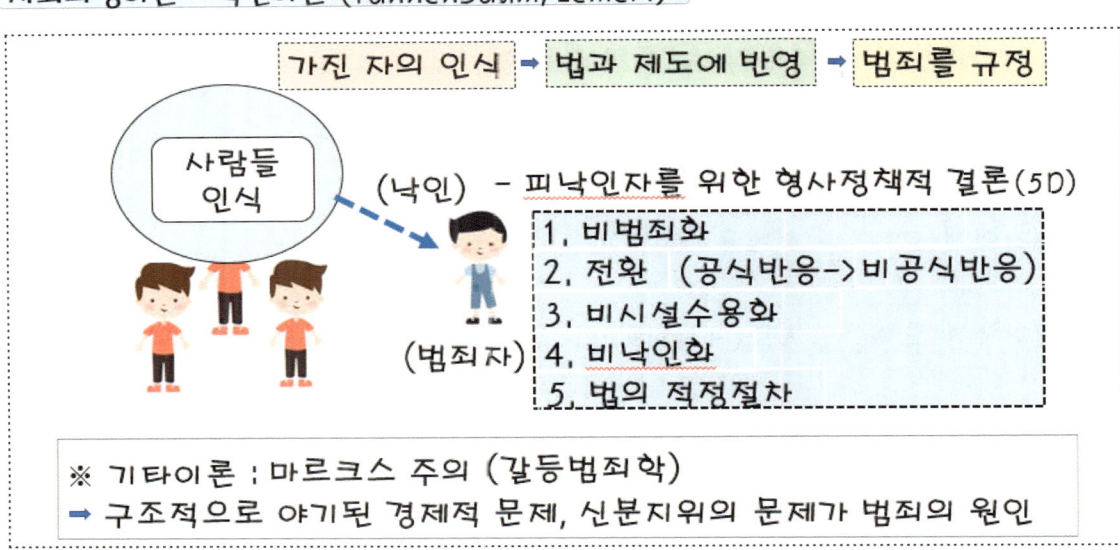

가진 자의 인식 ➡ 법과 제도에 반영 ➡ 범죄를 규정

사람들 인식

(낙인) – 피낙인자를 위한 형사정책적 결론(5D)

1. 비범죄화
2. 전환 (공식반응->비공식반응)
3. 비시설수용화
4. 비낙인화
5. 법의 적정절차

(범죄자)

※ 기타이론 : 마르크스 주의 (갈등범죄학)
➡ 구조적으로 야기된 경제적 문제, 신분지위의 문제가 범죄의 원인

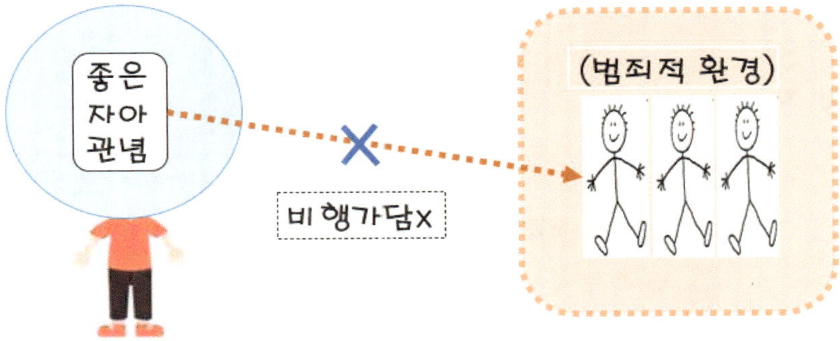

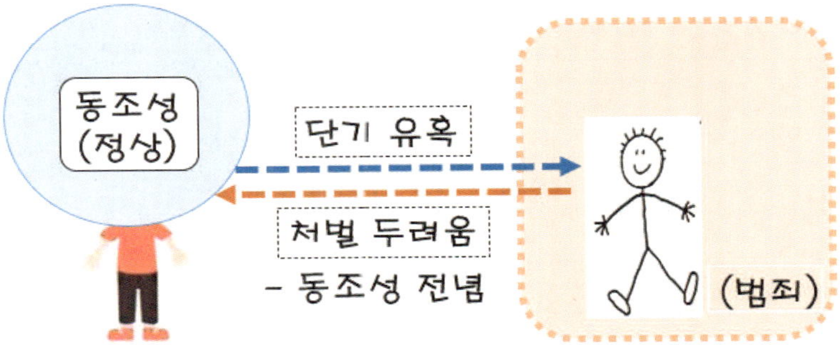

제3장 범죄의 통제(예방)

1 범죄예방의 의의

범죄예방의 정의

美범죄예방연구소
- 범죄발생요소 : 범죄욕구, 범죄기술, 범죄기회
- 범죄기회를 감소시키는 사전활동
- 직접적 활동

Jeffery - 직접적 활동, 범죄환경에 초점

S. Lab - 두려움을 줄이는 사전활동, 통계적 측면 · 심리적 측면 함께 고려

범죄예방모형

Brantingham & Faust 모형
- 1차 예방 - 일반대중 대상, 일반예방모델, 예 cctv설치, 비상벨 등
- 2차 예방 - 우범집단, 잠재적 범죄인 대상, 예 범죄예측, 범죄지역 분석
- 3차 예방 - 범죄자 대상, 특별예방모델, 예 교도소 범죄자 교화

제퍼리(C. R. Jeffery)의 범죄예방 모형
- 범죄억제 모델 - 형벌을 통한 '범죄억제'
- 사회복귀 모델 - 치료(재사회화)와 갱생을 통한 '사회복귀'
- 환경개선 모델 - 환경의 개선을 통한 '범죄예방', 예 도시정비, 환경정화 등

2 범죄예방 이론

범죄예방이론 변화

근대이전	고전주의	실증주의	20C 이후 범죄 사회학자
응보 · 복수	형벌 · 제재	교정 · 치료	범죄의 예방
사후적 조치			사전 예방조치

전통적 범죄예방이론

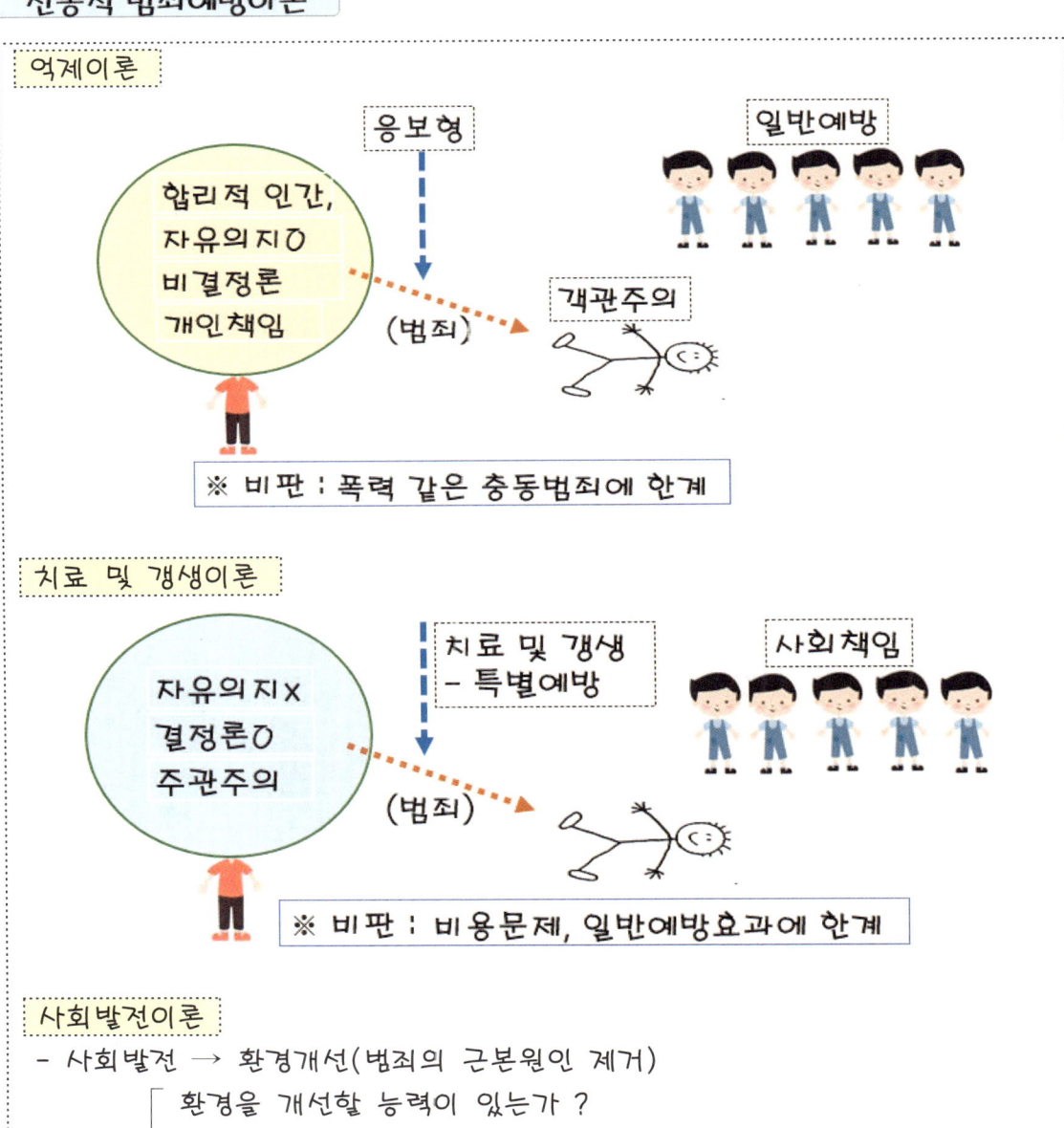

억제이론

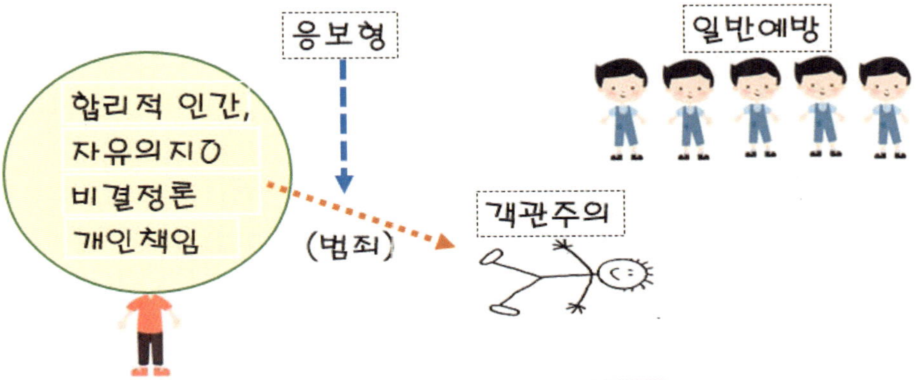

※ 비판 : 폭력 같은 충동범죄에 한계

치료 및 갱생이론

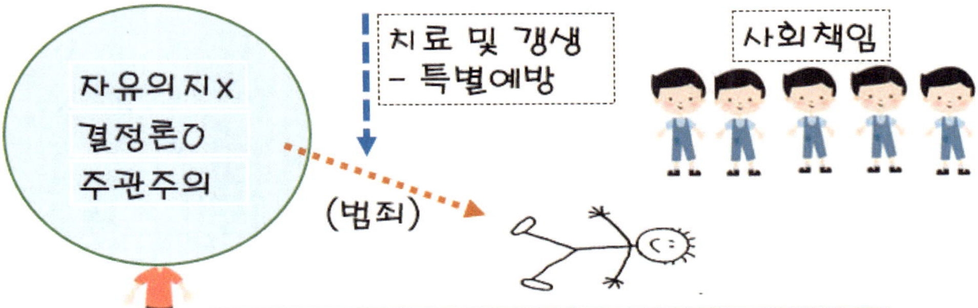

※ 비판 : 비용문제, 일반예방효과에 한계

사회발전이론

- 사회발전 → 환경개선(범죄의 근본원인 제거)
- 비판
  - 환경을 개선할 능력이 있는가 ?
  - 막대한 물적 인적 자원 필요로 개인이나 소규모 조직체 수행x
  - 사회를 실험 대상으로,

현대적 범죄예방이론 - 생태학적 관점의 이론

환경범죄이론

- 환경설계강조 : 환경적 요소 파악, 설계 단계부터 → 범죄환경 최소화
  - 생태학적 이론, 거시이론, 일반예방효과 추구
  - 예) 가로등 설치, CCTV의 설치, 순찰 및 감시가 용이한 주택설계 등

- 내용
  - 환경설계를 통한 범죄예방기법(CPTED) - jeffery(1971)
  - 방어공간이론(Oscar Newman) - 제퍼리의 영역성 개념을 발전
    자신들의 영역이라 생각, 감시 게을리x

1. 환경설계를 통한 범죄예방(CPTED) - C.R. Jeffery

(1) 물리적 환경설계, 재설계(방어적 디자인) → 범죄기회 차단, 불안 감소전략

- 물리적 설계 · 주민참여 · 경찰활동 등 3가지 요소 → 환경개선 → 일반예방

(2) 기본원리

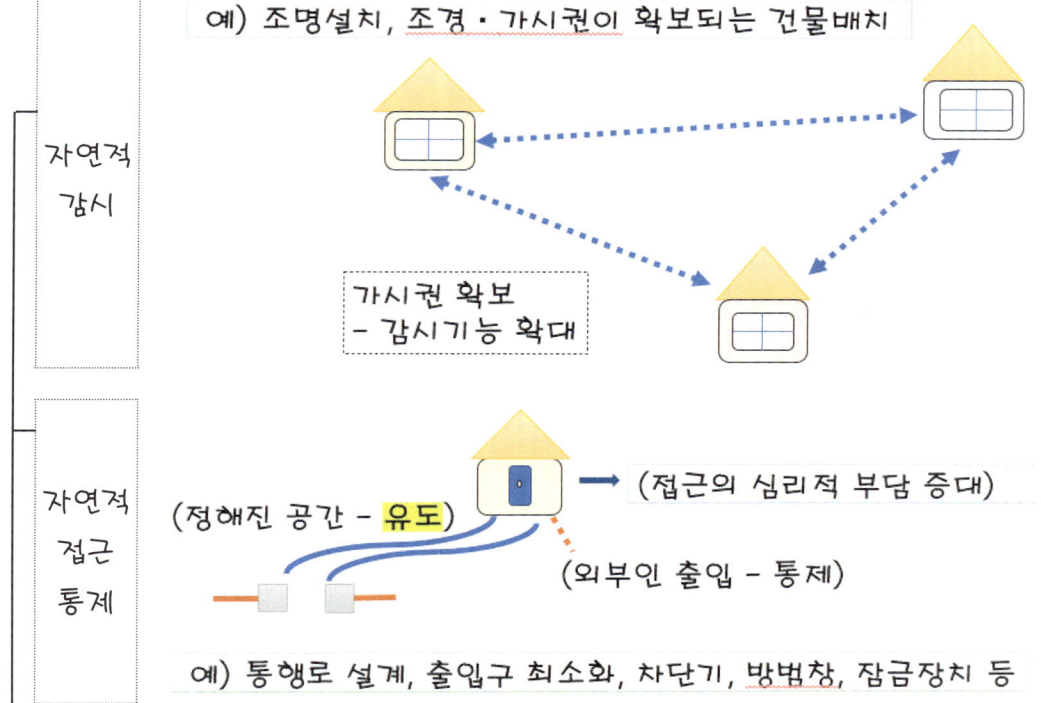

자연적 감시

예) 조명설치, 조경 · 가시권이 확보되는 건물배치

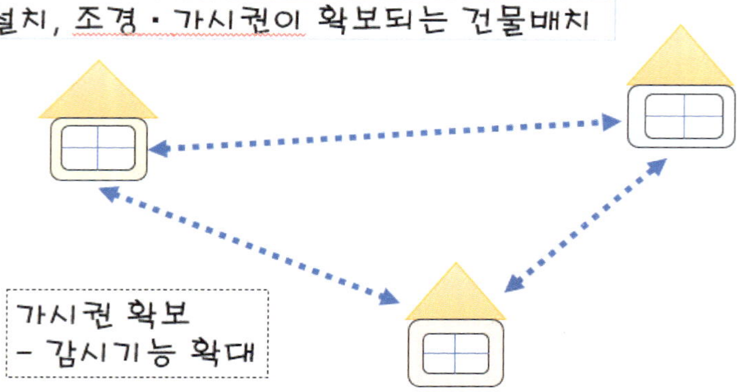

자연적 접근통제

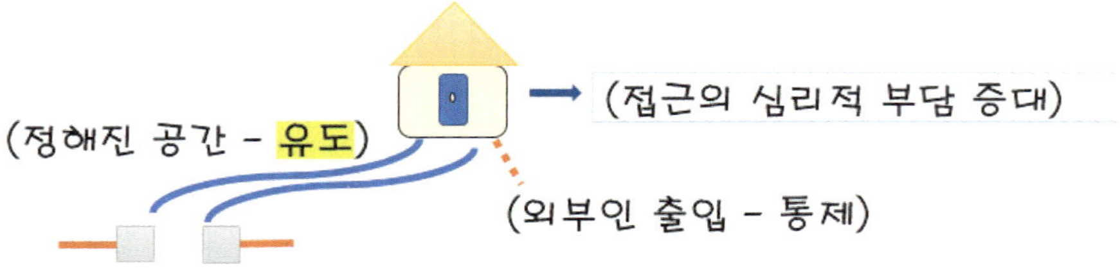

예) 통행로 설계, 출입구 최소화, 차단기, 방범창, 잠금장치 등

영역성 강화

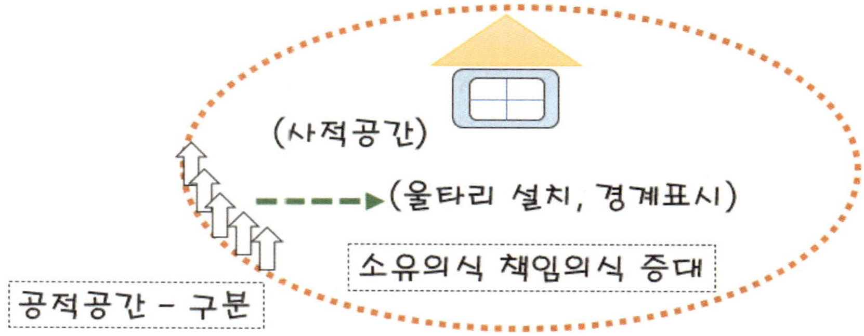

활동성 활성화

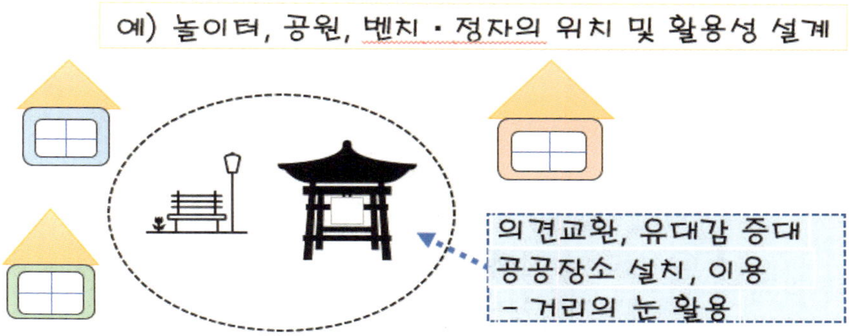

유지 관리 - 지속적으로 유지하도록 관리

㉮) 청결유지, 파손의 즉시 수리, 청결유지, 조명, 조경의 관리

(3) 방안 : 방범용 CCTV 설치, 운용

㉠ 법적 근거 : 주차장법시행규칙, 개인정보보호법

㉡ 이론적 근거 : 상황적 범죄예방이론 및 CPTED이론 등

㉢ 효과 : 일반적 예방효과

2. 방어공간이론(오스카 뉴만)

- 영역성 개념 강조, 주택건축 과정에 고려 주장

4가지 요소

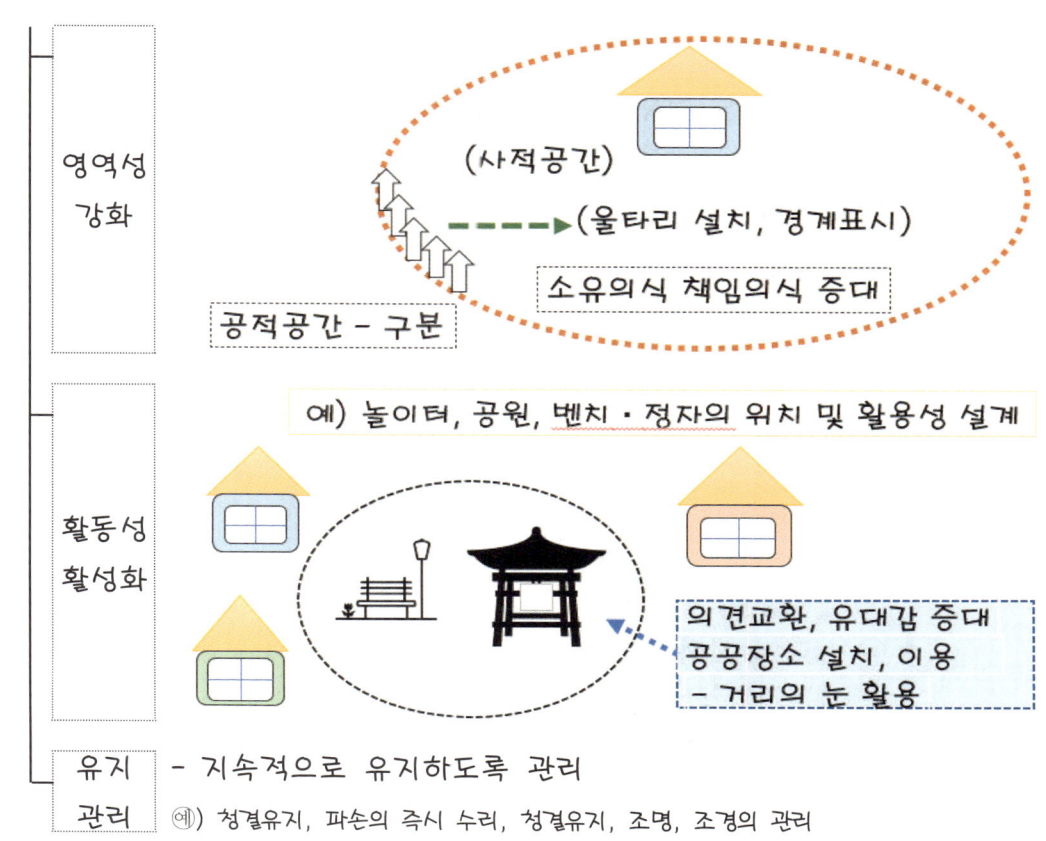

영역성 :	지역에 대한 자기소유 관념,
자연적 감시 :	자연히 감시할 수 있는 능력, 물리적 요소중심, ※ 장치도움 없이 실내, 실외활동 관찰능력
이미지 :	지역외관 → 고립X, 보호O, 주민의 적극적 활동의지 보여줌O 이미지로 판단 → 범죄실행이 용이한지 (낡고 ↔ 깨끗)
입지조건 :	입지적 요인 → 범죄 실행이 용이한지 여부

3. 환경범죄이론 비판

범죄인이 환경변화에 쉽게 적응, 주민참여의 중요성 간과

상황적 예방이론
(상황이론 - clark) - (생태학 이론으로 분류)

- 의의 : 범죄기회 제거, 범죄행위 이익감소
  - 자유의지를 전제, 비결정론적 인간관
  - 생태학적 이론, 일반예방효과에 중점

- 비판 : 풍선효과(전이효과), 요새화된 사회(부정적 현상), 국가통제사회화

- 유형

합리적 선택 이론
- ㉠ 클락&코니쉬
- ㉡ 합리적 선택 : 이익 < 고통 → 범죄x
- ㉢ 범죄기회제거 : 체포 위험성↑, 처벌의 확실성↑
  - ※ 클락&코니쉬, 5가지 : ① 노력의 증가, ② 위험의 증가, ③ 보상의 감소, ④ 자극(충동)의 감소, ⑤ 변명의 제거
- ㉣ 합리적 인간관(유리 → 범죄), 자유의지o(신고전주의), 비결정론적 인간관

일상 활동이론
- ㉠ 코헨 & 펠슨
- ㉡ 미시적인 분석, 일상 활동에서 범죄요소
- ㉢ 범죄자(→ VIVA모델), 범죄의 대상, 보호자(감시)의 부재
  - ※ 범죄자 입장 4가지 요소 : 1. 가치(Value), 2. 이동의 용이성(Inertia), 3. 가시성(Visibility), 4. 접근성(Access)

범죄 패턴이론
- ㉠ 브랜팅햄 - brantingham - 1993
- ㉡ 지리적 프로파일링 : 장소적 패턴분석 → 범행지역예측 → 연쇄범죄 해결에 도움

집합효율성 이론
- 로버트 샘슨과 동료들

- ㉠ 비공식통제 → 결합(상호신뢰 또는 연대감),
- ㉡ 적극적 참여 → 범죄예방
- ㉢ 지역사회 구성원 간의 연대감

깨진 유리창 이론 - 윌슨 & 켈링, 브래튼

㉠ 사소한 무질서 → 심각한 범죄
㉡ willson & kelling에 의해 제시,
1990년대 뉴욕의 줄리아니 시장과 브래튼 경찰국장이 적용
㉢ 무관용 원칙, 지역주민 상호협력(시민협조)
㉣ 낙인효과 유발

지역사회 경찰활동(Community Policing)

지역중심:	전반적인 지역문제 확인, 해결노력
문제중심:	범죄의 근원적 원인확인, 해결, 지역사회와 협력전략 ※ SARA 모형 : 탐색(조사)(scan) → 분석(analysis) → 대응(response) → 평가(assessment)
이웃지향:	민간순찰실시,경찰과 협동해서 범죄억제 예)무거운 짐 들어주기 * 비공식적 상호작용, 미시적 관점
*전략지향	문제 지역에 자원 재분배,치안수요 많은 시간,장소에 많은 경찰력 배치로 예방효과 극대화 * 지역사회 경찰활동인지에 대해 논란 있음
*경찰지역 사회관계	경찰과 지역사회와 좋은 관계(공식적 협력, 거시적) 범죄예방활동에 지역주민 적극적으로 참여유도
*증거기반 경찰활동	과학적·의학적 증거기반, 증거개발, 검토, 활용 -> 경찰관 및 직원이 연구기관과 함께 활동
*정보기반 경찰활동	정보의 취합과 활용 -> 지리정보시스템 활용, 분석기법을 사용

Skolnick의 기본요소

1. 지역사회에 기초한 범죄예방활동
2. 주민에 대한 경찰의 책임성을 중시(경찰책임의 증대)
3. 일반서비스 제공을 위한 순찰활동(도보순찰로 전환)
4. 권한 분산(명령의 분권화)

[☻지역사회를 책임지고 서비스하는 분]

방안

1. 지역주민과의 유대 강화

2. 분권화

3. 지역특성에 맞는 조직과 활동

효과 비교

구분	전통적인 경찰활동	지역사회 경찰활동
책임소재	경찰	경찰과 시민
역할	범죄해결	문제해결, 상황적 범죄예방
활동대상	범죄사건	주민의 문제와 걱정거리
중요정보	범죄정보	범죄자에 대한 정보(개인, 집단의 활동)
평가기준	범인 검거율	범죄나 무질서의 감소율
효율성 판단	경찰의 반응시간	주민의 협조도
경찰 전문성	신속한 대응	지역사회와 상호작용
업무순위	범죄와 폭력 퇴치	지역사회를 방해하는 모든 문제들
조직구조	경직·집중 구조	분권화 된 구조
타기관관계	종종 갈등	협력구조
언론부서	비판여론 차단	지역사회와의 원활한 소통 창구
강조점	법규준수	분권화 된 경찰관 개개인의 능력

톤리와 패링턴(Community Policing)

발달적 범죄예방

생의 초기에 개입 예) 학교전담경찰, 학대예방경찰관

상황적 범죄예방

1. 구체적 범죄형태 대상, 2. 체계적 장기 계획, 3. 범죄기회 감소

예) 여성 1인 가구밀집지역 순찰확대(구체적 범죄형태),

예) 아파트 입구 현관문에 반사경 부착(범죄기회 감소)

법집행을 통한 범죄예방

처벌을 통한 억제, 3요소 - 처벌의 엄격성, 확실성, 신속성

예) 위법 단속을 강화하는 무관용 경찰활동

MEMO

한쌤 경찰학

★★★★★

도해식 핵심 요약노트

경찰학 각론

제1장 생활안전경찰 일반

임무

성매매(아동 · 청소년대상 성매매 제외) 사범에 대한 지도 및 단속
성폭력 및 가정폭력 예방 및 피해자 보호에 관한 업무
스토킹 · 성매매 예방 및 피해자 보호에 관한 업무 * 수사 → 수사과 업무

제2장 생활안전과 업무

1 지역경찰업무

1 지역경찰 일반

지역경찰 의의

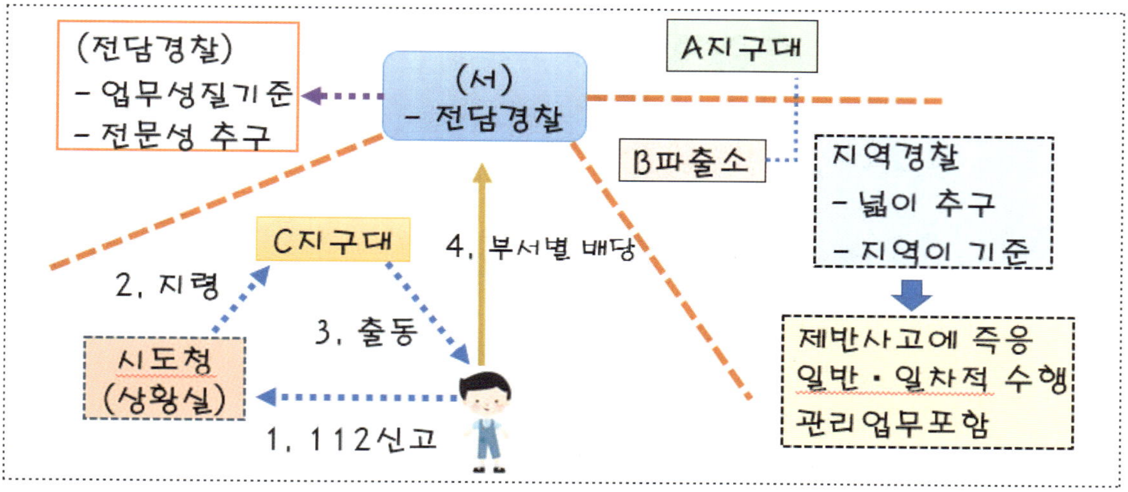

지역경찰 평가기준

- 명확한 정립이 어렵고
- 범죄진압 활동보다 기준설정이 어려움

- **안전도**
  - 객관적 지표 : 범죄발생률, 범죄악질률, 범죄에 의한 피해확률
  - 주관적 지표 : 시민들의 불안감 평균치(치안지수)
- **경찰력 수준**
  - 자체수준 : 인구 당 경찰관의 수, 지역경찰관의 수
  - 순찰빈도 : 순찰횟수
- **경찰활동 결과수준** 검거율, 피해회복율, 범죄발생통보율, 범죄감소율, 경찰에 대한 시민협력의 정도

2 지역경찰 기관

지역경찰관서

조직

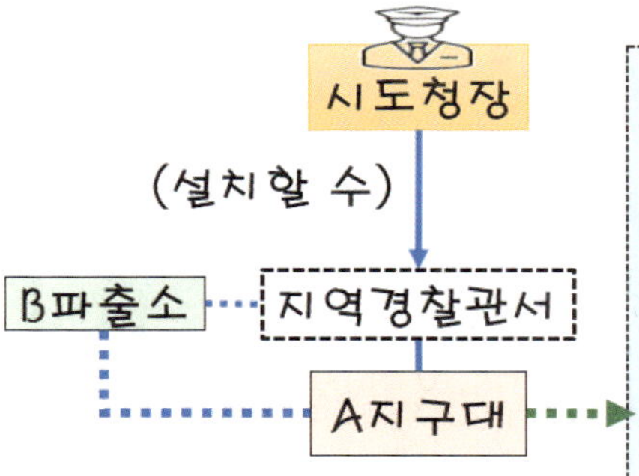

1. 지역경찰관서장
   (지구대장 + 파출소장)
2. 순찰팀
   순찰팀 수 -> 시도청장이 결정
   관리팀 및 순찰팀 인원 -> 서장결정
3. 관리팀 : 문서접수처리, 시설장비관리, 예산집행 등, 행정업무

직무

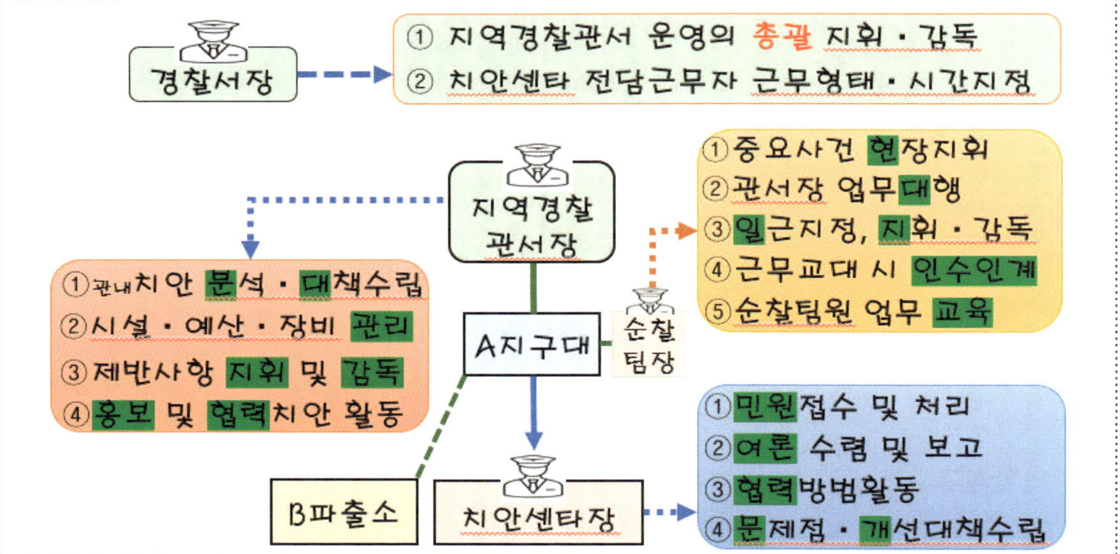

치안센터

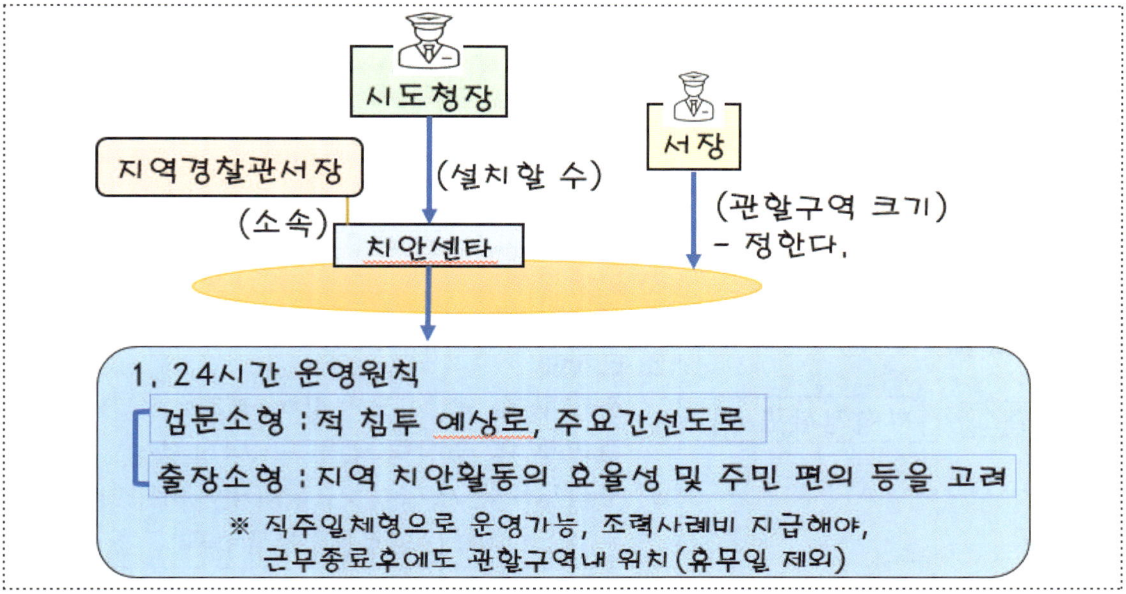

3 지역경찰 관리

인사관리

- 서장, 지역경찰을 다른 부서에 우선 충원해야
- 시도청장, 연2회 이상, 정원 충원현황 점검, 충원대책 수립·시행해야

4 지역경찰 근무

┌ 지역경찰관서장, 관리팀 : 일근근무 원칙
└ 순찰팀장, 순찰팀 : 교대근무 원칙

지역경찰근무 – 종류

- 행정근무, 상황근무, 순찰근무, 경계근무, 대기근무

행정근무 – 주로 관리팀, 기타 근무와 병행

상황근무 – 지정된 상황근무자

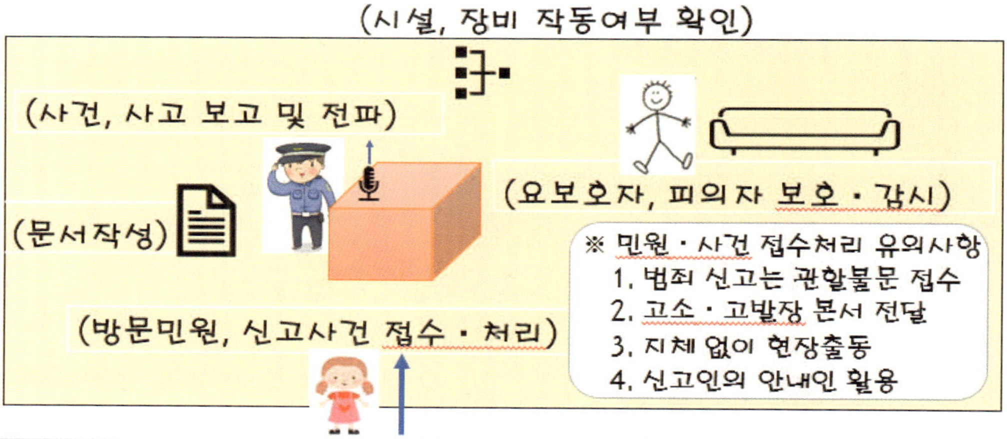

순찰근무

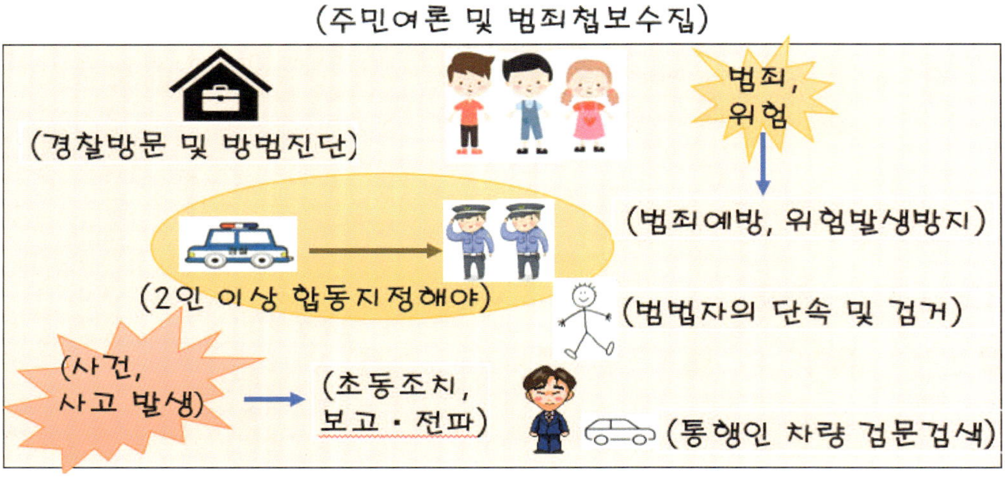
(주민여론 및 범죄첩보수집)
(경찰방문 및 방범진단)
범죄, 위험
(범죄예방, 위험발생방지)
(2인 이상 합동지정해야)
(범법자의 단속 및 검거)
(사건, 사고 발생)
(초동조치, 보고·전파)
(통행인 차량 검문검색)

경계근무

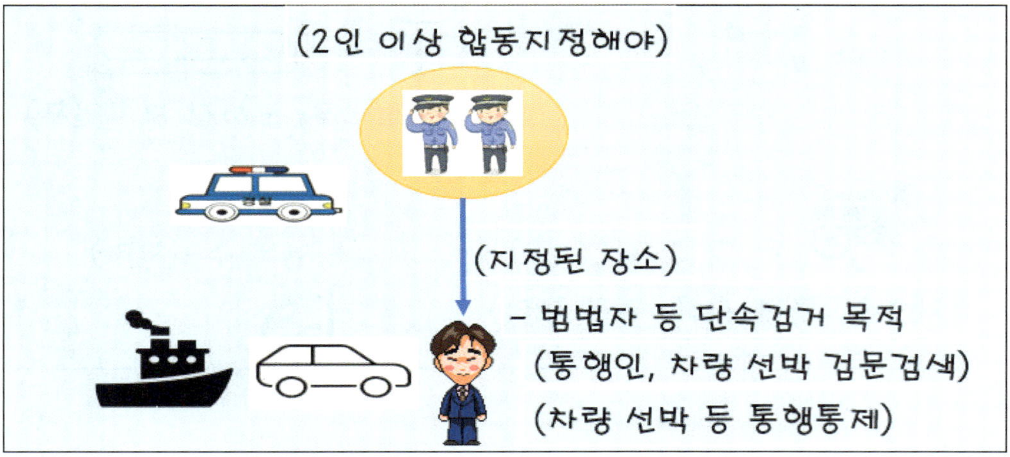
(2인 이상 합동지정해야)
(지정된 장소)
- 범법자 등 단속검거 목적
(통행인, 차량 선박 검문검색)
(차량 선박 등 통행통제)

대기근무

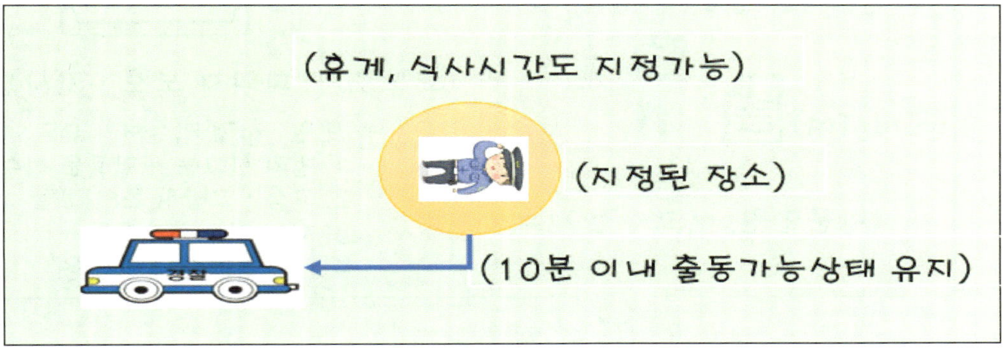
(유게, 식사시간도 지정가능)
(지정된 장소)
(10분 이내 출동가능상태 유지)

기타근무

- 지역경찰 관리자가 지정하는 근무
- 행정근무, 상황근무, 순찰근무, 경계근무, 대기근무가 아닌 근무

※ 지역경찰 동원 : 근무자 동원을 원칙, 불가피한 경우 휴무자 동원가능

순찰근무

순찰종류

- 도보순찰 : 상세한 정황관찰, 주민접촉도 높음, / 순찰노선단축, 횟수 감소
- 자동차순찰 : 높은 가시 방범효과

순찰연구

C.D. Hale	S. Walker(워커)
① 교통지도단속	① 범죄의 억제
② 대민 서비스 제공	② 대민 서비스 제공
③ 범죄예방과 범인검거	③ 공공 안전감의 증진
④ 법집행	[☻억대안]
⑤ 질서유지 [☻교대범법질 해!]	

순찰효과연구

구분	순찰증감	범죄증감 (안전도-객)	시민생각 (안전도-주)	비고
뉴욕경찰 25구역실험	증가	감소	·	최초실험
캔자스 시 예방실험	증가(감소)	그대로	무관심	차량실험
뉴왁 시 도보실험	증가	그대로	감소(안도)	도보순찰
플린트 시 도보실험	증가	증가	감소(안도)	도보순찰

2 민경협력방법

민간경비

특성

1. 한정된 권한
2. 계약에 의한 서비스(경합적 소비) ↔ 공경비 : 비경합적 소비
3. 영리기업
4. 민간재(사유재 · 경제재)
5. 예방강조

경비업법

경비업 유형

신변보호	생명신체 위해 방지, 신변보호 ※ 추가장비 : 통신장비
호송경비	(현금 · 유가증권 등) 도난 · 화재 등 위험발생을 방지 ※ 추가 장비 등 – 호송용 차량 1대 이상, 현금 호송백 1개 이상
시설경비	시설 및 장소에서 도난 · 화재 그 밖의 혼잡 등 위험방지 예) 아파트 경비
특수경비	공항(항공기를 포함)등, 대통령령상 국가중요시설 경비 · 도난 · 화재 기타 위험방지
기계경비	경비대상시설에 설치기기에 감지 · 송신된 정보 → 시설 외의 장소 설치 관제시설로 수신, 화재등 위험방지 ※ 추가 장비 등 – cctv, 관제시설 등, 예) 금은방 CCTV설치
혼잡교통 유도경비	도로접속 공사현장, 통행위험장소, 도로점유 행사장 → 교통사고, 혼잡 등 인한 위험발생 방지 업무

공통요건

① 법인(法人)이어야

② 자본금 – 1억원 이상(특수경비업무는 3억원 이상)

③ 시설 등

㉠ (공통)시설 – 교육장

㉡ (공통)장비 등 – 복장 및 경적, 단봉, 분사기

㉢ (별도)장비 등 – 신변보호업무, 호송경비, 기계경비업무

Part 01

경비업 허가

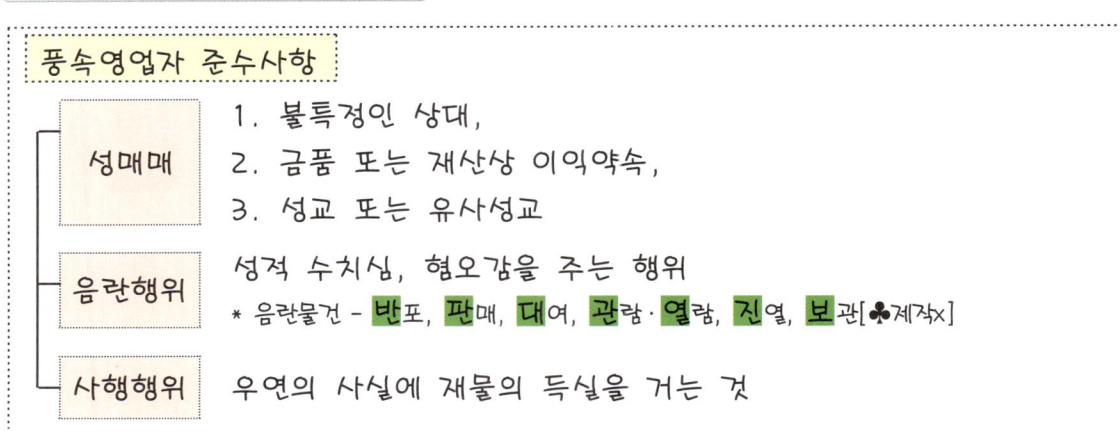

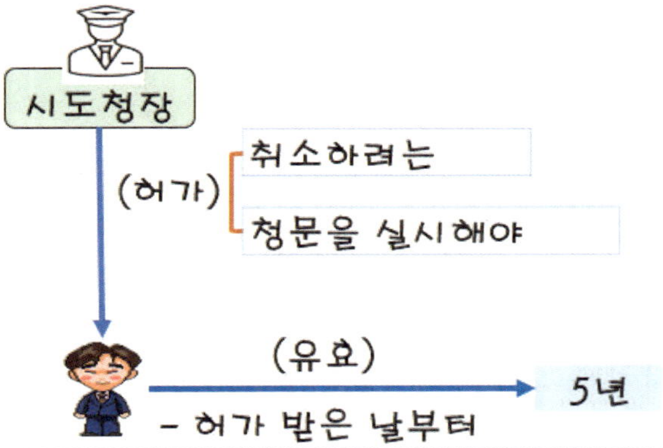

제3장 생활질서과 업무

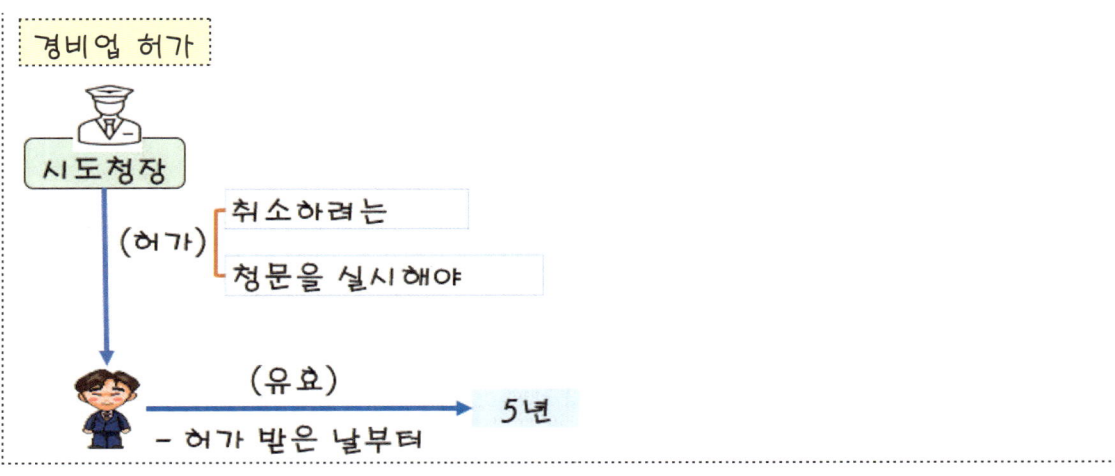

1. 풍속영업의 규제
2. 사행행위 규제
3. 기초질서 위반사범 단속
4. 유실물 처리
5. 총포, 도검, 화약류 안전관리

1 풍속영업의 규제

풍속영업의 규제에 관한 법률

풍속영업자 준수사항

- 성매매
  1. 불특정인 상대,
  2. 금품 또는 재산상 이익약속,
  3. 성교 또는 유사성교
- 음란행위
  성적 수치심, 혐오감을 주는 행위
  * 음란물건 - **반**포, **판**매, **대**여, **관**람·**열**람, **진**열, **보**관[♣제작x]
- 사행행위
  우연의 사실에 재물의 득실을 거는 것

풍속영업의 범위

공중위생관리법 - 숙박업 (민박 제외) / 목욕장업
식품위생법 - 단란주점영업, 유흥주점영업
음악산업 진흥에 관한 법률 - 노래연습장업(노래방)
영화 및 비디오물 진흥에 관한 법률 - 비디오감상실업(비디오방)
체육시설의 설치 · 이용에 관한 법률 - 무도학원업 / 무도장업
게임산업 진흥에 관한 법률 - 일반게임장, 청소년게임장, 복합유통게임제공업
청소년보호법 - 청소년 출입 · 고용금지업소(성평등가족부장관 고시)

주요내용

1. 풍속영업자(신분범) : 허가x 또는 인가x, 등록x 또는 신고x - 포함
2. 종사자 : 명칭에 관계없이 판단
3. 풍속영업통보 : 허가자 → 소재지 서장(통보해야)
4. 위반사항 통보 : 서장 → 허가관청, 국세청장(통보해야)
5. 출입조사 : 할 수, 처벌규정x, 증표제시해야

판례

1. 유흥주점 허가, 노래연습장 영업 → 유흥주점 준수사항 위반(X)
2. 음란한 위성방송, 일정 차단장치 → 음란한 물건 관람(O)
3. 동영상 재생장치, 비밀번호 가르쳐 줌 → 음란물 관람(O)
4. 일시 오락 정도 도박 → 위법성 조각
5. 브래지어만 착용, 허벅지, 가슴 보일 정도로 치마 올리고, 어깨끈 내림 → 음란행위(X)
6. 성행위와 유사동작, 모조성기 노출 → 음란한 행위(o)

2 사행행위의 단속

3 기초질서 위반사범 단속

1. 기초질서 위반사범 : 제재수단이 범칙금 부과
   ※ 단속 필요성 → 깨진 유리창 이론(무관용 정책과 집합효율성 강화)
2. 규정 :

경범죄처벌법 : 10만원 또는 20만원 이하 벌금, 구류, 과료
도로교통법 : 20만원 이하 벌금, 구류, 과료

경범죄처벌법

특색

1. 일반법, 보충법, 실체법, 추상적 위험범(미수범 처벌 안 됨)
2. 10만원(20만원, 60만원)이하 벌금, 구류, 과료
3. 형 면제, 집행유예와 선고유예 가능, 구류와 과료를 병과할 수
4. 법인 처벌가능(벌금), 종범 → 정범의 형으로, 범인은닉죄 처벌

10만 원 이하 벌금, 구류, 과료

흉기은닉 휴대, 폭행등 예비, 광고물 무단부착 등, 불안감 조성, 음주소란등, 행렬방해, 장난전화, 등.....

20만 원 이하 벌금, 구류, 과료

1. 암표매매
2. 업무방해
3. 거짓광고
4. 출판물 부당게재

60만 원이하 벌금, 구류, 과료

1. 관공서 음주소란
2. 거짓 신고

4 유실물 등의 처리 - 유실물법

의의

1. 유실물 ➡ 점유자의 의사에 의하지 않고 타인에게 절취된 것이 아니면서 우연히 그 지배에서 벗어난 동산으로 버리거나 증여한 물건,
2. 준유실물 ➡ 착오로 점유한 물건, 타인이 놓고 간 물건이나 일실(逸失)한 가축
3. 표류물·침몰물 ➡ 수상에서의 수색·구조 등에 관한 법률의 적용
4. 유기견, 유기동물 ➡ 동물보호법의 적용
5. 장물, 유류물, 임의제출물 ➡ 형법과 형소법의 적용

처리절차

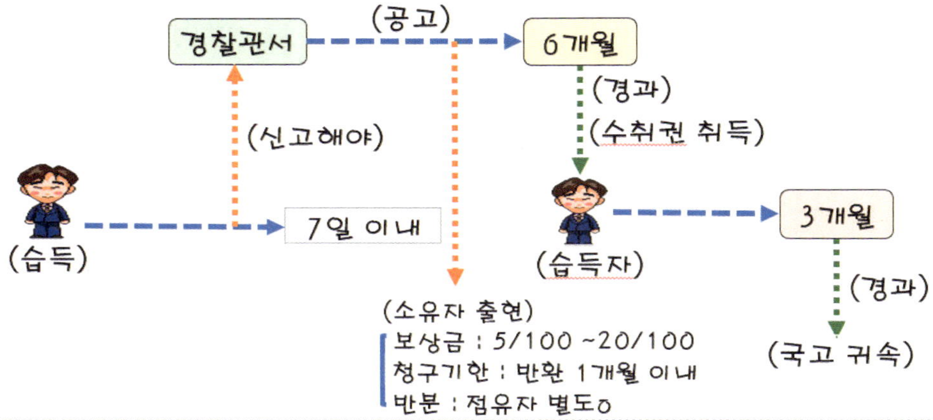

5 총포·도검·화약류 등의 관리·단속

1. 총포 - 권총, 소총, 기관총, 포, 엽총, 장약총포, 공기총 및 총포신·기관부 등 그 부품으로 대통령령으로 정하는 것
2. 도검 - 칼날 길이 15cm 이상, 성질상 흉기
   - 칼날 길이 15cm 미만, 흉기로 사용될 위험 뚜렷, 대통령령으로 정
     ※ 월도, 장도, 단도, 검, 창, 치도, 비수,
     재크나이프(칼날 길이가 6cm 이상),
     비출나이프(칼날 길이 5.5cm 이상, 45° 이상 자동 펴짐 장치),
     그 밖의 6cm 이상의 칼날, 흉기로 사용될 위험성이 뚜렷)

1 총포 · 도검 · 화약류 등 허가

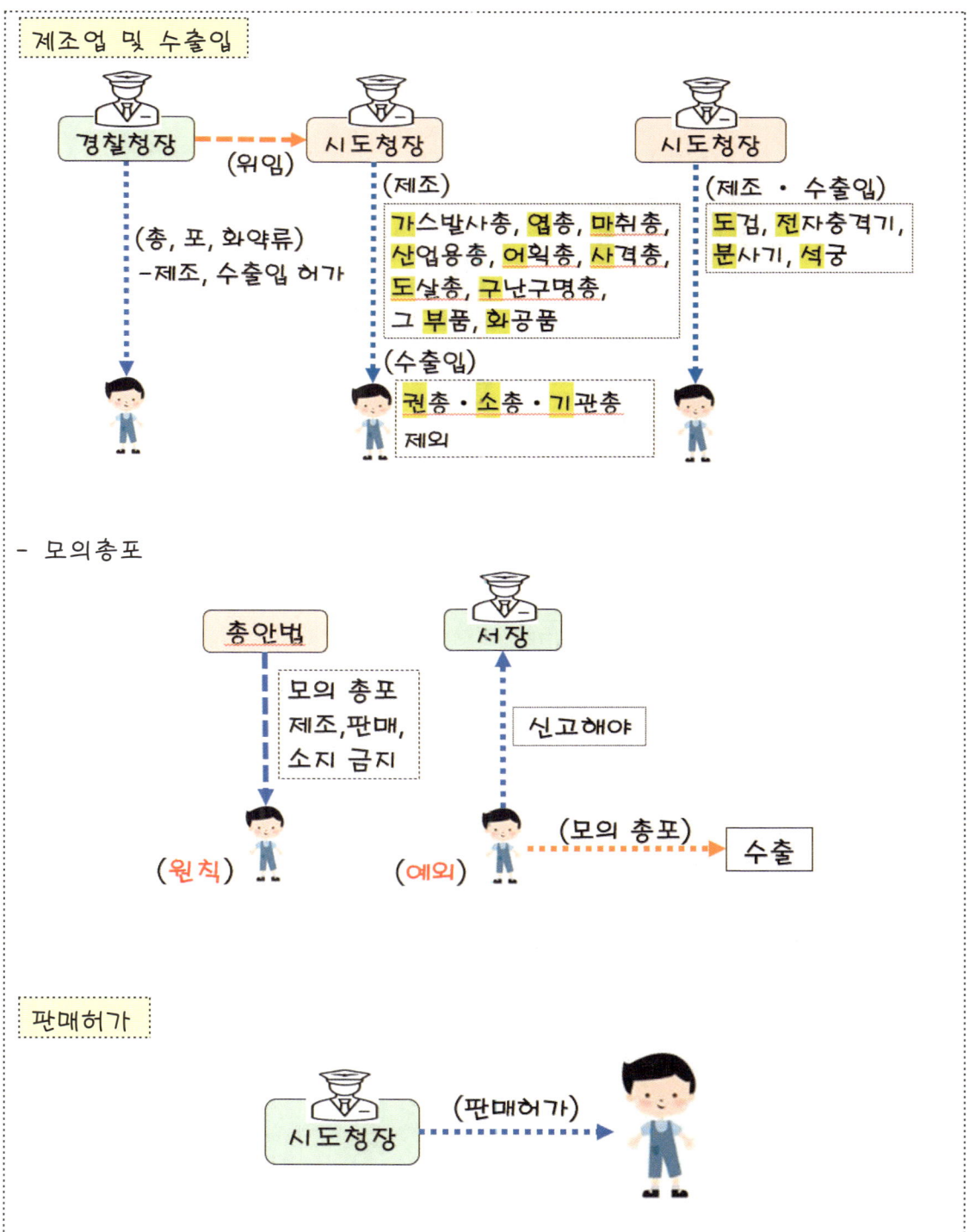

제조업 및 수출입

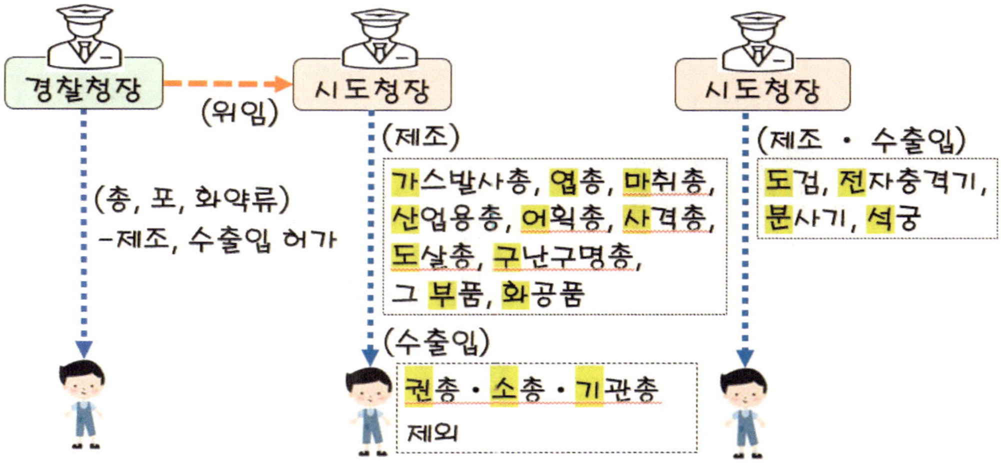

- 모의총포

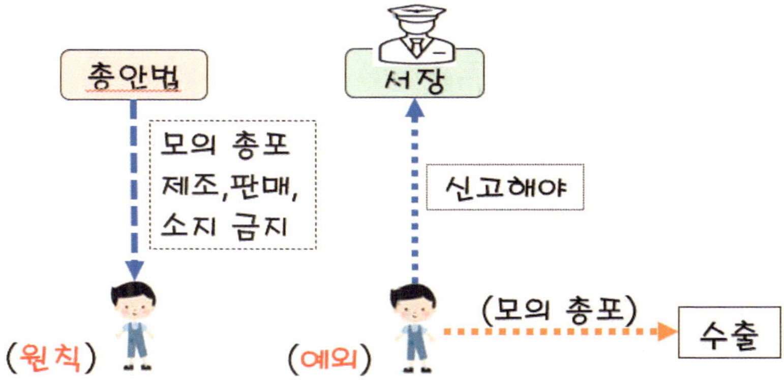

판매허가

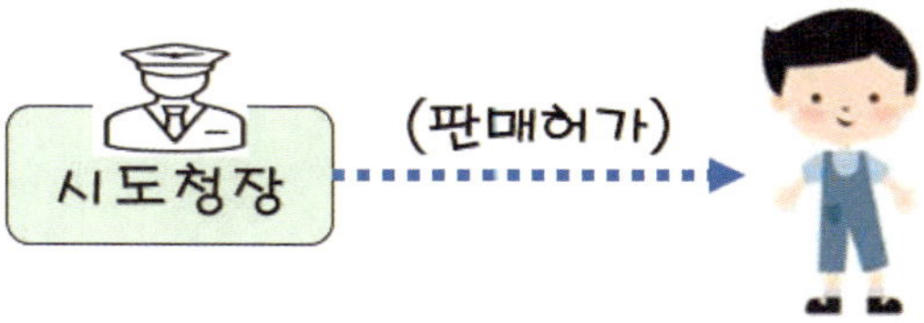

소지허가

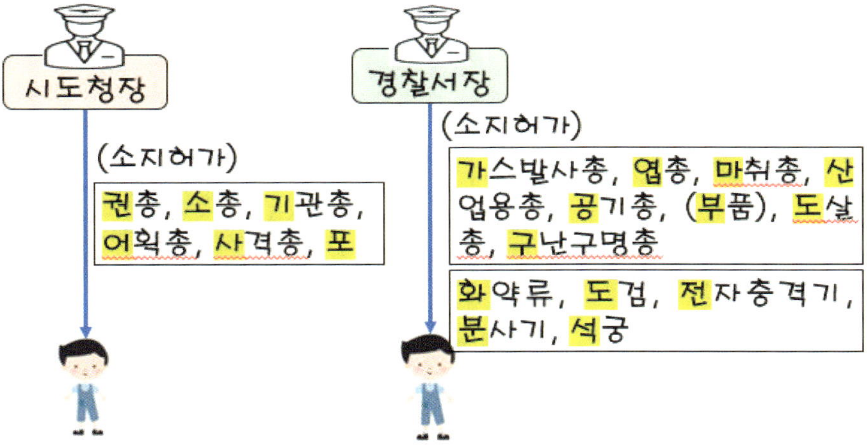

시도청장
(소지허가)
권총, 소총, 기관총, 어획총, 사격총, 포
경찰서장
(소지허가)
가스발사총, 엽총, 마취총, 산업용총, 공기총, (부품), 도살총, 구난구명총
화약류, 도검, 전자충격기, 분사기, 석궁

화약류 허가

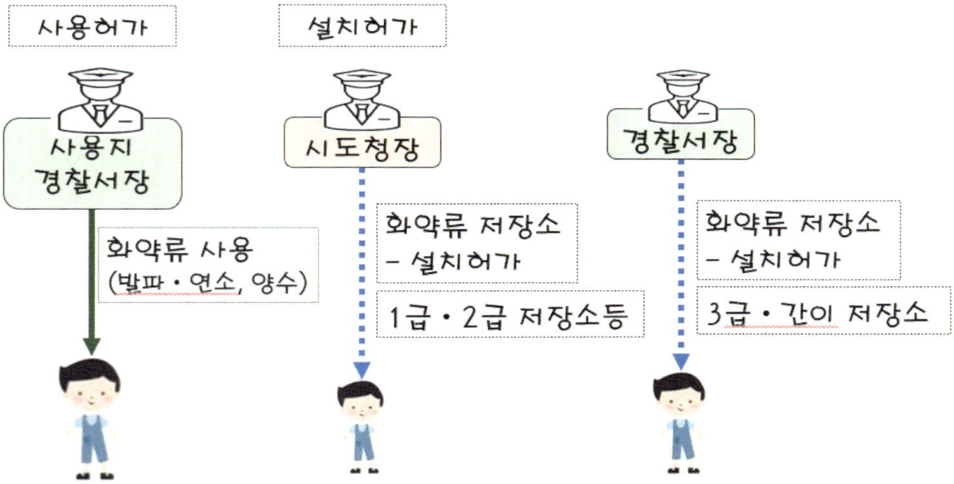

사용허가
설치허가
사용지 경찰서장
화약류 사용 (발파·연소, 양수)
시도청장
화약류 저장소 – 설치허가
1급·2급 저장소등
경찰서장
화약류 저장소 – 설치허가
3급·간이 저장소

화약류 신고

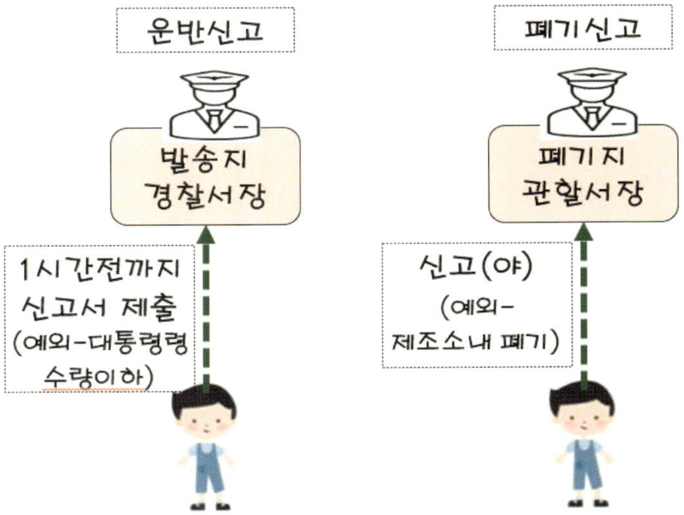

사격장 등

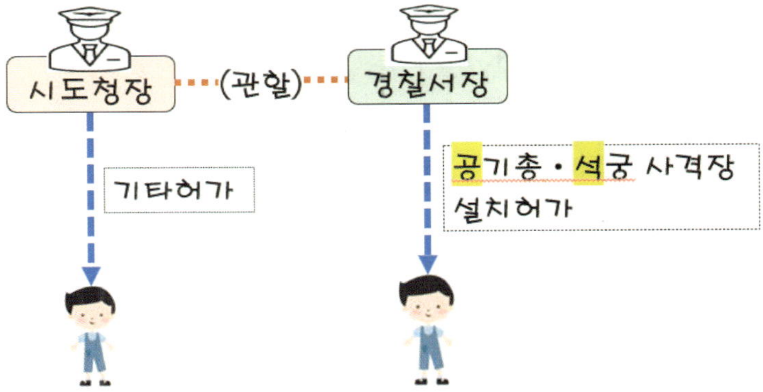

사격장등 허가

1. 제조업자 결격사유 : 금고 이상의 형을 선고, 집행종료x, 집행x 확정 후 3년 미경과
2. 출입 · 검사 : 증표를 지니고 관계자에게 보여주어야
3. 소지금지, 취급금지 : 소지금지 20세 미만, 취급금지 18세 미만
4. 불법무기 발견 · 습득의 신고 : 24시간 이내에 가까운 경찰관서에 신고하여야, 지시 없이 만지거나 해체등 금지

제4장 여성・청소년과 업무

1 성매매 단속

1. 금지주의 - 성매매 처벌 예) 한, 중, 일
2. 규제주의 - 허가를 받아야 성매매 가능
3. 폐지주의 - 허용주의

2 성매매알선 등 행위의 처벌

용어정리

1. 성매매 : 불특정 상대, 재산상 이익수수 · 약속, 성교 유사성교(행위, 상대방)
2. 성매매 알선 등 행위 : 알선 · 권유 · 유인 또는 강요,
   장소나 자금 · 토지, 건물을 제공
3. 성매매 피해자 : 위계 위력으로 강요,
   감독자에 의해 약물에 중독
   청소년이나 심신미약으로 알선 · 유인
   인신매매 당한 사람

특례

1. 처벌특례 : 성매매 피해자 처벌x
2. 신뢰관계인 동석 : 원칙 - 할 수 / 예외 - 청소년, 심신미약 - 하여야
3. 심리 비공개 : 공개하지 아니할 수
4. 불법원인채권 무효
5. 자수 : 감면할 수
6. 신고의무 : 지원시설 및 성매매피해상담소의 장, 종사자 - 신고하여야

3 성폭력범죄의 처벌 등에 관한 특례법

- 만 13세 미만(강간, 강제추행, 준강간, 준강제추행)
  : 성폭력범죄의 처벌 등에 관한 특례법위반 적용(아청법보다 특별법)
  (강간의 경우 10년 이상 유기징역, 강제추행은 5년 이상 유기징역)

특례

공소시효특례

1. 미성년자 → 성년에 달한 날부터 진행
2. 디엔에이(DNA) 증거 등 과학적인 증거 → 공소시효가 10년 연장
3. 공소시효x ┌ 13세 미만 또는 장애인 강간 강제추행
   └ 강간등 살인 · 치사

감경특례

- 음주 또는 약물, 형법 심신장애규정, 적용하지 아니 할 수

신분비공개 수사

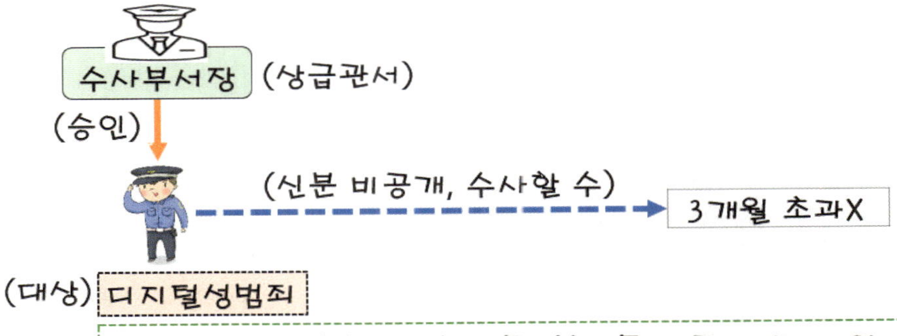

1. 카메라 이용촬영 · 촬영물, 복제물 반포 · 판매 · 임대 · 제공, 공공연 전시 · 상영(영리목적, 의사반, 소지구입저장시청, 상습등 포함)
2. 허위영상물 등의 반포 등
3. 촬영물과 편집물 등을 이용한 협박 · 강요

긴급신분비공개 수사

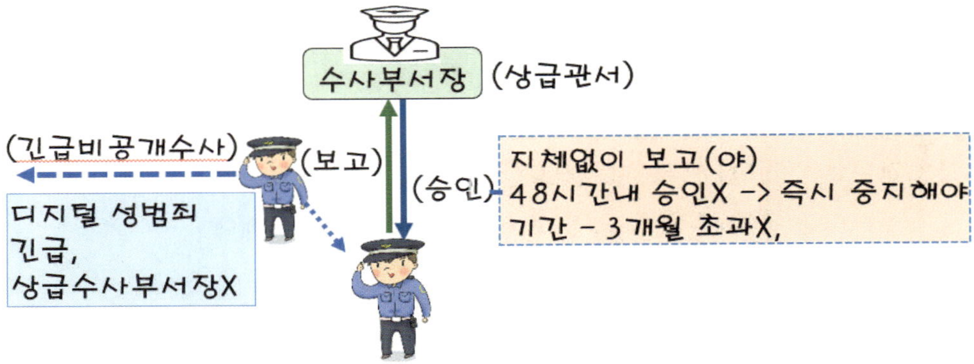

신분위장 수사

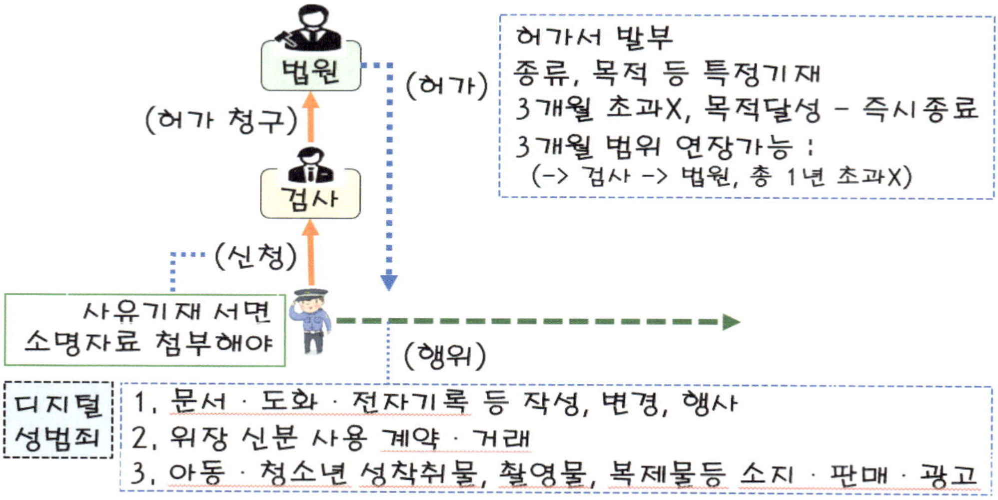

긴급신분위장 수사

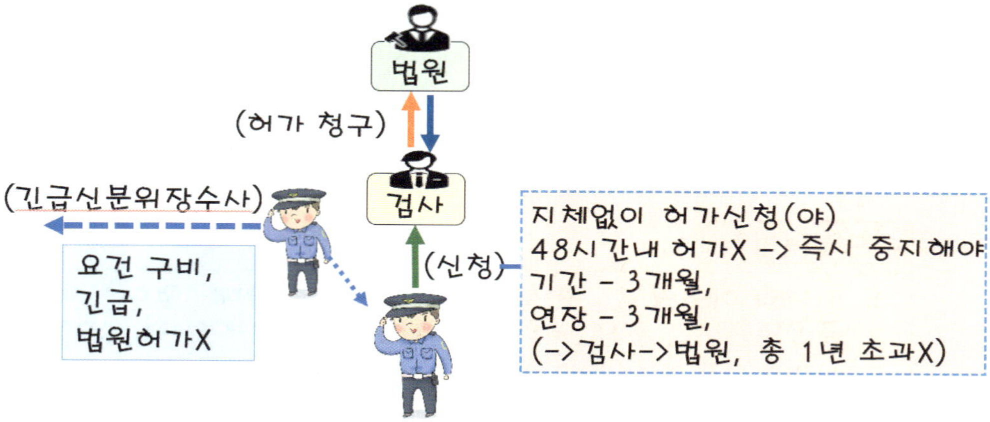

피의자 얼굴공개

검사와 사법경찰관 → 증거충분, 알권리 보장, 범죄예방 등 공익목적
→ 얼굴, 성명 및 나이 등 신상정보를 공개할 수

※ 청소년보호법상 청소년 : 공개x

전담 조사제

- 경찰청장은 → 전담 사경 지정해야,

특별사정 없으면 조사하게 해야, 교육해야

영상물 촬영보존

- 피해자 19세 미만 피해자등(법대 포함)
  → 촬영보존하여야
  ※ 법정대리인, 본인 원x 의사표시 → 촬영x
  ※ 충분한 반대신문 or 사망등 요건하 특신상태 진술 → 증거로 할 수
  (19세 미만 부분 위헌판결)

신뢰관계인 동석

- 일정 강력 성폭력 범죄 또는 19세 미만 피해자등 → 동석하게 하여야

진술조력인

- 19세 미만 피해자 등 → 소통 중개·보조하게 할 수(원x - 예외o)
- 13세 미만, 신체·정신장애, 의사소통 어려움 → 참여하게 할 수(원x - 예외o)

전문가 의견조회 - 피해진술, 조회할 수/ 13세 미만, 장애, 조회해야

증거보전특례

1. 피해자나 그 법정대리인 또는 경찰,
2. 공판기일에 출석하여 증언하는 것에 현저히 곤란(16세 미만, 심신미약 등),
3. 검사에게 증거보전의 청구를 할 것을 요청할 수

기타

1. 아동 장애인 진술, 비일관, 비논리적
2. 편안한 상태에서 진술할 수 있는 환경을 조성하여야
3. 조사 및 심리·재판 횟수는 필요한 범위에서 최소한으로 하여야

신상정보 등록 및 공개

1. 대상자 : 등록대상 성범죄, 유죄판결이나 약식명령 확정, 공개명령 확정
2. 등록 : 판결확정 30일 이내, 기본신상정보, 주소지 관할 경찰관서장에 제출해야

 * 기본신상정보 : 성명, 주민번호, 주소 및 실제거주지, 직업 및 직장 소재지, 연락처(전번, 전자우편), 신체정보(키와 몸무게), 소유차량 등록번호

3. 등록면제 : 선고유예 2년 경과, 면소 간주, 신상정보 등록면제
4. 변경 : 변경사유 발생 20일 이내, 주소지 관할서장에 제출해야
5. 정기등록 : 매년 12월 31일까지 주소지 관할서 출석, 정면·좌측·우측·상반신 및 전신컬러사진 촬영, 전자기록 보관(야)
6. 신고 : 등록대상자, 6개월 이상 국외에 체류목적 출국(귀국 : 14일 이내 신고) → 미리 관할경찰관서장에 체류국가·체류기간 등 신고하여야
7. 등록정보 공개 : 성평등가족부장관 집행, 법무부장관은 정보를 성평등가족부장관에 송부하여야

④ "아동·청소년의 성보호"

용어정리

용어	내용
아동·청소년	19세 미만의 사람
"아동·청소년의 성을 사는 행위"	- 성교 행위, (구강·항문 등 신체일부, 도구이용) 유사성교행위 - 접촉·노출 - 자위행위

※ 개념 비교

	성매매	아동·청소년 성매매
대상	불특정인	특정인, 불특정인 모두
약속	금품 기타 재산상 이익을 수수·약속	
행위	① 성교행위 ② 성교유사행위	① 성교행위 ② 유사성교행위 ③ 접촉·노출(수치·혐오유발) ④ 자위행위

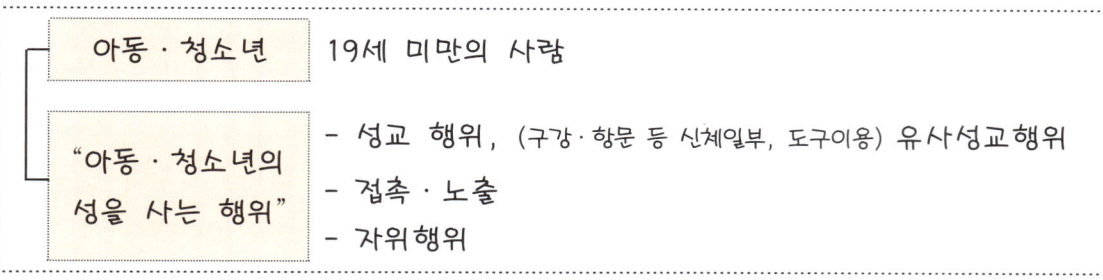

미수처벌X

- ※ 처벌o : 제작, 수입, 수출, 청소년 매매, 강요행위

1. 알선영업행위 → 장소, 알선정보, 자금·토지·건물 제공, 고용, 유인·권유·강요
2. 아동·청소년의 성을 사는 행위 등 →
   (사기 위해, 상대방이 되도록 유인·권유)
3. (아동·청소년성착취물) 판매·대여·배포·소지·운반·전시·상영
4. (19세 이상 사람, 간음·추행하거나 하게) 장애인인 아동·청소년에 대한 간음, 추행 등 [☻알사판, 장애 미안]

특례

'형법' 감경규정 특례

- 음주 약물, 심신장애 상태 범행 → 형법상 감경규정 적용하지 아니할 수

'공소시효' 특례

1. 피해아동이 성년에 달한 날부터 진행
2. DNA증거 등 과학적 증거 → 공소시효 10년 연장
3. 공소시효X →
   - 13세 미만, 장애인 강간 등(위계 위력 간음 추행)
   - 강간등 살인, 아동·청소년성착취물 제작·수입, 수출

친권상실 청구

- 가해자 : 친권자, 후견인 → 친권상실선고, 후견인 변경결정을 청구하여야

피해아동청소년 보호조치

- 친권상실선고 시,
  기관시설 또는 단체에 인도하는 등 → 보호조치를 결정할 수

피해자 의사(비친고죄)

- 모든 성범죄 → 피해자의 고소가 없어도 공소를 제기할 수

신분 비공개 수사

수사부서장 (상급관서)

(승인)

(신분 비공개, 수사할 수) ----→ 3개월 초과X

(대상)
1. 아동·청소년 성착취물의 제작·배포 등, **성착취** 목적 대화 등
2. 아동·청소년에 대한 **카메라등 이용 촬영물**, 복제물 반포 등,
3. **영리목적** 카메라등 이용 **촬영물**, 복제물 반포 등

긴급신분비공개 수사

수사부서장 (상급관서)

←(긴급비공개수사) (보고) (승인)

디지털 성범죄
긴급,
상급수사부서장X

지체없이 보고(야)
48시간내 승인X -> 즉시 중지해야
기간 - 3개월 초과X,

신분비공개 수사 등 통계

국가경찰위원회   국회 소관상임위

(신분비공개수사)---- 종료즉시
보고해야

반기별로
보고해야

국수본부장

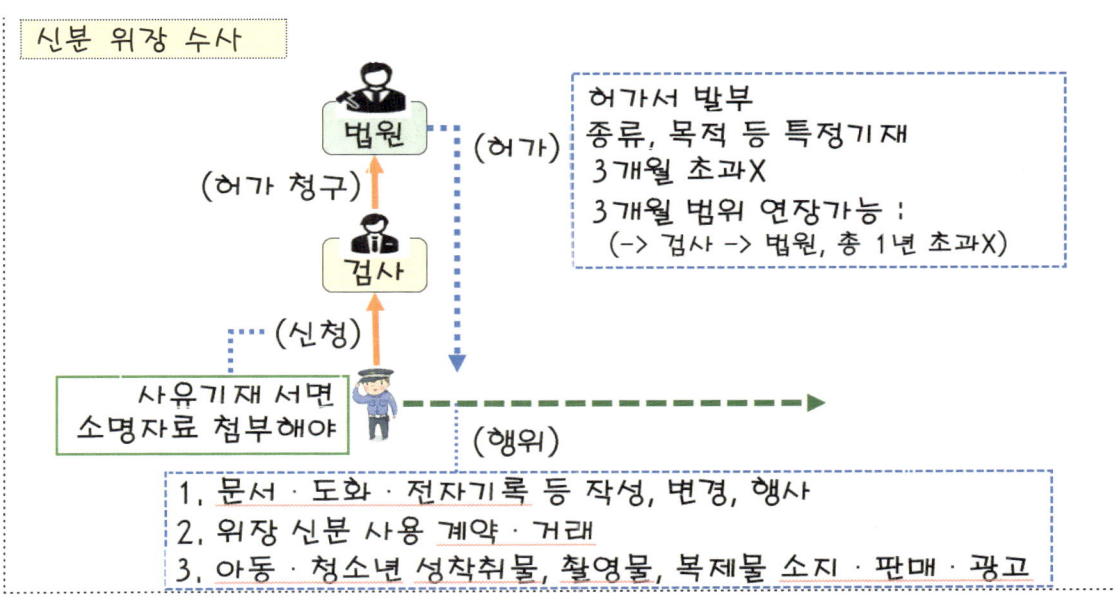

신분 위장 수사

(허가 청구)
법원
(허가)

허가서 발부
종류, 목적 등 특정기재
3개월 초과X
3개월 범위 연장가능 :
 (-> 검사 -> 법원, 총 1년 초과X)

검사

(신청)

사유기재 서면
소명자료 첨부해야

(행위)

1. 문서 · 도화 · 전자기록 등 작성, 변경, 행사
2. 위장 신분 사용 계약 · 거래
3. 아동 · 청소년 성착취물, 촬영물, 복제물 소지 · 판매 · 광고

긴급신분위장 수사

(허가 청구)
법원

검사

(긴급신분위장수사)

요건 구비,
긴급,
법원허가X

(신청)

지체없이 허가신청(야)
48시간내 허가X -> 즉시 중지해야
기간 - 3개월,
연장 - 3개월,
(->검사->법원, 총 1년 초과X)

면책

부득이 위법 : 위장 · 비공개 수사 → 고의 · 중과실x → 벌x

고의 · 중과실x → 징계x, 손해배상책임x   * 함정수사금지o

영상물 촬영 · 보존

　원칙 : 진술내용, 조사과정 → 영상물 녹화장치로 촬영 · 보존하여야

　예외 : 피해자 법정대리인 → 원하지 않는다는 의사표시 → 촬영X

신뢰관계인 동석   신청 시 → 신뢰관계인 동석하게 하여야

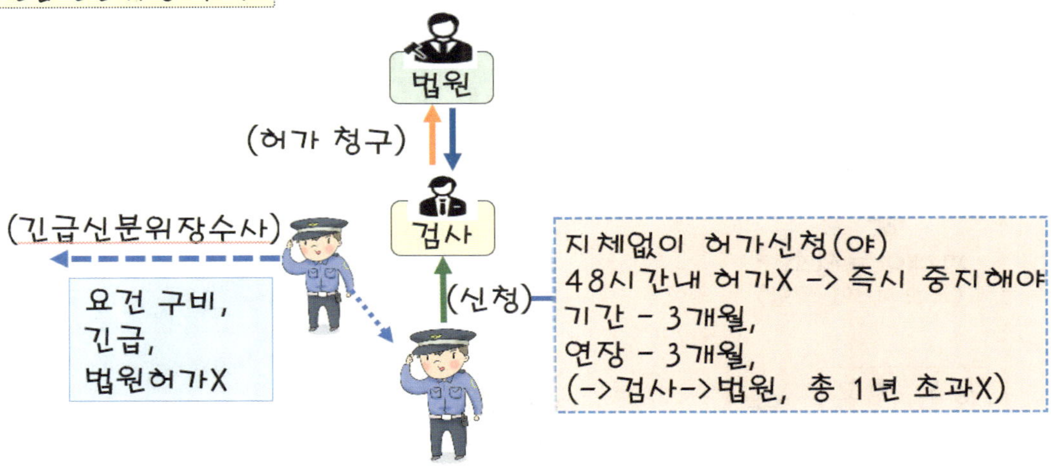

변호인 선임 특례

- 피해아동 · 청소년에게 변호인이 없는 경우 → 국선 변호인 지정할 수

등록정보 공개

공개명령 → 판결과 동시에 선고해야,
열람하고자 하는 자 → 실명인증절차 거쳐야

선고유예시 필요적 보호관찰

- 아청 대상 범죄한 소년 → 형의 선고유예 시 → 반드시 보호관찰을 명해야

피해확대 등 방지조치

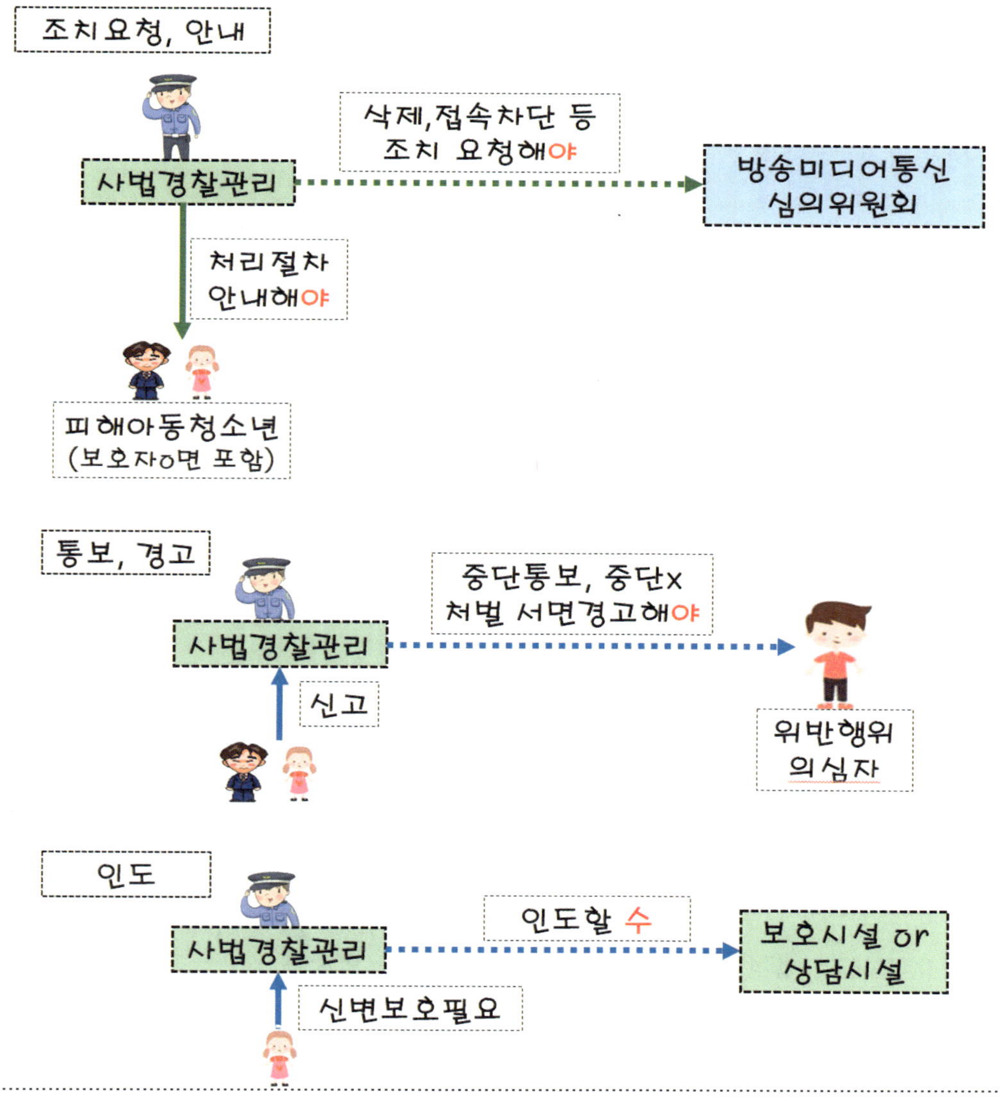

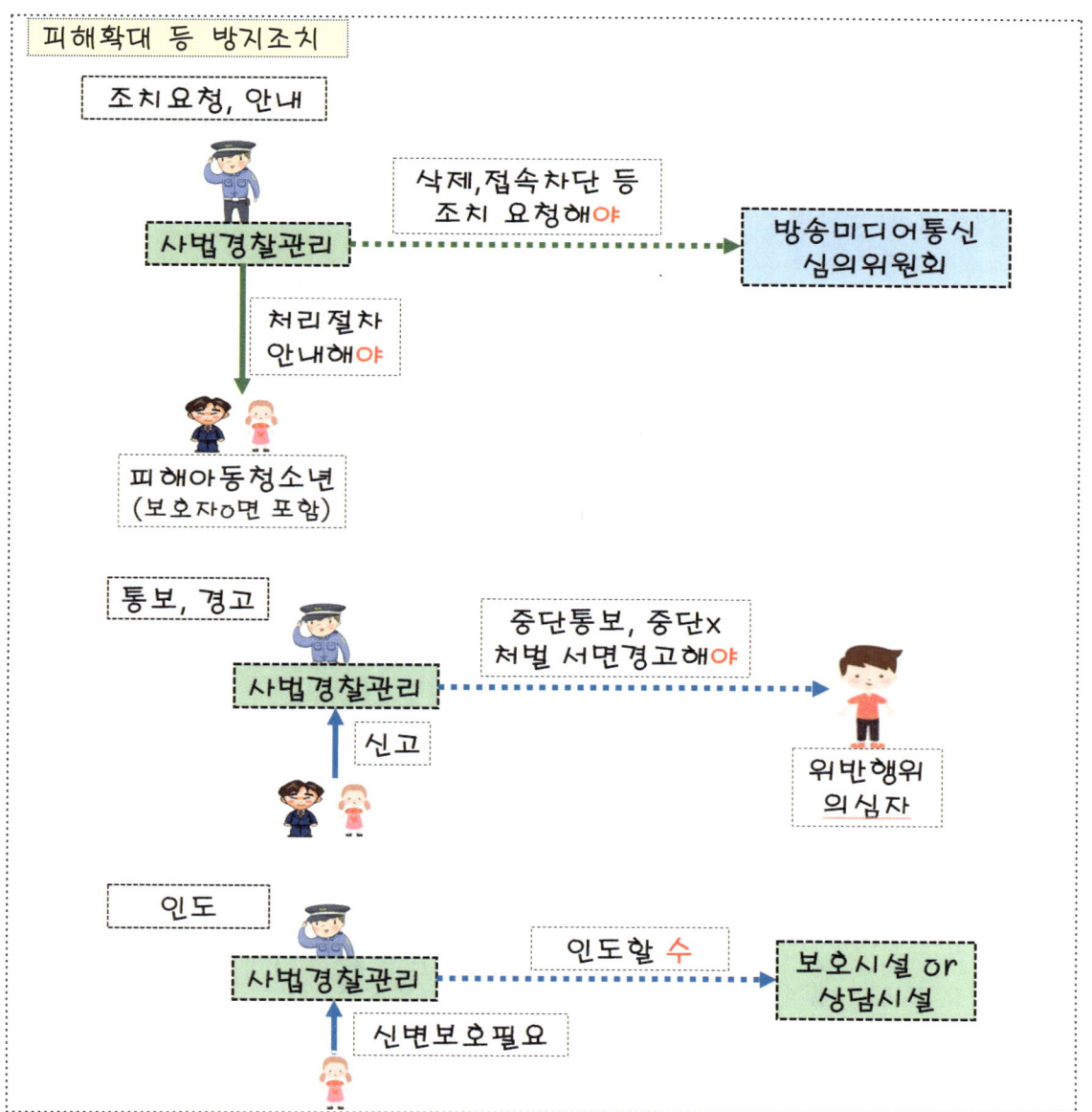

5 청소년보호법

청소년

- 19세 미만자(19세에 도달하는 해의 1월 1일을 맞이한 자를 제외)
  ※ 판례 : 실제 나이 기준(실질설)

청소년유해매체물 - 보호시간대(방송금지)

평일 - 오후 01:00(13시) ~ 오후 10:00(22시) / 오전 7시 ~ 오전 9시 사이
휴일 방학 - 오전 7시 ~ 오후 10시(22시)

청소년유해약물 등

- 주류, 담배, 마약, 환각물질("청소년보호위원회"가 결정, 성평등가족부장관 고시)
  ※ 18세 미만 청소년에게 술 판매 : 법정대리인 동의 → 정당화X(위법)

청소년유해업소

청소년 출입고용금지업소 (출입X · 고용금지업소X)	청소년 고용금지업소 (출입○ · 고용×)
① 유흥주점, 단란주점 ② 노래연습장, 비디오물감상실, 제한관람가비디오물소극장 ③ 무도학원, 무도장 ④ 사행행위영업장 ⑤ 일반게임제공업, 복합유통게임제공업, 복합영상물제공업 ⑥ '전화방, 화상대화방' ⑦ 성적 서비스를 제공하는 영업 등 (예 '성기구 판매업소') ⑧ 장외발매소 ⑨ 장외매장(경륜 · 경정이 개최되는 날에 한정) ⑩ 청소년보호위원회가 결정, 성평등가족부장관이 고시 예 성기구취급업소, 키스방, 대딸방 등 [☻유단 노비소 무사 일복 전성 발장]	① 티켓다방, 카페, 호프, 소주방 ② 목욕장업(안마실을 설치하거나 개실로 구획하여 하는 영업), 숙박업, 이용업, ③ 비디오물 소극장업, 청소년게임제공업, 인터넷컴퓨터게임시설제공업 ④ 회비등 받거나 유료 만화대여업 ⑤ 유해화학물질영업 ⑥ 청소년보호위원회 결정 [☻티카호소, 목숙이 소청인 만유]

청소년유해행위

1. 성적접대행위 : 신체적인 접촉 또는 은밀한 부분노출 등
2. 음란행위 : 성적 수치심 유발
3. 유흥접객행위 : 함께 술, 노래, 춤 등으로 손님의 유흥을 돋우는 행위

   ※ 시간제 접대부 - 청소년보호법 위반 처벌 정당(판례)
4. 구걸
5. 기형관람
7. 손님유인
6. 학대
8. 다류 배달
9. 이성혼숙 제공

6 소년경찰

학교폭력사건 조치

① 출동 시 학교장에게 사전 통지, 학교장과 협조, 초동조치를 수행
② 수업 중 또는 다수가 보는 앞에서 연행x
③ 피해학생이 동행을 거부하는 경우 → 희망하는 장소에서 진술서를 작성
④ 가해학생과 피해학생은 반드시 분리하여 동행하여야
⑤ 가해학생 검거보다는 피해학생 보호를 우선해야

소년업무규칙 - 용어정의

소년 - 19세 미만인 자

비행소년
- **범죄소년** - 죄를 범한 14세 이상 19세 미만의 소년
- **촉법소년** - 법령저촉행위를 한 10세 이상 14세 미만인 소년
- **우범소년** - 죄를 범할 우려가 있는 10세 이상 19세 미만인 소년

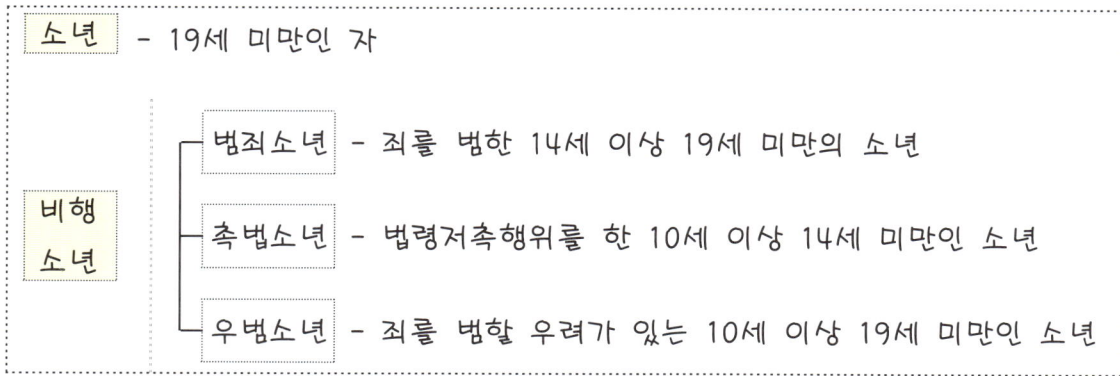

소년보호사건 – 소년형사사건

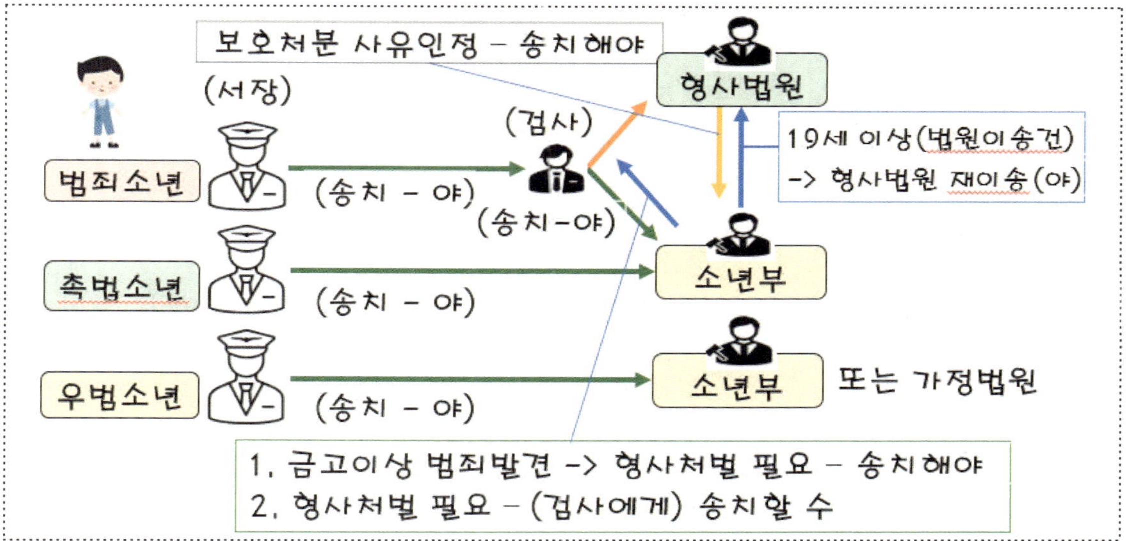

소년사건특례

① 구속영장의 제한(구속 시 분리 수용해야)
② 죄를 범할 당시 18세 미만인 소년 → 사형 또는 무기형으로 처할 경우 → 15년의 유기징역으로(특정강력범죄의 경우 20년 형)
③ 장기 2년 이상의 유기형 → 부정기형 : 장기는 10년, 단기는 5년을 초과x
④ 18세 미만 소년 → 노역장 유치x
⑤ 징역·금고의 집행 → 특별 교도소 또는 일반 교도소 분리된 장소집행
- 집행 중에 23세 → 일반 교도소에서 집행할 수
- 보호처분 계속 중, 징역, 금고 또는 구류 선고 → 먼저 그 형을 집행 후 보호처분 집행

7 실종아동 등의 보호 및 지원에 관한 법률

용어

① "아동 등" : 실종 당시 18세 미만, 지적·정신·자폐성 장애, 치매환자
② "실종 아동 등" : 보호자로부터 이탈된 아동 등
③ "보호자" : 보호, 부양 의무자
④ "보호시설" : 법에 따른 사회복지시설, 인가·신고x 아동 등 보호시설

신고

※ 미신고 보호행위의 금지 :

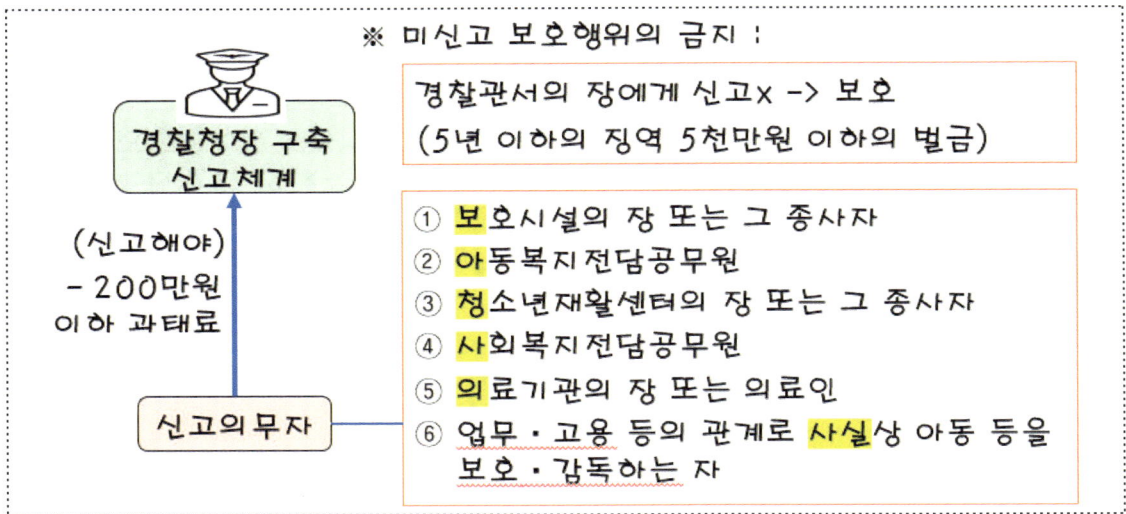

경찰청장 구축 신고체계

(신고해야) - 200만원 이하 과태료

신고의무자

경찰관서의 장에게 신고x -> 보호
(5년 이하의 징역 5천만원 이하의 벌금)

① 보호시설의 장 또는 그 종사자
② 아동복지전담공무원
③ 청소년재활센터의 장 또는 그 종사자
④ 사회복지전담공무원
⑤ 의료기관의 장 또는 의료인
⑥ 업무 · 고용 등의 관계로 사실상 아동 등을 보호 · 감독하는 자

8 실종아동 등 및 가출인업무처리규칙

용어정리

1. 찾는 실종아동 등 : 보호자가 찾고 있는 실종아동 등
2. 보호 실종 아동 등 : 보호자 확인x, 경찰관이 보호 중
3. 장기실종아동 등 : 신고접수, 48시간 경과, 발견x
4. 가출인 : 실종신고 당시 보호자 이탈, 18세 이상
5. 치매환자 : 기억력 등 저하, 후천적인 다발성 장애
6. 발생지
   - 목격되었거나, 목격되었을 것으로 추정 진술한 장소
   - ※ 진술x, 대중교통시설 등, 발생 1개월 경과 → 최종 주거지
7. 발견지 : 발견보호 중인 장소, 발견 장소 ≠ 보호 중인 장소 → 보호 중인 장소
8. 국가경찰수사범죄 : 소년범죄, 가정폭력, 아동학대, 교통사고, 공연음란, 성적목적 다중이용장소 침입, 실종아동등 관련 제공정보 목적외 이용 등 제외

주요내용

신고, 추적 등
(경찰청)
실종아동찾기 센터
(프로파일링 시스템)
A시도청
B시도청
A경찰서
B경찰서
(관할)
A지구대
1. 조회
2. 등록
3. 이첩
B지구대
신고
관할불문접수
신고접수증 발급가능
1. 개인위치정보, 인터넷주소,
통신사실확인자료 요청가능
※ 범죄로 인한 경우 제외 – 위험방지
(행정경찰o, 수사목적x)
2. 가족 – 유전자검사대상물 채취가능
3. 112, 여청, 전담팀
지체없이 수색, 보고서 작성
(기관장)수사여부 결정해야,
4. 실익x, 곤란 ->
탐문 · 수색 생략, 중단가능
5. 추적(발견), 수사(범죄관련)-야
6. 1개월까지 15일 1회,
1개월 경과 후 분기별 1회
(추적진행사항 통보)
실종수사조정
경찰서장
(운영할 수)
실종수사
조정위원회
(회부)
여성청소년과장
위원장 – 서장, 과장3인(여청, 수사, 형사)
국가경찰 수사범죄관련성 판단
24시간 내에 서면으로 결정하여야

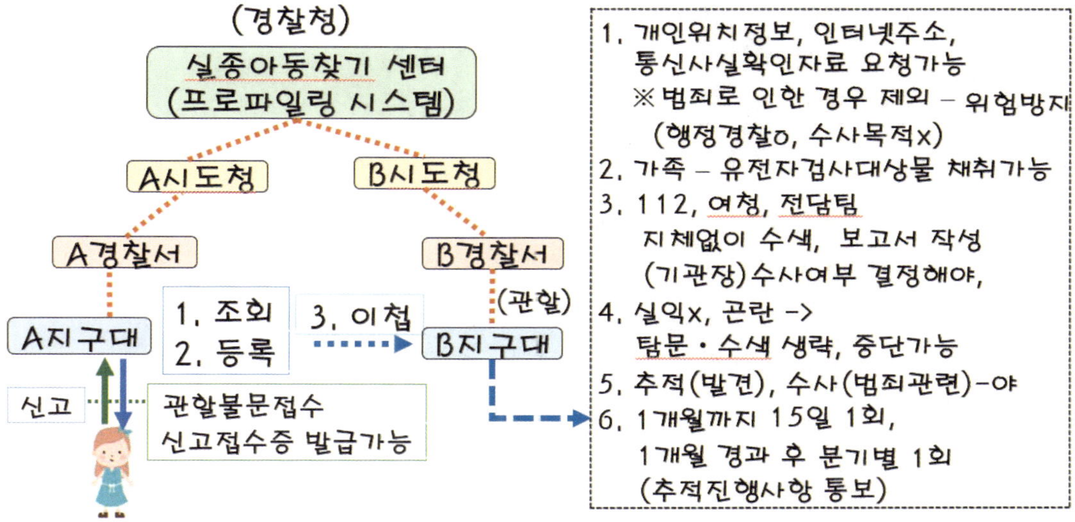

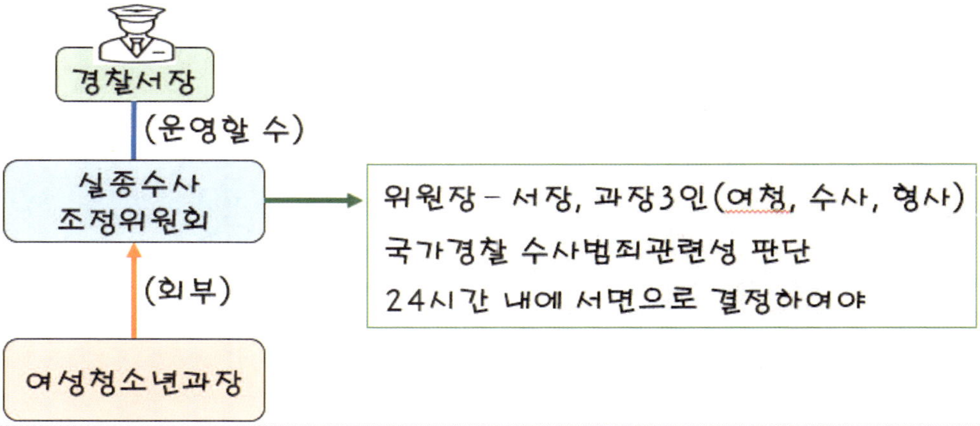

입력대상

프로파일링 시스템(비공개)	1. 실종아동 등(치매환자 포함) 3. 보호시설 입소자 보호자가 확인되지 않은 사람(무연고자) 2. 가출인 [☻실무가]
인터넷안전드림(공개)	1. 실종아동 등(치매환자 포함) 2. 보호시설 무연고자 [☻실무]
입력x(프로파일링 시스템)	1. 다른 목적으로 신고 2. 지명수배 또는 지명통보된 사람 3. 허위로 신고 4. 보호자가 가출 시 동행한 아동 등 5. 그 밖에 신고 내용을 종합, 입력 대상x

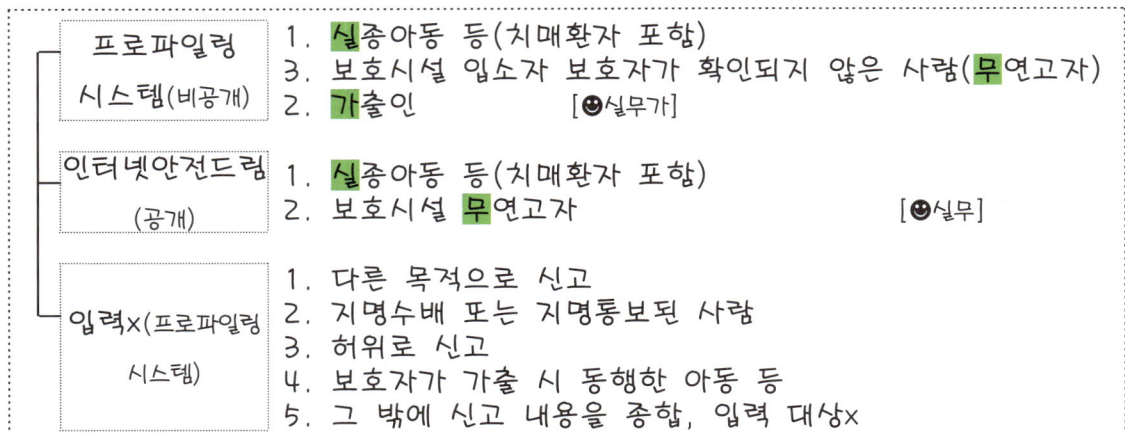

제1장 수사 일반

수사실행5원칙

수사자료 완전수집	수사자료 제1법칙
수사자료 감식검토	과학적 지식·시설 활용 ※ 상식적 검토x, 경험적 판단x
적절한 추리	합리적 추측과 판단
검증적 수사	하나하나를 모든 각도에서 확인·검토 ※ 검증방법(수사사항 결정 → 수사방법결정 → 수사실행)
사실판단 증명	객관적 증명필요, 판단근거와 증거를 제시해야

경찰·검찰협의

– 검사와 사법경찰관의 상호협력과 일반적 수사준칙에 관한 규정

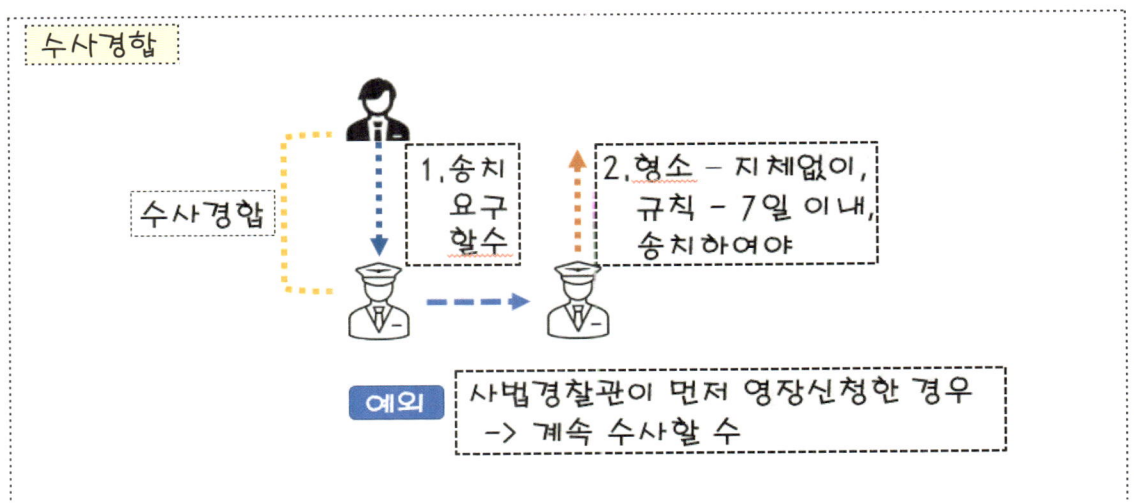

수사경합

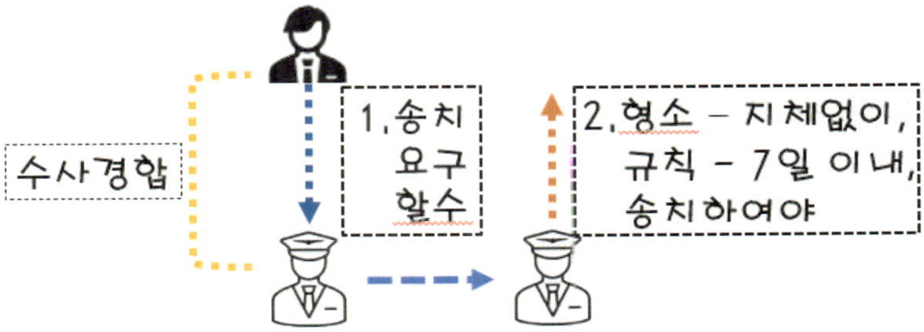

예외 사법경찰관이 먼저 영장신청한 경우 -> 계속 수사할 수

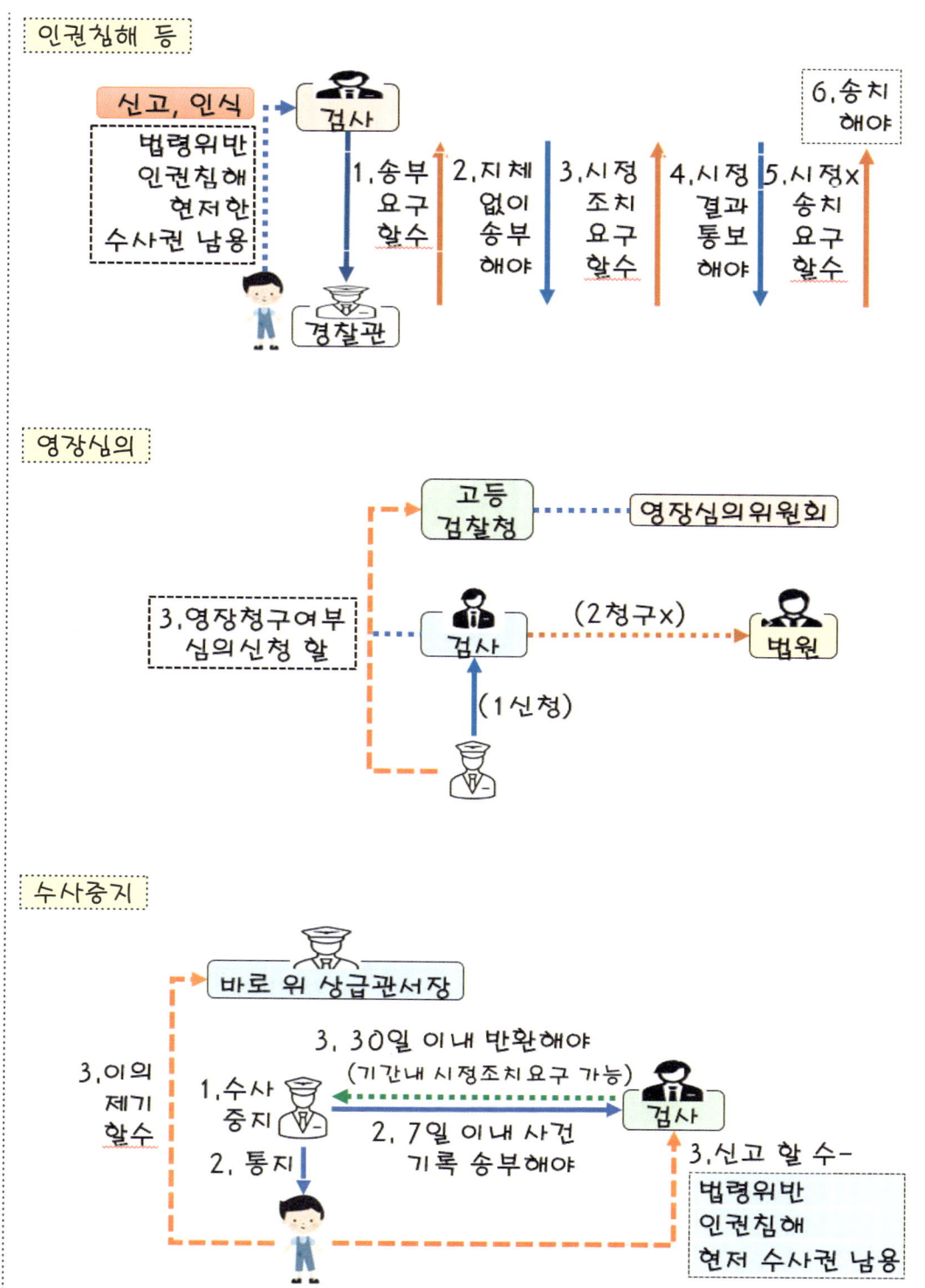

인권침해 등

신고, 인식

법령위반
인권침해
현저한
수사권 남용

검사

1. 송부 요구 할수

2. 지체 없이 송부 해야

3. 시정 조치 요구 할수

4. 시정 결과 통보 해야

5. 시정X 송치 요구 할수

6. 송치 해야

경찰관

영장심의

고등 검찰청

영장심의위원회

3. 영장청구여부 심의신청 할

검사

(2 청구x)

법원

(1신청)

수사중지

바로 위 상급관서장

3. 이의 제기 할수

3. 30일 이내 반환해야
(기간내 시정조치요구 가능)

1. 수사 중지

2. 통지

2. 7일 이내 사건 기록 송부해야

검사

3. 신고 할 수-

법령위반
인권침해
현저 수사권 남용

Part 02

사건송치, 보완수사요구

검사

1. 혐의인정 -> 사건 송치,
 - 기록 송부해야

2. 보완수사요구 할 수(선택)
 - 관계서류 송부하지 않을 수도

(→)대출, 등사 할 수
3. 결과 서면통보해야(3개월 이내)
- 서류, 증거물 반환해야
- 예외 : 혐의x ->
 불송치, 수사중지

※ 직접 보완수사(선택)

-예외적
 직접 보완수사원칙
 a. 수리 1개월 경과
 b. 이미 보완수사(검사)
 c. 시정조치, 수사경합
 체포구속장소감찰
 -> 송치

사건불송치, 재수사요구

1. 사건
 불송치

3. 90일 이내 반환해야

2. 송치x -> 지체없이 송부해야

검사

소속관서장

7. 위법, 부당하면 재수사 요구할 수,
 90일 이내 요구해야
(-예외: 새 증거, 사실발견, 증거 위,변조)

4. 이의
신청
할수

1. 사건
 불송치
3. 송부
 7일이내
 통지해야

5. 지체없이 송치하고

6. (송치 후)이의신청인에게 통지해야

검사

고소인, 고발인, 피해자, 법정대리인

재수사 절차

1. 혐의인정 -> 사건 송치, 증거물 송부
2. 불송치 결정 유지 -> 내용과 이유 통보

검사

3. 원칙 : 다시 재수사요청x, 송치요구x
4. 예외 : 법리위반, 명백한 채증법칙 위반,
 소추요건 판단 오류
 -> 위법, 부당 시정x
 -> 통보 30일 이내 송치요구 할 수

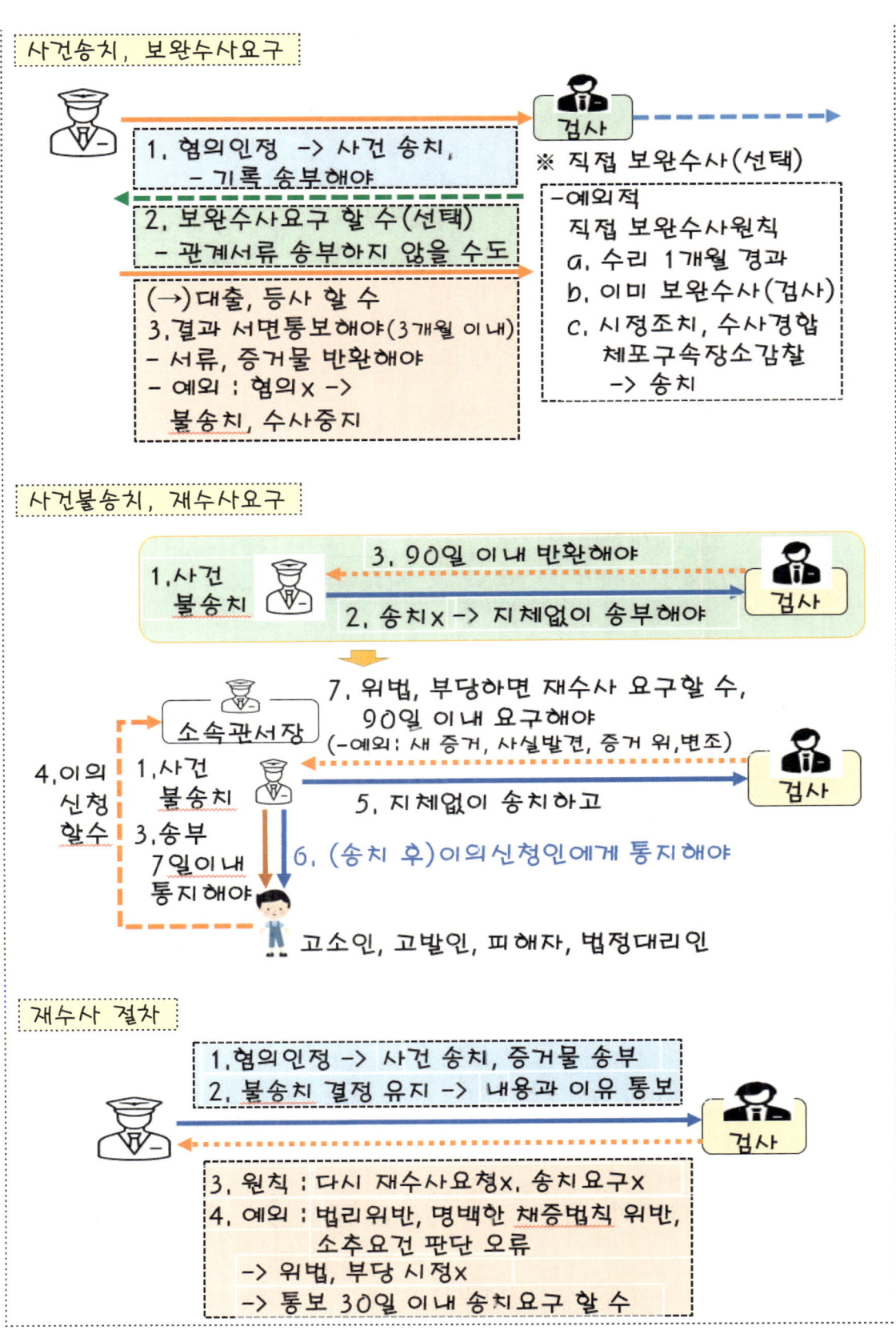

□ 수사행정

유치인 보호근무

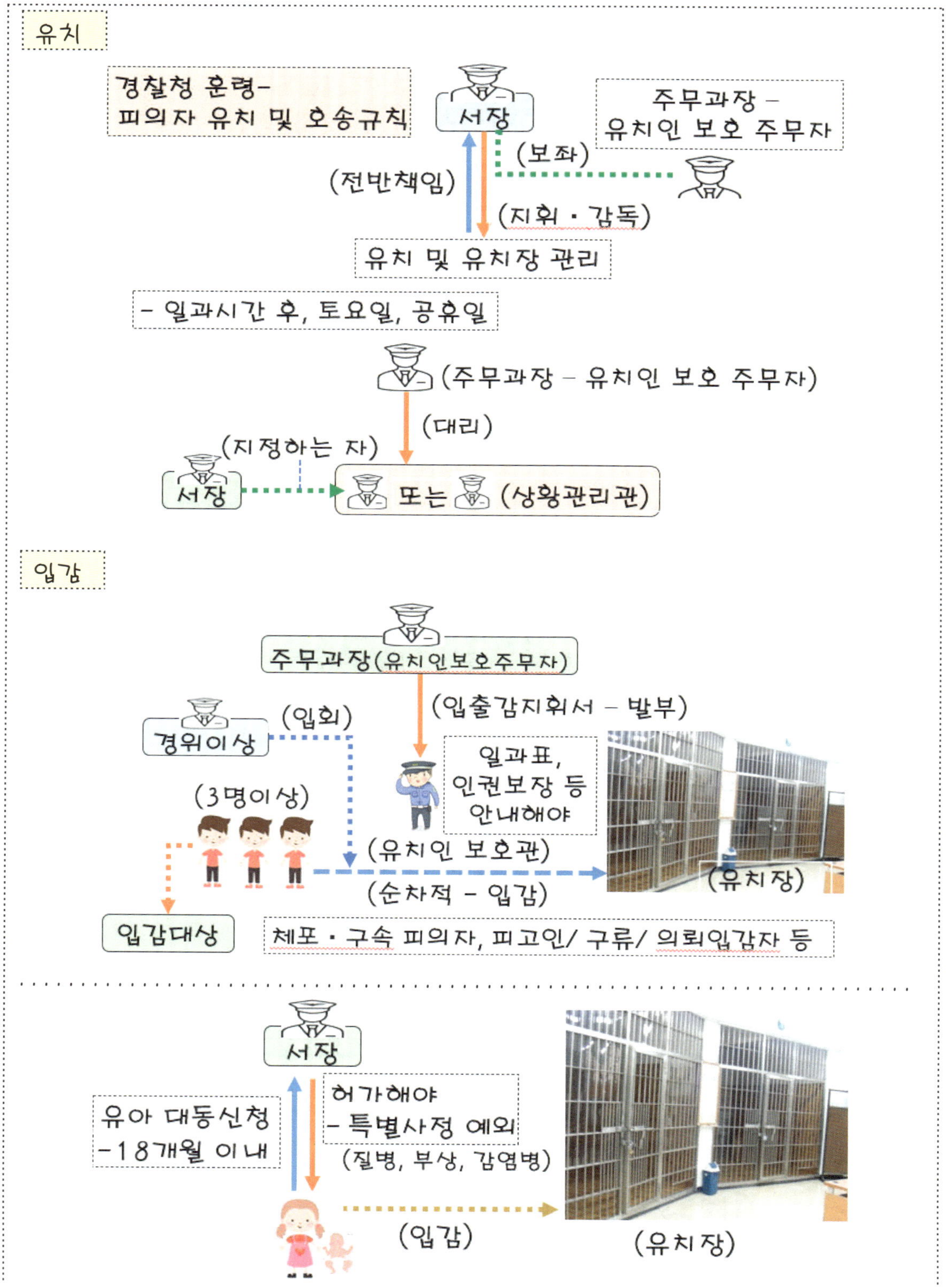

Part 02

신체검사

- 외표검사: 외부 눈으로 확인, 손으로 가볍게 두드려 검사
- 간이검사: 속옷o, 신체검사의 착용
- 정밀검사: 속옷x, 신체검사의 착용

※ 위험물 등 보관 ➟ 주체 - 유치인보호주무자(위험물, 현금 모두)

근무요령

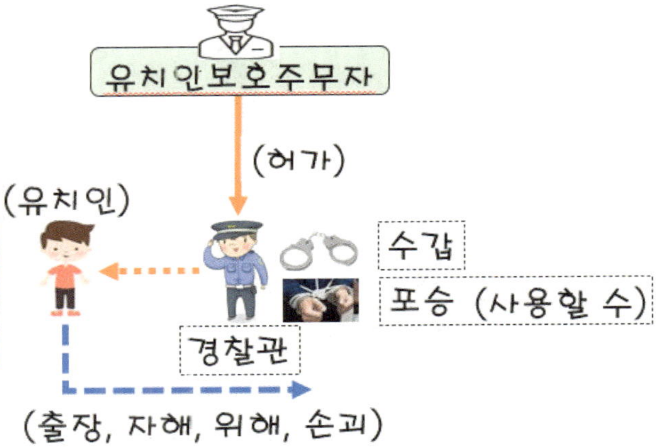

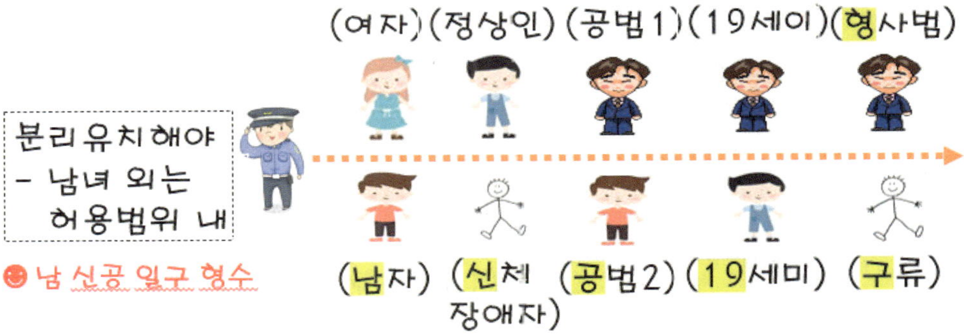

● 남 신공 일구 형수

질병조치 등

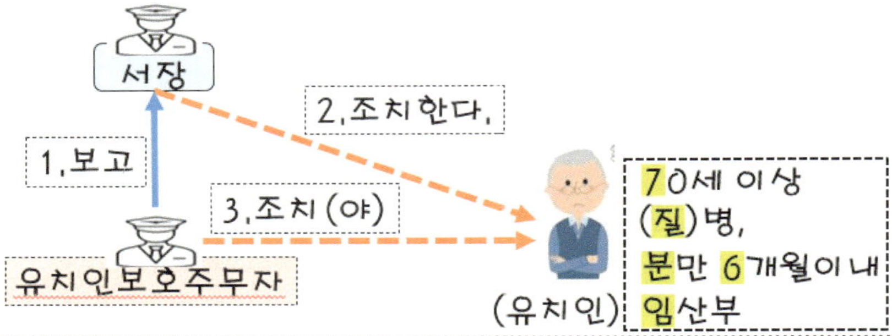

호송실무

출발전 조치

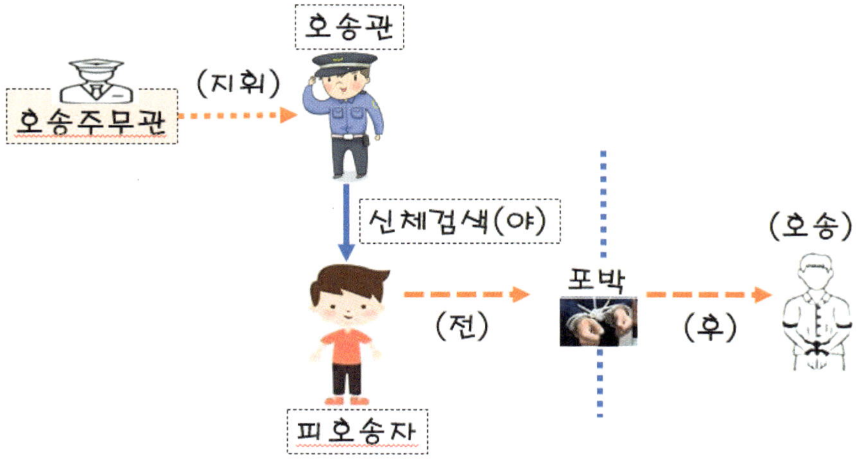

※ 피호송자 여성인 경우, 여경이 신체검색하거나 성년여자 참여(야)

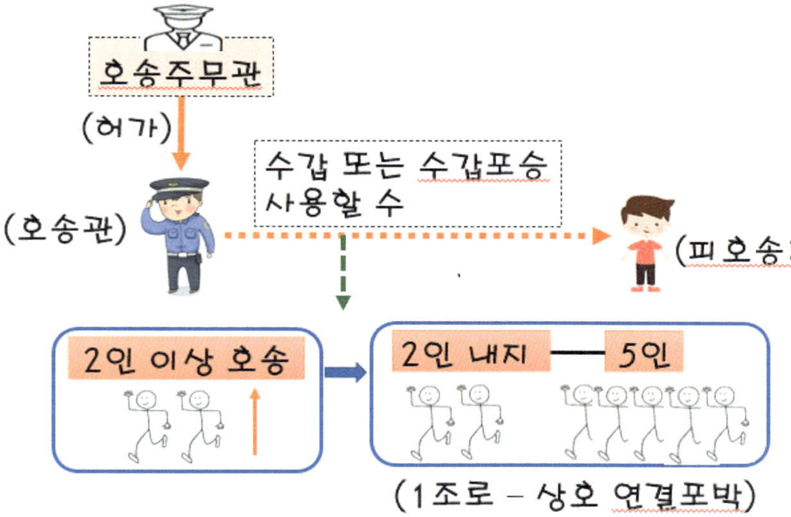

호송실시

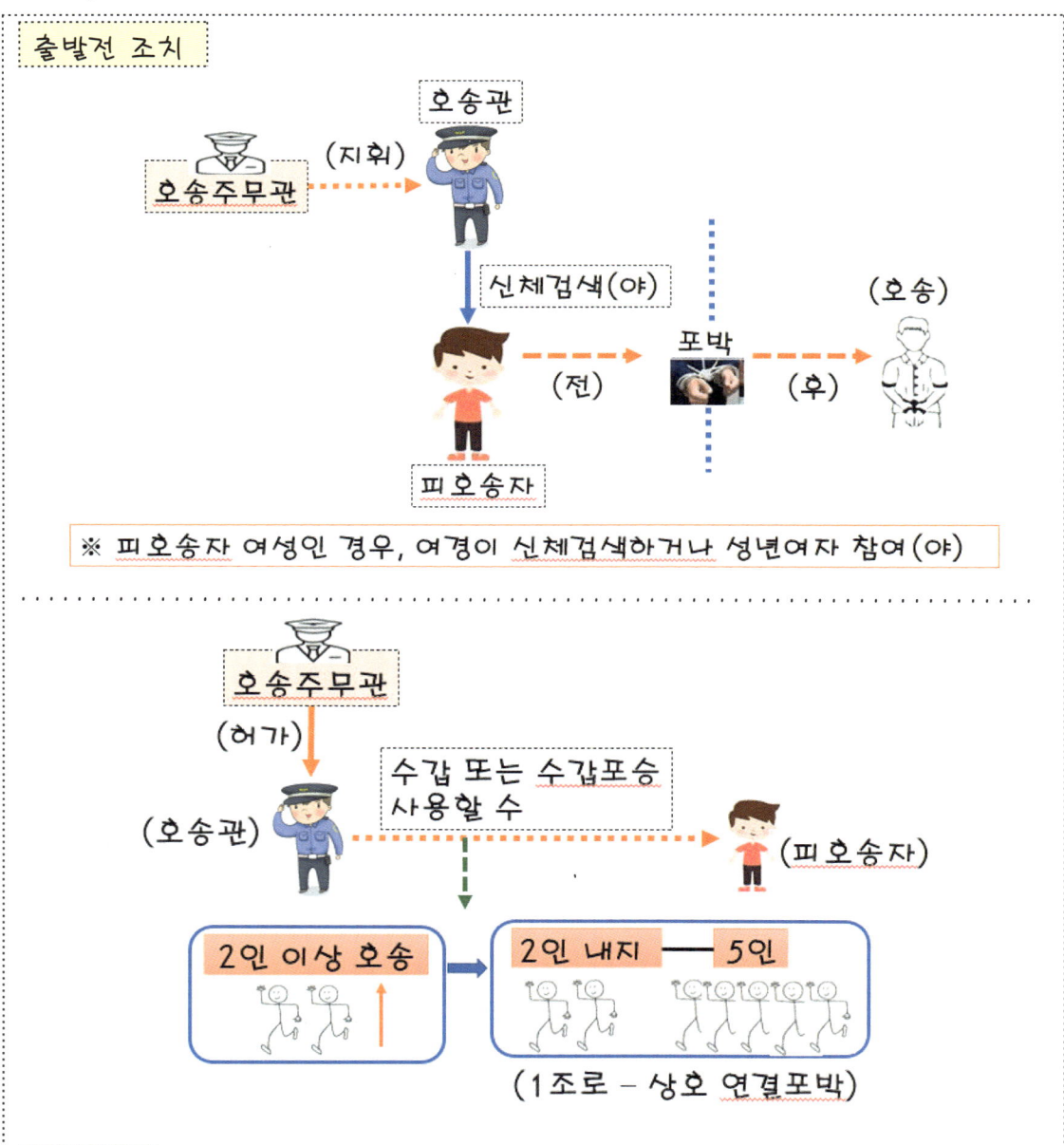

1. 일출 전x, 일몰 후x 예외) 기차o, 선박o, 차량o
2. 경찰차량에 의함, 예외) 사정 있을 시

영치금품 등 처리

1. 금전, 유가증권 : 호송관서 → 인수관서, 직접 송부(예외적 탁송 - 소액, 당일)
2. 물품 : 호송관 탁송 (위험, 부적당 → 직접 송부)
3. 송치금품 : 호송관 탁송시 - 호송관서 보관책임/ 탁송x - 송부관서 책임

휴대

1. 호송 시 - 원칙 : 호송관, 분사기 휴대해야
   - 예외 : 호송관서장, 특별사유, 총기 휴대하게 할 수

기타

1. 숙박 : 체류 지 관할 경찰서 유치장 또는 교도소를 이용하여야
2. 도주 : 호송 관계서류 및 금품은 호송관서에서 보관하여야
3. 발병 : - 경증 : 응급조치 후 호송관서에서 계속 호송
   - 중증 : 인근관서 인도(치료관서 호송)/ 호송관서, 인수관서 통지
   예외) 24시간 이내 치유 -> 호송관서 계속 호

경찰수사사건 등의 공보에 관한 규칙

공개금지

1. 원칙 : 피의사실, 수사사항 등 공개x

예외적 공개 - 예방, 오보수정, 수사협조

(경찰)

1. 피해 확산방지, 대응조치 -> 국민에게 알릴 필요
2. 범죄유형, 수법 -> 국민에게 알려, 유사범죄 재발방지
3. 오보 -> 인권침해, 업무지장초래, 사실관계 바로 잡을 필요

4. 국민에 정보 제공, 공개수배로 (업무)협조 구할 필요

(국민)

특정강력 범죄 피의자 신상정보공개

특정강력범죄피의자 신상공개법

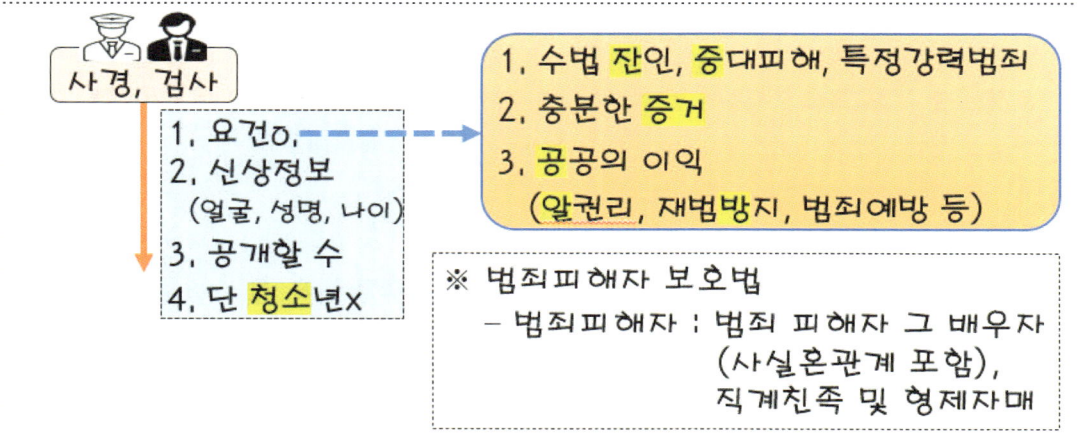

사경, 검사

1. 요건O
2. 신상정보 (얼굴, 성명, 나이)
3. 공개할 수
4. 단 청소년X

(요건)
1. 수법 잔인, 중대피해, 특정강력범죄
2. 충분한 증거
3. 공공의 이익 (알권리, 재범방지, 범죄예방 등)

※ 범죄피해자 보호법
- 범죄피해자 : 범죄 피해자 그 배우자 (사실혼관계 포함), 직계친족 및 형제자매

사경, 검사

1. 범죄 중대성, 범행 후 정황, 피해자 보호 필요성, 피해자 의사(피해자 사망시 피해자 유족 포함) 등 종합 고려하여야
2. 피의자 얼굴, 공개 결정일 전후 30일 이내 모습 (적법 보관 영상물 등 활용가능)
3. 식별할 수 있도록 피의자 얼굴 촬영할 수, 피의자는 따라야
4. 공개결정전, 피의자에 의견진술 기회 주어야, 단, 신상정보공개심의위원회에서 의견청취한 경우 생략 가능
   * 검찰총장 및 경찰청장은[법무장관X] 심의위원회 둘 수
5. 통지한 날부터 5일 이상 유예기간 두고 공개하여야 (30일간 공개)

제2장 수사경찰의 활동

□ 수사단서

범죄첩보 특징

가치변화성	수사기관의 필요 ➡ 가치가 달라짐
시한성	시간경과 ➡ 가치 감소
결합성	기초첩보 결합 ➡ 사건첩보, 사건첩보결합 ➡ 범죄첩보
혼합성	범죄첩보 ➡ 하나의 원인 + 결과
결과지향성	수사 후 결과가 있어야

□ 현장수사

유류품 수사 착안점

동일성 검토	범행에 사용된 것인가 ? 착안) 특징 합치, 상해부위 일치 등
관련성 검토	범인의 물건이 확실한지 ? 착안) 소유, 휴대, 사용 버릇 등
기회성 검토	현장에 유류 기회가 있었는가 ? 착안) 유류기회, 알리바이
완전성 검토	범행 시와 동일한 상태로 보전되어 있는가 ?

□ 과학수사

지문감식

현장지문 - 범죄현장에서 채취

- 현재지문
  - 정상지문 : 혈액 · 잉크 · 먼지 등, 손가락에 묻은 후 인상
    - ※ 사진촬영, 전사법
  - 역지문 : 먼지 쌓인 물체, 점토 등에 인상된 지문, 반대 현출
    - ※ 사진촬영, 전사법, 실리콘 러버법
- 잠재지문
  - 이화학적 가공 → 비로소 가시상태
  - ※ 고체, 액체, 기체법

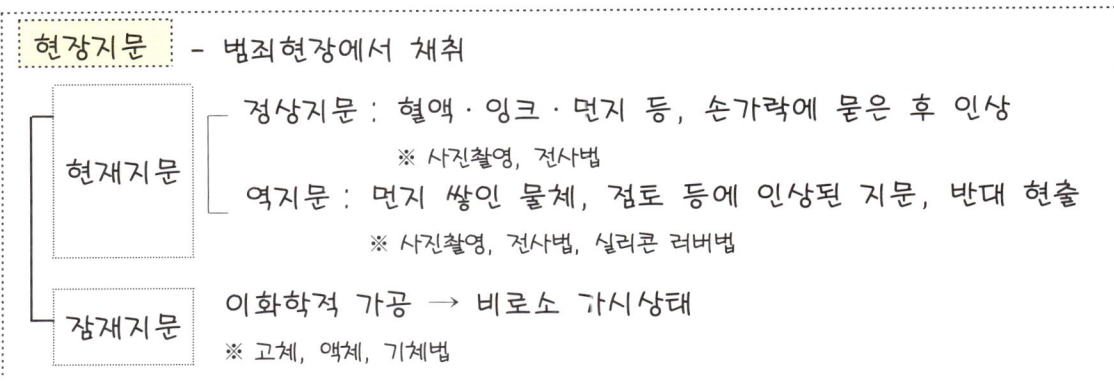

준현장지문 - 범죄현장 이외의 장소에서 채취

예 침입, 도주경로, 예비장소, 전당포, 금은방 등에 비치된 거래대장에 압날지문

관계자 지문 - 범인 이외의 자(피해자, 현장출입자 등)가 남긴 것으로 추정

유류지문 - 관계자 지문x, 범인의 지문으로 추정

시체현상

초기 현상	시체냉각, 시체건조, 시체얼룩, 시체굳음, 각막혼탁
후기 현상	시체부패, 자가용해, 시체밀랍, 백골화, 미이라화

초기 시체현상

체온냉각	대기 온도와 같아지거나, 주위보다 낮아지는 경우도,
시체건조	수분보충 정지, 표피 외상부위 빠른 건조
시체얼룩	1. 혈액 침전현상으로 아래부위 형성 2. 주위온도 높을수록, 급사, 질식사 → 빠르게 형성 3. 사망 10시간 후 → 체위 바꾸어도 유지 ※ 익사, 저체온사, 일산화탄소 중독, 청산가리(사이안화칼륨) 중독사망 → 선홍색 ※ 염소산칼륨 중독, 아질산소다 중독 → 암갈색(황갈색)
시체굳음	(사후 2~3시간 : 턱) → (사후 12시간 : 전신) → (사후 15시간 : 최고조) → 30시간까지 유지, 30시간 이후 풀어짐 ※ Nusten 법칙 : 턱 → 어깨 → 팔, 다리 → 발가락, 손가락 순
각막혼탁	사후 12시간 전후 - 혼탁시작 / 사후 24시간 - 현저 / 사후 48시간 - 불투명

제3장 분야별 수사

□ 가정폭력범죄

가폭법 일반

제정취지

1. 응급조치 및 임시조치 등 폭력제지 수단을 강구
2. 가정보호사건으로 처리할 수 있는 절차를 마련

개념정의

1. 가정폭력 : (가정구성원끼리) 신체적·정신적 또는 재산상 피해수반
2. 가정폭력 행위자 : 행위자 및 가정구성원인 공범
3. 가정구성원 :
   ① 배우자(사실혼 포함) 관계에 있거나, 있었던 자
   ② 자기 또는 배우자와 직계존비속관계 있거나, 있었던 자
   ③ 계부모와 자, 적모와 서자관계에 있거나, 있었던 자
   ④ 동거하는 친족관계에 있는 자(중)
4. 가정폭력범죄 : 명예훼손, 학대, 모욕, 유기, 재물손괴·특수손괴, 공갈, 협박, 상해, 아동혹사, 주거침입의 죄(주거침입, 퇴거불응, 주거신체수색), 강요, 폭행, 체포·감금, 강간·강제추행, 카메라등 이용촬영(성폭처법), 불법정보의 유통금지 등
5. 피해자 : 직접 피해자
6. 가정보호사건 : 보호처분 대상
7. 형벌과 수강명령 :

법원
유죄판결 선고
(선고유예 제외)
약식명령 고지
200시간 이내 수강명령 또는
가정폭력 치료프로그램 이수명령,
병과 할 수

가정폭력범죄 처리절차

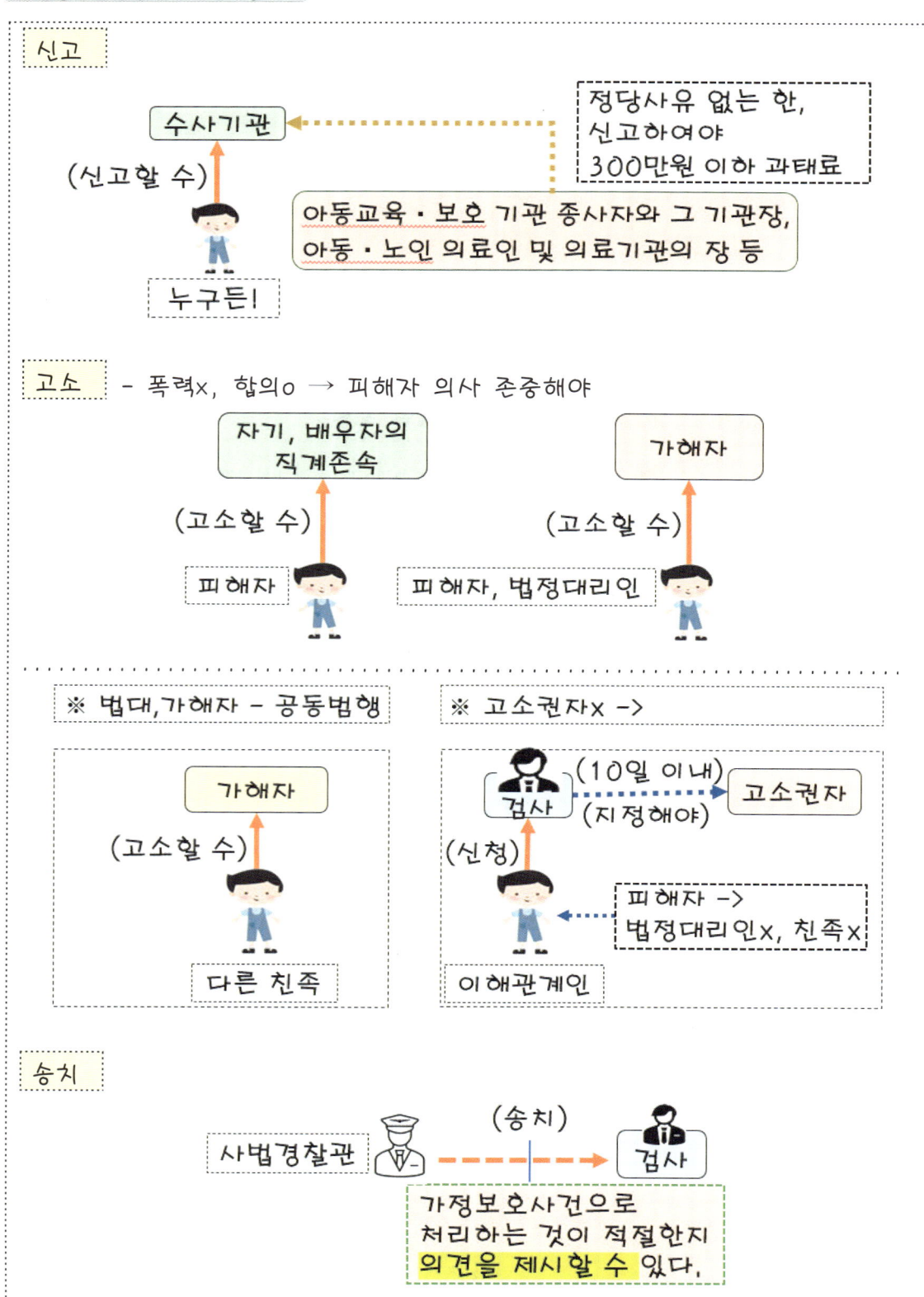

신고

(신고할 수)

수사기관

누구든!

정당사유 없는 한,
신고하여야
300만원 이하 과태료

아동교육·보호 기관 종사자와 그 기관장,
아동·노인 의료인 및 의료기관의 장 등

고소 — 폭력x, 합의o → 피해자 의사 존중해야

자기, 배우자의
직계존속

(고소할 수)

피해자

가해자

(고소할 수)

피해자, 법정대리인

※ 법대,가해자 - 공동범행

가해자

(고소할 수)

다른 친족

※ 고소권자x ->

검사 ──(10일 이내)──→ 고소권자
(지정해야)

(신청)

이해관계인

피해자 ->
법정대리인x, 친족x

송치

사법경찰관 ──(송치)──→ 검사

가정보호사건으로
처리하는 것이 적절한지
의견을 제시할 수 있다.

응급조치

(신고) → (출동)

응급조치 하여야
※ 진입, 증표제시(야)

1. 제지, 분리(강제진입 가능)
2. 범죄수사
3. 상담소, 보호시설 인도(동의o)
4. 의료기관 인도(동의x)
5. 임시조치 신청가능 통보
6. 보호명령, 신변안전조치 청구가능 고지

(문)

임시조치

법원

(임시조치 청구)
1.주거,방실 -> 퇴거, 격리
2.주거,직장 -> 100m내 접근금지
3.주거,직장 -> 전기통신 접근금지

※ 임시조치 위반, 재발우려,
-> 직권 또는 신청,
유치장 유치 청구 가능

(임시조치)
1.주거,방실->퇴거, 격리
2.주거,직장->100m내 접근금지
3.주거,직장->전기통신 접근금지

(1,2,3호-2개월 초과x, 2차례 연장o)

4.의료기관(요양소) 위탁,상담위탁
5. 유치장, 구치소 유치

4, 5호 - 1월 초과금지,
1차례만 연장가능

(신청, 직권) (신청) → 검사

긴급임시조치

(경찰관 - 사후 조치)
긴급임시조치 결정서 작성해야
(범죄사실요지, 긴급임조 필요사유)

법원

3.임시조치 청구(야)
- 48시간 이내

2.지체x,신청(야) → 검사

1. 긴급임시조치

(요건)
1. 재발우려
2. 긴급, 법원결정x
3. 직권 또는 신청

1. 주거, 방실 -> 퇴거, 격리
2. 주거, 직장 -> 100미터 이내 접근금지
3. 주거, 직장 -> 전기통신이용 접근금지

(불이행, 과태료 300만원)

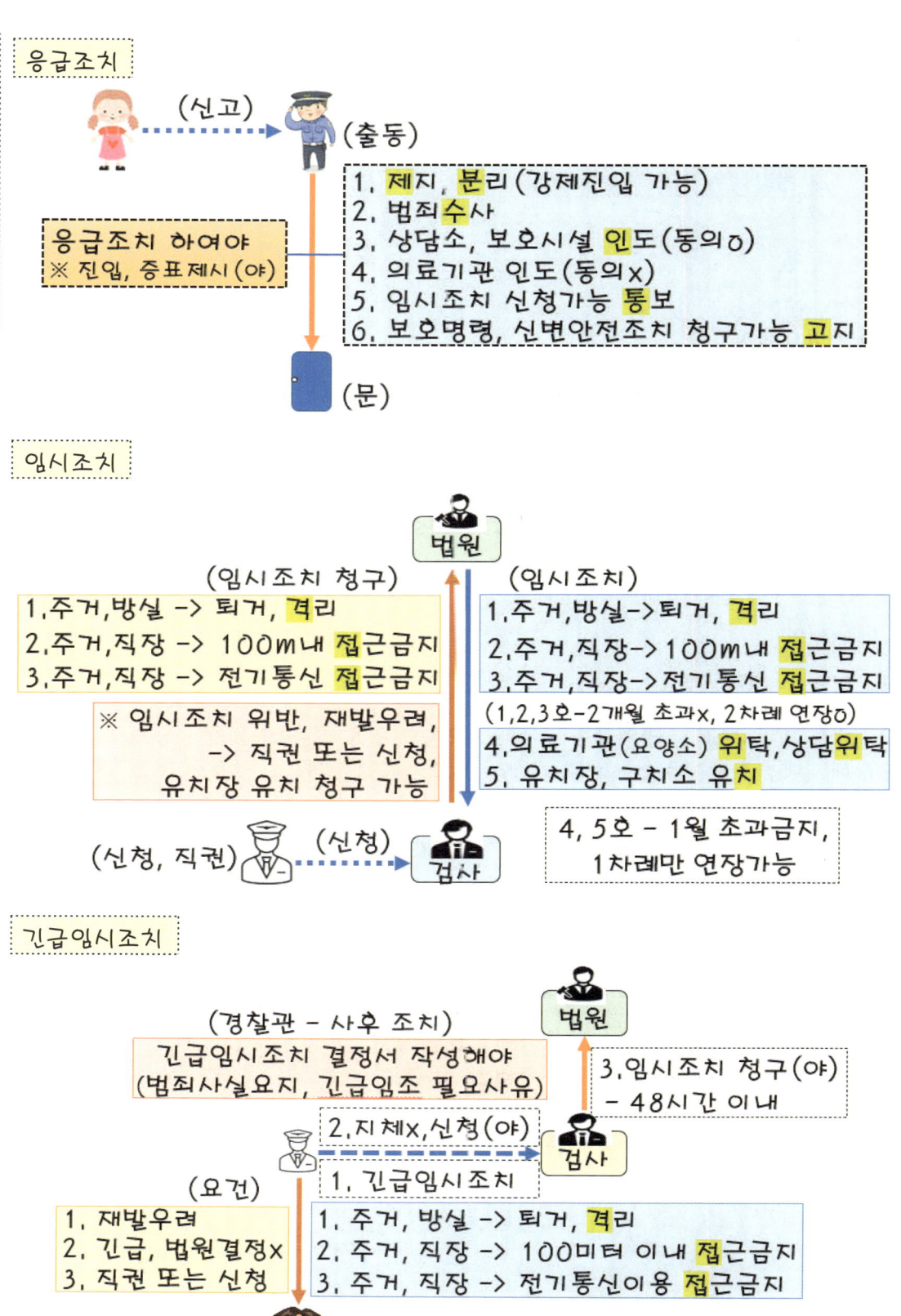

기타

※ 행위자 대상 - 환경조사서 작성해야

① 범죄의 원인, 동기

② 범죄행위자의 성격, 행상, 경력, 교육정도, 가정상황 기타 환경 등

□ 아동학대범죄

아동학대범죄 처벌등에 관한 특례법

제정취지

1. 처벌, 절차의 특례, 피해아동 보호절차, 행위자 보호처분 규정
2. 아동학대법 우선적용, 다른 법이 가중처벌 → 그 법 적용

개념정의

1. 아동 : 18세 미만
2. 아동학대 범죄 : 명예훼손, 학대, 모욕, 유기, 재물손괴등, 공갈, 협박, 상해, 아동혹사, 주거·신체 수색, 강요, 폭행, 체포, 감금, 강간, 강제추행, 미성년자 약취, 인신매매, 유인

   ※ 아동학대범죄 특징 : 은폐성, 반복성, 순환성, 미인지성(학대를 학대로 인식하지 못하는 것)
3. 형벌과 수강명령 :

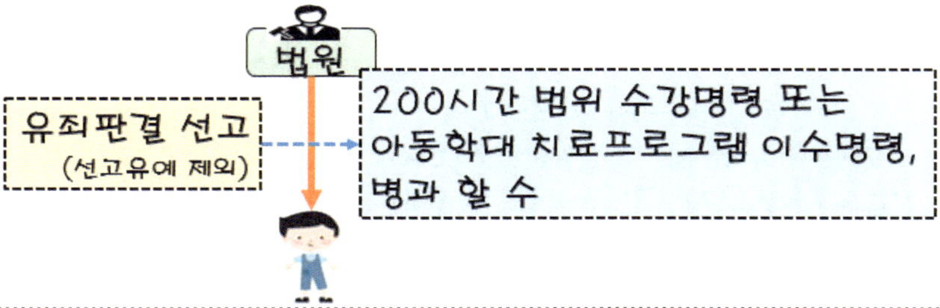
법원
유죄판결 선고
(선고유예 제외)
200시간 범위 수강명령 또는
아동학대 치료프로그램 이수명령,
병과 할 수

아동학대범죄 처리절차

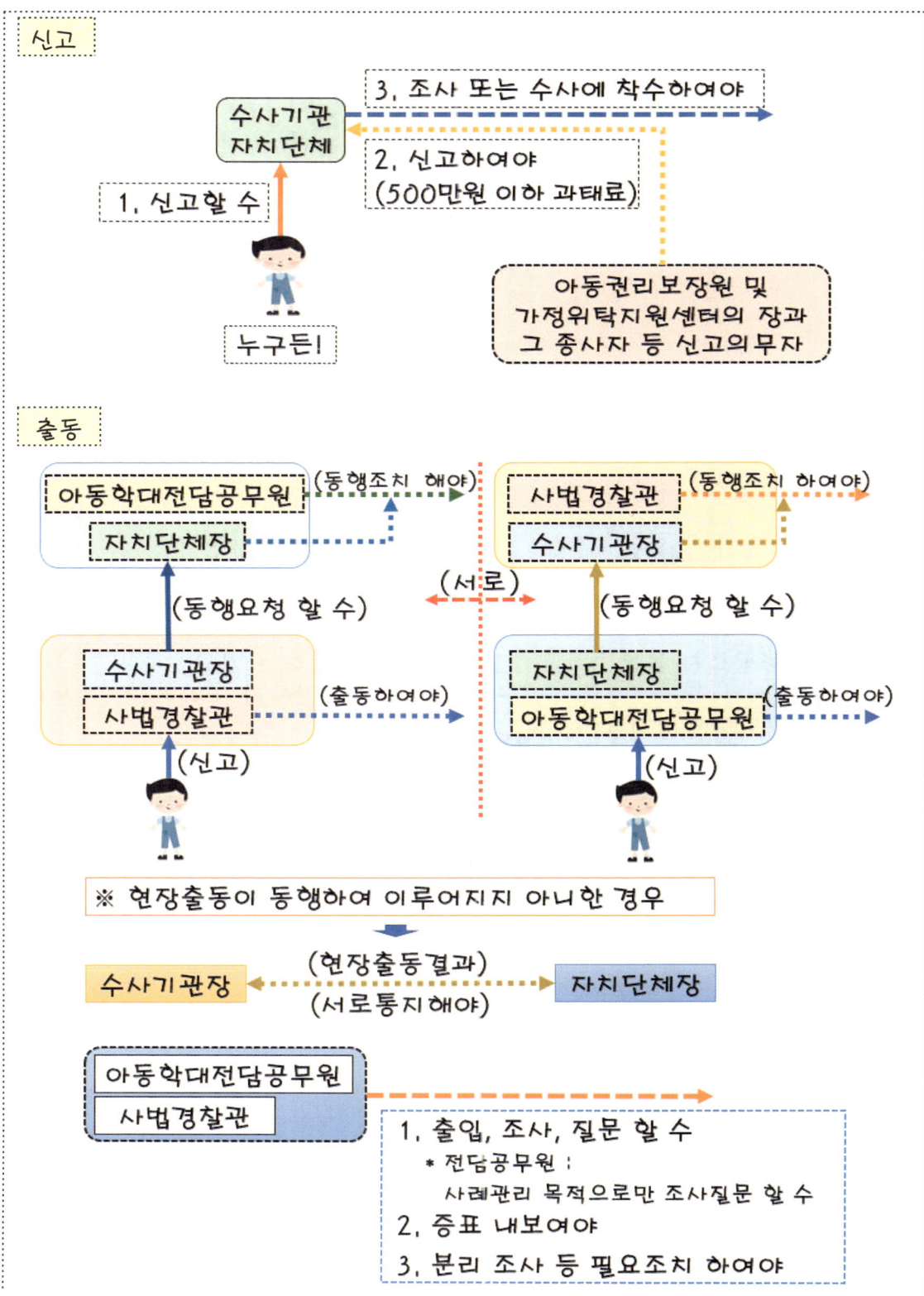

신고

3. 조사 또는 수사에 착수하여야

수사기관
자치단체

1. 신고할 수

2. 신고하여야
(500만원 이하 과태료)

누구든!

아동권리보장원 및
가정위탁지원센터의 장과
그 종사자 등 신고의무자

출동

아동학대전담공무원
자치단체장
(동행조치 해야)

사법경찰관
수사기관장
(동행조치 하여야)

(동행요청 할 수)

(서로)

(동행요청 할 수)

수사기관장
사법경찰관
(출동하여야)

자치단체장
아동학대전담공무원
(출동하여야)

(신고)

(신고)

※ 현장출동이 동행하여 이루어지지 아니한 경우

(현장출동결과)
수사기관장 ← → 자치단체장
(서로통지해야)

아동학대전담공무원
사법경찰관

1. 출입, 조사, 질문 할 수
    * 전담공무원 :
        사례관리 목적으로만 조사질문 할 수
2. 증표 내보여야
3. 분리 조사 등 필요조치 하여야

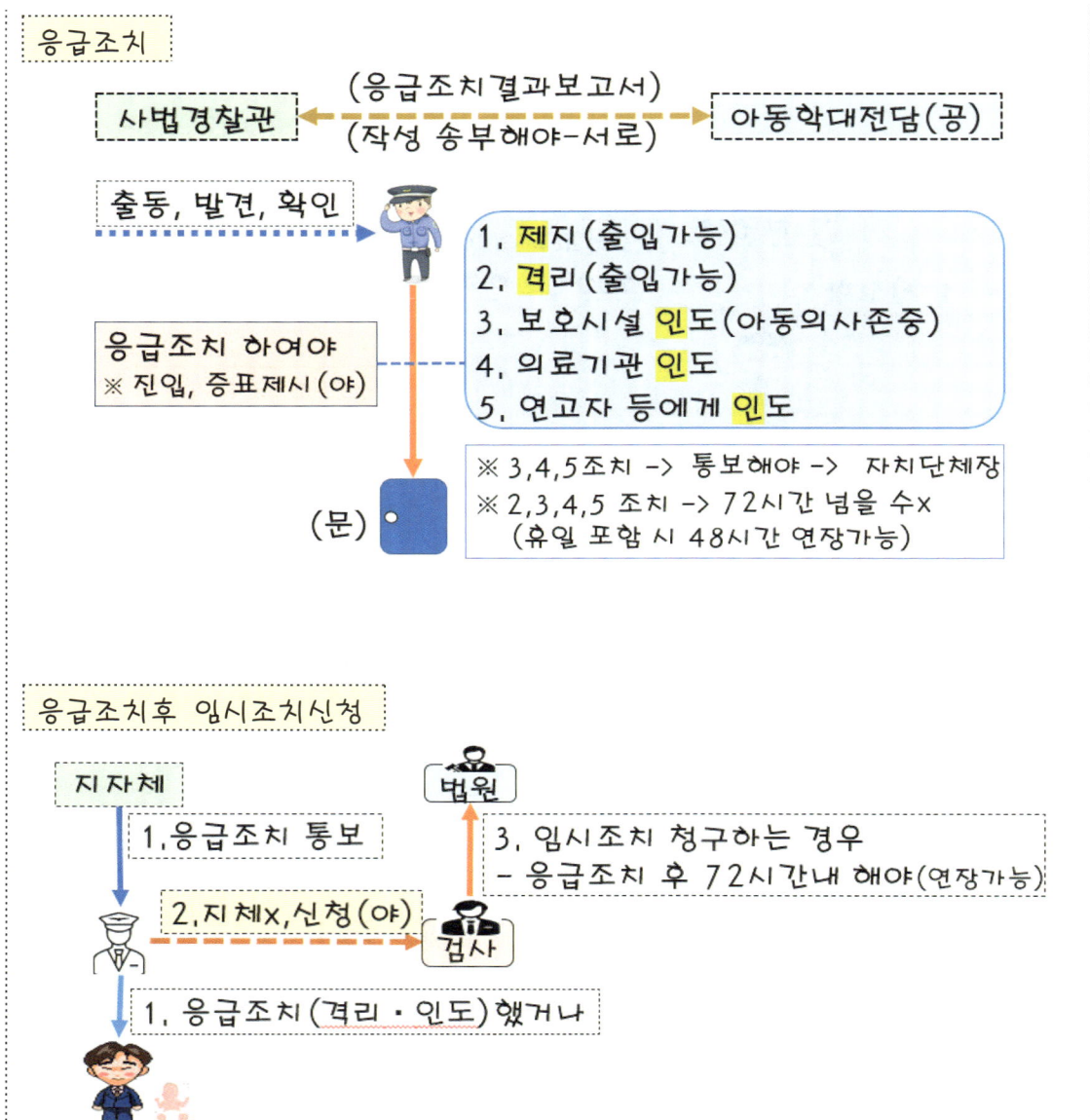

응급조치

(응급조치결과보고서)

사법경찰관 ←------→ 아동학대전담(공)

(작성 송부해야-서로)

출동, 발견, 확인
- - - - - - - →

1. 제지(출입가능)
2. 격리(출입가능)
3. 보호시설 인도(아동의사존중)
4. 의료기관 인도
5. 연고자 등에게 인도

응급조치 하여야
※ 진입, 증표제시(야)

(문)

※ 3,4,5조치 -> 통보해야 -> 자치단체장
※ 2,3,4,5 조치 -> 72시간 넘을 수x
(휴일 포함 시 48시간 연장가능)

응급조치후 임시조치신청

지자체

1.응급조치 통보

법원

3. 임시조치 청구하는 경우
- 응급조치 후 72시간내 해야(연장가능)

2.지체x,신청(야)

검사

1. 응급조치(격리·인도)했거나

임시조치

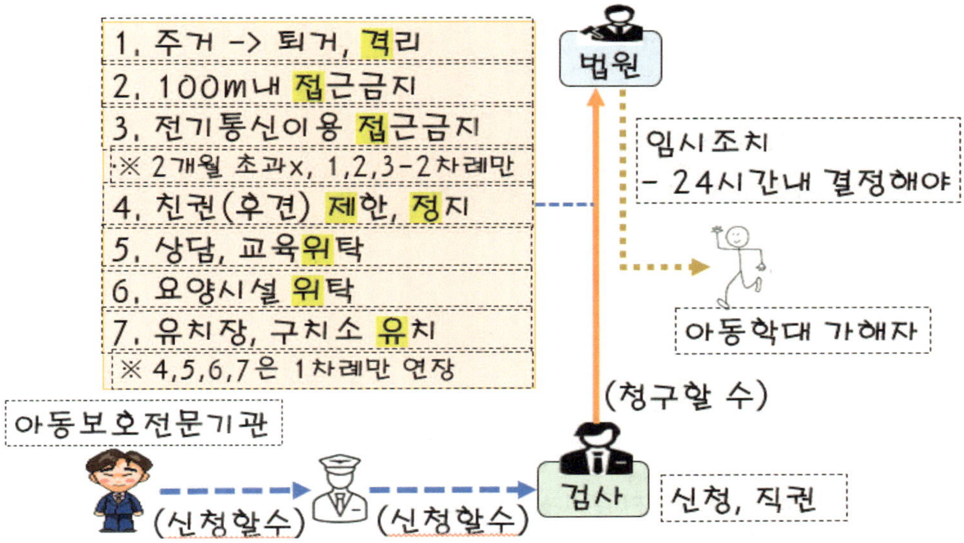
1. 주거 -> 퇴거, 격리
2. 100m내 접근금지
3. 전기통신이용 접근금지
※ 2개월 초과x, 1,2,3-2차례만
4. 친권(후견) 제한, 정지
5. 상담, 교육위탁
6. 요양시설 위탁
7. 유치장, 구치소 유치
※ 4,5,6,7은 1차례만 연장
법원
임시조치
- 24시간내 결정해야
아동학대 가해자
(청구할 수)
아동보호전문기관
(신청할수)
(신청할수)
검사
신청, 직권

긴급임시조치

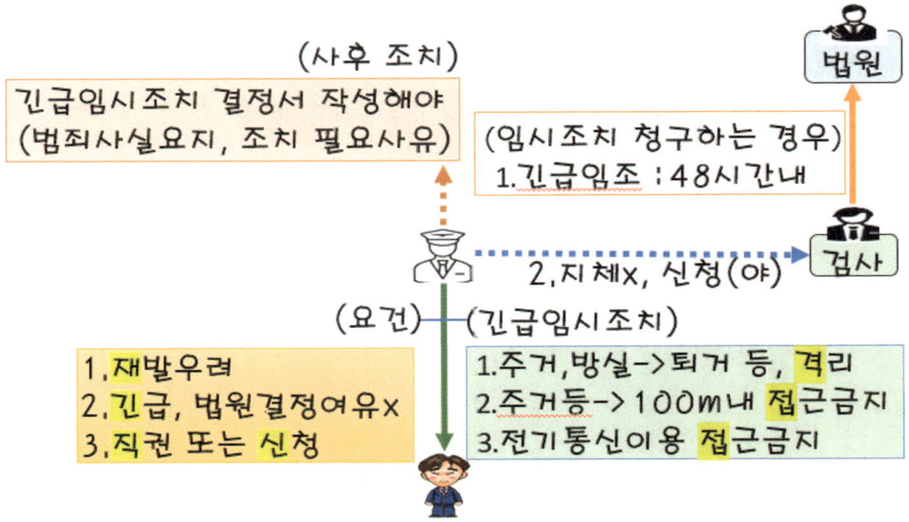
(사후 조치)
긴급임시조치 결정서 작성해야
(범죄사실요지, 조치 필요사유)
법원
(임시조치 청구하는 경우)
1.긴급임조 : 48시간내
2.지체x, 신청(야)
검사
(요건)
(긴급임시조치)
1.재발우려
2.긴급, 법원결정여유x
3.직권 또는 신청
1.주거,방실->퇴거 등, 격리
2.주거등->100m내 접근금지
3.전기통신이용 접근금지

□ 스토킹범죄

스토킹범죄처벌법

제정취지

1. 스토킹범죄 처벌 및 절차 특례
2. 스토킹범죄 피해자에 대한 보호절차를 규정

개념정의

1. 스토킹행위 : 상대방등(+동거인, 가족)에 대한 아래 행위로
   상대방에 불안감, 공포심 유발
   - 가. 접근, 따라다니, 진로 막는 행위
   - 나. 주거 등, 기다리는, 지켜보는 행위
   - 다. (정통망 이용) "물건등" 도달하게,
     프로그램, 전화기능, 글등 나타나게
   - 라. "물건등" 도달하게, 주거등 두는 행위
   - 마. 주거등, "물건등" 훼손
   - 바. 상대방등 정보(개인정보등) 정통망이용 제공, 배포, 게시
   - 사. 정통망에 신분정보이용 상대망등 가장행위
2. 스토킹범죄 : 지속적, 반복적, 스토킹 행위

스토킹범죄 등 처리절차

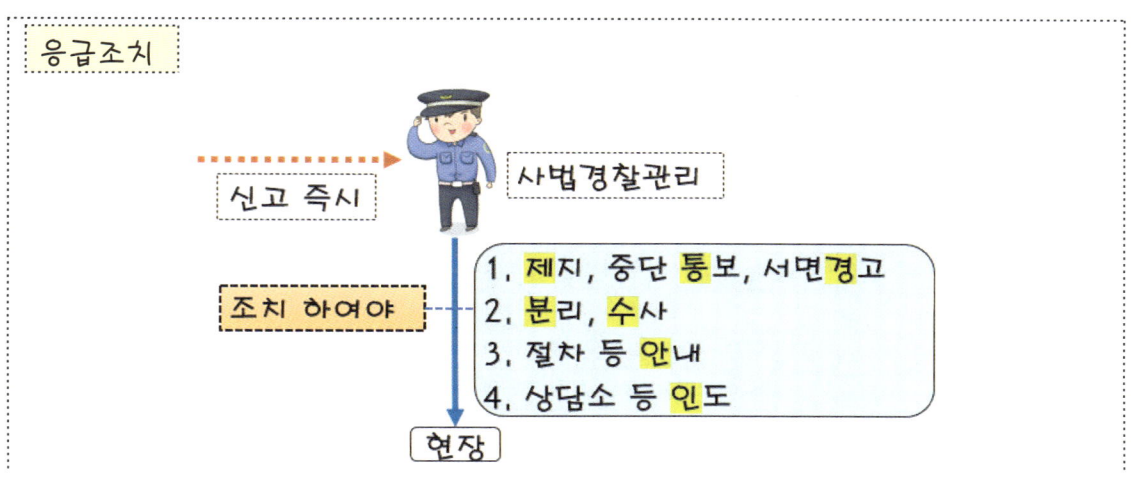

응급조치

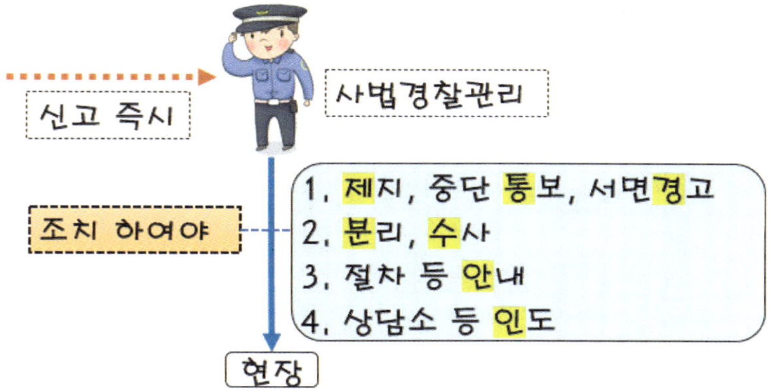

긴급응급조치1

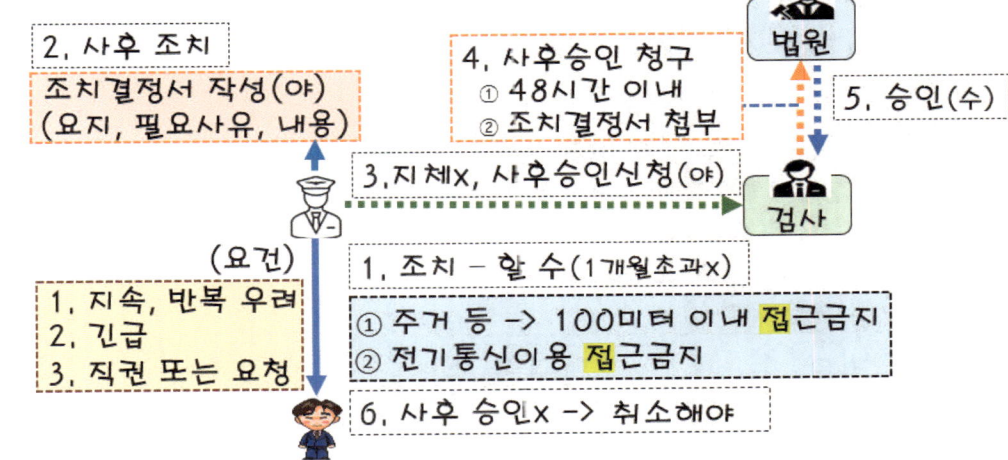

2. 사후 조치

조치결정서 작성(야)
(요지, 필요사유, 내용)

4. 사후승인 청구
① 48시간 이내
② 조치결정서 첨부

5. 승인(수)

법원

3. 지체X, 사후승인신청(야)

검사

(요건)

1. 조치 - 할 수(1개월초과x)

① 주거 등 -> 100미터 이내 **접근금지**
② 전기통신이용 **접**근금지

1. 지속, 반복 우려
2. 긴급
3. 직권 또는 요청

6. 사후 승인x -> 취소해야

긴급응급조치2

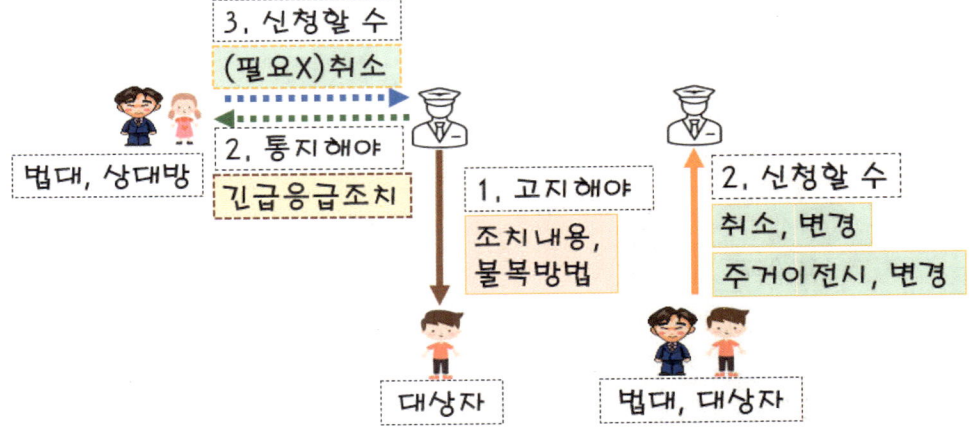

3. 신청할 수

(필요X)취소

법대, 상대방

2. 통지해야
긴급응급조치

1. 고지해야

조치내용,
불복방법

대상자

2. 신청할 수
취소, 변경
주거이전시, 변경

법대, 대상자

긴급응급조치3

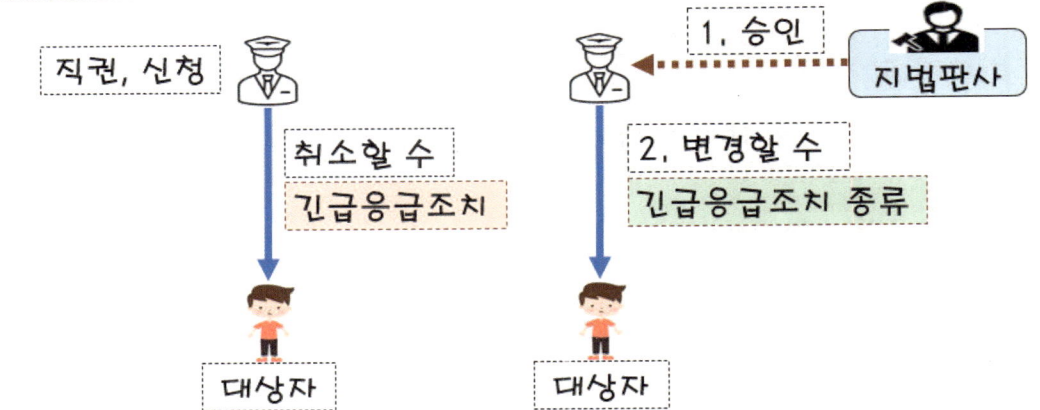

직권, 신청

1. 승인

지법판사

취소할 수
긴급응급조치

대상자

2. 변경할 수
긴급응급조치 종류

대상자

잠정조치1

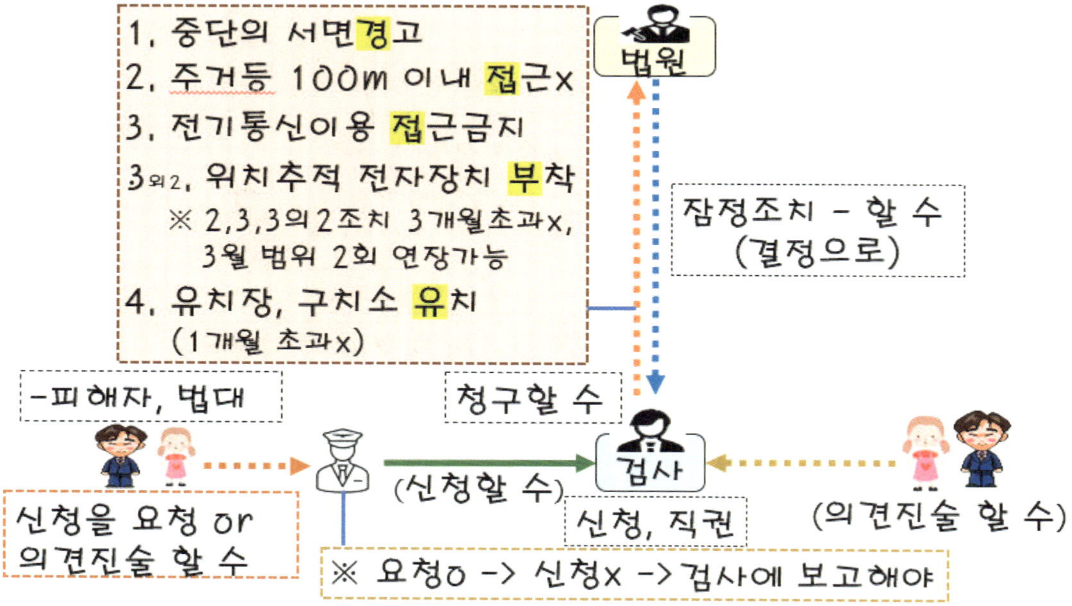
1. 중단의 서면경고
2. 주거등 100m 이내 접근x
3. 전기통신이용 접근금지
3의2. 위치추적 전자장치 부착
※ 2,3,3의2조치 3개월초과x,
3월 범위 2회 연장가능
4. 유치장, 구치소 유치
(1개월 초과x)
법원
잠정조치 - 할 수
(결정으로)
-피해자, 법대
청구할 수
신청을 요청 or
의견진술 할 수
(신청할 수)
검사
신청, 직권
(의견진술 할 수)
※ 요청o -> 신청x -> 검사에 보고해야

잠정조치2

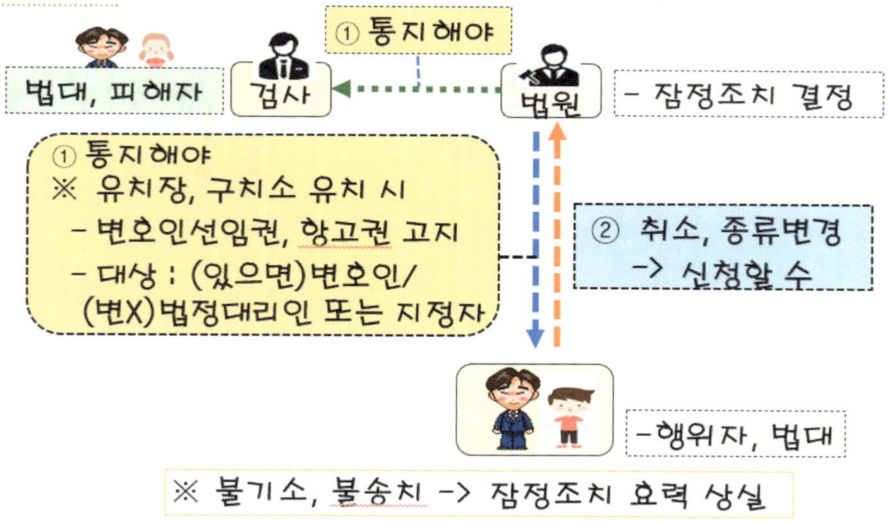
① 통지해야
법대, 피해자
검사
법원
- 잠정조치 결정
① 통지해야
※ 유치장, 구치소 유치 시
- 변호인선임권, 항고권 고지
- 대상 : (있으면)변호인/
(변X)법정대리인 또는 지정자
② 취소, 종류변경
-> 신청할 수
-행위자, 법대
※ 불기소, 불송치 -> 잠정조치 효력 상실

항고, 전담경찰관

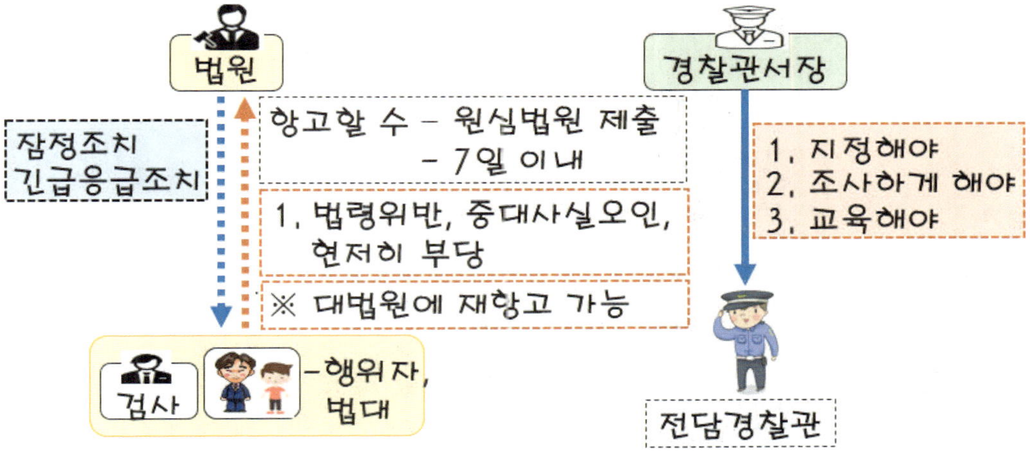

기타

1. 스토킹범죄 : 3년 이하 징역, 3천만원 이하 벌금
   ※ 단순 스토킹 범죄는 반의사불벌죄
2. 흉기, 위험물건 휴대, 이용 : 5년 이하 징역, 5천만원 이하 벌금

□ 마약사범 수사

1. 마약류 - 마약, 향정신성의약품, 대다 (마약류 관리에 관한 법률)
   ① 마약 ? ⓐ 양귀비, 아편, 코카
   ⓑ 추출 알카로이드, 화학적 합성품 → 대통령령으로 정
   ⓒ 이외 동일남용우려 화-학적 합성품 → 대통령령으로 정
   ⓓ 위 함유 혼합물질 또는 혼합제제
   ② 한외마약 : 마약함유
   → 다시 제조x, 제제x, 신체적 정신적 의존성x
   → 총리령으로 정

주요 향정신성 의약품

메스암페타민(히로뽕 = 필로폰) - [☻암뽕필]

☻ (암기)	(효과)
말	① 말 많아짐
술에	② '술 깨는 약',
피로회복 안되고	'피로회복제'
조절도 안 되어	'체중조절약' 가장
환시·환청으로	③ 식욕감퇴, 환시, 환청, 강한 각성, 의식뚜렷, 잠x, 피로감x
뽕 주사	④ 정맥혈관에 주사
염원	⑤ 주원료 염산에페트린 외 구입용이
	⑥ 제조 3~5일 소요 → 기간 짧을수록 순도 낮음(악취 발생)
뽕 맞고 211cm	(2 : 1 : 1)
까지 에클지	⑦ 1단계 → 에페드린, 클로로포름, 지오닐

엑스터시(MDMA)

☻ (암기)	(효과)
엑스터	① XTC(ECSTASY) - 1949년 독일에서 식욕감퇴제로 개발
클럽에서	② 테크노, 라이브, 파티장 등에서 막대사탕을 물고 있거나,
사탕 물고	물을 자주 마시는 행동
포옹·접촉하면	③ 기분 좋아지는 약, 클럽마약, 포옹마약(hug drug)
독감 걸려	(신체접촉욕구 강), 일명 도리도리 등으로 지칭
도리도리	④ 메스암페타민 보다 가격이 싸면서 환각작용은 3배

러미라(덱스트로 메트로판)

(암기)	(효과)
메트 위의	
미라가	
도취되어	① 도취감, 환각작용, 사용량의 수십 배인 20~100정 일시복용
코로	② 강한 중추신경 억제성 진해작용, 의존성x, 독성x 코데인 대용
진국	③ 진해거담제, 의사처방전으로 약국구입가능(기관지염 등 치료제)
쥬스를 마셔	④ 청소년들이 소주에 타서 마심(정글 쥬스)

L.S.D

(암기)	(효과)
곰보	① 곡물의 곰팡이, 보리 맥각에 발견, 무색 · 무취 · 무미
무당종(과)	② 미량을 유당, 각설탕, 과자, 빵 등에 첨가, 우편 · 종이 등
동강(듣다)	표면에 묻혔다가 뜯어서 입에 넣는 방법 복용
오한에	③ 동공확대, 심박동 및 혈압상승, 오한, 수전증(손 떠는) 현상
플래시처럼	④ 통상 분말로 제조되나 캡슐, 정제, 액재 형태로도 밀거래 되고
강력하게	극소량으로 강력한 효과(환각제 중 가장 강력한 효과)
손 떠는	⑤ 내성이나 심리적 의존현상o, 금단증상x, 일부 남용자들은
이세돌	사용하지 않는데도 환각현상을 경험('플래시백현상')

야바(YABA)

(암기)	(효과)
야동 업소	① 동남아 지역 생산, 유흥업소 종사자, 육체노동자 등 중심 확산
	② 카페인, 에페드린, 밀가루 등에 필로폰을 혼합한 것,
낮엔	순도가 20~30% 정도로 낮고
	③ 적갈색, 오렌지색, 흑색, 녹색 등 여러 가지 색으로 제조
	※ 야바는 종래 야마(Yahman, 원기나는 약)로 불리웠으나 최근
미치게	필로폰에 대한 경계심에서 야바(YABA, 미치게 하는 약)로 호칭됨
안정적	④ 원재료가 화공약품인 관계로 안정적인 밀조가 가능

메스카린

(암기) (효과)

암기	효과
메스꺼운 요트위 선인장	선인장인 페이요트에서 추출 합성

GHB

암기	효과
십오 세	① 15분 후 효과, 3시간지속 – 24시간 내 빠져나가 추적X
짠물	② 무색·무취 짠맛 나는 액체, 음료에 타서 복용
	③ 근육강화 호르몬 분비효과 중추신경억제제, '물 같은 히로뽕', 일명 물뽕
데(돼)지	④ 성범죄 악용, '데이트 강간 약물'로 불림

S 정

(암기) (효과)

암기	효과
인사불성에	① 과다복용 시 인사불성, 혼수쇼크, 호흡저하, 사망
혀 꼬부라지면	② 금단증상에 온몸 뻣뻣 해지고 뒤틀리며 혀 꼬부라지는 소리
S자로 가리	③ 중추신경에 작용, 골격근육 이완효과, 일명 '카리소프로돌'

사일로 사이빈

암기	효과
버섯 사이	남미자생, 사일로시비라는 버섯에서 추출

바르비탈 염제제

암기	효과
시중에서	① 시중약국에서 구입이 가능
알콜 냄새 없이 비틀비틀	② 알콜 냄새 없이 만취한 모습으로 비틀비틀

제1장 경비경찰 일반

1 경비경찰의 의의

경비경찰 특성

특성	내용
복합 기능적 활동	사전예방과 사후진압 기능 동시 수행 ※ 사전예방 기능 중요
현상 유지적 활동	현재의 질서상태를 보존하는 것에 가치, ※ 정태적·소극적인 질서유지x, 동태적·적극적인 의미o
즉응적 활동	즉시 출동, 조기 진압 ※ 처리기한x, 사태종료 → 해당 업무종료
조직적 부대활동	개인이 아닌 부대중심 - 지휘관, 부하, 장비, 보급체계 ※ 체계적 부대편성, 훈련, 관리, 운영의 중요성 부각
하향적 명령에 의한 활동	적은 부대원의 재량, 지휘관 책임 강조
사회전반 안녕목적 활동	'국가 목적적 치안임무의 수행'

2 경비경찰의 근거, 한계

배상책임 인정 - 판례

1. 시위 무관자 연행사건 - 도서관 진입에 항의한 시위 무관학생 강제연행
2. 바리케이트 사건 - 검문소 운영요간 위반, 도로상 바리케이트 방치, 사고
3. 최루탄 압사사건 - 과도한 방법으로 진압, 시위대 사망한 사건
4. 트랙터 사건 - 시위진압, 도로 트랙터 방치 → 피하려다 사고
5. 근접하지 않은 장소 출발제지 - 경직법 즉시강제 범위 넘어, 과잉금지위배

배상책임 부정 - 판례

1. 약국사건 - 경찰은 적법한 직무집행, 시위대가 약국에 화염병 투척
2. 대학도서관진입사건 - 불법시위 참가자의 대학도서관 진입, 체포목적 진입

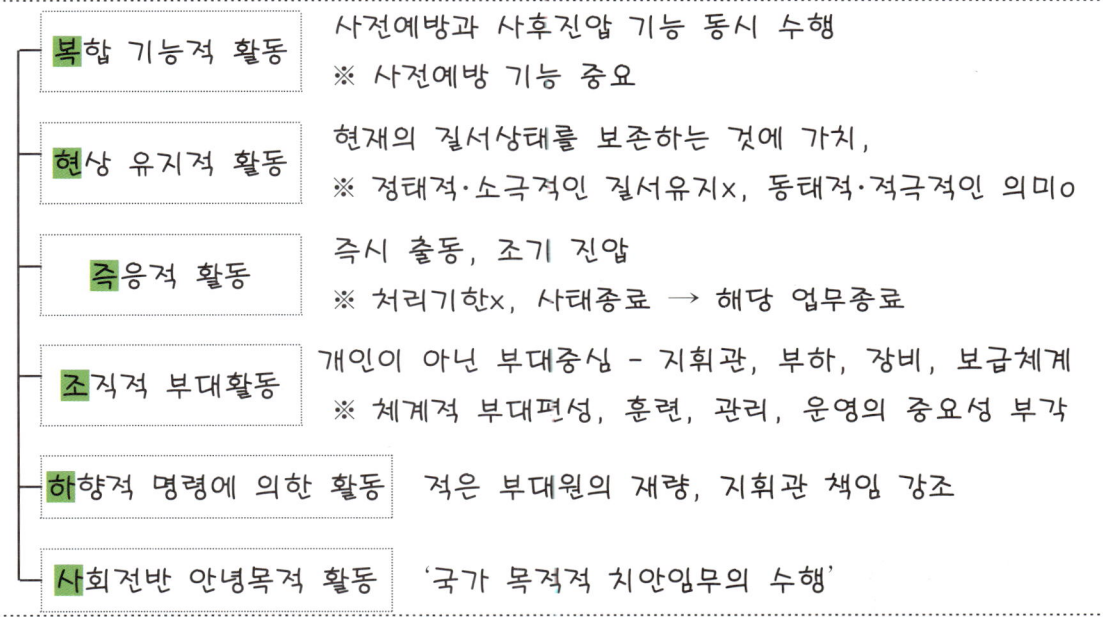

3 경비경찰의 조직, 원칙, 수단, 대상

1 경비경찰 조직

경비지휘본부(cp)

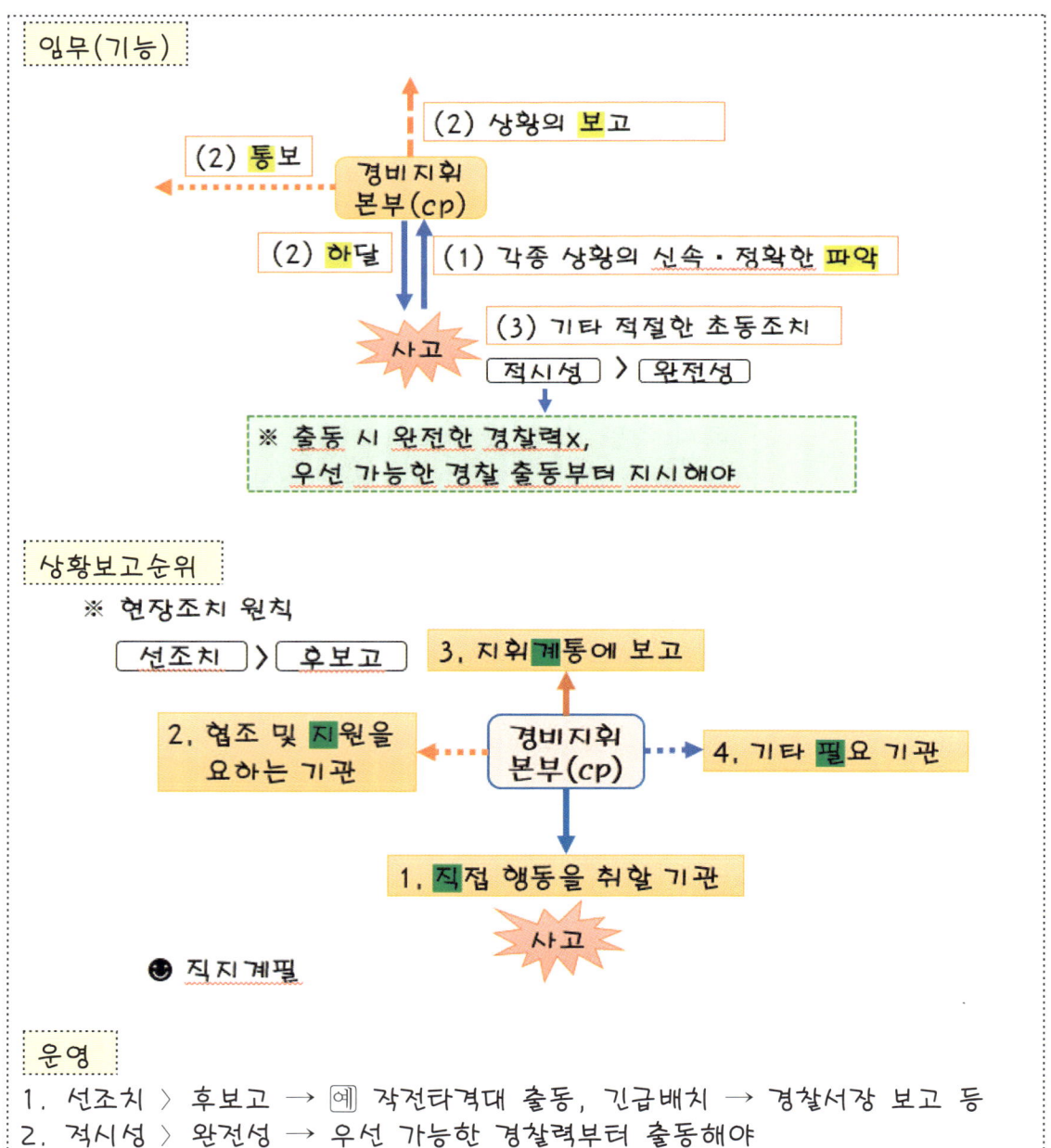

임무(기능)

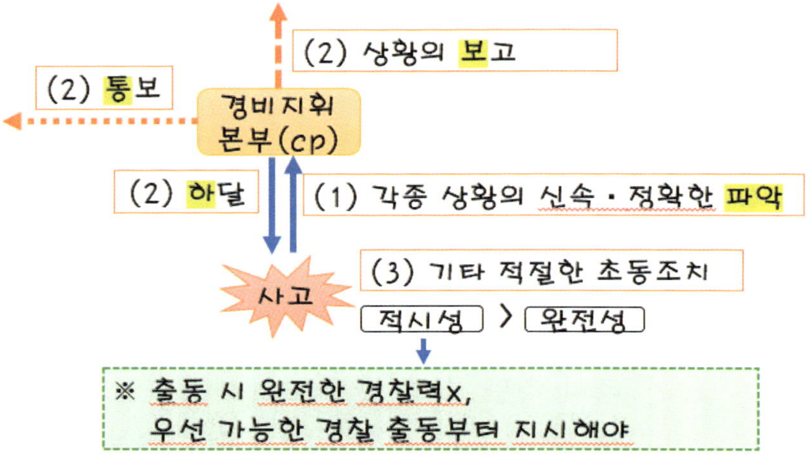

상황보고순위

※ 현장조치 원칙

선조치 〉 후보고

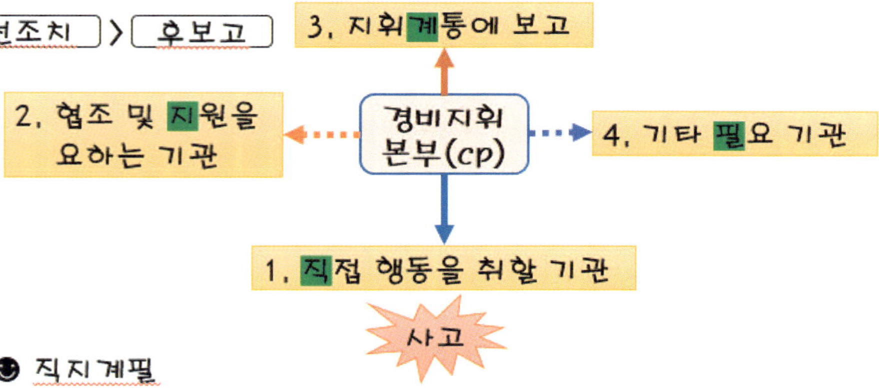

☻ 직지계필

운영

1. 선조치 〉 후보고 → 예 작전타격대 출동, 긴급배치 → 경찰서장 보고 등
2. 적시성 〉 완전성 → 우선 가능한 경찰력부터 출동해야

경찰비상업무규칙

의의

- 비상근무, 비상소집, 지휘본부의 운영, 비상연락체계의 유지 등 규정

용어

1. 비상상황 : 대간첩 · 테러, 대규모 재난 등 긴급상황 발생, 발생우려
2. 정착근무 : 사무실, 현장근무
3. 정위치 근무 : 관할구역 내 위치
4. 지휘선상 근무 : 1시간 내, 현장근무 가능한 장소 위치
5. 필수요원 : 비상소집 시, 1시간 이내 응소하여야 할 자
6. 일반요원 : 비상소집 시, 2시간 이내 응소하여야 할 자

* 가용경력 : 휴가, 출장, 교육, 파견 등 제외 동원가능경력

* 소집관 : 비상소집 지휘감독, 주무참모 또는 상황관리관

경비비상

갑호비상	연가중지, 가용경력 100% 동원, 지휘관 참모는 정착근무 계엄 선포 전 상태, 대규모 집단사태 등 발생, 치안질서 극도 혼란, 징후 현저
을호비상	연가중지, 가용경력 50% 동원, 지휘관 참모는 정위치 근무 대규모 집단사태 등 발생, 치안질서가 혼란, 그 징후 예견
병호비상	연가억제, 가용경력 30% 동원, 정위치 근무 또는 지휘선상 근무, 집단사태 등 발생, 치안질서 혼란 예견
경계강화	별도 경력동원 없이, 치안활동 강화할 필요, 지휘선상 근무
작전준비태세	별도의 경력동원 없이, 작전사항을 미리 조치할 필요 비상연락망을 구축하고 신속한 응소체계 유지

※ 연가 : (갑)중지 - (을)중지 - (병)억제

※ 가용경력 : (갑)100% - (을)50% - (병)30%

※ 근무 : (갑)정착 - (을)정위치 - (병)정위치 또는 지휘선상 - (경)지휘선상

※ 치안질서 : (갑)극도혼란 - (을)혼란 - (병)혼란예견

※ 징후 : (갑)현저 - (을)예견

비상종류

작전비상	① 갑호 : 대규모 적정 발생, 징후 현저 ② 을호 : 적정 발생, 일부 적 침투 예상 ③ 병호 : 경계강화가 필요
재난비상	① 갑호 : 대규모 재난, 치안질서 극도혼란, 징후 현저 ② 을호 : 대규모 재난, 치안질서 혼란, 징후 예견 ③ 병호 : 재난 발생, 혼란 예견
안보비상	① 갑호 : 경계지역 내 검문검색 필요 ② 을호 : 특정지역 · 요지 검문검색 필요
수사비상	① 갑호 : 사회이목 집중 중대범죄 발생 ② 을호 : 중요범죄 사건발생
교통비상	① 갑호 : 농무 등 극도의 교통 혼란 및 사고 발생 ② 을호 : 상기 징후가 예상

비상근무

1. 비상구분 : 경비 · 작전비상, 안보비상, 수사비상, 교통비상, 재난비상
2. 두 종류 이상 비상 → 주된 비상근무로 통합실시

2 경비경찰 조직운영원칙

부대단위 활동의 원칙	지휘권과 장비, 보급지원체계를 갖추어야 반드시 지휘관이 있어야, 최종결정은 지휘관이
지휘관 단일의 원칙	지휘관을 한 사람만, 명령통일의 원칙에서 도출되는 원칙 의사결정과정의 단일(X), 집행의 단일(O)
체계 통일성의 원칙	상하계급 간에 책임과 임무 분담이 명확히 이루어져야 ※ 임무의 중복x
치안협력성의 원칙	업무 수행과정에서 국민(주민)의 협력을 받아야

3 경비경찰의 수단(정해진 순서x)

경비수단의 원칙

원칙	내용
균형의 원칙	주력부대와 예비대 적절히 활용, 한정된 경력으로 최대 성과 ※ 예비대와 본대의 적절한 안배
위치의 원칙	상대 군중보다 유리한 지점과 위치를 확보해야
시점의 원칙	상대의 허약한 시점 포착
안전의 원칙	변수없는 진압

간접적 실력행사

1. 경고 : 비권력적 사실행위(임의처분), 경직법 제5조, 제6조

직접적 실력행사

2. 제지 : 권력적 사실행위(직접적 강제처분), 대인적 즉시강제, 경직법 제6조
   ※ 장구나 무기사용 가능, 예) 지하철 무정차 통과, 상경저지(판례 - 원거리 제지는 과잉금지원칙 위배로 위법)
3. 체포 : 형사소송법에 근거
   ※ 경고, 제지, 체포는 각각 별개의 처분, 정해진 순서x

제2장 경비경찰의 활동

제1절 경비경찰의 기본적 활동

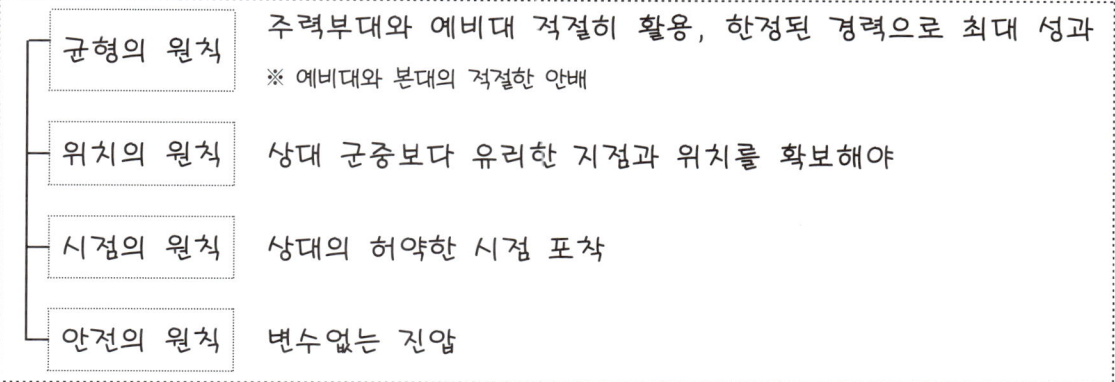

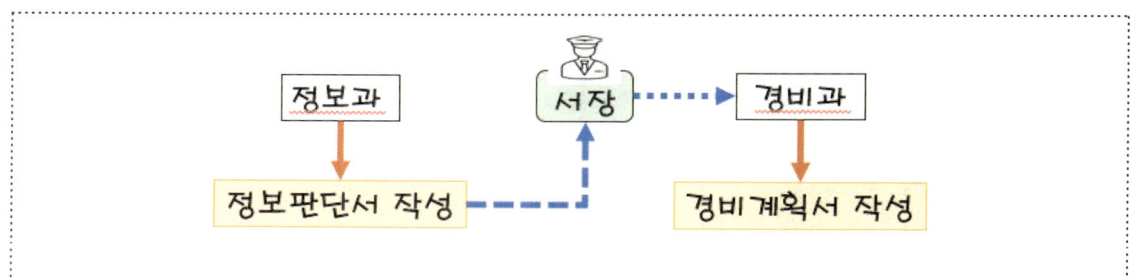

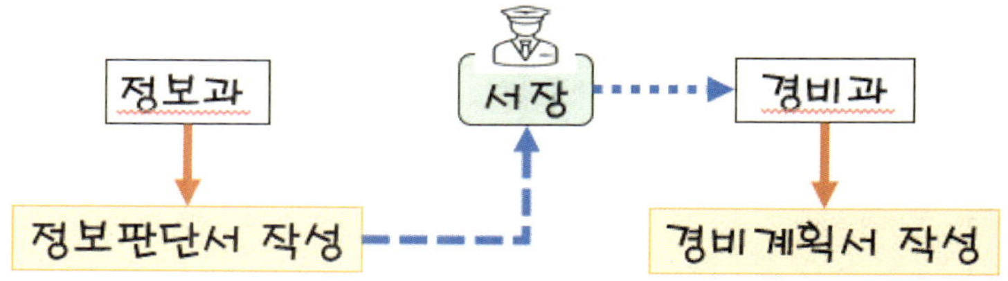

* 경비관련 용어

1. 경비본부 – CP(Comand post) * 중요사태에 설치
2. 관측초소 – OP(Observation)
3. 실제기동훈련 – FTX(Field training exercise)
4. 도상훈련(지휘소 연습) – CPX(Comandpost exercise)

제2절 경비경찰 분야별 활동

1. 혼잡경비(행사안전경비)
2. 재난경비
3. 치안경비
4. 특수경비(대테러)
5. 경호경비
6. 선거경비
7. 국가중요시설경비
8. 경찰작전

1 행사안전경비(혼잡경비)

- 미조직 군중에 의해 발생, 예) 기념행사, 경기, 대회, 제례

혼잡경비 대상	치안경비 대상
미조직 군중	어느 정도 조직화된 군중

경비지도 방향

- 주최 측, 민간경비업체 등 활용하도록, 기획 단계부터 지도

수익자 부담의 원칙

: 행사안전책임 → 수익을 얻는 주최 측

부득이한 경우 경찰력 지원 → 주최 측 책임 하

예외) 월드컵, 올림픽 등 국가적 행사

(경비요청)

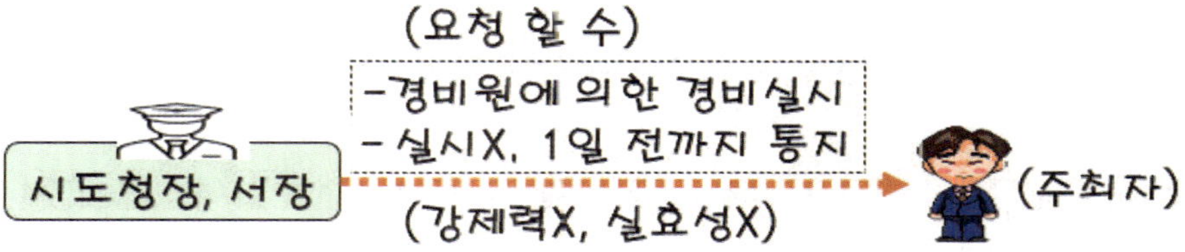

(공연장 재해대처계획 신고)

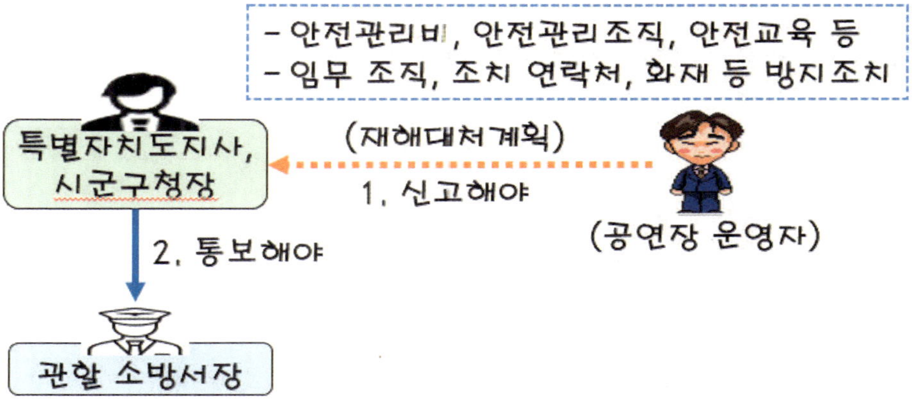

(야외공연 재해대처계획 신고)

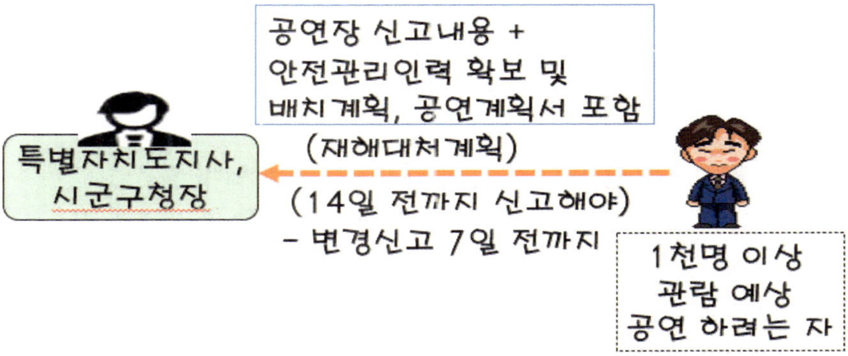

경비실행

경찰력 배치요령

1. 예비대 운용여부는 경찰 단독 판단사항
2. 행사장은 군중입장 전에 배치
3. 출연진과 관객 통로 분리
4. 관중석에 배치되는 예비대는 통로주변에 배치

군중정리의 원칙

밀도의 희박화	군중이 모이는 장소 사전 블럭화
이동의 일정화	주위상황을 파악할 수 있는 여건조성, 심리적 안정감
경쟁적 활동의 지양	질서 있게 행동하면 모든 일이 잘된다는 것 납득시키기
지시의 철저	계속적이고 자세한 안내방송 → 혼잡사태 방지

2 재난경비

- 재난구분(재난 및 안전관리 기본법) : 자연재난, 사회재난

  용어 : 재난관리 – 재난의 예방·대비·대응·복구 활동[평가x]

  안전관리 – 안전확보를 위한 모든 활동

법적근거

재난관리 법체계

1. 자연재해대책법
2. 재난 및 안전관리기본법
3. 민방위기본법

중앙기구 – 재난 및 안전관리 기본법

행정안전부

중앙대책본부장 – 행정안전부장관

중앙재난안전대책본부

1. 해외재난 -- 외교부 장관
2. 방사능재난 – 중앙방사능대책본부장등

※ 통합대응, 건의 등의 경우 국무총리가 수행

재난관리 주관기관의 장

(수습본부장)

중앙사고수습본부

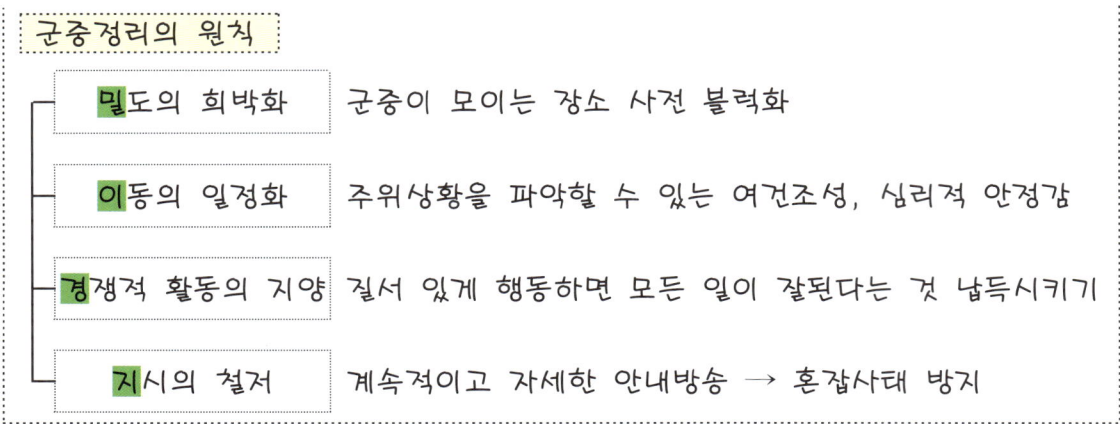

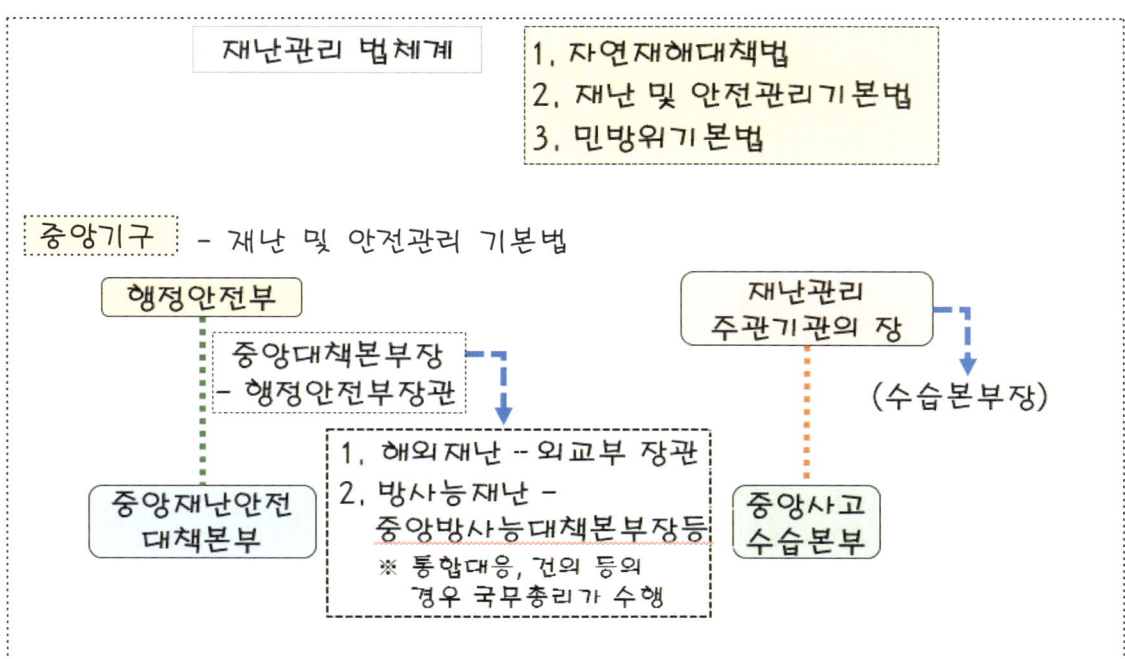

지역기구

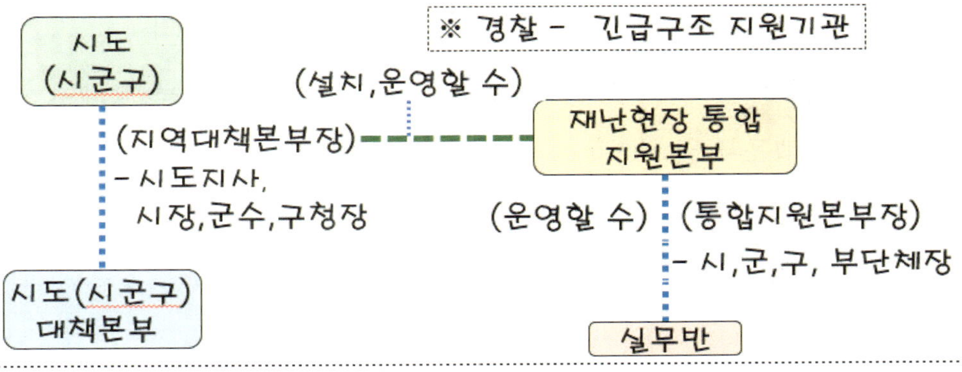

재난관리체계

- 예방단계 : 재난요인 사전제거, 정부합동안전점검, 평가활동
- 대비단계 : 대응을 위한 준비, 매뉴얼 작성
- 대응단계 : 재난발생, 응급조치, 긴급구조
- 복구단계 : 재난피해조사, 특별재난지역 선포

재난발생 또는 발생우려 → 재난상황실 설치 운영할 수

※ 재난대책본부 설치 또는 심각 단계 → 재난상황실 설치해야

재난관리4단계

- 관심단계 : 재난으로 발전가능성 적은 단계
- 주의단계 : 재난징후 비교적 활발, 일정수준의 경향
- 경계단계 : 재난징후 활발, 가능성 농후
- 심각단계 : 재난발생 확실시

선포

재난사태 선포

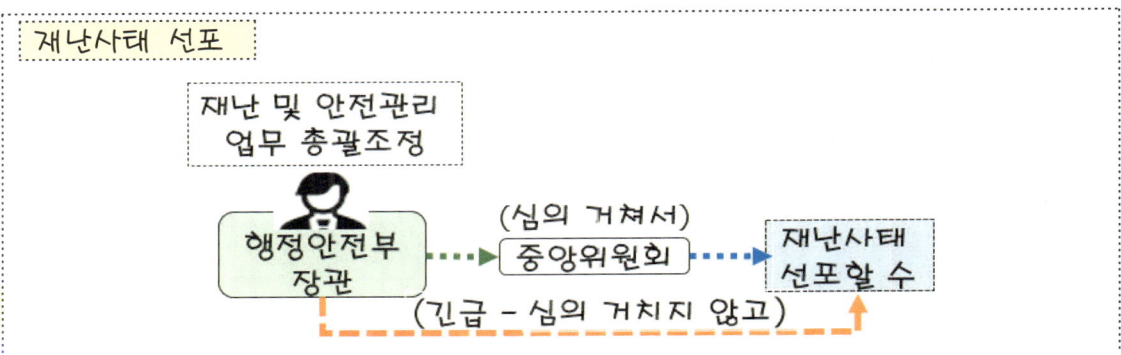

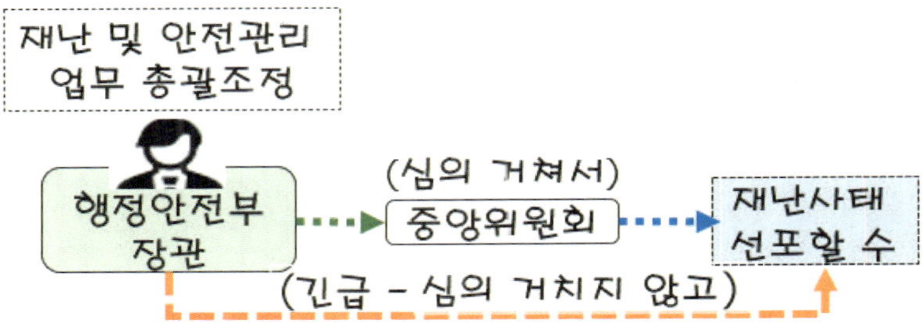

특별재난지역 선포

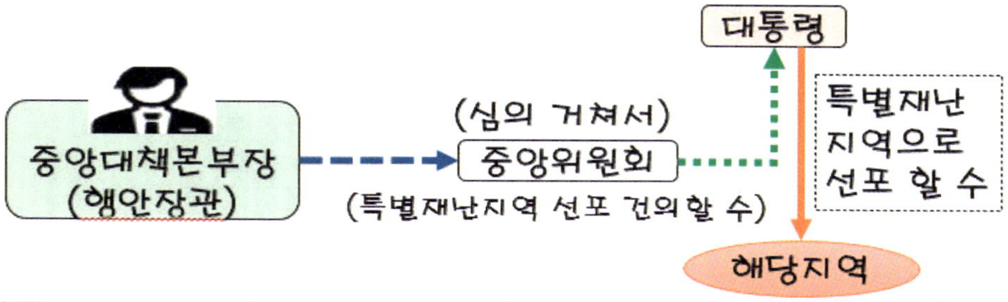

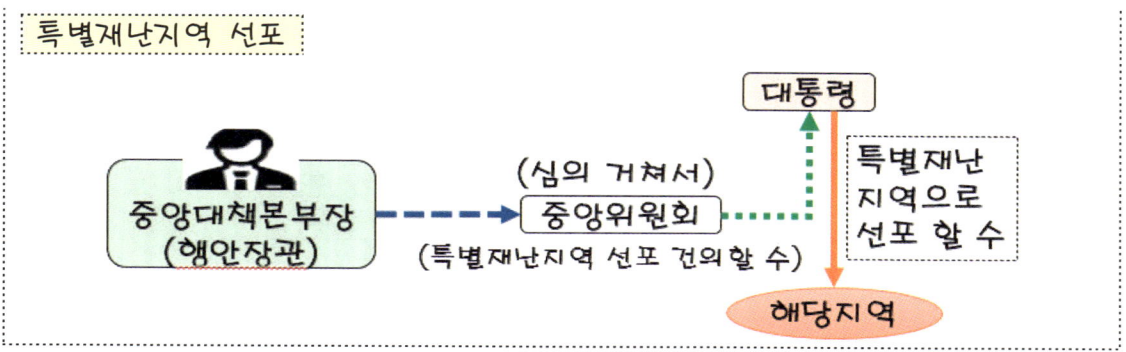

경찰조치

사전조치

- 관내의 위험 개소, 동원 가능한 인적 · 물적 자원 파악

※ 반드시 현장답사(객관적 조사), 위험개소 예보 · 경고조치 해야

현장조치

선조치 후보고, 적시성 우선

- 인지 경찰관 초동조치 주력(야)
- 신속한 보고 제1, 세부사항 규명 제2, 변화 계속 추보

- 현장조치사항

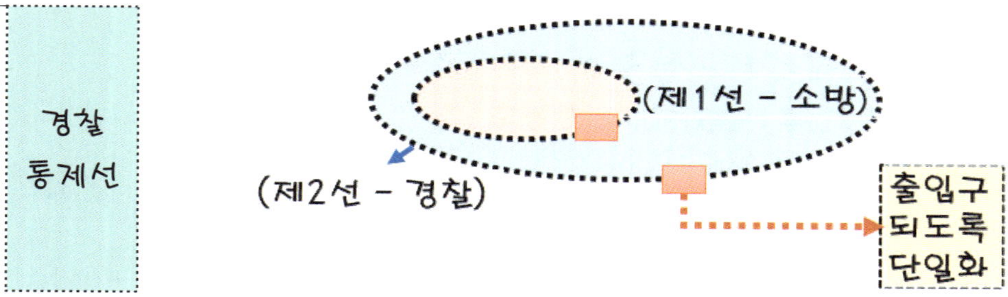

- 현장 지휘본부 : 경찰청 · 시도청 - 상황실 설치원칙
- 정보지원센터 : 경찰통제선 밖에 설치

3 치안경비(집회 · 시위관리)

관리일반

다중범죄특징

1. 확신적 행동성, 예) 점거농성, 투신자살
2. 조직적 연계성 - 조직에 기반, 뚜렷한 목적의식
3. 부화뇌동적 파급성 - 전국적 파급성
4. 비이성적 단순성 - 과격, 단순, 편협

해결방안

정책적 치료법

1. 선수승화법 : 사전에 불만 및 분쟁요인 찾아내 해소
2. 지연정화법 : 시간을 끌어서, 흥분을 가라앉게
3. 전이법 : 경이로운 사건 폭로, 다른 이슈제기
4. 경쟁행위법 : 반대 대중의견 부각

진압

- 진압의 기본원칙 : 법적 근거 - 경직법 제6조 범죄의 예방과 제지(즉시강제)

1. 봉쇄 · 방어 : 목적지 선점
2. 차단 · 배제 : 중간 차단, 예) 상경저지
3. 세력분산 : 소집단 분할
4. 주동자 격리 : 주모자 군중과 격리

※ 범죄의 예방과 제지(경직법 제6조) 근거 → 지하철 무정차 통과

- 진압 3대 원칙

1. 신속한 해산, 2. 주모자 체포, 3. 재집결 방지

4 특수경비(대테러)

테러 - 정치적, 사회적, 종교적, 민족적 영향력 증대 목적

세계주요테러조직

중동지역 테러조직

- Al Qaida : 오사마 빈 라덴이 설립(일명 Al Jihad(알 지하드))
- Hamas : 아미드 야신에 의해 설립, 가자지구와 웨스트 뱅크지역에서 활동
- 검은 9월단 : Black September
- PFLP : Popular Front for the Liberation of Palestine

아시아지역 테러조직

- JRA : 일본 적군파
- LTTE : Liberation Tiger of Tamil Eelam, 스리랑카 북부 타밀족 독립목표
- RAF : 서독과 적군파-Red Army Faction

국가테러대응체계 - 국민보호와 공공안전을 위한 테러방지법

용어정의

- 테러단체 : 국제연합(UN)이 지정
- 테러위험인물 : 테러, 하였거나 하였다고 의심할 상당한 이유가 있는 사람
- 외국인 테러전투원 : 국적국이 아닌 국가로 이동 또는 시도(테러단체 가입)

국무총리

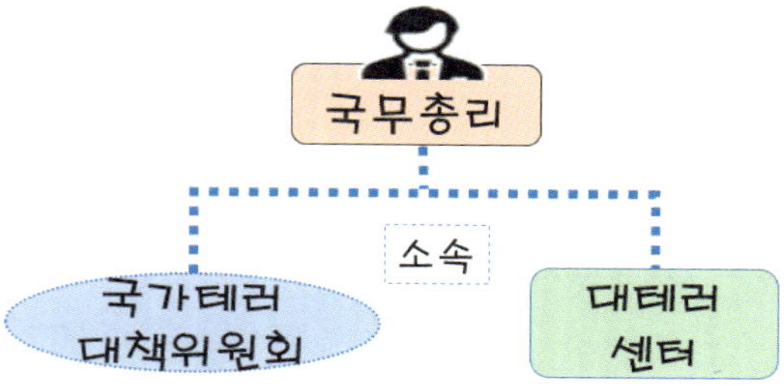

* 정책의 중요사항 심의
  위원장 : 국무총리

* 구성 - 관계기관공무원(민간X)
  센터장 : 협조 · 지원요청가능

국가정보원

국가정보원장

소속

- 대테러 합동조사팀
  - * 관계기관 합동, 편성운영 할 수
- • 테러위험인물 정보수집등
  - 테러위험인물 출입국 등 관련 정보 수집가능
  - 대테러조사 및 테러위험인물 추적 할 수
  - 대책위원회 위원장에게 보고하여야

신고

신체, 재산(명예X) 피해국민 → 신고하여야 → 관계기관

보호의무 있는 사람 → 신고하여야 → 관계기관

신체, 재산(명예X) 피해국민 ···(신고X)···▶ 보호의무 있는 사람

특별위로금

특별위로금 ···(지급할 수)···▶ 유족, 신체장애, 장기치료 피해입은 사람

* 예외 : 외교부 장관 허가(X) -> 방문, 체류한 사람

테러단체 구성죄 등

- 테러단체 구성, 가입, 미수, 예비, 음모 모두 처벌
- 세계주의 : 대한민국 영역 밖의 외국인 범죄 처벌

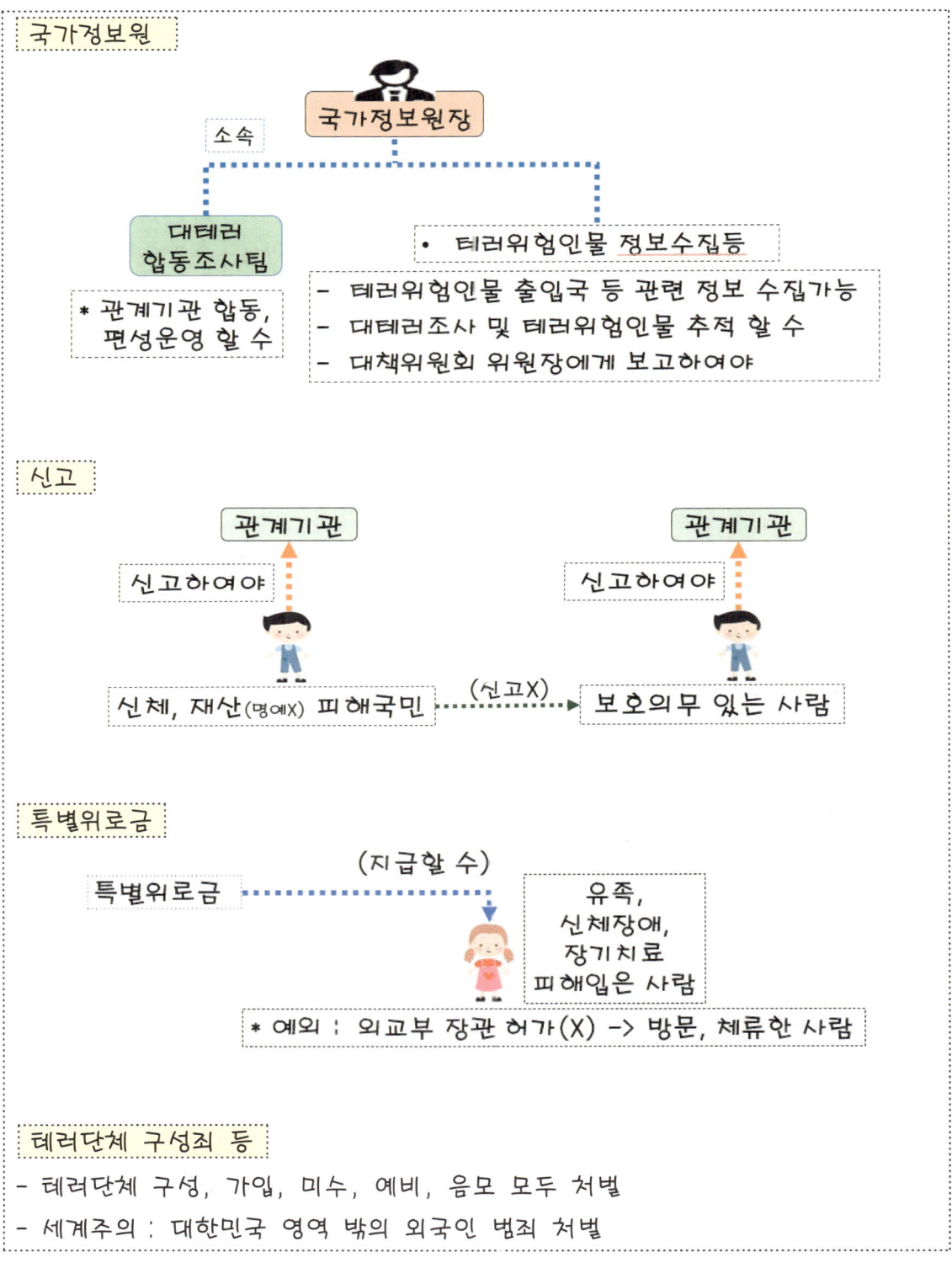

경찰 대테러 - 국민보호와 공공안전을 위한 테러방지법 시행령

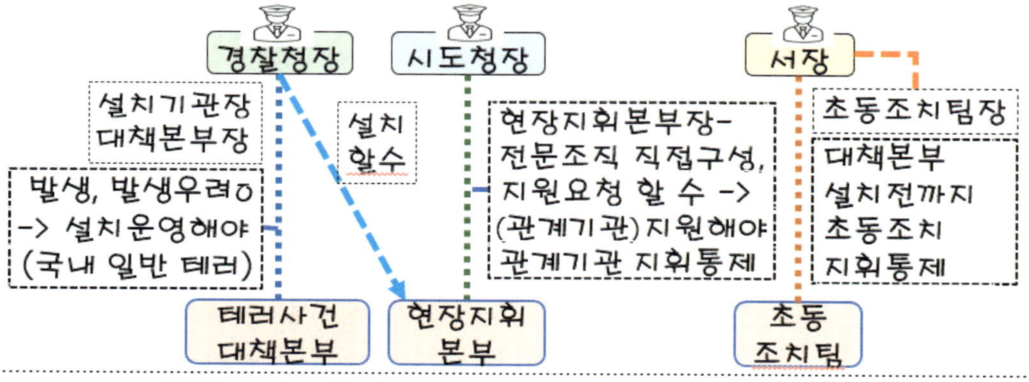

- 테러취약시설 안전 활동에 관한 규칙

용어정의

1. 테러취약시설 : 아래 중 경찰청장이 지정

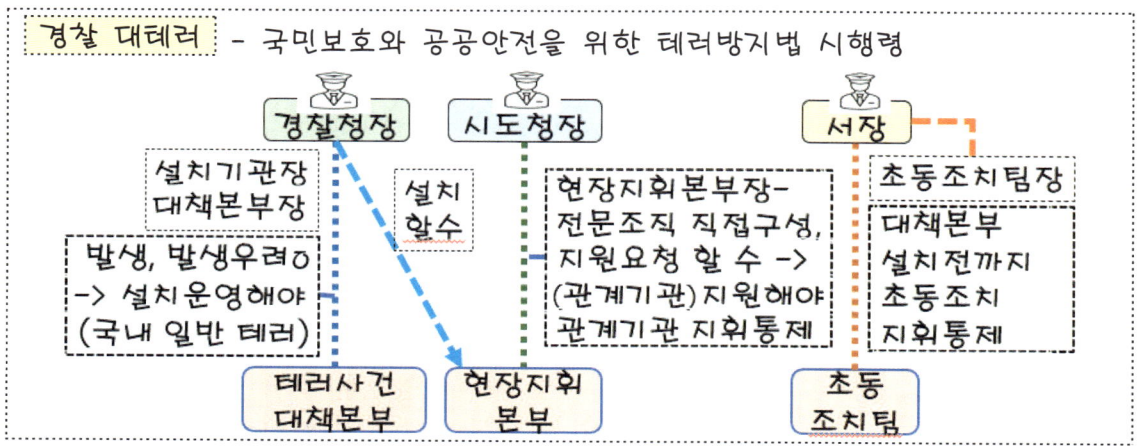

※ 가. 국가중요시설, 나. 다중이용건축물등, 다. 공관지역, 라. 미군 관련 시설, 마. 그 밖에 심의위원회 결정시설

2. 국가중요시설 : 국방부 장관이 지정(국정원장과 협의)

3. 다중이용건축물 : 관계기관장이 대테러센터장과 협의 지정

테러취약시설 심의위원회

1. 경찰청 경비국 위기관리센터에 비상설로

2. 위원장 : 경찰청 경비국장

다중이용 건축물, 분류·지도 점검 - 중요성과 가치 정도에 따라

A급 : 광범위한 지역에 대테러 작전요구, 국민생활에 결정적 영향

※ 분기 1회 이상 관할서장 지도점검

B급 : 일부지역에 대테러작전 요구, 국민생활에 중대한 영향

※ 반기 1회 이상 관할서장 지도점검

C급 : 제한된 지역에 대테러작전 요구, 국민생활에 상당한 영향

※ 반기 1회 이상 관할서장 지도점검

각국의 대테러 특공대

1. 영국의 SAS : 특수공군부대(Special Air Service Regiment)
2. 미국의 SWAT
3. 독일의 GSG-9
4. 프랑스의 GIPN
5. 이스라엘의 사렛트 매트칼(Sayaret Matkal)
6. 한국의 특공대[KNP SWAT(경찰특공대)]

인질범죄 특수심리 현상

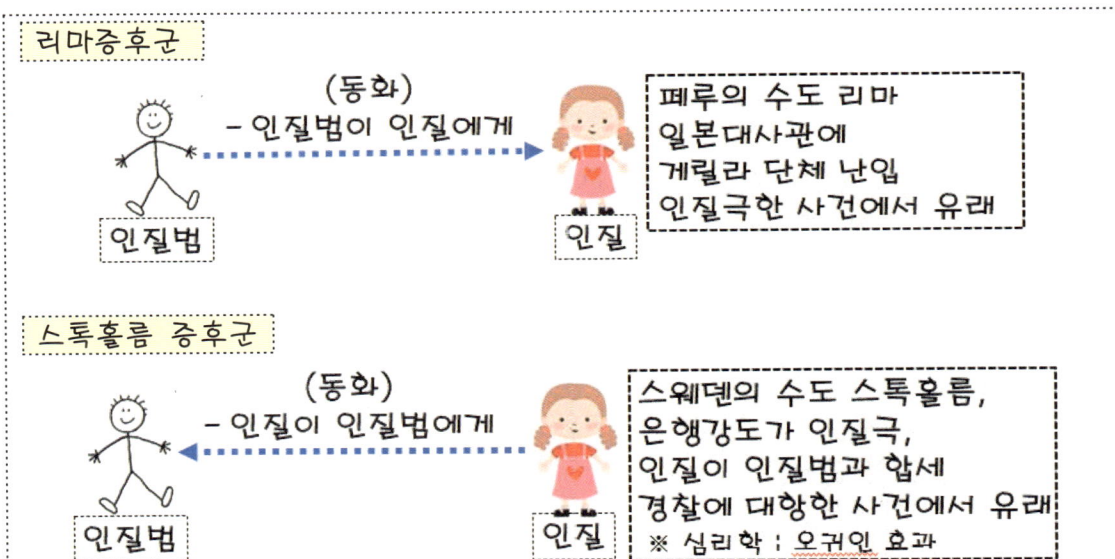

리마증후군

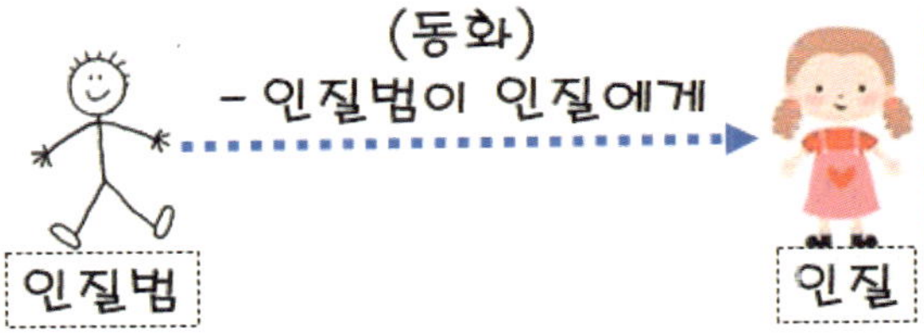

페루의 수도 리마 일본대사관에 게릴라 단체 난입 인질극한 사건에서 유래

스톡홀름 증후군

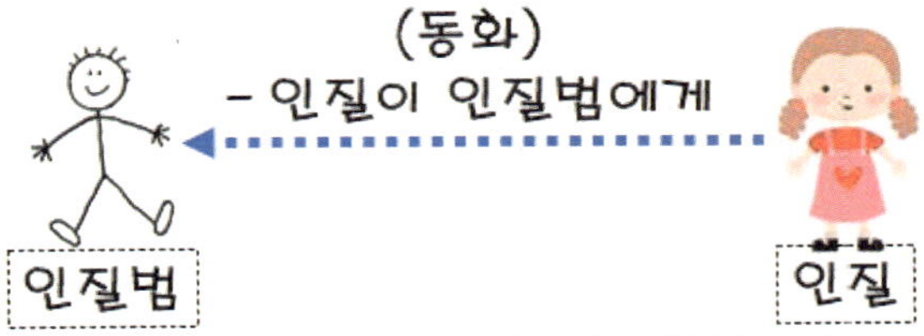

스웨덴의 수도 스톡홀름, 은행강도가 인질극, 인질이 인질범과 합세 경찰에 대항한 사건에서 유래
※ 심리학 : 오귀인 효과

5 경호경비

경호 = 경비 + 호위

1. 경비 : 특정지역 경계, 순찰, 방비
2. 호위 : 신체에 위해 방지, 제거

경호경비 4대 원칙

1. 하나의 통제된 지점을 통한 접근 원칙 - 유일통로도 허가절차 거쳐야
2. 자기희생의 원칙
3. 자기담당구역 책임 원칙 - 자기 책임구역 이탈x

A	B	C	D

4. 목표물 보존의 원칙(보안의 원칙) - 피경호자 격리, 행차 등 비공개, 동일 장소 회피, 노출행차 제한

법적 근거

- 대통령 등의 경호에 관한 법률, 경호규칙

경호의 종류

종류

① 국내요인 - 甲호 · 乙호 · 丙호

② 국외요인 - 국빈 A · B · C등급 / 외빈 A · B · C · D · E · F등급

책임

① 甲호 및 국빈 A · B · C등급 ➡ 대통령실 경호처 주관

- 1선은 경호처, 경찰(군부대 내부의 경우에는 軍이) 2선과 3선
- 행사장 1 · 2선 내 경찰 총기휴대금지

② 乙호 · 丙호 및 외빈 A · B등급 ➡ 경찰책임

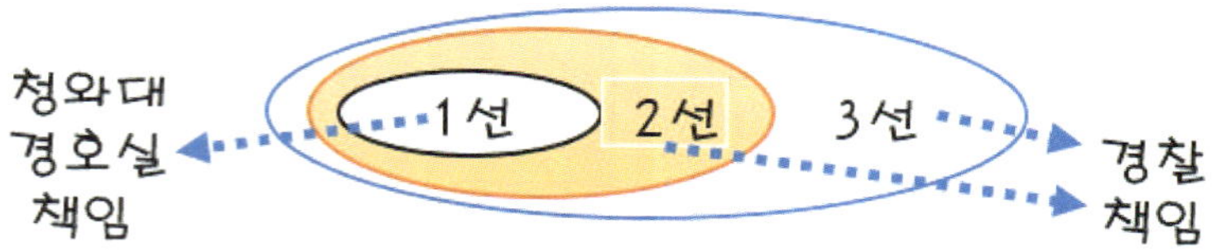

국내요인

갑호	1. 대통령과 그 가족, 대통령 당선인과 그 가족(배우자 및 직계존비속) 2. 본인의 의사에 반x, 퇴임 후 10년 이내의 전직대통령과 그 배우자 - 임기만료 전 퇴임, 사망 - 5년(퇴임 후 사망 - 퇴임 후 10년 범위 내) 3. 대통령 권한대행과 그 배우자 [☻대당10권 - 그그배배]
을호	1. 퇴임 후 10년이 경과한 전직대통령(5년), 대통령선거후보자 2. 국회의장, 대법원장, 헌법재판소장, 국무총리 [☻10후 의대헌총]
병호	甲호, 乙호 외에 경찰청장이 필요하다고 인정한 사람

기능별 업무

1. 보안 - 경호안전대책서 작성
2. 경비 - 경호경비계획서 작성
3. 생활안전 - 안전유지 대책서 작성(안전검측, 안전유지)
4. 교통 - 교통관리 계획서

경호안전대책

1. 안전대책 - 위해요소 사전제거의 모든 활동
2. 안전조치 - 위험물질 안전관리
3. 안전검측 - 생활안전에서, 폭발물등 탐지
4. 안전유지 - 안전검측 후 그 상태 유지, 안전검측과 동시 경력 배치

행사장경호

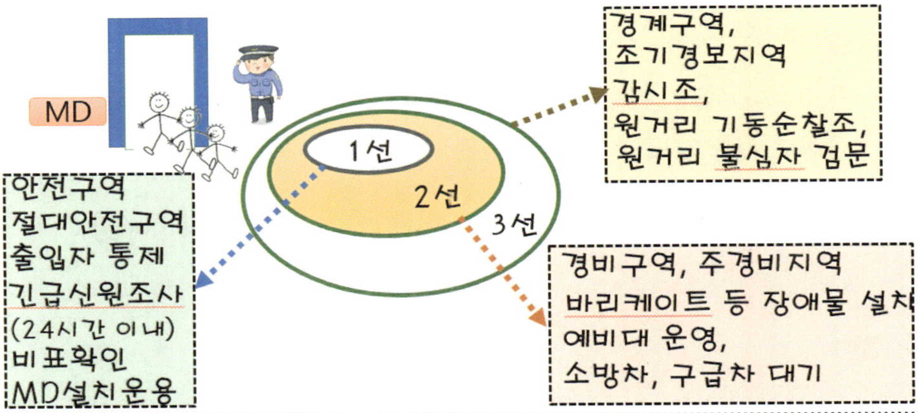

6 선거경비

- 종합적인 경비 요구, 선거권 - 18세 이상

비상근무

1. 비상근무 : 선거기간 개시 일부터 ~ 개표종료시 까지
2. 경계강화기간 : 선거기간 개시 일부터 ~ 선거일 전일까지
   ※ 선거기간 개시일 - 대선 : 후보자 등록 마감일 다음날
   기타선거 : 후보자 등록 마감일 후 6일
3. 갑호비상 : 선거일(6시부터) ~ 개표종료일까지

선거기간

- 선거기간 개시일 ~ 선거일

1. 대통령 선거 : 23일
2. 기타(국회의원, 지방의원, 지자체장) : 14일

선거운동기간

- 선거기간 개시일 ~ 선거일 전일

1. 대통령 선거 : 후보자등록 마감일 다음날 ~ 선거일 전일
2. 기타 : 후보자등록 마감일 후 6일 ~ 선거일 전일

신변보호

- 대통령선거 후보자 : 을호 경호대상(후보자 등록 ~ 당선확정시까지)

※ 당선 확정 : 갑호 경호대상

신변경호

대통령 선거	원O : 유세장, 숙소 등 24시간 근접 경호 원X : 시도청별 선발대기, 관내 유세 중 근접배치
일반선거	- 원할 경우 2-3명 배치(경직법상 위험발생 방지 차원)

투표소 경비

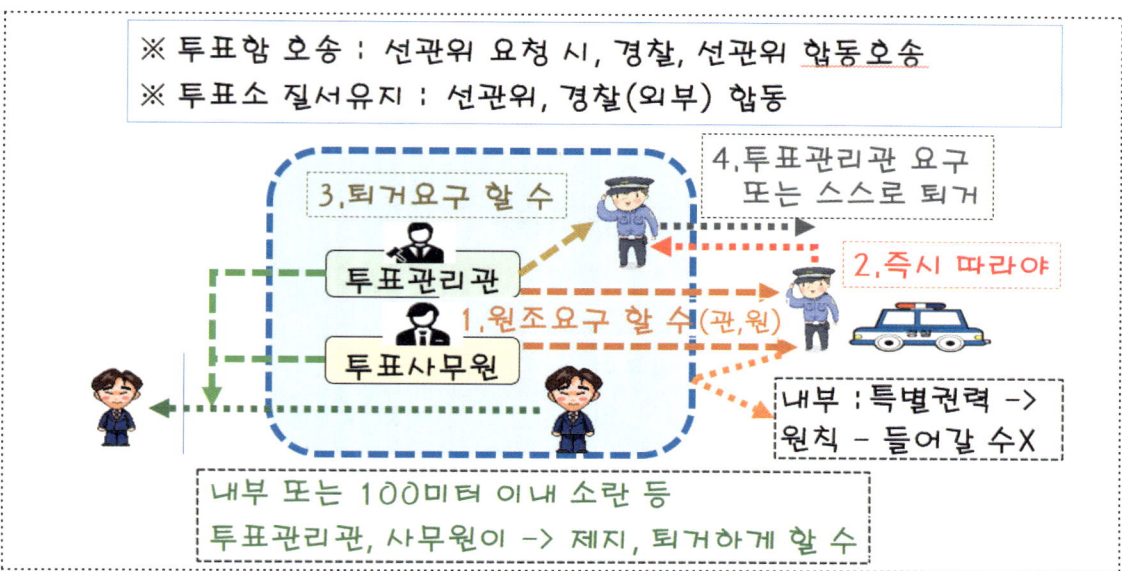

※ 투표함 호송 : 선관위 요청 시, 경찰, 선관위 합동호송
※ 투표소 질서유지 : 선관위, 경찰(외부) 합동

내부 또는 100미터 이내 소란 등
투표관리관, 사무원이 -> 제지, 퇴거하게 할 수

개표소 경비

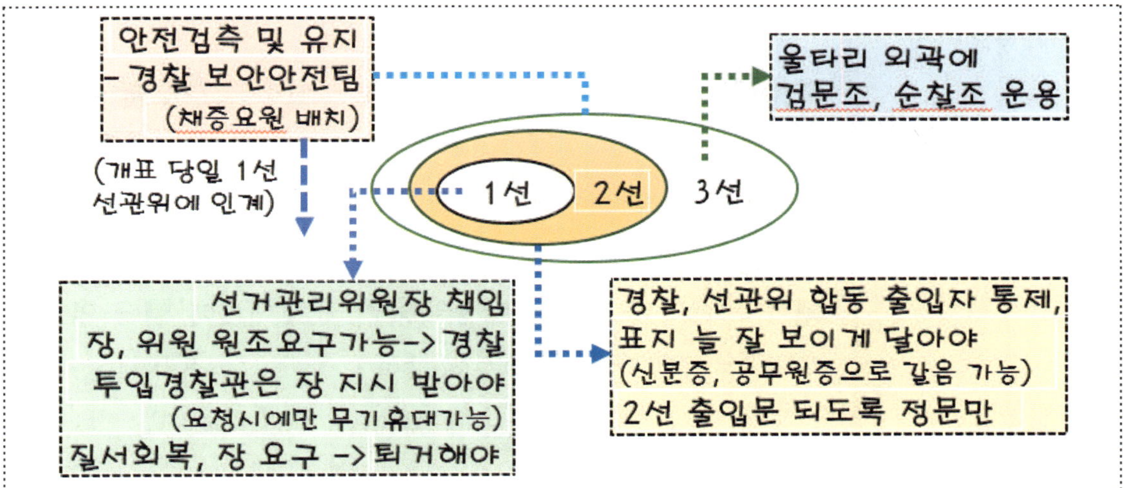

개표소 1선 * 개표소 질서유지 : 선거관리위원장 책임

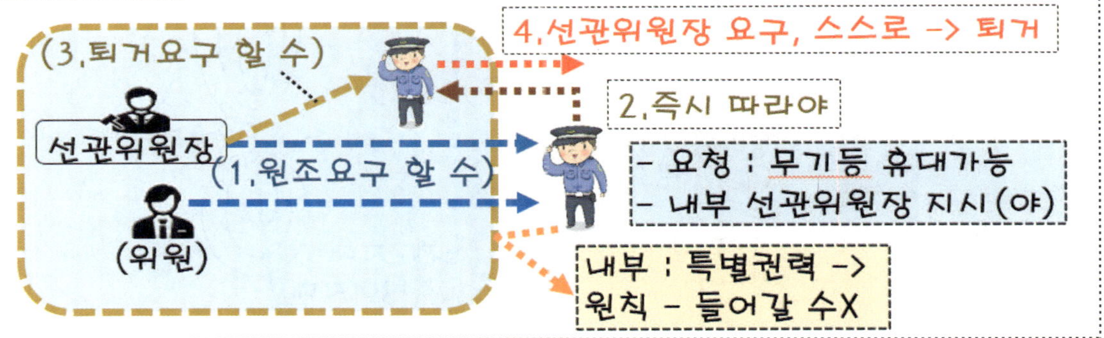

7 국가중요시설 경비

1. 국가중요시설 : 국가안보와 국민생활에 심각한 영향(통합방위법)
2. 지정권자 : 국방부 장관이,
   관계행정기관의 장 및 국가정보원장과 협의

분류

국가중요시설

실질적 분류

'가'급
광범위한 지역 통합방위작전, 국민생활에 **결정적 영향**
예 청와대 · 국회의사당 · 대법원 · 정부종합청사 · 국방부, 국정원, 한은본점

'나'급
일부지역 통합방위작전, 국민생활에 **중**대한 영향
예 경찰청, 대검찰청, 국책은행 및 시중은행본점

'다'급
제한된 지역 단기간 통합방위작전, 국민생활에 **상당** 영향
예 기타 중앙행정기관의 청급 독립청사(조달청 · 통계청 · 산림청 등)

방호지대

제3지대
(핵심방어지대)
(순찰근무)   (탐조등)
지하화, 위장
경비원 24시간
Cctv, 방호시설
(망루)
(초소, cctv)

제1지대
(경계지대)
- 감제고지
- 목지점

(매복)

제2지대
(주방어지대)
- 울타리 안쪽

방호책임

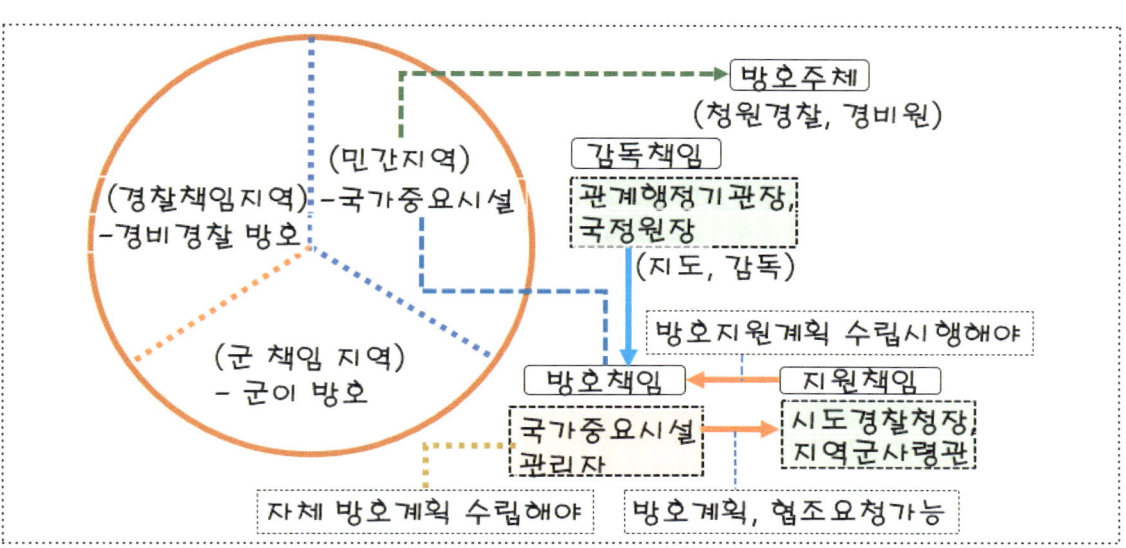

(경찰책임지역)
-경비경찰 방호

(민간지역)
-국가중요시설

(군 책임 지역)
- 군이 방호

방호주체
(청원경찰, 경비원)

감독책임
관계행정기관장,
국정원장
(지도, 감독)

방호지원계획 수립시행해야

방호책임

지원책임

시도경찰청장,
지역군사령관

국가중요시설
관리자

자체 방호계획 수립해야

방호계획, 협조요청가능

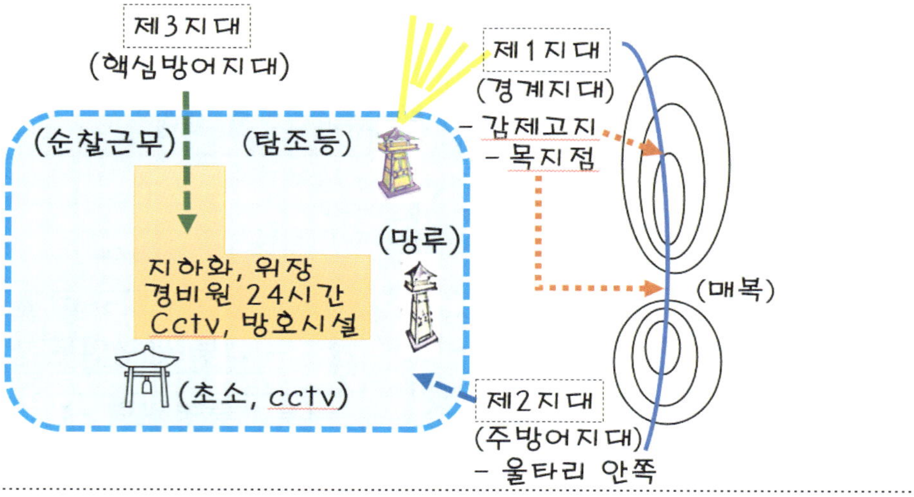

8 경찰작전

근거

- 통합방위법 및 동법 시행령

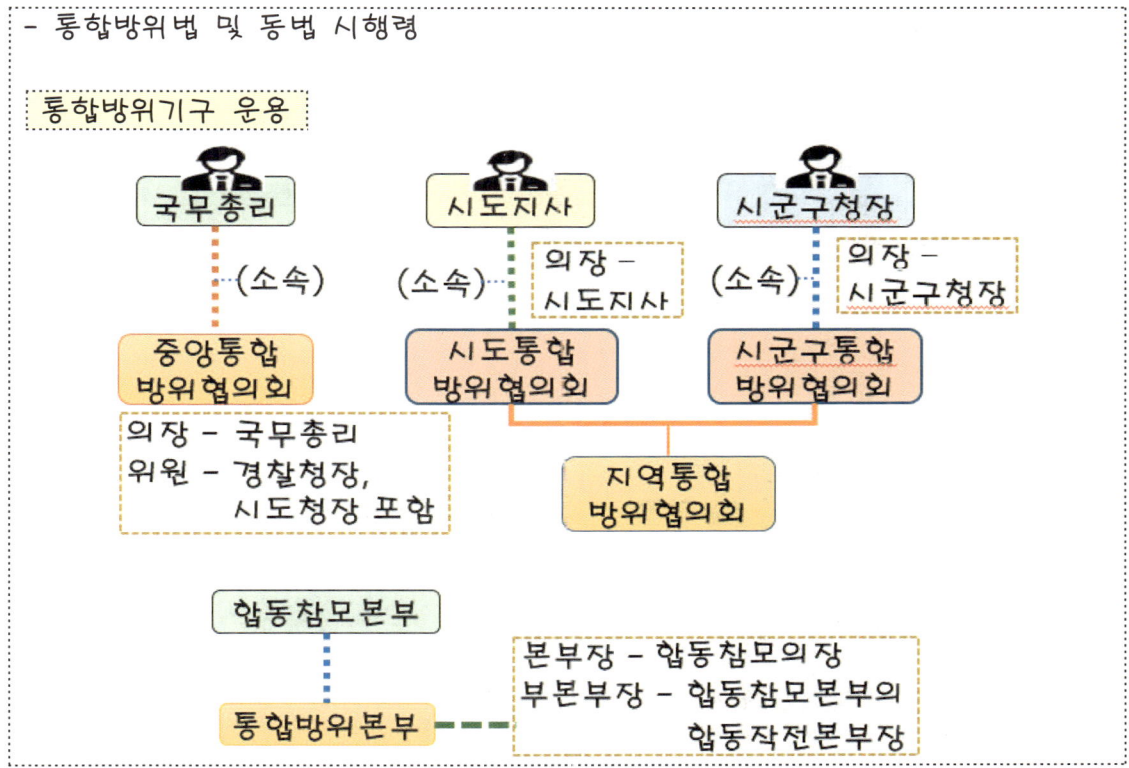

통합방위기구 운용

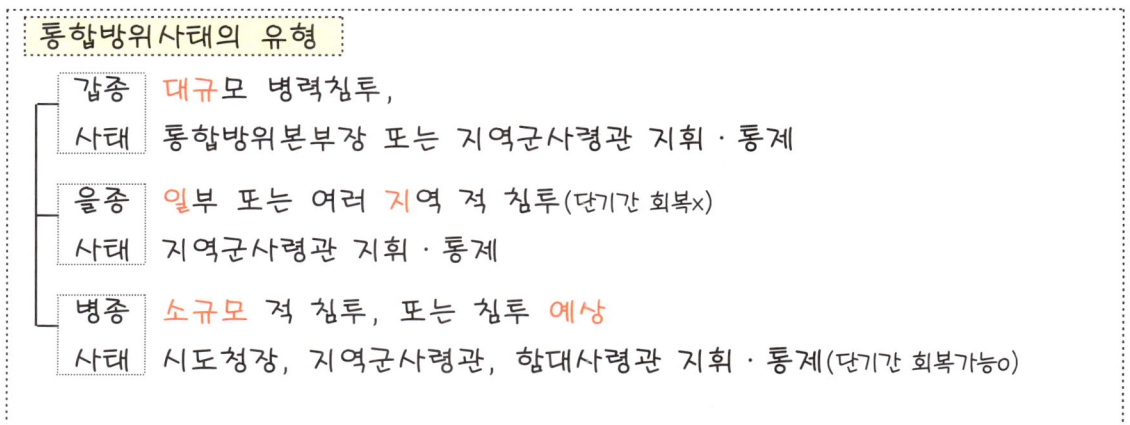

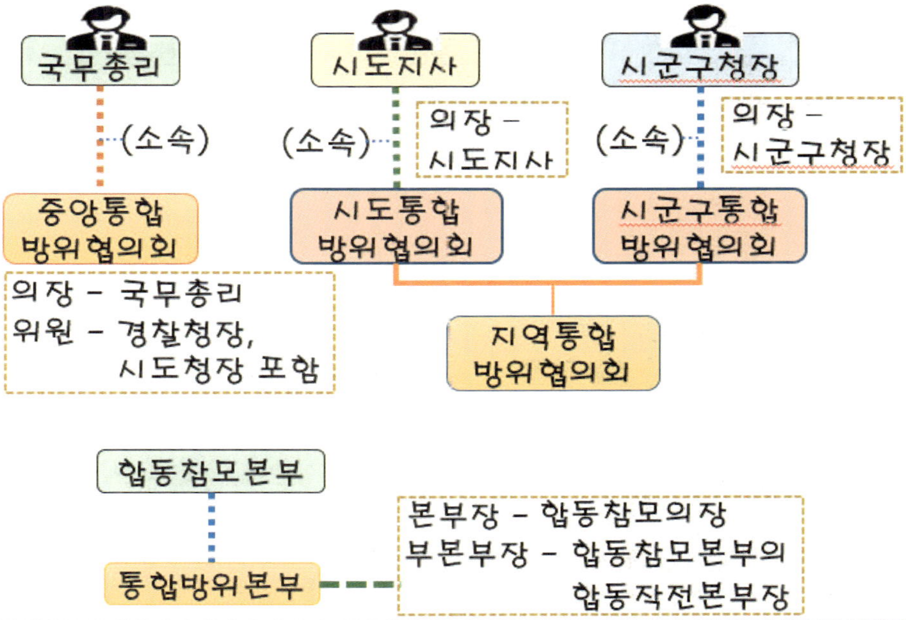

통합방위사태

통합방위사태의 유형

- **갑종사태**: 대규모 병력침투, 통합방위본부장 또는 지역군사령관 지휘 · 통제
- **을종사태**: 일부 또는 여러 지역 적 침투(단기간 회복x) 지역군사령관 지휘 · 통제
- **병종사태**: 소규모 적 침투, 또는 침투 예상 시도청장, 지역군사령관, 함대사령관 지휘 · 통제(단기간 회복가능o)

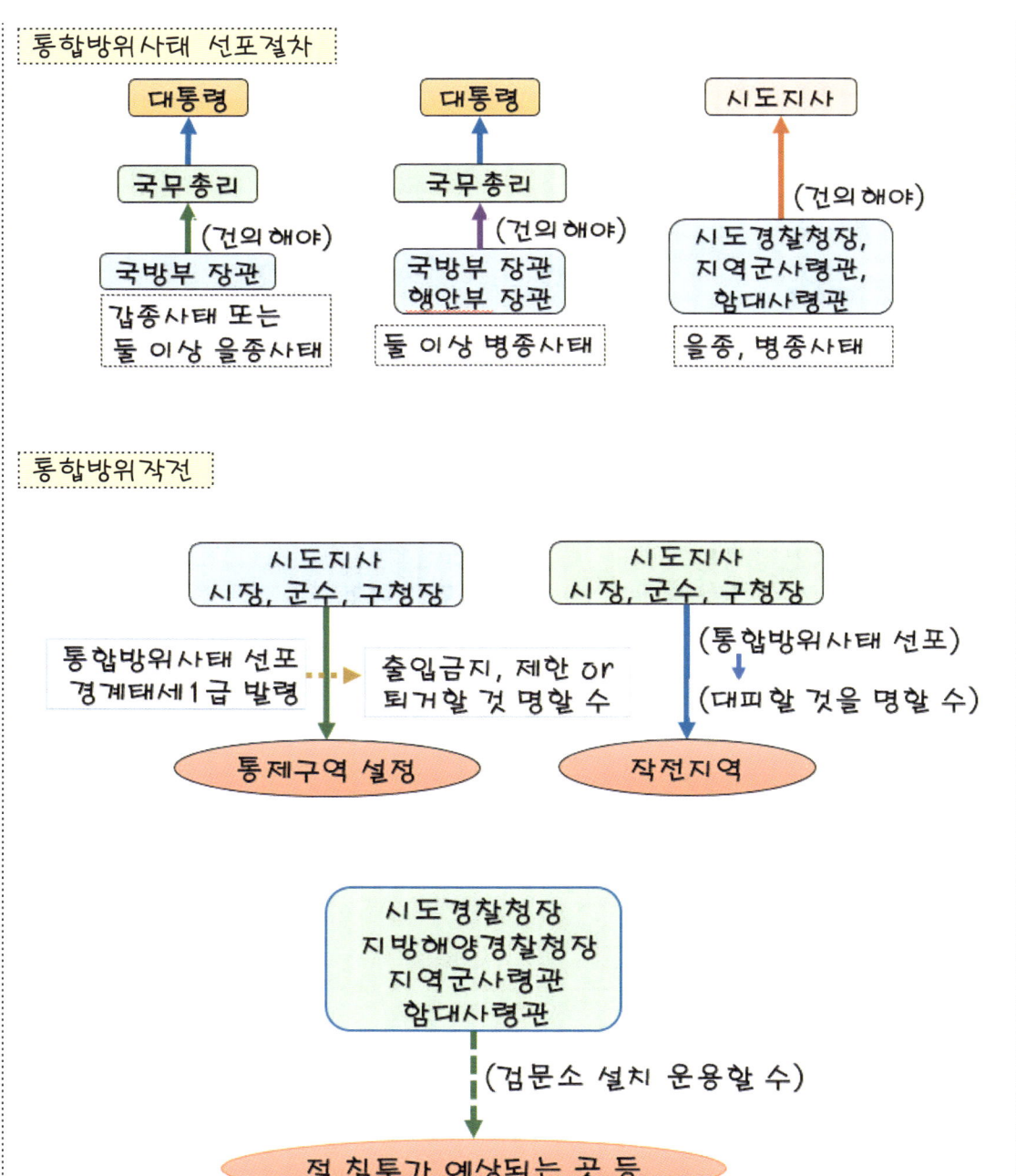

통합방위사태 선포절차

대통령 ← 국무총리 ← 국방부 장관
(건의해야)
갑종사태 또는 둘 이상 을종사태

대통령 ← 국무총리 ← 국방부 장관 / 해안부 장관
(건의해야)
둘 이상 병종사태

시도지사 ← 시도경찰청장, 지역군사령관, 함대사령관
(건의해야)
을종, 병종사태

통합방위작전

시도지사 / 시장, 군수, 구청장
통합방위사태 선포 경계태세1급 발령 → 출입금지, 제한 or 퇴거할 것 명할 수
통제구역 설정

시도지사 / 시장, 군수, 구청장
(통합방위사태 선포)
(대피할 것을 명할 수)
작전지역

시도경찰청장 / 지방해양경찰청장 / 지역군사령관 / 함대사령관
(검문소 설치 운용할 수)
적 침투가 예상되는 곳 등

제1장 교통경찰 일반

1 도로교통법 주요 용어

1. 차 : 자동차, 건설기계, 원동기장치자전거, 자전거
    또는 사람, 가축, 그 밖에 동력에 의해,
    도로에서 운전되는 것,
    (철길 또는 가설된 선으로 운전x, 유모차x, 보행보조용의자차x)
2. 자동차 : 원동기로 운전되는 차, 견인되는 자동차도 자동차의 일부
    (원동기 장치 자전거x)
3. 자율주행 자동차 :
    ① 자율주행 → 운전개념에 포함
    ② 자율주행 종류
        ⓐ 부분 자율주행시스템 : 지정조건 → 필요 → 개입요구
        ⓑ 조건부 완전자율주행시스템 : 지정조건 → 개입X, 운전
        ⓒ 완전자율주행 시스템 : 모든 영역 → 개입X, 운전
            ※ 직접운전 : 완전자율주행X → 시스템의 요구 → 직접운전해야!
    ③ 규제완화(자율주행시스템 사용) → 휴대전화 사용금지 적용X
        영상표시장치 사용 · 조작금지 적용X
4. 원동기장치자전거 : 125cc 이하 원동기를 단차(전기차 11kw 이하)
    ※ 20km 이하로만 운행 - 운전면허x
    ※ 사용신고 및 번호판 지정대상 - 최고속도 25km 이상 이륜자동차
5. 개인형 이동장치 : 원동기 장치자전거 중,
    시속 25km 이상 운행 시 전동기 작동x,
    차체 중량 30kg 미만으로, 행안부령으로 정
    정원초과 금지(행안부령으로 정, 대통령령X)
6. 자동차 등 : 자동차 + 원동기장치자전거
    ※ 규제 : ① 속도(과속), ② 음주운전, ③ 휴대전화사용, ④ 무면허 운전,
    ⑤ 특정범죄 가중처벌 등에 관한 법률상 도주

7. 도로 : 도로법상 도로, 유료도로법 유료도로, 농어촌정비법 농어촌도로,
그 밖에 일반교통에 사용되는 장소
① 성립요건 : 형태성, 이용성, 공개성, 교통경찰권
② 판례(공개성 여부)
- 도로부정 : 여관 앞 공터, 자동차 정비소 마당, 역구내, 학교구내,
각종 주차장, 아파트 단지내 도로(통행통제)
- 도로긍정 : 울산조선소 구내 도로, 아파트 단지내 도로(통행통제x),
춘천시청광장 주차장(공개o), 공원, 고수부지길,
준공전 개방된 도로
8. 보행자 : 유모차o, 소아용 세발자전거o, 보행보조용의자차o,
※ 순수레, 자전거 - 타면 → 차 / 끌면 → 보행자

기타용어

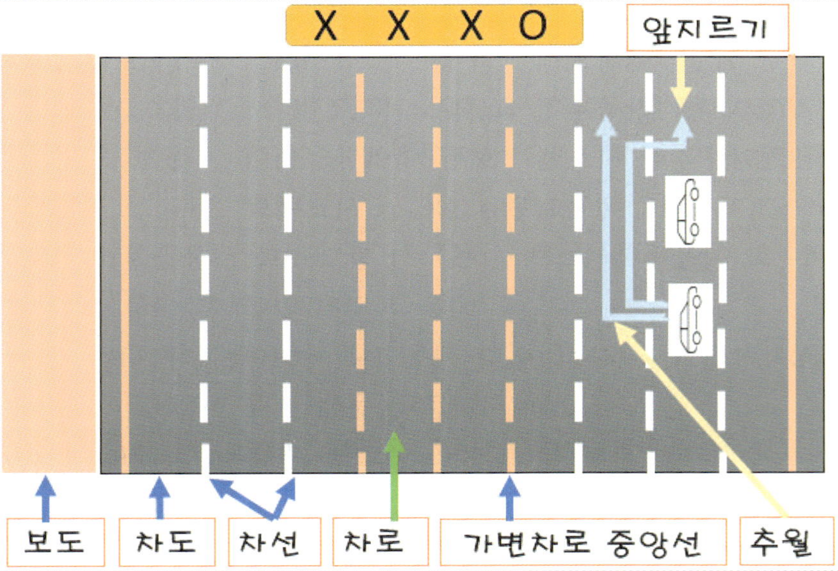

1. 자동차 전용도로 : 자동차만 사용 도로,
2. 고속도로 : 자동차의 고속 운행에만 사용
3. 차도 : 차가 통행할 수 있도록 설치된 도로의 부분
4. 중앙선 : 차마 통행방향 구분, 도로에 황색 실선(實線)이나 황색 점선 등, 중앙분리대, 울타리 등,
   ※ 가변차로 설치 시 → 진행방향 가장 왼쪽 황색 점선
5. 차로 : 차선으로 구분한 차도의 부분
6. 차선 : 차로와 차로를 구분하기 위해, 그 경계지점을 표시
7. 자전거 횡단도 : 자전거 및 개인형 이동장치가 횡단,
8. 보도 : 보행자가 통행하도록 한 도로의 부분
9. 보행자 전용도로 : 보행자만 다닐 수 있도록 한 도로
10. 길가장자리구역 : 보도와 차도 구분x, 경계를 표시한 도로의 가장자리 부분
11. 횡단보도 : 보행자가 도로를 횡단할 수 있도록 표시
12. 교차로 : 십자로, T자로 그 밖에 둘 이상의 도로가 교차하는 부분
13. 원형 교차료 : 원형의 교통섬을 중심, 반시계방향으로 통행, 원형도로
14. 안전지대 : 보행자, 차마의 안전을 위해 표시한 도로의 부분
15. 신호기 : 문자, 기호, 등화 사용, 신호표시 조작 장치
16. 안전표지 : 주의, 규제, 지시등 표지판, 도로 바닥표시 기호 문자 선 등
17. 자율주행시스템 : 「자율주행자동차 상용화 촉진 및 지원에 관한 법률」 제2조 제1항 제2호에 따른 자율주행시스템
    (완전 자율주행시스템, 부분 자율주행시스템 등 행정안전부령으로 정)
18. 자전거 등 : 자전거 + 개인형 이동장치
19. 주차 : 운전자가 차를 떠나서 즉시 그 차를 운전할 수 없는 상태
20. 정차 : 5분 초과x, 차를 정지, 주차외의 정지
21. 일시정지 : 바퀴를 일시적으로 완전히 정지
22. 운전 : 도로에서 차마, 노면전차를 조종, 자율주행시스템 사용
    ※ 도로외의 곳 포함 : 음주·과로·질병·약물복용 상태의 운전금지 및 조치의무, 보행자 주변 서행 또는 일시정지
23. 초보운전자 : 운전면허 받고(취소후 다시 받은 경우 포함) 2년 미경과
24. 서행 : 즉시 정지시킬 수 있는 느린 속도
25. 앞지르기 : 앞서가는 차의 옆을 지나 그 차의 앞으로 가는 것
26. 음주운전방지장치 : 술취한 상태 → 시동x(행안부령으로 정)

※ 도로교통법 : "유아" - 6세 미만/ "어린이" - 13세 미만/ "노인" - 65세 이상

제2장 교통경찰 활동

1 교통규제

□ 규제수단 - 신호기, 수신호, 안전표지

안전표지

종류

주의표지	위험o → 안전조치 할 수 있도록, 알리는 표지, 예) 터널표지, 공사표지
규제표지	제한, 금지 등 규제를 알리는 표지 예) 보행자 횡단금지표지, 양보표지
지시표지	필요한 지시를 알리는 표지 예) 자전거주차장 표지, 자동차전용도로 표지
보조표지	주의, 규제, 지시표지를 보충
노면표지	주의, 규제, 지시표지를 노면에 표시

설치요령

1. 시인성 고려,
2. 위치선정 : 보행시설을 필요 이상 침범x, 차도 끝에서 필요거리 확보
3. 교차로 부근 회피

2 교통지도 · 단속

1 교통지도 · 단속 사안

음주운전 - 조건부 운전면허 - 등록의무(시도청장), 연2회 운행기록제출, 검사

단속대상

1. 자동차등(자동차 + 원동기장치자전거), 모든 건설기계
2. 경운기x, 우마차x, 트랙터x, 군용차량x

※ 노면전차o, 자전거o - 음주운전, 측정거부 : 20만 이하 벌금, 구류, 과료

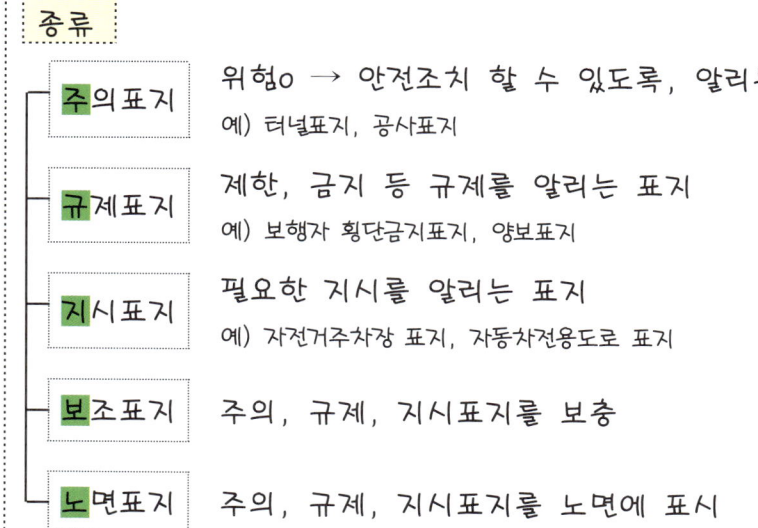

단속기준

1. 장소제한x : 도로 및 도로 이외 장소 모두 처벌
2. 혈중알콜농도 : 0.03 이상
3. 위드마크 공식(시간당 감소치 0.008%/h)
4. 판례) ① 구도로교통법 0.051% → 처벌기준초과 단정불가
   ② 음주감지기 음주반응 → 음주운전단정 불가
   ③ 입 헹굴 기회(X) → 음주로 단정불가
   ④ 실수로 제동장치 건드림 →음주운전(X), 고의범만
   ⑤ 시동 걸지 않은 페달조작 → 음주운전(X)
   ⑥ 위드마크 공식에 의한 역추산 고지의무 → (X)

호흡측정

1. 음주 후 20분 이내 과대측정 우려o → 입을 헹굴 기회를 준 후 측정해야
2. 불대 1회 1개, 측정 거부 → 5분 간격 3회 이상 처벌 고지, 15분 경과, 단속
3. 판례) ① 신체 이상(호흡 어려움), 혈액측정도 거부 → 음주측정 거부x
   ② 음주감지기에 의한 시험 거부 → 음주측정불응죄 성립
   ③ 5시간 경과 후 측정 거부 → 음주측정불응죄 성립
   ④ 부는 시늉만 → 계속 반복, 명백한 경우만 음주측정불응죄 성립
   ⑤ 측정불응 시 → 혈액측정방법 고지의무(X)
   ⑥ 혈액측정방법 → 호흡측정에 불복 시로 한정(X)
   ⑦ 측정 → 호흡측정기 측정
   ⑧ 위법한 보호조치 → 음주측정불응 처벌(X)
   ⑨ 적법한 보호조치 운전자에 음주측정요구 → 적법
   ⑩ 위법한 체포·감금상태에서 음주측정요구 거부 → 처벌(X)

혈액측정

1. 채혈감정 → 호흡측정결과에 우선
2. 판례) ① 혈액검사 측정치 → 호흡측정 결과에 우선
   ② 농도상승기 측정 → 증명불가능(X)
   ③ 채혈 요구 시간적 한계 → 30분 이내
   ④ 1시간 12분이 지난 후에 채혈 → 적법
   ⑤ 영장x, 동의x 병원에서의 채혈 → 동의해도, 유죄 증거 사용(X)

⑥ 위법한 강제연행 상태에서 혈액채취 → 동의해도, 증거능력(X)
⑦ 타인혈액, 자신의 혈액처럼 제출 → 공무집행방해죄
⑧ 혈액채취에 관한 법정대리인 동의 → 무효
⑨ 혈액취득보관 → 감정에 필요한 처분 또는 압수의 방법
⑩ 의복 등에 주취냄새 등 준현행범 요건(O), 교통사고 직후 후송된 병원응급실 → 범행중 직후의 장소에 준(O)

※ 위 병원응급실 → 의사가 혈액을 채취하게 한 후 영장없이 압수 가능 → 사후영장 필요

처벌기준

1. 혈중알콜농도 0.2% 이상	→ 2년 이상 5년 이하 징역 1천만원 이상 2천만원 이하 벌금
2. 음주측정불응	→ 1년 이상 5년 이하의 징역이나 500만원 이상 2천만원 이하 벌금
3. 약물, 정상운전X, 운전	→ 3년 이하 징역 1천만원 이하 벌금
4. 알콜0.08%이상 0.2%미만	→ 1년 이상 2년 이하 징역, 500만원 이상 1천만원 이하 벌금
5. 알콜0.03%이상 0.08%미만	→ 1년 이하의 징역 500만원 이하의 벌금

* 음주운전, 측정불응 후 -> 10년 이내 재범 가중처벌

1. 알콜0.2%이상	→ 2년 이상 6년 이하 징역, 1천만원이상 3천만원 이하 벌금
2. 알콜0.03%이상 0.2%미만	→ 1년 이상 5년 이하의 징역 500만원이상 2천만원 이하 벌금
3. 음주측정거부	→ 1년 이상 6년 이하 징역, 500만원이상 3천만원 이하 벌금

판례

① 무면허운전 + 음주운전 → 상상적 경합(중한 죄에 정한 형)
② 위험운전 치상 + 음주운전 → 실체적 경합
③ 음주운전 + 음주측정거부 → 실체적 경합
④ 음주운전 2회 이상 위반 → 음주운전 사실인정(O), 형의 선고나 유죄의 확정판결(X)

⑤ 주취운전자에 대한 경찰관의 차량 열쇠 교부 및 음주사고 발생
→ 국가배상책임 인정

헌재 판례

⑥ 음주측정 → 강제처분(X), 측정불응 처벌 → 영장주의 위반(X)
⑦ 음주운전 또는 음주측정 거부 1회 이상 위반
→ 음주운전금지 또는 음주측정 거부 금지 위반 - 가중처벌 위헌

과로한 때 등의 운전금지 - 26. 4.02 시행

약물등 운전금지

과로, 질병, 약물 영향, 그 밖 사유 → 정상 운전 못할 우려(O) → 운전금지

약물측정

약물 영향 → 정상적 운전 못할 우려 상태 → 운전(O) →
타액 간이시약검사 등 측정 가능　　　　* 약물측정 거부 금지

혈액측정

측정결과 불복 → 동의 → 다시 측정 가능(혈액채취 등)
* 절차 · 방법 : 행안부령으로

운전 중 휴대전화 사용금지

원칙　자동차등 또는 노면전차, 운전 중 휴대전화 사용금지

예외　① 정지하고 있는 경우
② 신고 등 긴급한 필요
③ 긴급자동차 운전하는 경우
④ 장치를 이용하는 경우
※ 기타 - 자율주행 시스템 사용 운전　[☻정신긴장 자율]

정차 및 주차의 금지

정차 및 주차 금지	주차금지 장소
① 교차로 · 횡단보도 · 건널목, 보도 ⑥ 소방시설 등부터 5미터 이내 ② 교차로 가장자리나 도로 모퉁이로부터 5미터 이내 ⑤ 건널목 가장자리 또는 횡단보도로부터 10미터이내 ④ 버스여객자동차 정류지부터 10미터 이내 ③ 안전지대의 사방으로부터 각각10미터 이내 ⑦ 시 · 도경찰청장이 필요성을 인정하여 지정한 곳 ⑧ 시장 등이 지정한 어린이 보호구역	② 5미터 이내 ⓐ 도로공사 양쪽 가장자리 ⓑ 다중이용업소의 영업장이 속한 건축물 ① 터널 안 및 다리 위 ③ 시 · 도경찰청장이 지정
[☻ 교단건너, 본 /오(5)소모(씨)가, /목 단정(히) 안식(10) 어린 주정]	[(☻) 오(5)공용 / 튼 다리 주]

1. 차견인, 24시간 경과, (행정안전부령) 일정 사항 → 사용자, 운전자에, 등기우편 통지해야
2. 정차, 주차 운전자, 차도 우측 가장자리 정차 등 → (대통령령, 정 · 주차방법 · 시간과 금지사항 등 지켜야
3. 경사진 곳 정 · 주차 → 고임목 설치, 조향장치 도로가장자리 방향전환 등 미끄럼 사고발생 방지조치 취하여야

앞지르기

1. 방법 : 앞차의 좌측으로(자전거는 우측으로)
2. 시기 : 앞차 나란히x, 앞차가 앞지르려x
3. 장소 : 교차로x, 터널 안x, 다리 위x, 도로 구부러진 곳

난폭운전금지

1. 주체 : 자동차등(개인형 이동장치 제외)
2. 행위 : 금지행위(신호지시위반, 중침, 등), 둘 이상 연달아, 하나의 행위 지속 반복 - 위해, 위협, 교통상 위험 발생

어린이 보호구역

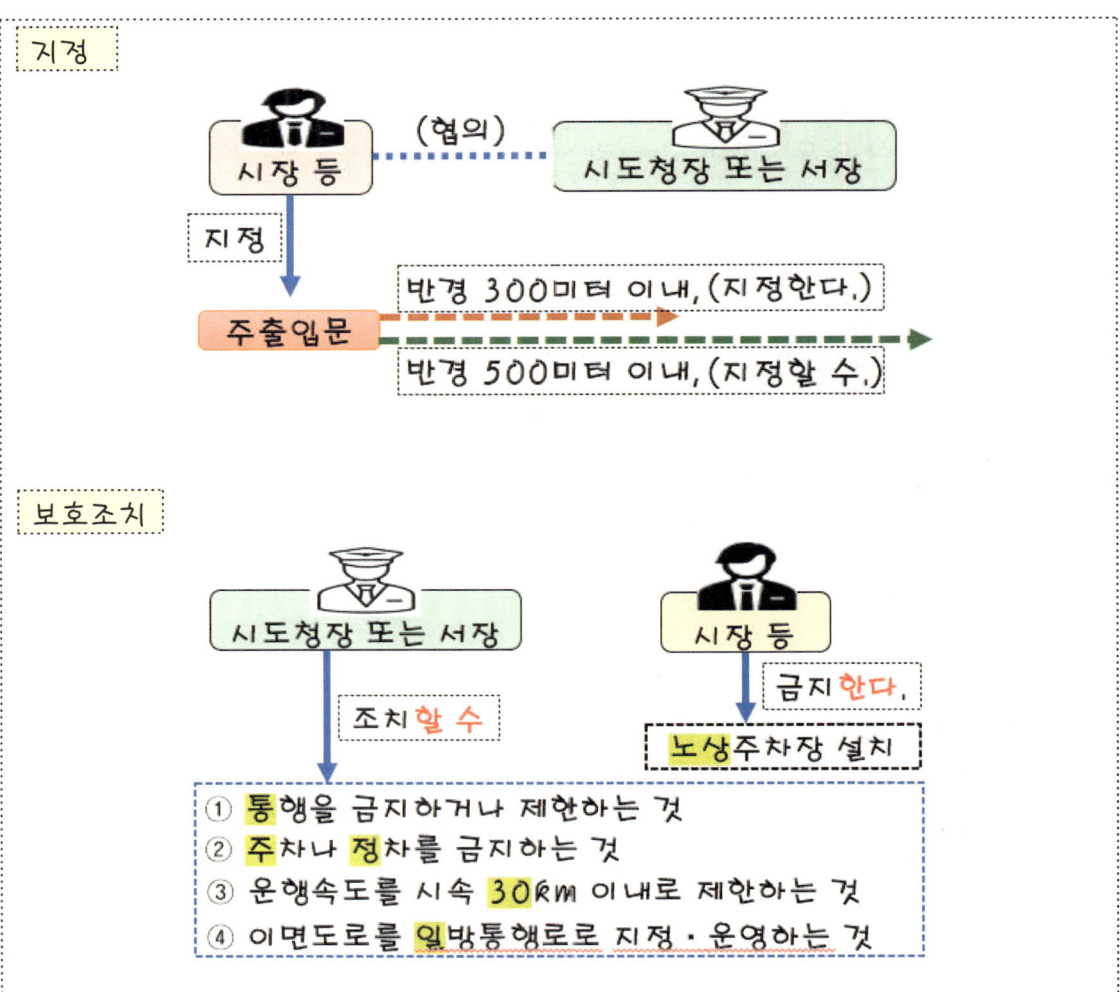

지정

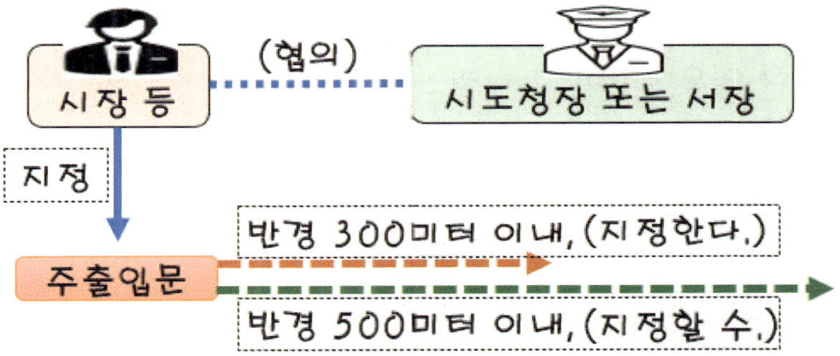

보호조치

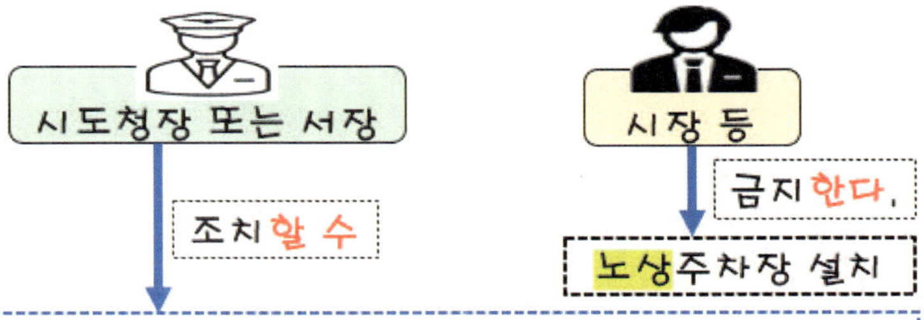

① 통행을 금지하거나 제한하는 것
② 주차나 정차를 금지하는 것
③ 운행속도를 시속 30km 이내로 제한하는 것
④ 이면도로를 일방통행로로 지정·운영하는 것

어린이·노인·장애인 보호구역 벌칙 강화 오전 8시 ~ 오후 8시까지 위반

㉠ 규정 속도보다 20km 이내 초과 → 벌점 15점

㉡ 신호·지시위반, 속도위반, 보행자 보호의무 불이행 → 벌점 2배 가중

※ 신호위반시 승용자동차는 범칙금 12만원(승합자동차는 13만원)

어린이 통학버스

의의

- 어린이(13세 미만의 사람) 교육시설, 어린이 통학 등에 이용, 자동차 또는 운송사업용 자동차
  ① 관할서장 신고, 신고증명서 발급받아야
  ② 어린이 통학버스 안에 신고증명서를 항상 갖추어 두어야

어린이통학버스 특별보호1

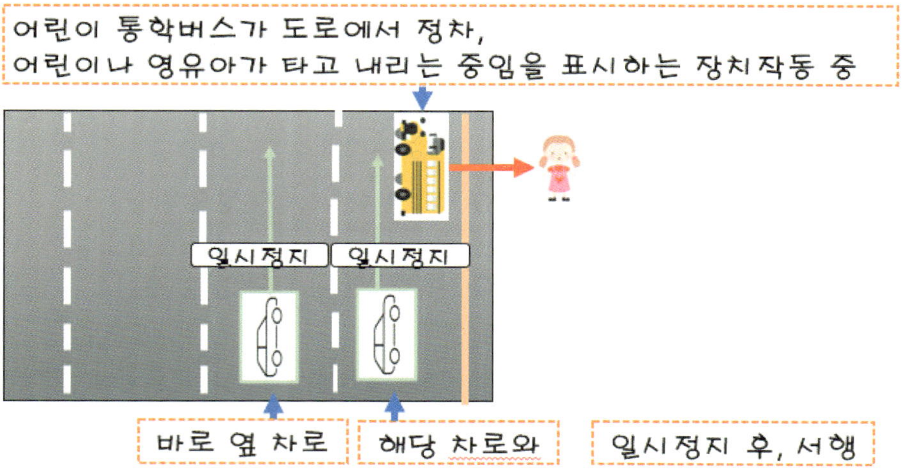

어린이통학버스 특별보호2

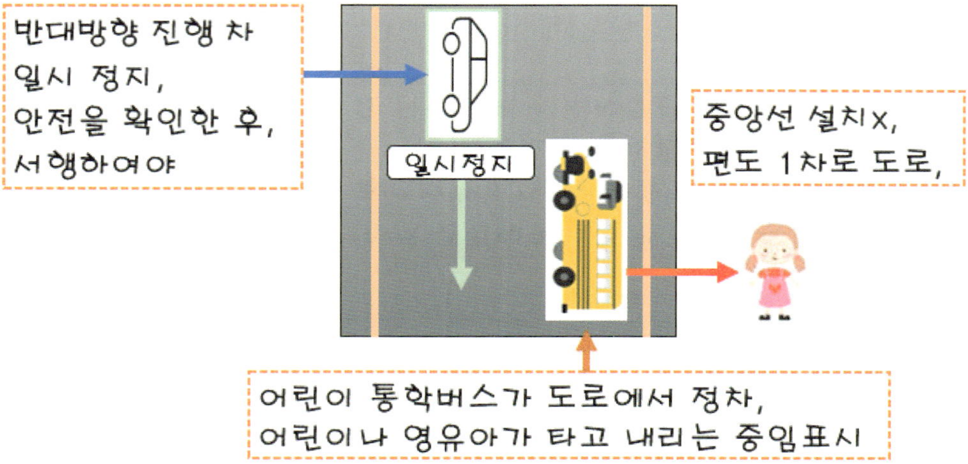

어린이통학버스 특별보호3

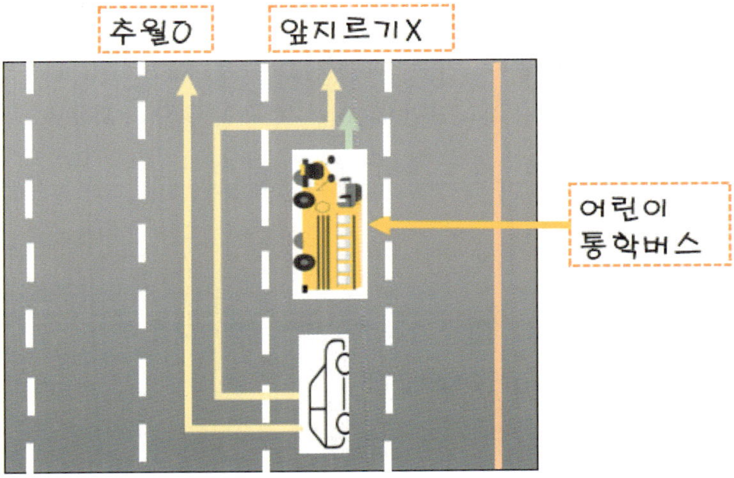

의무

1. 운영자 : 보호자를 함께 태우고 운행해야
2. 운전자 : ㉠ 탈 때, 모두(어린이, 영유아) 좌석안전띠를 맨 후 출발하여야
㉡ 내릴 때 안전한 장소 도착여부 확인 후 출발하여야
※ 보호자X, **내려서** 승하차하는 것을 확인하여야
㉢ 운행을 마친 후 모두 하차하였는지 확인하여야(장치작동해야)
3. 보호자 : ㉠ **내려서** 어린이나 영유아가 안전하게 승하차하는 것을 확인하고,
㉡ 운행 중, 좌석안전띠를 매도록 하는 등 필요조치를 하여야
4. 교육 : 운영자, 운전자, 보호자 → "어린이통학버스 안전교육"을 받아야

자전거등 관련 교통규제

통행방법

1. 자전거 도로 따로o → 자전거 도로 통행해야
2. 자전거 도로x → 우측 가장자리에 붙어 통행해야(예외적 보도통행 - 노인등, 안전표지)
3. 길가장자리 구역 → 통행 가능
4. 병진(2대 이상 나란히 차도통행) → 금지
5. 자전거 등의 앞지르기 → 우측으로
6. 횡단보도 이용 → 내려서 끌어야

준수사항

1. 운전자, 동승자 → 인명보호 장구를 착용해야
2. 야간도로 통행 → 전조등과 미등 or 야광띠 등 발광장치를 착용해야
3. 술 취한 상태 → 운전 금지(20만 이하, 벌금, 구류, 과료)
4. 약물 등 정상 운전 곤란 → 운전 금지

긴급자동차

- 혈액공급차량 · 소방자동차 · 구급자동차, 그 밖에 대통령령으로 정,
- 취소권자 : 시도경찰청장 [☻혈액방구]

- 유형

당연(법정)

- 대통령령으로 정하는 긴급자동차

① 범죄수사를 위하여 사용 [☻수교국경 경찰]

② 교도기관의 자동차 중 체포, 수용자, 호송 · 경비, 사용

③ 국군 및 주한국제연합군용 자동차 중, 질서유지 및 부대 유도에 사용

④ 경호업무수행에 사용

⑤ 경찰용자동차 중 범죄수사 · 교통단속, 긴급한 경찰임무수행에 사용

지정긴급자동차

(신청대상)

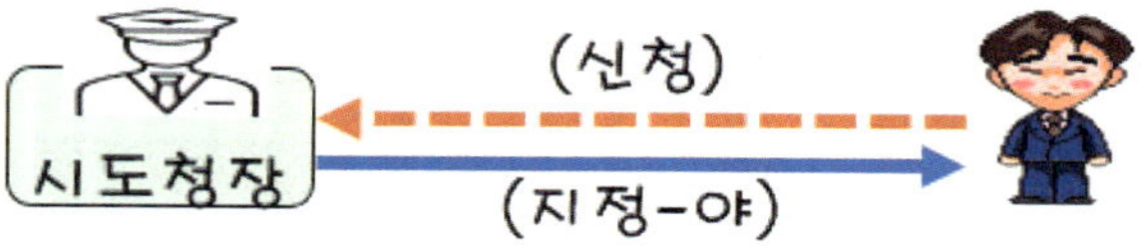

① 도로관리, 위험방지 응급작업, 단속에 사용

② 민방위업무 수행기관, 긴급예방 또는 복구출동

③ 전기사업, 가스사업, 그 밖의 위험 방지 응급작업

④ 전신 · 전화 수리공사 등 응급작업, 긴급우편물 운송, 전파감시

[☻도민전전 우파]

(지정취소)

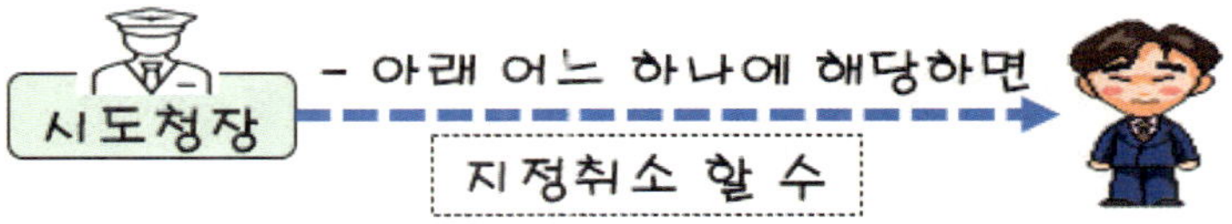

① 색칠 등 긴급자동차에 관한 구조에 적합x
② 목적에 벗어나 사용, 고장 등 긴급자동차로 사용x

준긴급자동차

- 아래 어느 하나, 긴급자동차로 본다.

① (국군 및 주한국제연합군용) 긴급자동차에 유도 → 국군 및 주한국제연합군 자동차

② 경찰용의 긴급자동차에 유도 → 자동차

③ 생명위급 환자, 부상자, 수혈을 위한 혈액을 운반 중인 자동차 [☻국경환자수혈]

- 특례

특례

- 위반 → 단속x / 위반사고 → 처벌x

1. 모든 긴급자동차 특례
   ① 자동차의 제한속도
   ② 앞지르기의 금지시기 및 앞지르기 금지장소
   ③ 끼어들기 금지 [☻속시장끼]

2. 일정 긴급자동차 특례 : 혈액운반차, 소방차, 구급차, 경찰자동차 중 수사, 교통단속, 그 밖에 긴급한 경찰업무수행에 사용
   - 보도침범, 신호위반, 중앙선 침범, 횡단 등의 금지, 안전거리 확보 등, 앞지르기 방법 등, 정차 및 주차의 금지, 주차금지, 고장 등 조치 [☻보신중 단전방 정주고]

우선통행권

- 위반 → 단속x / 위반사고 → 처벌
  ㉠ 중앙선 침범 : 가능(중앙이나 좌측부분 통행가능)
  ㉡ 신호위반 : 정지하여야 하는 경우, 정지하지 아니할 수
  ㉢ 교차로 : 일반차량은 교차로를 피하여 일시정지 하여야
  ㉣ 교차로 이외 장소 : 긴급자동차 우선 통행할 수 있도록 진로 양보하여야

사고처리

- 특례적용 조건 : 구조 갖추어야, 사이렌 또는 경광등 켜야

1. 원칙 : 긴급용도 사용 중, 교통사고 → 위반내용 적용(일반차와 동일)

   ※ 우선권관련 사고 → 특례법 예외 12개항 적용(처벌o)

2. 예외 : 특례 관련 사고 → 예외 12개항 적용x(처벌x)

3 운전면허

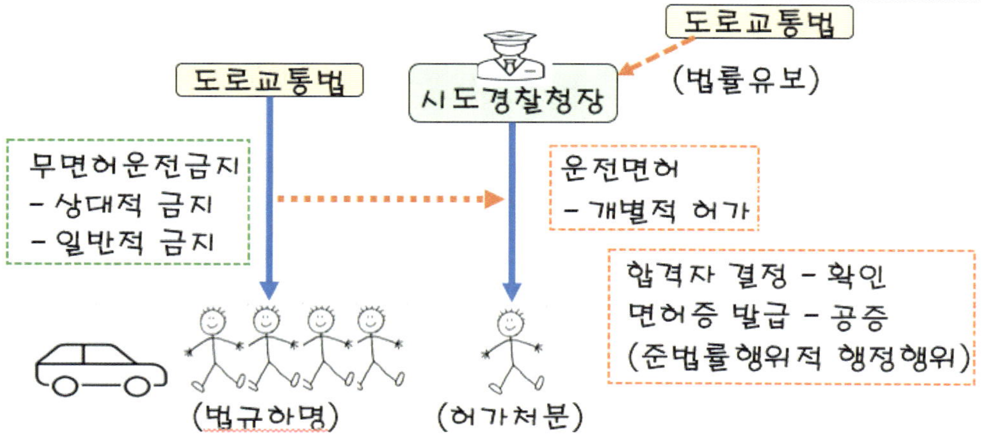

음주운전 방지장치 조건부 면허

조건부 면허 발급

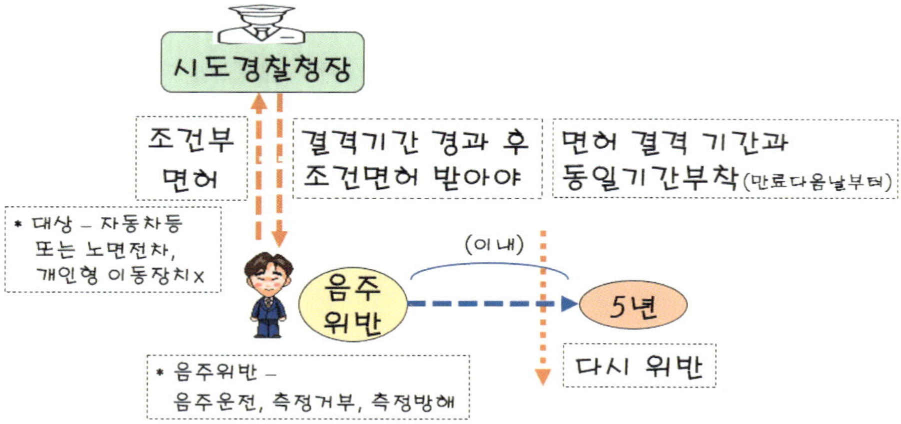

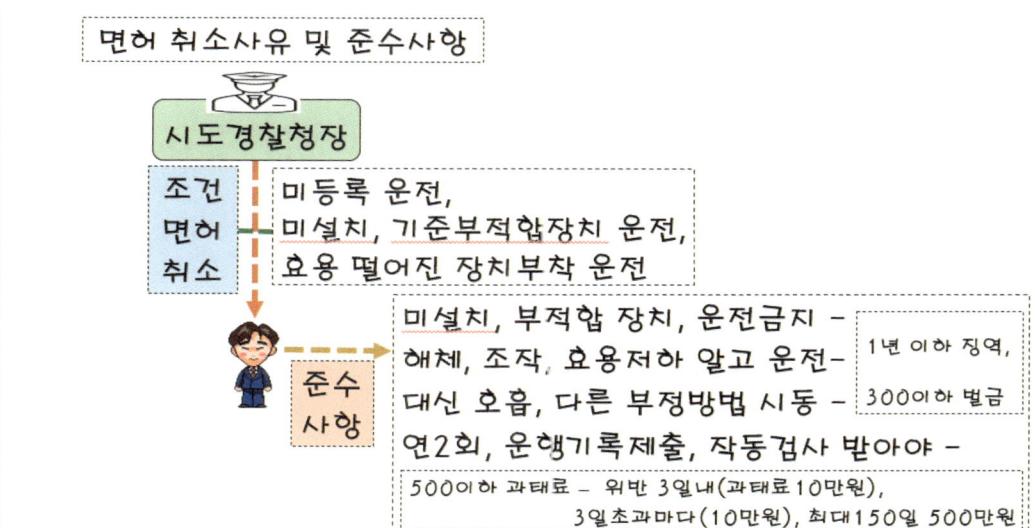

면허 취소사유 및 준수사항

시도경찰청장

조건 면허 취소
미등록 운전,
미설치, 기준부적합장치 운전,
효용 떨어진 장치부착 운전

준수 사항
미설치, 부적합 장치, 운전금지 -
해체, 조작, 효용저하 알고 운전 -
대신 오름, 다른 부정방법 시동 -
연2회, 운행기록제출, 작동검사 받아야 -
1년 이하 징역, 300이하 벌금

500이하 과태료 - 위반 3일내(과태료10만원),
3일초과마다(10만원), 최대150일 500만원

운전면허종류

제1종

- **대형** 승용, 승합, 화물, 특수(구난차 등 제외), 원자, 건설기계(자동차에 해당하는 것만)
- **보통** 승용, 승합(15인 이하), 화물(12톤 미만), 특수(총중량 10톤 미만, 구난차 등 제외), 원자, 3톤 미만 지게차(건설기계)
- **소형** 3륜 화물, 3륜 승용, 원자
- **특수** 구난차 등(대형견인, 소형견인, 구난차), 2종 보통면허 운전가능차량

제2종

- **보통** 승용, 승합(10인 이하), 화물(4톤 이하), 특수(총중량 3.5톤 이하), 원자
- **소형** 2륜(125cc 초과), 원자
- **원자** 원동기장치 자전거

연습

- 1종 보통: 승용, 승합(15인 이하), 화물(12톤 미만)
- 2종 보통: 승용, 승합(10인 이하), 화물(4톤 이하), 원자x

임시운전증명서

재교부, 적성검사, 갱신교부, 수시적성검사 - 20일, 연장 20일
취소정지 - 40일, 연장 20일
- 시도청장 위임 → 서장 교부(연장도 서장), 운전면허와 동일효력

연습면허

1년간 유효, 2년 경과된 사람과 동승해야
사업용자동차 운전x, 주행 중 표지(야)

- 원칙: 벌점관리x, 정지처분x, 사고 또는 법위반 → 취소
- 예외: 주행시험을 담당하는 사람, (운전학원) 전문학원 강사, 기능검정원 지시 → 위반, 도로 아닌 곳 사고, 물적 피해만 발생한 사고,

국제운전면허증, 상호인정 외국 면허증

협약 가입국간 통용,
입국 후 1년간 유효,
중국x - 도로교통에 관한 협약가입국x
신원 확실하면 통고처분 가능
사업용자동차 운전x - 예외 : 대여사업용 자동차
미소지 → 무면허 운전o
취소x, 정지x → 금지o

국내발급 국제운전면허증

- 발급권자 - 시도청장
- 1년간 유효
- 국내면허 효력 정지 → 국제운전면허도 정지
- 원자면허, 연습면허 → 발급x

운전면허 결격사유

- 18세 미만(원자 - 16세 미만)
- ※ 제1종 대형 또는 제1종 특수면허 → 19세 미만이거나 운전경험 1년 미만
- 정신질환자 또는 뇌전증 환자
- 듣지 못하는 사람(1종 대형, 특수만)
- 보지 못하는 사람(한 쪽 눈만 - 1종 면허중 대형, 특수만)
- 외국인 등록x, 국내거소 신고x

운전면허 발급제한기간

- 즉시 응시 : 적성검사x, 적성검사 불합격
- 기간 중 : 면허정지기간 중, 국제운전면허증 등 운전금지기간
- 6월 : 1년 발급제한 → 원자 면허
- 1년 : 원칙 - 음주운전, 무면허, 교통사고, 벌점, 일정 범죄에 차량이용 등
- 2년
  - 3회 이상 무면허, 2회 이상 음주 · 약물(측정거부)
  - 음주 · 약물(측정거부) + 사고,
  - 공동 위험행위 2회 이상, 차량 훔치거나 빼앗아 면허취소,
  - 면허시험 대신 응시, 부정한 방법 면허취득
- 3년 : 2회 이상 <음주 · 약물(측정거부) + 사고>, (모든) 범죄 + 무면허
- 4년 : 음주, 과로(질병 · 약물), 무면허, 공동위험행위 이외 사유 사고, 조치x
- 5년
  - 음주 · 과로(질병 · 약물)(측정거부 포함), 무면허, 공동위험행위로 사고 → 조치x, / 음주사망사고

운전면허효력 발생시기

판례 - 교부일자
유권해석 - 발급일자

4 운전면허 행정처분

처분벌점 = 누산점수 - 이미 집행

※ 40점부터 1점 1일

누산점수 = 매 위반 합계치 - 상계치

※ 면허 취소 : 1년(121), 2년(201), 3년(271)

감경사유

1. 생계유지 중요수단
2. 3년 이상 교통봉사활동
3. 도주운전자 검거, 서장 이상 표창

감경제외사유

1. 혈중알콜농도 0.1% 초과
2. 음주 인적피해 교통사고
3. 음주측정 불응, 도주, 폭행
4. 과거 5년 이내 3회 이상 인피 교통사고 전력
5. 과거 5년 이내 음주운전전력

5 교통사고처리

- 교통사고 : 차의 교통 → 사고

차 - 차량과 밀접한 연결부위, 견인되는 자동차 → 자동차의 일부

교통

- 교통 → 차의 운전
- 운전 → 본래적 용법대로 사용

부수적 행위
운행과 밀접한 행위
차량과 연결부위 사고

※ 정차 시의 사고, 승·하차시의 사고, 운행 중인 적재된 화물로 인한 사고 등, 고속도로 운행 중 휴게소 주차장에서 브레이크가 풀려 발생사고

교통사고조사

용어

- 충돌 : 정면, 정면 
- 추돌 : 후면 
- 전도 : 측면 
- 전복 : 뒤집어진 것 

노면흔적

- 스키드 마크 : 정지 상태에서 미끄러진 흔적
- 요마크 : 바퀴가 돌면서, 옆으로 미끄러짐
- 가속 스카프 : 제자리 회전

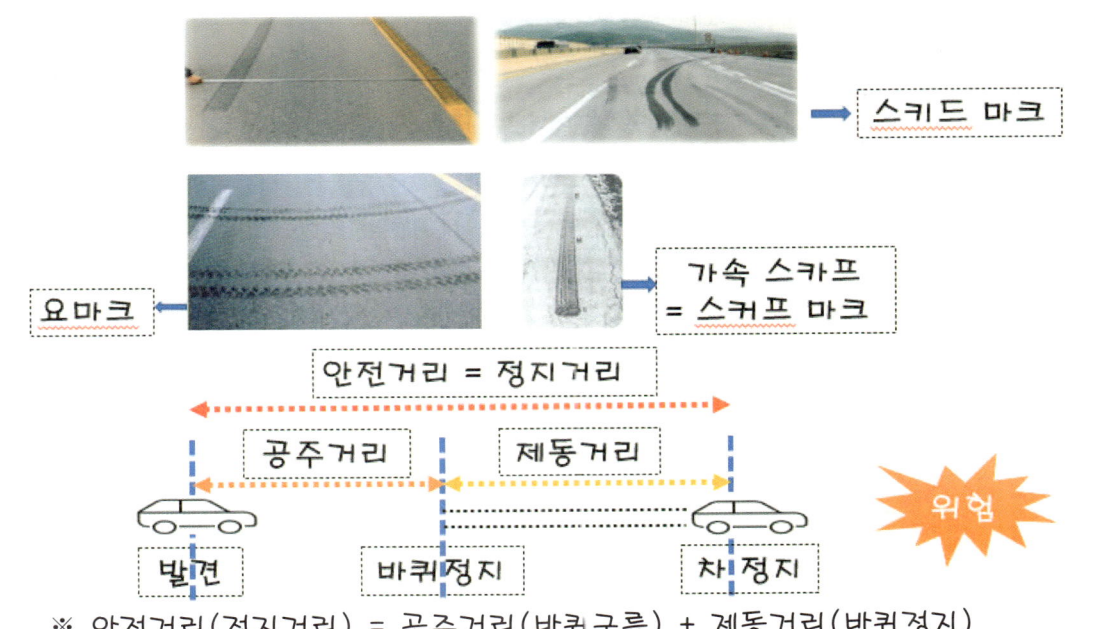

→ 스키드 마크

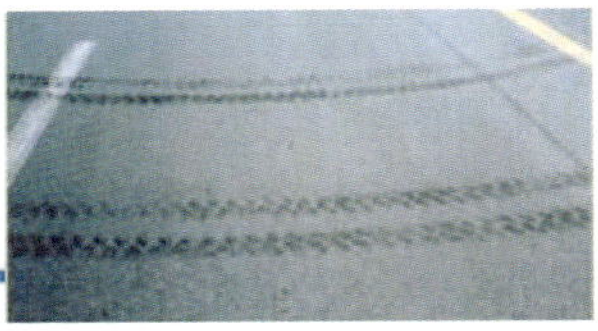

요마크 ←

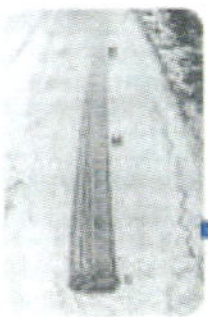

→ 가속 스카프 = 스커프 마크

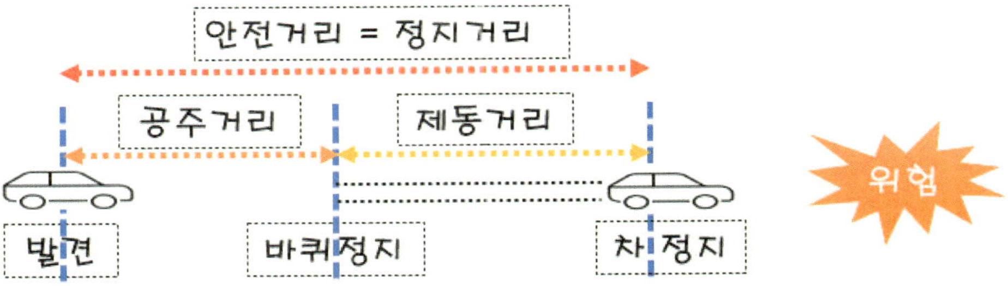

※ 안전거리(정지거리) = 공주거리(바퀴 구름) + 제동거리(바퀴정지)

교통형벌법령 적용

형법 - 인피사고 → 업무상 과실치상죄

도로교통법

- 인피사고 → 교통사고처리 특례법으로 흡수
- 물피사고 → 도교법 적용
- 사고발생 시 조치의무 - 필요한 조치, 인적사항 제공, 도로 아닌 곳 적용
  물피사고 조치x → 도로교통법 위반
  인피사고 조치x → 특가법 위반, 가해자 피해자불문 구호
- 신고의무 도로사고만 적용

교통사고처리 특례법 - 인피 사고

1. 제정목적 : 피해회복 촉진과 국민생활 편익증진 (도로에 제한x)
   → 반의사불벌죄로 규정
   인피사고 : 합의하거나 종합보험 가입 시 → 공소권 없음
   물피사고 : 합의하거나 종합보험 가입 시 → 공소권 없음
2. 예외(공소권o)
   ① 도주(미조치)
   ② 사망사고,
   ③ 예외12개항
   ④ 음주측정불응
   ⑤ 중상해(합의 시 처벌x)

※ 예외12개항 - 극심한 위반에 대한 처벌 강화

㉠ 과속(20k/h초과)
㉡ 음주운전
㉢ 신호 · 지시 위반
㉣ 중앙선 침범
㉤ 승객추락방지 위반
㉥ 철길건널목 통과방법 위반

ⓢ 앞지르기 (방시장)위반, 끼어들기 금지 위반
ⓞ 무면허 운전
ⓩ 어린이 보호구역 안전운전의무 위반
ⓒ 횡단보도 보행자 보호의무 위반
ⓚ 보도침범, 보도통행방법 위반
ⓣ 화물추락방지 위반

Part 04

특정범죄 가중처벌 등에 관한법률

- 도주
  - 자동차등(경운기x), 도교법상 미조치(도주)
  - 도로에 한정x, 합의o → 처벌
  - ※ 미조치 - 조치x, 신분을 밝히지 않은 것, 현장이탈 등
- 위험운전치상
  - 정상운전이 곤란한 상태,
  - 자동차등 운전(실무상 0.03 이상, 측정불응 포함)
  - → 추상적 위험범 : 현실적 정상운전 곤란x, 정상운전 곤란 우려o

신뢰의 원칙

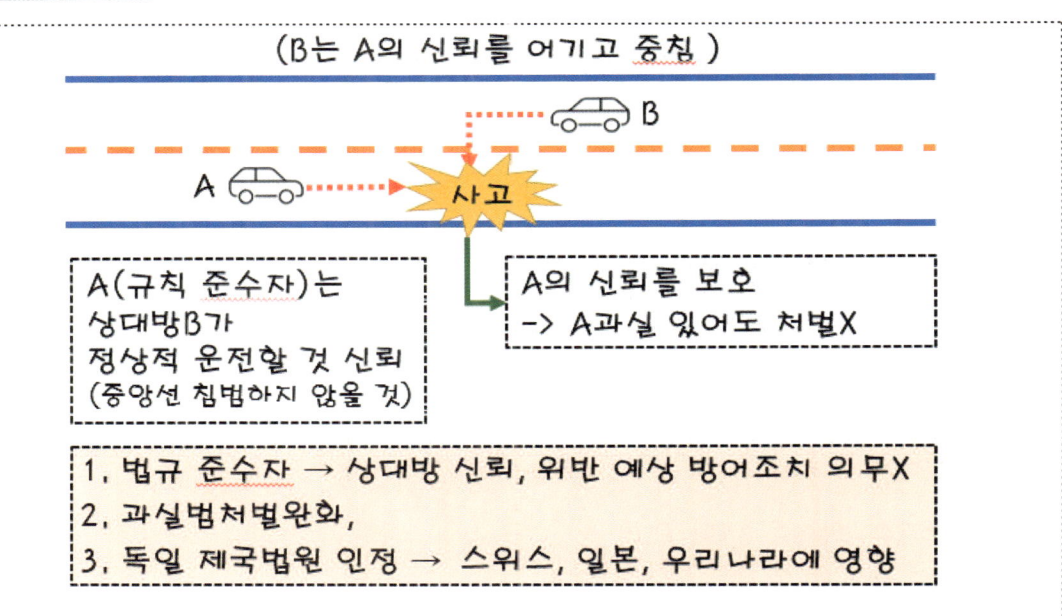

(B는 A의 신뢰를 어기고 중침)

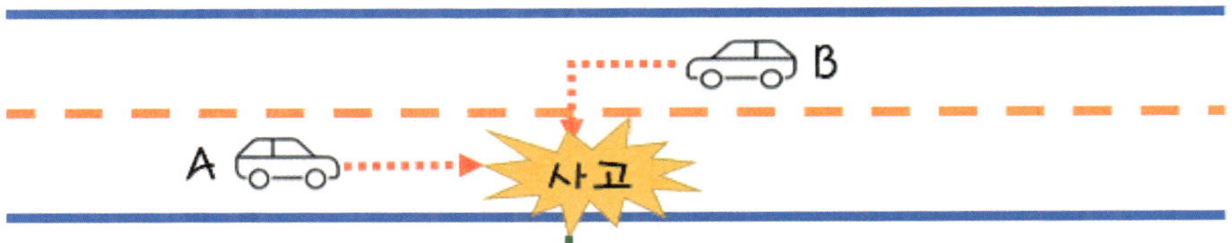

A(규칙 준수자)는
상대방B가
정상적 운전할 것 신뢰
(중앙선 침범하지 않을 것)

A의 신뢰를 보호
-> A과실 있어도 처벌X

1. 법규 준수자 → 상대방 신뢰, 위반 예상 방어조치 의무X
2. 과실범처벌완화,
3. 독일 제국법원 인정 → 스위스, 일본, 우리나라에 영향

적용 긍정 - 처벌X

(고속도로 - 보행자 진입금지)

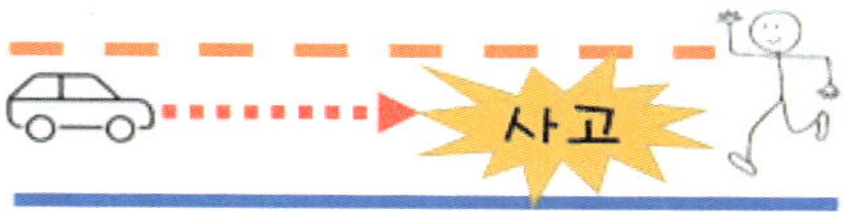

A(운전자) -> 신뢰보호O

(잠수교 - 자전거 진입금지)

A(운전자) -> 신뢰보호O

(좌측차로 버스 정체)
- 버스의 바로 앞, 뒤로 무단횡단X

A(운전자) -> 신뢰보호O

(좌회전 금지구역)
- A좌회전, B추월시도

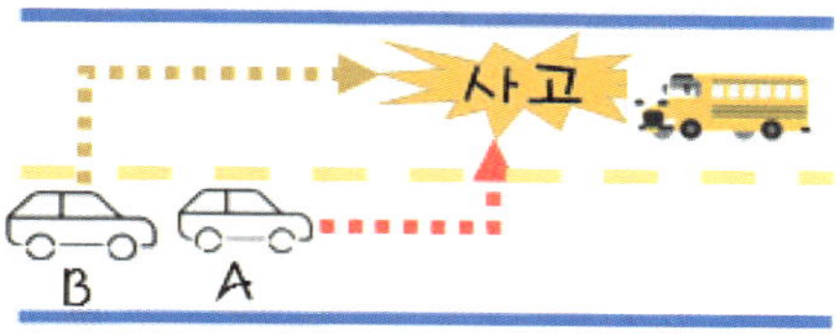

A(선행차량) -> 신뢰보호O
B(후행차량) -> 신뢰보호X

(대도시 육교 밑으로 무단횡단)

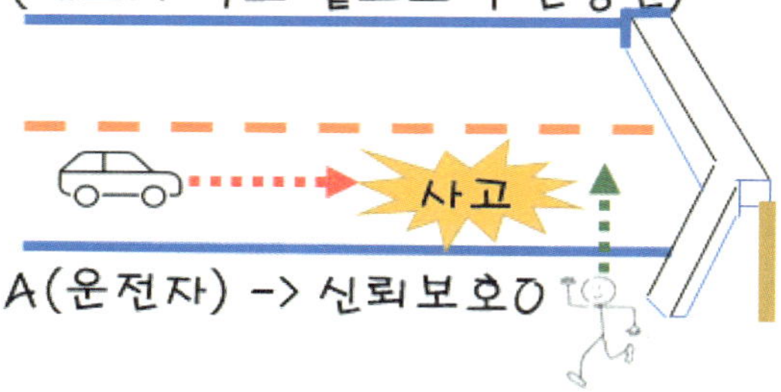

A(운전자) -> 신뢰보호O

A(과속차량) -> 신뢰보호O
B(신호위반) -> 신뢰보호X

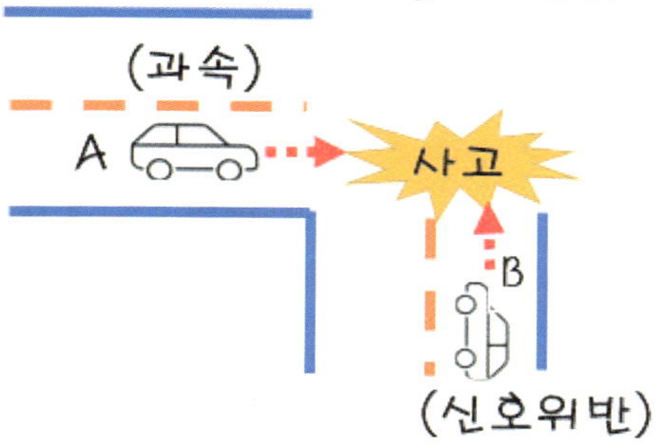

적용 부정 - 처벌O

1. 상대의 위반을 이미 인식
2. 상대의 규칙준수를 신뢰X 경우
3. 스스로 위반한 경우

(자동차 전용도로
고속도로 –
보행자 진입금지)

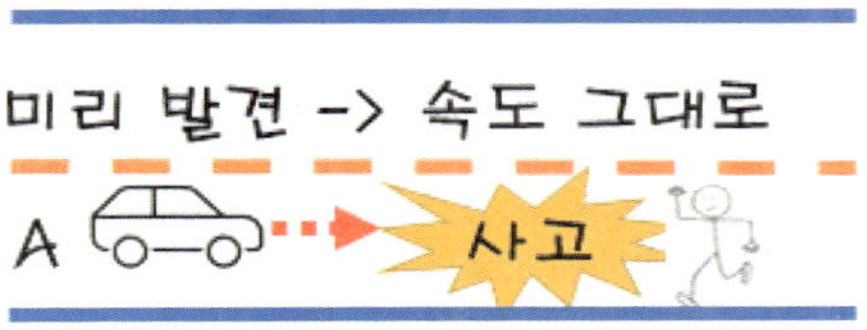

A(운전자) -> 신뢰보호x

(일반도로) –
중앙선에 서 있던 피해자
반대편 차량에 부딪혀
A앞으로 넘어짐

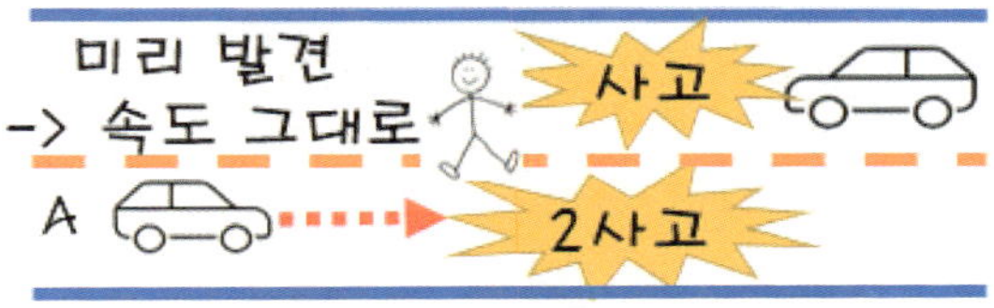

A(운전자) -> 신뢰보호x

(횡단보도) - 신뢰x 장소

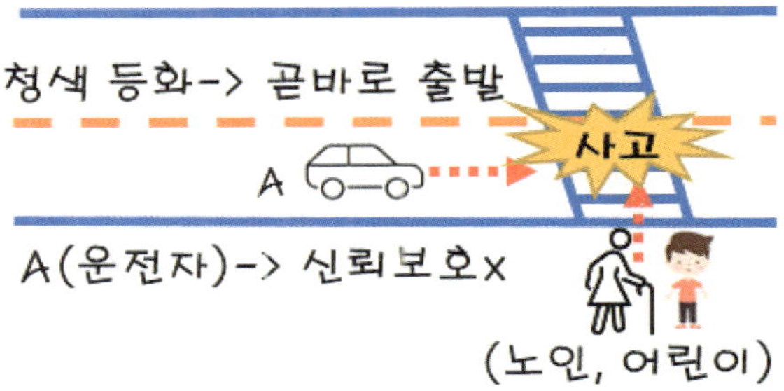

A(운전자)-> 신뢰보호x

유형별교통사고처리

도주

- 인피 : 특가법 적용, 합의 및 종합보험 가입해도 처벌(공소권o)
- 물피 : 도교법 적용, 처벌
- 미신고 : 조치o, 신고x → 처벌 / 위험방지조치o, 신고x → 처벌x

인피사고

- 치사사고 : 처벌(공소권 있음)
- 예외12개항 사고 : 처벌(공소권 있음)
- 음주측정 불응 : 처벌(공소권 있음)
- 중상해 사고 : 처벌(공소권 있음), 예외 - 합의 시(공소권x)
- 기타
  - 합의o 또는 종합보험o : 처벌x(공소권x)
  - 합의x 및 종합보험x : 처벌o(공소권o)

PART 05

공공안녕정보경찰

www.pmg.co.kr

제1장 정보경찰 일반

각국의 정보기관

1. 미국 - 중앙정보국(CIA), 수사권x
2. 영국 - 비밀정보부(SIS)
3. 프랑스 - 해외안전총국(DGSE), 해외정보
4. 독일 - 연방헌법보호청(BVS), 국내스파이 담당, 수사권x
5. 일본 - 내각조사실, 국내치안정보
6. 한국 - 국가정보원, 국내외 정보, 수사권x(안보수사 → 경찰이관)

제2장 정보 일반론

1 정보의 의의

[1] 정보의 개념

적국의 동정 → 알림
프랑스 군사용어

학자들 정의

1. 칼본 클라우제비츠 - "전쟁론", 적과 적국에 관한 지식총체
2. 데이비스 - 받아들이는 사람에게 필요한 형태, 데이터
3. 워너 - 외계와 교환하는 것
4. 서먼 켄트 - 지식, 조직, 활동
5. 제프리 리첼슨 - 국외지역 관련
6. 마이클 허만 - 정부 내
7. 에이브럼 슐스키 - 정부 정책수립, 정책구현 관련
8. 마크 로웬탈 - 정책결정자의 필요에 부응
9. 마이클 워너 - 적대세력을 완화, 영향, 이해 노력 지원

정보와 첩보비교

	첩보(information)	정보(intelligence)
정확성	(△) 부정확한 전문지식 포함	(O) 정확한 지식
완전성	(△) 기초적 · 단편적 · 불규칙적	(O)
적시성	(△) 시간에 구애를 덜 받음	(O) 요구됨
목적성	(△) 약함	(O) 목적에 맞아야
생산과정	(△) 단편적	(O) 협동 작업 필요

Part 05

2 정보의 특성

1. 정확성 - 사실과 일치되는 성질, 객관적 평가된 정확한 지식이어야,
   ※ 출처를 다양화해야
2. 완전성 - 모든 정보 빠짐없이 망라, 6하 원칙에 의거
3. 적시성 - 필요한 시기에 제공, 사용자의 사용시점
4. 제공빈도 - 제시되는 빈도에 따라 가치결정
5. 객관성 - 국익증대와 안보추구라는 차원
6. 적실성(적합성, 관련성) - 목적 얼마나 관련된 것인가(당면문제 · 목적 관련성)
7. 비이전성 - 전달해도 그대로 남아 있음
8. 누적효과성 - 축적될수록 가치 ↑
9. 무한가치성 - 누구에게나 가치o
10. 신용가치성 - 출처의 신용에 따라 가치가 달라짐
11. 변화성 - (선별적 가치) 사용자에 따라 중요도 차이
12. 필요성 - 사용자에게 필요해야
13. 독점성 - 미공개 정보가 더 가치o

※ 적시성과 완전성 : 상호 조화 필요(충돌가능성 높음)

3 정보의 효용

효용 평가기준

- 형식효용 - 사용자의 요구에 부합하는 형식 갖추어야
  ※ 전략정보 : 축약 바람직, 보고서 1면주의 / 전술정보 : 상세, 구체적이어야
- 접근효용 - 사용자가 쉽게 접근할 수 있어야, 통제효용과 충돌할 수
- 시간효용 - 사용자가 필요로 하는 시기에 제공되어야
- 소유효용 - 많이 소유할수록 효과 극대화, 정보는 국력
- 통제효용 - 필요로 하는 사람에게 필요한 만큼만,
  ※ 필요성의 원칙, 차단의 원칙, 알 사람만 알아야 하는 원칙

4 정보의 분류

- 성질 : 전략 · 전술정보, 방첩정보(대정보)
- 수준 : 전술정보(부문정보), 전략정보(국가정보)
- 출처 : 보호정도(공개 · 비밀), 주기성 여부(정기 · 우연), 입수단계(근본 · 부차)
- 입수형태 : 간접정보, 직접정보
- 대상(목적) : 적극정보, 보안(소극)정보
- 기능(분석형태) : 기본정보, 현용정보, 판단정보
- 주체 : 내부정보, 외부정보
- 요소 : 정치, 경제, 사회, 군사, 과학, 산업정보
- 활동 : 인간정보, 기계정보(신호정보 · 영상정보)
- 내용 : 국내정보, 국외정보
- 업무 : 일반정보, 범죄정보, 보안정보, 외사정보, 교통정보

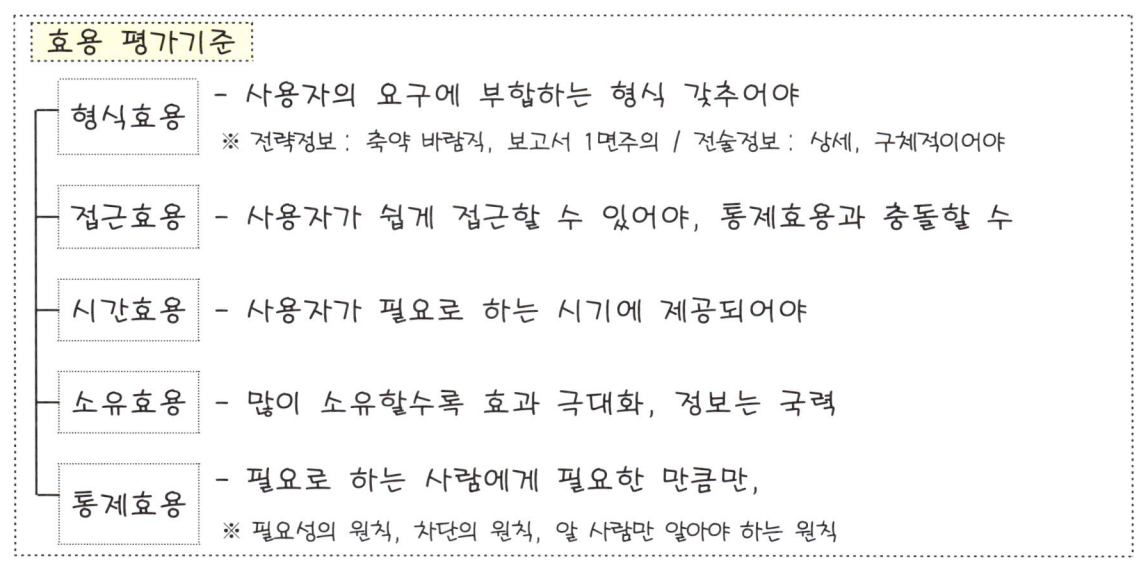

2 정보의 순환과정

정보요구 → 첩보수집 → 정보생산 → 정보배포

1 정보요구

요구형태

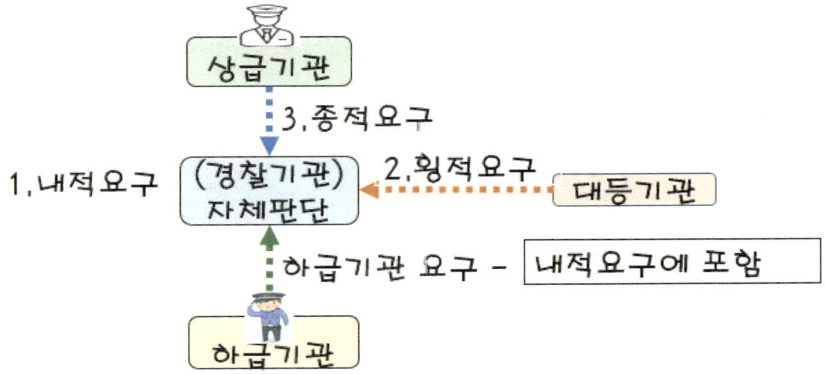

소순환 과정

1. 첩보기본요소 결정 : 어느 부문의 정보를 요구할 것인가
2. 첩보수집계획서 작성 : ⓐ 요소, ⓑ 첩보수집기관, ⓒ 구체적 활동지침(시기), ⓓ 관련된 배경첩보, ⓔ 식별기호
3. 첩보수집명령 하달 : 서면 또는 구두
4. 사후검토 : 감독, 조정 요구

정보요구방법

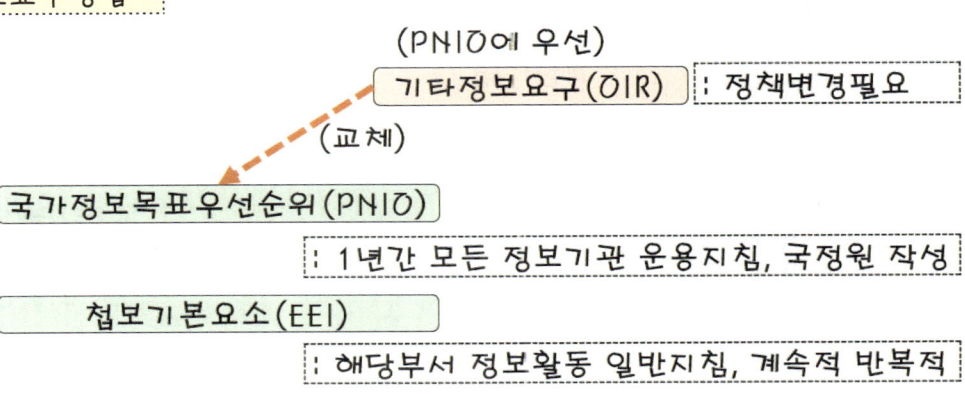

(PNIO에 우선)

기타정보요구(OIR) : 정책변경필요

(교체)

국가정보목표우선순위(PNIO) : 1년간 모든 정보기관 운용지침, 국정원 작성

첩보기본요소(EEI) : 해당부서 정보활동 일반지침, 계속적 반복적

특별첩보요구(SRI) : 임시, 돌발, 특수사건, 첩보수집계획서x

② 첩보 수집

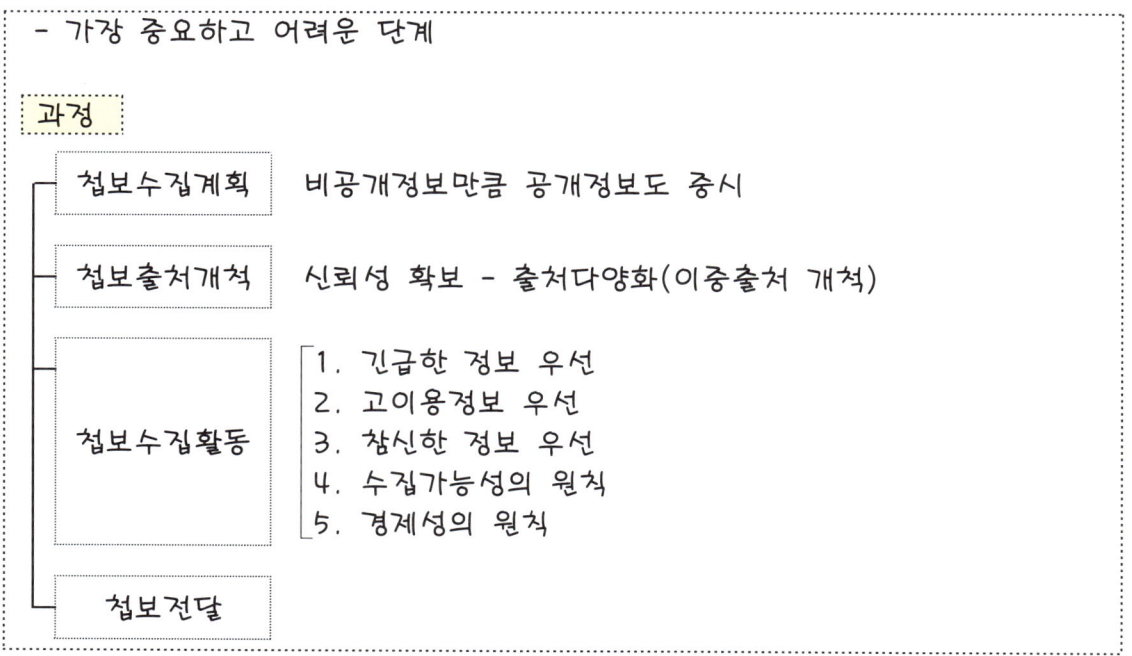

- 가장 중요하고 어려운 단계

과정

첩보수집계획	비공개정보만큼 공개정보도 중시
첩보출처개척	신뢰성 확보 - 출처다양화(이중출처 개척)
첩보수집활동	1. 긴급한 정보 우선 2. 고이용정보 우선 3. 참신한 정보 우선 4. 수집가능성의 원칙 5. 경제성의 원칙
첩보전달	

③ 정보의 생산

- 분류(선택) 및 기록 → 평가 → 분석 → 종합 → 해석
- 학문적 성격, 고도의 전문성 필요

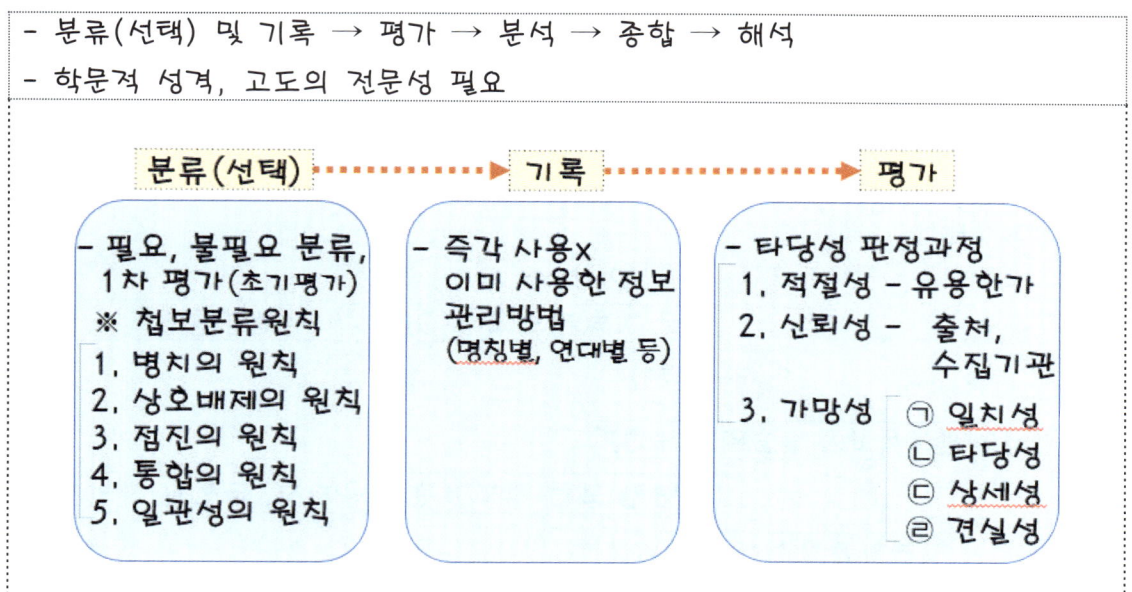

분류(선택) ·····▶ **기록** ·····▶ **평가**

- 필요, 불필요 분류,
  1차 평가(초기평가)
  ※ 첩보분류원칙
  1. 병치의 원칙
  2. 상호배제의 원칙
  3. 점진의 원칙
  4. 통합의 원칙
  5. 일관성의 원칙

- 즉각 사용X
  이미 사용한 정보
  관리방법
  (명칭별, 연대별 등)

- 타당성 판정과정
  1. 적절성 - 유용한가
  2. 신뢰성 - 출처,
             수집기관
  3. 가망성 ㉠ 일치성
            ㉡ 타당성
            ㉢ 상세성
            ㉣ 견실성

분석	종합	해석
1. 재평가 과정 2. 검증과정 3. 일련의 결론도출	-하나의 통일체로 결합하는 과정	- 건전한 결론도출

4 정보의 배포

정보배포원칙

필요성	알아야 할 필요가 있는 대상자에게만, 알 필요가 없는 대상x
적시성	적당한 시기에 배포
적당성	적당량 배포되어야
계속성	추가적 입수, 계속적 배포
보안성	보안대책을 강구해야 한다는 원칙

배포수단

보고서 - 서류형태, 가장 많이 사용(원칙적)

비공식적 방법 - 대화 형태

일일정보보고서 - 매일 24시간 경제 등 망라, 현용정보 성격(신속성)

특별보고서 - 다수 사람, 기관에 이해관계o, 가치o(부정기적)

지정된 연구과제 보고서 - 특정 사용자, 기관의 요청으로,

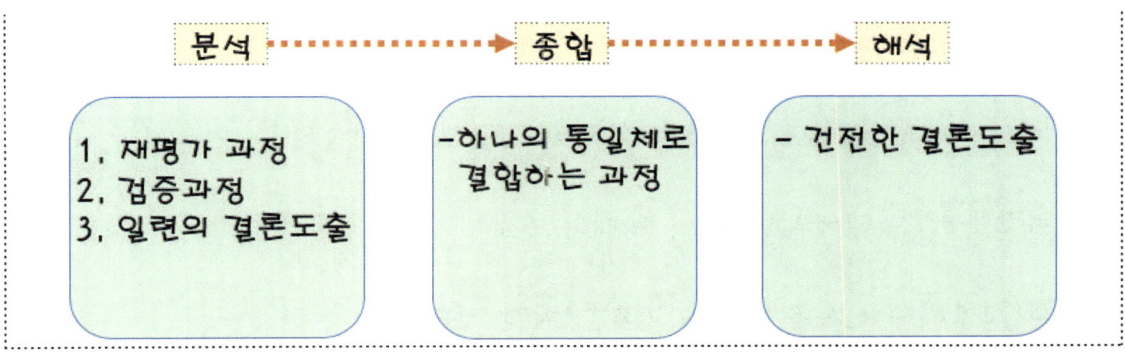

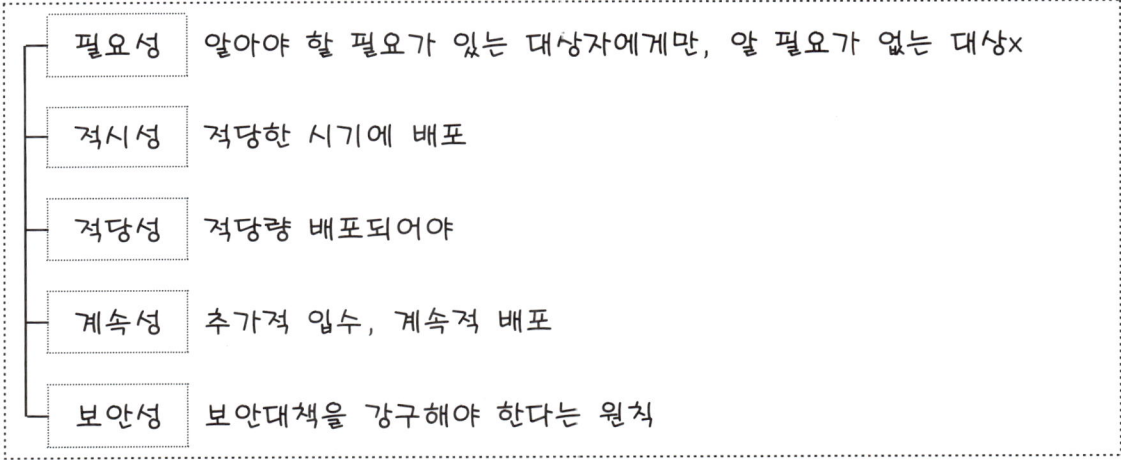

브리핑	- 요약하여 구두로 전달, 현용정보 배포수단
메모	- 정기간행물에 포함하기 곤란한 긴급정보, 신속성↑, 정확성↓
정기간행물	- 광범위한 배포, 방대한 정보
전화(전신)	- 신속을 요하는 경우, 1차적 전달
필름	- 교육적 전달 방법
문자메시지	- 물리적 접촉이 용이x 경우, 단순보고
구두전달	- 보안성 가장 우수

3 정보의 기능

전통주의, 행동주의 비교

	전통주의(Mark . Lowenthal)	행동주의(Roger Hilsman)
의의	분리(정보와 정책)	공생(정보와 정책)
특징	① 정보는 정책에 의존 ② 정보제공과 정보조작 구분 ③ 정보사용자 요구에만 부응 ④ 자문 요구 가능해야 ⑤ 조언을 주는 방향으로만 ☞ 현용정보에 역량을 치중	① 정보생산자는 정책과정을 연구·이해 ② 정보사용자에 의미 있는 사안들에 역량동원, 판단정보를 중시 ③ 정보와 정책 간 환류 강조

제3장 정보경찰활동

정보보고서 용어

판단됨 - 근거
예상됨 - 단기적, 비교적, 확실시
전망됨 - 장기적, 예측
우려됨 - 가능성 배제(x), 최소한 대비 필요
추정됨 - 막연히 추측

신원조사

개념 - 대인적 정보활동
목적 - 충성심, 신뢰성 등 확인
근거 - 보안업무규정
권한 - 국가정보원장 → 법규 또는 요청(의무사항)

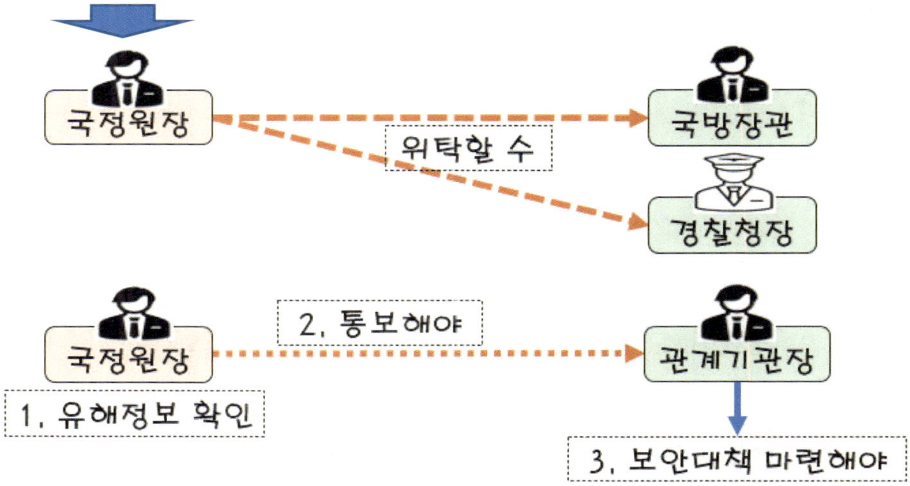

※ 신원조사대상 - (공비 국보정)

① 공무원 임용예정자(비밀취급직위)
② 비밀취급인가 예정자
③ 국가보안시설 · 보호장비 관리기관 - 장, 직원
④ 법령, 기관장 - 인정

■ 집회 및 시위에 관한 업무

□ 집시법 일반

- 집회 · 시위 : 기본권 → 금지 · 해산 : 직접적 위험이 명백 초래(한정)

□ 용어

1. 집회 - 2인 이상
2. 옥외집회 - 천정(x) or 지붕(x)
3. 시위 - 여러 사람, 일반인, 통행, 장소/ 행진, 위력 또는 기세
   (여러 일행 위기)
4. 주최자 - 자기이름, 자기책임, 개인 또는 단체(기본권 → 제한 x)
5. 주관자 - 주최자 위임, 주최자로 간주
6. 질서유지인 - 18세 이상, 임명할 수,
7. 질서유지선 - 적법만 보호
8. 경찰관서 - 국가경찰관서

□ 요건 - 옥외집회 또는 시위 → 신고해야

옥외집회	대학구내등(o), 고속도 · 자전도(위법), 공중 · 해상시위(신고x, 가능o)
시위	집회에 포함(1인 시위x), 학문 · 예술등 제외(위력을 보이는 것) ※ 일반인 자유통행 장소 → 행진o / ↛ 위력 또는 기세x
신고	(O) : 군사작전지역(부대장에 신고), 대학구내, 도로, 옥내집회 후 행진, 지하철시위 (X) : 옥내집회, 학문종교예술, 공중 · 해상(가능), 자동차시위, 자동차전용도로 시위

□ 제한사유(필요적 금지, 임의적 금지, 시간상 제한)

필요적 금지

1. 특수장소상 제한(100m 이내 금지)

	(입)	(사)	(행)	(외교)
(절대)	국회의장 공관	대법원장 헌재소장	대통령 관저(위헌)	
(필요)	국회 의사당	각급 법원	총리 공관	외교기관 사절숙소
(예외)	기능 · 안녕(X), 확산(X), 방해(X)	〃 영향(X)	〃, 대상(X)	〃, 대상(X), 공중이용시설 휴일개최

* 대통령관저, 국회의장 공관(헌법불합치) → 24. 05.31까지

☻ 방영대 대대 공휴

2. 기타(닥치고) ① 헌재 결정 해산정당 목적달성
② 직접적 위험 명백히 초래

임의적 금지 (할 수)

교통소통 제한
1. 원칙 : 대통령령, 주요도시, 주요도로 - 금지 · 제한할 수
2. 예외 : 질서유지인 → (원칙) : 금지할 수 없다.
(예외) : (교통불편우려) 금지할 수..

일반 장소상 제한
1. 시설보호 요청 시 : 금지, 제한할 수...
2. 종류
㉠ 주거지등 : 엄격히 해석
※ 가정보육, 지역아동센타, 기숙사, 고시원, 오피스텔, 노인복지주택
㉡ (초중등교육법) 학교 : 유치원 · 대학교 제외
㉢ 군사시설 : 외국 군사시설 포함

시간상 제한

1. 조문(제10조) : 야간 옥외집회 또는 시위 금지 → 허가대상
2. 헌재 판례 : 야간 옥외집회 : 위헌
야간 시위 : 일몰 ~ 24시 → 위헌(헌법불합치)

□ 집회시위 절차

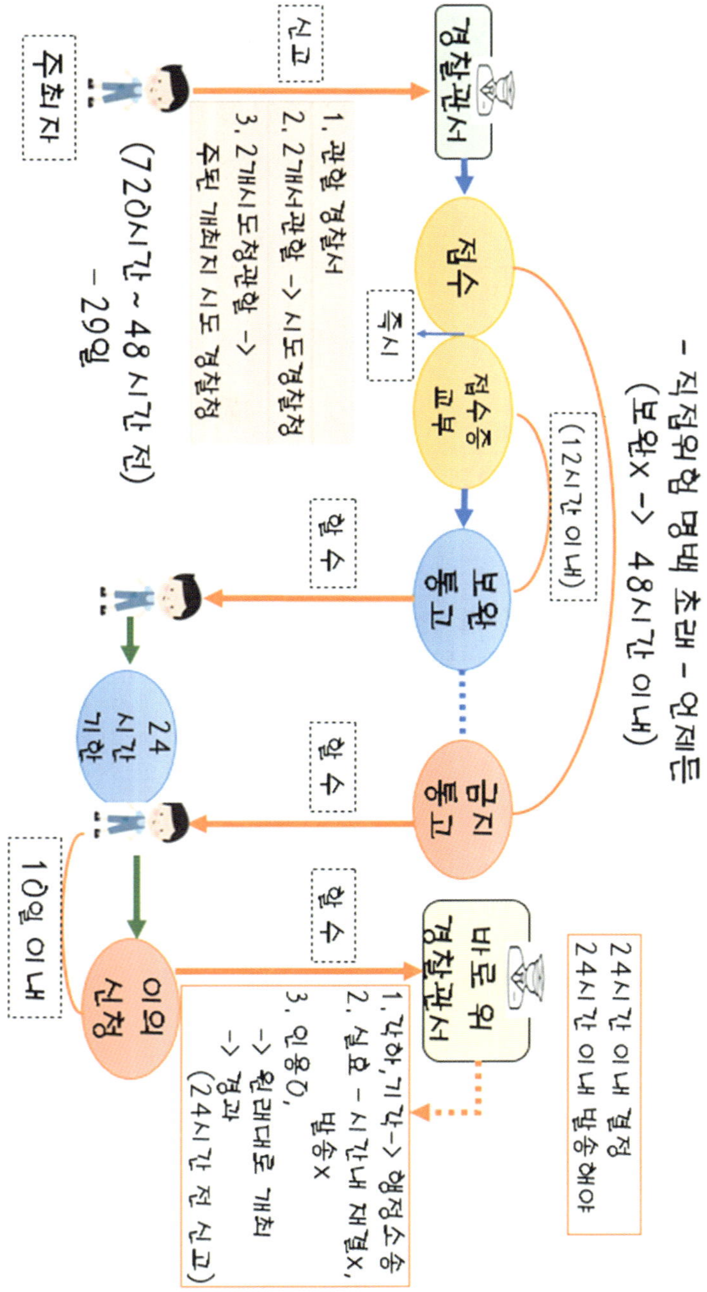
신고절차 개관
- 직접위험 명백 초래 - 언제든
(보완x -> 48시간 이내)
(12시간 이내)
24시간 이내 결정
24시간 이내 발송해야
경찰관서
접수
접수증 교부
보완 통고
금지 통고
바로 위 경찰관서
즉시
신고
1. 관할 경찰서
2. 2개서관할 -> 시도경찰청
3. 2개시도청관할 ->
주된 개최지 시도 경찰청
할 수
할 수
할 수
1. 각하,기각-> 행정소송
2. 실효 - 시간내 재결x,
발송x
3. 인용O,
-> 원래대로 개최
-> 경과
(24시간 전 신고)
(720시간 ~ 48 시간 전)
- 29일
24 시간 기한
이의 신청
주최자
10일 이내

※ 신고경합 시 처리

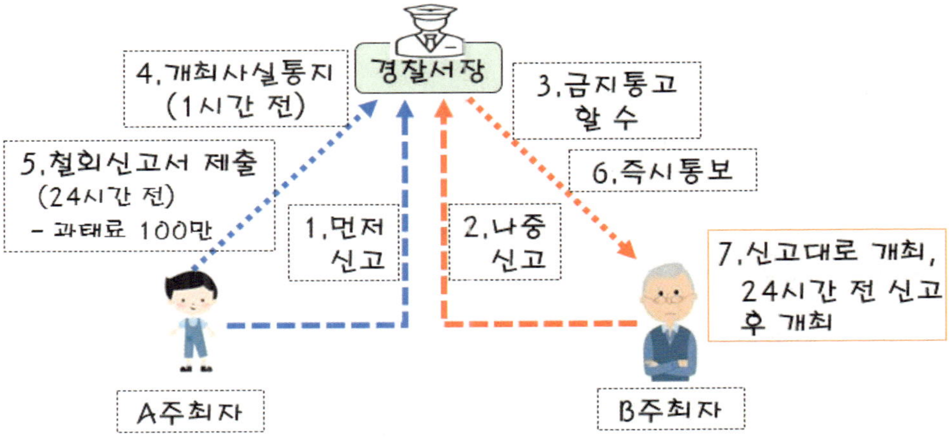

※ 제한통고 - 시간제한x

※ 송달(금지 · 제한 통고 방식)

1. 서면 송달 (야), 교부, 대리, 유치 송달 모두 가능
   - 단체 : 주최자 → 대리인, 직원 → 건물관리인 → 통 · 반장
   - 개인 : 본인(성인) → 건물관리인 → 통 · 반장
2. 유의사항 : 증거확보(사진촬영, 증인확보등)

□ 준수사항

1. 주최자
   - 질서유지인 임명 : 18세 이상, 할 수, 자격x
   - 종결선언 의무 : 질서유지x → 야
2. 질서유지인 → 완장, 모자, 어깨띠 또는 상의 착용 (야)
3. 참가자 → 지시에 따라야

확성기 사용제한

- 모든 집회(1인 시위x), 대통령령 기준 위반금지
- (기준초과 소음) 경찰조치
  - 소음유지 명령
  - 사용중지 명령
  - 보관 등 필요조치

> ※ 순서x
> ※ 소음기준 위반 → 바로 처벌x
> ※ 조치 거부 방해 → 처벌o

- 소음기준(대통령령)

소음도 구분		대상 지역	시간대 주간 (07:00~해지기 전)	시간대 야간 (해진 후~24:00)	시간대 심야 (00:00~7:00)
대상 소음도	등가 소음도 (Leq)	주거지역, 학교, 종합병원	60dB 이하	50dB 이하	45dB 이하
		공공도서관	60dB 이하	55dB 이하	
		그 밖의 지역	70dB 이하	60dB 이하	
	최고 소음도 (Lmax)	주거지역, 학교, 종합병원	80dB 이하	70dB 이하	65dB 이하
		공공도서관	80dB 이하	75dB 이하	
		그 밖의 지역	90dB 이하		

1. 등가소음도 - 10분간(10분 이내인 경우 그 시간)
   * 주거지 학교, 종합병원, 공공도서관은 5분간(5분 이내인 경우 그시간)
2. 최고소음도 - 1시간 내에 3회 이상, 최고소음 기준을 초과 → 위반
3. '국경일의 행사, 국가보훈처(호국 · 보훈)의 기념일'의 행사 → 주거지역의 소음기준

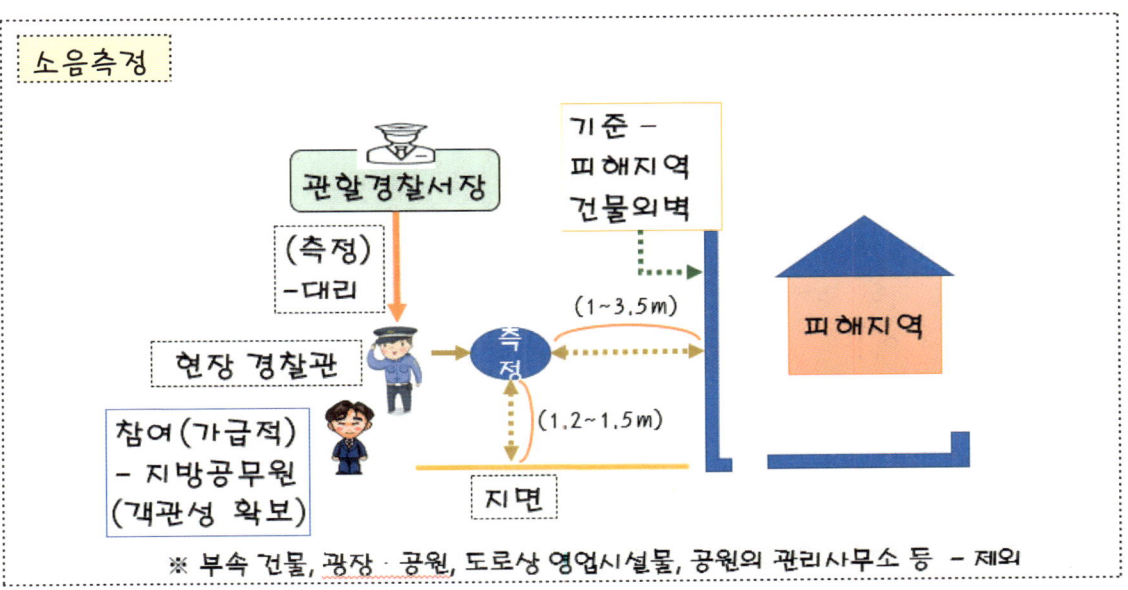

소음측정

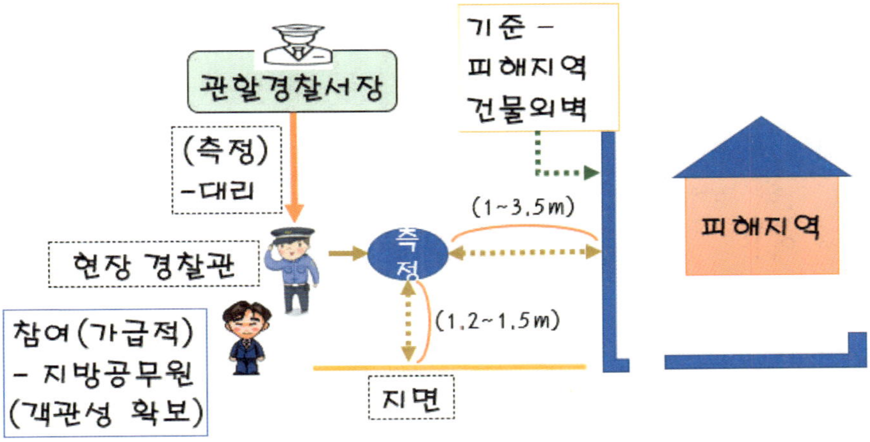

※ 부속 건물, 광장 · 공원, 도로상 영업시설물, 공원의 관리사무소 등 - 제외

□ 여타 규율

질서유지선 설정	① (관할 경찰관서장) 설정할 수 ② 고지해야 → 서면(새로, 변경 - 구두가능) ③ 띠, 방책(防柵), 차선(車線) 등의 경계표지(줄배치 경찰관x) ④ 미신고 집회 → 법적 효력x ⑤ 효용 해친자 처벌 : 6개월 이하의 징역 또는 50만 원 이하의 벌금 · 구류 또는 과료 ※ 미신고 집회 질서유지선 → 처벌x
집회 시위 방해 금지	① 관할 경찰관서에 보호요청가능 ② 가중처벌 : 군인 · 검사 또는 경찰관 ※ 처벌 : 3년 이하의 징역 300만 원 이하의 벌금 ※ 군검경 가중처벌 : 5년 이하의 징역
특정인 참가 배제	주최자, 질서유지인 → 특정인 참가 배제할 수 예외 : 경찰관 → 대상x 기자 → 신분증 제시, 완장착용
경찰관 출입	원칙 : 주최자 통보, 정복착용 예외 : 사복출입 → 범인체포, 정보수집

□ 해산

해산사유

① 절대적 금지 사유
  - 금지장소,
  - 해산 정당 목적 달성,
  - 직접적 위험 명백 초래,
  - 자정 ~ 일출
② 종결선언
③ 미신고 집회
④ 금지통고
  - 판례 : 직접적 위험 명백 초래 요구(일관)

해산절차   ☻ 결자해지

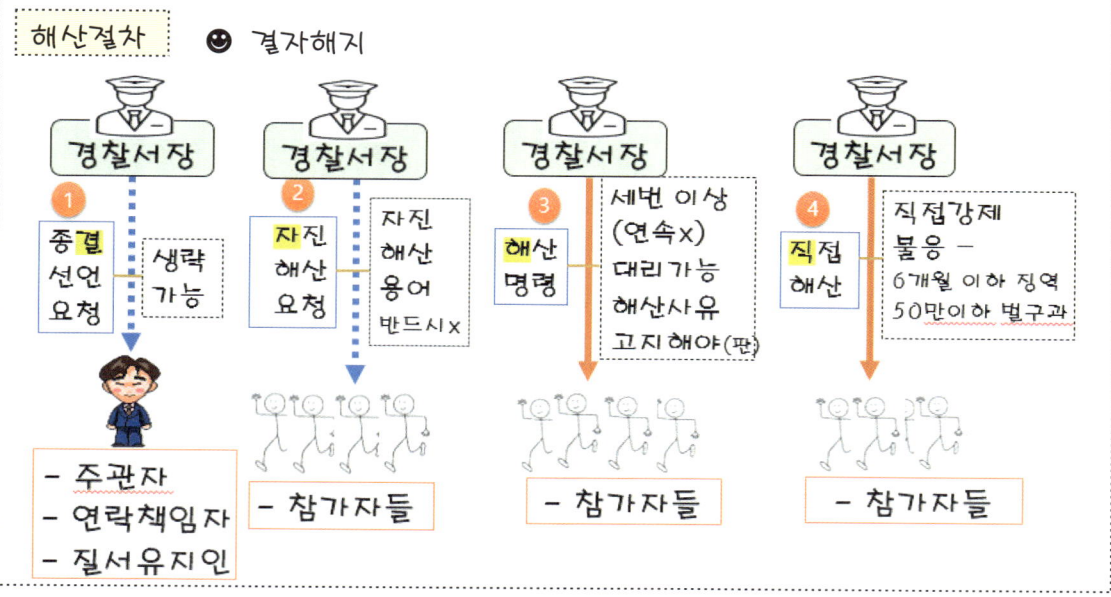

안보경찰

제1장 안보경찰 일반

제2장 북한의 전략 · 전술

■ 북한의 대남공작기구

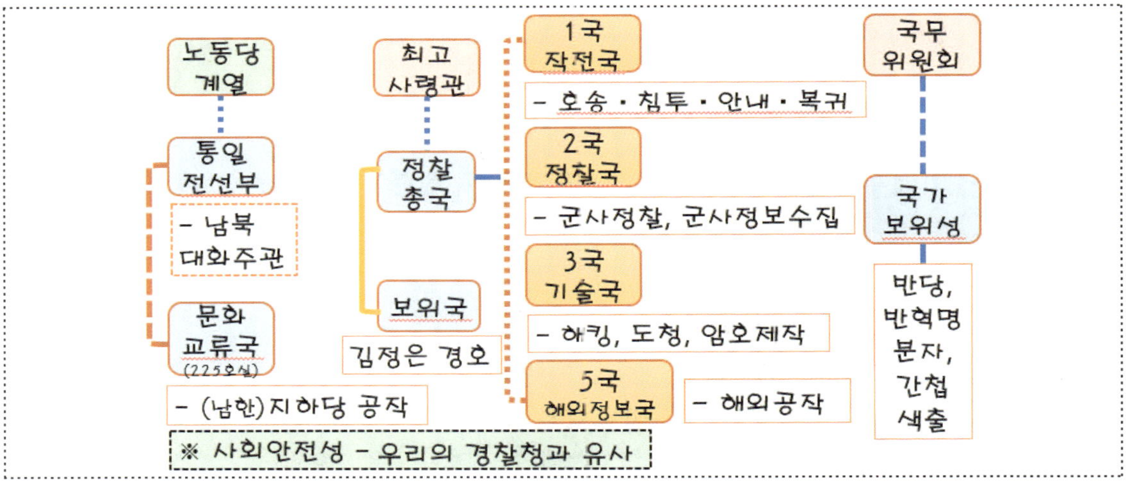

제3장 방첩활동 - 일반, 공작, 심리전, 대간첩작전

■ (일반)방첩

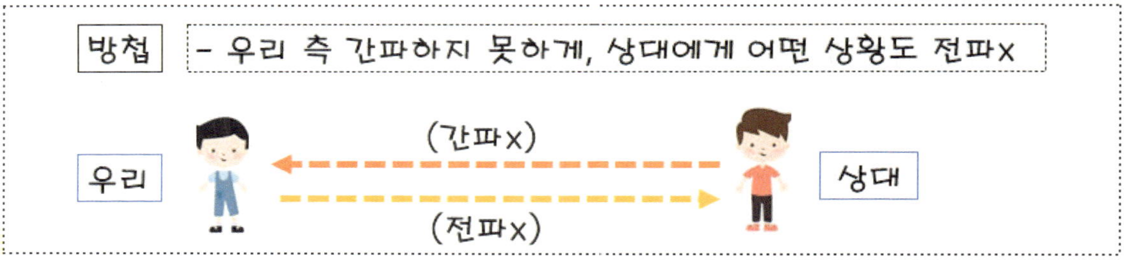

□ 기본원칙

- 완전협조
- 치밀의 원칙
- 계속접촉의 원칙 : 미행, 계속접촉의 단계 : 탐지 → 판명 → 주시 → 이용 → 검거(타진)

□ 수단

적극적 수단 : 감시(미행), 침투, 신문, 수집, 분석, 역용공작
소극적 수단 : 인원 · 정보 · 자재 · 시설보안, 규정화, 입법건의
기만적 수단 : 허위정보유포, 유언비어유포, 양동간계시위

□ 대상 - 간첩, 태업, 전복

간첩

의의 - 기밀수집, 태업, 전복하는 조직적 구성분자

분류

사명임무	일반간첩	전형적인 형태
	보급간첩	거점구축, 물적 지원
	증원간첩	간첩보충, 간첩으로 이용할 양민의 납치 · 월북 등
	무장간첩	암살 · 파괴, 간첩호송 · 연락 · 월북안내
활동방법형태	고정간첩	일정 지역, 고정적 간첩활동
	배회간첩	주거 없이 전국 배회
	공행간첩	합법적 신분 예 상사주재원 · 외교관 · 대학교수 등
활동범위	대량형 간첩	다수의 인원, 전시에 많이 파견
	지명형 간첩	특정한 목표와 임무, 평시에 많이 파견
손자병법분류	향간	적국시민을 이용
	내간	적의 관리 매수
	반간	적의 간첩을 역으로 이용
	사간	배반염려 아군간첩, 고의로 조작된 사실 줌
	생간	살아 돌아와 보고하는 간첩

잠복전술 유형

비합법 기술잠복 - 비트를 굴설 ※ 비트 ➡ 간땅을 파고 들어가 은신

비합법 자연잠복 - 자연지리적인 조건과 지형지물을 이용

반합법 기술잠복 - 유흥접객업소의 종사자와 동거 · 동숙하는 등

반합법 엄호잠복 - 포섭된 대상의 엄호

간첩망 형태

유형	특징	장점	단점
단일형	단독 활동, 점조직	보안, 신속, 많이 사용(대남)	활동범위 좁고 공작성과 낮음
삼각형	간첩이 3명 이내 행동공작원 포섭, 지하당 구축	보안유지, 일망타진 곤란	공작원 검거 시 주공작원 (간첩) 정체 노출, 좁은 활동범위
서클형	합법적 신분이용	활동자유, 대중적 조직 · 동원 가능	간첩정체 폭로 시, 외교문제
피라미드형	간첩아래 주공작원 2~3 주공작원아래 2~3 행동공작원	활동 범위 넓음	조직구성에 시간이 많이 걸리고, 노출이 쉬움
레포형	피라미드형 조직, 종횡 연결방식, 현재는 사용x		

태업

의의 방위력, 전쟁수행능력 약화목적, 직 · 간접의 모든 손상 · 파괴행위

※ 원래 노동쟁의 수단

대상 전략 · 전술적 가치, 기구입수용이, 접근가능, 수리 · 대체 곤란

유형

물리적 태업	1. 방화태업 : 가장 파괴력이 크고, 사고로 위장이 용이 2. 폭파태업 : 파괴가 전체적 즉각적 3. 기계태업 : 사전에 결함을 발견 곤란
심리적 태업	1. 선전태업 : 유언비어의 유포 등, 사기저하 유도 2. 경제태업 : 화폐위조, 악성노동쟁의 야기 등 3. 정치태업 : 정치적 갈등유발, 국민 일체감 약화

전복

- 의의 : 헌법에 의해 설치된 기관을 강압에 의해 변혁, 기능저하
  ① 국가전복 : 피지배자 → (타도) 지배자
  ② 정부전복 : 지배자 → (타도) 지배자

■ 공작

일반 - 안전이 가장 중요

4대 요소 - 공작원(주 · 행 · 지), 공작금, 주관자, 목표(진행에 따라 세분화)

☻원금주목

분류 ☻목기지, 수태지와

목적	첩보수집공작 - 주로 비공개출처로부터 태업공작 지원공작 와해모략공작
운영	통합공작
기구	합동공작 : 우방국끼리

지역 - 대(對)북공작 / 대(對)공산권공작 / 대(對)우방국공작

순환

① 승인과정 : 첩보 수집 → 내사 → 공작평가보고서 작성 → (시·도경찰청장) 공작승인(공작은 상부지령으로) → 방첩공작 순

② 순환과정 : ㉠ 지령 → ㉡ 계획 → ㉢ 모집 → ㉣ 훈련 → ㉤ 브리핑(임무부여과정, 최종설명) → ㉥ 파견 및 귀환 → ㉦ 디브리핑(보고) 및 보고서 작성 → ㉧ 해고

※ 혼합망 장점 : 지위 확인이 용이

직접망	주공작원망	혼합망
공작관 ↓ 공작원	공작관 ↓ 주공작원 ↓ 공작원	공작관 ↙ ↘ 주공작원 공작원 ↓ 공작원

공작활동

가장 - 외부노출x

연락

개인회합	노출위험
차단	무인포스트(수수소), 유인포스트(수수자), 편의주소 관리인, 연락인, 우편물, 방송, 전보 등
	드보크 : 참나무, 식별곤란
	난수표 : 약정 암호문건
기타	손질접선, 방송, 아지트

신호

1. 인식 - 처음 식별
2. 확인 - 다시 확인
3. 안전·위험신호 - 안전·위험 알림
4. 행동신호 - 개시·중지를 알림

감시

1. 신중감시 : 감지x
2. 근접감시 : 감지o → 계속
3. 완만감시 : 시간·장소 정해서 ※ 감시는 반드시 법적 근거 필요

Part 06

사전정찰	- 예비지식 수집
관찰묘사	- 표현

■ 심리전

유형 ☻주목운, 목선공방, 운전술

주체	- 공연성 심리전, 비공연성 심리전
목적	1. 선무심리전 - 일명 타협심리전 2. 공격심리전 - 대북전단 3. 방어심리전 - 북한 삐라에 대해
운용	1. 전략심리전 - 장기적인 목표 예 대공산권방송 2. 전술심리전 - 단기적인 목표 예 간첩체포 공개

수단

불온 선전물	- 북한이 살포 ※ 안보위해문건 : 국내 좌익폭력 세력이 제작	
선전	- 일정한 사상 · 판단 · 감정 · 관심을 일방적으로 표시, 태도에 일정한 경향과 방향을 부여 - 유리한 방향으로 유도	
	백색선전	출처를 공개, 신뢰도 높음
	흑색선전	출처위장, 즉각적 집중적 선전가능, 정상통신망이용x
	회색선전	출처를 밝히지x, 선전이라는 선입관x, ※역선전에 취약, 출처의 은폐로 선전효과?
선동	심리를 자극하여 감정을 폭발 → 폭력유발	
모략	누명	
유언비어	출처가 불분명한 풍설, '인위적' 또는 '자연적' 발생	
전단	문자 · 그림 등으로 수록한 유인물, 기상 등의 영향	

■ 대공상황

조치요령	선조치	현장확보, 목배치, 도주로 차단 ※ 출동과 동시에 유관기관 통보	
	후보고	적시성	우선 개요보고, 의문점 2보 · 3보
		완전성	
분석판단	- 과대한 표현지양, 현장조사 중요성 부각, 상황과 결론 일치		

제4장 안보수사

■ 일반

1. 정보사범 : 국가보안법 등 위반사범

※ 특징
- 확신범 - 정치적 성향
- 조직적 범행 - 지하당 등, 합동신문 필요
- 보안성 - 치밀의 원칙 필요
- 비노출 범행 - 노출x
- 비인도적 범행 - 목적 수단 안가림
- 동족 간 범행

2. 안보수사 : 정보사범 색출

■ 안보수사 대상 - 국가보안법

반국가단체 구성 · 가입 · 가입권유죄

① 반국가단체 :

정부참칭	일반인이 오인할 정도로 충분 예 조선민주주의 인민공화국
국가변란	정부전복 → 새 정부조직(단순 자연인교체x, 제도 · 조직 파괴 변혁) ※ 국가변란 〈 국헌문란(기관을 강압으로 전복, 권능행사 불가능하게)
결사 · 집단	국내외, 결사 - 계속, 집단 - 일시

② 구성 · 가입 : 필요적 공범, 지위 역할 → 법정형 차등

③ 가입권유 : 새롭게 결의, 기존의사 확고히

목적수행죄

① 주체 제한o : 반단 구성원, 그 지령을 받은 자(다시 받은 자 포함)
② 행위태양 - 간첩죄 등(국가보안법 구성요건 제외 - 반국가단체 구성 등)
- 간첩죄 : 기밀등급에 따라 법정형 차등
㉠ 착수시기 : 남파 간첩 - 잠입 시 / 국내지령 - 기밀 탐지 · 수집 착수 시
㉡ 기수시기 : 탐지 · 수집한 때

자진지원죄

① 주체 제한o : 목적범, 반단 구성원이나 지령 받은 자 제외
② 행위태양 - 자진하여, 목적수행죄와 동일

금품수수죄

① 정을 알면서(단순 고의범)
② 반단구성원 또는 그 지령을 받은 자로부터

잠입 · 탈출죄

단순 잠입 · 탈출 - 잠입(반단 지배하 → 한국), 탈출(한국 → 반단 지배하)
① 주체 제한x : 단순 고의범
② 반국가단체 지배하의 지역 : 외국에 있는 북한 공관, 공작원교육 · 공작에 사용되는 안전가옥과 공작선도 포함

특수 잠입 · 탈출
- 주체 제한o : 지령 또는 지령 받을 목적, 목적수행 협의 또는 협의목적

이적동조(찬양고무죄)

① 단순고의범 : (이적 지정 - 자유민주적 기본질서를 위태롭게 한다는) 정을 알면서
② 찬양 · 고무 · 선전, 동조 / 국가변란 선전 · 선동
③ 판례 : 합헌

이적단체 구성·가입

① 이적단체 → 이적찬양·고무·선전행위를 목적으로 하는 단체
② 찬양·고무죄의 가중적 구성요건
③ 지위·역할에 따른 법정형 차등x, 주체 제한x,

허위사실 날조·유포

- 주체제한o : 이적단체 구성원

이적표현물 제작 등

- 주체제한o : 목적범, 이적동조·이적단체구성가입, 허위사실 날조유포(제7조 ①②③항)를 목적

Part 06

회합·통신죄

① 대상 : 반단 구성원 또는 지령을 받은 자와
② 제외 : 단순한 신년인사, 안부 편지 등

편의 제공죄

① 무기등 제공죄, 기타제공
② 종범 → 정범형태
③ 친족관계 → 임의적 감면

불고지죄 - (반목자 불고기, 오이 불고기)

① 반국단체구성 등(구성·가입·가입권유), 목적수행, 자진지원죄(각 죄의 미수·예비·음모)
② 유일한 벌금형 : 5년 이하 징역, 200만원 이하 벌금
③ 본범과 친족관계 : 필요적 감면

특수직무유기죄

① 신분범(주체 제한o) : 범죄수사, 정보직무 종사 공무원에 국한
② 본범과 친족관계 : 임의적 감면

무고날조죄

- 주체제한o : 목적범 - 형사처분을 받게 할 목적

■ 국가보안법 특성(고의범만 처벌)

처벌범위 확대

- (☻반목자 잠편이 예비, 불특무 미안, 반목자 잠편이 예비)

① 예비 · 음모 · 미수 확장 : 반국가단체구성 · 가입죄, 목적수행죄, 자진지원죄, 잠입 · 탈출죄, 편의제공죄, 이적단체구성죄
※ 미수(x) : 불고지죄, 특수직무유기죄, 무고날조죄

② 종범의 정범화 : 교사 · 방조 → 정범 예 편의제공죄, 선전 · 선동 및 권유죄

③ 불고지죄 처벌 : 반국가단체구성 · 가입 · 가입권유, 목적수행, 자진지원죄

중형주의

① 재범자 특수가중 : 금고이상선고, 종료x, 5년 미경과, 재범 → 법정최고형 사형

② 자격정지 병과 : 유기징역선고 시, 장기이하 자격정지 병과가능

③ 필요적 몰수 · 추징 : 본법의 죄 → 보수

④ 압수물 처분 : 소추x → 국고귀속 가능

수사효율성 보장

- [☻찬불특무 연불(연장불가)]

① 참고인 구인 · 유치 : 2회 불응, 구속가능

② 구속기간 연장
㉠ 경찰 1차 연장(20일), 검찰 2차 연장(30일), 도합 50일
㉡ 예외 : 찬양 · 고무, 불고지죄, 특수직무유기, 무고날조

③ 자수 · 고발 · 방해 필요적 감면

범인의 사회복귀 및 범죄예방도모

① 공소보류 : 2년경과 - 소추불가/ 2년 미경과 - 증거없는 재구속, 소추 가능

② 자수 등 필요적 감면

※ 처벌 특례

1. 임의적 감면 : 특수직무유기, 편의제공
2. 필요적 감면 : 불고지죄, 자수 · 고발 · 방해한 때

보상과 원호

① 상금 : 통보, 체포 → (대통령령) 지급(한다.)
② 보로금 : 상금o → 압수물o → 압수물가액 1/2 범위, 지급할 수
③ 국가보안유공자 심사위원회 : 상금, 보로금 심의, 법무부 장관소속

제5장 보안관찰

1 보안관찰법

재범위험성 방지 목적
보안관찰 - 대인적 보안처분, 특별예방

1 보안관찰처분 요건 [☻ 내일전단 반찬회 불특무 / 해금3집 / 준주신]

해당범죄
- 형법, 국가보안법등의 안보위해범죄

※ 제외범죄 : 내란죄, 일반이적죄·전시군수계약불이행죄(형법), 단순반란불보고죄(군형법), 반국가단체구성죄 등, 찬양·고무죄 등, 회합·통신죄, 불고지죄, 특수직무유기죄, 무고날조죄(국보법)

처분대상자
- 해당범죄, 금고이상, 형기합계 3년, 전부 또는 일부 집행

면제
- 할 수
- 요건 : 준법정신, 주거·생업 확실, 신원보증 (청구 : 검사 → 법무장관)

2 보안관찰처분 절차

대상자신고 → 사안조사 → 송치 → 청구(검사) → 결정(법무부장관) → 기간갱신

대상자 신고

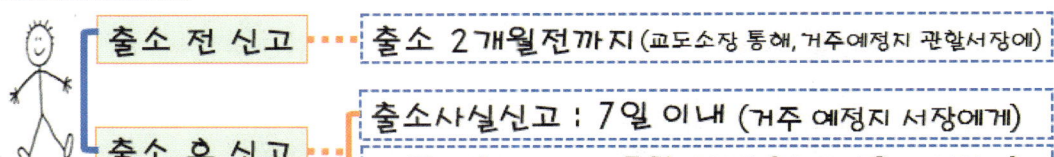

- 출소 전 신고 …… 출소 2개월전까지 (교도소장 통해, 거주예정지 관할서장에)
- 출소 후 신고 …… 출소사실신고 : 7일 이내 (거주 예정지 서장에게)
  - 변동사항 신고 : 7일 이내 (단 이전은 사전신고)
  - ※ 헌법 불합치 결정(23.6.30시한 적용)

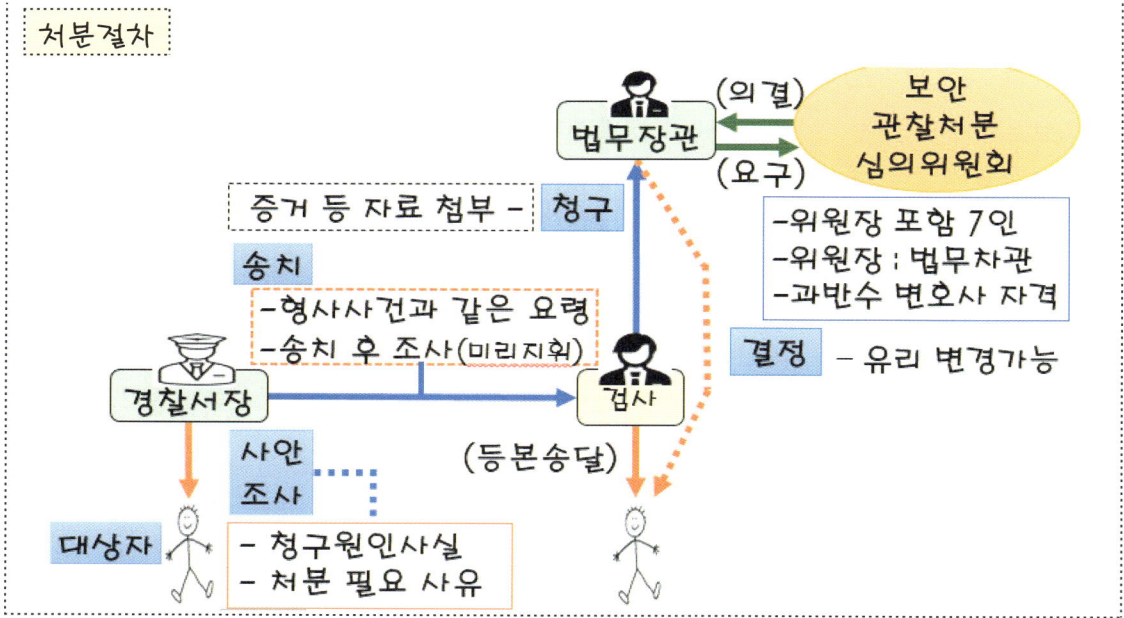

③ 처분 효과

기간

법무장관

보안관찰처분

(진행정지)
1. 집행중지결정
2. 징역, 금고, 구류, 노역장 유치
3. 사회보호법에 의한 보호감호
4. 치료감호법에 의한 치료감호

초일
(포함)

- 기간 -

2년

갱신

법무장관

3. 의결

2. 요구

보안관찰처분
심의위원회

1. 기간만료
   2개월 전까지
   갱신청구

4. 갱신
   기간 2년
   횟수제한x

검사

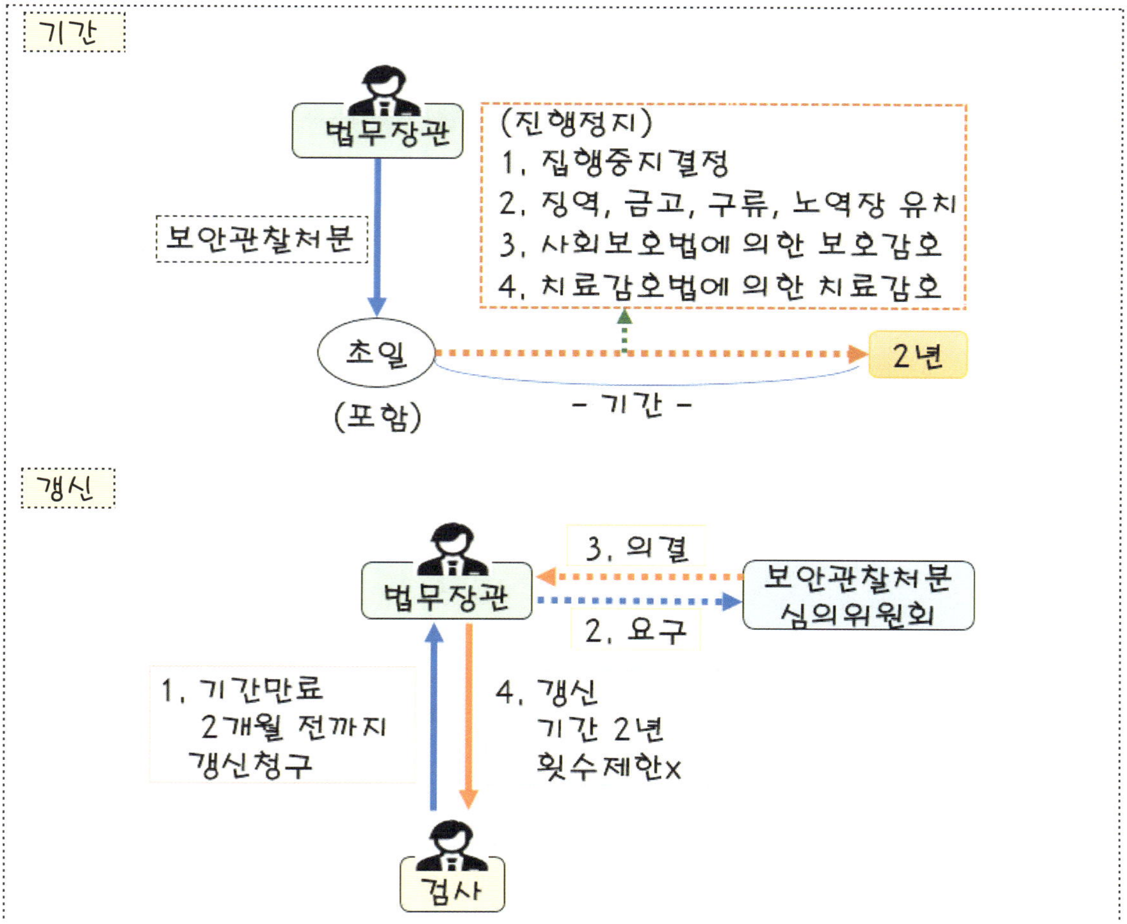

불복

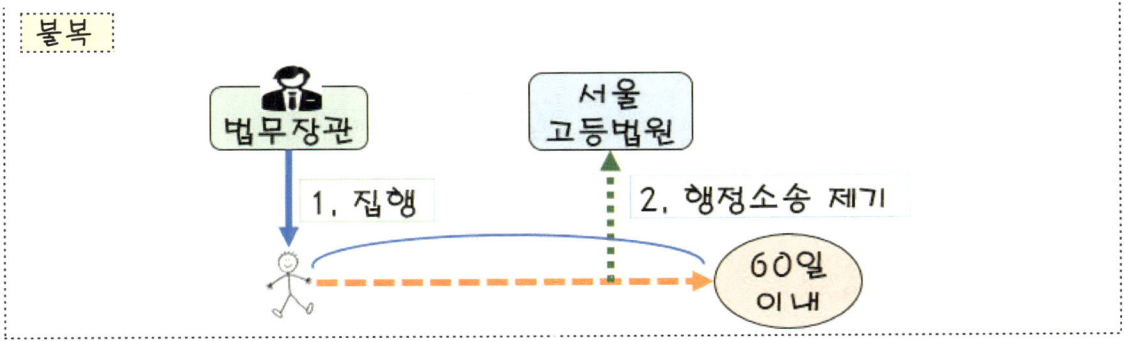

```
법무장관 ──1. 집행──▶ 𝕏
            𝕏 ⤍⤍⤍⤍⤍⤍⤍⤍⤍⤍⤍⤍▶ 60일
서울                                 이내
고등법원 ⤍⤍⤍ 2. 행정소송 제기
```

④ 보안관찰처분 집행

신고의무

검사 ──1. 지휘──▶ 경찰서장

   2. 집행

피보안관찰자 ⤍⤍⤍⤍⤍⤍⤍⤍⤍⤍▶

(신고의무 – 신고유형)
1. 최초신고 : 고지 7일 이내, 서장에
2. 정기신고 : 매 3개월 말일까지
3. 수시신고
 - 변동신고 : 변동사항 7일 이내
 - 이전신고 : 주거이전,
   10일 이상 해외여행, 미리

지시 이행의무

검사 ──1. 지휘──▶ 경찰서장

   2. 집행

피보안관찰자 ⤍⤍⤍⤍⤍⤍⤍⤍⤍⤍▶

(지시이행의무 – 보호관찰수단)
 - 가택보호처분X
1. 지도
   - 관찰, 지시
   - 조치 : 회합통신금지,
     (불법집회)출입금지, 출석요구
2. 보호
3. 경고

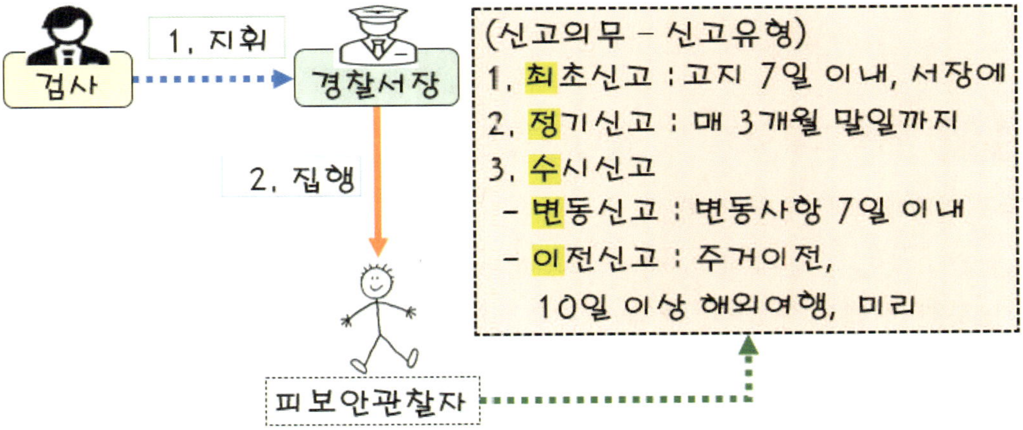

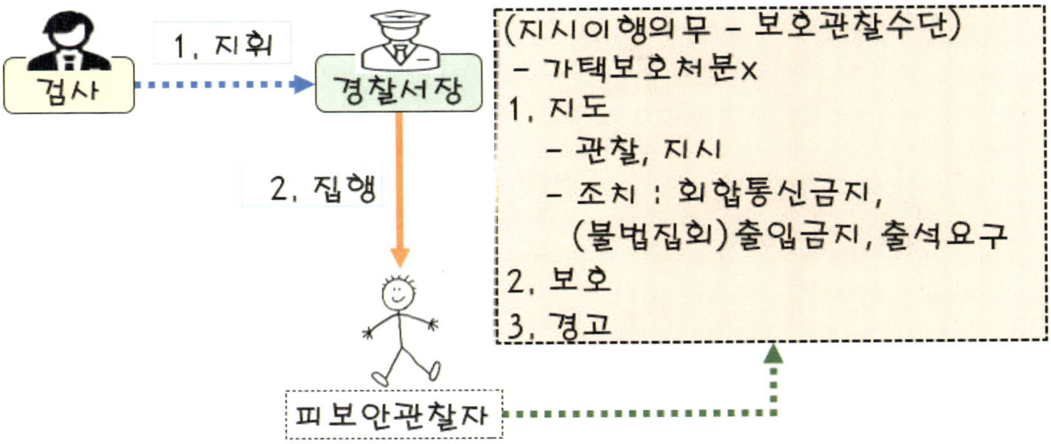

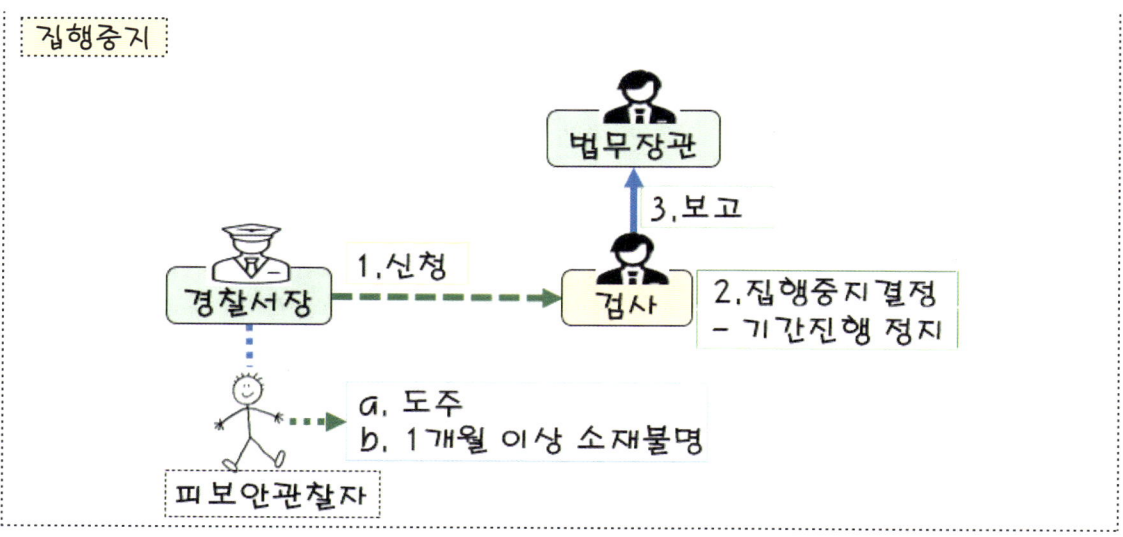

집행중지

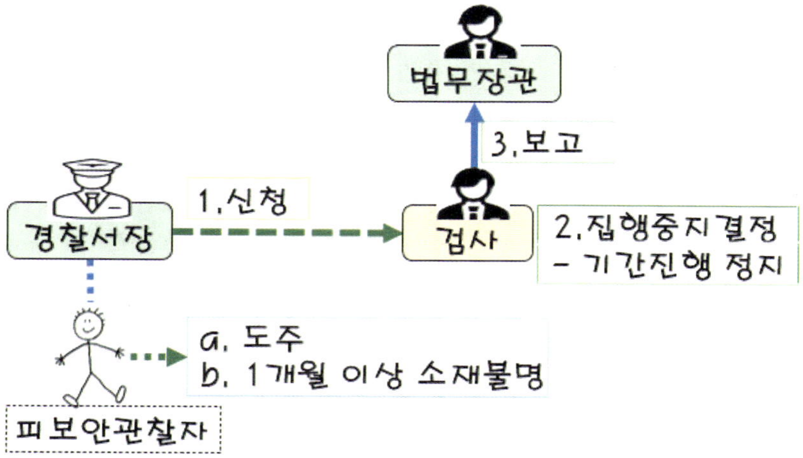

제6장 남북교류협력 및 북한이탈주민보호

1 남북교류협력에 관한 법률

1. 반출 · 반입 : 제3국을 거치는 물품이동 포함
2. 남북한 거래 : 국가 간 거래x, 민족 내부거래o
3. 남북교류 목적 → 남교법이 국보법에 우선

남북한 왕래

남 · 북한의 주민

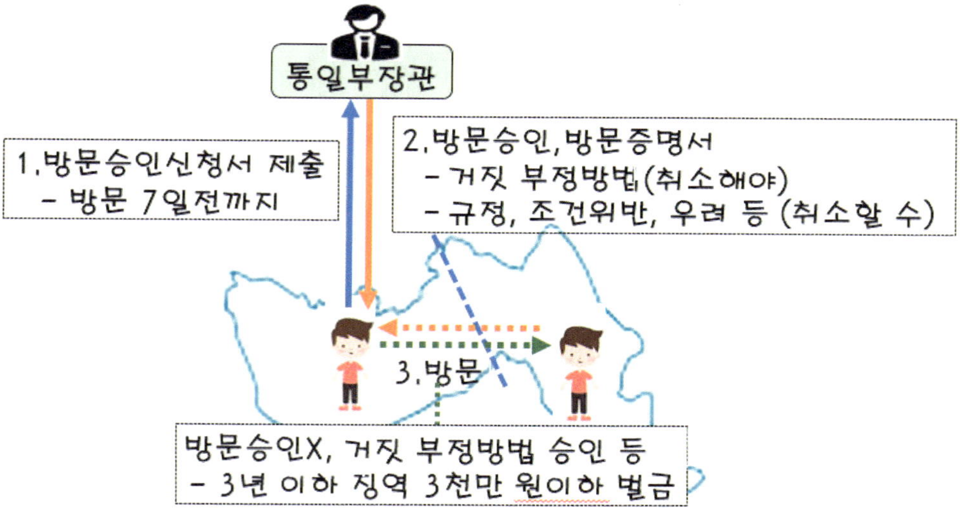

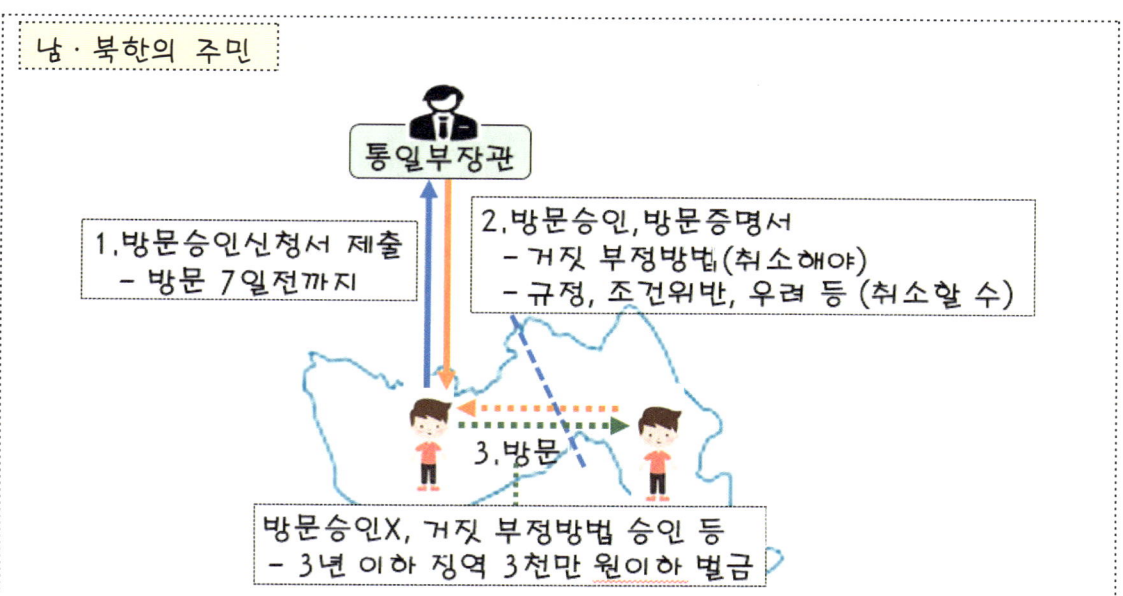

재외국민

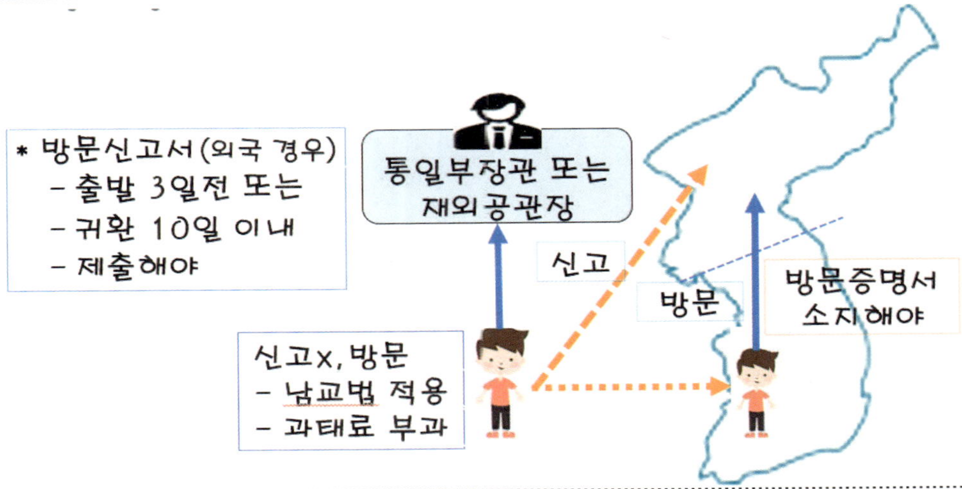

주민접촉

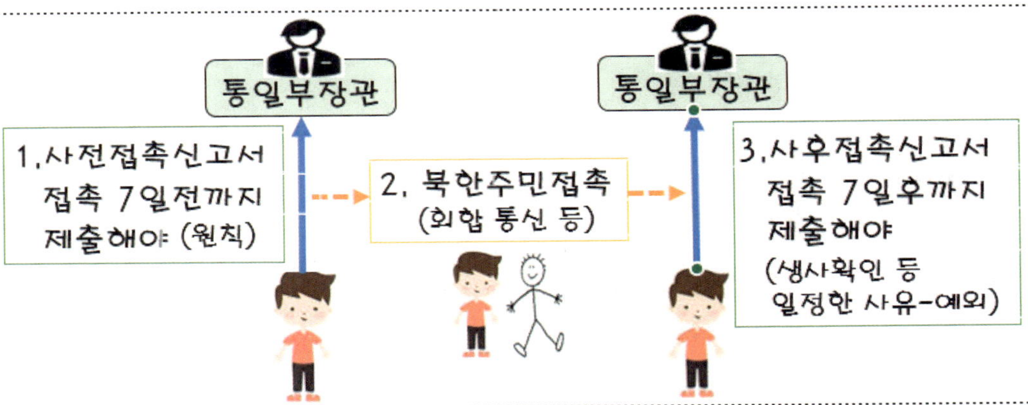

2 북한이탈주민의 보호 및 정착지원

정의

1. "북한이탈주민": 북한을 벗어난 후, 국적취득x
2. "보호대상자": 보호 및 지원을 받는 북한이탈주민
   (통일부 장관 - 실태파악, 정책반영해야)
3. "정착지원시설": 보호대상자 보호 및 정착지원 목적, 설치 · 운영시설
4. "보호금품": 지급하거나 빌려주는 금품, 물품

기타

1. 발생 · 입국단계 → 보호 · 관리단계 → 배출 · 정착단계
2. 통일부장관, '북한이탈주민보호 및 정착지원협의회' 심의거쳐, 보호 및 정착지원 '기본계획', 3년마다 수립 · 시행해야

절차

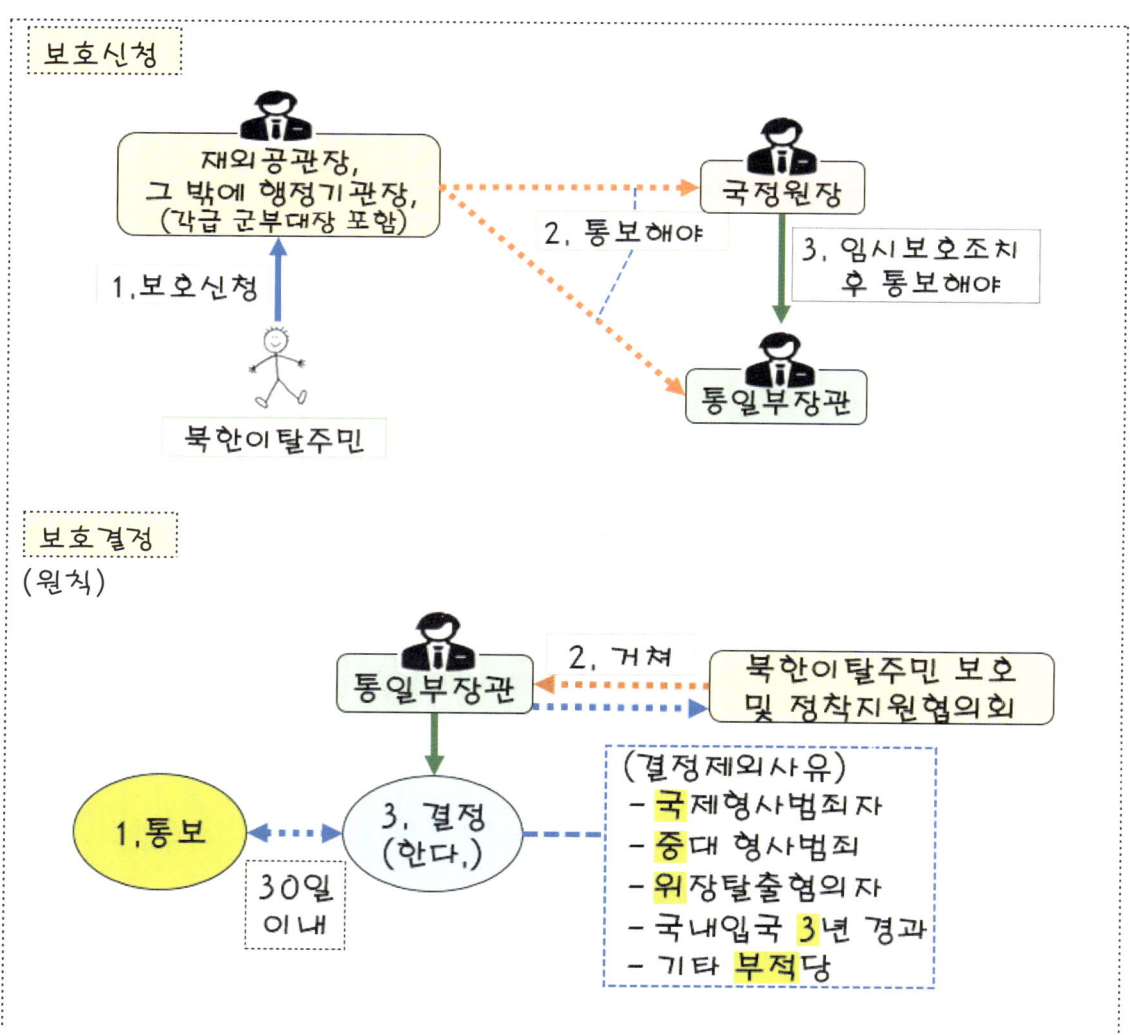

보호신청

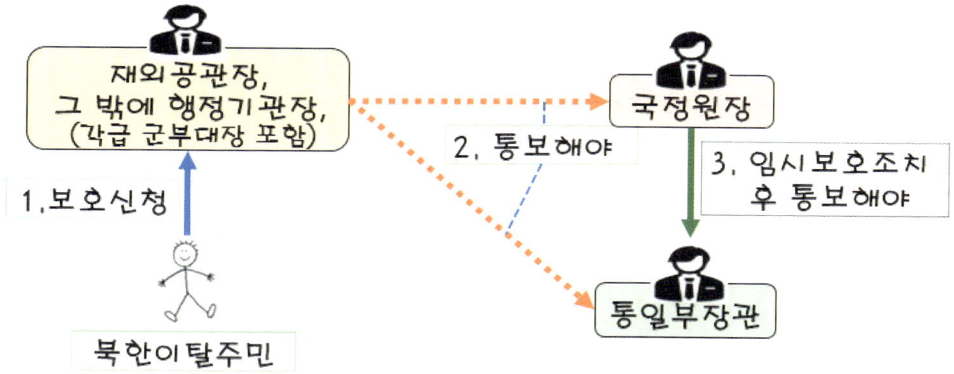

보호결정

(원칙)

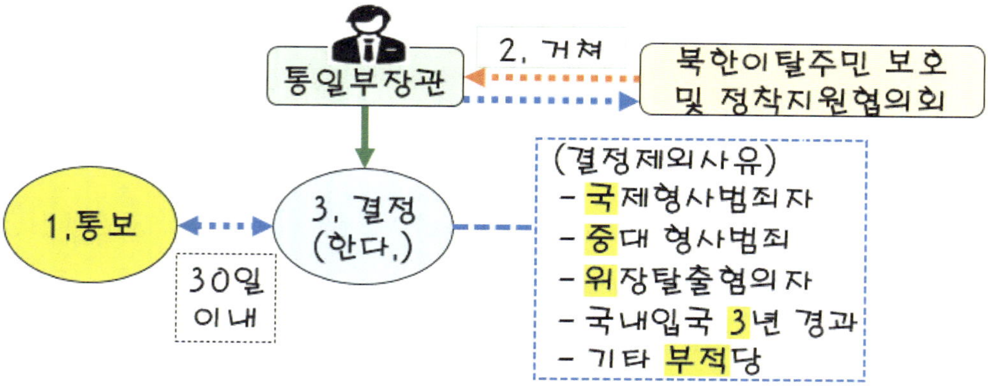

(예외)

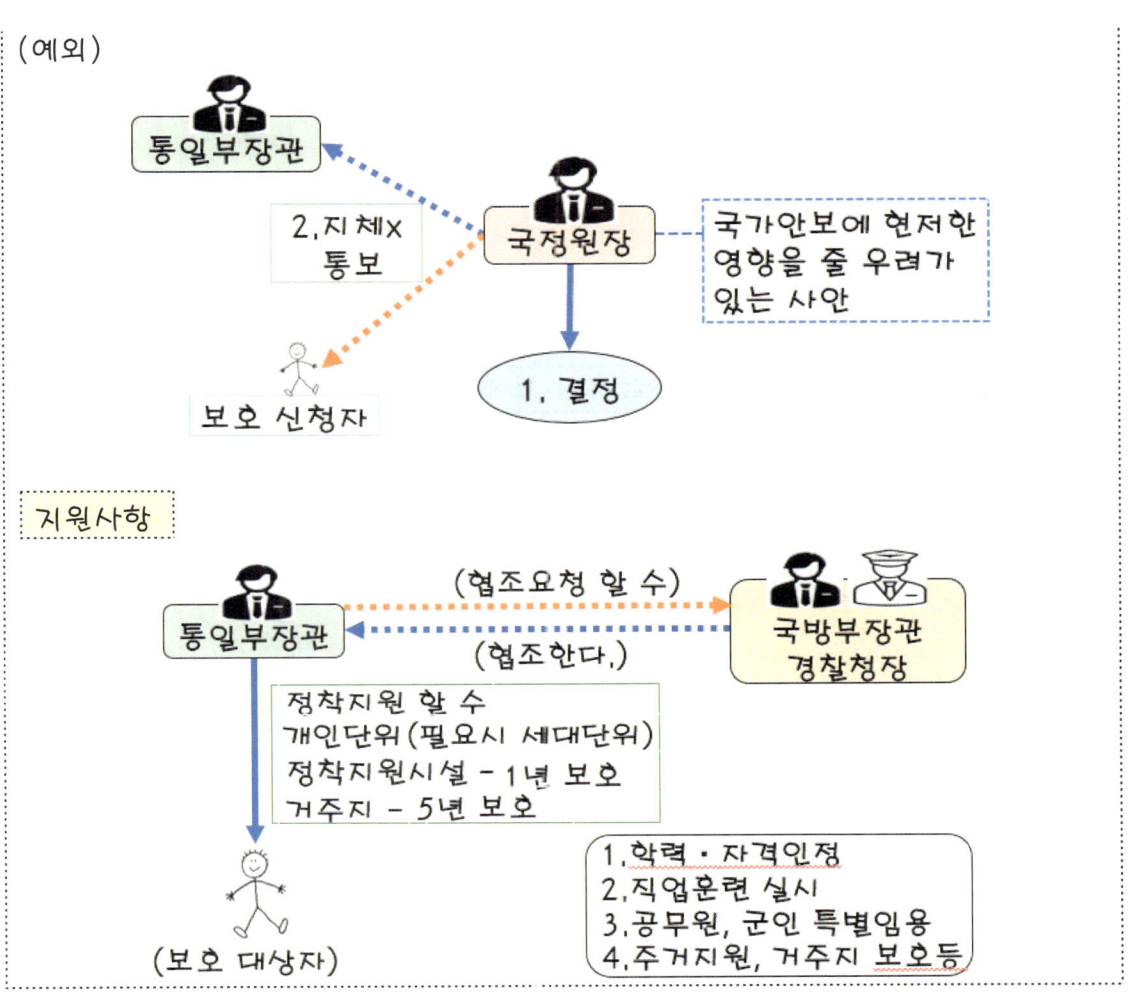

통일부장관

2.지체X 통보

국정원장 → 국가안보에 현저한 영향을 줄 우려가 있는 사안

보호 신청자

1. 결정

지원사항

통일부장관 ← (협조요청 할 수) → 국방부장관 경찰청장
(협조한다.)

정착지원 할 수
개인단위(필요시 세대단위)
정착지원시설 - 1년 보호
거주지 - 5년 보호

(보호 대상자)

1. 학력·자격인정
2. 직업훈련 실시
3. 공무원, 군인 특별임용
4. 주거지원, 거주지 보호등

Part 06

PART 07

외사경찰

제1장 외사경찰 일반

다문화사회 접근유형

급진적 다문화주의	주류사회 부정, 독자적 생활방식 추구
자유주의적 다문화주의 = 동화주의	소수 인종집단 고유의 문화적 가치 인정, 공적 생활 - 주류사회 언어등 따를 것 요구
조합주의적 다문화주의 = 다원주의	결과적 평등보장, 소수집단 적극적 재정적, 법적 원조

제2장 외사경찰의 대상

제1절 외국인의 지위

1 외국인의 개념

- 대한민국 국적x

외국국적o
무국적자o
복수국적자(자국국적 + 외국국적)x

1 국적법(특징)

1. 단일 국적주의
2. 속인주의
3. 귀화허가주의
4. 부부별개 국적주의

국적취득형태

선천적 취득사유

- 출생 원칙 : 속인주의,
  예외 : 속지주의(대한민국에서 발견된 기아)

후천적 취득사유

- 인지 - 인지(법률행위) → 법무부 장관 신고 → 대한민국 국적 취득
- 귀화
  - 일반귀화 :
    1. 5년 이상 대한민국 주소
    2. 영주의 체류자격
    3. 성년,
    4. 품행단정
    5. 생계능력,
    6. 대한민국 국민의 소양
    7. 법무장관 인정
  - 간이귀화 : 대한민국에 주소 등
  - 특별귀화 : 대한민국에 주소 등

2 외국인의 법적지위

- 상호주의 : 외국이 자국민에 대해 인정하는 것과 동일하게
- 평등주의 : 외국인에 대해 자국민과 동일하게

권리

공법상 권리

- 긍정 : 자유권, 재판권
- 부정 : 참정권, 수익권, 공무담임권 · 선거권 · 피선거권, 근로 권리 · 교육 권리, 생활보장청구권

예외1)

(선거권o, 선거운동 가능)

(외국인) → 지방의회의원 / 지방자치단체장

1. 영주의 체류자격 취득, 3년 경과
2. 18세 이상
3. 외국인 등록 대장에 등재

예외2)

(주민투표권 부여할 수)

지방자치단체조례 → (외국인)

1. 18세 이상
2. 계속거주자격o
3. 지방자치단체 조례 정

의무

- 긍정 : 체류국 통치권에 복종의무o, 외국인등록의무o
- 부정 : 병역의무x, 교육의무x, 신분보장의무x, 사회보장 가입의무x

3 내 · 외국인의 출입국

C.I.Q.과정 ➠
1. 세관공무원의 통관절차(Customs),
2. 출입국관리공무원의 출입국심사(Immigrations)
3. 검역관리 공무원의 검역조사(Quarantine)

외국인 입국

요건 - 여권, 사증 구비
1. 생체정보제공, 본인확인절차 협조의무
2. 예외 : 17세 미만, 외국정부국제기구 업무자와 동반가족, 기타 대통령령

입국금지 - 법무부장관은, 할 수
1. 공중위생상 위해염려
2. 총포, 도검, 화약류 불법 반입시도
3. 대한민국 이익, 공공의 안전을 해치는 행동 염려

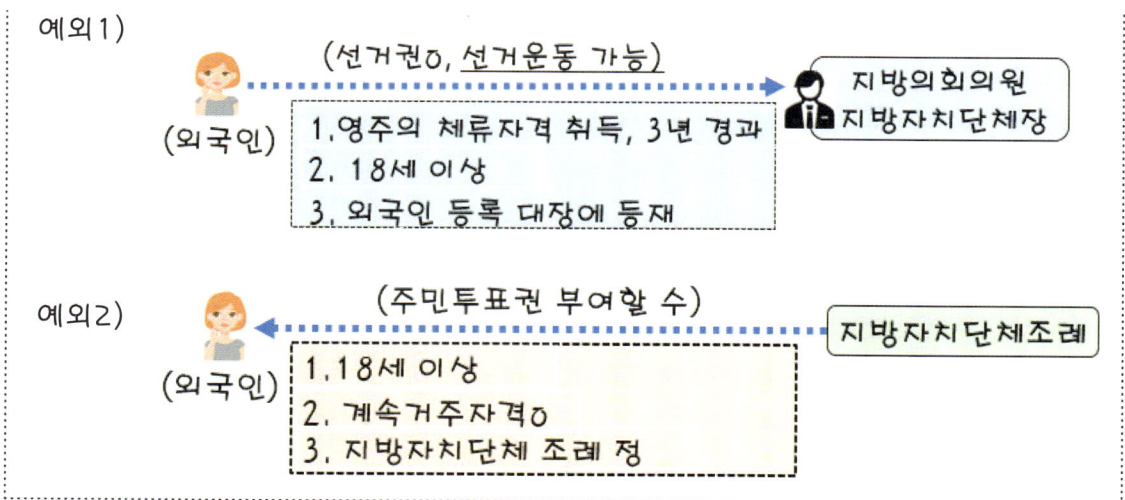

4. 경제질서, 사회질서, 선량한 풍속을 해치는 경우
5. 정신장애(보조인x), 국내체류비용x, 구호를 요하는 사람 등
6. 강퇴 5년 미경과
7. 일제 시대 우리 민족 학대 등
8. 법무부 장관 인정

여권

외교부 장관 → (발급 등 대행하게 할 수) → 지방자치단체장

발급 - 여권 (= 여행증명서, 난민증명서, 유엔여권, 외교관신분증, 군인 신분증)

1. 신분, 국적을 국제적 확인
2. 보호의뢰
   ※ 본국의 일방적 증명서->
   입국허가 받아야 입국가능

(여권 - 휴대 및 제시의무)
- 위반 : 100만원 이하 벌금

외국 영사 → 발급 등

여행증명서

외교부장관

- 여행증명서
(유효기간 1년)

(발급대상)
1. 출국 무국적자
2. 해외 입양자
3. 강퇴(귀국, 출국)
4. 외교부 장관 인정

여행경보제도

- 1단계[유의] ➡ 2단계[자제] ➡ 3단계[제한, 권고] ➡ 4단계[금지]
  (남색) (황색) (적색) (흑색)

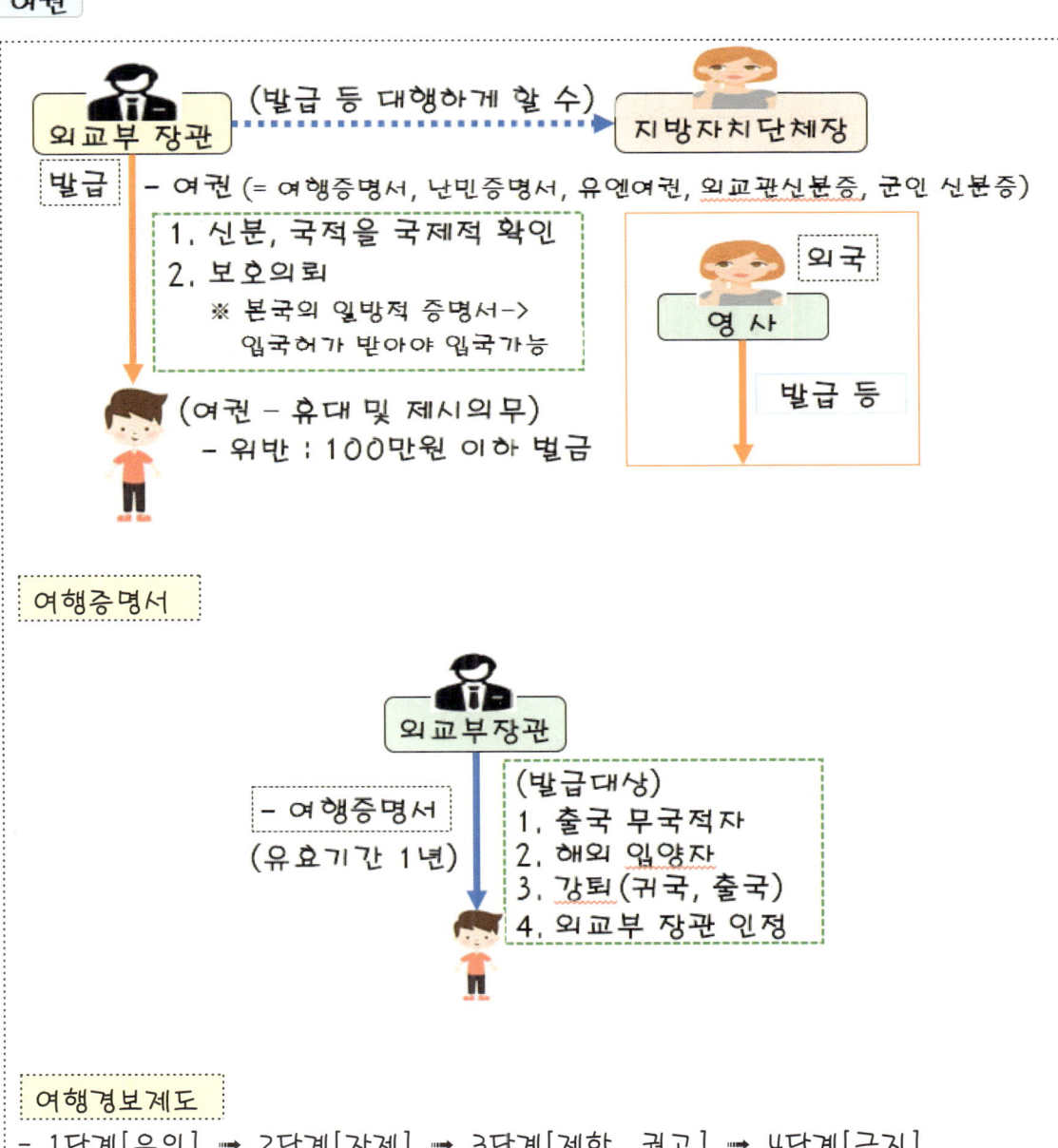

사증

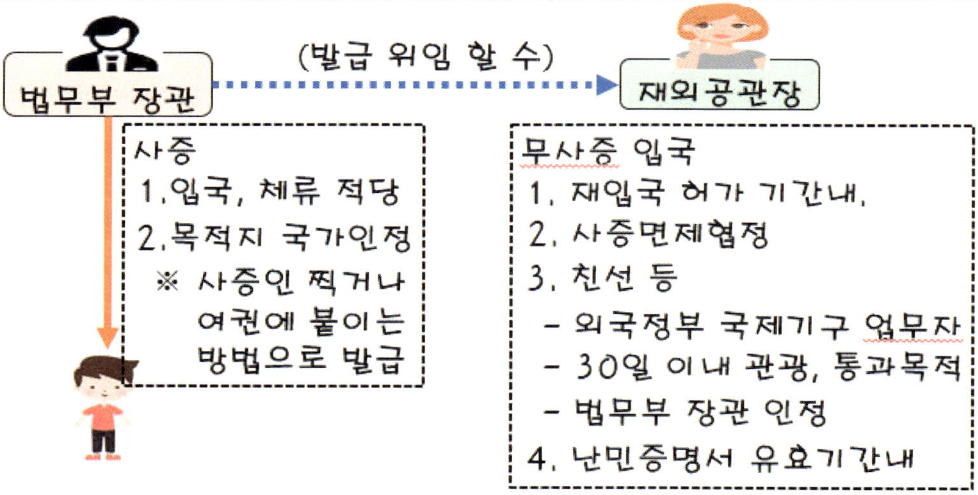

장기체류자격

1. 외교(A-1)
2. 공무(A-2)
3. 협정(A-3)
4. 사증면제(B-1)
5. 관광·통과(B-2)
6. 유학(D-2)
7. 회화지도(E-2)
8. 예술흥행(E-6)
9. 비전문취업(E-9)
10. 재외동포(F-4)
11. 결혼이민(F-6)

상륙의 종류

1. 관광상륙 : 여객운송선박, 외국인 승객, 3일 범위
2. 승무원 상륙 : 외국인 승무원, 옮겨 타거나, 휴양, 15일 범위
3. 긴급상륙 : 질병, 사고, 30일 범위
4. 재난상륙 : 조난, 30일 범위
5. 난민임시상륙 : 생명·신체·자유 침해의 공포, 90일, 법무부장관 승인

외국인 체류

여권 등 휴대 및 제시의무

- 위반 시 100만 원 이하 벌금

체류자격 부여

1. 체류자격 부여받아야
2. 출생 - 90일 이내
3. 상실, 이탈 등 - 발생 60일 이내

체류자격 내 활동

1. 체류자격과 함께 다른 활동 : 법무부 장관 허가 받아야
2. 체류자격과 다른 활동 : 법무부 장관의 체류자격 변경허가 받아야

외국인 등록의무 - 90일 이내

1. 입국 90일 이내
2. 체류자격 부여 받은 날부터 90일 이내
3. 체류자격 변경의 경우 - 입국 90일 이내

출국 금지, 출국 정지

사유

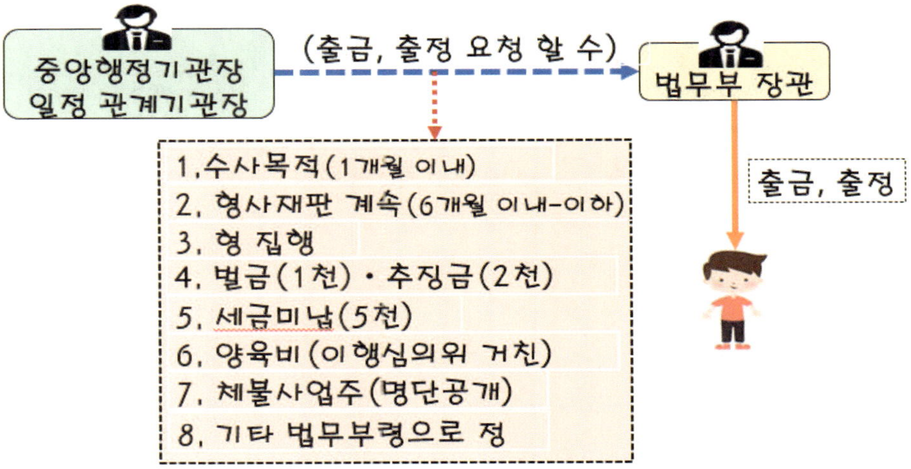

출국금지

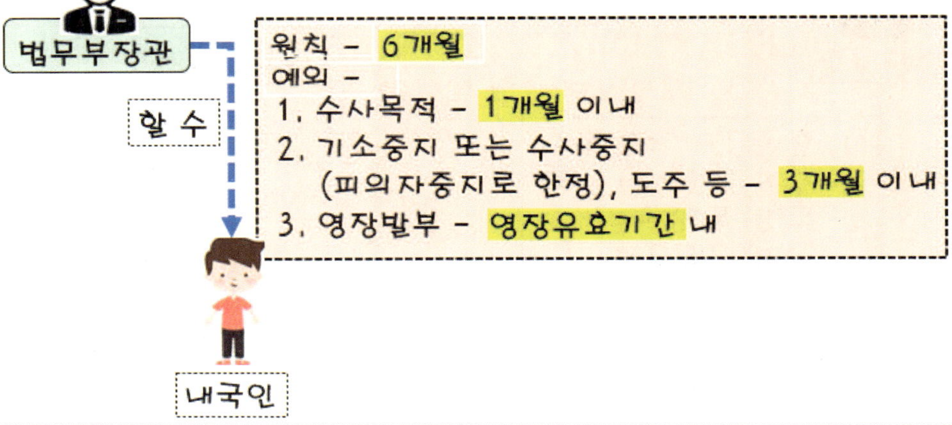

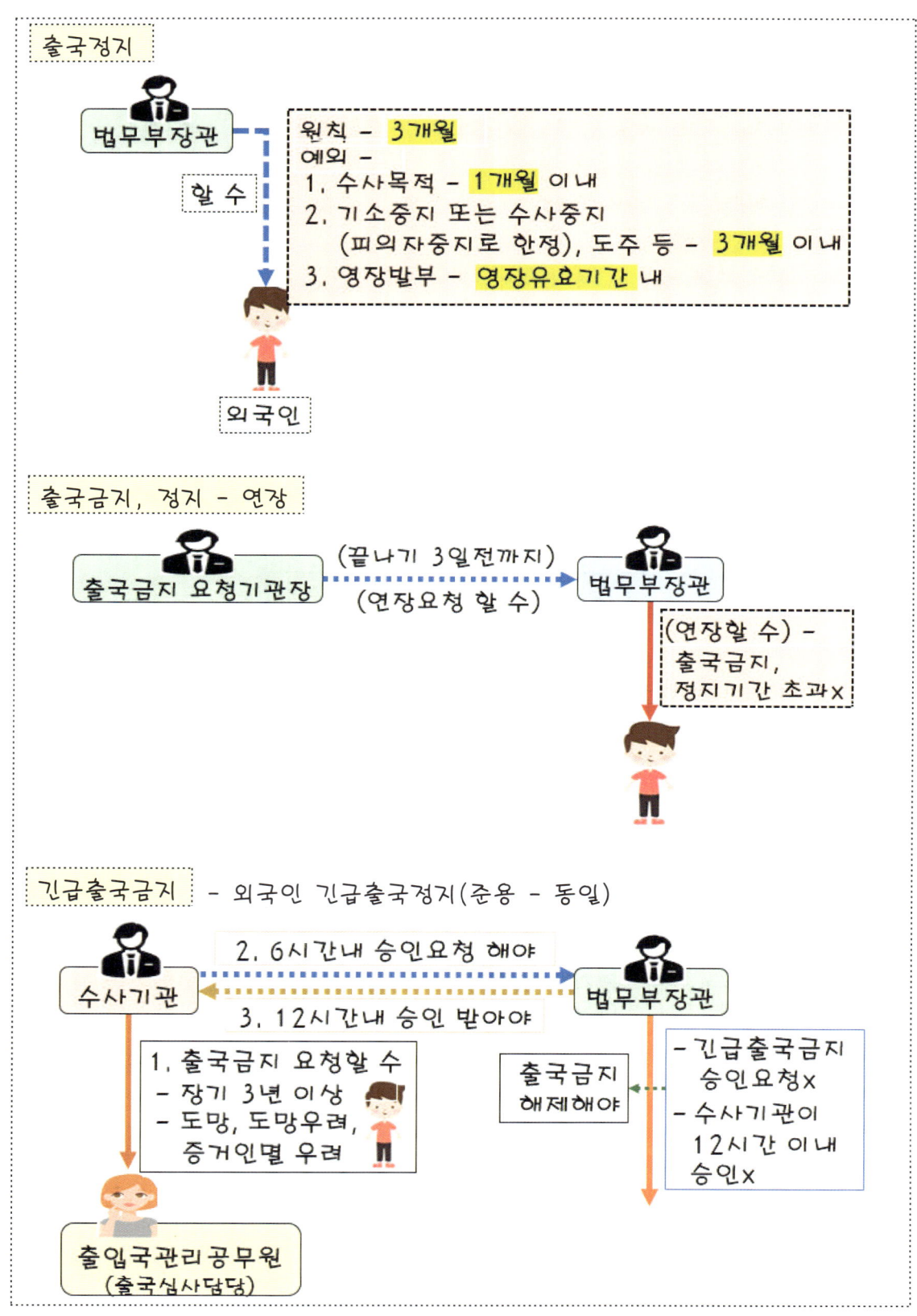

출국정지

법무부장관

할 수

원칙 - 3개월
예외 -
1. 수사목적 - 1개월 이내
2. 기소중지 또는 수사중지
   (피의자중지로 한정), 도주 등 - 3개월 이내
3. 영장발부 - 영장유효기간 내

외국인

출국금지, 정지 - 연장

출국금지 요청기관장

(끝나기 3일전까지)
(연장요청 할 수)

법무부장관

(연장할 수) -
출국금지,
정지기간 초과x

긴급출국금지 - 외국인 긴급출국정지(준용 - 동일)

수사기관

2. 6시간내 승인요청 해야
3. 12시간내 승인 받아야

법무부장관

1. 출국금지 요청할 수
   - 장기 3년 이상
   - 도망, 도망우려,
     증거인멸 우려

출국금지
해제해야

- 긴급출국금지
  승인요청x
- 수사기관이
  12시간 이내
  승인x

출입국관리 공무원
(출국심사담당)

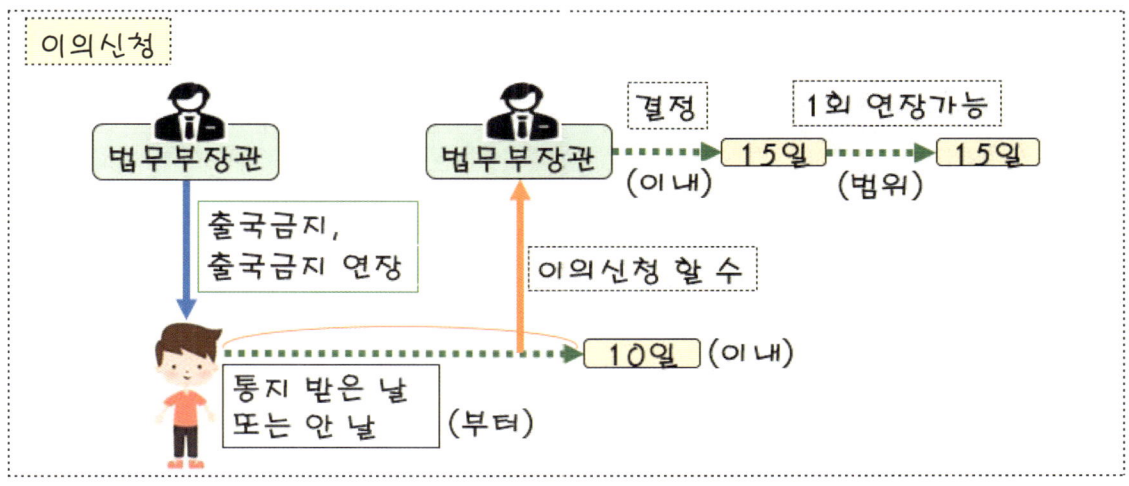

이의신청

법무부장관 — **출국금지, 출국금지 연장** → 통지 받은 날 또는 안 날 (부터) ......→ 10일 (이내)

통지 받은 날 또는 안 날 →(이의신청 할 수)→ 법무부장관 — 결정 (이내) ......→ 15일 (범위) 1회 연장가능 → 15일

강제퇴거

- 행정행위 (형사처분과 병행가능)

절차

지방출입국 외국인관서장

→ (집행의뢰 할 수) → 사법경찰관리

→ (강제퇴거명령)

→ (보호명령서) - 발급

→ 집행 ····→ 강제퇴거 명령서

외국인관서 공무원 (조사할 수) → 강퇴대상의심 외국인

- 강제퇴거 대상자 여부를 심사·결정

(보호) 10일 ······→ 10일 (1차례만 연장)

대상

- 강제퇴거 명령할 수
1. 여권·사증×
2. 허위초청
4. 출입국심사 규정절차 위반

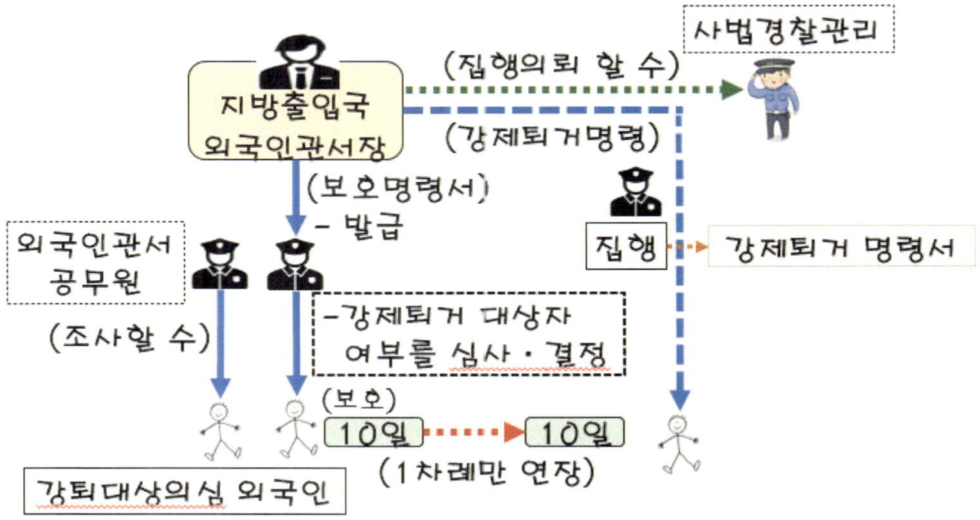

3. 입국금지 사유 입국 후 발견, 발생
5. 입국허가조건 위반
6. 상륙허가x 상륙
7. 상륙허가조건 위반
8. 체류자격외 활동, 체류기간경과
9. 근무처변경허가 규정 위반
10의2. 체류, 근무 등 관련 허위서류 제출 외국인
10. 법무부장관 준수사항 위반
12. 등록의무 위반
12의2. 외국인등록증 등의 채무이행 확보수단 제공 등 금지 위반
13. 금고 이상의 형을 선고받고 석방된 사람
14. 자살, 자해, 위해, 출입국 공무원 직무집행 거부, 기피, 방해, 안전과 질서를 현저히 해치는 행위 등
15. 그 밖에 법무부령으로 정하는 사람

- 영주의 체류자격(예외)의 예외

01. 내란의 죄 또는 외환의 죄
02. 5년 이상의 징역 또는 금고의 형을 선고받고 석방(법무부령으로 정)
03. 선박 등의 제공 금지 규정을 위반, 교사 또는 방조

제2절 외국군대의 지위

제3절 주한미군의 지위

Sofa 적용범위

사물관할 - 원칙 : 한국의 재판권

- 예외적 주한미군 관할

1. 전속적 재판권 - 미군법령 처벌o, 한국법령 처벌x
2. 경합적 재판권
   ① 내부적 범죄
   ② 공무수행중 범죄(공무수행에 부수 포함)

인적관할

1. 합중국 군대 구성원(제외 - ⓐ 주한미대사관에 부속된 미군(주한미 대사관에 근무하는 미군사병), ⓑ 주한미군사고문단원, ⓒ 주한미대사관에 근무하는 무관 등)
2. 군속(고용, 근무, 동반하는 민간인)
3. 가족 : 배우자(SOFA대상 미군과 결혼하여 미국시민권을 취득한 한국인) 및 21세 미만의 자녀,
   ※ 부모 및 21세 이상의 자녀 또는 기타 친척 ➟ 생계비의 반액 이상
4. 초청계약자

토지관할

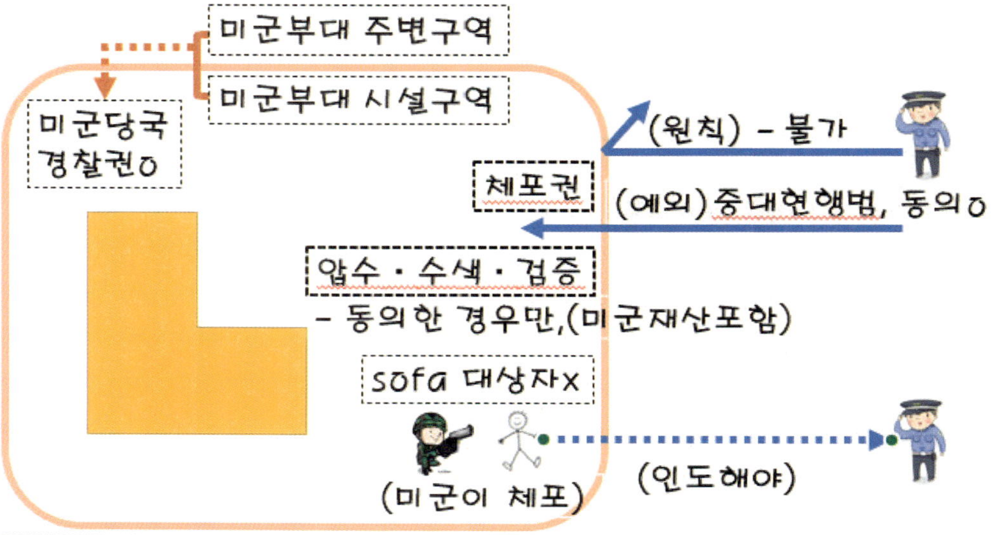

제4절 외교사절의 특권

외교특권

법적 근거 - '외교관계에 관한 비엔나 협약', '영사관계에 관한 비엔나 협약'

불가침 특권

- 신체의 불가침: 어떠한 경우에도 체포x, 구속x, 긴급사태시 일시구속 가능
- 관사의 불가침: 사저, 공관 불문, 본 건물, 부속건물 · 차고 · 정원, 승용차 · 비행기 · 보트 등 개인교통수단o, / 대중교통x
  ※ 화재, 전염병의 경우 예외
- 문서의 불가침: 언제, 어디서나 불가침, 외교단절의 경우에도 불가침
  ※ 예외 - 간첩행위 서증인 경우x

면제권(치외법권)

- 경찰권 : 구속x, 존중의무o, 긴급방어 · 긴급사태 → 경찰강제 허용o
- 과세권
- 재판권

제3장 외사경찰 활동

외사요원 - 아래 업무처리 경찰공무원

1. 외사기획 2. 외사정보 3. 외사수사 4. 해외주재 업무
5. 국제협력업무

외사수사

1. 속지주의
   예외 - 대한민국 영역내 외국선박 :
   육상이나 항내 안전을 해할 때 →
   승무원 이외의 사람이나 대한민국 국민에 관계가 있을 때 또는 중대한 범죄가 행하여졌을 때 → 수사하여야(범죄수사규칙)

2. 통역 → 외국인 조사 →
이해할 수 있는 언어로 통역해 주어야

3. 주한미군 수사 : 주한미군 관련범죄 인지등(고소 · 고발 포함) →
7일 이내 검사에게 통보해야(미군당국에 통보해야x)

4. 외국군함 수사 : 군함 떠나 대한민국 영해, 영토내 죄를 범한 경우 →
(미리) 국가수사본부장에 보고, 지시 받아야
예외 : 현행범 급속을 요할 때 수사조치 후 →
(사후) 국가수사본부장에 보고, 지시 받아야

영사통보

외국인 체포 구속 → 체포 · 구속 영사통보 및 접견 · 교통 요청 권한 고지
※ 영사특약 : 체포 구속 시 요청 없이도 영사통보

- 중국 : 4일 이내
- 러시아 : 즉시 [☻중사러시]

출입국 위반 사범

1. 즉고사건 : 고발x → 공소제기x
2. 출입국 사범 기타 수사기관 입건
→ 지방출입국 · 외국인관서의 장에게 인계하여야

제4장 국제경찰공조 활동

- 외교경로를 통한 공조
- 인터폴을 통한 공조
- 해외경찰주재관을 통한 공조

1 국제형사사법공조

공조기본원칙

1. 상호주의 : 동일 유사사항에 공조요청에 따른다는 보증이 있는 경우
2. 쌍방가벌성의 원칙 : 요청국, 피요청국에서 모두 처벌가능해야
3. 특정성의 원칙 : 요청범죄 이외 범죄에 사용x

공조의 근거

1. 국제형사사법공조법, 조약
   ※ 조약우선주의, 조약으로 공조범위 확대

2. 임의적 공조거절사유(공조하지 아니할 수) - 국제형사사법공조법
   ㉠ 대한민국 주권, 안보, 미풍양속 등 해할 우려
   ㉡ 인종 · 국적 · 성별 · 종교 · 신분 등 이유로 처벌, 형사상 불이익 우려
   ㉢ 정치적 성격 범죄, 다른 정치범 수사, 재판할 목적
   ㉣ 대한민국 법률에 범죄구성x, 공소제기x
   ㉤ 보증이 없는 경우

3. 공조연기 : 대한민국에서 수사 진행중, 재판계속, 연기할 수
   ※ 증거물 등 법원에 제출 : 법원의 인도허가 결정 받아야

공조의 절차 - 수사공조요청

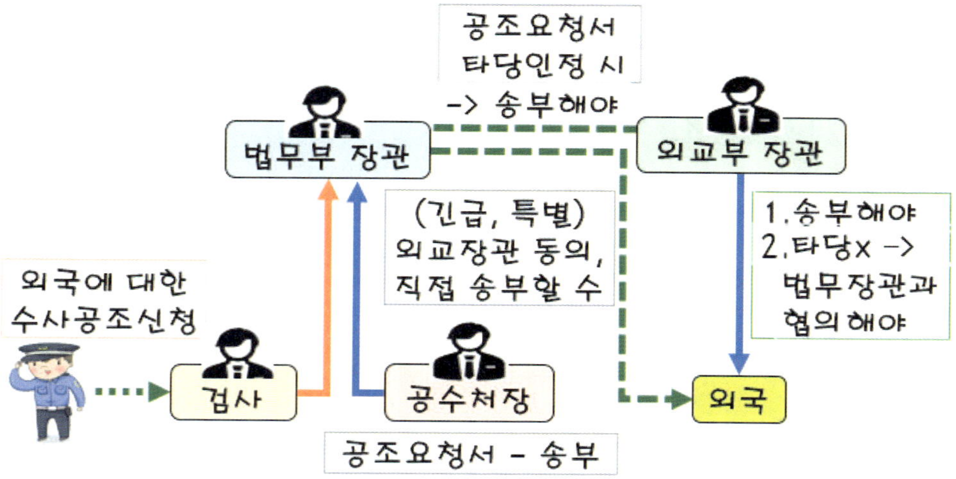

2 범죄인 인도

근거 등

- 범죄인 인도법, 조약
  ※ 조약우선주의
- 조약상 의무 또는 국제예양

범죄인 인도원칙 - 군사범 불인도의 원칙(명문규정x)

1. 쌍방가벌성의 원칙 : 청구국, 피청구국(대한민국) 쌍방 범죄구성x → 인도x
   ※ 인도범죄 : 청구국과 대한민국 법률, 1년 이상 징역, 금고(범죄인인도법)
2. 상호주의 원칙 : 조약x 경우 → 동종, 유사한 범죄인 (한국의) 인도청구에 응한다는 보증이 있어야
3. 정치범불인도의 원칙 : 범죄인인도법 제8조 명문규정, 정치범 개념정의x(피청구국 판단에 의존)
   ※ 예외적 인도 : 국가원수, 정부수반, 그 가족 침해 위협, 조약상 의무 범죄, 여러 사람 생명 신체 위협 범죄, 기타 가해조항(국가원수 암살, 인종청소범죄, 항공기 납치 등)
4. 자국민 불인도의 원칙 : 임의적 거절사유(아니 할 수)
5. 특정성의 원칙 : 인도범죄 외의 범죄로, 수사x, 재판x, 처벌x - 보증필요
6. 최소한의 중요성의 원칙 : 사형, 무기, 장기 1년 이상의 징역·금고범죄만
7. 군사범 불인도의 원칙 : 명문규정x
8. 유용성의 원칙 : 시효완성x

범죄인 인도거절사유

필요적 인도거절 사유	임의적 인도거절사유
1. 공소시효 또는 형의 시효 완성	1. 대한민국 영역에서 범한 것
2. 재판이 계속, 확정	2. 대한민국 국민
3. 의심할 만한 상당한 이유x	3. 인도범죄 외의 범죄, 재판 계속, 집행 중
4. 평등원칙 위배(인종, 종교, 국적, 성별, 정치적 신념 또는 특정 사회단체에 속한 것 등을 이유로 처벌 등)	4. 제3국에서 재판, 확정
5. 정치적 성격 범죄(예외-가해조항)	5. 인도하는 것이 비인도적
[☻완성(품을) 계속 의심(하는 건) 절대 평등 정치(아님)]	[☻영국 외 계집 3인]

범죄인인도 절차

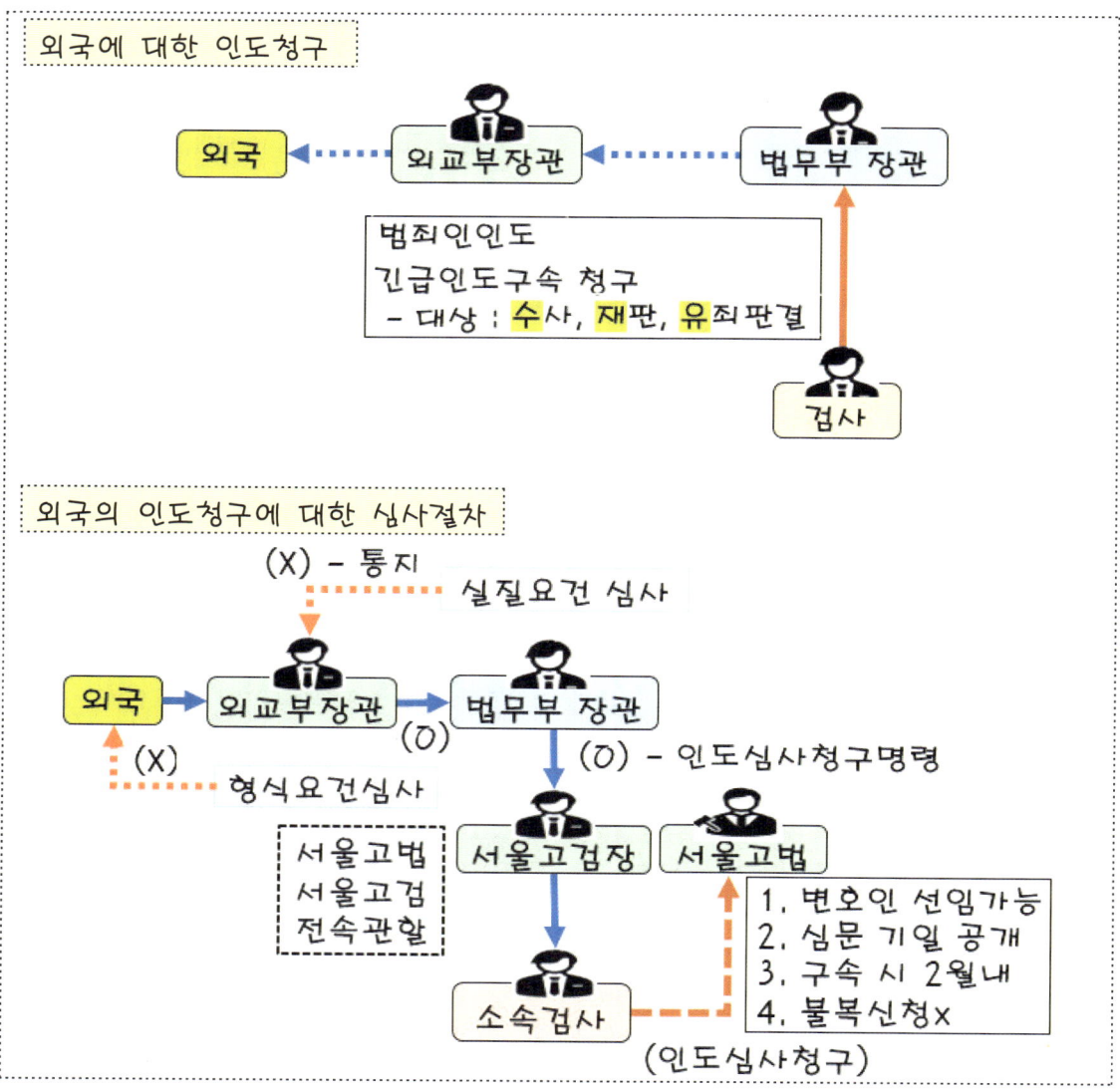

외국에 대한 인도청구

외국 ← 외교부장관 ← 법무부 장관

범죄인인도
긴급인도구속 청구
 - 대상 : 수사, 재판, 유죄판결

검사

외국의 인도청구에 대한 심사절차

(X) - 통지 ⋯⋯ 실질요건 심사

외국 → 외교부장관 → 법무부 장관
(X) 형식요건심사   (O)   (O) - 인도심사청구명령

서울고법
서울고검
전속관할

서울고검장   서울고법

소속검사

1. 변호인 선임가능
2. 심문 기일 공개
3. 구속 시 2월내
4. 불복신청x

(인도심사청구)

3 인터폴을 통한 공조

일반

- 정보자료교환 목적

발전과정

국제형사경찰회의(1914) ---- 모나코에서 개최

↓

국제형사경찰위원회(1923) ---- 비엔나에서 개최

↓

국제형사경찰기구(1956) ---- 비엔나에서 개최

- 사무총국 파리

인터폴 조직

총회

↓

집행위원회

↓

사무총국

(각국과 협조관계 유지)

(A국) 국가중앙사무국(ncb)

(B국) 국가중앙사무국(ncb)

- 출석 3/2찬성으로 가입,
- 한국 NCB : 경찰청 외사국 인터폴 국제공조과

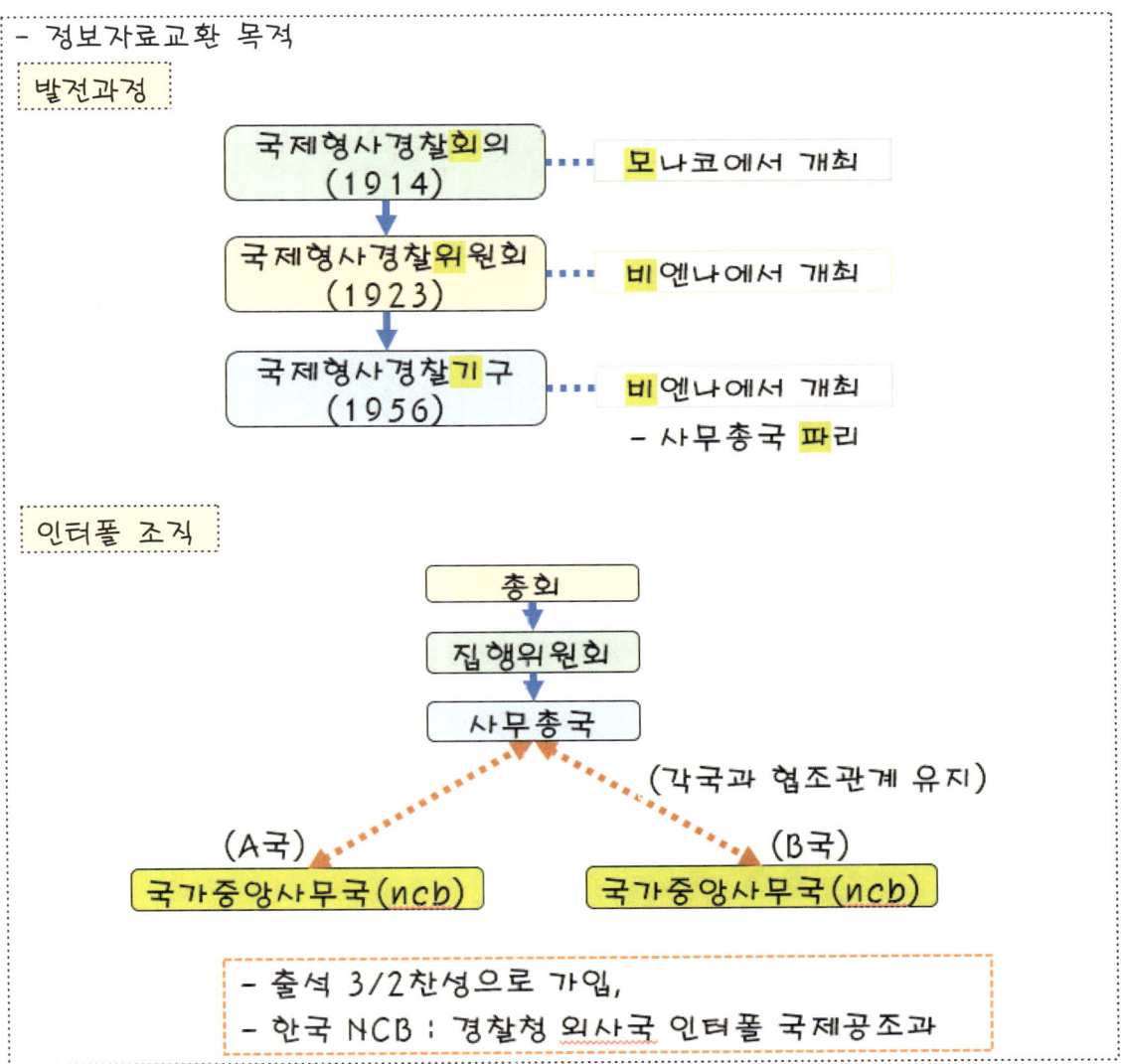

인터폴을 통한 공조

공조기본원칙

1. 주권존중
2. 일반형법 집행
3. 보편성 : 언어, 지리에 방해x
4. 평등성 : 재정분담 규모에 관계x

공조내용

- 행안부 장관은, 할 수

1. 국제범죄의 정보 및 자료교환
2. .. 동일증명과 전과조회
3. .. 사실 확인 및 그에 대한 조사 [☻정자 동전 사조]

※ NCB → 사무총국 → NCB

한계

- 수사권x

1. 자체 수사관x
2. 구속 · 체포권x

※ 정치 · 군사 · 종교 · 인종적 성격을 가진 사항 개입x

국제수배서

- 인터폴 사무총국에서 발행

적색수배서	(Red notice) 범죄인 인도 목적 ※ 장기 2년 이상 징역, 금고, / 체포영장 · 구속영장이 발부된 자 중 • 살인, 강도, 강간 등 강력범죄 관련, • 조직폭력, 전화금융사기 등 조직범죄 관련 • 경제사범(5억 원 이상) • 중대성 고려, 특별히 적색수배 요청 [☻살인, 강간 조 오욕]
청색수배서	(Blue notice)피수배자의 신원 · 전과 · 소재확인
녹색수배서	(Green notice)상습국제범죄자 동향파악 수배서
황색수배서	(Yellow notice)가출인 · 기억상실자 소재 및 신원파악
흑색수배서	(Black notice)사망자 신원확인
오렌지수배서	(Orange notice)폭발물 · 테러범(위험인물) 등
장물수배서	(Stolen property notice)도난, 불법 취득물 수배
자주색수배서	(Purple notice - Modus operandi) 새로운 범죄수법 배포
INTERPOL-UN Special notice	UN과 INTERPOL이 협력 발행

한상기

약력

–경찰대학 졸업
전) 서울 중부 형사 · 수사반장
전) 서울지방경찰청 상황실장
전) 경찰청 순경공채시험 출제위원(동작교육청 인증)
전) 중앙경찰학교 교수
전) 수사보안연수원 외래 교수
전) 유원대학교 협력 교수
전) 노량진 우리경찰, 이그잼, 메가스터디, 해커스 경찰학 개론 전임
전) 연성대학교 경찰학 겸임교수
현) 박문각(남부) 경찰학원 경찰학 전임

저서

한쌤의 이해하는 경찰학개론 총론
한쌤의 이해하는 경찰학개론 각론
한쌤 경찰학 기출총정리
한쌤 경찰학 도해식 핵심 요약노트

한쌤 경찰학

☆☆☆☆☆

도해식 핵심 요약노트

초판 인쇄 | 2026. 3. 3. **초판 발행** | 2026. 3. 5. **편저** | 한상기
발행인 | 박 용 **발행처** | (주)박문각출판 **등록** | 2015년 4월 29일 제2019-000137호
주소 | 06654 서울시 서초구 효령로 283 서경 B/D 4층 **팩스** | (02)584-2927
전화 | 교재 문의 (02)6466-7202

저자와의 협의하에 인지생략

정가 35,000원
ISBN 979-11-7519-839-5